Curso de Direito

COMERCIAL E DE EMPRESA

Recuperação de Empresas, Falência e Procedimentos Concursais Administrativos

3

www.editorasaraiva.com.br/direito

Visite nossa página

Ricardo Negrão

Curso de Direito COMERCIAL E DE EMPRESA

Recuperação de Empresas, Falência e Procedimentos Concursais Administrativos

3

15ª edição
2021

saraiva jur

ISBN 978-85-536-0773-0 obra completa

DADOS INTERNACIONAIS DE CATALOGAÇÃO NA PUBLICAÇÃO (CIP)
VAGNER RODOLFO DA SILVA - CRB-8/9410

N385c Negrão, Ricardo

Curso de direito comercial e de empresa, vol. 3. : recuperação de empresas, falência e procedimentos concursais administrativos / Ricardo Negrão. – 15. ed. – São Paulo : Saraiva Educação, 2021.

784 p.

Bibliografia

ISBN 978-65-5559-540-6 (impresso)

1. Direito. 2. Direito comercial. 3. Direito de empresa. 4. Recuperação de empresas. 5. Falência. 6. Procedimentos concursais administrativos. I. Título.

2021-267 CDD 346.07
CDU 347.7

Índices para catálogo sistemático:

1. Direito comercial 346.07
2. Direito comercial 347.7

saraiva EDUCAÇÃO | saraiva jur

Av. Paulista, 901, 3º andar
Bela Vista – São Paulo – SP – CEP: 01311-100

SAC | sac.sets@somoseducacao.com.br

Diretoria executiva	Flávia Alves Bravin
Diretoria editorial	Renata Pascual Müller
Gerência de projetos e produção editorial	Fernando Penteado
Planejamento	Josiane de Araujo Rodrigues
Novos projetos	Sérgio Lopes de Carvalho Dalila Costa de Oliveira
Edição	Isabella Sánchez de Souza (coord.) Marisa Amaro dos Reis
Produção editorial	Daniele Debora de Souza (coord.) Daniela Nogueira Secondo
Arte e digital	Mônica Landi (coord.) Camilla Felix Cianelli Chaves Claudirene de Moura Santos Silva Deborah Mattos Guilherme H. M. Salvador Tiago Dela Rosa
Projetos e serviços editoriais	Daniela Maria Chaves Carvalho Kelli Priscila Pinto Laura Paraíso Buldrini Filogônio Marília Cordeiro Nicoly Wasconcelos Razuk
Diagramação	Rafael Padovan
Revisão	Bárbara Peroni Fazolari
Capa	Tiago Dela Rosa
Produção gráfica	Marli Rampim Sergio Luiz Pereira Lopes
Impressão e acabamento	Gráfica Paym

Data de fechamento da edição: 4-2-2021

Dúvidas? Acesse www.editorasaraiva.com.br/direito

CL 607015 CAE 759463

A JESUS, meu SENHOR E SALVADOR.

"As palavras dos meus lábios e o
meditar do meu coração
sejam agradáveis na tua presença,
SENHOR, rocha minha
e redentor meu!" (Sl. 19.14)

Em memória de meu pai, Professor Sebastião Ramos Nogueira,
emérito educador.

À minha mãe e primeira Professora, Elza Negrão Nogueira,
de notável caráter e senso de justiça.

À Maria Teresa, companheira, amiga, advogada, colaboradora e adjunta.

Aos meus amados filhos, Paula, André, Filipe, Augusta, Lucas e Fernanda.

Aos meus netinhos, Tito, Ana Luísa, Mariana, João Filipe e Rebeca.

Abreviaturas

ACC – Adiantamento de Crédito em Contrato de câmbio para exportação

ADIn – Ação Declaratória de Inconstitucionalidade de lei ou de ato normativo

AgReg. – Agravo Regimental

AI – Agravo de Instrumento

Apel. – Apelação

art. – artigo

arts. – artigos

BACEN – Banco Central do Brasil

BSTJ – Boletim do Superior Tribunal de Justiça

BTN – Bônus do Tesouro Nacional

CADE – Conselho Administrativo de Defesa Econômica

CBA – Código Brasileiro de Aeronáutica (Lei n. 7.565, de 19 de dezembro de 1986)

c/c – combinado com

CC – Código Civil de 2002

CC16 – Código Civil de 1916

CCom – Código Comercial

CDC – Código de Defesa do Consumidor (Lei n. 8.078, de 11 de setembro de 1990)

Cf. – Conforme

CIMC – Convenção Interamericana sobre Conflito em Matéria de Cheques – Decreto n. 1.240, de 15 de setembro de 1994

CF88 – Constituição Federal de 1988

CJF – Conselho da Justiça Federal
CLT – Consolidação das Leis do Trabalho
CMN – Conselho Monetário Nacional
CNPJ – Cadastro Nacional de Pessoas Jurídicas
COF – Circular de Oferta de Franquia
CP – Código Penal
CPC39 – Código de Processo Civil de 1939
CPC73 – Código de Processo Civil de 1973
CPC15 – Código de Processo Civil de 2015
CPF – Cadastro de Pessoas Físicas
CNSP – Conselho Nacional de Seguros Privados
CRDE – Câmara Reservada de Direito Empresarial (TJSP)
CPP – Código de Processo Penal
CTN – Código Tributário Nacional
CVM – Comissão de Valores Mobiliários
D. – Decreto
Des. – Desembargador
DJ – *Diário da Justiça*
DJU – *Diário da Justiça da União*
DNRC – Departamento Nacional de Registro do Comércio
DREI – Departamento de Registro Empresarial e Integração
ed. – edição
Edcl. – Embargos de declaração
EPP – Empresa de Pequeno Porte
ESC – Empresa Simples de Crédito
IBGE – Instituto Brasileiro de Geografia e Estatística
ICMS – Imposto sobre Operações relativas à Circulação de Mercadorias e Prestação de Serviços de transporte interestadual e intermunicipal e de comunicação
ICP – Infraestrutura de Chaves Públicas
IFA – International Franchise Association
IN – Instrução Normativa
IGP-DI – Índice Geral de Preços-Disponibilidade Interna

IPC – Índice de Preços ao Consumidor

IPI – Imposto sobre Produtos Industrializados

j. – julgado em

LBCD – Leiaute Brasileiro de Contabilidade Digital

LC – Lei do Cheque (Lei n. 7.357, de 2 de setembro de 1985)

LD – Lei de Duplicatas (Lei n. 5.474, de 18 de julho de 1968)

LDA – Lei de Direitos Autorais (Lei n. 9.610, de 19 de fevereiro de 1996)

LF45 – Lei de Falências anterior (Decreto-Lei n. 7.661, de 21 de junho de 1945)

LFEA – Lei de Franquia Empresarial Atual (Lei n. 13.966, de 26 de dezembro de 2019)

LFER – Lei de Franquia Empresarial Revogada (Lei n. 8.955, de 15 de dezembro de 1994)

LLE – Lei de Liberdade Econômica (Lei n. 13.874, de 20 de setembro de 2019)

LLI – Lei de Locação de Imóveis Urbanos (Lei n. 8.245, de 18 de outubro de 1991)

LPI – Lei da Propriedade Industrial (Lei n. 9.279, de 14 de maio de 1996)

LREF – Lei de Recuperação de Empresas e Falência (Lei n. 11.101, de 9 de fevereiro de 2005)

LREF-20 – Lei n. 14.112, de 24 de dezembro de 2020, que altera substancialmente a Lei n. 11.101, de 9 de fevereiro de 2005

LRM – Lei de Registro Público de Empresas Mercantis (Lei n. 8.934, de 18 de novembro de 1994)

LRP – Lei de Registros Públicos (Lei n. 6.015, de 31 de dezembro de 1973)

LS – Lei Saraiva (Decreto n. 2.044, de 31 de dezembro de 1908)

LSA – Lei das Sociedades por Ações (Lei n. 6.404, de 15 de dezembro de 1976)

LUG – Lei Uniforme de Genebra (Decreto n. 57.663, de 24 de janeiro de 1966)

ME – Microempresa

MP – Medida Provisória

Min. – Ministro
n. – número
NF-e – Nota fiscal eletrônica
p. – página
PGFN – Procuradoria-Geral da Fazenda Nacional
PTAC – Primeiro Tribunal de Alçada Civil de São Paulo
QGC – Quadro Geral de Credores
RAET – Regime de Administração Especial Temporária
RDBMCA – *Revista de Direito Bancário, do Mercado de Capitais e da Arbitragem*
RE – Recurso Extraordinário
Rel. – Relator
REsp – Recurso Especial
Rev. – Revisor
RMS – Recurso em Mandado de Segurança
RT – *Revista dos Tribunais*
SINARM – Sistema Nacional de Armas
STF – Supremo Tribunal Federal
STJ – Superior Tribunal de Justiça
TFR – Tribunal Federal de Recursos
TJSP – Tribunal de Justiça de São Paulo
TR – Taxa Referencial
TRD – Taxa Referencial Diária
TST – Tribunal Superior do Trabalho
v. – veja
vol. – volume
v.u. – votação unânime

Índice

Abreviaturas ... 7
Ao Leitor ... 29

LIVRO I

TEORIA GERAL DO DIREITO FALIMENTAR

PARTE I – INTRODUÇÃO AO DIREITO FALIMENTAR

1. Introdução ... 35
 1.1. Origem etimológica da palavra "falência" ... 35
 1.2. História ... 36
  1.2.1. Primórdios ... 36
  1.2.2. Fases do Direito Falimentar – as Ordenações.. 38
  1.2.3. Fase imperial ... 41
  1.2.4. Fase republicana ... 43
  1.2.5. Fase pré-empresarial ... 45
  1.2.6. Tramitação do Projeto de Lei n. 4.376/93 ... 45
  1.2.7. Tendências do Direito Internacional ... 48
  1.2.8. Lei n. 11.101, de 9 de fevereiro de 2005 ... 52
  1.2.9. Lei n. 14.112, de 24 de dezembro de 2020 ... 54
2. Características e destinação legal ... 57
 2.1. Destinação legal ... 57
 2.2. Conceito de empresário ... 58
  2.2.1. Evolução do conceito de empresário ... 59
   2.2.1.1. Quadro-resumo ... 61
  2.2.2. Pessoas impedidas de exercer a atividade empresarial ... 61
 2.3. Casos de não incidência ... 66
  2.3.1. Casos de não incidência absoluta ... 66
  2.3.2. Casos de não incidência relativa ... 68

2.4. Casos especiais de incidência, com restrições temporais ou de legitimidade ativa 74
2.5. Quadro-resumo 79

PARTE II – DISPOSIÇÕES COMUNS À RECUPERAÇÃO JUDICIAL E À FALÊNCIA

3. Procedimento de verificação de crédito 83
3.1. Momento para a verificação de créditos 83
3.2. Processamento das declarações tempestivas de crédito... 84
3.2.1. Do pedido 88
3.2.2. Requisitos da petição inicial 89
3.2.3. Do processamento do pedido 93
3.2.4. Impugnações aos pedidos 94
3.2.5. Julgamento dos pedidos e das impugnações... 95
3.2.6. Impugnação de crédito trabalhista 97
3.2.7. Renovação de pedido de habilitação de crédito já julgado 99
3.2.8. Do incidente de classificação de crédito público na falência (instituído na LREF-20) 100
3.3. Procedimento das habilitações retardatárias 101
3.4. Verificação de créditos dos credores particulares dos sócios solidários 105
3.5. Ação rescisória de exclusão, reclassificação ou retificação de crédito 106
3.6. Das conciliações e das Mediações Antecedentes ou Incidentais aos Processos de Recuperação Judicial.... 108
4. O administrador judicial 111
4.1. Funções do administrador judicial e sua natureza....... 111
4.2. Classificação dos atos do administrador judicial......... 114
4.3. A escolha, a nomeação e o compromisso do administrador judicial 119
4.4. Impedimentos e incompatibilidades............................ 124
4.5. Substituição e destituição do administrador judicial... 126
4.6. A remuneração do administrador judicial 127
4.7. Responsabilidade do administrador judicial 132
4.8. Prestação de contas.. 132
5. Comitê e assembleia geral de credores 133
5.1. Conceitos 133
5.2. Origens do Comitê de Credores 133
5.3. Constituição do Comitê de Credores........................... 137
5.4. Composição do Comitê de Credores 138
5.5. Regime jurídico do Comitê de Credores 140

5.6. Origens da assembleia geral de credores 144
5.7. Atribuições da assembleia geral de credores 145
5.8. Regime jurídico da assembleia geral de credores 146
5.9. O exercício do voto na assembleia geral de credores 150
5.10. Efeitos das deliberações 156

LIVRO II
DA RECUPERAÇÃO DE EMPRESAS EM JUÍZO

6. Disposições comuns às formas de recuperação 161
6.1. Crise econômico-financeira 161
6.2. Formas de recuperação 163
6.3. Princípios norteadores 164
6.4. Requisitos 168
6.4.1. Requisitos comuns e especiais 168
6.4.2. Exigências quanto ao exercício da atividade empresarial 168
6.4.3. Exigências quanto ao exercício da atividade empresarial da companhia aberta 170
6.4.4. Impedimentos 171
6.5. Legitimidade ativa 175
6.5.1. A questão do sócio remanescente 175
6.5.2. A questão da legitimidade do credor e do Ministério Público 176
6.5.3. Do pedido recuperatório simultâneo 179
6.6. Distinções entre os instrumentos legais 183
6.6.1. Distinção quanto à extensão econômica do exercício empresarial 184
6.6.2. Distinção quanto ao universo de credores 186
6.6.3. Distinção quanto ao curso da prescrição das ações e execuções individuais dos credores 188
6.6.4. Distinção quanto ao procedimento 189
6.6.5. Distinção quanto às restrições à administração da empresa 190
6.6.6. Distinção quanto aos meios de recuperação 191
7. Meios de recuperação 195
7.1. Classificação 195
7.2. Meios dilatórios, remissórios ou mistos 197
7.3. Meios com predominância sobre o perfil subjetivo da empresa 198

7.4. Meios com predominância sobre o perfil objetivo da empresa ... 203
7.5. Meios com predominância sobre o perfil funcional da empresa ... 212
7.6. Meios com predominância sobre o perfil corporativo da empresa ... 214
8. Recuperação judicial ... 215
8.1. Fases do procedimento ... 215
8.2. Fase do pedido e de processamento ... 216
8.2.1. Apresentação do pedido ... 216
8.2.1.1. Documentação contábil ... 217
8.2.1.2. Certidões e documentos que constam do Registro Público ... 220
8.2.1.3. Relações descritivas, contendo informações de cunho patrimonial não sujeitas à escrituração contábil... 221
8.2.2. Decisão de processamento ... 223
8.3. Fase do plano de recuperação ... 233
8.3.1. Limitações ao plano ... 234
8.3.2. Publicação do aviso ... 236
8.4. Fase de concessão e cumprimento ... 237
8.4.1. Objeção dos credores ... 237
8.4.2. Convocação da assembleia geral ... 237
8.4.3. Deliberação sobre o plano apresentado ... 238
8.4.4. Constituição do Comitê de Credores ... 246
8.4.5. Apresentação de certidões ... 248
8.4.6. Decisão de concessão ... 249
8.4.7. Efeitos da decisão de concessão ... 251
8.4.8. Situações não atingidas pela sentença concessiva ... 258
8.4.9. Recurso ... 259
8.4.10. Período de cumprimento ... 259
8.5. Resumo gráfico do processo de recuperação judicial ordinário ... 264
8.6. Recuperação judicial especial ... 265
9. Convolação de recuperação em falência ... 269
9.1. Causas que acarretam a convolação de recuperação em falência ... 269

9.2. A não apresentação do plano (art. 73, II) 270
9.3. A apresentação tempestiva do plano e sua rejeição (art. 73, III) 270
9.4. Deliberação da assembleia geral (art. 73, I) 272
9.5. Descumprimento de obrigação assumida (art. 73, IV) 272
9.6. Descumprimento de parcelamento 273
9.7. Esvaziamento patrimonial da devedora 275
9.8. Efeitos da convolação 276
10. Recuperação extrajudicial 279
10.1. Conceito e noções 279
10.2. Pedido de recuperação extrajudicial 280
10.3. Documentação necessária 281
10.4. Procedimento da recuperação extrajudicial 281
10.5. Efeitos da sentença homologatória 283
10.6. Recurso e outras formas privadas de acordo 283

LIVRO III
DA FALÊNCIA

PARTE I – SISTEMAS E PROCEDIMENTOS PRÉ-FALIMENTARES

11. Caracterização e pressupostos do estado falimentar 289
11.1. Introdução e conceito inicial 289
11.2. O procedimento pré-falimentar ou fase preliminar ... 291
11.3. Sistemas de caracterização do estado falimentar 291
11.3.1. A impontualidade e os atos de falência 292
11.3.2. Outros critérios 292
11.4. Pressupostos do estado falimentar 293
12. A legitimidade ativa 295
12.1. O credor legitimado a requerer a falência 295
12.2. Natureza do crédito e do credor 295
12.3. Credor empresário 296
12.4. Credor sem domicílio no Brasil 296
12.5. Credor com garantia real 296
12.6. Credor privilegiado fiscal 296
12.7. Credor privilegiado trabalhista 300
12.8. O sócio, mesmo acionista ou comanditário 300
12.9. Credor debenturista 302
12.10. Litisconsorte ativo 304

13. O sistema da impontualidade 305
13.1. A obrigação líquida e o título executivo 305
13.2. Os títulos executivos previstos na Lei Processual Civil 305
13.2.1. Aluguel 306
13.2.2. Cheque pré-datado 307
13.2.3. Contrato de caução – fiança bancária 307
13.2.4. Contrato de caução – fiança bancária, necessidade de título 307
13.2.5. Duplicata representada apenas por boletos bancários 308
13.2.6. Duplicata de prestação de serviços 308
13.2.7. Título executivo sujeito a cálculo aritmético 310
13.2.8. O crédito bancário rotativo 310
13.2.9. O contrato de câmbio 310
13.3. Títulos executivos previstos em outras leis 311
13.4. O protesto 314
13.5. Do pedido com base no art. 94, I – documentos que devem acompanhá-lo 316
13.6. Da citação 317
13.7. Defesa com e sem depósito elisivo 319
13.7.1. Depósito elisivo 320
13.7.2. Audiência de conciliação 321
13.7.3. Oposição e citação de sócios 321
13.8. O rito do art. 94, I 322
14. O sistema da impontualidade: a matéria de defesa 323
14.1. Defesas 323
14.2. Falsidade do título da obrigação 325
14.3. Prescrição 326
14.4. Nulidade de obrigação ou de título 329
14.4.1. Erro e ignorância 330
14.4.2. Dolo 331
14.4.3. Coação 332
14.4.4. Estado de perigo e lesão 332
14.4.5. Simulação 333
14.4.6. Fraude 335
14.4.7. Resumo gráfico 335
14.5. Pagamento da dívida 337

14.6. Qualquer motivo que extinga ou suspenda o cumprimento da obrigação, ou exclua o devedor do processo da falência 337
14.7. Vício em protesto ou seu instrumento 338
14.8. Apresentação de pedido de recuperação judicial no prazo da contestação 338
14.9. Casos especiais de defesa, relativos a restrições temporais ou de legitimidade ativa 339
15. O sistema dos atos de falência 341
15.1. Prática de atos de falência 341
15.2. Execução frustrada 342
15.3. Liquidação precipitada; uso de meio ruinoso ou fraudulento 344
15.4. Negócio simulado ou alienação de parte ou da totalidade de seu ativo 345
15.5. Trespasse de estabelecimento 347
15.5.1. Noção de estabelecimento empresarial 347
15.5.2. O conceito de Oscar Barreto Filho 348
15.5.3. Definição jurídica 349
15.5.4. Natureza jurídica 349
15.5.5. Elementos do estabelecimento empresarial 351
15.5.6. Outras consequências jurídicas do trespasse do estabelecimento empresarial 352
15.6. Oferecimento de garantia real em detrimento de outros credores 353
15.7. Ausência ou abandono de estabelecimento 353
15.8. Documentos que devem acompanhar o pedido 354
15.9. Do rito 355
15.10. O rito do art. 94, II 357
15.11. O rito do art. 94, III 357
16. O sistema da autofalência 359
16.1. A confissão da falência pelo devedor 359
16.2. Procedimento do art. 105 360
16.3. Natureza do pedido de autofalência 360
16.4. Natureza da dívida 360
16.5. Processamento do pedido 361
16.6. Legitimidade para o pedido 362
16.6.1. A representação do empresário individual ou da sociedade contratual 362

16.6.2. As sociedades por ações ... 363
16.6.3. O cônjuge sobrevivente, o inventariante e o herdeiro ... 364
16.6.4. As instituições financeiras ... 364
16.7. Oposição e citação de sócios ... 365
16.8. Desistência do pedido ... 365
16.9. O rito do art. 105 – autofalência ... 366

PARTE II – DA SENTENÇA JUDICIAL E SEUS EFEITOS

17. O Juízo falimentar ... 369
17.1. Fixação da competência judicial ... 369
17.2. Unidade, indivisibilidade e universalidade do Juízo ... 371
17.2.1. Ações não reguladas pela Lei Falimentar, em que o falido figure como autor ou litisconsorte ativo ... 373
17.2.2. Falido autor, em ação regulada pela Lei Falimentar ... 374
17.2.3. Ações de despejo em que a massa falida figure como ré ... 375
17.2.4. Execuções individuais dos credores, anteriores à decretação da falência ... 376
17.2.5. Ações trabalhistas ... 376
17.2.6. Execuções fiscais ... 377
17.2.7. Ações que se processam na Justiça Federal por força da competência privativa ... 378
17.2.8. Ações relativas a imóveis ... 378
17.2.9. Ações ajuizadas antes da quebra, com citação também anterior ... 379
17.3. Prioridade dos atos e diligências judiciais ... 380
17.4. Resumo da matéria ... 380
18. A sentença falimentar ... 383
18.1. Natureza da sentença declaratória de quebra ... 383
18.2. Requisitos da sentença de falência ... 383
18.2.1. O relatório da sentença falimentar ... 384
18.2.2. A motivação da sentença ... 386
18.2.3. O dispositivo da sentença ... 386
18.2.3.1. Termo legal da falência ... 387
18.2.3.2. Nomeação do administrador judicial .. 391
18.2.3.3. Prazo para as habilitações de crédito ... 395

18.2.4. Outras determinações na sentença 396
18.3. Recursos contra a sentença falimentar 399
18.4. Efeitos da sentença denegatória 400
18.5. Indenização por dano material 400
18.6. Indenização por dano moral 402
19. Efeitos jurídicos da sentença declaratória em relação aos credores 405
19.1. Principais efeitos 405
19.2. Suspensão do curso da prescrição 406
19.3. Suspensão das ações e execuções individuais dos credores 407
19.4. Vencimento antecipado das dívidas 411
19.4.1. Cláusulas penais dos contratos unilaterais 413
19.4.2. A conversão dos créditos em moeda estrangeira 415
19.4.3. Obrigações sujeitas a condição suspensiva: sem vencimento antecipado 416
19.5. Formação da massa de credores 417
19.5.1. Credores não concorrentes à falência 417
19.5.2. Credor que não dispõe do título de seu crédito 422
19.6. Suspensão do direito de retenção 422
19.7. Suspensão da fluência de juros 423
19.8. Regulamentação do direito de credores de coobrigados solidários 425
19.8.1. Credor de obrigação solidária 425
19.8.2. Devedor falido com obrigações extintas 425
19.8.3. Direito de regresso 425
19.8.4. Cobrança de uma massa devedora de obrigação solidária por outra 429
19.8.5. Direitos de codevedores solventes 430
19.9. Direitos dos credores na condução da falência 430
20. Efeitos jurídicos da sentença declaratória em relação ao falido e aos administradores e liquidantes 433
20.1. Obrigações impostas ao falido 433
20.2. Obrigações consistentes em entrega 434
20.2.1. Entrega dos livros obrigatórios 434
20.2.2. Entrega dos bens, papéis, documentos e senhas 438
20.3. Obrigações consistentes em atos de fazer, impostos ao falido 439

20.3.1. A declaração do art. 104, I 440
20.3.2. Obrigação de colaborar com o ágil processamento da falência 442
20.4. Restrição ao livre direito de ausentar-se da comarca 443
20.5. Extensão das obrigações 444
20.6. Remuneração do falido 445
20.7. Restrições de direitos 446
20.8. Direitos atribuídos ao falido 447
21. Efeitos jurídicos da sentença declaratória em relação aos bens do empresário individual falido e dos sócios da sociedade falida 449
21.1. Hipóteses de desapossamento 449
21.2. Natureza jurídica do desapossamento 450
21.3. Extensão do desapossamento 450
21.4. Exceções à regra 453
21.4.1. Os bens inalienáveis e os declarados, por ato voluntário, não sujeitos a execução 453
21.4.2. Os frutos e os rendimentos dos bens inalienáveis 455
21.4.3. Os vestuários e pertences 456
21.4.4. Os vencimentos, os subsídios e as remunerações diversas 456
21.4.5. Os livros, as máquinas, os utensílios, os instrumentos ou outros bens necessários ou úteis ao exercício de qualquer profissão 457
21.4.6. O seguro de vida 458
21.4.7. Os materiais necessários para obras em andamento, salvo se estas forem penhoradas 458
21.4.8. A pequena propriedade rural 458
21.4.9. Recursos públicos recebidos por instituições privadas 459
21.4.10. Quantia depositada em caderneta de poupança 459
21.4.11. O patrimônio de afetação previsto na Lei n. 10.931/2004 459
21.5. Tipos societários 460
21.5.1. Efeitos sobre os sócios com responsabilidade ilimitada 462
21.5.2. Efeitos sobre os demais sócios 463

22. Efeitos jurídicos da sentença declaratória em relação aos contratos 467
22.1. Conceitos 468
22.2. Contratos bilaterais 468
22.2.1. Natureza sinalagmática do contrato bilateral 469
22.2.2. Resolução do contrato bilateral por insolvência de uma das partes 469
22.2.3. Rescisão contratual requerida por uma das partes 469
22.2.4. Efeitos da rescisão judicial do contrato bilateral 470
22.2.5. Efeitos da inexecução dos contratos 471
22.2.6. Efeitos dos contratos unilaterais em curso na falência 472
22.3. Regras gerais aplicáveis aos contratos bilaterais na falência – o cumprimento pelo administrador judicial 472
22.3.1. A regra especial na falência 472
22.3.2. A faculdade do administrador judicial e do Comitê 473
22.3.3. A interpelação do administrador judicial 473
22.3.4. O ressarcimento do contratante em razão do não cumprimento pelo administrador judicial 475
22.3.5. Efeito da condição resolutiva expressa pelas partes antes da falência 475
22.3.6. Efeitos do cumprimento do contrato 476
22.4. Introdução aos contratos bilaterais na falência 477
22.5. Falência do vendedor que não entregou a coisa contratada 477
22.5.1. Contrato de entrega de coisas compostas 477
22.5.2. Contrato de venda de coisas móveis vendidas a prestação pelo falido 479
22.6. Falência do comprador que não pagou a coisa contratada 479
22.7. Contrato de compra e venda com reserva de domínio ... 481
22.7.1. Contrato com cláusula de alienação fiduciária 482
22.7.2. Contrato de *leasing* ou arrendamento mercantil 487

22.7.3. Contrato de *leasing* ou arrendamento de aeronave ou de suas partes 489
22.7.4. Contrato com cláusula de reserva de domínio 489
22.8. Falência do comprador ou do vendedor nas vendas a termo 490
22.9. Falência e contratos imobiliários 491
22.9.1. Contratos imobiliários com compromisso 491
22.9.2. Contratos de locação comercial 493
22.9.3. Contratos de incorporação imobiliária 494
22.10. Outros contratos e regras especiais previstas na Lei Falimentar 494
22.10.1. Contrato de conta-corrente 495
22.10.2. Compensação de dívidas 496
22.10.3. Acordo para compensação e liquidação de obrigações no âmbito do sistema financeiro nacional 500
22.10.4. Mandato mercantil 500
22.10.5. Contratos de sociedade firmados pelo falido 501
22.10.6. Contratos de sociedade em conta de participação 503
22.10.7. Condomínio indivisível 503
22.11. Outros contratos não mencionados na Lei Falimentar ... 503
22.11.1. Contrato de trabalho 504
22.11.2. Contrato de franquia 505
22.12. Resumo gráfico 505

PARTE III – DA ADMINISTRAÇÃO, ARRECADAÇÃO, REALIZAÇÃO DO ATIVO E PAGAMENTO DO PASSIVO

23. Visão geral da administraçãofalimentar 511
23.1. A fase de administração falimentar 511
23.2. Etapas do processo principal 515
23.2.1. A publicidade da sentença falimentar 515
23.2.2. O compromisso e as funções do administrador judicial 517
23.2.3. Convocação da assembleia geral de credores 524
23.2.4. Constituição do Comitê de Credores 525

23.2.5. A continuação provisória da atividade empresarial 527
23.2.6. A apresentação do primeiro relatório 528
23.2.7. A arrecadação e a avaliação de bens 529
23.2.8. Realização do ativo e pagamento dos credores ... 531
23.2.9. Encerramento da falência 532
23.2.10 Fase pós-falimentar: a extinção das obrigações do falido 533
24. Arrecadação e avaliação dos bens 535
24.1. A arrecadação de bens – conceitos 535
24.2. O lacre das portas do estabelecimento e a apreensão de bens 536
24.3. A arrecadação pessoal e por carta precatória 537
24.4. O acompanhamento pelo Ministério Público 538
24.5. O inventário de livros e bens 539
24.6. A arrecadação de bens imóveis 541
24.7. A arrecadação de bens incorpóreos 541
24.8. Bens não arrecadáveis 543
24.9. Bens penhorados ou de outra forma apreendidos 543
24.10. Venda antecipada 544
24.11. Avaliação e falência frustrada e de pequeno passivo ... 545
24.12. Avaliação em separado 546
25. A ação de restituição e os embargos de terceiro 549
25.1. O objeto do pedido de restituição 549
25.2. A ação de restituição decorrente de titularidade de direito real 551
25.2.1. A coisa deve ter sido arrecadada em poder do devedor 551
25.2.2. A coisa deve ser devida ao reivindicante em virtude de direito real de propriedade 552
25.2.3. A coisa pode ter sido alienada posteriormente ao decreto da falência pela massa 553
25.3. A ação de restituição decorrente de venda de coisas a prazo 553
25.3.1. Compra com cheque pós-datado 554
25.4. A ação de restituição de adiantamento de contrato de câmbio 554

25.5. A ação de restituição por contribuição previdenciária descontada e não recolhida 555
25.6. Procedimento 556
25.7. Intervenção do Ministério Público 560
25.8. Liquidação da sentença 560
25.9. Honorários advocatícios, juros e atualização monetária .. 561
25.10. Os embargos de terceiro 561
26. As ações revocatórias 563
26.1. Noções 563
26.2. Distinção entre as ações previstas nos arts. 129 e 130 da Lei Falimentar 565
26.3. Hipóteses previstas no art. 129 da Lei Falimentar 566
26.3.1. Atos praticados dentro do termo legal 566
26.3.2. Atos praticados no período de dois anos anteriores à decretação da falência 570
26.3.3. Atos nos quais não se leva em consideração o elemento temporal 571
26.3.4. Atos praticados após a decretação da falência .. 573
26.4. Ação revocatória com fundamento no art. 130 575
26.5. Efeitos das ações revocatórias 576
26.6. Securitização de recebíveis 579
26.7. Processamento da ação revocatória 581
26.8. Medidas cautelares e recursos 584
26.9. Ineficácia oposta como defesa em ação ou execução .. 584
26.10. Ação revocatória prevista na Lei n. 6.404/76 585
26.11. Ação revocatória contra sócio com responsabilidade limitada, por retirada dos fundos sociais 587
26.12. Atos fundados em decisão judicial 588
27. Procedimento liquidatório 591
27.1. A etapa de liquidação 591
27.2. A ordem de alienação 594
27.2.1. Sucessão do arrematante 595
27.2.2. Constituição de sociedade de credores ou de empregados do devedor 595
27.2.3. Credores trabalhistas, por acidentes de trabalho e credores incapazes 597
27.3. Modalidades de alienações públicas 598

27.4. Impugnações 599
27.5. Recurso contra decisão que homologa a venda 599
27.6. A ordem de preferência dos credores 600
27.7. Créditos prioritários decorrentes de despesas de pagamento antecipado e os primeiros extraconcursais 603
27.7.1. Créditos com prioridade absoluta: às quantias referidas nos arts. 150 e 151 da LREF (art. 84, I-A) 608
27.7.2. Créditos decorrentes de contrato de financiamento previsto no art. 69-A (art. 84, I-B) 609
27.7.3. Créditos prioritários decorrentes de restituição (art. 84, I-C) 610
27.7.4. Créditos decorrentes de remunerações devidas ao administrador judicial e seus auxiliares, e créditos derivados da legislação do trabalho ou decorrentes de acidentes do trabalho relativos a serviços prestados após a decretação da falência (art. 84, I-D) 610
27.7.5. Créditos decorrentes de atos jurídicos válidos durante a recuperação judicial (art. 84, I-E) 610
27.8. Os demais créditos extraconcursais 611
27.9. Créditos concursais ou concorrentes 615
27.9.1. Créditos derivados da legislação do trabalho e decorrentes de acidentes de trabalho 615
27.9.2. Créditos com direito real de garantia 617
27.9.3. Créditos tributários, à exceção das multas tributárias 618
27.9.4. Créditos cuja classificação foi extinta na reforma da LREF em 2020 619
27.9.5. Créditos quirografários 624
27.9.6. Créditos subquirografários 624
27.9.7. Créditos subordinados 625
27.10. O pagamento aos credores 626
27.11. Pagamento de juros 631
27.12. Devolução da sobra ao falido ou rateio entre os sócios 631
27.13. Resumo gráfico 631
27.14. O pagamento entre massas solidárias 633
27.15. A prestação de contas e o relatório final do administrador judicial 635
27.16. A sentença de encerramento 636

PARTE IV – DA FASE PÓS-FALIMENTAR

28. A extinção das obrigações do falido e sua reabilitação criminal .. 639
28.1. Extinção das obrigações 639
28.2. Extinção pelo pagamento 639
28.3. Extinção em decorrência da prescrição 640
28.4. Extinção pelo rateio 641
28.5. Procedimento de extinção 642
28.5.1. Causas de extinção 642
28.6. Reabilitação do condenado por crime falimentar...... 643

LIVRO IV

DA COOPERAÇÃO INTERNACIONAL NOS PROCESSOS FALIMENTARES-RECUPERATÓRIOS

29. Da insolvência transnacional 649
29.1. Disposições gerais 649
29.1.1. Adaptando a Lei Modelo da Uncitral 650
29.1.2. Definições dos instrumentos jurídicos e das pessoas legitimadas 653
29.1.3. Regras de interpretação da norma jurídica.... 654
29.1.4. Fiscalização ministerial e competência constitucional do STJ 655
29.1.5. Destinatários da norma 656
29.1.6. Da competência interna 656
29.1.7. Da legitimidade 656
29.2. Do acesso à jurisdição brasileira 656
29.2.1. Da ordem de classificação dos créditos 657
29.2.2. Da comunicação dos atos judiciais 658
29.3. Do reconhecimento de processos estrangeiros 658
29.3.1. Do pedido 659
29.3.2. Da decisão de reconhecimento 661
29.3.3. Dos atos do representante estrangeiro e da tutela provisória 662
29.3.4. Efeitos do reconhecimento de processo estrangeiro principal 662
29.3.5. De outras medidas requeridas pelo representante estrangeiro 663
29.4. Da cooperação com autoridades e representantes estrangeiros 664
29.5. Dos processos concorrentes 665
29.5.1. Compatibilidade das medidas concedidas no Brasil 665
29.5.2. Dos efeitos falimentares transnacionais 666

LIVRO V

DISPOSIÇÕES PENAIS

30. A investigação, a ação penal e os crimes falenciais 669
30.1. Apuração de crime definido na Lei Falimentar 669
30.2. A abolição do inquérito judicial 674
30.2.1. A quebra da unidade na apuração delitiva 674
30.2.2. O princípio da unicidade 674
30.3. A multiplicidade de vias investigatórias 678
30.3.1. Atos investigatórios 680
30.3.2. O laudo contábil 681
30.3.3. A intervenção dos credores concorrentes...... 682
30.3.4. A apuração dos fatos 683
30.3.5. O recebimento ou a rejeição da denúncia 686
30.4. Da prescrição 686
30.5. Competência 687
30.6. Processo-crime 688
30.7. Crimes de fraude a credores ou de falsidade no curso do processo 690
30.8. Crimes relacionados à escrituração contábil 700
30.9. Crimes de natureza patrimonial, por desvio ou especulação de lucro sobre os bens 701
30.10. Outros crimes 705

LIVRO VI

PROCEDIMENTOS CONCURSAIS ADMINISTRATIVOS

31. Intervenção, liquidação extrajudicial e administração especial temporária 709
31.1. Noções e conceitos 709
31.2. Conceito de instituição financeira 710
31.3. Regimes de intervenção, administração especial e liquidação 712
31.4. Intervenção extrajudicial 712
31.4.1. Efeitos da intervenção 713
31.4.2. Procedimento administrativo 714
31.4.3. Declaração dos ex-administradores 715
31.4.4. Resumo do procedimento 717

31.5. Regime de administração especial temporária 718
31.5.1. Diferença entre a intervenção e o RAET 718
31.5.2. Procedimento 719
31.5.3. Relatório do conselho diretor 719
31.5.4. Resumo do procedimento 721
31.6. Liquidação extrajudicial 722
31.6.1. Efeitos do decreto de liquidação 722
31.6.2. A figura do liquidante 726
31.6.3. Procedimento 726
31.6.4. Modalidades de liquidação 728
31.6.5. Resumo do procedimento 729
31.7. Cessação dos regimes 730
31.8. Outros regimes especiais 732
32. Da responsabilidade dos administradores: da indisponibilidade, das ações de arresto e ordinária de responsabilidade 733
32.1. Do inquérito administrativo 733
32.2. Ações de arresto e ordinária 734
32.3. Indisponibilidade de bens 735
32.3.1. Indisponibilidade ordinária 735
32.3.2. Indisponibilidade estendida ou superveniente 736
32.3.3. Extensão por integração de atividade, vínculo de interesse ou de controle 736
32.3.4. Cessação da indisponibilidade 738
32.3.5. Distinção entre indisponibilidade e arresto ... 738
32.4. Do conceito de administrador 739
32.5. Da responsabilidade dos administradores – teorias ... 740
32.5.1. Da responsabilidade objetiva 740
32.5.2. Posição intermediária 743
32.5.3. Da responsabilidade por culpa presumida 744

Bibliografia 745

Índice onomástico 761

Índice da legislação mencionada 765

Índice alfabético-remissivo 773

Ao Leitor

Nas edições anteriores, alteramos o título da obra a partir da 12ª edição e procedemos à adaptação do texto segundo as mudanças introduzidas pela Lei n. 13.105, de 16 de março de 2015 (novo Código de Processo Civil), bem como acrescentamos inúmeros comentários e alguns julgados dos Tribunais pertinentes e necessá-rios à compreensão da matéria.

Nesta 15ª edição, as alterações foram mais extensas e exigiram a adição de mais de cem páginas de texto. Nelas, incorporamos comentários e inúmeras mudanças no texto em razão dos mais recentes julgados e da sanção da Lei n. 14.112, de 24 de dezembro de 2020.

Todos os novos institutos normatizados foram integralmente abordados, destacando-se, entre outros, o procedimento de instauração de incidente de classificação de crédito público nos processos de falência, a regulamentação das conciliações e das mediações antecedentes ou incidentais aos processos de recuperação, a deliberação do plano por meio de documento de adesão, a introdução do financiamento do devedor durante a recuperação judicial, a regulamentação da consolidação processual e da consolidação substancial, a autorização ao devedor em recuperação judicial liquidar seus débitos com a Fazenda Nacional e a introdução de um novo capítulo voltado à insolvência transnacional.

Neste volume 3, alteramos o número de capítulos, com o acréscimo do Livro IV, com a renumeração dos dois livros seguintes, e introduzimos um capítulo inteiro sobre a cooperação internacional nos processos falimentares-recuperatórios.

Esta obra ainda abrange todo o programa de Direito Comercial – Direito Empresarial das faculdades reconhecidas:

Volume I – Evolução Histórica do Direito Comercial, Teoria Geral da Empresa e Direito Societário.

Volume II – Títulos de Crédito e Contratos Empresariais.

Volume III – Recuperação Judicial e Extrajudicial, Falência, Procedmentos Concursais Administrativos, incluindo a intervenção, a liquidação extrajudicial e o regime especial de administração temporária das instituições financeiras.

Nossa intenção é contribuir para o debate que, por certo, ocorrerá na doutrina e nos Tribunais.

Sempre grato pelas sugestões e críticas,

O Autor

LIVRO I

TEORIA GERAL DO DIREITO FALIMENTAR

(Capítulos 1 a 5)

PARTE I

INTRODUÇÃO AO DIREITO FALIMENTAR

(Capítulos 1 e 2)

Capítulo 1

INTRODUÇÃO

Sumário: 1.1. Origem etimológica da palavra "falência". 1.2. História. 1.2.1. Primórdios. 1.2.2. Fases do Direito Falimentar – as Ordenações. 1.2.3. Fase imperial. 1.2.4. Fase republicana. 1.2.5. Fase pré-empresarial. 1.2.6. Tramitação do Projeto de Lei n. 4.376/93. 1.2.7. Tendências do Direito Internacional. 1.2.8. Lei n. 11.101, de 9 de fevereiro de 2005. 1.2.9. Lei n. 14.112, de 24 de dezembro de 2020.

1.1. Origem etimológica da palavra "falência"

O grande comercialista Carvalho de Mendonça estabelece a gênese do verbo "falir", buscando na palavra latina *falece* a origem mais remota, porque exprimiria a mesma coisa que *faltar com o prometido*, *com a palavra*, *enganar*[1]; daí *falimento*, *falência*, seus derivados, significando *falha*, *falta*, *omissão*. Nessa última acepção, o ilustre professor encontrou menção à palavra *falência* no Título 72, Livro 4º, das Ordenações Afonsinas. De fato, no capítulo das compensações, há várias referências à palavra *fallencia*, indicando a ideia de falha ou omissão[2].

---

[1] O inexcedível comercialista revela suas fontes de pesquisa anotando à margem: "Frei Domingos Vieira, *Grande Dicionário Português*; Aulete, *Dicionário Contemporâneo*; Cândido de Figueiredo, *Novo dicionário da língua portuguesa*, ed. de 1913. O latim *falece* procede da raiz sânscrita *sphal*, vacilar, mover, desviar, donde também o grego *sphallen*, faltar; o alemão, *fallen*, *fehlen*, cair, decair, faltar, cair em falta; o inglês, *fall*, *fail*, cair, faltar; o francês, *faillir*, *faillite*, enganar, pecar, faltar; o italiano, *fallire*, *fallimento* com o mesmo significado" (*Tratado de Direito Comercial Brasileiro*, 7. ed. atualizada pelo Dr. Roberto Carvalho de Mendonça, Rio de Janeiro, Freitas Bastos, vol. 7, Livro V, parte I, item n. 1 e nota de rodapé).

[2] Ordenações Afonsinas, Livro IV, Lisboa, Fundação Calouste Gulbenkian, reprodução fac-símile da edição feita na Real Imprensa da Universidade de Coimbra, no ano de 1792, Título LXXII, n. 2 a 6, p. 254 a 256: "E pero que esta Ley seja geeral, recebe porem em si muitas fallencias (...) A segunda fallencia he em todo caso de força, roubo, furto, ou outro

De Plácido e Silva (1998:345) concorda com essa origem e acrescenta: "Sem fugir do sentido etimológico, falência é falta de cumprimento à obrigação assumida, ou o engano do devedor ao credor pelo inadimplemento da obrigação em seu vencimento".

Aurélio Buarque de Holanda Ferreira (1999) indica em seu dicionário o significado como (1) ato ou efeito de falir, quebra, (2) falecimento e (3) falha, convergindo para o sentido inicialmente proposto por Carvalho de Mendonça.

O verbo "falir"[3] indica gramaticalmente processo em três acepções, conforme anota Francisco da Silva Borba (1991): "(1) com sujeito paciente expresso por nome humano, significa ficar sem recursos para pagar os credores, perder os bens (...); (2) com sujeito paciente expresso por nome designativo de instituição humana não econômica ou nome abstrato, significa *malograr*, *fracassar* (...); (3) com sujeito paciente expresso por nome abstrato e com complemento da forma 'a' mais nome humano, significa *diminuir*, *minguar* (...)". Todas essas ideias guardam correspondência com o estado econômico deficitário em que se vê o empresário acometido pelo evento da quebra.

A ideia, portanto, de omissão está implícita em seu significado jurídico, referindo-se ao não cumprimento das obrigações financeiras por parte do devedor. Observe-se, contudo, que nem sempre haverá culpa ou dolo por parte do falido. Sua situação pode decorrer de diversos fatores econômicos ou mesmo de sua momentânea inabilidade para a prática da atividade empresarial, sem que sua intenção seja fraudar seus credores.

1.2. História

1.2.1. Primórdios

Carvalho de Mendonça (1963, 7, item 7) acredita que o instituto da falência teve sua origem no chamado *venditio bonorum*, na última fase do

---

qualquer caso semelhante (...) A terceira fallencia he, quando a algum he devudo algum mantimento, ainda que (...) A quarta fallencia he, quando aquella divida, de que se faz compensaçom (...) A quinta fallencia he, quando alguã divida de quantidade for devuda a Nós...".

[3] Observe-se que falir é verbo defectivo e somente se conjuga nas formas em cuja desinência existe o "i", isto é, não se conjuga nas três pessoas do singular e na terceira pessoa do plural do presente do indicativo, no singular do imperativo e no presente do subjuntivo, conforme esclarece Napoleão Mendes de Almeida. No presente do indicativo somente temos as formas *nós falimos* e *vós falis*. Para expressá-lo nas formas omissas, utiliza-se um verbo auxiliar: estou falido, está falido, vai falir etc.

Direito Romano: "O credor ou credores, munidos de sentença, procuravam o magistrado que, *causa cognita*, autorizava por decreto a *missio in bona* e, em virtude desta, entravam na posse de todos os bens do devedor, procedendo depois à venda mediante determinadas formalidades. A *missio* não despia o devedor da propriedade nem da posse jurídica dos seus bens; privava-o apenas da administração, que passava ao *curator*, nomeado pelo magistrado *ex consensu majoris partis creditorum*. O patrimônio constituía um *penhor* em benefício dos credores".

Nesse aspecto inicial muito se assemelha aquele ao atual instituto falimentar brasileiro: entre nós o desapossamento não significa a perda da propriedade, mas tão somente, num primeiro momento, da administração dos bens por parte do devedor.

Juan Iglesias (1958:215), catedrático de Direito Romano na Universidade de Madri, explica que "as primeiras manifestações de execução no patrimônio do devedor ocorriam no direito pretoriano, através da *missio in bona*, ou entrada nos bens por solicitação de credor favorecido na sentença. No caso de serem vários credores, podiam associar-se todos à posse dos bens – *missio in rem* –, cujo efeito não era outro senão sua conservação e guarda – *missio in bona rei servandae causa*. Na administração do patrimônio se colocava um *curator bonorum*, designado pelo pretor, a pedido dos credores, e é quem deveria dar notícia da *missio*, mediante avisos públicos – *proscriptio bonorum* –, a fim de que pudessem vir a associar-se à execução outros credores. Transcorrido o prazo de quinze dias, se o devedor estivesse morto, ou de trinta, se tal fato não tivesse ocorrido, se nomeava um *magister*, que era alguém entre os credores concursados, e a quem se conferia o encargo de vender os bens – *bonorum venditio*. A venda feita depois de observar certas formalidades e de transcorrer algum tempo, quinze ou dez dias, se realizava em leilão e de todo o patrimônio. O comprador – *bonorum emptor* –, adquirente do ativo, assumia a obrigação de pagar a cada credor um valor proporcional" (tradução do texto pelo autor).

O instituto da *missio in bona* tinha sua aplicação para qualquer tipo de devedor, uma vez que o Direito Romano não distinguia um sistema próprio para os comerciantes. Somente na Idade Média, na civilização das comunas, é que o Direito Comercial surge como disciplina distinta do então Direito Romano, conforme nos informa Tullio Ascarelli (1996,103:87), quase ao mesmo tempo da redescoberta do *Corpus Iuris* justinianeu na Europa, quando também se iniciou a história do direito privado moderno, segundo destaca Franz Wieacker (1967:11).

O *Corpus Iuris* justinianeu é obra de compilação em um só corpo jurídico, sem misturá-los, de toda jurisprudência clássica romana e da legislação do império. Foi elaborado entre 528 e 533 d.C., no Império bizantino.

Foi na Itália que as principais características do sistema falimentar moderno vicejaram, merecendo de Carvalho de Mendonça (1963, 7, item 7) o epíteto de "laboratório da falência moderna", por estabelecer "a designação normal dos síndicos; o sequestro dos bens e livros do devedor; o balanço; o exame de livros e contas; a verificação do ativo e passivo; a publicidade da falência; o vencimento antecipado das dívidas a prazo; o período suspeito; a privação do falido da administração dos bens; a distribuição de dividendos proporcionais à importância dos créditos, salvo as preferências hipotecárias e privilegiadas; a prestação de alimentos ao falido em certos casos; o acordo entre o falido e os síndicos representantes dos credores e aprovado pela maioria destes, obrigando a todos os outros ausentes e dissidentes; a cessão de bens concedida aos falidos casuais etc.".

1.2.2. Fases do Direito Falimentar – as Ordenações

No Brasil, é possível dividir o Direito Falimentar em cinco fases. A primeira representa o período português, caracterizado pela aplicação da legislação do reino em matéria falencial, na qual têm destaque, por primazia, as Ordenações Afonsinas, consideradas o primeiro código europeu[4] e que vigoraram até 1521, com a publicação das Ordenações Manuelinas. Curiosamente, a primeira impressão das Ordenações Afonsinas deu-se quase trezentos anos depois de revogadas: em 1792, em edição da Universidade de Coimbra. O início de vigência das Afonsinas é inexato[5], admitindo-se, porém, a data de 1447 como a de sua aprovação.

---

[4] Cf. SEGURADO, Milton Duarte (1973:57): "Embora só impresso depois de revogado, o Código Afonsino é o mais antigo da Europa, precedendo mesmo o Código Sueco, que um erro de Jeremias Bentham tem apontado como sendo o primeiro. Isto é o que afirma a maioria dos autores, entre os quais Martins Júnior. José Câmara, entretanto, contesta e parece estar com a razão: o Código Sueco teria precedido de 6 anos as Afonsinas, e, assim sendo, Bentham está certo. Nenhum dos dois códigos, entretanto, foi publicado. Usamos a expressão no sentido de divulgação, publicidade. O 1º Código impresso, no mundo, foi o Manuelino ou Ordenações do Reino devidas a D. Manuel I, o Venturoso – e sobre esta afirmação não pairam dúvidas. Assim, o Código Manuelino, posterior ao Sueco, foi impresso antes que este".

[5] Cf. COSTA, Mário Júlio de Almeida, Professor Catedrático da Faculdade de Direito da Universidade de Coimbra, *Ordenações Afonsinas*, Livro I, Lisboa, Fundação Calouste Gul-

Nas Ordenações Afonsinas encontram-se mescladas várias regras de Direito Civil e de Direito Comercial, sem qualquer rigor sistemático, e, entre elas, o Título LXVII, que trata dos que podem ser presos por dívidas civis. Sobre impontualidade há curiosa regra, de caráter punitivo, na 3ª seção desse título: "E se algum devedor promete a seu credor lhe pagar a dívida a tempo certo, e não lha pagando, que fosse preso na prisão nossa ou do Conselho, até que lhe pagasse, se ele não pagar a dita dívida ao tempo que prometeu, poderá ser preso por mandado da Justiça até que pague: e a Justiça o deve mandar prender, sendo para ela requerida. E acordando devedor e credor, que não pagando ao tempo certo o devedor a dívida ao credor, ele o pudesse prender por sua própria autoridade, mandamos que tal convenção não valha, e não possa por poder dela o credor prender o seu devedor, mas faça o requerimento à Justiça, e ela o mande prender. Mas se o credor achar seu devedor fugindo, por lhe não pagar a dívida, em tal caso mandamos que se o credor não puder haver a cópia da presença do juiz para o mandar prender, ele mesmo per si o poderá prender ou mandar prender em todo o caso, levando-o logo à prisão do Conselho, recontando à Justiça pela guisa que o prendeu, e requerendo-lhe que lhe mande pôr sobre ele boa guarda, para se dele fazer cumprimento de direito".

Nas Ordenações Manuelinas há poucas regras a respeito de execução por dívidas singulares ou coletivas, como, por exemplo, o Título LXXIV, alínea 3, do Livro III, que regulamenta o período de um mês que se segue à quebra de algum devedor, visando a equidade no tratamento dos credores: "E, porém, quando alguém quebrar, queremos que dentro de um mês inteiro do dia que quebrar não aproveite diligência alguma, que qualquer credor fizer no dito mês, assim acerca de qualquer sentença, como de fazer primeiro a penhora, e execução no dito mês, para poder preceder aos outros, somente se dará valor para a precedência segundo for a qualidade da obrigação; e passado o dito mês então dará lugar a disposição desta lei, segundo nela está contido".

As Ordenações Filipinas, decretadas em 1603, vigoraram no Brasil até 1916, ocasião em que, em decorrência do advento do Código Civil brasileiro, foram revogadas as últimas disposições ainda em vigor, constantes do Livro IV. É nelas que se encontram, no Livro V, regras mais claras

---

benkian, nota de apresentação à edição feita por reprodução fac-símile da realizada pela Real Imprensa da Universidade de Coimbra, no ano de 1792.

acerca da falência, distinguindo-se a dolosa, a culposa e a sem culpa, como, por exemplo, o Título LXVI, que, reproduzindo uma lei de 8 de março de 1597, impõe:

a) a mesma pena dos públicos ladrões, roubadores, aos comerciantes que, se ausentando do lugar de seu comércio, esconderem os livros comerciais ou bens (*caput*);

b) a pena de degredo para galés e outras partes e a proibição do exercício do comércio, com a inabilitação correspondente (alínea 1). As galés eram trabalhos forçados de duas espécies, quanto à duração: temporárias e perpétuas. Aos condenados geralmente era imposta a obrigação de remar nas galeras do rei. O degredo era a obrigação de sair do local do crime para um lugar determinado, distinguindo-se do banimento, que representava um degredo perpétuo;

c) proibição de cessão de bens (indisponibilidade) para garantia da execução dos credores (alínea 2);

d) autorização para apreensão, arrecadação e arrolamento de seus bens "que se encontrem em igrejas, mosteiros, lugares pios, fortalezas, navios ou em casas de pessoas poderosas, de qualquer qualidade ou condição" (alínea 3);

e) proibição de pagamento de dívidas ativas por parte de seus devedores, sob pena de pagamento em dobro. Dentro de quinze dias do conhecimento da situação de seu credor, os devedores deveriam manifestar-se perante os oficiais de justiça (alínea 4);

f) proibição de hospedagem, abrigo, ajuda, conselho e favor ao falido, sob pena de, não o entregando à Justiça, serem "obrigados a pagar de suas fazendas aos credores, tudo o que o dito levantado lhe dever, e haverão as mais penas crimes, que por nossas Ordenações são postas aos que recolhem furtos e malfeitores" (alíneas 5 e 6);

g) a pena de degredo para a falência culposa, decorrente de jogo ou gastos demasiados, sem a infâmia de *serem havidos por públicos ladrões* (alínea 7);

h) a possibilidade de reorganização de sua empresa junto ao prior e cônsules do Consulado[6] àqueles que "caírem em pobreza sem culpa sua,

[6] No volume correspondente aos Livros IV e V das Ordenações Filipinas, publicado pela Fundação Calouste Gulbenkian, de Lisboa, em fac-símile da edição feita por Cândido Mendes de Almeida, no Rio de Janeiro, em 1870, consta a seguinte anotação de rodapé: "Prior e Cônsules do Consulado. Moraes no Dicc diz o seguinte: Consulado. Aduana de fazendas para exportação, onde pagam certos direitos. O tributo do Consulado é de três por cento na

por receberem grandes perdas no mar, ou na terra em seus tratos e comércios lícitos, não constando de algum dolo, ou malícia" (alínea 8);

i) a determinação de imediato arrolamento dos bens do falido e apreensão do livro Razão, instaurando procedimento investigatório das causas determinantes da quebra: "e tirem devassa de modo que se saiba a verdade e a causa que teve para quebrar, e procurem prender os culpados, e procederão contra eles, como for justiça" (alínea 9);

j) a pena de morte natural[7] a qualquer pessoa que, não sendo comerciante, nem gestor de negócios, "se alevantar com dinheiro ou dívida, ou qualquer fazenda alheia, ou se puser onde a parte não possa dele haver direito". A pena será de degredo de oito anos para o Brasil se o valor da apropriação for inferior a cem cruzados (alínea 10).

1.2.3. Fase imperial

A segunda fase é inaugurada pelo advento do Código Comercial de 1850, prosseguindo até a Proclamação da República. Em vigor, nesse período, a Parte III daquele Código, sob a rubrica "Das Quebras", cujo processo era regulado pelo Decreto n. 697, de 25 de novembro de 1850. Diversamente do adotado no Brasil nos dias de hoje, acolhia-se o sistema da cessação de pagamentos para a caracterização da falência.

Lembra Carvalho de Mendonça (1963, 7, item 36) que "a deficiência da legislação, a facilidade das quebras e as altas imoralidades que a conquistavam foram as causas que mais contribuíram para a publicação do

---

Alfândega, para despesas da Marinha de guarda-costas. Introduziu-o Felipe I em Portugal em 1592". E acrescenta: "Houve em Portugal um prior do Consulado e cônsules com atribuições análogas às que teve depois a Real Junta de Comércio. Esses cônsules foram extintos por Alvará de 13 de novembro de 1756, § 13, criando-se no seu lugar o conservador da Mesa do Bem Comum do Comércio. O mesmo Alvará confirmou e ampliou o título presente desta Ordenação".

[7] A pena de morte natural é explicada pelo Professor Milton Duarte Segurado em seu livro *O Direito no Brasil*, São Paulo, Bushatsky/Edusp, 1973, p. 180: "É chamada nas Ordenações morte natural para se distinguir da morte civil, ou privação dos direitos civis, de que nos fala o título 120 do 5º filipino (...) Morte natural simples: o réu é executado, sem tortura, e o cadáver enterrado; quando, na sentença, usavam os juízes da expressão morte natural, entendia-se morte natural simples. E era dada geralmente no mais desagradável dos instrumentos de corda: a forca. Morte natural para sempre: o réu é executado, sem tortura, na forca, onde o cadáver fica pendente, até decompor-se e não é enterrado". Há, por incrível que pareça, outras formas mais cruéis de morte que a que o renomado professor menciona:

Código Comercial de 1850, conforme se apreende das representações da classe comercial e da discussão do código do Parlamento".

Carvalho de Mendonça, no seu completo *Tratado de Direito Comercial Brasileiro*, anota que se seguiram ao Código Comercial as alterações introduzidas por diversas leis:

a) Decreto n. 1.597, de 1º de maio de 1855;

b) Lei n. 1.083, de 22 de agosto de 1860, que tratou das falências nos bancos de circulação;

c) Decreto n. 2.691, de 14 de novembro de 1860, que regulou os casos de falências dos bancos e outras companhias e sociedades anônimas;

d) Decreto n. 3.308, de 17 de setembro de 1864, que concedia moratória de sessenta dias;

e) Decreto n. 3.309, de 20 de setembro de 1864, que regulou a falência dos bancos e casas bancárias;

f) Decreto n. 3.516, de 30 de setembro de 1865, que declarou sem efeito os dois anteriores por terem cessado os motivos que os determinaram.

Nesse passo, o então Ministro da Justiça Joaquim Nabuco (Cf. Faoro, 1997, 1:645) apresenta o projeto que trata dos processos de falência, em 1º de junho de 1866, introduzindo-o com críticas ao sistema previsto no Código Comercial de 1850: "Há quatorze anos o nosso comércio acolheu esperançoso a legislação de 1850. O tempo, porém, veio demonstrar que não era senão ilusória a proteção que o Código prometia aos credores. Com efeito, o nosso processo das falências, lento, complicado, dispendioso, importa sempre a ruína do falido e o sacrifício do credor".

O texto, inspirado na legislação belga de 18 de abril de 1851, inova em vários pontos, segundo se lê na Exposição de Motivos de Joaquim Nabuco:

a) instituição de liquidadores juramentados, nomeados pelo governo, em todas as praças comerciais do Império, sob proposta do presidente do Tribunal do Comércio, por cinco anos;

b) nomeação entre os liquidadores juramentados do curador-fiscal, que deve administrar a falência;

---

a morte atroz, com açoites e esquartejamento e queima do corpo, e a morte cruel, com castigos corporais, torturas, cortamento de membros e esquartejamento.

c) supressão das funções de depositário e administradores da massa, anteriormente prevista na legislação de 1850, que serão exercidas pelos liquidadores;

d) simplificação do processo de verificação de créditos;

e) regulamentação da falência de bancos;

f) introdução da concordata por abandono, fundamentada no art. 2º do projeto: "O comerciante falido, antes da abertura da falência, ou em qualquer termo dela, pode impetrar uma concordata excepcional, que se denominará concordata por abandono, a qual consiste em ceder ele aos mesmos credores todos ou parte dos seus bens, com a condição de ficar livre dos efeitos da falência" (Faoro, 1997:646, nota n. 6).

Substituído por outro, em 1879, converteu-se no Decreto Legislativo n. 3.065, de 6 de maio de 1882, adotando alguns pontos recomendados pelo projeto de Joaquim Nabuco, inclusive a concordata por abandono.

1.2.4. Fase republicana

Inaugura o período republicano o Decreto n. 917, de 24 de outubro de 1890, da lavra do conselheiro Carlos de Carvalho, auxiliado pelo Juiz do Comércio Macedo Soares. Segundo Trajano de Miranda Valverde (1999, 1:9), apesar de introduzir meios preventivos à decretação da falência, como a concordata preventiva, a moratória, a cessão de bens e o acordo extrajudicial, a legislação não teve grandes méritos: "A convergência de numerosos fatores, emergentes da situação difícil por que atravessávamos; a mudança brusca do sistema falimentar; a facilidade que tinham os devedores de afastar a decretação da falência, pelo emprego dos meios preventivos; a autonomia excessiva dos credores, e, sobretudo, o afastamento do sistema na aplicação da lei, pelo cancelamento dos princípios que a inspiraram, concorreram para o descrédito do Decreto n. 917".

Carvalho de Mendonça (1963, 7, item 42) é mais severo ao pesquisar a ausência de condenações por crime falimentar no período de vigência do Decreto n. 917, apontando como culpados pelo descrédito da lei os credores, pelo abuso das vantagens, e os devedores, pela impunidade com que se beneficiaram.

Nova reforma seguiu-se em 1902, com a sanção da Lei n. 859, de 16 de agosto de 1902, que, igualmente, recebeu pesadas críticas naquela oportunidade, como a registrada por Carvalho de Mendonça (1963, 7, item 46):

"A ideia de síndicos nomeados pelas Juntas Comerciais deu na prática funestos efeitos; sacrificou a reforma. Os quarenta síndicos do Distrito Federal foram alcunhados de 'Ali-Babás', alusão ao conhecido conto 'Ali-Babá e os quarenta ladrões'. Entre outras inovações estava a exclusão quase completa do Ministério Público do processo, fato que gerou severas críticas. Tal foi o clamor gerado por esta reforma que alguns Estados baixaram legislações próprias em algumas matérias".

O fracasso da lei obrigou o governo a expedir um novo regulamento das falências, introduzido pelo Decreto n. 4.855, de 2 de junho de 1903, vindo a receber avalanche de censuras. Em 17 de dezembro de 1908, o Presidente da República sancionou a Lei n. 2.024, que vigorou até 9 de dezembro de 1929, quando entrou em vigor o Decreto n. 5.746.

A Lei n. 2.024, de 1908, foi elaborada a partir de um projeto do então presidente da Comissão de Constituição, Legislação e Justiça, Paranhos Montenegro, originário do Decreto n. 4.855, de 2 de junho de 1903, quase integralmente substituído por emendas do Senado e da Câmara e, afinal, aprovado pelo parecer de Carvalho de Mendonça. Entre as inovações da Lei n. 2.024, de 1908, o eminente jurista destaca:

a) submissão das sociedades anônimas à falência;

b) introdução de rito breve para as chamadas falências sumárias de pequeno passivo;

c) regulamentação da falência das concessionárias de obras ou de serviços públicos;

d) introdução do Ministério Público como curador das massas falidas, determinando sua notificação de todos os autos quando sua assistência se tornasse útil em bem da ordem pública;

e) proibição de o Ministério Público requerer a falência;

f) proibição de o Ministério Público perceber comissões ou porcentagens por conta da massa falida;

g) fixação do critério da impontualidade e de alguns atos indicativos de falência como caracterizadores da quebra, tal como ocorre no sistema do Decreto-Lei n. 7.661/45;

h) estabelecimento da nulidade de certos atos do devedor anteriores à falência, como preconizado nos arts. 52 e 53 da Lei de 1945;

i) estabelecimento de dois períodos para o processamento da falência: o da informação e o da liquidação, dando liberdade ao juiz na escolha de síndicos quando não houvesse credores que aceitassem o encargo;

j) unificação dos procedimentos de verificação e classificação de créditos num só ato, definindo a inclusão e a classificação do crédito, tal como se encontra redigido no Decreto-Lei n. 7.661/45;

k) estabelecimento de duas concordatas: a preventiva e a concordata na falência (depois denominadas preventiva e suspensiva);

l) estabelecimento de princípios para a concessão da concordata, tal como a não validade da concordata "que trouxer aos credores maior sacrifício que a liquidação da falência", e a possibilidade de embargos dos credores dissidentes e sua rescisão.

O Decreto n. 5.746, de 9 de dezembro de 1929, introduziu poucas alterações à lei de Carvalho de Mendonça.

1.2.5. Fase pré-empresarial

Em 1939, o Ministro da Justiça Francisco Campos encarregou o eminente Trajano de Miranda Valverde de apresentar um projeto de Lei de Falências, o que foi feito em 31 de outubro daquele ano. Com a assunção de Alexandre Marcondes Filho como ministro interino, um novo foi encomendado a uma comissão de juristas[8] e publicado em 4 de dezembro de 1943, trazendo as linhas mestras do texto de Valverde. Transformado em lei em 21 de junho de 1945, resultou no Decreto-Lei n. 7.661, que vigorou por cerca de sessenta anos, tendo sido quase totalmente revogado pela Lei n. 11.101, de 9 de fevereiro de 2005, que passou a regular a recuperação judicial, a extrajudicial e a falência do empresário e da sociedade empresária.

O legislador ressalvou da revogação os artigos que tratam das concordatas, mantendo-os aplicáveis aos feitos dessa natureza ajuizados anteriormente ao início da vigência do novo diploma legal. Por disposição transitória (LREF, arts. 192 e 200) as regras do antigo favor legal vigem até conclusão dos processos em curso.

1.2.6. Tramitação do Projeto de Lei n. 4.376/93

O Projeto de Lei n. 4.376, de 1993, com objeto mais amplo que a lei sancionada em fevereiro de 2005 (destinava-se a regular a falência,

---

[8] A comissão era formada por Filadelfo Azevedo, Hahnemann Guimarães, Noé Azevedo, Canuto Mendes de Almeida, Sylvio Marcondes Machado e Luís Lopes Coelho.

a concordata preventiva e a recuperação das empresas que exercem atividade econômica regida pelas leis comerciais), originou-se do anteprojeto publicado em 27 de março de 1992 no *Diário Oficial da União*. Os primeiros postulados fixados pela comissão elaboradora[9] foram divulgados em nota explicativa de encaminhamento ao então Ministro da Justiça, Jarbas Passarinho, e continham:

a) introdução de fórmulas de recuperação da empresa;

b) revisão dos pressupostos da concordata e da falência;

c) extensão desses institutos para abrangerem a empresa em suas diferentes manifestações;

d) submissão da empresa estatal à concordata e à falência;

e) reestudo dos fundamentos para o requerimento da falência, com inovações salutares;

f) extensão da falência a sócios solidários;

g) supressão da concordata suspensiva, substituída por soluções de recuperação da empresa;

h) aprimoramento da sistemática de administração da empresa em crise;

i) simplificação do processo de verificação dos créditos;

j) novo sistema de administração da massa falida;

l) redução dos recursos e prazos processuais;

m) introdução do rito sumaríssimo em diferentes situações;

n) aperfeiçoamento na elaboração dos quadros gerais dos credores;

o) disciplina das liquidações visando sua aceleração e segurança.

O novo texto recebeu, na Câmara dos Deputados, inúmeras emendas, e, em 2 de agosto de 1995, por ato da Presidência daquela casa legislativa, foi constituída comissão especial destinada a apreciar e dar parecer sobre o projeto, sendo designado o Deputado Osvaldo Biolchi como relator. Em 22 de abril de 1999, o presidente da Câmara dos Deputados

---

[9] Nessa oportunidade, a comissão foi formada por Raul Bernardo de Senna, Leon Frejda Szklarowsky, Geraldo de Camargo Vidigal, Geraldo Facó Vidigal, Marcos da Costa, Fernando D'Almeida e Souza Junior, Solange Nascimento Velloso, Marcos Martins de Souza, Carlos Alberto de São Tiago Hagstrom, Danilo José Loureiro, Paulo Affonseca de Barros Faria Junior, Maria Luiza Grossi Franco Nero e Marília Pinheiro de Abreu Miranda.

decidiu criar comissão especial, composta de trinta e um membros, destinada a apreciar e proferir parecer às emendas. Em 30 de novembro de 1999, o projeto foi encaminhado ao plenário, aguardando, desde 16 de maio de 2000, sua votação.

Nesse período o projeto inicial não faz referência à falência e à concordata, mas tão somente aos novos institutos denominados "recuperação judicial" e "liquidação judicial", aplicando-se tanto às sociedades comerciais como às civis de fins econômicos, bem assim às pessoas físicas que exerçam atividade econômica em nome próprio e de forma organizada com o objetivo de lucro.

No texto alterado até 14 de abril de 1998, o projeto considerava a recuperação judicial "a ação judicial destinada a sanear a situação de crise econômico-financeira do devedor, salvaguardando a manutenção da fonte produtora, do emprego de seus trabalhadores e os interesses dos credores, viabilizando, dessa forma, a realização da função social da empresa". Já a liquidação judicial mantinha grande semelhança com os atuais arts. 1º e 2º da Lei de Falências em vigor:

"Será decretada a liquidação judicial do agente econômico que:

I – sem relevante razão de direito, não paga, no vencimento, dívida líquida constante de título executivo que alcance a soma correspondente a 5.000 UFIR;

II – executado, não paga, não deposita, não nomeia bens à penhora;

III – comprovadamente:

a) procede à liquidação desordenada de seus ativos ou lança mão de meios ruinosos ou fraudulentos para realizar pagamentos;

b) realiza por atos inequívocos ou tenta realizar, com o fito de retardar pagamentos ou fraudar credores, negócio simulado ou alienação de parte ou totalidade de seu ativo a terceiros, credores ou não;

c) transfere ou tenta transferir a terceiro o seu estabelecimento sem o consentimento de todos os credores, salvo se ficar com bens suficientes para solver o seu passivo;

d) simula a transferência de seu principal estabelecimento para burlar a legislação, a fiscalização ou prejudicar credores;

e) dá garantia real a algum credor sem ficar com bens livres e desembaraçados equivalentes às suas dívidas ou tenta essa prática, revelada a intenção por atos inequívocos;

f) ausenta-se sem deixar representante para administrar o negócio, habilitado com recursos suficientes para pagar os credores, abandona o estabelecimento, oculta-se ou tenta ocultar-se de seu domicílio ou da sede do estabelecimento principal de seu negócio".

O relator, Deputado Osvaldo Biolchi, apresentou parecer em 25 de março de 1998, sobrevindo emendas de plenário e novo parecer em 30 de novembro de 1999.

Pronto para votação, o projeto permaneceu em compasso de espera, retomando sua tramitação, com a reabertura das discussões em 10 de junho de 2003. Com a aprovação de requerimento de urgência para aprovação, o projeto, agora tramitando sob n. 71, de 2003, ganhou celeridade. Em 10 de julho foram apresentadas 484 emendas de plenário e sobre elas o Deputado Osvaldo Biolchi ofereceu parecer na forma de subemenda substitutiva, em 22 de julho, reformulando-a em 30 de julho de 2003.

Decorridos dez anos desde o início da tramitação e tendo sofrido alterações na forma de cinco substitutivos, é finalmente aprovada, na Câmara dos Deputados, a redação final em 15 de outubro de 2003. Retoma-se, a esta altura, a expressão "falência" no art. 1º: "Esta Lei institui e regula a recuperação judicial, a recuperação extrajudicial e a falência da sociedade empresária, da sociedade simples e do empresário que exerça profissionalmente atividade econômica organizada para a produção ou circulação de bens ou de serviços, que doravante serão denominados simplesmente 'devedor'".

Encaminhado ao Senado Federal e distribuído à Comissão de Assuntos Econômicos, o texto sofreu, na relatoria do Senador Ramez Tebet, modificações em toda a sua estrutura – somente oito dos 222 artigos do projeto da Câmara dos Deputados foram integralmente mantidos. Aprovado no Senado na forma de substitutivo (Emenda n. 1 – CAE), em 12 de julho de 2004, o texto retorna à Câmara dos Deputados, sobrevindo, nesta Casa, parecer do Deputado Osvaldo Biolchi em 14 de dezembro de 2004 pela aprovação parcial. Nessa mesma data é, finalmente, encaminhado e aprovado, vindo a ser sancionado como Lei n. 11.101, em 9 de fevereiro de 2005.

1.2.7. Tendências do Direito Internacional

A nova terminologia e o alcance das novas regras vêm ao encontro da tendência do atual direito internacional, que, com algumas variantes, busca a preservação da empresa e, por consequência, dos meios econômicos e dos empregos[10] e unifica o tratamento obrigacional, não mais existindo distinção entre empresários e não empresários quando a atividade econômica se encontra em situação deficitária.

Como primeira advertência, verifica-se que nem todos os avanços do direito comparado foram aproveitados pela lei brasileira.

Em Portugal, o Código dos Processos Especiais de Recuperação de Empresa e de Falências, aprovado pelo Decreto-Lei n. 132, de 23 de abril de 1994, e modificado pelo Decreto-Lei n. 315, de 20 de outubro de 1998, estendeu parcialmente sua aplicação ao "devedor insolvente que não seja titular de empresa", não mais fazendo distinção entre os institutos da falência e da insolvência, como ainda ocorre no Brasil. O Decreto-Lei n. 53, de 18 de março de 2004, atual diploma falimentar português (CIRE – Código da Insolvência e da Recuperação de Empresas), em seu art. 2º, I, dá, ainda, maior amplitude ao rol de sujeitos abrangidos no processo de insolvência: "Art. 2º – Podem ser objeto de processo de insolvência: (a) quaisquer pessoas singulares ou colectivas; (b) a herança jacente; (c) as associações sem personalidade jurídica e as comissões especiais; (d) as sociedades civis; (e) as sociedades comerciais e as sociedades civis sob a forma comercial até à data do registro definitivo do contrato pelo qual se constituem; (f) as cooperativas, antes do registro da sua constituição; (g) o estabelecimento individual de responsabilidade limitada; (h) quaisquer outros patrimônios autônomos".

Somente estão excluídas as pessoas de direito público, inclusive entidades públicas empresariais, as companhias de seguro, as instituições financeiras, as empresas de investimentos, na "medida em que a sujeição a processo de insolvência seja incompatível com os regimes especiais previstos para tais entidades" (CIRE, art. 3º).

Em relação à recuperação de empresas, o Direito português previa quatro rubricas (Cf. Pupo Correia, 1999:198):

---

[10] Robson Zanetti (2000:18), especialista pela Università Statale di Milano, mestrado e doutorado pela Université de Paris 1 (Panthéon Sorbonne), anota: "A falência das empresas deve ser sempre evitada para não causar grandes prejuízos aos empregados, aos credores e às coletividades locais. A utilização de processos de prevenção (o regulamento amigável francês, a administração controlada italiana e a concordata preventiva brasileira) são os meios judiciais para evitar o crescimento das dificuldades das empresas, dando a estas um fôlego para sua recuperação".

a) a concordata (arts. 66 a 77) "consiste na simples redução ou modificação da totalidade ou de parte dos débitos da empresa insolvente";

b) a reconstituição empresarial (arts. 78 a 86) "consiste na constituição de uma ou mais sociedades destinadas à exploração de um ou mais estabelecimentos da empresa devedora, desde que os credores, ou alguns deles, se disponham a assumir e dinamizar as respectivas atividades. Se a empresa insolvente tiver por titular uma pessoa coletiva, esta extinguir-se-á";

c) a reestruturação financeira (arts. 87 a 96) refere-se à "adoção pelos credores de uma ou mais providências destinadas a modificar a situação do passivo da empresa ou a alterar o seu capital, em termos que assegurem, só por si, a superioridade do ativo sobre o passivo e a existência de um fundo de maneio positivo";

d) a gestão controlada (arts. 97 a 117) assenta-se "num plano de atuação global, concertado entre os credores e executado por intermédio de nova administração da empresa, com um regime próprio de fiscalização".

Atualmente, a legislação falimentar portuguesa (Decreto-Lei n. 53/2004, de 18 de março – CIRE) não mais respalda a simples prevalência da recuperação, sobrepondo a ela a vontade dos credores, qual seja, a satisfação dos créditos de modo mais eficiente.

Com esse objetivo, a legislação lusitana não somente suprimiu a existência de procedimentos (recuperação e falência), como também alterou a designação do processo, denominando-o simplesmente processo de insolvência.

O art. 1º desse diploma define os objetivos desse processo: "O processo de insolvência é um processo de execução universal que tem como finalidade a liquidação do patrimônio de um devedor insolvente e a repartição do produto obtido pelos credores, ou a satisfação destes pela forma prevista num plano de insolvência, que nomeadamente se baseie na recuperação da empresa compreendida na massa insolvente".

Na Itália, o Decreto n. 267, de 16 de março de 1942, prevê, por parte do devedor, o requerimento de controle de gestão da empresa, com a consequente administração de seus bens e a tutela dos interesses dos credores. É a chamada administração controlada, que tem por finalidade impedir a falência do devedor. Robson Zanetti (2000:55) explica a condução do processo: "Na Itália o devedor apresentará seu plano junto ao tribunal, que o colocará em votação aos credores, os quais farão uma avaliação da capacidade de recuperação do devedor como se passa na França, mas a inclusão de um crédito ao processo dependerá sempre da aprovação do plano de recuperação pela maioria dos credores, assim, um credor individualmente não decidirá sobre o futuro da empresa".

Atualmente, encontra-se em vigor o *Codice Della Crisi Di Impresa e Dell'Insolvenza*, em vigência desde 16 de março de 2019, que regula as situações de crise ou de insolvência de devedores de toda ordem (consumidor, empresário que exerce, mesmo sem fins lucrativos, uma atividade comercial, artesanal ou agrícola, operando como pessoa natural ou jurídica, grupo de empresas ou empresas públicas, exceto pessoas de direito público).

Na França, a Lei n. 84-148, de 1º de março de 1984, modificada pela Lei n. 94-475, de 10 de junho de 1994, instituiu a prevenção e o regulamento amigável de dificuldades das empresas, cujo requerimento deve ser feito por escrito e entregue ao presidente do Tribunal do Comércio ou do Tribunal de Grande Instância francês. Conforme dispõe a lei, no art. 35, o regulamento amigável é "aberto a toda empresa comercial ou artesanal que, sem estar em estado de cessação de pagamentos, atravesse uma dificuldade jurídica, econômica ou financeira, onde as necessidades não possam ser cobertas por um financiamento adaptado às possibilidades da empresa"[11]. Com o requerimento, o interessado deve juntar: "a) um plano de financiamento provisional e uma perspectiva de resultados provisional; b) o estado dos créditos e das dívidas acompanhados dos vencimentos e lista dos principais credores; c) o estado ativo e passivo das garantias e dos compromissos assumidos fora do balanço; d) as contas anuais, um quadro dos financiamentos, bem como da situação do ativo realizável e disponível, valores de exploração excluídos e do passivo exigível dos três últimos exercícios, se estes documentos foram estabelecidos" (art. 36)[12].

Em 1º de janeiro de 2006 entrou em vigor a Lei n. 2005-845, de 26 de julho de 2005, a *Loi de Sauvegarde des Entreprises*, que, modificando o Código de Comércio francês, introduziu cinco procedimentos falimentares, três de prevenção e tratamento das crises econômico-financeiras e dois de liquidação: (a) de prevenção: *procédures de conciliation, sauvegarde* e *redressement* – procedimentos de conciliação, de proteção e de recuperação; (b) de liquidação: *procédures de liquidation* e *liquidation simplifiée* – procedimentos de liquidação e de liquidação simplificada.

As finalidades dos novos institutos franceses foram definidas pelo legislador nos arts. 611-7, 620-1 e 631-1 do Código Comercial reformado:

---

[11] FRANÇA, Lei n. 84-148, de 1º de março de 1984, art. 35, com alterações do art. 4º da Lei n. 94-475, de 10 de junho de 1994, cf. trad. de Robson Zanetti (2000:87).

[12] FRANÇA, Lei n. 84-148, de 1º de março de 1984, art. 36, com alterações do art. 4º da Lei n. 94-475, de 10 de junho de 1994, ibidem, p. 90.

pôr fim às dificuldades da empresa (procedimento de conciliação – *conciliation*), facilitar a reorganização da empresa a fim de permitir a manutenção da atividade econômica e da empresa e à apuração do passivo (procedimento de proteção – *sauvegarde*), permitir a manutenção da atividade empresarial, a manutenção do emprego e a apuração do ativo (procedimento de recuperação – *redressement*).

Dentro desse espírito, de evitar o perecimento da empresa como atividade econômica geradora de riqueza e empregos, situa-se, com atraso, a nova legislação brasileira, em conformidade com a economia globalizada instalada entre as nações.

1.2.8. Lei n. 11.101, de 9 de fevereiro de 2005

A Lei de Falências de 2005 merece elogios quanto à apresentação didática dos institutos por ela regulados. Diversamente do que ocorria com o Decreto-Lei n. 7.661/45, a arquitetura do novo texto permite pronta visualização e apreensão intelectual dos conceitos e procedimentos falimentares. Seus oito capítulos atestam preocupação do legislador quanto à melhor sistematização legislativa:

- Capítulo I – Disposições preliminares: seus três artigos definem o objeto da lei, as hipóteses de empresas excluídas e a competência judicial.
- Capítulo II – Disposições comuns à recuperação judicial e à falência. O capítulo está subdividido em quatro seções: a primeira trata das exceções ao princípio da universalidade, da suspensão das ações e da prescrição; a segunda seção regula o procedimento de verificação e habilitação de créditos; a terceira seção é reservada à figura do administrador judicial e à estrutura do Comitê de Credores; a última seção apresenta a assembleia geral de credores.
- Capítulo III – Da recuperação judicial. São cinco as seções: disposições gerais, pedido e processamento, plano, procedimento e plano para microempresas e empresas de pequeno porte.
- Capítulo IV – Da convolação da recuperação judicial em falência. Seus dois artigos fazem a transição entre o processo de recuperação e o processo de falência.
- Capítulo V – Da falência. Em primorosa organização, as doze seções deste capítulo abrangem todos os incidentes processuais: (Seção I) nas disposições gerais o legislador apresenta a norma objetivo, os

princípios procedimentais e a responsabilidade dos sócios; (Seção II) em classificação dos créditos, dois singelos artigos tratam da matéria tida como uma das mais complexas no regime anterior. No art. 83 está a ordem de classificação dos créditos na falência e, no seguinte, a definição de créditos extraconcursais; (Seção III) o pedido de restituição é simplificado e modernizado; (Seção IV) o procedimento pré-falimentar por iniciativa do credor retoma o sistema da impontualidade e de atos de falência; (Seção V) inabilitação empresarial, deveres e direitos do falido; (Seção VI) procedimento pré-falimentar na autofalência; (Seção VII) arrecadação e custódia dos bens; (Seção VIII) efeitos da falência sobre as obrigações do devedor; (Seção IX) ineficácia e ação revocatória; (Seção X) realização do ativo; (Seção XI) pagamento de credores e (Seção XII) encerramento da falência e extinção das obrigações do falido.

- Capítulo VI – Da recuperação extrajudicial. Regulada em sete artigos, a recuperação extrajudicial pressupõe três modalidades distintas de procedimentos homologatórios.
- Capítulo VII – Disposições penais. São três seções: crimes em espécie, disposições comuns e procedimento penal.
- Capítulo VIII – Disposições finais e transitórias. Trata da aplicação subsidiária do Código de Processo Civil; da forma de publicidade dos atos processuais; da ressalva aos pedidos de concordata em andamento; da extensão de efeitos sobre os sócios com responsabilidade ilimitada e sobre obrigações assumidas no âmbito das câmaras ou prestadoras de serviços de compensação e de liquidação financeira; da decretação de falência das concessionárias de serviços públicos; do banco de dados dos Registros Públicos de Empresas; da aplicação subsidiária da lei aos regimes de intervenção extrajudicial; dos empresários excluídos do regime de recuperação e da exceção ao regime anterior.

A extensão dos capítulos pode ser visualizada no quadro a seguir, em que se demonstra o tratamento dispensado pelo legislador a cada uma das unidades conceituais e sua especial atenção ao processo de falência.

Algumas conclusões podem ser apresentadas: 39,5% do texto referem-se a aspectos comuns à falência e à recuperação (Capítulos I, II, VII e VIII); 44% destinam-se a regular a falência (Capítulos IV e V) e somente 16,5% são relativos à recuperação de empresas (Capítulos III e VI):

CAPÍTULO	ARTIGOS	EXTENSÃO
Capítulo I Disposições Preliminares	1 a 3 (total = 3) O art. 4º foi vetado	1,5%
Capítulo II Disposições Comuns à Recuperação Judicial e à Falência	5 a 46 (total = 42)	21%
Capítulo III Da Recuperação Judicial	47 a 72 (total = 26)	13%
Capítulo IV Da Convolação da Recuperação Judicial em Falência	73 e 74 (total = 2)	1%
Capítulo V Da Falência	75 a 160 (total = 86)	43%
Capítulo VI Da Recuperação Extrajudicial	161 a 167 (total = 7)	3,5%
Capítulo VII Disposições Penais	168 a 188 (total = 21)	10,5%
Capítulo VIII Disposições Finais e Transitórias	189 a 201 (total = 13)	6,5%
Total	200 artigos	100%

1.2.9. Lei n. 14.112, de 24 de dezembro de 2020

A Lei n. 14.112, de 24 de dezembro de 2020, com origem nos Projetos de Lei n. 6.229-D, de 2005, e n. 4.558, de 2020, respectivamente aprovados pela Câmara dos Deputados, em 26 de agosto de 2020, e pelo Senado Federal, em 25 de novembro de 2020, trouxe inúmeras alterações no texto atual, modificando 46 artigos e introduzindo 58 novos artigos.

As alterações e introduções foram feitas nos arts. 6º, 10, 14, 16, 22, 24, 35, 36, 39, 48, 49, 50, 51, 52, 54, 56, 58, 59, 60, 61, 63, 66, 67, 69, 73, 75, 83, 84, 86, 99, 104, 131, 141, 142, 143, 145, 156, 158, 159, 161, 163, 164,168,189,191 e 196.

Os 58 novos artigos são: 6º-A, 6º-C, 7º-A, 20-A, 20-B, 20-C, 20-D, 45-A, 48-A, 51-A, 56-A, 58-A, 60-A, 66-A, 69-A, 69-B, 69-C, 69-D, 69-E, 69-F, 69-G, 69-H, 69-I, 69-J, 69-K, 69-L, 70-A, 82-A, 114-A, 144-A, 159-A, 167-A, 167-B, 167-C, 167-D, 167-E, 167-F, 167-G, 167-H, 167-I, 167-J, 167-K, 167-L, 167-M, 167-N, 167-O, 167-P, 167-Q, 167-R, 167-S, 167-T, 167-U, 167-V, 167-W, 167-X, 167-Y, 189-A e 193-A.

Entre as alterações nos dispositivos existentes, ajustou-se a lei ao entendimento jurisprudencial em algumas matérias, delimitando os excessos que ocorriam, como, por exemplo: (a) a prorrogação do prazo de suspensão previsto no art. 6º, § 4º; (b) a omissão por parte do devedor de créditos na listagem inicial, acarretando a imediata reserva do valor e o pagamento da parte incontroversa do crédito (arts. 10, § 8º, e 16, §§ 1º e 2º); (c) a possibilidade de deliberação assemblear por meio telepresencial e sua substituição por outros mecanismos seguros, judicialmente apreciáveis (art. 39, § 4º); (d) a limitação objetiva à declaração de abusividade de voto de credor, evitando que todo voto contrário aos anseios do devedor sejam declarados ineficazes (art. 39, § 6º); (e) a efetiva demonstração do exercício da atividade rural pelo prazo de dois anos (art. 48, § 2º), o impedimento a que credores por dívidas pessoais do empresário rural sejam submetidas à recuperação (art. 49, § 6º) nos casos mencionados (art. 48, §§ 2º e 3º) e a não submissão da dívida imobiliária contraída nos últimos três anos para a aquisição de propriedade rural (art. 49, § 9º); (f) a possibilidade de apresentação de plano recuperatório pelos credores (art. 56, § 4º); (g) a ampliação das hipóteses de decretação de falência por descumprimento ocorrido durante o período recuperatório (art. 73); (h) profunda alteração da ordem de classificação dos créditos (arts. 83 e 84); (i) profunda alteração do procedimento de alienação de bens, com simplificação de atos voltada à celeridade e à efetividade da liquidação (arts. 142, 143 e 145); e (j) simplificação do procedimento de extinção das obrigações, permitindo rápido retorno do empresário à atividade (arts. 158 e 159).

Grandes inovações foram introduzidas na legislação falimentar-recuperatória, merecendo destaque: (a) a proibição de distribuição de lucros e dividendos a sócios e acionistas até a aprovação do plano (art. 6º-A); (b) a instauração de incidente de classificação de crédito público nos processos de falência (art. 7º-A); (c) a regulamentação das conciliações e mediações antecedentes ou incidentais aos processos de recuperação judicial (arts. 20-A até D); (d) a possibilidade de substituição das deliberações assembleares por documento de adesão de credores (art. 45-A); (e) a introdução do mecanismo de constatação das reais condições da empresa (art. 51-A); (f) a deliberação do plano por meio de documento de adesão (art. 56-A); (g) a introdução do financiamento do devedor durante a recuperação judicial (arts. 69-A até F); (h) a regulamentação da consolidação processual e da consolidação substancial, evitando excessos e declarando a excepcionalidade da aplicação do segundo instrumento (arts. 69-H até L); (i) o ressurgimento da falência frustrada (art. 114-A); (j) uma extensa alteração introduzida na Lei n. 10.522, de 19 de julho de 2002, autorizando o devedor em recuperação judicial a liquidar seus débitos com a Fazenda Nacional em até 120 prestações mensais (art. 3º da Lei n. 14.112); e (k) a introdução de um novo capítulo voltado à insolvência transnacional (arts. 167-A até Y).

Quanto à vigência, estipulou o legislador sua entrada trinta dias após a data da publicação oficial, ocorrida em 24 de dezembro de 2020. Após esse período, a lei passa a ser aplicada de imediato aos processos pendentes, mas não integralmente.

Nem todos os dispositivos aplicam-se de imediato a todos os processos em curso. Para as falências e os pedidos de recuperação judicial e extrajudicial, alguns poucos dispositivos (seis ao todo) somente podem ser aplicados às falências decretadas e aos pedidos recuperacionais ajuizados após o início da vigência da lei.

Entendemos que o legislador reconheceu tratar-se de situações consolidadas e, para evitar quebra da celeridade processual, deliberou não aplicar esses dispositivos aos processos em andamento.

São eles:

a) o art. 56, que trata da proposição do plano de recuperação judicial pelos credores;

b) o art. 49, na parte acrescentada que trata da sujeição do crédito na recuperação judicial, relativamente ao empresário rural, aos recursos previstos na Lei n. 4.829 e à dívida contraída para aquisição de propriedade rural;

c) os arts. 83 e 84, que reformulam a ordem de classificação dos créditos;

d) o art. 82-A, que veda a extensão da falência aos sócios de responsabilidade limitada, aos controladores e aos administradores da falida;

e) o inciso V do art. 158, que permite a extinção das obrigações do falido após o decurso do prazo de três anos, contado da decretação da falência.

Capítulo 2

CARACTERÍSTICAS E DESTINAÇÃO LEGAL

Sumário: 2.1. Destinação legal. 2.2. Conceito de empresário. 2.2.1. Evolução do conceito de empresário. 2.2.1.1. Quadro-resumo. 2.2.2. Pessoas impedidas de exercer a atividade empresarial. 2.3. Casos de não incidência. 2.3.1. Casos de não incidência absoluta. 2.3.2. Casos de não incidência relativa. 2.4. Casos especiais de incidência com restrições temporais ou de legitimidade ativa. 2.5. Quadro-resumo.

2.1. Destinação legal

Os institutos da falência e da recuperação destinam-se somente ao empresário. A simplicidade da afirmação, contudo, oculta algumas questões que podem ser levantadas em decorrência de dispositivos da legislação em vigor.

Uma apresentação resumida da matéria compreende (1) o estudo do conceito de empresário, sua evolução e as proibições legais; (2) os casos de não incidência legal, aplicáveis a certas pessoas que, não obstante ostentem a qualidade empresarial, foram excluídas total (não incidência absoluta) ou parcialmente (não incidência relativa) dos procedimentos previstos na Lei n. 11.101/2005 (recuperação em Juízo, autofalência ou pedido de falência requerido por credor); (3) os casos de incidência restritiva, aplicáveis a certas situações específicas.

O resumo deste estudo pode ser visualizado no seguinte quadro:

CONCEITO DE EMPRESÁRIO (ITEM 2.2)	Evolução do conceito
	Pessoas impedidas de exercer a atividade empresarial
CASOS DE NÃO INCIDÊNCIA LEGAL (ITEM 2.3)	Não incidência absoluta
	Não incidência relativa
CASOS ESPECIAIS DE INCIDÊNCIA, COM RESTRIÇÕES TEMPORAIS OU DE LEGITIMIDADE ATIVA (ITEM 2.4)	Empresário que cessou suas atividades
	Espólio
	Sociedade anônima que teve seu ativo partilhado

2.2. Conceito de empresário

No sistema da comercialidade, em vigor até a promulgação do Código Civil de 2002, o estudioso do tema se via diante de uma das questões mais difíceis do Direito Comercial. Inexistia uma definição que atendesse a todos os doutrinadores, os quais, à falta de um conceito moderno aceitável, debatiam-se em questões históricas ou em definições legais que foram surgindo ao longo da história do comércio.

Historicamente se procurou ligar o comerciante ao exercício de atos de comércio, e estes à manufatura e à distribuição das mercadorias. No conceito de Vidari, citado por Requião (2003:5), pode-se ler: "É o complexo de atos de intromissão entre o produtor e o consumidor que, exercidos habitualmente e com o fim de lucros, realizam, promovem ou facilitam a circulação dos produtos da natureza e da indústria, para tornar mais fácil e pronta a procura e a oferta".

Nesse conceito encontram-se três ideias ou elementos jurídicos integrantes: mediação, fim lucrativo e profissionalidade.

Entretanto, nenhum desses três elementos, quer considerados isoladamente, quer em conjunto, dão uma noção clara do que seja ato de comércio ou comerciante. Se a *mediação*, historicamente, era considerada característica própria do comerciante, já não é hoje. Há atividades de mediação nos atos da vida civil que não se constituem ato de comércio e há alguns atos definidos como de comércio em ocupações sem mediação alguma, como, por exemplo, a manufatura ou a prestação de serviços.

O *lucro* também não é elemento distinguidor dos atos comerciais. Há funções eminentemente comerciais, regidas pelas leis comerciais, em que pode não haver fim lucrativo, tal como um aval cambiário e a atividade de uma empresa pública.

A *profissionalidade* ou *habitualidade* desses atos de mediação entre produtor e consumidor caracterizam, de fato, alguns comerciantes, mas não abrangem outros. Uma sociedade anônima que explore atividade hospitalar não realiza atos de mediação, mas ainda assim é mercantil.

2.2.1. Evolução do conceito de empresário

As dificuldades para estabelecer um conceito aceitável remontam à gênese da história da evolução do Direito Comercial, que pode ser dividida em quatro fases.

a) Fase subjetiva-corporativista

Nos primórdios do Direito Comercial sua principal característica era ser um direito da classe dos comerciantes, em função das poderosas ligas e corporações de ofício. Nessa fase, as pendências comerciais eram decididas por magistrados (cônsules) eleitos entre os próprios mercadores.

O Professor Miguel J. A. Pupo Correia, regente da disciplina de Direito Comercial na Universidade Lusíada, conta-nos que as corporações mercantis subsistiram até o final do século XIX em Portugal (1999:19).

b) Fase eclética

Com a expansão universal do comércio e o surgimento de novas atividades, mostrou-se necessária, para a fixação da competência dos cônsules, a delimitação da *matéria do comércio*, isto é, além do ato de intermediar mercadorias, entendeu-se que havia outros que deviam ser considerados mercantis para o fim de se sujeitarem a esses tribunais, tais como a atividade de câmbio, a atividade bancária, as letras cambiais e outros negócios que mantinham conexão com os atos de pura mercancia. Já não era, portanto, a qualidade de comerciante que importava (conceito subjetivo), mas sim sua atividade (conceito objetivo), dando origem à segunda fase evolutiva. Esse período intermediário entre a fase subjetiva e a fase objetiva denominou-se *fase eclética*, época em que os tribunais comerciais, destinados a julgar questões em virtude da qualidade das pessoas (comerciantes), passaram a decidir em razão dos atos praticados (atos reputados comerciais).

c) Fase objetiva

Também denominada fase napoleônica, teve início com o liberalismo econômico. Aqui o ato de comércio – cujo número e hipóteses estavam fixados em lei – era facultado a todos os cidadãos. Extinguem-se todas as corporações de ofício por se considerarem resquícios de uma sociedade feudal (Lei Le Chapelier, de 14-6-1791, na França; Decreto de D. Pedro IV, de 7-5-1834, em Portugal). Foi sob a influência desse período que se instituiu o Código Comercial brasileiro (Lei n. 556, de 25-6-1850) e o Regulamento n. 737, de 1850, no qual se estabelecia quais eram os atos comerciais por natureza ou profissionais: a compra e venda ou troca para vender a grosso ou a retalho, operações de câmbio, banco e corretagem, empresas de fábrica, de comissões, de depósito etc.

A influência do Código Comercial francês atingiu igualmente as codificações da Espanha, em 1886, da Itália, em 1842, e de Portugal, em 1833, que passaram a adotar a concepção objetiva de comerciante, definida nos atos de comércio.

d) Fase subjetiva-empresarial

Este é o período no qual o Direito Comercial hoje se encontra, uma vez que, com o advento do novo Código Civil, há a expressa adoção dos conceitos elaborados a partir do Código Comercial alemão de 1861. No estágio atual leva-se em conta novamente o subjetivismo. A pessoa do empresário, isto é, aquele que exerce profissionalmente qualquer atividade econômica organizada para a produção ou a circulação de bens ou serviços, é o centro do novo conceito empresarial, não se considerando o conceito histórico do comerciante (aquele que intermedeia a produção e o consumo), nem a prática de determinados atos definidos como comerciais (conceito objetivo), mas a qualidade daquele que exerce atividade empresarial.

No Brasil, o Código Civil (art. 966, parágrafo único) excetua as atividades intelectuais, as de natureza científica, literária ou artística, ainda se exercidas com o concurso de auxiliares ou colaboradores.

Foi somente a partir do Código Civil italiano de 1942, marco definitivo da concepção moderna de empresa, conceituando empresário como aquele que "exerce profissionalmente uma atividade econômica organizada tendo por fim a produção ou a troca de bens ou de serviços"[1], que outras

---

[1] ITÁLIA, Código Civil, art. 2.082: "Imprenditore – È imprenditore (2086) chi esercita professionalmente una attività economica organizzata al fine della produzione o dello scambio di beni o di servizi", in *Codice Civile*, Editio Minor, Milano, Editore Ulrico Hoepli, 1973.

nações passaram a contemplá-la em suas legislações, como ocorreu em Portugal com a promulgação do Decreto-Lei n. 132, de 23 de abril de 1993, que define empresa como "toda a organização de fatores de produção destinada ao exercício de qualquer atividade agrícola, comercial ou industrial ou de prestação de serviços".

2.2.1.1. Quadro-resumo

Pode-se visualizar, num quadro simples, os três conceitos de comerciante, e, em relação ao último, observa-se que a mudança do conceito altera o próprio *nome iuris*, agora empresário e não mais comerciante:

CONCEITO DE COMERCIANTE E DE EMPRESÁRIO	
FASE HISTÓRICA	**CONCEITO**
Primeira fase histórica do Direito Comercial (séculos XII a XVI): caracteriza-se por ser um direito ligado à classe dos comerciantes. O conceito se mantém na segunda fase histórica do Direito Comercial, nos séculos XVII e XVIII, caracterizados pela expansão mercantilista e pela colonização.	**Conceito Subjetivo Corporativista**: comerciante é aquele que pratica a mercancia, subordinando-se à corporação do comércio e sujeitando-se às decisões dos cônsules dessas corporações.
Terceira fase histórica (século XIX): com a promulgação do *Code de Commerce* de Napoleão (1806) surge a concepção do Direito Comercial como direito dos atos de comércio.	**Conceito Objetivo**: "Comerciante é aquele que pratica com habitualidade e profissionalidade atos de comércio" (Vivante).
Quarta fase (atual), marcada predominantemente pela promulgação do *Codice Civile*, de 1942, na Itália.	**Conceito Moderno (Empresarial ou Subjetivo-Empresarial)**: empresário é aquele que exerce profissionalmente atividade econômica organizada para a produção ou a circulação de bens ou serviços, excluída a profissão intelectual de natureza científica, literária ou artística (conceito baseado no art. 966 do Código Civil de 2002).

2.2.2. Pessoas impedidas de exercer a atividade empresarial

Tanto o Código Comercial (parcialmente revogado) como várias leis extravagantes trazem proibições para o exercício do comércio, algumas com conteúdo de sanção administrativa, restritivas de direitos ou de âmbito penal.

As regras especiais para os agentes políticos, funcionários públicos, estrangeiros e para o exercício de determinadas profissões permanecem, agora sob a égide do art. 972 do Código Civil.

As razões para os antigos impedimentos, no tocante ao exercício da atividade comercial, são as mesmas em relação à atividade empresarial. É certo que muitas leis ordinárias sofrerão alterações em seu texto redacional para adequar-se ao Código Civil. Entretanto, é igualmente correto afirmar que os motivos que produziram os impedimentos mantêm a mesma natureza, devendo ser observados, antes mesmo de qualquer alteração legislativa que incorpore a expressão "empresário" em substituição a "comerciante".

a) Agentes políticos

Em relação a estes adota-se aqui o conceito de Hely Lopes Meirelles (1990:56): "Agentes políticos são os componentes do Governo nos seus primeiros escalões, investidos em cargos, funções, mandatos ou comissões, por nomeação, eleição, designação ou delegação para o exercício de atribuições constitucionais. Esses agentes atuam com plena liberdade funcional, desempenhando suas atribuições com prerrogativas e responsabilidades próprias estabelecidas na Constituição e em leis especiais. Não são servidores públicos, nem se sujeitam ao regime jurídico único estabelecido pela Constituição de 1988. Têm normas específicas para sua escolha, investidura, conduta e processo por crimes funcionais e de responsabilidade, que lhes são privativos".

Ao proibir o exercício da atividade empresarial a alguns agentes políticos, a lei pretendeu preservar a liberdade e o *status* político para o exercício pleno de suas funções. Um pedido de falência, por exemplo, contra um desses agentes teria notáveis reflexos sobre a comunidade em geral. Permitir a um falido – impedido de administrar seus próprios bens – a administração da coisa pública é um contrassenso inaceitável. A lei menciona expressamente alguns agentes políticos proibidos de comerciar, tais como: os membros do Ministério Público, para exercer o comércio individual ou participar de sociedade comercial (art. 128, § 5º, II, *c*, da Constituição Federal), salvo se acionista ou cotista (art. 44, III, da Lei n. 8.625, de 11-2-1993), e os magistrados (Lei Orgânica da Magistratura – Lei Complementar n. 35, de 14-3-1979, art. 36, I), nos mesmos limites dos membros do Ministério Público. Aos deputados e senadores não se proíbe o exercício de empresa de forma ampla, mas se restringe seu exercício quando forem proprietários, controladores ou diretores de empresa que goze de favor decorrente de contrato com pessoa jurídica de direito público (art. 54, II, *a*, da Constituição Federal).

Observe-se que a lei não inclui alguns outros agentes políticos, como o presidente da República, ministros de Estado, secretários de Estado e prefeitos municipais, no âmbito do Poder Executivo, mas menciona as mesmas restrições dos senadores e deputados federais aos deputados estaduais e vereadores (art. 29, IX, da Constituição Federal).

Por se tratar de norma de caráter restritivo, não há como estender a relação para englobar esses outros agentes políticos, quando a lei, podendo fazê-lo, não o fez. A esses membros do Executivo a lei não restringiu o exercício da atividade empresarial, e, assim, não cabe ao intérprete incluí-los na proibição, sob pena de estabelecer privação de direito não prevista em lei. Observa-se, contudo, que seus atos de administração pública deverão pautar-se pelos princípios da legalidade, impessoalidade, moralidade, publicidade e demais regras previstas no art. 37 da Constituição Federal. Ao contratar, portanto, aplicam-se-lhes as mesmas restrições do art. 54, II, da Constituição Federal.

b) Servidores públicos

O Código Comercial arrolava algumas funções públicas e estabelecia regras próprias para o exercício do comércio, visando o bom andamento do serviço público e impedindo que, de forma abusiva, se fizesse da repartição pública uma extensão do estabelecimento comercial do próprio servidor, incluindo os funcionários públicos da Fazenda, no território em que exercem suas funções (art. 2º, n. 1), os oficiais militares (art. 2º, n. 1) e os militares em geral (art. 2º, n. 2). Tais restrições foram amparadas pelas legislações correspondentes, como os estatutos dos funcionários públicos, em seus vários âmbitos; assim, mesmo com a revogação da primeira parte do Código Comercial, as proibições ainda se impõem, agora para o exercício da atividade empresarial.

A Lei n. 8.884, de 11 de junho de 1994, estabelece vedação ao presidente e ao conselheiro do Conselho Administrativo de Defesa Econômica – CADE para participar, na forma de controlador, diretor, administrador, gerente, preposto ou mandatário, de sociedade civil, comercial ou empresas de qualquer espécie (art. 6º, III).

c) Falidos

As pessoas declaradas falidas – físicas ou jurídicas – estão impedidas de exercer a atividade empresarial, nos termos da atual legislação falitária, nos seguintes termos:

(1) Os falidos não processados ou condenados criminalmente por crime previsto na Lei Falimentar (art. 102) não podem exercer regularmente a atividade até satisfeitas suas obrigações legais ou decorrido o prazo prescricional destas. A vedação decorre, tão somente, da ausência de idoneidade financeira, isto é, o falido que teve seus bens arrecadados para pagamento de credores e poderá ter seus bens futuros apreendidos – até a extinção das obrigações – não pode dispor de outros bens livres para o exercício da atividade econômica.

(2) Os falidos processados e condenados por crime previsto na Lei Falimentar, tendo sido declarados inabilitados por força de sentença condenatória, somente poderão voltar a exercer suas atividades após o decurso de cinco anos da data da extinção da punibilidade, podendo, contudo, obter antecipadamente sua reabilitação penal (art. 181, § 1º).

Observe-se, ainda, que a Lei Falimentar não somente incrimina o falido empresário individual, mas também atribui crimes aos administradores, conselheiros, diretores, gerentes sociais, liquidantes, administrador judicial, técnicos contábeis, auditores e outros profissionais, conforme se lê nos seus arts. 168, § 3º, e 179.

Assim, estão impedidos do exercício empresarial os administradores, diretores, gerentes sociais, liquidantes e empresários individuais, no prazo de cinco anos após o término da execução das penas a que foram condenados, e cumpridas suas obrigações civis. Se, entretanto, não concorrer com a falência qualquer crime de natureza falimentar-recuperatória, estarão proibidos de exercer a atividade – até a extinção das obrigações – tão somente o empresário individual falido e a sociedade comercial empresária.

d) Penalmente proibidos

Além dos condenados por crime previsto na Lei Falimentar, o Código Penal (arts. 47 e 56) estabelece como penas de interdição temporária de direitos a proibição de exercício de profissão, atividade ou ofício que dependam de habilitação especial, de licença ou autorização do Poder Público, sempre que houver violação dos deveres que lhes são inerentes.

Embora a atividade empresarial comum não exija habilitação especial, licença ou autorização do Poder Público, há, em diversas leis extravagantes, a definição de algumas atividades que exigem tais requisitos, por exemplo, a atividade securitária (Lei n. 4.594/64), a financeira (Leis n. 4.595/64 e 6.385/76), o transporte rodoviário de bens (Lei n. 7.092/83), os serviços de vigilância e de transportes de valores (Lei n. 7.102/83), a administração de grupos de consórcio etc.

Salvo a hipótese de crime previsto na Lei Falimentar, o processo ou a condenação pela prática de crime de outra natureza não impede o exercício da atividade empresarial; somente o fará se da sentença criminal constar a imposição de pena acessória temporária de interdição desse exercício.

e) Estrangeiros

Os estrangeiros não estão proibidos de exercer a atividade empresarial no Brasil, salvo em algumas hipóteses contempladas pela lei: para proceder à pesquisa e à lavra de recursos minerais e ao aproveitamento do potencial de energia hidráulica (CF88, art. 176, § 1º); o estrangeiro não naturalizado e o naturalizado há menos de dez anos, para explorar empresa jornalística, de radiodifusão sonora e de sons e imagens (CF88, art. 222).

As regras de registro relativas aos empresários estrangeiros foram sintetizadas nos artigos 11 a 17 da IN DREI n. 81, de 10 de junho de 2020.

À exceção do cidadão português que, nos termos do Decreto n. 3.927, de 19 de setembro de 2001, apenas deve apresentar documento de identidade, o pedido de arquivamento de qualquer ato relacionado a outros estrangeiros, concernente à sua condição de titular ou de sócio de empresa individual, de empresa individual de responsabilidade limitada, de sociedade empresária ou de sociedade cooperativa, deve vir acompanhado de cópia de documento de identidade emitido por autoridade brasileira e a comprovação de estrangeiro residente no Brasil.

Ao estrangeiro que se encontre no Brasil com amparo de visto de visita é vedado exercer a atividade empresarial, de forma individual, porque não lhe é permitido o exercício de nenhuma atividade remunerada, nos termos do art. 13, § 1º, da Lei de Migração (Lei n. 13.445, de 24 de maio de 2017).

O estrangeiro (ou mesmo o brasileiro) que se encontre domiciliado no exterior deverá outorgar instrumento de procuração a seu representante no Brasil para o exercício da atividade empresarial. Se a procuração for firmada por instrumento público, fica dispensada a juntada de cópia de seu documento de identidade perante o Órgão de Registro.

As sociedades estrangeiras somente poderão funcionar no Brasil com autorização do Poder Executivo, mas não há restrição alguma ao fato de serem acionistas de sociedade anônima brasileira (CC, art. 1.134).

O conceito de empresa estrangeira se obtém *a contrario sensu* do estatuído no art. 171 da Constituição Federal, que define como empresa brasileira a constituída sob as leis brasileiras e que tenha sua sede e administração no País e empresa brasileira de capital nacional aquela cujo controle efetivo esteja em caráter permanente sob a titularidade direta ou indireta de pessoas físicas domiciliadas e residentes no País ou de entidades de direito público interno, entendendo-se por controle efetivo da empresa a titularidade da maioria de seu capital votante e o exercício, de fato e de direito, do poder decisório para gerir suas atividades.

Anote-se, por fim, que a Lei Falimentar anterior era expressa quanto a submeter ao processo falimentar os que, embora expressamente proibidos, exercessem a atividade comercial (LF45, art. 3º, IV). A Lei n. 11.101, de 2005, não dispõe a respeito, permitindo, contudo, a mesma solução jurídica, o que se conclui pelo fato de não ter excepcionado a hipótese.

2.3. Casos de não incidência

Aplicável a quase todo universo de atividades empresariais, a Lei Falimentar prevê um pequeno número de exceções, o que equivale dizer que nem todos os empresários estão sujeitos à falência ou à recuperação de empresas em Juízo. Estão excluídos os empresários excepcionados no art. 2º, dispositivo que contempla hipóteses relativas à natureza da atividade empresarial.

Uma investigação mais acurada permite distinguir as hipóteses legais em casos absolutos e relativos de não incidência.

2.3.1. Casos de não incidência absoluta

São de não incidência absoluta as duas hipóteses previstas no art. 2º, I (empresa pública e sociedade de economia mista) e um caso do art. 2º, II (entidade de previdência complementar), da Lei Falimentar:

a) Empresa pública

Empresa pública é espécie do gênero "empresa governamental" ou "empresa pública *lato sensu*", do qual também faz parte a sociedade de economia mista. Distinguem-se as duas espécies na forma de organização e na composição do capital. A primeira – empresa pública *stricto sensu,* constituída exclusivamente por capital público, pode adotar qualquer forma admitida pelo direito (sociedade unipessoal, simples ou empresária) e suas variadas subformas, conforme anota Maria Sylvia Zanella Di Pietro (1997:333-336). A sociedade de economia mista somente pode adotar a forma de sociedade anônima.

b) Sociedade de economia mista

Previstas nos arts. 235 a 240 da Lei das Sociedades por Ações, as sociedades de economia mista fazem parte do complexo de empresas estatais, ao lado das empresas públicas e outras mantidas pelo Poder Público. Por força do art. 173, § 1º, II, da Constituição Federal, as sociedades de economia mista são criadas para explorar atividade econômica de produção ou comercialização de bens ou prestação de serviços, visando atender a uma função social e sujeitando-se ao regime jurídico próprio das empresas privadas.

Em razão de seu regime híbrido, a sociedade de economia mista se sujeita à obediência aos princípios da Administração Pública, inclusive na contratação de obras, serviços, compras e alienações. Obriga-se, ainda, a manter conselhos de administração e fiscal, órgãos facultativos, em regra, para as sociedades anônimas em geral.

Caracterizam-na: (a) sua constituição: a criação e extinção por lei (LSA, art. 236); (b) seu objeto social: o exercício de atividade econômica de produção ou comercialização de bens ou prestação de serviços; (c) sua finalidade: necessária aos imperativos da segurança nacional ou a relevante interesse coletivo, conforme definido em lei; (d) seu controle: vincula-se sempre a órgão governamental, pessoa jurídica de direito público que exerce a função de acionista controlador, com todos os seus encargos; (e) seu regime legal: submete-se às normas de direito público nas licitações, contratações de serviços e compras, mas rege-se também pelas regras da sociedade por ações; (f) sua forma: adota sempre a forma de sociedade anônima, distintamente da empresa pública *stricto sensu*, que pode adotar outra modalidade societária; (g) seu capital misto: fundos públicos e em investimento de particulares; (h) subordinação administrativa: a responsabilidade dos dirigentes, além do que ordinariamente a LSA impõe, funda-se em regime próprio da administração estatal (CF88, art. 173, § 1º, V), inclusive às penas em decorrência de improbidade administrativa (Lei n. 8.429/92, art. 1º).

A partir de suas características quanto ao controle, criação e objeto é possível formular o seguinte conceito de sociedade de economia mista: sociedade anônima de direito privado, sujeita aos princípios da Administração Pública e controlada pelo Poder Público, criada por lei para atender aos imperativos da segurança nacional ou a relevante interesse coletivo, tendo por objeto atividade econômica de produção ou comercialização de bens ou prestação de serviços.

c) Entidades de previdência complementar

Podem constituir-se em entidades fechadas – aquelas que têm como objeto a administração e execução de planos de natureza previdenciária (art. 32 da Lei Complementar n. 109, de 29-5-2001) – ou entidades abertas – as constituídas unicamente sob a forma de sociedades anônimas, tendo por objetivo instituir e operar planos de benefícios de caráter previdenciário concedidos em forma de renda continuada ou pagamento único, acessíveis a quaisquer pessoas físicas (art. 36 da Lei Complementar n. 109/2001). Por força do art. 47 da Lei Complementar n. 109/2001, as entidades fechadas não estão autorizadas a solicitar concordata e não se sujeitam à falência.

Há, portanto, para as entidades de previdência complementar, vedação absoluta ao pedido de recuperação judicial ou extrajudicial, o que se conclui pela redação do art. 198 da LREF, que veda sua tutela aos devedores proibidos de requerer concordata nos termos da legislação específica em vigor até a data da promulgação da Lei n. 11.101, de 2005.

2.3.2. Casos de não incidência relativa

São de não incidência relativa todas as hipóteses previstas no art. 2º, II, à exceção da acima mencionada (entidade de previdência complementar). Assim as denomino porque, embora o legislador falimentar tenha afirmado a não aplicação do novo diploma aos casos mencionados, tal assertiva não é absoluta porque a Lei n. 11.101, de 2005, incide enquanto não revogada a extensa legislação que trata dos regimes de liquidação extrajudicial das empresas ali previstas.

Além desses casos, há a Lei n. 12.767, de 27 de dezembro de 2012, que instituiu regime de intervenção e impôs a apresentação de plano de recuperação e correção de falhas às concessionárias de serviço público de energia elétrica. O art. 18 desse diploma legal afastou expressamente a aplicação dos regimes de recuperação judicial e extrajudicial a essas concessionárias.

No atual estágio legislativo, as concessionárias de energia elétrica e as empresas mencionadas no art. 2º, II, não estão autorizadas a requerer recuperação em Juízo (judicial ou extrajudicial), porque cabe ao Poder Executivo, em procedimento de intervenção administrativa, buscar o saneamento de sua atividade, autorizando o liquidante a requerer a falência, se necessário, nos casos previstos em lei. Entretanto, uma vez decretada a quebra, incidem as regras da Lei n. 11.101, de 2005.

Frise-se que a Lei Falimentar aplica-se subsidiariamente à legislação especial (art. 197), encontrando fundamento, para pedidos de falência requerida pelos respectivos liquidantes, nas diversas leis em vigor.

a) Instituições financeiras – públicas ou privadas e equiparadas

O conceito de instituição financeira encontra-se no art. 17 da Lei n. 4.595/64: "Consideram-se instituições financeiras, para os efeitos da legislação em vigor, as pessoas jurídicas públicas ou privadas, que tenham como atividade principal ou acessória a (1) coleta, (2) intermediação ou (3) aplicação de recursos financeiros próprios ou de terceiros, em moeda nacional ou estrangeira, e a (4) custódia de valor de propriedade de terceiros". Caracteriza, pois, a atividade mercantil das instituições financeiras, quatro ações típicas dessa empresa: a coleta, a intermediação, a aplicação de recursos financeiros e a custódia de valor de propriedade de terceiros.

A coleta envolve a operação de recolher, junto ao público, recursos financeiros mediante depósito de importâncias em dinheiro. A intermediação representa a operação típica do comércio, de servir como mediador, de intervir em operações que envolvam recursos financeiros – isto é, dinheiro, ações, títulos de crédito etc. A aplicação significa investimento de recursos, visando à obtenção de lucros em operações de venda e compra e juros pagos por sua utilização. A custódia é semelhante à mera coleta, pois envolve a administração da coisa dada em depósito.

Algumas outras atividades estão equiparadas a estas, abrangendo o conceito legal "as pessoas físicas que exerçam qualquer das atividades referidas neste artigo, de forma permanente ou eventual" (art. 17, parágrafo único, da Lei n. 4.595/64). São consideradas instituições financeiras e atividades assemelhadas as desenvolvidas por (art. 18, § 1º, da Lei n. 4.595/64): (a) estabelecimentos bancários oficiais ou privados; (b) sociedades de crédito, financiamento e investimentos; (c) caixas econômicas; (d) cooperativas de crédito; (e) bolsas de valores; (f) companhias de seguros; (g) companhias de capitalização; (h) sociedades que efetuam distribuição de prêmios em imóveis, mercadoria ou dinheiro, mediante sorteio de títulos de sua emissão ou por qualquer forma; (i) pessoas físicas ou jurídicas que exerçam, por conta própria ou de terceiros, atividade relacionada à compra e venda de ações e outros quaisquer títulos, realizando, nos mercados financeiros e de capitais, operações ou serviços de natureza dos executados pelas instituições financeiras.

Além dessas, equiparam-se a elas, para efeito de intervenção e liquidação extrajudicial, as atividades previstas no art. 7º da Lei n. 5.768, de 20 de dezembro de 1971 (art. 10 da mesma lei): (a) as operações conhecidas como Consórcio, Fundo Mútuo e outras formas associativas assemelhadas, que objetivem a aquisição de bens de qualquer natureza; (b) a venda ou promessa de venda de mercadorias a varejo, mediante oferta pública e com recebimento antecipado, parcial ou total, do respectivo preço; (c) a venda ou promessa de venda de direitos, inclusive cotas de propriedade de entidades civis, tais como hospital, motel, clube, hotel, centro de recreação ou alojamento e organização de serviços de qualquer natureza com ou sem rateio de despesas de manutenção, mediante oferta pública e com pagamento antecipado do preço; (d) a venda ou promessa de venda de terrenos loteados a prestação mediante sorteio; (e) qualquer outra modalidade de captação antecipada de poupança popular, mediante promessa de contraprestação em bens, direitos ou serviços de qualquer natureza.

As cooperativas de crédito são, por natureza, equiparadas às instituições financeiras e submetem-se, como essas, ao regime de intervenção e liquidação extrajudicial, conforme dispõe o art. 1º da Lei n. 6.024, de 13 de março de 1974.

Igualmente, as empresas administradoras de consórcio submetem-se ao regime de intervenção e liquidação extrajudicial, conforme dispõem os arts. 7º e 10 da Lei n. 5.768/71.

b) Sociedades operadoras de plano de assistência à saúde

Podemos estudar quatro modalidades de operação:

(a) de planos privados de assistência à saúde, oferecidos por toda e qualquer pessoa jurídica de direito privado, independentemente da forma jurídica de sua constituição, mediante contraprestações pecuniárias, com atendimento em serviços próprios ou de terceiros;

(b) de seguros privados de assistência à saúde, oferecidos por pessoas jurídicas constituídas e reguladas em conformidade com a legislação específica para a atividade de comercialização de seguros e que garantam a cobertura de riscos de assistência à saúde, mediante livre escolha pelo segurado do prestador do respectivo serviço e reembolso de despesas, exclusivamente;

(c) de sistemas de assistência à saúde pela modalidade de autogestão. Por força do art. 23 da Lei n. 9.656, de 3 de junho de 1998, às operadoras de planos privados de assistência à saúde era vedado requerer concordata e já não se sujeitavam à falência, mas tão somente ao regime de liquidação extrajudicial, previsto no Decreto-Lei n. 73, de 21 de novembro de 1966, ao qual se aplica subsidiariamente a Lei n. 11.101/2005, por força do art. 197 desta e da redação dada ao art. 26 daquele;

(d) de ato cooperativo previsto no art. 79 da Lei n. 5.764, de 16 de dezembro de 1971. Esses atos praticados entre a cooperativa e seus associados não implicam operação de mercado, nem contrato de compra e venda de produto ou mercadoria, conforme dispõe o parágrafo único daquele dispositivo e, portanto, os contratos e obrigações decorrentes não se sujeitam à recuperação, nem é possível a essas cooperativas operadoras de plano de assistência à saúde ingressarem com pedido recuperatório ou submeterem-se à falência. Trata-se de sociedade não empresária (CC, art. 982, parágrafo único).

Contudo, o § 13 do art. 6º, introduzido no projeto aprovado pelo Senado Federal, em péssima redação, dizia justamente o contrário, declarando que "não se sujeitam aos efeitos da recuperação judicial os contratos e obrigações decorrentes dos atos cooperativos praticados pelas sociedades cooperativas com seus cooperados, na forma do art. 79 da Lei n. 5.764, de 16 de dezembro de 1971, consequentemente, não se aplicando a vedação contida no inciso II do art. 2º quando a sociedade operadora de plano de assistência à saúde for cooperativa médica".

Ao contrário do que se extrai dessa redação, a lógica do nosso sistema remeteria à reafirmação de que não se aplica às cooperativas médicas a recuperação judicial.

O texto aprovado no Senado Federal espelha exatamente a intenção do legislador de permitir à *cooperativa médica operadora de plano de assistência à saúde* o acesso à recuperação judicial, conforme consta da justificativa da emenda de plenário apresentada pelo Senador Eduardo Gomes, aprovada no Senado Federal:

"A presente proposição incide sobre exclusão da federação ou cooperativa médica dentre as sociedades operadoras de planos de assistência à saúde previstas no inciso II do art. 2º da Lei n. 11.101, de 2005, que regula a recuperação judicial, a extrajudicial e a falência do empresário e da sociedade empresária".

"O dispositivo prevê apenas a inaplicabilidade destes regramentos para uma única entidade cooperativa, qual seja, a 'cooperativa de crédito', dentre as demais, *in verbis*: 'II – instituição financeira pública ou privada, *cooperativa de crédito*, consórcio, entidade de previdência complementar, sociedade operadora de plano de assistência à saúde, sociedade seguradora, sociedade de capitalização e outras entidades legalmente equiparadas às anteriores' (grifo nosso)".

"A *mens legis* desta alteração reside da constatação fática de que o legislador, ao especificar uma única entidade cooperativa a ser excluída de aplicação da Lei n. 11.101/2005, no caso, a "cooperativa de crédito, análoga às instituições financeiras, liberou, *a contrario sensu*, o acesso a todas as demais cooperativas, inclusive às cooperativas médicas, que não se caracterizam sociedades operadoras de planos de assistência à saúde".

"Visa, portanto, a possibilitar que os planos de assistência à saúde operados por cooperativas ou federações médicas possam vir a ter acesso principalmente à recuperação judicial, tendo em vista que a situação de dificuldade financeira já verificadas há algum tempo são objeto de novos desafios econômico-financeiros, com a multiplicação dos casos de internamento e procedimentos para tratamento das enfermidades diretamente causadas pelo COVID-19 no decorrer do presente ano de 2020".

"A evolução social de que as operadoras de planos de assistência à saúde veem os seus índices de uso e de mortalidade contratual cada vez mais altos, vez que vivem em um constante aumento de seus custos associados à elevação dos gastos com os atendimentos em saúde combinado com o declínio do número de pessoas que utilizam os planos de saúde complementar".

"A situação financeira destas entidades, já complicada antes da crise, tornar-se-á ainda mais delicada com o agravamento de toda essa conjuntura já em 2020 e nos anos seguintes".

"Acrescente-se a isso que, com a pandemia consolidada em níveis globais, o uso dos planos passou a ocorrer em escalas nunca antes vista, ensejando a assunção de débitos imprevistos e imprevisíveis e que podem se agravar ainda mais no cenário de recessão que se avizinha, podendo levar à inviabilização, ao fechamento e à falência de muitos deles".

"Como se vê, o nosso foco para a presente proposta é o de conceder a federações ou cooperativas operadoras de planos de saúde acesso à recuperação judicial e demais instrumentos legais para possibilitar que tais empresários do setor mantenham as suas atividades num ambiente financeira mais saudável em suas operações, notadamente no decorrer e após esse período de combate à Pandemia do novo coronavírus – COVID-19".

(...)

Criou-se, assim, casuisticamente, a possibilidade de ajuizamento de pedido de recuperação judicial por sociedade simples. Melhor seria expandir-se a todas as atividades empresárias o acesso à recuperação judicial e não criar exceção com argumentos muito particulares como os apresentados pelos Senadores.

Em bom tempo, a Presidência da República vetou esse dispositivo, justificando, na Mensagem ao Congresso Nacional, que "a medida contraria o interesse público, pois a previsão de recuperação judicial somente para cooperavas médicas, além de ferir o princípio da isonomia em relação as demais modalidades societárias, afasta os instrumentos regulatórios que oportunizam às operadoras no âmbito administrativo a recuperação de suas anormalidades econômico-financeiras e as liquidações extrajudiciais". E, ainda, "ademais, tem-se, ainda, que a criação dessa excepcionalidade impacta nas concessões de portabilidades especiais de carências a beneficiários de operadoras a serem compulsoriamente retiradas do mercado regulado, em prejuízo ao acompanhamento econômico-financeiro das operadoras pela Agência Nacional de Saúde Suplementar – ANS, e submete milhões de brasileiros a riscos de desassistência".

c) Sociedades seguradoras

As sociedades seguradoras se submetem ao mesmo regime das anteriores, por força do art. 26 do Decreto-Lei n. 73, de 21 de novembro de 1966, com a redação que lhe deu o art. 1º da Lei n. 10.190, de 14 de fevereiro de 2001: "As sociedades seguradoras não poderão requerer concordata e não estão sujeitas à falência, salvo, neste último caso, se decretada a liquidação extrajudicial, o ativo não for suficiente para o pagamento de pelo menos a metade dos credores quirografários, ou quando houver fundados indícios da ocorrência de crime falimentar".

d) Sociedades de capitalização

Por definição legal (art. 1º do Decreto-Lei n. 261, de 28-2-1967), sociedades de capitalização são aquelas que têm "por objetivo fornecer ao público, de acordo com planos aprovados pelo Governo Federal, a constituição de um capital mínimo perfeitamente determinado em cada plano e pago em moeda corrente, em um prazo máximo indicado no mesmo plano, a pessoa que possuir um título, segundo cláusulas e regras aprovadas e mencionadas no próprio título". Por força do art. 3º, § 2º, à SUSEP cabe fiscalizar a constituição, organização, funcionamento e operações das sociedades do ramo que se sujeitam aos regimes de intervenção e liquidação previstos para as sociedades de seguros e estabelecidos no Decreto-Lei n. 73/66.

2.4. Casos especiais de incidência, com restrições temporais ou de legitimidade ativa

a) Empresário que cessou suas atividades

Importante indagação se refere ao empresário regular que deixou o exercício de sua atividade há mais de dois anos. Contra este a falência não poderá ser decretada (art. 96, VIII), desde que tenha sido providenciado o registro da cessação, há mais de dois anos, no órgão de Registro Empresarial (Junta Comercial). Esse prazo é de decadência e conta-se da data constante do registro de empresa. Decorrido esse prazo, o devedor não mais pode ser considerado empresário, e, assim, seus credores poderão fazer uso das execuções individuais ou mesmo do instituto da insolvência civil.

Pode ocorrer, contudo, a situação de o empresário ter registrado a cessação de sua atividade há mais de dois anos e, entretanto, não ter, efetivamente, deixado de exercê-la. Nesse caso, prevalece a situação fática, e o devedor será considerado empresário irregular. Como visto, é o exercício da atividade que qualifica o empresário – tal qual a prática habitual de atos de comércio qualificava o comerciante – e não o seu registro, sua ausência ou o encerramento administrativo deste.

A lei impede que o devedor que tenha cessado suas atividades empresariais requeira a recuperação em Juízo porque não poderá demonstrar, no momento do pedido, o exercício regular de empresa há mais de dois anos (art. 48). Confrontando as duas situações, vê-se que o legislador impôs para o pedido de recuperação impedimento mais amplo porque a lei não prevê período de limitação, como o faz para a falência. Cessada a atividade, com baixa no órgão de registro, não há mais empresa, impedindo a propositura da ação de recuperação judicial ou de homologação de negociação extrajudicial (art. 161).

Uma primeira conclusão é possível: o empresário que cessou suas atividades, promovendo a baixa de seu registro na Junta Comercial, não pode requerer recuperação judicial ou homologação de plano extrajudicial, mas fica sujeito à falência requerida por credor pelo prazo de até dois anos.

Com esta constatação segue-se uma última questão: o período de dois anos aplica-se ao pedido de autofalência (art. 105) e à falência requerida com base no art. 94, II (execução frustrada) e III (atos de falência)? A proposição tem sentido porque a redação do art. 96 refere-se unicamente à falência requerida com fundamento no art. 94, I, ou seja, impontualidade.

A resposta nos parece negativa. Pelo período de dois anos o empresário que cessou suas atividades somente está sujeito a pedido de falência com fundamento em atos de impontualidade no pagamento de título executivo, quando promovido por credores. A lei não lhe permite, desde a baixa de seu registro, requerer qualquer forma de recuperação em Juízo, nem tampouco valer-se de pedido de autofalência.

b) Espólio, até um ano após a morte do autor da herança

Prevê a lei, de forma especial, a decretação da falência de espólio de pessoa física e, portanto, do empresário individual ou de sócio ilimitadamente responsável, até um ano após a ocorrência de sua morte (art. 96, § 1º), sendo esse prazo decadencial.

Pressupõe a Lei Falimentar que o empresário individual, ou o sócio com responsabilidade ilimitada, faleceu em estado de falência. Observe-se que a existência da pessoa natural termina com a morte (CC, art. 6º), e a herança – patrimônio do morto denominado *espólio* – passa a responder pelo pagamento de dívidas do falecido, levando os herdeiros a serem responsáveis por elas, após a partilha, cada qual em proporção da parte que na herança lhes coube (CC, art. 1.997). Assume, pois, o espólio a posição de falido, não se podendo, tecnicamente, falar em falência de pessoa falecida, mas sim de seu espólio, fato que não deixa de ser igualmente curioso, porque o espólio não é uma pessoa, mas o conjunto de bens do falecido.

A falência pode ser requerida pelos credores, cônjuge sobrevivente, herdeiros do devedor ou pelo inventariante (art. 97, II), e, uma vez decretada, acarreta a suspensão do processo do inventário (art. 125).

Em relação ao cônjuge sobrevivente, como adverte Trajano de Miranda Valverde (1999, 1:112), "só quando ele tem interesses econômicos ligados ao espólio, em consequência do regime de casamento, é que lhe assiste o direito de requerer a falência do espólio".

Divergência pode surgir quanto ao prazo de um ano. Se entendermos que se trata de restrição ao direito de credores, em benefício do cônjuge sobrevivente e dos herdeiros, conforme leciona Valverde (1999, 1:154), citando Spencer Vampré (1921, 3:182), a regra restritiva somente se aplica contra aqueles e não aos últimos. O cônjuge sobrevivente e os herdeiros poderiam, nesse entendimento, ingressar, a qualquer tempo, com o pedido de falência.

A explicação de Vampré (1921, 3:182) no regime da Lei n. 2.024, de 1908, reporta-se ao contexto do dispositivo, reproduzido em todas as legislações que o adotaram. Inicialmente previsto no art. 5º da Lei n. 2.024, de 1908, foi depois reproduzido pelo art. 4º, § 2º, do Decreto-Lei n. 7.661/45 e pelo art. 96, VIII, § 1º, da Lei n. 11.101, de 2005. Em todos os casos, o legislador trata da questão como matéria de defesa, oponível ao autor do pedido de falência, credor por título protestado:

LEI N. 2.024, DE 1908	DECRETO-LEI N. 7.661, DE 1945	LEI N. 11.101, DE 2005
Art. 4º A fallencia não será declarada, si a pessoa contra quem for promovida provar: 1º Falsidade do titulo da obrigação. (...) 7º Qualquer motivo que, por direito, extinga, adie ou suspenda o cumprimento da obrigação ou exclua o réo do processo da fallencia. Art. 5º A fallencia poderá ser declarada até dentro do prazo de um anno após a morte do devedor ou até dentro de dous annos após a cessação do exercicio do commercio ou da dissolução e liquidação da sociedade, pouco importando que aquelle estado se manifeste antes ou depois de qualquer destes factos. § 1º O commerciante fallecido será representado no processo da fallencia pelo conjuge sobrevivente e herdeiros Havendo menores entra estes, o juiz nomeará um curador. Aberta a fallencia, será suspenso o inventario judicial, a que porventura se estiver procedendo em razão do obito do devedor. § 2º A fallencia da sociedade anonyma não será declarada depois de liquidado, partilhado e distribuido o activo.	Art. 4º A falência não será declarada, se a pessoa contra quem for requerida provar: I – falsidade do título da obrigação; (...) VIII – qualquer motivo que extinga ou suspenda o cumprimento da obrigação, ou exclua o devedor do processo da falência. § 1º Se requerida com fundamento em protesto levado a efeito por terceiro, a falência não será declarada, desde que o devedor prove que podia ser oposta ao requerimento do autor do protesto qualquer das defesas deste artigo. § 2º Não será declarada a falência da sociedade anônima depois de liquidado e partilhado o seu ativo, e do espólio depois de um ano da morte do devedor.	Art. 96. A falência requerida com base no art. 94, inciso I do *caput*, desta Lei, não será decretada se o requerido provar: I – falsidade de título; (...) VIII – cessação das atividades empresariais mais de 2 (dois) anos antes do pedido de falência, comprovada por documento hábil do Registro Público de Empresas, o qual não prevalecerá contra prova de exercício posterior ao ato registrado. § 1º Não será decretada a falência de sociedade anônima após liquidado e partilhado seu ativo nem do espólio após 1 (um) ano da morte do devedor. § 2º As defesas previstas nos incisos I a VI do *caput* deste artigo não obstam a decretação de falência se, ao final, restarem obrigações não atingidas pelas defesas em montante que supere o limite previsto naquele dispositivo.

Nesta linha, o cônjuge sobrevivente e os herdeiros podem requerer a falência do espólio, mesmo se decorrido um ano do falecimento do autor da herança, cabendo-lhes, ainda, o direito de requererem recuperação em Juízo (art. 48, parágrafo único) se prosseguiram, após o falecimento, no exercício regular das atividades empresariais.

A não incidência da Lei n. 11.101, de 2005, para o espólio é, portanto, relativa, pois abrange tão somente os pedidos de credores, decorrido o prazo de um ano após a morte do empresário devedor. Significa dizer que os credores, nesta situação, exercerão o direito de percepção de seus créditos se promoverem sua habilitação no inventário do devedor falecido.

c) Sociedade anônima liquidada que teve seu ativo partilhado

O credor não pode requerer a falência de sociedade anônima após liquidado e partilhado seu ativo, conforme deflui do § 1º do inciso VIII do art. 96. Contudo, poderá fazê-lo em se tratando de sociedade empresária constituída numa das formas previstas no Código Civil.

O legislador, reproduzindo leis anteriores, excluiu somente a sociedade anônima – e, por extensão, as sociedades em comandita por ações (CC, art. 1.090, e LSA, art. 280) – da sujeição à falência quando liquidada e partilhado seu ativo.

A redação leva a entender que todas as outras sociedades – em nome coletivo, em comandita simples, em conta de participação e limitadas – submetem-se ao regime falimentar mesmo se o ativo estiver partilhado no momento da decretação.

Não é bem assim. A distinção existia porque, no regime anterior, o art. 218 da Lei das Sociedades por Ações previa outra forma de satisfação dos credores da sociedade por ações em liquidação: "Encerrada a liquidação, o credor não satisfeito só terá direito de exigir dos acionistas, individualmente, o pagamento de seu crédito, até o limite da soma, por eles recebida, e de propor contra o liquidante, se for o caso, ação de perdas e danos. O acionista executado terá direito de haver dos demais a parcela que lhes couber no crédito pago". Para as sociedades previstas no Código Comercial não havia regra similar e os credores não satisfeitos podiam requerer a falência da sociedade irregularmente liquidada. Com a entrada em vigor do Código Civil em 2002 o tratamento distinto não mais se justifica porque previsto procedimento liquidatório similar (CC, arts. 1.102-1.112), inclusive quanto aos créditos remanescentes ao encerramento, reproduzindo, *ipsis litteris*, a regra do art. 218 da Lei das Sociedades por Ações (CC, art. 1.110).

Verifica-se, pois, que, liquidada a sociedade e partilhado seu ativo, os credores têm ação contra os sócios, ex-administradores e liquidantes, mas não podem requerer a falência da sociedade. Inexistindo empresa – exercício da atividade empresarial – não é mais possível requerer a recuperação em Juízo. Pergunta-se, então: é possível pedido de autofalência, uma vez verificado que alguns credores não foram pagos?

A questão se insere na mesma perspectiva dos dois outros casos: a posição do dispositivo, posto como matéria de defesa em ação promovida pelo credor, com fundamento no art. 94, I (art. 96, *caput*).

A resposta, neste caso, é negativa. Não há mais ativo, inviabilizando cumprir o objetivo falencial previsto no art. 75, I: "A falência (...) visa a preservar e a otimizar a utilização produtiva dos bens, ativos e dos recursos produtivos, inclusive os intangíveis, da empresa". Os credores somente serão satisfeitos com as ações individuais acima mencionadas, não sendo viável o requerimento falimentar. A hipótese é, pois, de não incidência absoluta.

d) Produtor rural

Se o produtor rural é inscrito como empresário no órgão de registro de empresa há mais de dois anos, nenhuma dúvida há quanto à sua legitimidade para requerer recuperação judicial e sujeitar-se a falência. Há casos, entretanto, que a inscrição somente ocorre às vésperas do pedido recuperatório, sem demonstrar o devedor o cumprimento do biênio previsto no art. 48, *caput*.

Diante do disposto no art. 971 do Código Civil, que *faculta* aos produtores rurais a inscrição no Registro Público de Empresas, constituindo-o, a partir de então, empresário por equiparação àquele sujeito a registro, a jurisprudência vem entendendo que o prazo de inscrição pode ser mitigado para fins de cumprimento do requisito temporal previsto no art. 48, *caput*.

Assim, desde que demonstre o exercício da atividade de produtor rural há mais de dois anos e providencie seu registro no órgão de registro de empresas, estará apto a ingressar com o pedido de recuperação judicial.

A essa atividade, portanto, de produtor rural, dispensa-se a demonstração de registro há mais de dois anos, mas não se dispensa a demonstração da atividade há mais de dois anos, nem o registro empresarial em data precedente ao pedido.

Neste sentido, por exemplo, entre outros, a posição da 2ª CRDE, no voto do Des. Araldo Telles, no AI 2058958-18.8.26.0000, j. em 25-3-2019: "Recuperação judicial. Empresário Rural. Cabimento, desde que comprovado o desenvolvimento da atividade por mais de dois anos, inscrevendo-se perante o Registro Mercantil em data anterior ao pedido. Requisitos cumulativos não cumpridos pelos três produtores rurais acionantes, que, apesar de demonstrar o exercício da atividade rurícola por mais de dois anos, não providenciaram o registro na Junta Comercial antes da distribuição da recuperação. Registro mercantil de Vilber que, apesar de providenciado muito antes da distribuição da recuperação, também foi cancelado antes desse termo, nos idos do ano de 1988. Processamento da recuperação judicial revogada no tocante aos produtores rurais".

Esse também o Enunciado 97 da III Jornada de Direito Comercial, aprovada em 7 de junho de 2019 pela CJF:

"Enunciado 97 – O produtor rural, pessoa natural ou jurídica, na ocasião do pedido de recuperação judicial, não precisa estar inscrito há mais de dois anos no Registro Público de Empresas Mercantis, bastando a demonstração de exercício da atividade rural por esse período e a comprovação da inscrição anterior ao pedido".

Com a introdução de quatro novos parágrafos ao art. 48 da LREF, a Lei n. 14.112, de 24 de dezembro de 2020 (LREF-20), regulamentou a forma de comprovação do prazo de dois anos de atividade rural por pessoa jurídica, estabelecendo que isso se faça por meio da Escrituração Contábil Fiscal (ECF) ou pelos registros contábeis que o substituam. Já para a pessoa natural, a comprovação pode ser feita com base no Livro Caixa Digital do Produtor Rural (LCDPR) ou pelos registros contábeis que o substituam.

Essas informações contábeis devem ser organizadas de acordo com a legislação e o padrão contábil da legislação vigente e guardar obediência ao regime de competência e de elaboração por contador habilitado.

Assim, se o devedor é produtor rural sem inscrição no registro empresarial (Junta Comercial) sua situação é idêntica a de tantos outros que exercem atividade econômica não empresarial, isto é, não lhe é permitido requerer recuperação judicial e, tampouco, estará sujeito a falência.

2.5. Quadro-resumo

É possível compor um quadro que identifique as zonas de incidência da nova lei, tendo em vista a natureza das atividades desempenhadas pelo devedor em crise econômico-financeira (art. 2º) ou, ainda, em decorrência de inatividade (art. 96, VIII, e § 1º):

SITUAÇÃO LEGAL	RECUPERAÇÃO JUDICIAL OU EXTRAJUDICIAL	FALÊNCIA REQUERIDA POR CREDOR	FALÊNCIA REQUERIDA PELO LIQUIDANTE OU INVENTARIANTE
Empresa pública	•	•	•
Sociedade de economia mista	•	•	•
Entidade de previdência complementar fechada	•	•	•
Instituições financeiras e equiparadas (CFI, consórcios, cooperativas de crédito)	•	•	○
Entidade de previdência complementar aberta	•	•	○
Sociedade operadora de plano de assistência à saúde	•	•	○
Sociedade seguradora	•	•	○
Sociedade de capitalização	•	•	○
Empresário que cessou suas atividades	•	☺☺	•
Espólio	○	☺	○
Sociedade liquidada que teve seu ativo partilhado	•	•	•
Produtor rural	☺☺☺	☺☺☺	☺☺☺

LEGENDAS

• = não

○ = sim

☺ = sim, no prazo de um ano a partir do falecimento

☺☺ = sim, dentro do prazo de dois anos contados do arquivamento, para pedidos com fundamento no art. 94, I

☺☺☺ = sim, desde que demonstre o exercício de atividade rural por dois anos e comprove a inscrição no Registro de Empresas em data anterior ao pedido recuperatório. A falência somente pode ser decretada contra devedores produtores rurais inscritos no Registro de Empresas

PARTE II

DISPOSIÇÕES COMUNS À RECUPERAÇÃO JUDICIAL E À FALÊNCIA

(Capítulos 3 a 5)

Capítulo 3

PROCEDIMENTO DE VERIFICAÇÃO DE CRÉDITO

Sumário: 3.1. Momento para a verificação de créditos. 3.2. Processamento das declarações tempestivas de crédito. 3.2.1. Do pedido. 3.2.2. Requisitos da petição inicial. 3.2.3. Do processamento do pedido. 3.2.4. Impugnações aos pedidos. 3.2.5. Julgamento dos pedidos e das impugnações. 3.2.6. Impugnação de crédito trabalhista. 3.2.7. Renovação de pedido de habilitação de crédito já julgado. 3.3. Procedimento das habilitações retardatárias. 3.4. Verificação de créditos dos credores particulares dos sócios solidários. 3.5. Ação rescisória de exclusão, reclassificação ou retificação de crédito.

3.1. Momento para a verificação de créditos

Distinguem-se os momentos em que se dá a verificação de créditos: antecede à decisão de concessão na recuperação e é subsequente à decisão de quebra, na falência. Ressalvado este traço distintivo, no mais, a Lei n. 11.101, de 2005, estabelece disposições comuns à recuperação judicial e à falência, no que se refere à verificação e habilitação de créditos.

a) Na recuperação judicial

Nos procedimentos de recuperação, a fase de verificação de créditos antecede a própria decisão de concessão do pedido e ocorre a partir do momento em que o juiz defere o processamento da recuperação judicial.

Isto é necessário porque os credores constantes da lista provisória apresentada pelo devedor no pedido inicial (art. 51, III) ou da relação elaborada pelo administrador judicial após o decurso do prazo de habilitação (art. 7º, § 2º) poderão impugnar o pedido, logo após a apresentação do plano de recuperação, providência que se segue em até sessenta dias ao pedido inicial (arts. 53 e 55).

Os credores, portanto, precisam ser conhecidos e legitimar-se a participar tanto da objeção ao pedido como também da assembleia geral de credores que, se convocada, irá aprovar, rejeitar ou modificar o plano apresentado pelo devedor.

b) Na falência

Na segunda fase do processo falimentar (a primeira é o procedimento pré-falimentar), há a execução pelo administrador judicial de cinco ordens de providências:

(1) arrecadação, consistente na identificação e desapossamento de bens que constituam o ativo da massa falida, onde quer que se encontrem, providenciando, para tanto, sua busca nos estabelecimentos empresariais do falido e, se necessário, a propositura de ações revocatórias, objetivando o despojamento daqueles que estejam em poder de terceiros, por força de contratos realizados pelo devedor antes da decretação da falência;

(2) administração da massa, compreendendo atos tendentes à conservação e guarda dos bens, tais como: comunicação ao juiz quando houver necessidade de venda antecipada, locação de imóveis para depósito, cobrança de dívidas etc.;

(3) atos de sindicância ou de informação, qual seja, a obtenção de dados informativos que possam instruir os procedimentos de apuração das causas da falência e da responsabilidade criminal do falido, se empresário individual, e dos administradores, em se tratando de sociedade empresarial falida. Incluem-se nessas providências a designação de perito contador e o acompanhamento das declarações do art. 104 e a colheita de subsídios nos papéis e livros entregues pelo falido, nas declarações e habilitações de crédito que tiverem sido apresentadas e nas provas obtidas nos eventuais processos em curso no Juízo falimentar e fora dele;

(4) publicidade da sentença de quebra, publicação de avisos aos credores e interessados, indicando seu endereço e horários em que pode ser encontrado, e expedição de circulares aos credores para declararem seus créditos;

(5) formação do quadro-geral de credores, pela análise dos pedidos apresentados tempestiva ou extemporaneamente. É neste procedimento que se dá a verificação de créditos e, ao contrário dos demais que são realizados nos autos de falência, ocorre em apartado, paralelamente aos autos principais.

3.2. Processamento das declarações tempestivas de crédito

Os credores, negociais ou não, devem levar suas declarações por escrito ao administrador judicial, no prazo legal de quinze dias. Este prazo conta-se das publicações dos editais previstos no art. 52, § 1º, ou no parágrafo único do art. 99, isto é, publicações que contêm a determinação do processamento do pedido de recuperação judicial ou a sentença de quebra.

Além do regular procedimento de habilitação, outras três situações distintas podem ocorrer: (a) não apresentação de pretensão à habilitação: o credor entende que seu crédito foi verificado adequadamente, constando da lista apresentada pelo devedor quando das declarações do art. 104 ou do pedido de recuperação judicial; (b) apresentação de divergência: o valor ou a classificação constante da relação de credores publicada pelo administrador judicial difere da pretendida pelo credor; e (c) manifestação do credor após o decurso do prazo de quinze dias: habilitação retardatária ou intempestiva.

As primeiras situações – habilitações tempestivas, as divergências tempestivas à lista do devedor e a verificação a partir da lista do devedor ou constante de sua escrituração – têm seu processamento em uma única autuação conjunta, a cargo do administrador judicial, que elabora uma relação provisória de credores, valendo-se dos livros contábeis, documentos do devedor e assessoria contábil.

Visando evitar equívocos, adotam-se nesta obra as expressões: (a) *divergência ou habilitação tempestiva*: dirigida ao crédito arrolado no primeiro edital, i. e., divergência ou "habilitação" dirigida ao edital previsto no art. 7º, § 1º; (b) *impugnação*: o inconformismo dirigido à lista publicada pelo administrador judicial, na forma do art. 7º § 2º; (c) *habilitação retardatária*: as pretensões apresentadas ao Magistrado depois de vencido o prazo previsto no § 1º do art. 7º ou as que obedeceram a esse prazo, mas não o prazo previsto no art. 7º, § 2º; (d) *ações de habilitação*: as retardatárias apresentadas após publicado o quadro-geral de credores.

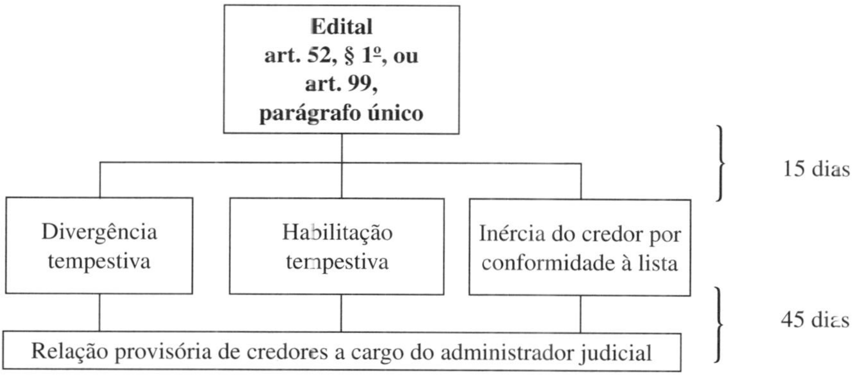

Buscou-se, na Lei n. 11.101/2005, simplificar o procedimento de formação do quadro-geral de credores, sendo possível sua demonstração em três fases didáticas: chamamento, encaminhamento e julgamento.

A fase de chamamento dos credores inicia-se com a publicação do edital contendo a decisão que defere o pedido de recuperação judicial (art. 52, § 1º) ou a que decreta a falência (art. 99, parágrafo único). Dessas publicações inicia-se a contagem do prazo de quinze dias para as habilitações ou divergências dos credores (art. 7º, § 1º). Findo esse prazo, dentro dos próximos quarenta e cinco dias o administrador judicial faz publicar um edital com a relação dos credores habilitantes, seguindo-se o prazo de dez dias para que os credores, Comitê, devedor ou seus sócios e o Ministério Público apresentem suas impugnações (art. 8º).

Fase de tríplice encaminhamento. Decorrido o prazo para as impugnações, três caminhos se abrem ao processamento das habilitações: (a) ausência total de impugnações, permitindo ao juiz homologar a relação de credores constantes do edital publicado pelo administrador judicial (art. 14). A LREF, na redação dada pela Lei n. 14.112, de 24 de dezembro de 2020, determina em seu art. 7º-A que, nos processos de falência, o juiz instaure, de ofício, o incidente de classificação de crédito público (veja o item 3.2.8), intimando as Fazendas Públicas credoras a apresentarem suas pretensões de crédito no prazo de trinta dias, o que deve ser feito ao administrador judicial ou ao juízo, dependendo do momento processual, como ocorre com as demais habilitações; (b) impugnação parcial dos créditos exigindo nova manifestação do credor impugnado, no prazo de cinco dias (art. 11) e a oitiva do devedor e do Comitê de Credores, no prazo comum de cinco dias (art. 12), seguindo-se a colheita do parecer do administrador judicial, em igual prazo (art. 12, parágrafo único) e, mesmo na omissão da lei, a remessa ao Ministério Público, porque é no procedimento de verificação de crédito que o *Parquet* pode obter os melhores subsídios para o exame da ocorrência de crimes falimentares. No incidente de classificação de crédito público (art. 7º-A, § 3º), o prazo para a impugnação dos demais credores e do administrador judicial é de quinze dias, cabendo à Fazenda Pública apresentar esclarecimentos em dez dias acerca das impugnações; (c) os créditos não impugnados seguirão para a decisão judicial (art. 15).

Fase de julgamento: o juiz julgará incluídos os créditos não impugnados e aqueles impugnados que estiverem suficientemente esclarecidos. Em relação às demais impugnações, fixará os aspectos controvertidos, decidindo as questões processuais pendentes (art. 15, III) e determinará as provas a serem produzidas, designando audiência de instrução e julgamento, se necessário (art. 15, IV). Ao final, o magistrado determinará ou não a inclusão dos créditos impugnados, cabendo ao administrador judicial, com base nessas decisões, consolidar o quadro-geral de credores a ser homologado pelo juiz, que será publicado no prazo de cinco dias, contra o qual os interessados podem interpor agravo de instrumento (art. 17).

Didaticamente, o art. 16, na nova redação dada pela LREF-20, descreve a composição do quadro geral de credores: (a) créditos não impugnados constantes da relação apresentada pelo administrador judicial e prevista no art. 7º, § 2º; (b) impugnações apresentadas no prazo do art. 8º, já julgadas; (c) habilitações retardatárias julgadas, determinando, quanto às não julgadas, a reserva do valor contro-vertido, sem impedir o pagamento da parte incontroversa.

Uma visão gráfica do procedimento e seus incidentes pode ser apreciada no seguinte quadro:

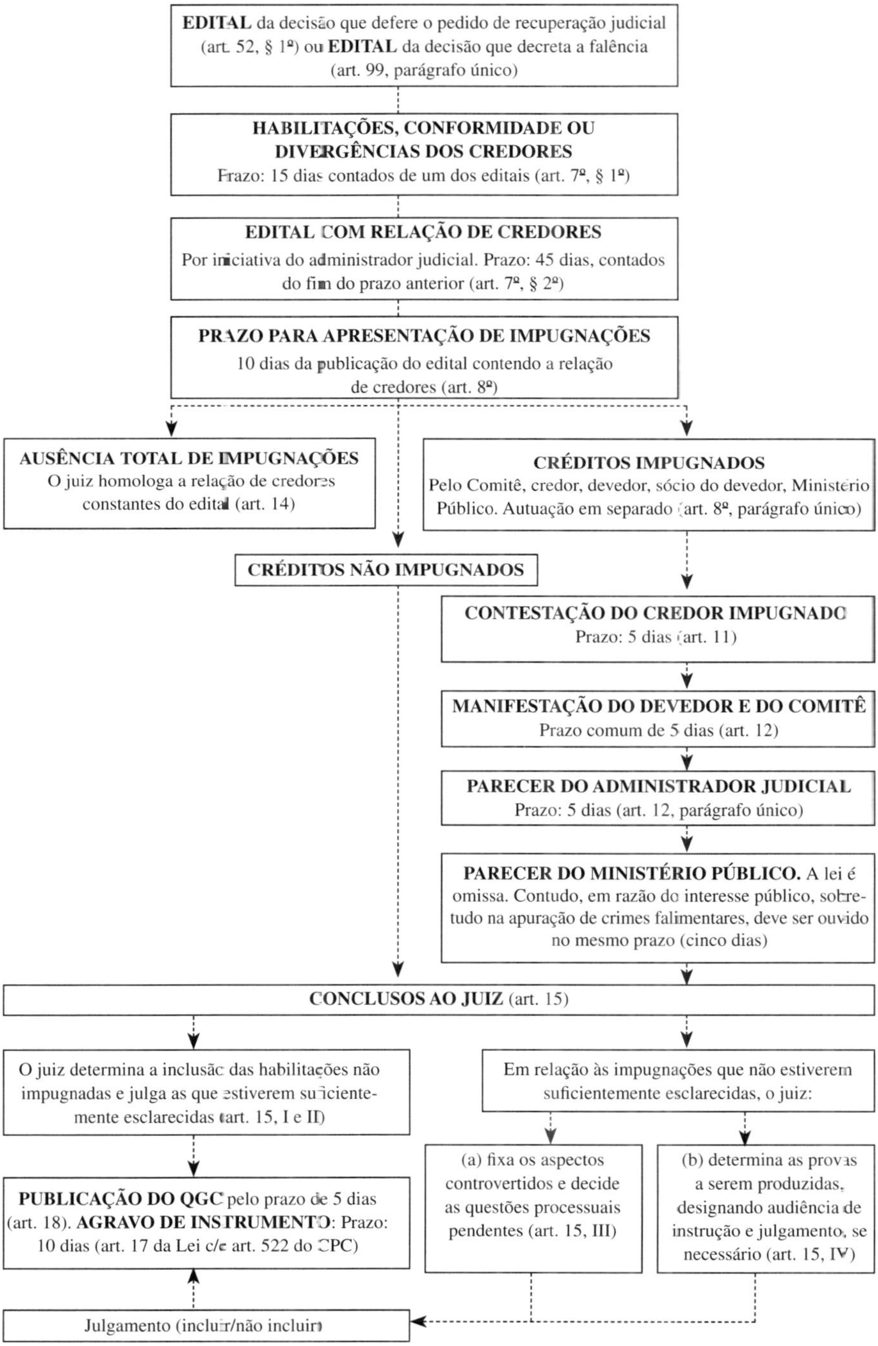
EDITAL da decisão que defere o pedido de recuperação judicial (art. 52, § 1º) ou **EDITAL** da decisão que decreta a falência (art. 99, parágrafo único)
HABILITAÇÕES, CONFORMIDADE OU DIVERGÊNCIAS DOS CREDORES Prazo: 15 dias contados de um dos editais (art. 7º, § 1º)
EDITAL COM RELAÇÃO DE CREDORES Por iniciativa do administrador judicial. Prazo: 45 dias, contados do fim do prazo anterior (art. 7º, § 2º)
PRAZO PARA APRESENTAÇÃO DE IMPUGNAÇÕES 10 dias da publicação do edital contendo a relação de credores (art. 8º)
AUSÊNCIA TOTAL DE IMPUGNAÇÕES O juiz homologa a relação de credores constantes do edital (art. 14)
CRÉDITOS IMPUGNADOS Pelo Comitê, credor, devedor, sócio do devedor, Ministério Público. Autuação em separado (art. 8º, parágrafo único)
CRÉDITOS NÃO IMPUGNADOS
CONTESTAÇÃO DO CREDOR IMPUGNADO Prazo: 5 dias (art. 11)
MANIFESTAÇÃO DO DEVEDOR E DO COMITÊ Prazo comum de 5 dias (art. 12)
PARECER DO ADMINISTRADOR JUDICIAL Prazo: 5 dias (art. 12, parágrafo único)
PARECER DO MINISTÉRIO PÚBLICO. A lei é omissa. Contudo, em razão do interesse público, sobretudo na apuração de crimes falimentares, deve ser ouvido no mesmo prazo (cinco dias)
CONCLUSOS AO JUIZ (art. 15)
O juiz determina a inclusão das habilitações não impugnadas e julga as que estiverem suficientemente esclarecidas (art. 15, I e II)
PUBLICAÇÃO DO QGC pelo prazo de 5 dias (art. 18). **AGRAVO DE INSTRUMENTO**: Prazo: 10 dias (art. 17 da Lei c/c art. 522 do CPC)
Em relação às impugnações que não estiverem suficientemente esclarecidas, o juiz:
(a) fixa os aspectos controvertidos e decide as questões processuais pendentes (art. 15, III)
(b) determina as provas a serem produzidas, designando audiência de instrução e julgamento, se necessário (art. 15, IV)
Julgamento (incluir/não incluir)

3.2.1. Do pedido

O legislador previu três situações em que o devedor deve apresentar em Juízo lista de seus credores: a) na recuperação judicial: deve instruir sua petição inicial com "a relação nominal completa dos credores, inclusive aqueles por obrigação de fazer ou de dar, com a indicação do endereço de cada um, a natureza, a classificação e o valor atualizado do crédito, discriminando sua origem, o regime dos respectivos vencimentos e a indicação dos registros contábeis de cada transação pendente" (art. 51, III); b) na falência requerida pelo próprio devedor: deve juntar "relação nominal dos credores, indicando endereço, importância, natureza e classificação dos respectivos créditos" (art. 105, II); c) nos demais casos de decretação de falência (requerida por credor ou convolação no curso de concordata ou recuperação): a mesma exigência é imposta pelo legislador após a decretação da falência, se a relação ainda não se encontrar nos autos (art. 99, III).

Em todos estes casos, os credores que não constarem da relação apresentada pelo devedor ou os que divergirem quanto ao valor ou à classificação devem propor habilitação ou divergência, por meio de requerimento dirigido ao administrador judicial, no prazo de quinze dias, contados da publicação da sentença de quebra (art. 99, parágrafo único) ou da decisão que manda processar o pedido de recuperação (art. 52, § 1º).

Há no procedimento idealizado pelo legislador de 2005 grave falha quanto aos prazos marcados no art. 99, III. É que o devedor dispõe do prazo de cinco dias para trazer a relação, e o credor, de quinze dias para seu pedido de habilitação ou divergência, contados de termos que podem não coincidir: a intimação do devedor e a publicação da sentença de quebra. Na hipótese de coincidirem as intimações e, ainda, se o devedor cumprir a determinação no último dia do prazo, o credor disporá de menos de dez dias para, depois de conhecer o valor do crédito e sua classificação, habilitar diferenças ou propor divergências à lista. Contudo, se a intimação do devedor não coincidir com a publicação do edital, torna-se possível que o prazo do credor transcorra antes que o devedor cumpra a determinação judicial prevista no art. 99, III.

O credor atento, independentemente da ciência da relação apresentada pelo devedor, deve providenciar a habilitação de seu crédito, no prazo de quinze dias, evitando manifestação retardatária e o pagamento de custas judiciais, entre outros efeitos negativos (art. 10, § 3º).

A lei não menciona, mas convém que o administrador disponha de um sistema de protocolização dos requerimentos recebidos dos credores conferindo segurança ao sistema. Na eventualidade de qualquer impugnação, poderá valer-se de instrumentos adequados na certificação do exato cumprimento dos prazos legais.

Os pedidos podem ser apresentados diretamente ao administrador judicial ou em cartório e o decurso do prazo, nesse caso, deve, então, ser certificado pelo escrivão que, a partir de então, os entregará mediante carga ao administrador judicial. Nas comarcas onde seja possível o uso de sistema eletrônico, o pedido pode ser dirigido por petição nos processos digitais ou, preferencialmente, às mãos do administrador judicial, expediente célere que também evita erros na certificação da data de recebimento.

3.2.2. Requisitos da petição inicial

Os requerimentos devem conter os requisitos do art. 9º:

(I) O nome, o endereço do credor e o endereço em que receberá comunicação de qualquer ato do processo.

Se o credor é titular de vários créditos, pode apresentar uma só habilitação, incluindo todos eles.

Não se admite, porém, a habilitação coletiva de credores em um só requerimento, a não ser que se trate de pedido de agente fiduciário representando os debenturistas, titulares das mesmas vantagens e portadores de títulos de uma só série de emissão de debêntures.

Embora o pedido de habilitação ou de divergência à lista apresentada nos termos do art. 7º, § 1º, não exija qualquer conhecimento técnico, sendo, antes, requerimento simples, comum em qualquer operação comercial, com requisitos mínimos que estão presentes em qualquer nota fiscal, a petição deve ser assinada por advogado habilitado, por força do Estatuto da Advocacia (Lei n. 8.906, de 4-7-1994, art. 1º, I).

O inciso II do art. 5º dispõe que não são exigíveis "as despesas que os credores fizerem para tomar parte na recuperação judicial ou na falência, salvo as custas judiciais decorrentes de litígio com o devedor". Em razão desse dispositivo e havendo, para as ações de restituição, regra expressa determinando o pagamento de despesas, na hipótese de contestação ao pedido (art. 88, parágrafo único) deve-se aplicar a mesma solução que a jurisprudência encontrou na aplicação da lei anterior, determinando a incidência de verba honorária a favor do vencedor em decisão lançada em impugnação de crédito, isto é aqueles pedidos que se sujeitam à apreciação judicial (art. 8º e seguintes).

Durante certo período da vigência do Decreto-Lei n. 7.661/45, o Superior Tribunal de Justiça julgava não se poder impor a cobrança de honorários advocatícios em habilitação de crédito. Nesse sentido são os votos relatados pelos eminentes Ministros Waldemar Zveiter (REsp n. 108.299-SP, j. 30-9-1999), Ruy Rosado de Aguiar (REsp n. 34.848-SP, j. 16-5-1995), Fontes de Alencar (REsp n. 38.230-RJ, j. 13-10-1998) e Barros Monteiro (REsp n. 33.031-PR, j. 13-11-1993). Em sentido contrário se posicionava, entre outros, o Ministro Eduardo Ribeiro (REsp n. 111.857-MG, j. 9-12-1999). Pelo voto do Ministro Barros Monteiro, a 4ª Turma do Superior Tribunal de Justiça, pela segunda vez, alterava o entendimento anterior e, por maioria, decidia que, "havendo a contenciosidade em face da impugnação apresentada, são devidos honorários advocatícios pela parte que restar vencida" (REsp n. 188.759-MG. O precedente fora o REsp n. 63.705-PR, relatado pelo Min. Cesar Asfor Rocha).

No sistema atual, não mais existem dúvidas quanto à incidência da verba honorária nos casos em que houver litigiosidade na verificação de crédito: "São devidos honorários advocatícios quando o pedido de habilitação de crédito for impugnado, em recuperação judicial ou na falência, haja vista a litigiosidade do processo" (Jurisprudência em Teses, Edição n. 35: Recuperação Judicial I, STJ).

(II) O valor do crédito, atualizado até a data da decretação da falência ou do pedido de recuperação judicial, sua origem e classificação.

A atualização do crédito até os termos indicados (decretação da falência e pedido de recuperação) tem a finalidade de estabelecer um termo único a todos os credores, em obediência ao princípio da *pars conditio creditorum*, a partir do qual se farão, por mesmo índice de correção comum a todos os credores, as novas atualizações até o momento do efetivo pagamento.

Entretanto, não há como cumular a correção monetária com a comissão de permanência, mesmo se contratualmente prevista, porque nesta estaria embutida aquela, em verdadeira dúplice incidência, motivando a elaboração da Súmula 30 do Superior Tribunal de Justiça: "A comissão de permanência e a correção monetária são incomunicáveis". Observação que vale para as instituições financeiras tão somente, uma vez que os demais credores não estão autorizados a cobrar comissão de permanência[1].

---

[1] BRASIL, STJ, REsp n. 707.647-SP, Rel. Min. Nancy Andrighi, j. 7-11-2006, *DJ*, 27-11-2006, p. 278: "Direito econômico. Comissão de permanência. Cobrança por instituição não financeira. Impossibilidade. Inaplicabilidade da Lei n. 6.463/77 à hipótese. Cumulação com

A origem dos créditos é sempre indicada na inicial, porque alguns não estão sujeitos a habilitação e porque o interesse a ser protegido na execução coletiva é o da preservação da igualdade de tratamento entre os credores. A indicação da origem, sobretudo quando se trata de títulos cambiais, de fácil emissão fraudulenta, é medida que objetiva a segurança dos participantes da massa concursal.

O Superior Tribunal de Justiça na vigência da LF45 sustentava a necessidade de indicação da origem do crédito sob essa mesma justificativa: dar segurança à massa e aos credores (REsp n. 10.208-SP, Rel. Min. Dias Trindade, j. 1º-10-1991) ou, ainda, porque é um meio fácil de controlar a legitimidade dos créditos, impondo a exclusão daquele credor que não explicar satisfatoriamente a causa ou a origem ou lhe atribuir causa diversa (REsp n. 18.995-SP, Rel. Min. Waldemar Zveiter, j. 1º-9-1992). Essa determinação ainda encontra lugar no regime da LREF (TJSP, 2ª CRDE, AI n. 2161649-42.2020.8.26.0000, Rel. Des. Maurício Pessoa, j. 6-10-2020).

Em se tratando de título abstrato, como o cheque, o impugnante deve trazer indícios de desrespeito à ordem jurídica, ou, sendo o devedor, alegar a falta de causa, sob pena de se ter por descabida a impugnação.

Outra discussão possível é a relativa à inclusão de valor destinado ao pagamento de multa, prevista pelas partes contratantes antes da falência. As regras aplicáveis são as previstas no art. 83, VII e VIII, § 4º, isto é, as multas contratuais são admitidas, mas "as cláusulas penais dos contratos unilaterais não serão atendidas, se as obrigações neles estipuladas se vencerem em virtude da falência". Significa dizer que, se o contrato venceu anteriormente à falência e não em virtude dela, as cláusulas penais contratadas integram o crédito, podendo ser habilitadas.

---

outros encargos moratórios. Impossibilidade. A comissão de permanência encontra-se prevista na Resolução n. 1.129/86 do CMN e sua cobrança é restrita às instituições financeiras. Os custos financeiros a que se refere a Lei n. 6.463/77 são aqueles inerentes à própria venda a prazo, entre os quais não se inclui a comissão de permanência, aplicável somente em situações de inadimplência. Tanto a Resolução n. 1.129/86 quanto a Lei n. 6.463/77 são normas de ordem pública e não devem ser interpretadas extensivamente. Não bastasse o fato de a cobrança da comissão de permanência ser restrita às instituições financeiras e de não ser possível dar interpretação extensiva ao art. 2º da Lei n. 6.463/77, circunstâncias que, por si só, são suficientes para não se conhecer do recurso especial, *ad argumentandum*, a comissão de permanência não pode ser cumulada com juros remuneratórios, juros moratórios, correção monetária e/ou multa contratual. Recurso especial não conhecido".

Essa posição já se encontrava consolidada na jurisprudência anterior à vigência da Lei n. 11.101/2005, do Superior Tribunal de Justiça[2].

(III) Os documentos comprobatórios do crédito e a indicação das demais provas a serem produzidas.

O pedido deve estar acompanhado dos documentos que o comprovem: cártula original, cópia autêntica com indicação do local onde se encontra o original, triplicatas, escrituras, certidões extraídas dos livros do empresário devedor, autos de verificação de crédito, sentença judicial etc. Nesse aspecto, não deve impor regras rígidas, dada a informalidade da habilitação de crédito, bastando fique demonstrada sua existência e liquidez[3]. A LREF expressa claramente a possibilidade de exibição de "cópias autenticadas" se o original estiver juntado em outro processo (art. 9º, parágrafo único).

O legislador previu a possibilidade de o credor requerer provas, o que se mostra de difícil concretização porque o procedimento de verificação é uno e o administrador está obrigado a publicar relação de credores no prazo de quarenta e cinco dias depois de findo o período para as divergências ou habilitações tempestivas. Salvo na hipótese de a prova requerida limitar-se ao exame dos livros contábeis e documentos do devedor, não nos parece possível dar ao administrador judicial poderes para investigação mais profunda, como a intimação e oitiva de testemunhas indicadas pelo credor.

Nos casos dependentes de instrução probatória mais extensa, caberá ao interessado promover a respectiva ação de conhecimento para, posteriormente, promover a habilitação de seu crédito ou, se é o devedor, opor-se ao pedido de seu credor. Exemplo são as ações revisionais em que se busca a redução de encargos contratuais. Tendo o devedor em recuperação judicial arrolado crédito bancário em valor inferior na lista apresentada no momento do pedido recuperatório (art. 7º, § 1º) e apresentada impugnação pela instituição financeira, não pode o devedor pretender a revisão desse crédito como matéria de defesa nos autos de verificação de crédito.

---

[2] BRASIL, STJ: a) REsp n. 94.629-MS, Rel. Min. Nilson Naves, j. 2-2-1999; b) REsp n. 86.586-MS, Rel. Min. Sálvio de Figueiredo Teixeira, 25-3-1997; c) REsp n. 95.356-SP, Rel. Min. Ari Pargendler, j. 6-4-2000.

[3] BRASIL, STJ, REsp n. 98.403-MG, Rel. Min. Carlos Alberto Menezes Direito, j. 10-6-1997: "Títulos em fotocópia autêntica e reconhecida veraz em perícia técnica. Aplicação da Súmula 30-STJ. Não é possível negar a habilitação de títulos apresentados em fotocópia quando a própria falida, ainda que em impugnação intempestiva, reconhece a existência dos mesmos, rechaçando, embora por outros motivos, a habilitação, e a perícia técnica confirma a respectiva exatidão".

(IV) A indicação da garantia prestada pelo devedor, se houver, e o respectivo instrumento.

É essencial no pedido que habilita o crédito a indicação das garantias recebidas, quando se tratar de classificação como credor privilegiado por direito real. O oferecimento de garantias a alguns credores em detrimento de outros, dentro do termo legal de quebra, é ineficaz, e, como tal, o credor não pode exigir privilégio sobre a massa falida (art. 129, III). A falta dessa indicação, portanto, na petição ou nos documentos que acompanharem o pedido, enseja impugnação por parte dos demais interessados.

(V) A especificação do objeto da garantia que estiver na posse do credor.

Além dos documentos (em geral contratos ou certidões extraídas de registros públicos) que viabilizam o pedido de crédito com privilégio real ou especial, a lei exige que o credor especifique o objeto que se encontra em sua posse. Tal exigência tem por objetivo facilitar a arrecadação do bem pela massa falida (art. 110, § 2º, III), observando que o direito de retenção se encontra suspenso desde a decretação da falência (art. 116, I).

3.2.3. Do processamento do pedido

À medida que o administrador judicial recebe os requerimentos tempestivos – habilitações ou divergências – deve organizá-los, podendo autuá-los em volume único, seguindo a sequência cronológica das datas de recebimento. Nada obsta, entretanto, que o faça em ordem alfabética, facilitando sua localização posterior.

A primeira análise é, necessariamente, de cunho formal, isto é, verificar se a documentação encontra-se em ordem, podendo diligenciar junto ao credor a apresentação de esclarecimentos ou de novos documentos (art. 22, I, *d*). Em seguida, deve o administrador confrontar as pretensões do credor com a documentação do devedor – livros, documentos contábeis e fiscais – mediante o auxílio de profissionais ou empresas especializadas em contabilidade e auditoria, de acordo com a complexidade dos pedidos formulados.

O período de verificação é de quarenta e cinco dias contados do fim do prazo fixado para as habilitações e divergências, findo o qual o administrador fará publicar edital contendo a relação de credores, indicando seus nomes, valores dos créditos e a classificação atribuída. Trata-se de verdadeiro quadro-geral provisório.

Da data de publicação, o Comitê, qualquer credor, o devedor ou seus sócios, ou o Ministério Público dispõem de dez dias para apresentar impugnação à relação, podendo opor-se a qualquer crédito em especial em seus aspectos quantitativos (importância), qualitativos (classificação) e de legitimação ou, ainda, à própria lista, por omitir créditos devidos.

A lei não menciona, mas é possível pretender-se invalidar o próprio procedimento, por ausência de regularidade quanto à obediência aos prazos ou aos requisitos formais, ou, ainda, à obrigação de indicar o local, horário e prazo comum em que os legitimados à impugnação terão acesso aos documentos que fundamentaram a elaboração da relação de credores (art. 7º, § 2º).

Se não houve impugnações, a relação publicada pelo administrador judicial será homologada pelo magistrado como quadro-geral de credores, não havendo necessidade de nova publicação (art. 14), consolidando-se o procedimento de verificação de créditos.

Com a reforma de 2020 (LREF-20) e a criação do incidente de classificação de crédito público (*v.* item 3.2.8), a consolidação do quadro geral de credores somente ocorrerá com a decisão que determina a inclusão dos créditos fazendários no quadro geral de credores, conforme prevê o art. 7º-A, § 3º, III, introduzido pela reforma.

3.2.4. Impugnações aos pedidos

Se as pessoas mencionadas no art. 8º forem contrárias a algum requerimento ou à relação de credores publicada, sua manifestação será dirigida ao juiz e tratada como impugnação de crédito. O escrivão desentranhará, dos autos apresentados pelo administrador judicial, os documentos relativos ao crédito impugnado e os autuará com o requerimento ou requerimentos que o contestam, autuando-os em procedimento separado, sob a rubrica "impugnação de crédito".

A petição será instruída com documentos, se o impugnante os tiver em seu poder, tais como recibo de quitação, notas fiscais, sentença proferida em ação declaratória de nulidade ou de inexigibilidade de obrigação, sentença proferida em embargos à execução etc. A realização de provas – pericial, testemunhal, requisição de documentos etc. – poderá ser requerida desde logo, devendo constar do pedido inicial, sob pena de preclusão.

As impugnações são autuadas individualmente, em separado – uma autuação para cada crédito, mesmo que várias impugnações versem sobre um mesmo crédito. O credor impugnado será intimado e terá cinco dias para se manifestar, podendo juntar documentos e requerer provas que entender necessárias. Em seguida, o devedor e o Comitê disporão de prazo comum (cinco dias) para apresentar sua manifestação que deverá versar sobre a impugnação, defesa, documentos e provas requeridas. Decorrido o quinquídio, o administrador judicial deverá ser ouvido, devendo lançar seu parecer em até cinco dias, juntando laudo e informações que dispuser acerca do crédito.

Não há menção à manifestação do Ministério Público, exigência que a lei anterior fazia (Decreto-Lei n. 7.661/45, art. 91). Contudo, há de se ponderar, como fizemos em *Falência e Recuperação de Empresas e de Falência* e em *A Nova Lei de Falências e de Recuperação de Empresas* (Negrão, 2019:179 e 2006:149), e também o faz Márcio Souza Guimarães (2006:55) que o papel do *Parquet* no procedimento verificatório ultrapassa o sentido de defesa do interesse individual, consistindo antes, sua intervenção, na consequência lógica ao pleno exercício de sua função de *custos legis*, não sendo razoável admitir sua legitimidade para impugnar (art. 8º), mas não para se manifestar acerca das impugnações oferecidas pelos demais legitimados.

Se o interesse público justifica sua legitimação para impugnar a relação de credores, é lógico concluir que esse fundamento persiste quando a formação do quadro-geral é objetada pelo devedor ou sócios, outros credores e Comitê. Outra conclusão levaria a se entender que a atuação ministerial volta-se exclusivamente à fiscalização dos atos do administrador judicial e não à tutela de interesses socioeconômicos envolvidos nos processos de falência e de recuperação judicial.

A este respeito Márcio Souza Guimarães (2006:59, nota 79) completa: "A remessa ao Ministério Público é imprescindível por se tratar de interesse transindividual a relação de créditos habilitados no quadro-geral de credores, nos termos encetados na primeira parte deste trabalho". Neste mesmo sentido veja-se Paulo Fernando Campos Salles de Toledo (2005:33).

Admitida a necessidade de manifestação do Ministério Público, os autos das impugnações serão remetidos ao promotor de justiça de falências, no mesmo prazo concedido às demais pessoas ouvidas – cinco dias –, para que emita seu parecer, podendo, evidentemente, requerer provas que julgar pertinentes.

3.2.5. Julgamento dos pedidos e das impugnações

Decorrido este último prazo, todos os autos de verificação de crédito (autos das declarações e divergências tempestivas e das impugnações) são conclusos ao juiz para três classes de providências previstas nos quatro incisos do art. 15: a) inclusão no quadro-geral de credores das habilitações de créditos não impugnadas; b) julgamento das impugnações suficientemente esclarecidas pelas alegações e provas apresentadas pelas partes; c) saneamento do processo em cada uma das restantes impugnações, fixando os aspectos controvertidos e decidindo as questões processuais pendentes e determinando as provas a serem produzidas, designando audiência de instrução e julgamento, se necessário.

Paulo Fernando Campos Salles de Toledo (2005:36) anota, com propriedade, que a decisão será lançada nos autos principais (de falência ou de recuperação judicial), devendo ser transcrita nos autos que contêm a relação provisória e nos de cada impugnação: "(...) por uma questão de economia processual, convém que essa decisão seja uma só, para todas as impugnações (sem prejuízo, é claro, de indicar, como determina o inciso II em foco, 'de cada crédito, o valor e a classificação'). E, para que seja uma única, só pode ser tomada nos autos principais, para onde naturalmente confluem todas as questões de interesse da falência ou da recuperação judicial".

Assim processadas, ao final o magistrado lançará decisão em cada procedimento de impugnação, cabendo ao administrador judicial, com base nesses julgamentos, consolidar e assinar o quadro-geral de credores, que deverá ser homologado pelo juiz e publicado no órgão oficial, no prazo de cinco dias, contado da data da sentença que julgar a última impugnação.

Cabe interposição de agravo contra a decisão que julga impugnação de crédito, no procedimento previsto no Código de Processo Civil de 2015 (arts. 1.015-1.020). Embora a Lei n. 11.101/2005 mencione genericamente "agravo", este se qualifica como "de instrumento", devendo ser acompanhado, nos processos que tramitam fisicamente, do traslado de peças necessárias (cópias da decisão agravada, da certidão da respectiva intimação e das procurações outorgadas pelos advogados do agravante e do agravado) e outras facultativas. No processo que se processa digitalmente, se o sistema adotado pelo Tribunal permitir a visualização dos autos de origem, não há necessidade do traslado dessas peças (CPC15, art. 1.017, § 5º). Será protocolado e processado no Tribunal de Justiça dos Estados em que se situar o Juízo recorrido.

No sistema anterior contra as sentenças nos autos de impugnação de crédito cabia recurso de apelação, no prazo de quinze dias, contados da data da publicação do quadro-geral de credores (REsp n. 25.501-RJ, Rel. Min. Nilson Naves, j. 3-11-1992). A alteração foi profunda na medida em que, na Lei n. 11.101/2005, optou-se pela celeridade da tramitação do agravo de instrumento e pela fluência do prazo a partir da intimação (CPC15, art. 1.017, I). Interposto o recurso, os atos processuais não se suspendem em primeira instância, isto é, em se tratando da última decisão acerca das impugnações, nada impede a homologação e publicação do quadro-geral de credores, salvo se, a pedido do interessado, o desembargador relator do agravo de instrumento conceder efeito suspensivo (CPC15, art. 1.019, I, e LREF, art. 17, parágrafo único).

3.2.6. Impugnação de crédito trabalhista

O § 2º do art. 6º é de difícil interpretação, sugerindo a cisão do procedimento de verificação de crédito em dois procedimentos distintos, de curso paralelo, sendo um deles perante a Justiça do Trabalho.

Entretanto, esta interpretação conduziria à quebra da unidade procedimental e permitiria ingerência de órgão jurisdicional não pertencente à Justiça Comum às decisões em assembleia geral, acarretando, ainda, incidentes recursais que prejudicariam a celeridade e a economia processual.

Paulo Fernando Campos Salles de Toledo (2005:18) afirma que, "mesmo as impugnações de crédito não serão julgadas, como as demais, pelo Juízo da falência ou da recuperação judicial, mas sim também pela justiça especializada. A disposição é nova, e coerente com a competência da Justiça do Trabalho para o julgamento de controvérsias decorrentes da relação de trabalho".

Neste mesmo sentido a lição de Mauro Penteado (2006: 139): "Se não forem adequadamente atendidos na relação de credores a ser elaborada e publicada pelo administrador judicial nos termos do art. 7º, § 2º, cabe-lhes reclamar perante o Juízo universal, apresentando impugnação de crédito (art. 8º). Mas tais impugnações serão processadas perante a justiça especializada, até a apuração do respectivo crédito, que será inscrito no Quadro-geral de Credores pelo valor determinado na sentença (art. 6º, § 2º), ressalvado o pedido de reserva (art. 6º, § 3º). Trata, portanto, de ação reclamatória atípica, que tem início no Juízo universal, mas que prossegue na justiça especializada, se houver impugnação de crédito".

Segue este mesmo caminho de interpretação Marcelo Papaléo de Souza (2006:270): "O art. 6º, § 2º, da LRF é claro ao determinar que a habilitação, exclusão e modificação de créditos derivados da relação de trabalho serão realizadas perante o administrador judicial, mas as ações trabalhistas e as impugnações a que se refere o art. 8º da LRF serão processadas perante a Justiça do Trabalho. Portanto, não resta dúvida de que as impugnações dos créditos trabalhistas, após a análise do administrador judicial (1ª impugnação, art. 7º, § 1º, da LRF), serão analisadas pelo Juiz do Trabalho, mediante instauração de processo com tal finalidade".

Discordando de tais judiciosas lições, entendemos que o legislador não cindiu o procedimento de verificação de créditos.

Lembramos, inicialmente, que não pode haver impugnação ao crédito fundado em sentença trabalhista transitada em julgado, dada a imutabilidade da decisão proferida por órgão do Poder Judiciário. Se a habilitação vem acompanhada de decisão trabalhista transitada em julgado, o administrador judicial e o juiz da falência devem proclamar a inclusão nos valores indicados na certidão trabalhista, respeitado o termo legal de atualização do crédito (art. 9º, II).

No tocante, contudo, aos créditos trabalhistas habilitados com outros elementos de provas, diversos da sentença trabalhista, resta melhor elucidação.

Ao dispor que "as ações de natureza trabalhista, inclusive as impugnações a que se refere o art. 8º desta Lei, serão processadas perante a justiça especializada", o legislador acrescentou expressão que remete o intérprete ao processo de conhecimento: "até a apuração do respectivo crédito".

A expressão "impugnações" mencionada no dispositivo refere-se a incidente do processo de apuração do crédito no âmbito trabalhista, permitindo a discussão em regular ação de conhecimento, proposta pelo credor naquele Juízo, ensejando a legitimação passiva do administrador judicial e do devedor, bem como a intervenção de terceiros – credores, Comitê.

Em outras palavras, se o crédito trabalhista integra o quadro de credores por força de verificação realizada pelo administrador (art. 7º, *caput*) ou por documentos apresentados pelo trabalhador, distintos de sentença proferida no Juízo Trabalhista, a impugnação tomará dois rumos, conforme a origem da divergência e/ou impugnação:

a) não havendo divergência por parte do credor trabalhista, a impugnação por terceiros é incidente do procedimento de verificação, não podendo ser qualificada "ação oriunda da relação de trabalho" (CF88, art. 114, I): a decisão cabe à Justiça Comum (falimentar);

b) a divergência motivada pelo credor trabalhista – insatisfeito com valores e/ou classificação ou, ainda, com a solução lançada nos autos de impugnação – dá ensejo à apuração de crédito no Juízo Trabalhista, impondo, após o trânsito em julgado naquele Juízo, sua habilitação no Juízo Comum (da falência ou da recuperação), podendo, ainda, neste, pleitear a reserva de seu crédito.

Com este entendimento, sustentamos a competência e a imutabilidade das decisões proferidas pelo Juízo Trabalhista (habilitação ou divergência com a apresentação de sentença trabalhista transitada em julgado), sem violar os princípios da unidade procedimental, celeridade e economia processual (julgamento das impugnações por um único Juízo).

Semelhante é o ensino de José da Silva Pacheco (2006: 44): "Simplificadamente, porém, é preciso esclarecer que o credor trabalhista pode, no prazo legal, ou retardatariamente, habilitar seu crédito, principalmente quando documentalmente comprovado ou condizente com as relações da falida ou com sua escrituração. Se não houver impugnação, nada obsta sua inclusão no quadro-geral. Se houve impugnação contra a legitimidade, importância ou classificação de crédito trabalhista, habilitado sem decisão da justiça do trabalho, autuar-se-á a impugnação com os documentos que tiverem o impugnante e o declarante, decidindo o próprio juiz da falência com base nas alegações e provas apresentadas pelas partes. Entretanto, se houve ou ainda houver ação, perante a justiça do trabalho, e na falência figurar sentença trabalhista ou pedido de reserva do Juízo trabalhista, qualquer impugnação será processada pela justiça do trabalho para onde devem ser remetidas as partes e as respectivas impugnações, aplicando-se o § 2º do art. 6º".

Pretender transformar a impugnação de crédito em procedimentos distintos: alguns em curso no Juízo falimentar e outros em inúmeros outros Juízos trabalhistas, somente traz desvantagens ao processamento que se pretende célere, acarretando, obviamente, transtornos ao trabalhador, principal interessado na celeridade processual, em razão da natureza alimentar de seu crédito.

3.2.7. Renovação de pedido de habilitação de crédito já julgado

A declaração de crédito julgada extinta pode ser renovada. Para que isso ocorra, é necessário que, no primeiro julgamento, a sentença não tenha ingressado no exame do mérito do pedido, dando por encerrado o processo por ato judicial eminentemente processual, sem apreciar o elemento material do pedido. Mérito "consiste no julgamento da procedência, ou improcedência do pedido (...) É a questão principal" (Buzaid, 1945:111-112).

Assim, se o pedido de habilitação é extinto por indeferimento da petição inicial, ou porque, tendo havido exigências, o credor abandonou a causa ou deixou de promover os atos que lhe competiam ou, ainda, porque ocorreu uma das hipóteses do art. 485 do Código de Processo Civil de 2015, à exceção da prevista no inciso V, nada obsta que o pedido seja novamente formulado, nos termos do art. 486 do mesmo diploma (*v*. na vigência da LF45, o REsp n. 25.297-SP, Rel. Min. Sálvio de Figueiredo Teixeira, j. 13-2-1995).

3.2.8. Do incidente de classificação de crédito público na falência (instituído na LREF-20)

A LREF-20 introduziu na LREF cinquenta e oito novos dispositivos (*v*. 1.2.9), entre os quais o art. 7º-A, e prescreveu, para os processos de falência, a instauração de ofício pelo juiz de um incidente de classificação de crédito público. Deve, assim, o juiz determinar a intimação para as Fazendas Públicas credoras apresentarem suas pretensões de crédito no prazo de trinta dias.

Como ocorre com todos os incidentes verificatórios dos demais credores, o pedido, na fase administrativa (art. 7º, § 1º), deve ser apresentado ao administrador judicial ou, se já instaurada a fase judicial (art. 8º), ao juiz falimentar.

A instauração somente deve ocorrer se o crédito constou da relação de credores publicada no momento da sentença de falência (art. 99, em seu §1º, introduzido por esta reforma, com redação idêntica ao parágrafo único até então existente) ou se a Fazenda Pública, anteriormente, no prazo comum aos demais credores de quinze dias (arts. 99, IV, e 7º, § 1º), já havia comunicado ao juízo falimentar a existência de crédito público.

Isso porque não teria nenhuma lógica exigir que o juiz falimentar instaure o incidente de classificação de crédito público, se não houver indicação da existência de créditos dessa natureza. Significa dizer que não se instaurará esse incidente de ofício se nenhum crédito público constou do edital e se nenhum órgão da Fazenda Pública (da União, dos Estados e dos Municípios) comunicou ao juízo a existência de créditos dessa natureza, no prazo de quinze dias contados da publicação do edital de falência.

Muitas vezes, ocorre que, nesse momento processual, o crédito público ainda não se encontra definitivamente constituído e, assim, somente posteriormente, agora, por iniciativa do credor público, será instaurado o incidente.

O procedimento é similar ao dos incidentes dos demais credores; contudo, o legislador da reforma prevê prazo mais amplo para a manifestação dos credores e do administrador judicial – quinze dias – e prazo de dez dias para esclarecimentos da Fazenda Pública a respeito das manifestações apresentadas. Quanto à intervenção do Ministério Público, remetemos à mesma observação registrada no item 3.2.4.

Como ocorre com o incidente apresentado pelos demais credores, o crédito não impugnado será incluído no quadro geral de credores, prosseguindo-se a apuração em relação aos créditos controversos.

Algumas regras procedimentais foram estabelecidas pelo legislador da reforma: (a) reserva integral dos créditos públicos em discussão; (b) os cálculos, a classificação e os atos de arrecadação, de realização do ativo e de pagamento serão realizados pelo juiz falimentar, mesmo que existente execução fiscal em outro juízo, suspensa pelo incidente instaurado; (c) a decisão sobre a existência, a exigibilidade e o valor do crédito, contudo, cabe ao juiz da execução, respeitando o termo de atualização previsto no art. 9º, II; (d) cabe, igualmente, a esse juiz da execução o prosseguimento da cobrança contra os corresponsáveis não falidos, porque contra esses não houve suspensão da execução. Por essa razão é que, antes da homologação do quadro geral de credores, deve conceder prazo às Fazendas Públicas inscritas no incidente a informar a situação atual dos créditos porque podem ter sido quitados por corresponsável tributário, por exemplo; (e) distintamente do que ocorre nos demais incidentes de verificação de credores, para os incidentes de créditos públicos não há condenação em honorários de sucumbência.

3.3. Procedimento das habilitações retardatárias

Decorrido o prazo judicial, o credor terá seu pedido autuado individualmente. Trata-se de ação de habilitação de crédito retardatária que terá, por sua vez, dois procedimentos judiciais distintos, considerando se proposta antes ou depois da homologação do quadro-geral de credores: a) a pleiteada antes, será processada como impugnação de crédito; e b) a posterior à homologação será processada como ação de retificação do quadro-geral de credores, em procedimento ordinário, no mesmo Juízo.

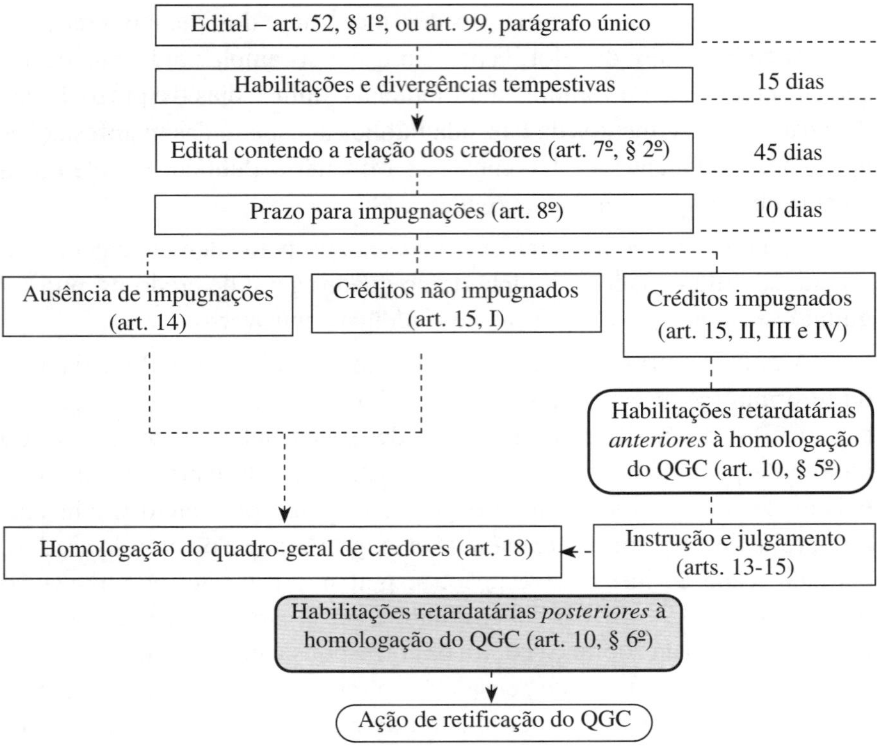

Distintamente do que ocorre na verificação tempestiva – habilitação, divergência ou conformidade à lista do devedor – as habilitações retardatárias, tais como as impugnações de crédito, são apresentadas ao juiz que conduz o processo e não mais ao administrador judicial.

O procedimento das habilitações retardatárias propostas antes da homologação do quadro-geral de credores é o das impugnações de crédito, objeto de nossos estudos nos itens 3.2.4 e 3.2.5.

Para as habilitações retardatárias propostas após a homologação do quadro-geral de credores o legislador impôs a necessidade de propositura de ação de retificação do quadro-geral de credores, observando o "procedimento ordinário" (art. 10, § 6º), expressão que recebeu crítica de Renato Lisboa Altemani e Ricardo Alexandre da Silva (2005:167): "Cuida-se, em verdade, de remeter o habilitante retardatário ao procedimento comum, sendo acatado o rito conveniente à hipótese, de acordo com o valor do crédito cuja habilitação se requer. Assim, caso o crédito perfaça valor igual ou inferior a sessenta salários-mínimos, o rito será o sumário, previsto nos arts. 275-281 do CPC. Se se tratar de crédito superior a sessenta salários-mínimos, será acatado o rito ordinário".

Pondera-se, contudo, que a ação não visa somente habilitar crédito em valor determinado, mas a retificar o quadro-geral de credores já publicado – cujo montante totaliza a soma de todos os créditos inscritos –, razão pela qual o legislador falimentar teria imposto rito ordinário, a merecer maior amplitude na instrução do processo.

Os efeitos da habilitação retardatária são de natureza política, econômica e fiscal.

O efeito político decorre da vedação ao exercício do direito de voto na assembleia geral aos titulares de créditos retardatários, excetuados os titulares de créditos derivados da relação de trabalho (art. 10, § 1º). A redação do § 2º do art. 10 dá a entender que cessa o impedimento ao exercício do voto se já houver sido homologado o quadro-geral de credores contendo o crédito retardatário, mas tão só de verificação de créditos na falência (art. 10, § 2º), não viabilizando, *a contrario sensu*, o voto de credor retardatário na recuperação judicial, mesmo se seu nome constar do quadro-geral de credores.

A redação deficiente é, contudo, integrada por outra norma, a do art. 39, que dispõe: "Terão direito a voto na assembleia geral as pessoas arroladas no quadro-geral de credores (...)". Evidente, pois, que o crédito incluído no quadro-geral de credores, na falência ou na recuperação judicial dá a seu titular o direito de votar em assembleia de credores, independentemente do fato de sua inclusão ter ocorrido por iniciativa do administrador, por habilitação tempestiva ou intempestiva ou mesmo por ação de retificação do quadro-geral de credores. Neste sentido ensina Paulo Fernando Campos Salles de Toledo (2005:30).

O efeito econômico ocorre tão somente na falência: os credores habilitados retardatariamente perdem o direito a rateios eventualmente realizados e não recebem "os acessórios compreendidos entre o término do prazo e a data do pedido de habilitação" (art. 10, § 3º). Acessórios são os acréscimos devidos uniformemente à massa de credores – correção monetária e, se a massa comportar, juros. O credor perde o que é de direito a todos os credores no período entre o décimo sexto dia do início do prazo para as habilitações e divergências e a data de seu pedido de habilitação retardatária.

O credor pode, entretanto, requerer reserva de valor para satisfação de seu crédito, evitando a perda de sua participação nos rateios que ocorrerem nos autos principais durante a tramitação de seu pedido.

Na reforma introduzida pela LREF-20, o legislador introduziu quatro novos parágrafos ao art. 10 da LREF, numerados de 7º a 10. Prevê o § 8º que as habilitações e as impugnações retardatárias acarretam, desde logo, a reserva do valor para a satisfação do crédito discutido, afastando a necessidade de pedido por parte do credor nesse sentido.

O pedido de reserva de crédito pelo credor na falência somente se torna necessário nas ações autônomas, isto é, nas habilitações ou pedidos de reserva apresentados após a publicação do quadro geral de credores, conforme deflui do § 10 introduzido no art. 10 da LREF pela reforma de agosto de 2020. O prazo é de três anos contados da data da publicação da sentença de falência.

É de natureza fiscal, incidente na falência e na recuperação, a obrigação de recolher as custas judiciais da ação incidental de habilitação de crédito (art. 10, § 3º). Observa-se, contudo, que muitas leis estaduais demoraram a adaptar o disposto na Lei Falimentar às suas leis de custas. No Estado de São Paulo, por exemplo, o § 8º do art. 4º da Lei estadual n. 11.608, de 29 de dezembro de 2003, dispõe: "No caso de habilitação de crédito em processo de concordata, a credora recolherá a taxa judiciária na forma prevista nos incisos I e II do art. 4º, calculada sobre o valor atualizado do crédito, observados os limites estabelecidos no § 1º". Evidente que não se pode dar elasticidade a este dispositivo para incluir as habilitações retardatárias previstas na Lei n. 11.101/2005. Somente em 31 de março de 2015 é que a legislação paulista foi modificada, trazendo a nova redação dada pela Lei n. 15.760: "Art. 4º, § 8º – No caso de habilitação retardatária de crédito em processo de recuperação judicial e de falência, o credor recolherá a taxa judiciária na forma prevista nos incisos I e II do artigo 4º, calculada sobre o valor atualizado do crédito, observados os limites estabelecidos no § 1º".

Importante observação faz Fábio Ulhoa Coelho (2017:90) a respeito da possibilidade de divergência retardatária: "Por medida de isonomia, deve-se aplicar o disposto no artigo aqui comentado também para o caso de divergência. Em outros termos, não se pode rejeitar a divergência retardatária, porque isso significaria tratar de forma discriminatória o credor que foi incorretamente mencionado na relação e o omitido. Se admitida a declaração retardatária em favor desse último, não cabe negar-se a apresentação de divergência extemporânea em favor do primeiro. Não há fundamento para a discriminação. A interpretação do art. 10 da LF conforme a Constituição impõe, a partir do princípio constitucional da igualdade, a conclusão pela admissão da divergência retardatária".

Lembro, contudo, que o credor que não tenha apresentado divergência aos créditos relacionados pelo devedor no prazo de quinze dias dispõe de prazo suplementar de dez dias contado da publicação da relação pelo administrador judicial (art. 8º). A "divergência" – tecnicamente é impugnação à lista publicada pelo administrador judicial, se apresentada no prazo, e habilitação retardatária, se fora do prazo – somente será considerada "habilitação retardatária" se não oferecida, cumulativamente, à relação do devedor (art. 7º, § 1º) e à relação do administrador judicial (art. 7º, § 2º). *V. supra* no tópico anterior, 3.2.

Quanto à matéria recursal o legislador nada dispôs, devendo, contudo, considerar correta na integração entre as normas do § 5º do art. 10 ("as habilitações de crédito retardatárias, se apresentadas antes da homologação do quadro-geral de credores, serão recebidas como *impugnação* e processadas na forma dos arts. 13 e 15 desta Lei") e a do art. 17 ("da decisão judicial sobre a *impugnação* caberá agravo"), cabível o recurso de agravo de instrumento.

Para a ação de retificação do quadro-geral de credores (habilitação retardatária após a homologação do quadro-geral), o recurso é de apelação, previsto no Código de Processo Civil de 2015, arts. 1.009-1.014.

3.4. Verificação de créditos dos credores particulares dos sócios solidários

O art. 20 impõe a obrigação de declaração de seu crédito não somente aos credores negociais e não negociais do falido, mas também, em se tratando de sociedade, aos credores particulares dos sócios solidariamente responsáveis.

Nas sociedades em nome coletivo, nas em comandita simples e nas em comandita por ações, os sócios com responsabilidade ilimitada são responsáveis subsidiariamente ao patrimônio da sociedade, de forma solidária entre eles, sujeitando-se, na recuperação judicial, a alguns efeitos jurídicos que a sentença produz em relação à sociedade (art. 6º, II) e, na falência, à submissão ao decreto de quebra e à sujeição a todos os seus efeitos (art. 81), inclusive arrecadação de seus bens particulares.

Nessas sociedades, os sócios que possuem responsabilidade ilimitada, nos termos acima mencionados, são os sócios em nome coletivo, os comanditados e os administradores, respectivamente.

Dessa forma, com a falência, haverá tantas arrecadações de bens particulares de sócios quanto for o número deles. Se, por exemplo, houver três sócios de responsabilidade ilimitada, serão três as arrecadações de bens particulares e uma arrecadação de bens sociais. O administrador elaborará, assim, quatro autos de arrecadação.

Os bens sociais respondem pela dívida social, e os particulares, pelas dívidas individuais de cada sócio. Somente se o produto dos bens sociais arrecadados for insuficiente para o pagamento dos credores na falência é que ocorrerá a possibilidade de o administrador ingressar no patrimônio dos sócios, porque a responsabilidade destes é subsidiária, isto é, em segundo plano, em relação às obrigações sociais.

Há necessidade, portanto, de distinguir os bens sociais dos particulares dos sócios. Igualmente, impõe formar massas diferentes de credores às quais esses bens servirão para saldar as obrigações assumidas.

Em razão da quebra dos sócios solidários e dos efeitos da recuperação judicial é que os credores particulares de cada um destes serão chamados a Juízo para, no prazo da sentença que decreta a falência, declarar seus créditos.

O procedimento das declarações de crédito e das habilitações é o mesmo para a formação da massa de credores da sociedade a que pertencem.

Portanto, nas sociedades nas quais se apresentar a figura do chamado sócio solidário, isto é, aquele que responde ilimitadamente pelas obrigações sociais, de forma subsidiária ao patrimônio da sociedade e solidariamente com outros sócios da mesma categoria, haverá, necessariamente, a multiplicação de procedimentos de verificação de créditos conforme o número dos sócios que formam a sociedade. O administrador publicará tantas relações de credores e o juiz proferirá tantas decisões de homologação de quadro-geral quantas forem as massas envolvidas, publicando igual número de quadros definitivos.

3.5. Ação rescisória de exclusão, reclassificação ou retificação de crédito

Mesmo depois de homologado e publicado o quadro-geral de credores, ainda é possível sua alteração, mediante a propositura de ação de exclusão, reclassificação ou retificação de crédito, a ser julgada pelo Juízo da verificação de créditos. Para a propositura, legitimados estão o administrador judicial, o Comitê, qualquer credor e o Ministério Público.

A ação deve estar fundamentada na descoberta de falsidade, dolo, simulação, fraude, erro essencial ou, ainda, em documentos ignorados na época do julgamento do crédito ou da inclusão no quadro-geral de credores, podendo ser promovida até o encerramento da recuperação judicial ou da falência.

Para um completo entendimento da matéria, convém rememorar o conceito de ação rescisória que Pontes de Miranda oferece (1999, 4:495): "Na ação rescisória há julgamento de julgamento. É, pois, processo sobre outro processo. Nela, e por ela, não se examina o direito de alguém, mas a sentença passada em julgado, a prestação jurisdicional, não apenas apresentada (seria recurso), mas já entregue. É remédio jurídico processual autônomo. O seu objeto é a própria sentença rescindenda – porque ataca a coisa julgada formal de tal sentença – a *sententia lata et data*. Retenha-se o enunciado: ataque à coisa julgada formal".

A ação prevista no art. 19 da Lei Falimentar é verdadeira ação rescisória, em seu duplo aspecto: de sentença e de atos judiciais que não dependem de sentença judicial. Mostra-se com características da primeira quando alcança decisão lançada em autos de habilitação retardatária ou em impugnação de crédito, ambas de cunho decisório, amoldando-se à hipótese do art. 966 do Código de Processo Civil de 2015. Por outras vezes, apresenta-se com carga idêntica à prevista no art. 966, § 4º, rescindindo atos judiciais diversos de sentença, como os que, no procedimento de verificação de crédito, homologam relação apresentada pelo administrador, não impugnada, ou determinam a inclusão, no quadro-geral, de créditos habilitados, contra os quais não houve qualquer oposição.

Quanto ao alcance da ação prevista no art. 19, devem-se anotar os limites impostos pelo legislador falitário que a restringiu com a seguinte expressão: "pedir a exclusão, outra classificação ou a retificação de qualquer crédito". Dirige-se, pois, a tutela, ao provimento de modificação do quadro-geral de credores, relativamente a créditos específicos e não às decisões judiciais que constituíram os títulos e documentos que legitimam o crédito.

Significa dizer que se o objetivo é rescindir sentença, utilizada para fundamentar o pedido de habilitação de divergência ou de habilitação retardatária, prolatada por outro Juízo – trabalhista ou comum –, a ação rescisória será proposta no tribunal a que corresponder a sentença rescindenda e não no Juízo falimentar-recuperatório.

Por exemplo: José habilita crédito quirografário no valor de R$ 15.000,00, apresentando ao seu pedido sentença transitada em julgado, proferida por um dos juízes da Capital de São Paulo. Na decisão apresentada consta a procedência de ação movida contra a empresa XYZ Transportes S/A, atualmente em recuperação judicial, que a condenou a pagar-lhe danos materiais e morais sofridos em acidente automobilístico. Descobriu-se depois que José fez uso de prova pericial e documentos falsos, circunstância devidamente apurada em processo criminal. A ação, neste caso, a ser promovida pelo devedor (XYZ Transportes S/A) é a rescisória prevista no art. 966 do Código de Processo Civil de 2015, com curso no Tribunal de Justiça de São Paulo, porque o que se quer desconstituir é a sentença do Juízo Cível que condenou a empresa a lhe pagar indenização. Rescindida a sentença, seu título não é mais reconhecido e, consequentemente, o crédito é excluído do quadro-geral de credores, devendo assim ser declarado, sem outra formalidade, pelo juiz que conduz a recuperação judicial.

Diversa é a situação em que José apresenta falsa sentença e habilita seu crédito. A ação, neste caso, é a prevista no art. 19, com curso no Juízo falimentar-recuperatório, no mesmo em que se deu a verificação e a homologação do quadro-geral. A falsidade, neste caso, incide sobre o documento da habilitação e não sobre a *causa subjacente* ao título.

3.6. Das conciliações e das Mediações Antecedentes ou Incidentais aos Processos de Recuperação Judicial

A LREF-20 introduz quatro dispositivos – numerados sob n. 20-A, 20-B, 20-C e 20-D – na seção de verificação de créditos na recuperação, denominado "Das conciliações e das mediações antecedentes ou incidentais aos processos de recuperação judicial".

Esses dispositivos admitem expressamente o uso da conciliação e da mediação, em caráter antecedente ou incidental, em sessão presencial ou virtual, nos seguintes casos: (a) nas disputas entre sócios e acionistas de empresas em dificuldades ou em recuperação judicial; (b) nos litígios envolvendo credores não sujeitos arrolados nos §§ 3º e 4º da LREF; (c) nos litígios que envolverem credores extraconcursais; (d) nos conflitos envolvendo permissionárias ou concessionárias de serviços públicos em recuperação judicial e órgãos reguladores ou entes públicos (federais, estaduais, distritais ou municipais).

É admitido, ainda, o uso desses mecanismos procedimentais durante o período de vigência de estado de calamidade pública, a fim de permitir a continuidade ou a prestação de serviços essenciais à empresa em recuperação judicial, evitando, assim, a suspensão de fornecimento desses serviços pelo inadimplemento de dívida de natureza extraconcursal. É o caso, por exemplo, de tentativa de conciliação entre o fornecedor de energia elétrica e a recuperanda por fatura vencida, decorrente de fornecimento havido após o ajuizamento do pedido recuperacional.

E, finalmente, o legislador prevê o uso da mediação e da conciliação como forma de negociação entre credores e empresa em dificuldade que ainda não tenha ingressado com pedido recuperatório, permitindo à empresa em crise o uso de tutela de urgência cautelar (CPC, art. 305), visando a suspensão de execuções pelo prazo de sessenta dias para tentativa de composição com seu credor perante o Centro Judiciário de Solução de Conflitos e Cidadania (Cejusc).

Ingressando o devedor com pedido recuperatório, o período decorrido dessa suspensão será deduzido daquele de 180 dias previsto no art. 6º, § 4º, da LREF.

Para apurar o montante a ser incluído no quadro geral de credores, cabe distinguir o momento em que o acordo foi firmado e homologado pelo juiz competente: se já transcorridos mais de 360 dias entre a sua homologação e o pedido recuperatório, o crédito ingressa pelo montante acordado; caso ainda não tenha transcorrido esse período, o credor ingressa com todos os direitos e garantias nas condições originalmente contratadas, deduzindo apenas os montantes já recebidos.

Em todos os casos, é vedado o uso desses mecanismos para discussão sobre a natureza jurídica, a classificação do crédito e os critérios de votação da assembleia geral de credores.

Capítulo 4

O ADMINISTRADOR JUDICIAL

Sumário: 4.1. Funções do administrador judicial e sua natureza. 4.2. Classificação dos atos do administrador judicial. 4.3. A escolha, a nomeação e o compromisso do administrador judicial. 4.4. Impedimentos e incompatibilidades. 4.5. Substituição e destituição do administrador judicial. 4.6. A remuneração do administrador judicial. 4.7. Responsabilidade do administrador judicial. 4.8. Prestação de contas.

4.1. Funções do administrador judicial e sua natureza

No capítulo anterior, ficou evidenciado o papel do administrador judicial na recuperação judicial e na falência. Nesta, especialmente na fase de sindicância, sua atuação se inicia com o compromisso e amplia-se com a divulgação da sentença declaratória e a nomeação de peritos e auxiliares para o trabalho de arrecadação de bens e verificação de créditos.

Historicamente, a função era exercida por distintos profissionais. Na Lei n. 2.024, de 1908, por exemplo, podiam ser nomeados de um a três síndicos (Lei n. 2.024/1908, art. 16) cujas atribuições (Lei n. 2.024/1908, arts. 64-65) resumiam-se à prática de atos arrecadatórios, de avaliação de bens e equacionamento do passivo, no período compreendido entre a decretação da falência e a assembleia de verificação de créditos. Nomeavam-se, ainda, liquidatários, em igual número, profissionais que tinham por obrigação providenciar a arrecadação de bens que o falido adquirisse durante a falência e fase de realização do ativo (Lei n. 2.024/1908, art. 67). Para as concordatas, o juiz nomeava três comissários, com funções essencialmente fiscalizatórias.

Atualmente, na recuperação judicial a atividade do administrador judicial é amplamente fiscalizatória (art. 22, II, *a*) enquanto na falência sua função é, sobretudo, execução de atos de liquidação – realização do ativo e pagamento do passivo da massa.

A lei determina, também, manifestação em determinados momentos processuais e a elaboração de relatórios a serem juntados nos autos e apreciados pelo juiz condutor: a) na recuperação judicial são de duas espécies: os mensais (art. 22, II, *c*) e os de execução do plano de recuperação (art. 22, II, *d*); b) na falência, o relativo às causas da quebra (art. 22, III, *e*), os mensais com a conta demonstrativa da administração (art. 22, III, *p*), o de prestação de contas (art. 154) e o relatório final (art. 156).

No sistema anterior à Lei n. 11.101/2005, várias teorias tentaram explicar a natureza jurídica das funções do síndico. Trajano de Miranda Valverde (1999, 1:441) as resume em dois grupos: teorias da representação e teorias da função judiciária. As primeiras sustentam que sua função é administrar os bens da massa, representando ora o falido, ora os credores, ora ambos ou, simplesmente, a lei. As segundas o veem como órgão ou agente auxiliar da Justiça.

A doutrina reconhece, nas funções do síndico e seu sucedâneo, o administrador judicial, a qualidade de órgão da Justiça, agente auxiliar. Uma vez empossado, cabe-lhe colaborar com a administração da Justiça e não representar falido, credores ou quem quer que seja. É a figura do particular exercendo um múnus público e, como tal, submetendo-se aos deveres – mais administrativo-processuais do que negociais – que a lei lhe impõe.

Vejamos o que nos diz a doutrina nas abalizadas opiniões a seguir.

Miranda Valverde (1999, 1:445):

"Na falência não há nem personalidade, nem representação. O administrador não representa nem o devedor, nem a massa dos credores, nem a massa falida, que não constitui pessoa jurídica. Não há representação voluntária, e a representação legal é inconcebível, porque o administrador não tutela o interesse egoístico deste ou daquele, mas age no interesse objetivo da justiça, eventualmente, contra o interesse pessoal do falido ou contra o interesse dos credores".

Nelson Abrão (1988:92):

"Ao síndico, a doutrina pátria especializada reconhece unanimemente a qualidade de órgão, agente auxiliar da Justiça, afastando definitivamente a figura da representação, seja dos credores, seja do devedor, que não pode ser voluntária, nem legal, porquanto não pode ele tutelar o interesse de qualquer das partes, mas colaborar com o Juízo, observando os deveres que a lei lhe impõe. É um particular exercente de múnus público, com a consequente carga da responsabilidade na esfera penal".

Carvalho de Mendonça (1963, 8, item 612):

"Os síndicos e os liquidatários desempenham o papel de órgãos da falência, ou melhor, da massa falida, funcionando aqueles no período de informações e estes no de liquidação".

Pontes de Miranda:

"O administrador das massas concursais é legitimado à posse pelo fim mesmo de sua função: não representa o devedor insolvente" (2001, 10:247-248); e "É órgão da execução forçada, adiantemos. A sua função é publicística, e não privatística. Em relação ao juiz, é como subórgão, e não como serviçal ou servidor da posse" (1998, 3:404).

José da Silva Pacheco (2006:68):

"Atualmente, a Lei n. 11.101, de 9 de fevereiro de 2005, instituiu como órgão do processo de recuperação judicial e do processo de falência o administrador judicial, para, sob a fiscalização do juiz e do comitê, exercer as atribuições que lhe são impostas".

J. C. Sampaio de Lacerda (1999:134). Este, em lúcida lição, assim defende sua posição: "(...) o síndico às vezes age contra o falido e contra seus interesses, opõe-se a medidas por ele solicitadas, e se necessário pleiteará a denúncia contra o falido, que tenha agido criminosamente. Age, portanto, no interesse objetivo da justiça. Diante disso, há os que sustentam a teoria de que exercem eles ofício ou função judiciária, como órgãos de massa de credores em sua unidade (Ramella, Brunetti) ou, como diziam Sá Viana e Valverde, órgão criado pela lei para auxiliar a justiça. Não representam quem quer que seja, mas cumprem os deveres inerentes ao cargo e nessa circunstância é que podem agir pró ou contra as pretensões dos credores e pró ou contra as do falido. Cumprem os deveres impostos por lei".

Ainda quanto à classificação de suas funções, acrescente-se, a este respeito, a observação de Alfredo de Assis Gonçalves Neto (2006:249): "Desempenhando função que ao Estado compete realizar, o administrador judicial é um agente público se e enquanto assim atuar. Sua conduta é norteada pelos princípios que regem a atuação dos servidores públicos, com o poder-dever de agir característico de suas atribuições, norteado pelo interesse público definido pelo e no processo falimentar".

Há de se lembrar, contudo, que o administrador não é agente independente, merecendo, com maior precisão técnica, a classificação de auxiliar do Poder Público porque exerce funções durante a tramitação dos processos para os quais é nomeado, sempre sob a fiscalização do Comitê de Credores e do juiz (art. 22) e, muitas vezes, dependendo de autorização para a prática de inúmeros atos.

Veja-se, sobre a matéria, acórdão do Tribunal de Justiça de São Paulo (AI n. 239.281-1-SP, Rel. Des. Flávio Pinheiro, v.u., j. 27-12-1994) que bem equacionou a questão da localização funcional do antigo síndico: "Processo falimentar que perdura há muito, não se conseguindo ultimá-lo a contento – Hipótese de negligência do síndico – Comportamento irregular deste – Cargo, ademais, que se reveste apenas de um ônus e um múnus público, não pertencendo aos quadros da organização judiciária – Decisão mantida – Recurso não provido. O síndico não é um funcionário público, porquanto não pertence aos quadros da organização judiciária, ou a qualquer outro; é simplesmente um particular que exerce um ônus e um múnus público, e, justamente por isso, não tem qualquer direito subjetivo à nomeação, nem à conservação do cargo".

Há também o acórdão relatado pelo Min. Massami Uyeda, no REsp n. 1.032.960/PR, 3ª Turma, j. em 1º-6-2010, *DJe* 21-6-2010: "II – O síndico, assim como seu sucedâneo – administrador judicial – não exerce profissão. Suas atividades possuem natureza jurídica de órgão auxiliar do Juízo, cumprindo verdadeiro múnus público, não se limitando a representar o falido ou mesmo seus credores. Cabe-lhe, desse modo, efetivamente, colaborar com a administração da Justiça".

4.2. Classificação dos atos do administrador judicial

Os atos do administrador podem ser classificados em atos administrativos e atos processuais. Nesta obra são, ainda, subdivididos em outros, conforme quadro-resumo apresentado no item 23.2.2: a) atos relativos aos órgãos colegiados; b) relatórios e prestação de contas; c) atividade no procedimento de verificação de créditos; d) atos de administração; e) atos essencialmente processuais; f) atos de recebimento ou de divulgação de informações de interesse da massa.

São muitas as funções e os prazos a que o administrador deve obedecer no curso dos processos de recuperação e de falência, como se observa no seguinte quadro:

FUNÇÕES	FUNDAMENTO	PRAZO E/OU FINALIDADE
Administrar a empresa falida, na continuação provisória	art. 99, XI	
Alugar ou celebrar outro contrato referente aos bens da massa, com o objetivo de produzir renda para a massa falida	art. 114	
Apresentar conta demonstrativa da administração	arts. 22, III, *p*, e 148	10º dia do mês seguinte ao vencido
Apresentar relatório final da falência	art. 155	10 dias do julgamento das contas
Apresentar relatório sobre as causas e circunstâncias que conduziram à situação de falência	art. 22, III, *e*	40 dias da data da assinatura do compromisso. Prorrogável por igual período
Apresentar plano detalhado de realização dos ativos	art. 99, § 3º	Até 60 dias contados do termo de nomeação
Arrecadar os bens e documentos do devedor e elaborar o auto de arrecadação	arts. 22, III, *f*, e 108	Ato contínuo à assinatura do termo de compromisso
Assinar o auto de arrecadação	art. 109	No ato
Assinar o termo de compromisso	art. 33	48 horas
Avaliar os bens arrecadados	arts. 22, III, *g*, e 110	No ato da arrecadação. Prazo máximo de 30 dias de seu requerimento explicando as razões pelas quais não a realizou no ato de arrecadação
Avisar, pelo órgão oficial, o lugar e a hora em que os credores terão à disposição os livros e documentos do falido	art. 22, III, *a*	Antes de findo o prazo de 15 dias para as habilitações e a tempo para as consultas dos credores
Consolidar o quadro-geral de credores	arts. 18 e 22, I, *f*	5 dias após a publicação da sentença que julgar as impugnações de crédito
Contratar avaliadores	art. 22, III, *h*	Quando necessário, mediante autorização judicial
Contratar profissionais ou empresas especializadas para auxiliá-lo	art. 22, I, *h*	Quando necessário, mediante autorização judicial
Cumprir ou denunciar os contratos	arts. 117 e 118	Ao tomar conhecimento ou até 10 dias depois de notificado pelo contratante
Dar extratos dos livros do devedor	art. 22, I, *c*	Antes de findo o prazo de 15 dias para as habilitações
Declarar se cumpre ou não os contratos bilaterais	art. 117, § 1º	10 dias após a interpelação do contratante
Diligenciar a cobrança de dívidas e dar quitação	art. 22, III, *l*	

Elaborar a relação de credores	arts. 7º, § 2º, e 22, I, *e*	45 dias após findo o prazo para as habilitações tempestivas
Entregar ao seu substituto todos os bens e documentos da massa	art. 22, III, *q*	
Enviar correspondência aos credores	art. 22, I, *a*	
Examinar a escrituração do devedor	art. 22, III, *b*	
Exercer as funções do Comitê de Credores, se este não for constituído e aquelas não forem incompatíveis	art. 28	
Exibir as certidões de registro dos imóveis	art. 110, § 4º	15 dias após a arrecadação
Exigir dos credores, do devedor ou de seus administradores quaisquer informações	art. 22, I, *d*	A qualquer tempo
Fornecer todas as informações pedidas pelos credores interessados	art. 22, I, *b*	Com presteza
Guardar os bens arrecadados	art. 108, § 1º	
Manifestar-se nos pedidos de restituição	art. 87	5 dias da intimação
Manifestar-se sobre a forma de alienação do ativo	art. 142	
Manifestar-se sobre impugnações ou parecer contrário do Ministério Público às suas contas	art. 154, § 3º	
Praticar os atos conservatórios de direitos e ações	art. 22, III, *l*	
Praticar os atos necessários à realização do ativo e ao pagamento dos credores	art. 22, III, *i*	
Presidir a assembleia geral	art. 37	
	art. 23	Na omissão, 5 dias depois de intimado, sob pena de desobediência
Prestar contas	arts. 22, III, *r*, e 154	No final do processo, 30 dias depois de concluída a realização do ativo e distribuído o produto entre os credores
	arts. 22, III, *r*, e 31, § 2º	10 dias depois de sua substituição, destituído ou renunciar ao cargo
Propor, sem exclusividade, ação revocatória	art. 132	Até 3 anos contados da decretação da falência
Realizar atos pendentes em inventário do espólio falido, em relação a direitos e obrigações da massa falida	art. 125	
Realizar despesas, inclusive pagamentos antecipados	art. 150	
Receber a relação de associados sindicalizados que serão representados pelo sindicado na assembleia geral	art. 37, § 6º, I	10 dias antes da assembleia

Receber e abrir a correspondência dirigida ao devedor	art. 22, III, *d*	
Relacionar os processos e assumir a representação judicial da massa	art. 22, III, *c*	
Remir, em benefício da massa e mediante autorização judicial, bens apenhados, penhorados ou legalmente retidos	art. 22, III, *m*	
Representar a massa em Juízo, contratando, se necessário, advogado	art. 22, III, *n*	
Requerer a concessão de prazo para apresentar o laudo de avaliação, quando necessário	art. 110, § 1º	30 dias para a apresentação do laudo
Requerer a convocação da assembleia geral de credores	art. 22, I, *g*	Quando entender necessária sua ouvida para tomada de decisões
	arts. 22, I, *g*, e 35, II, *b*	Para constituir o Comitê de Credores
	arts. 22, I, *g*, 35, II, *c*, e 145	Para a adoção de outras modalidades de realização do ativo
Requerer a manifestação do Comitê de Credores	art. 22, III, *n*	Para fixar honorários de advogados contratados pela massa
Requerer a venda de bens, observando os prazos (bens móveis e imóveis) e a condição dos bens perecíveis, deterioráveis ou sujeitos à desvalorização	arts. 22, III, *j*, e 113	Quando houver bens perecíveis, deterioráveis ou sujeitos a considerável desvalorização ou de conservação arriscada ou dispendiosa, mediante autorização judicial, ouvidos o Comitê e o falido, em 48 horas
Requerer todas as medidas e diligências que forem necessárias para o cumprimento da lei, a proteção da massa ou a eficiência da administração	art. 22, III, *o*	
Restituir coisa móvel comprada com reserva de domínio, se resolver não continuar a execução do contrato	art. 119, IV	
Revogar ou confirmar representação judicial conferida em mandato outorgado pelo falido	art. 120	Ao tomar conhecimento e não sendo de interesse da massa
Transigir sobre obrigações e direitos da massa falida	art. 22, § 3º	Somente após ouvir o Comitê de Credores e com autorização legal

Além dessas atribuições, a LREF-20, ao alterar a LREF, acrescentou dispositivos ao art. 22. À exceção das alterações promovidas na alínea *c* do inciso II e na alínea *j* do inciso III, que impõem a maior responsabilidade ao administrador judicial na condução de seu mister, as demais inclusões e alterações mostram-se em grande parte supérfluas, porque os deveres ali previstos decorrem de outras atribuições constantes do rol do art. 22. E se observa, por exemplo, que a nova redação deixou de incluir seu dever de fiscalizar o cumprimento do previsto no art. 48-A, introduzido na mesma reforma (*v.* item 6.4.3, final):

"I – (...)

j) estimular, sempre que possível, a conciliação, a mediação e outros métodos alternativos de solução de conflitos relacionados à recuperação judicial e à falência, respeitados os direitos de terceiros, na forma do § 3º do art. 3º da Lei n. 13.105, de 16 de março de 2015 (Código de Processo Civil);

k) manter endereço eletrônico na rede mundial de computadores, com informações atualizadas sobre os processos de falência e de recuperação judicial, com a opção de consulta às peças principais do processo, salvo decisão judicial em sentido contrário;

l) manter endereço eletrônico específico, para o recebimento de pedidos de habilitação ou a apresentação de divergências, ambos em âmbito administrativo, com modelos que poderão ser utilizados pelos credores, salvo decisão judicial em sentido contrário;

m) providenciar, no prazo máximo de 15 (quinze) dias, as respostas aos ofícios e às solicitações enviadas por outros juízos e órgãos públicos, sem necessidade de prévia deliberação do juízo;

II – (...)

c) apresentar ao juiz, para juntada aos autos, relatório mensal das atividades do devedor, atestando a veracidade e a conformidade das informações prestadas pelo devedor;

e) fiscalizar o decurso das tratativas e a regularidade das negociações entre devedor e credores;

f) assegurar que devedor e credores não adotem expedientes dilatórios, inúteis ou, em geral, prejudiciais ao regular andamento das negociações;

g) assegurar que as negociações realizadas entre devedor e credores reger-se-ão pelos termos convencionados entre os interessados ou, na falta de acordo, pelas regras propostas pelo administrador judicial e homologadas pelo juiz, observado o princípio da boa-fé para solução construtiva de consensos, que acarretem maior efetividade econômico-financeira e proveito social para os agentes econômicos envolvidos; e

h) apresentar, para juntada aos autos e no endereço eletrônico específico, relatório mensal das atividades do devedor e relatório sobre o plano de recuperação judicial, no prazo de até 15 (quinze) dias, após sua apresentação, atestando a veracidade e a conformidade das informações prestadas pelo devedor, além de informar eventual ocorrência das condutas previstas no art. 64 desta Lei;

III – (...)

c) relacionar os processos e assumir a representação judicial e extrajudicial, incluídos os processos arbitrais, da massa falida;

j) proceder à venda de todos os bens da massa falida no prazo máximo de 180 (cento e oitenta) dias, contado da data da juntada do auto de arrecadação, sob pena de destituição, salvo por impossibilidade fundamentada, reconhecida por decisão judicial;

s) arrecadar os valores dos depósitos realizados em processos administrativos ou judiciais nos quais o falido figure como parte, oriundos de penhoras, de bloqueios, de apreensões, de leilões, de alienação judicial e de outras hipóteses de constrição judicial, ressalvado o disposto nas Leis ns. 9.703, de 17 de novembro de 1998, e 12.099, de 27 de novembro de 2009, e na Lei Complementar n. 151, de 5 de agosto de 2015".

4.3. A escolha, a nomeação e o compromisso do administrador judicial

O magistrado, ao determinar o processamento da recuperação judicial (art. 52, I) ou ao decretar a falência (art. 99, IX) deve nomear um administrador judicial, fazendo recair sua escolha em um dos seguintes profissionais: advogado, economista, administrador de empresas ou contador, encontrados, de preferência, na comarca ou proximidades, tendo em vista a extensão dos trabalhos e a necessidade de intensa fiscalização sobre os atos do devedor. Nas comarcas com mais recursos, o juiz pode preferir a nomeação de pessoa jurídica especializada, isto é, sociedades que prestam serviços de auditoria ou contabilidade e que, ao assumirem o encargo, deverão indicar o nome de um dos profissionais de seu quadro para a função de responsável pela condução dos trabalhos em Juízo, não podendo ser substituído sem autorização judicial (art. 21).

Percebe-se aqui o cuidado do legislador em profissionalizar as funções, determinando que a escolha se faça por critério de competência técnica, segundo as circunstâncias que o processo em Juízo exigir.

Nem sempre houve tal preocupação. Uma retrospectiva dos critérios utilizados nas legislações que precederam à Lei n. 11.101/2005 mostra claramente a evolução do pensamento legislativo em torno da escolha deste profissional:

a) Comerciantes e credores

No Código Comercial de 1850, que continha originalmente a Parte Terceira, com o título "Das Quebras" (arts. 797-913), unidade posteriormente revogada, as funções preliminares eram exercidas por um Juiz Comissário, escolhido entre os deputados-comerciantes do Tribunal do Comércio e por Curadores Fiscais – um ou mais – nomeados dentre os credores do falido. Na fase de liquidação o encargo era atribuído a um, dois ou mais administradores, de preferência comerciantes, eleitos dentre os credores.

b) Comerciantes indicados pelas Juntas Comerciais

A Lei n. 859, de 1902, inspirada no Projeto de 1866 elaborado por Joaquim Nabuco, então Ministro da Justiça do Império, instituiu novas figuras: síndico provisório, comissão fiscal e liquidadores juramentados, escolhidos a partir de listas de comerciantes, organizadas pelas Juntas Comerciais.

Esse sistema persistiu na Lei n. 4.855, de 1903, e sofreu fortes críticas de Carvalho de Mendonça, que o repeliu com ácida crítica (1963, 7, item 46):

"A ideia de síndicos nomeados pelas Juntas Comerciais deu na prática funestos efeitos; sacrificou a reforma. Os quarenta síndicos do Distrito Federal foram alcunhados de '*Ali-Babás*', alusão ao conhecido conto '*Ali-Babá e os quarenta ladrões*'.

(...)

As juntas comerciais e os comerciantes nunca tomaram a sério essa valiosa atribuição que a lei lhes confiou, de organizar a lista. Nesta lista passaram a figurar pessoas de moralidade duvidosa e manifesta incapacidade, que procuravam um emprego, um meio de vida[1] (...). Por sua vez, os juízes nos grandes centros comerciais, tendo liberdade de nomear para a sindicatura qualquer dos nomes que figurassem na lista, escolhiam os simpáticos. Os poucos comerciantes probos ali contemplados nunca tiveram a honra da nomeação judicial (...). As execuções eram tão raras, que causavam sensação nas rodas forenses, quando o fato se dava. Os resultados foram desastrosíssimos e, o sistema em teoria muito aceitável, caiu na mais desa-

---

[1] Anotação de Carvalho de Mendonça: "Em Santos, uma das mais importantes praças do Brasil a lei estreou-se desse modo: foi eleito síndico o Delegado de Polícia (edital no *Diário de Santos*, de 7 de setembro de 1902); depois disso, o síndico policial requereu a sua matrícula como comerciante para coonestar o escândalo... (Sessão da Junta Comercial de São Paulo, de 14 de outubro de 1902)".

vergonhada desmoralização, da qual já falamos em os n. 46 e seguintes do 7º volume deste *Tratado*" (1963, 8, item 634).

c) Escolha entre os maiores credores

A partir da Lei n. 2.024/1908, por sugestão de Carvalho de Mendonça, depois seguida pela Lei n. 5.746, de 1929, e pelo Decreto-Lei n. 7.661/45, os síndicos e comissários eram eleitos entre os maiores credores.

Em Portugal persiste o regime de lista oficial para escolha do administrador da insolvência. As pessoas naturais podem exercer as funções, desde que inscritas nas "listas de administradores da insolvência" (Decreto-Lei n. 54/2004, de 18 de março, art. 1º, inc. 2) ou, em se tratando de sociedade de fins específicos (SAI – sociedade de administradores de insolvência), as pessoas jurídicas, desde que depositem seus estatutos em comissão responsável pela admissão e controle da atividade de "administrador da insolvência", vinculada ao Ministro da Justiça (Lei n. 32/2004, de 22 de julho, art. 12, inc. 1).

Além da demonstração de idoneidade e compatibilidade, formação superior e experiência, adequadas ao exercício da atividade, os candidatos à inscrição devem, na terra portuguesa, obter aprovação em exame de admissão que consiste em prova escrita sobre Direito Comercial e Legislação Falimentar, Direito Processual Civil, Contabilidade e Fiscalidade.

Adotou, pois, o legislador lusitano, moderno sistema que reúne inscrição em listagem prévia aliada à habilitação profissional, circunstâncias que levam à rígida profissionalização da atividade. Supõe-se que esse regime – exigência à prova de admissão a quadro oficial específico – conduz a uma maior eficiência na solução e celeridade dos processos de falência e de recuperação.

Com estas considerações, no atual estágio de nosso direito falimentar, é de destacar o critério que norteará o magistrado na escolha da área de formação do profissional. Nos processos de falência e de recuperação de empresas de pequeno vulto que não envolvam a necessidade de gestão empresarial pelo administrador judicial, a escolha de advogado experiente nas lides falimentares, no modelo da legislação anterior, deve ainda persistir.

Para os médios e grandes empreendimentos, que representam, segundo as estatísticas[2], cerca de 0,8% das empresas brasileiras, a nomeação de em-

---

[2] Conclusão no *Boletim Estatístico de Micro e Pequenas Empresas* – Observatório Sebrae, 1º semestre de 2005: "Em conjunto, as micro e pequenas empresas responderam, em 2002, por 99,2% do número total de empresas formais, por 57,2% dos empregos totais e por 26,0% da massa salarial" (p. 11). O boletim *Estudos & Pesquisas* n. 61, de dezembro de 2017, publicado pelo Sebrae, registra que os pequenos negócios (MEI + ME + EPP) correspondiam no ano de 2016 a 98,5% das empresas privadas.

presa especializada que conte com quadro multidisciplinar de profissionais é a decisão mais adequada, sobretudo no processo de recuperação judicial, em que os trabalhos do administrador judicial envolvem, necessariamente, complexa análise da verossimilhança das alegações do devedor quanto às causas concretas de sua situação patrimonial, das razões da crise econômico-financeira (art. 51, I) e da higidez das demonstrações contábeis (art. 51, II).

Se levarmos em conta os deveres relacionados pelo legislador, verificaremos uma predominância de atos administrativos que, contudo, não definem o perfil do profissional a ser nomeado. Para tanto, há de se considerar o volume das atividades exigidas em cada uma das categorias, como, por exemplo, a existência de dezenas ou centenas de processos em andamento envolvendo a massa falida, indicando a predominância, pelo volume, da contratação de advogados para seu acompanhamento.

Os deveres do administrador (*v.* no item anterior os novos deveres instituídos pela LREF-20), por área de atuação, podem ser assim resumidos:

I – Deveres comuns à recuperação e à falência:

Predominância de atividades administrativas	Enviar correspondência (art. 22, I, *a*). Fornecer informações (art. 22, I, *b*). Exigir informações (art. 22, I, *d*). Contratar auxiliares (art. 22, I, *h*). Manifestar-se nos casos previstos na lei: (a) exercer as funções do Comitê de Credores (art. 28); (b) presidir a assembleia geral (art. 37); (c) receber a relação dos associados sindicalizados (art. 37, § 6º). Manter endereço eletrônico na *internet*, com informações atualizadas sobre os processos de falência e de recuperação judicial, com a opção de consulta às peças principais do processo, salvo decisão judicial em sentido contrário (art. 22, I, *k*); Manter endereço eletrônico específico para o recebimento de pedidos de habilitação ou a apresentação de divergências, ambos em âmbito administrativo, com modelos que poderão ser utilizados pelos credores, salvo decisão judicial em sen-tido contrário (art. 22, I, *l*). Providenciar, no prazo máximo de 15 (quinze) dias, as respostas aos ofícios e às solicitações enviadas por outros juízos e órgãos públicos, sem necessidade de prévia deliberação do juízo (art. 22, I, *m*).

Predominância de atividades contábeis	Dar extratos dos livros do devedor (art. 22, I, *c*). Elaborar a relação de credores (art. 22, I, *e*). Consolidar o quadro geral de credores (art. 22, I, *f*).
Predominância de atividades jurídicas	Requerer ao juiz a convocação da assembleia geral (art. 22, I, *g*). Estimular, sempre que possível, a conciliação, a mediação e outros métodos alternativos de solução de conflitos relacionados à recuperação judicial e à falência (art. 22, I, *j*).

II – Deveres específicos à recuperação:

Predominância de atividades administrativas	Fiscalizar as atividades do devedor e cumprimento do plano (art. 22, II, *a*). Apresentar relatório mensal de atividades do devedor (art. 22, II, *c*). Apresentar relatório final sobre a execução do plano (art. 22, II, *d*). Fiscalizar o decurso das tratativas e a regularidade das negociações entre devedor e credores (art. 22, II, *e*). Manifestar-se sobre a forma de alienação de bens (arts. 60 e 142). Fiscalizar os atos de administração do devedor (art. 64). Exercer as funções de gestor, enquanto a assembleia geral não deliberar sobre a escolha (art. 67, § 1º).
Predominância de atividades jurídicas	Requerer a falência (art. 22, II, *b*). Assegurar que devedor e credores não adotem expedientes dilatórios, inúteis ou, em geral, prejudiciais ao regular andamento das negociações (art. 22, II, *f*). Assegurar que as negociações realizadas entre devedor e credores sejam regidas pelos termos convencionados entre os interessados (art. 22, II, *g*). Apresentar, para juntada aos autos, e publicar no endereço eletrônico específico relatório mensal das atividades do devedor e relatório sobre o plano de recuperação judicial (art. 22, II, *h*).
Predominância de atividades contábeis	Analisar as demonstrações contábeis (art. 51, II), atributo que decorre de sua condição de presidente da assembleia geral (art. 37).

III – Deveres específicos à falência:

Predominância de atividades administrativas	Receber e abrir correspondência (art. 22, III, *d*). Arrecadar bens e documentos (art. 22, III, *f*). Avaliar ou contratar avaliadores (art. 22, III, *g* e *h*). Praticar atos necessários à realização do ativo e pagamento dos credores (art. 22, III, *i*). Entregar a seu substituto bens e documentos (art. 22, III, *q*). Arrecadar os valores dos depósitos realizados em processos administrativos ou judiciais nos quais o falido figure como parte (art. 22, III, *s*). Administrar a empresa falida na continuação provisória (art. 99, XI). Alugar ou celebrar contrato, referente a bens da massa (art. 114). Apresentar relatório final (art. 155). Cumprir ou denunciar contratos (arts. 117 e 118). Manifestar-se sobre a forma de alienação (art. 142). Guardar os bens arrecadados (art. 108). Realizar despesas e pagamentos antecipados (art. 150).
Predominância de atividades contábeis	Avisar o lugar e a hora em que os credores terão à sua disposição livros e documentos (art. 22, III, *a*). Examinar a escrituração (art. 22, *b*). Apresentar conta demonstrativa mensal (art. 22, III, *p*).
Predominância de atividades jurídicas	Relacionar os processos e assumir a representação judicial e extrajudicial, incluídos os processos arbitrais da massa falida, representando a massa falida (art. 22, III, *c*) ou mediante a contratação de advogado (art. 22, III, *n*). Proceder à venda de todos os bens da massa falida no prazo máximo de 180 (cento e oitenta) dias, contado da data da juntada do auto de arrecadação (art. 22, *j*). Manifestar-se nos pedidos de restituição e ações de embargos (art. 87, § 1º). Propor ação revocatória (art. 132). Revogar ou confirmar representação judicial (art. 120).
Atividades de caráter misto	Apresentar relatório sobre as causas da falência (art. 22, III, *e*). Praticar atos conservatórios de direitos e ações (art. 22, III, *l*). Requerer todas as medidas e diligências que forem necessárias para o cumprimento da lei, a proteção da massa ou a eficiência da administração (art. 22, III, *o*). Prestar contas ao final do processo (art. 22, III, *r*). Transigir sobre obrigações e direitos da massa (art. 22, § 3º).

4.4. Impedimentos e incompatibilidades

Os impedimentos (art. 30) referem-se a atos de desídia, relações de parentesco, dependência ou amizade com o devedor, administradores, controladores ou representantes legais da falida, sendo vedada a nomeação de: (1) pessoa que foi destituída nos últimos cinco anos, deixou de prestar contas dentro dos prazos legais ou que teve prestação de contas desaprovada; (2) parente ou afim até o terceiro grau com o devedor, administradores, controladores ou representantes legais da falida; (3) amigo, inimigo ou dependente das mesmas pessoas anteriormente mencionadas.

O capítulo dos impedimentos foi introduzido pela Lei n. 2.024, de 1908, que, no § 2º do art. 64, vedava o exercício da sindicância: aos "a) que tiverem laços de consanguinidade ou afinidade até o quarto grau civil com o falido, ou deste forem inimigos, amigos ou dependentes; b) cessionários de créditos, desde um ano antes de ser requerida a falência; c) que já houverem sido nomeados pelo mesmo juiz, dentro de um ano, sendo pessoas estranhas à falência".

Além dos impedimentos há de se estudar as atribuições incompatíveis com o exercício da função de administrador. O profissional que a exerce está impedido de, no mesmo processo ou não, atuar em posição processual contrária à da massa, porque a partir de seu compromisso não pode ter interesses contrários a ela, como preceituava a lei anterior (Decreto-Lei n. 7.661/45, art. 66). Não pode, por exemplo, ser advogado de credor em ação contra a massa e tampouco exercer a função de defensor – dativo ou contratado – de pessoa que for ré em denúncia por crime falimentar[3].

É evidente que outras situações podem sugerir a não nomeação de pessoa para servir como administrador judicial em determinado processo. É o caso, por exemplo: existência de interesses contrários aos concursais ou aos da massa falida; distribuição anterior de litígios judiciais em que o administrador figure em posição oposta ao do devedor; inaptidão para o exercício da função; inidoneidade moral ou financeira etc.

---

[3] SÃO PAULO, TJSP, Apel. Criminal n. 153.642-3-SP, Rel. Des. Pereira da Silva, v.u. j. 30-3-1995: "Nulidade – Ocorrência – Crime falimentar – Nomeação do síndico da massa falida como defensor dativo do réu – Incompatibilidade de atividades – Posições antagônicas – Inteligência do art. 103 da Lei de Falências – Presunção de prejuízo ao réu – Processo anulado – Preliminar acolhida – Recurso provido. A atividade de síndico revela-se incompatível com a atividade de defensor. São posições antagônicas no contexto processual posto que, se de um lado, como defensor dativo compete-lhe defender o réu; de outro lado, na qualidade de síndico da massa falida, compete-lhe apontar a ocorrência de crimes falimentares e indicar seus possíveis autores, além de defender os interesses da massa em Juízo, inclusive nas ações penais podendo intervir como Assistente".

4.5. Substituição e destituição do administrador judicial

As expressões "substituição" e "destituição" recebiam na lei anterior tratamento técnico que as distinguia: a substituição não tinha caráter de pena e ocorria nos casos em que preponderava o exercício da vontade do administrador (renúncia, não aceitação do encargo ou decurso do prazo para prestar compromisso) ou nascia de circunstâncias alheias à vontade do administrador, sem o caráter de desídia ou dolo (LF45, art. 65), tais como interdição, falência ou requerimento de concordata ou insolvência civil. A destituição era reservada às ocorrências graves e acarretava impedimento ao exercício da mesma função em outro processo (LF45, art. 60, III).

A Lei Falimentar de 2005 manteve a distinção e o caráter punitivo da destituição, impondo ao administrador desidioso ou ímprobo o impedimento para o exercício dessas funções pelo prazo de cinco anos (art. 30).

O juiz deverá substituir o administrador judicial nos casos em que devedor, qualquer credor ou o Ministério Público (art. 30, § 2º) suscitarem, em requerimento fundamentado, irregularidade na nomeação, fundada em desobediência aos preceitos da lei, ou, se no curso de sua gestão, o administrador renunciar, apresentando ou não motivo relevante (art. 24, § 3º) ou, ainda, na hipótese de o administrador não assinar o termo de compromisso. A este respeito a lei é peremptória: o administrador judicial deve assinar o termo de compromisso em cartório no prazo de quarenta e oito horas depois de sua intimação pessoal (art. 33) e, não o fazendo, será imediatamente substituído pelo magistrado (arts. 33 e 34).

Tal como sucede na substituição, os casos de destituição independem da manifestação da assembleia geral e ocorrem na recalcitrância do administrador em apresentar suas contas ou qualquer relatório previsto na lei, depois de intimado a fazê-lo em cinco dias (art. 23 e parágrafo único), bem como, por ato de ofício do magistrado ou mediante requerimento fundamentado de qualquer interessado, quando se verificar desobediência aos preceitos da lei, descumprimento dos deveres, omissão, negligência ou prática de ato lesivo às atividades do devedor ou terceiros (art. 31).

A jurisprudência aponta alguns casos de destituição, no regime anterior, por descumprimento dos prazos legais, "uma vez que ditos prazos são essenciais ao desenvolvimento do processo de falência" (REsp n. 74.591-SP, Rel. Min. Sálvio de Figueiredo Teixeira, j. 9-12-1997), e por desídia (REsp n. 193.023-SP, Rel. Min. Carlos Alberto Menezes Direito, j. 18-5-1999). A lei anterior (art. 110) previa a obrigatoriedade da destituição do síndico quando se verificasse, mediante simples inspeção nos livros do falido, ou nos autos, fato criminoso descrito na denúncia e omitido pelo administrador em seu relatório.

A decisão que determina a destituição deve ser motivada, devendo constar o nome do substituto. O legislador de 2005 não previu a possibilidade de recurso como fazia a lei anterior (LF45, art. 66, § 2º), que possibilitava a interposição de agravo de instrumento, no prazo de dez dias contados da intimação do síndico. Entretanto, a jurisprudência atual, por aplicação subsidiária do Código de Processo Civil, admite a interposição de recurso de agravo de instrumento contra decisão que delibera sobre o pedido de destituição de administrador judicial.

4.6. A remuneração do administrador judicial

Cabe ao juiz fixar a forma de remuneração do administrador judicial a ser paga pela massa falida ou pelo devedor em recuperação judicial, em decisão que deve considerar valor, limites e momento de pagamento.

a) Valor

Quanto ao valor, o legislador fixou critérios objetivos que podem ser resumidos em quatro palavras: capacidade, complexidade, mercado e proporcionalidade. A capacidade refere-se às forças de pagamento do devedor, isto é, não pode ser de tal forma onerosa que inviabilize o uso da via processual; o grau de complexidade do trabalho compreende o conjunto de atos e as horas efetivamente despendidas pelo profissional nomeado, considerando, ainda, no cálculo de remuneração, os valores praticados no mercado para o desempenho de atividades semelhantes (art. 24). Finalmente, quanto à proporcionalidade, o juiz deve fixar os salários do administrador levando em conta, no conjunto, a porcentagem de trabalho efetivamente realizado que lhe é atribuída, caso tenha ocorrido substituição, sem sua culpa (art. 24, § 3º).

Esta também será a base a ser considerada pelo juiz ao fixar a remuneração dos auxiliares (art. 22, § 1º) e pode servir de paradigma ao Comitê de Credores na fixação dos honorários do advogado contratado pela massa (art. 22, III, *n*).

Em uma das versões apresentadas na Câmara dos Deputados (PL n. 10.220/2018, art. 24, III), pretendeu-se substituir o critério "valores praticados no mercado para o desempenho de atividades semelhantes" por "funções a serem desempenhadas em consonância com a qualidade e a celeridade exigidas por processo de recuperação judicial e falência".

Embora se possa argumentar que não existe no mercado de serviços empresariais o que se possa equiparar à atividade de administrador judicial, certo é que a nova redação pretendida traz elevado grau de subjetividade, considerando que a qualidade e a celeridade somente se apresentarão após a conclusão dos trabalhos, o que ocorrerá apenas na decisão de encerramento. E, ainda, se ao desempenhar suas funções o profissional não apresenta as qualidades esperadas, deve ser substituído, não podendo a má qualidade de seus serviços e a demora em realizá-los servirem de critérios na fixação dos honorários.

O ideal, portanto, é limitar os critérios legais à capacidade de pagamento e ao grau de complexidade do trabalho, exigindo-se que o trabalho se desenvolva com a qualidade esperada, no prazo e, de modo efetivo, preserve e otimize a utilização produtiva dos bens e recursos produtivos, como decorre do princípio disposto no art. 75, I.

Outra novidade apresentada pelo legislador no passado (PL n. 10.220/2018, art. 24, § 5º) é a instauração de "processo simplificado para apresentação, em até cinco dias, de propostas de interessados em desempenhar a função de administrador judicial", possibilitando verdadeiro certame, com direito a recurso à instância superior, retirando do magistrado a faculdade de livre nomeação.

Essa medida teria a pretensão de dar efetividade ao princípio constitucional da impessoalidade. Observa-se, entretanto, que para o exercício dessa função auxiliar da Justiça o administrador judicial deve gozar da estrita confiança do juiz, o que se mostra incompatível com a nomeação após processo competitivo. O procedimento para essa escolha resultará na perda de celeridade na tramitação da falência e da recuperação judicial e imporá custos aos credores.

Felizmente, essas novidades não constaram do texto aprovado pela LREF-20.

b) Limites

Além desses critérios, para as empresas de médio e de grande porte exige a lei que o valor máximo de remuneração não ultrapasse o teto de 5% do valor de venda dos bens na falência ou, na recuperação judicial, do total que for devido aos credores (art. 24, § 1º). Nos pedidos de recuperação judicial formulados por microempresas e empresas de pequeno porte esse limite é reduzido para 2% (art. 24, § 5º). A esse dispositivo o legislador da reforma, aprovada em agosto de 2020, acrescentou ao § 5º do art. 24 a expressão "bem como na hipótese de que trata o art. 70-A desta Lei", referindo-se ao plano especial do produtor rural, cujo valor de causa não excede a R$ 4.800.000,00.

Percebe-se que não houve preocupação em se fixar uma remuneração mínima, a ser paga ou complementada pelo Estado, o que significa que, nos processos de falência em que a liquidação alcançar valores irrisórios, a administração será havida como atividade voluntária, múnus sem remuneração, verdadeiro *pro bono publico.*

Esta dificuldade é superável nas grandes comarcas, com grande número de processos de falência em andamento, como ocorre na Capital de São Paulo, mas é dificilmente contornável nos pequenos centros, nos quais o magistrado não poderá suprir os ganhos do profissional com futuras nomeações em processos em que a realização do ativo se mostre suficiente para o pagamento de seus honorários profissionais.

Em Portugal a solução é outra: "No caso de o processo ser encerrado por insuficiência da massa insolvente, a remuneração do administrador da insolvência e o reembolso das despesas são suportados pelo Cofre Geral dos Tribunais" (Lei n. 32/2004, de 22 de julho, art. 27, inc. 1).

Não previu, ainda, o moderno legislador brasileiro, a solução encontrada pelo art. 75 da lei anterior: "Se não forem encontrados bens para serem arrecadados, ou se os arrecadados forem insuficientes para as despesas do processo, o síndico levará, imediatamente, o fato ao conhecimento do juiz, que, ouvido o representante do Ministério Público, marcará, por editais, o prazo de 10 (dez) dias para os interessados requererem o que for a bem dos seus direitos". Os credores, neste caso, tinham duas alternativas: ou se conformavam e nada requeriam, permitindo o encerramento sumário da falência, ou pleiteavam o prosseguimento do processo, obrigando-se a entrar com a quantia necessária às despesas.

No atual processo falimentar, se o administrador entender que não há bens a arrecadar ou se os arrecadados são insuficientes, o que deve fazer? A solução possível é ainda a mesma, cabendo à assembleia geral de credores a deliberação quanto ao prosseguimento do processo e adiantamento das despesas, por força do disposto no art. 35, I, *f*, e II, *d*. Se nem mesmo puder ser convocada a assembleia geral por falta de recursos, o juiz deve decidir consoante princípios estabelecidos nos arts. 75 e 126 da LREF, incluindo-se, neste caso, a solução do art. 75 da LF45, que a interpretação histórica favorece.

Em São Paulo, o não adiantamento das despesas necessárias ao prosseguimento dos atos processuais falimentares dá ensejo ao encerramento da falência[4].

c) Momento de pagamento

Quando o administrador faz jus à verba honorária? A redação do art. 24, § 2º, dá a entender que somente 40% do total devido pela massa falida tem vencimento certo: após a conclusão da realização do ativo e do julgamento das contas da administração (arts. 24, § 2º, 154 e 155).

Significa dizer que o restante (60%) pode ser pago durante o curso da falência, entre a data de compromisso e o julgamento de suas contas. Os arts. 149, 150 e 151 autorizam esta interpretação: o primeiro e o último porque priorizam a quitação dos créditos extraconcursais, logo depois de satisfeitos os créditos trabalhistas vencidos os três meses anteriores à decretação da quebra e as restituições, antes do início do pagamento dos demais credores concursais e, o segundo, na medida em que permite o pagamento de despesas indispensáveis à administração da falência.

Quando as funções são exercidas por pessoas naturais, há de se entender que a remuneração do administrador e de seus auxiliares tem cunho alimentar e, portanto, não se justifica que esses profissionais trabalhem, muitas vezes por meses e anos a fio, sem receber retribuição pecuniária. Nesta ótica, a remuneração tem cunho de despesa necessária à administração da falência e, assim, havendo recursos disponíveis em caixa, o magistrado pode e deve fixar salários provisórios, atendendo à peculiaridade de cada caso. Fere o princípio isonômico autorizar despesas para pagamento de salários de avaliadores, prestadores eventuais de serviços, vigilantes, carregadores etc., por se entender que são despesas indispensáveis à administração e não conceder ao administrador idêntico tratamento.

---

[4] Nesse sentido: "AGRAVO DE INSTRUMENTO – Pretensão da falida ao encerramento da falência por ausência de desenvolvimento válido e regular do processo – Execução coletiva – Credores sucessivamente recusam o encargo de administrador judicial – Credor requerente da falência que se opôs ao adiantamento das despesas, conforme determinado pelo Juízo Singular e por decisão deste Tribunal – Processo sem regular andamento há mais de ano – Diligências de caráter criminal que não se extinguem – Recurso conhecido e provido" (TJSP, AI 2032273-08.2017.8.26.0000, 2ª Câmara Reservada de Direito Empresarial, Rel. Des. Ricardo Negrão, j. 13-8-2018). Há, ainda, outros precedentes (*v.*, por exemplo, 0003007-90.2009.8.26.0161, j. 22-11-2011, Rel. Des. Pereira Calças).

E na recuperação judicial? Não há como valer-se da linha interpretativa que trespassa mencionados dispositivos (arts. 149-151), cuja aplicação é exclusiva ao procedimento falimentar.

As necessidades do administrador, na recuperação ou na falência, são as mesmas. Assim, concluído o procedimento verificatório e publicado o quadro-geral de credores, o magistrado pode fixar salários provisórios e forma de pagamento que considere o período que faltar até o cumprimento do plano autorizado pelo devedor.

A legislação alemã de 1998 (19 de agosto), ao indicar o *quantum* remuneratório e a possibilidade expressa de adiantamento, permite boa compreensão do tema, conforme anotado por Dora Berger (2000:104): "O valor da remuneração do administrador segue a Lei que dispõe sobre a Remuneração na Insolvência (*Insolvenzrechtliche Vergutungsverordnung*, abreviado InsVV), elaborada pelo Ministério Federal da Justiça, com fulcro no art. 65, InsO. A lei referida prevê no seu art. 2º uma taxa normal de remuneração denominada *Regelsatz*, que consiste no seguinte: a remuneração compreende uma percentagem calculada sobre o valor da massa a ser rateada entre os credores. Como remuneração mínima o § 2º, art. 2º, InsVV, recomenda o valor de DM 1 000,00 (um mil marcos alemães). O pagamento é feito após a aprovação das contas do administrador. Admite-se remuneração superior à prevista em lei e adiantamento do valor, desde que autorizados pelo juiz. Parte da remuneração pode ser adiantada, especialmente quando a ação demandar prazo superior a seis meses ou quando se fizerem necessárias despesas elevadas (art. 9º, InsVV). A remuneração é devida a partir do momento em que o administrador inicia suas funções, não depois de efetivamente reconhecido o direito de receber a remuneração, isto é, após a aprovação das suas contas (BGH NJW 1992, p. 692). Isso explica por que o valor da remuneração pode ser herdado na hipótese de o administrador da insolvência falecer antes do término da ação".

Uma última observação, relativa à fonte dos recursos. A redação do art. 25 da Lei n. 11.101/2005 pode levar à conclusão de que a responsabilidade pelo pagamento da remuneração do administrador judicial cabe também ao devedor falido, com recursos não sujeitos à arrecadação falimentar. Contudo, a expressão "caberá ao devedor ou à massa falida" decorre da disciplina conjunta que o legislador deu à figura do administrador judicial, relativamente a seus atos na recuperação judicial e na falência. Assim, a responsabilidade será do devedor ou da massa falida, conforme a natureza dos processos.

4.7. Responsabilidade do administrador judicial

O administrador judicial é pessoalmente responsável pelos atos que praticar em prejuízo à massa, ao devedor e aos credores, em razão de dolo ou culpa (art. 32). Exemplo de ato que pode levá-lo à responsabilidade pode ser extraído da lei anterior (art. 81, § 2º), que impunha ao síndico o pagamento dos prejuízos causados em caso de demora ou negligência na obrigação de expedir avisos aos credores, com a finalidade de chamá-los a fazer suas declarações de crédito, no prazo então fixado pela lei.

Paulo Fernando Campos Salles de Toledo, ao comentar a Lei n. 11.101/2005, critica, com razão, a redação do mencionado dispositivo legal (2005:81): "O legislador (...) poderia ter ido mais longe, e estabelecido igualmente a responsabilidade das pessoas indicadas por atos praticados *com violação da lei*. Lembre-se, a respeito, que a Lei das Sociedades por Ações fixa duas hipóteses de responsabilidade civil do administrador: por culpa ou dolo, ou por violação da lei ou estatuto. No primeiro caso, há necessidade de se indagar do elemento subjetivo, enquanto no segundo basta que tenha ocorrido a violação da norma".

4.8. Prestação de contas

No encerramento das atividades de sua administração, seja por renúncia, seja por destituição ou substituição, ou, ainda, porque findos os trabalhos de liquidação, o procedimento de prestação de contas tem curso incidental ao processo falimentar. São três os momentos em que a lei obriga o administrador judicial a fazê-lo: a) deve prestá-las ao final do processo, até trinta dias da conclusão da realização do ativo (art. 154); b) em dez dias da data do evento, se for substituído, destituído ou renunciar ao cargo (art. 22, III, *r*); e c) ao receber valores durante o exercício de sua administração, deverá apresentar conta demonstrativa até o décimo dia do mês vencido (arts. 22, III, *p*, e 148).

Na violação dos prazos marcados pela lei, o administrador será intimado pessoalmente a fazê-lo em cinco dias, sob pena de desobediência (art. 23), devendo ser destituído, perdendo direito à totalidade de sua remuneração (art. 24, § 3º).

Capítulo 5

COMITÊ E ASSEMBLEIA GERAL DE CREDORES

Sumário: 5.1. Conceitos. 5.2. Origens do Comitê de Credores. 5.3. Constituição do Comitê de Credores. 5.4. Composição do Comitê de Credores. 5.5. Regime jurídico do Comitê de Credores. 5.6. Origens da assembleia geral de credores. 5.7. Atribuições da assembleia geral de credores. 5.8. Regime jurídico da assembleia geral de credores. 5.9. O exercício do voto na assembleia geral de credores. 5.10. Efeitos das deliberações.

5.1. Conceitos

O Comitê de Credores, representante das classes de titulares de créditos admitidos nos processos de falência e de recuperação judicial, é órgão colegiado eleito pela assembleia geral de credores, com atribuições consultivas e fiscalizatórias. Sua constituição é facultativa, podendo ser instalado em sua estrutura plena, com três membros titulares e seis suplentes, ou reduzida, composta por, no mínimo, dois membros titulares.

A assembleia geral é órgão deliberativo constituído por todos os credores concursais admitidos provisória ou definitivamente no quadro-geral de credores, reunidos mediante provocação apresentada pelo administrador judicial, pelo Comitê de Credores ou por credores que representam pelo menos 25% do valor total de créditos de uma determinada classe, ou, ainda, por ato de ofício, pelo juiz condutor do processo de falência ou de recuperação judicial.

5.2. Origens do Comitê de Credores

O Direito brasileiro conhece, há muito, o Comitê de Credores, embora sob outras denominações, devendo ser observado que seu uso, ao longo dos diplomas legais, foi sendo reduzido até desaparecer na legislação falimentar de 1945.

Na redação original do Código Comercial (Lei n. 556, de 25-6-1850), o art. 845 previa a possibilidade de nomeação de uma Comissão, composta de três credores, para o fim exclusivo de oferecer parecer sobre os créditos inscritos na falência, na hipótese de, em reunião convocada para a verificação, não haver consenso a respeito da admissão de (alguns ou todos) créditos. Essa comissão limitava-se, portanto, a lançar parecer no procedimento de verificação de crédito.

As legislações de 1890 (Decreto n. 917) e de 1902 (Lei n. 859) previam a constituição de uma comissão fiscal, composta inicialmente por três membros escolhidos entre credores ou não credores (Decreto n. 917, art. 58) e, posteriormente, por dois credores nomeados pelo juiz da falência, cujos nomes constassem de listas elaboradas pelas Juntas Comerciais. Entre suas atribuições encontrava-se a prática de atos deliberativos, consultivos e de execução, alguns concorrentemente com o síndico, conforme se pode verificar no exame da Lei n. 859/1902:

a) manifestar-se sobre pedido do falido para ausentar-se de seu domicílio (art. 20);

b) intervir na liquidação de sociedade que tivesse o falido como sócio (art. 25);

c) receber a prestação de contas dos mandatários do falido (art. 26);

d) prosseguir a execução dos contratos do falido, de interesse da massa (art. 28);

e) autorizar o síndico a propor novas ações ou prosseguir nas iniciadas anteriormente à falência (art. 31);

f) manifestar-se sobre o pedido de venda antecipada de bens (art. 43, § 3º, *d*);

g) manifestar-se sobre o pedido de continuação de negócio (art. 45);

h) organizar a lista de credores (art. 46);

i) manifestar-se sobre as contas do síndico (art. 60);

j) autorizar o síndico a proceder à venda de todos os bens, transigir sobre dívidas e negócios da massa e vender toda a massa ativa, ainda que seja ao próprio falido (art. 68);

l) manifestar-se sobre as contas apresentadas após a liquidação (art. 70);

m) manifestar-se no pedido de reivindicação de terceiro, relativamente à coisa arrecadada (art. 76, § 3º);

n) autorizar o síndico a contratar advogado (art. 132) etc.

A forma de nomeação, substituição, responsabilidades e atribuições da comissão fiscal foi mantida no Decreto n. 4.855, de 1903.

Carvalho de Mendonça, analisando a tramitação dos processos falimentares sob a égide dos diplomas que instituíram a comissão fiscal, registrou forte crítica, acerca de seu funcionamento, sobretudo quanto à onerosidade de sua manutenção (1963, 8, item 662): "A Lei n. 2.024 não quis colocar ao lado dos síndicos uma comissão fiscal idêntica à que o Decreto n. 917, de 1890, art. 58, e a Lei n. 859, de 1902, art. 66, mandavam obrigatoriamente nomear. À primeira vista parece feliz a ideia dessa comissão, vigilante sentinela avançada dos interesses dos credores, para lembrar a uma administração pouco zelosa o cumprimento dos deveres e, ao mesmo tempo, conjurar os desvios e desmandos da que fosse desonesta, mas os resultados práticos, sob o regime do Decreto n. 917 e da Lei n. 859, foram desastrosos. As falências com esse grande pessoal cênico mais se complicaram, mais se retardaram, e maiores abusos geraram. Só serviu aquela comissão para desfalcar a massa com onerosas propinas".

A Lei n. 2.024, inspirada em Carvalho de Mendonça, suprimiu a obrigatoriedade de nomeação de uma comissão fiscal, possibilitando a faculdade de a assembleia de credores constituir um conselho fiscal (art. 102, § 4º) e uma comissão fiscal (art. 120) com atribuições exclusivamente consultivas fixadas pela assembleia. O primeiro serviria à falência, em sua fase de liquidação, e a segunda, à concordata, acompanhando seu desenvolvimento.

A não ser quanto ao pedido de rescisão de concordata, direito que conferiu à comissão fiscal, "sem prejuízo dos direitos que este mesmo artigo confere aos credores individualmente" (art. 120), o legislador de 1908 não regulamentou as atribuições e o número de membros desses órgãos, deixando a cada assembleia geral, nos limites das necessidades processuais e de seus poderes, estabelecer a quantidade de participantes, o porte e a extensão de suas funções.

A Lei de 1929 (n. 5.746) manteve o mesmo sistema, e, em 1945, desaparecem por completo os institutos da comissão e do conselho fiscal, ressurgindo em 2005 sob a denominação unificada de Comitê de Credores, com funções fiscalizatórias e consultivas.

As mudanças nas características quanto à obrigatoriedade de constituição, remuneração e origem de seus membros, atribuições e forma de nomeação refletem as tentativas de o legislador buscar maior participação dos credores nos destinos das empresas em crise falencial. Resta saber se o modelo adotado pelo legislador de 2005 – facultatividade de constituição, nomeação pela assembleia geral, exercício não remunerado e atribuições consultivas e fiscalizatórias – atrairão o credor, em geral extremamente apático nas legislações que antecederam o Decreto-Lei n. 7.661/45, a ponto de o instituto desaparecer sob sua égide. Pior, entretanto, a situação acima mencionada por Carvalho de Mendonça, nas legislações de 1902 e 1903, em que, bem remunerados, os integrantes desses órgãos, com funções executivas, ao lado das consultivas e deliberativas, agiam como péssimos administradores de coisa alheia, sem qualquer fiscalização por parte do Curador Fiscal – órgão então extinto – e do juiz, mero expectador de seus atos.

Essas preocupações são igualmente salientadas por outros doutrinadores.

Écio Perin Júnior revela sua descrença no modelo e salienta a necessidade de reeducação do credor (2005:192-193): "(...) nosso ceticismo é grande quanto à participação dos credores, na medida em que, geralmente, o credor adota postura passiva e distante, não se interessando em exercer qualquer forma de participação em relação aos procedimentos concursais. Isto ocorre diante de fatores difíceis de serem resolvidos a curto prazo. Um deles é noção de que os processos falimentares são extremamente morosos, e a sua efetiva e concreta morosidade quase inercial tende a afastar qualquer credor da boa intenção de acompanhar e fiscalizar o procedimento judicial. O que se deve modificar é a mentalidade do credor, demonstrando que sua função fiscalizatória ultrapassa os limites da individualidade, possuindo características do exercício da função social da empresa, principalmente, quando estamos diante de uma recuperação judicial que proporcionará a preservação da empresa, e consequentemente, a manutenção do emprego, a arrecadação de tributos e a circulação de bens ou serviços".

Renato Mange ressalta esse aspecto desejado, de alteração no comportamento dos credores: "A Lei de Recuperação de Empresas está pretendendo que haja uma mudança na cultura dos credores (2006:74). Ou seja, que passem de uma atitude passiva e distante dos problemas da empresa em recuperação ou falida, para uma efetiva participação e acompanhamento do processo. Imaginou o legislador que, por haver maiores possibilidades de recebimento na falência e, também, efetiva participação e fiscalização durante a recuperação da empresa, os credores terão renovado seu interesse em participar. Essa alteração na cultura e na ação dos credores irá depender dos resultados que forem demonstrados, principalmente, nas falências. Efetivamente, se houver uma célere e conveniente realização do ativo haverá incentivo a que todos participem".

5.3. Constituição do Comitê de Credores

O Comitê de Credores é constituído pela assembleia geral de credores, que se reúne para esta deliberação quando convocada pelo magistrado: a) em decisão lançada na sentença de falência (art. 99, XII); e b) a pedido do administrador judicial (arts. 22, I, *g*, e 35, II, *b*).

Além da assembleia geral, tem legitimidade para deliberar a respeito de sua constituição qualquer das classes de credores (art. 26, *caput*), que delibera por maioria, observando que o voto de cada credor é proporcional ao valor de seu crédito (art. 38, *caput*). Esta modalidade de constituição – a partir de deliberação de uma ou mais classes de credores – pode conduzir a uma constituição parcial, isto é, somente uma ou duas classes indicam seus representantes e suplentes. A classe não representada no Comitê de Credores poderá, posteriormente, indicar seu representante e suplentes, sem a necessidade de convocação da assembleia geral, bastando apresentar ao juiz requerimento nesse sentido, assinado por credores que representem a maioria dos créditos dessa classe (art. 26, § 2º).

Neste caso, o legislador afirma que a constituição se consolida com esta única (ou duas) deliberação(ões), conforme decorre da expressão legal: "a falta de indicação de representante por quaisquer das classes não prejudicará a constituição do Comitê, que poderá funcionar com número inferior ao previsto no *caput* deste artigo" (art. 26, § 1º).

Convém aprofundarmos um pouco mais na pretensão do legislador de sustentar a funcionalidade do Comitê mesmo quando ausentes dois de seus membros. Há de se ponderar que, se a deliberação decorrer de uma única classe, o funcionamento regular do Comitê estará comprometido. Não há Comitê de um só – o *nomen juris* revela a pluralidade –, nem seria adequado outorgar o direito a uma única classe, em oposição às outras que optaram pela não constituição, de zelar pelo bom andamento do processo e de praticar todas as atribuições confiadas a este órgão essencialmente coletivo.

Parece-nos claro que a expressão legal "a falta de indicação de representante por quaisquer das classes" refere-se a "*uma* de quaisquer classes previstas no art. 26", concluindo-se que o Comitê se dará por constituído se pelo menos duas classes – a I e a II; a I e a III; a I e a IV; a II e a III; a II e a IV; a III e a IV – assim deliberarem e indicarem seus representantes, sob pena de não terem sentido os preceitos seguintes, que determinam a escolha da presidência (art. 26, § 3º) e o regime de aprovação de suas decisões *por maioria* (art. 27, § 1º).

É de concluir que não haverá Comitê de Credores se mais de duas classes não decidirem por sua constituição (ou deliberarem por sua não constituição) ou não indicarem seus representantes, porque assim decidiu a *maioria* das classes da assembleia geral. A vontade da maioria – manifestada omissiva ou ativamente – deliberou pelo *não funcionamento* do Comitê e deve ser respeitada.

Igualmente não haverá Comitê de Credores na recuperação judicial e na falência em que todos os credores concursais pertencerem a uma mesma classe.

5.4. Composição do Comitê de Credores

No tocante à composição das classes de credores, a Lei Falimentar, por razões ignoradas e que podem conduzir a infindáveis debates e recursos, traçou regras distintas daquelas previstas para a assembleia geral, como bem salienta Paulo Fernando Campos Salles de Toledo (2005:68-69), em solução que oferece para adequação do texto: "(...) certamente por um lapso na tramitação do processo legislativo, foi alterada a regra referente à composição das classes de credores na assembleia geral, sem a concomitante modificação do texto relativo ao comitê. (...) A solução talvez esteja em, desconsiderando os incisos I a III do art. 26 – e com isso, superando as incongruências acima apontadas –, entender que o comitê será formado por um representante e dois suplentes de cada classe, como estas se encontram definidas no dispositivo específico da matéria (art. 41 da LRE). É claro que o aplicador da lei, ao assim agir, estará pondo de lado o princípio segundo o qual a norma jurídica não tem palavras inúteis. Ele estará, no entanto, desse modo, levando em conta a finalidade do dispositivo e dando-lhe interpretação sistemática e, com isso, acima de tudo, tornando-o aplicável. Lembre-se, a respeito, que o juiz não pode eximir-se de 'sentenciar ou despachar alegando lacuna ou obscuridade da lei'".

As discrepâncias somente não são observadas na classe IV (titulares de créditos enquadrados como microempresas ou empresas de pequeno porte), como se pode observar no quadro que segue:

CLASSES	COMITÊ DE CREDORES	ASSEMBLEIA GERAL
I	Integram somente os credores trabalhistas (art. 26, I). Para escolha do membro indicado para formar o Comitê não votam os credores por acidentes de trabalho.	Composta por titulares de créditos derivados da legislação do trabalho ou decorrente de acidentes de trabalho (art. 41, I).
II	Integram os credores com direitos reais de garantia e os com privilégios especiais (art. 26, II).	Composta por titulares de créditos com garantia real (art. 41, II). Observe-se que os credores com privilégios especiais votam na segunda classe para a formação do Comitê de Credores e com a terceira classe na assembleia geral.
III	Integram os credores quirografários e os com privilégios gerais (art. 26, III). Os credores subordinados não votam na constituição do Comitê de Credores.	Composta de titulares de créditos com privilégio especial, com privilégio geral, quirografários e subordinados (art. 41, III).
IV	Integram os credores titulares de créditos enquadrados como microempresa ou empresa de pequeno porte (art. 26, IV).	Composta de titulares de créditos enquadrados como microempresa ou empresa de pequeno porte (art. 41, IV).

Apesar das dificuldades que se prenunciam quanto à exegese dos arts. 26 e 41, convém verificarmos, na prática forense, se da manutenção da redação de ambos os dispositivos resulta figura jurídica inaceitável em cotejo com os princípios gerais do direito, especialmente aqueles eleitos pelo legislador falimentar (arts. 75 e 126).

Atentemos para as conclusões que se extraem do confronto de ambos os dispositivos: (1) os credores acidentários e os subordinados, nos processos de recuperação e de falências, terão voz e voto nas deliberações da assembleia geral, mas não poderão integrar o Comitê de Credores; (2) nas decisões da assembleia geral, os credores com privilégio especial, que não sejam microempresários ou empresários de pequeno porte, votam com os credores com privilégio geral, quirografários e subordinados, podendo, ainda, integrar o Comitê de Credores representando seus iguais e os credores com direito real.

Quanto a esta última consideração – credores com privilégio especial –, em princípio, é possível, em estruturas com mais de um órgão colegiado, que um integrante ocupe, ao mesmo tempo, papéis distintos, fazendo uso de seu direito de voto e deliberando nas decisões da assembleia geral, ao mesmo tempo que ocupe função de direção, de cunho executivo e integre comissões setoriais. A compatibilidade de suas deliberações será alvo de atento acompanhamento de seus representados, que, a qualquer momento, poderão destituí-lo dos poderes de representatividade.

A maior dificuldade está em se deixar de atender ao princípio da isonomia e, especialmente, do tratamento igualitário dos credores na falência – *a pars conditio creditorum* –, excluindo os credores acidentários e subordinados do direito de integrarem o Comitê de Credores.

Estas duas considerações – a possibilidade de um credor participar de classes distintas em órgãos distintos e a inafastabilidade do respeito ao princípio do tratamento igualitário – permitem-nos afastar da solução preconizada por Paulo Fernando Campos Salles de Toledo e entender que a redação dos incisos do art. 26 pode ser mantida, mas deve, necessariamente, ser complementada, nas omissões, no que couber, com a redação do art. 41, isto é, os credores acidentários integrarão a primeira classe, e os credores subordinados, a última. No mais, a opção do legislador, em deslocar os credores com privilégio especial, pode ser benéfica, na medida em que, compondo turmas de distintos interesses – votando como representante dos credores com direito real, no Comitê de Credores e como integrante da última classe, com os subordinados, quirografários e com privilégio geral –, poderá transformar-se no ponto de equilíbrio no equacionamento de questões que poderiam dividir as opiniões das classes II e III.

5.5. Regime jurídico do Comitê de Credores

a) Impedimentos

Os impedimentos dos membros do Comitê de Credores são os mesmos previstos para a nomeação do administrador judicial: (1) pessoa que foi destituída nos últimos cinco anos, deixou de prestar contas dentro dos prazos legais ou que teve prestação de contas desaprovada; (2) parente ou afim até o terceiro grau com o devedor, administradores, controladores ou representantes legais da devedora; (3) amigo, inimigo ou dependente das mesmas pessoas anteriormente mencionadas.

b) Atribuições e deliberações

Ao se afastar da orientação do legislador de 1945, que previa a escolha do síndico e do comissário, num primeiro momento, entre os três maiores credores, optando pela livre nomeação do administrador judicial pelo magistrado, o Congresso Nacional, na elaboração da Lei n. 11.101/2005, atribuiu a fiscalização dos atos processuais e administrativos da falência aos credores, com a constituição de um Comitê de Credores, cujas decisões são tomadas por maioria e consignadas em livro de ata rubricado pelo juiz, que poderá ser consultado pelo administrador judicial, credores, devedor (art. 27, § 1º) e pelo Ministério Público, se seu representante julgar necessário. Se não for possível obter a maioria, o administrador judicial será chamado a votar (art. 27, § 2º), salvo se a decisão envolver assunto que exija declaração de seu impedimento, oportunidade em que a decisão caberá ao magistrado condutor do processo.

Numa divisão didática podemos distribuir as decisões do Comitê de Credores nas seguintes espécies:

(1) Atos de organização interna: eleição de seu presidente (art. 26, § 3º).

(2) Atos relacionados ao procedimento de verificação de créditos: apresentar impugnações (art. 8º) e manifestar-se (art. 12) nas oferecidas por outros interessados, bem como requerer a alteração do quadro-geral de credores, em ação própria (art. 19).

(3) Atividades comuns de fiscalização, na defesa do interesse dos credores, previstas no art. 27, I:

- fiscalizar as atividades e examinar as contas do administrador judicial;
- zelar pelo bom andamento do processo e pelo cumprimento da lei;
- comunicar ao juiz, caso detecte violação dos direitos ou prejuízo aos interesses dos credores;
- apurar e emitir parecer sobre quaisquer reclamações dos interessados e requerer ao juiz a convocação da assembleia geral de credores.

(4) Atos praticados especificamente no processo de recuperação judicial:

- fiscalizar a administração das atividades do devedor, apresentando, a cada trinta dias, relatório de sua situação (arts. 27, II, *a*, e 64);

- fiscalizar a execução do plano de recuperação judicial (art. 27, II, *b*);
- submeter à autorização do juiz, quando ocorrer o afastamento do devedor nas hipóteses previstas na Lei Falimentar, a alienação de bens do ativo permanente, a constituição de ônus reais e outras garantias, bem como atos de endividamento necessários à continuação da atividade empresarial durante o período que antecede a aprovação do plano de recuperação judicial (arts. 27, II, *c*, e 66).

(5) Atos praticados no processo de falência:

- aprovar os honorários de advogado contratado para representar a massa falida em Juízo (art. 22, III, *n*);
- dar autorização para a disposição ou oneração de bens do falido (art. 99, VI);
- autorizar o administrador judicial a alugar ou celebrar outro contrato referente aos bens da massa falida, com o objetivo de produzir renda para a massa falida (art. 114);
- autorizar o administrador judicial a cumprir os contratos bilaterais nos casos em que o cumprimento reduzir ou evitar o aumento do passivo da massa falida ou for necessário à manutenção e preservação de seus ativos (art. 117);
- autorizar o administrador judicial a dar cumprimento a contrato unilateral se esse fato reduzir ou evitar o aumento do passivo da massa falida ou for necessário à manutenção e preservação de seus ativos, realizando o pagamento da prestação pela qual está obrigada (art. 118);
- manifestar-se nas hipóteses previstas na Lei Falimentar (art. 27, I, *f*), quais sejam:
    - sobre pedido do administrador judicial que o autorize a transigir sobre obrigações e direitos da massa falida e conceder abatimento de dívidas (art. 23, § 3º);
    - no pedido de restituição de coisa arrecadada em poder do falido (art. 87, § 1º);
    - no requerimento envolvendo ato de disposição ou oneração de bens do falido (art. 99, VI);
    - no pedido de autorização para os credores, de forma individual ou coletiva, adquirir ou adjudicar, de imediato, os bens arrecadados, pelo valor da avaliação (art. 111);

- no pedido de venda imediata de bens perecíveis, deterioráveis, sujeitos a considerável desvalorização ou que sejam de conservação arriscada ou dispendiosa (art. 113);
- sobre a restituição de coisa móvel comprada pelo devedor com reserva de domínio do vendedor se o administrador judicial resolver não continuar a execução do contrato, exigindo a devolução, nos termos do contrato, dos valores pagos (art. 119, VI);
- antes da decisão acerca da modalidade de alienação do ativo (art. 142);
- acerca de proposta alternativa para a realização do ativo (art. 144);
- manifestar-se sobre a não aprovação de proposta alternativa para a realização do ativo (art. 145).

c) Remuneração

Os membros do Comitê de Credores não são remunerados por seu trabalho nos processos de falência ou de recuperação judicial, mas fazem jus ao reembolso de despesas que comprovarem ter despendido para a realização de ato previsto na Lei Falimentar, o que somente ocorrerá se houver disponibilidade de caixa. Vale dizer que os credores são os responsáveis primários pela manutenção do Comitê.

d) Substituição e destituição

Os casos de substituição e destituição são idênticos aos estabelecidos para o administrador judicial, com uma particularidade: a substituição do membro do Comitê de Credores pode ainda ocorrer por decisão dos credores que representam a maioria dos créditos de uma classe, independentemente da realização de assembleia, apresentando simples requerimento ao juiz da falência (art. 26, § 2º, II).

A razão da distinção decorre da representatividade: a classe que elege resguarda-se do direito de destituir o representante a qualquer tempo.

e) Responsabilidade

Cada integrante do Comitê é pessoalmente responsável pelos atos que praticar em prejuízo à massa, ao devedor e aos credores, em razão de dolo ou culpa (art. 32). Como as deliberações são realizadas por colegiado, presume-se que as propostas tenham sido aprovadas por consenso, razão pela qual, com vistas a desobrigar o membro dissidente, exigiu o legislador a consignação de sua discordância em ata.

5.6. Origens da assembleia geral de credores

A assembleia geral de credores tem sua origem no contrato de união, denominação que precedeu à atual indicação da fase de "liquidação", hoje utilizada para o período de realização do ativo e pagamento do passivo, na falência. O art. 842 do Código Comercial, em sua primitiva redação, determinava: "Ultimada a instrução do processo da quebra, o Juiz comissário, dentro de oito dias, fará chamar os credores do falido para em dia e hora certa, e na sua presença se reunirem, a fim de se verificarem os créditos, se deliberar sobre a concordata, quando o falido a proponha, ou se formar o contrato de união, e se proceder à nomeação de administradores. O chamamento a respeito dos credores conhecidos será por carta do escrivão, e aos não conhecidos por editais e anúncios nos periódicos: e nas mesmas cartas, editais e anúncios se advertirá que nenhum credor será admitido por procurador, se este não tiver poderes especiais para o ato, e que a procuração não pode ser dada a pessoa que seja devedora ao falido, nem um mesmo procurador representar por dois diversos credores".

Esse sistema – convocação de credores para decidir sobre a concordata ou o contrato de união (liquidação da massa) – persistiu nos diplomas que se seguiram: a) art. 58 do Decreto n. 917, de 1890; b) art. 66 da Lei n. 859, de 1902; e c) art. 252 do Decreto n. 4.855, de 1903.

A expressão "assembleia de credores" surge na Lei n. 2.024, de 1908, que previa a realização de uma reunião obrigatória, muitas vezes primeira e única, cuja designação era feita na sentença de falência. Se o passivo fosse inferior a 15 contos de réis (art. 178) marcava-se a convocação, necessariamente, para um dos próximos vinte dias depois da decretação.

Nessa assembleia, ordinária, os credores deliberavam sobre inúmeros assuntos: verificação e classificação de créditos, apresentação do relatório dos síndicos, nomeação de liquidatários e outras deliberações e decisões no interesse da massa (art. 100). Posteriormente, em outros momentos, podiam ser convocadas outras assembleias, extraordinárias, para deliberar sobre outros assuntos, como, por exemplo, o modo de liquidação (art. 124) e, em se tratando de concordata, para ouvir o relatório dos comissários e homologar, ou não, o favor legal.

A Lei n. 5.746, de 1929, manteve idêntica redação, atribuindo à assembleia de credores os mesmos poderes.

No Decreto-Lei n. 7.661/45, suas atribuições foram reduzidas a duas hipóteses legais que tiveram, ao longo dos sessenta anos de vigência, quase nenhum uso.

A primeira, relativa à deliberação sobre o modo de realização do ativo (art. 122). De realização facultativa, a reunião dependia da iniciativa de credores que representassem mais de um quarto do passivo habilitado que, com este intento, provocavam o Juízo para sua convocação e deliberavam por maioria calculada sobre a importância dos créditos dos credores presentes.

Uma segunda possibilidade estava prevista no art. 123 e tinha como propósito autorizar qualquer outra forma de liquidação do ativo, exigindo, contudo, *quorum* especial de deliberação: credores que representassem dois terços dos créditos.

5.7. Atribuições da assembleia geral de credores

Ignorada a experiência anterior que revelava o total desinteresse dos credores em participar dos atos processuais na falência ou na concordata, o legislador fez ressurgir, com amplas atribuições, o instituto da assembleia geral, esperançoso de que o atual momento é propício à mudança de comportamento social, especialmente quanto à participação em deliberação de interesse social e econômico.

Esta é a tônica do discurso que o então Senador Ramez Tabet proferiu em 2 de abril de 2004, na convocação extraordinária para discutir a aprovação do projeto que deu origem à Lei n. 11.101/2005: "O conjunto formado por capital e trabalho está sob a égide do que estamos realizando aqui, ou seja, a mudança de uma lei falimentar que, volto a repetir, está ultrapassada, uma vez que é quase cinquentenária. O objetivo dessa lei é a defesa dos credores, dos trabalhadores e das empresas, sob um critério democrático, porque nela está prevista, inclusive, a assembleia dos credores para decidir aquilo que for melhor para a empresa que estiver em dificuldade".

Prevê o art. 35, de forma genérica, a atribuição comum à falência e à recuperação judicial de deliberar sobre "qualquer outra matéria que possa afetar os interesses dos credores" (incisos I, *f*, e II, *d*), reproduzindo o art. 100 da Lei n. 2.024, de 1908, que se expressava semelhantemente: "e outras deliberações e decisões no interesse da massa". A competência, neste caso, abrange toda e qualquer matéria não indicada anteriormente (art. 35) e que não seja de atribuição do Comitê de Credores ou do administrador judicial.

Além dessa, é atribuição comum à assembleia geral na falência e na recuperação judicial a constituição do Comitê de Credores, a escolha de seus membros e sua substituição, objeto de nossos estudos nos itens 5.3 e 5.4, acima, e 23.2.4.

Basicamente são três as principais atribuições da assembleia geral no processo de recuperação judicial, objeto de estudos anteriores ou que serão objeto de considerações no momento próprio: a) a aprovação, rejeição ou modificação do plano apresentado pelo devedor (item 8.4); b) o pedido de desistência do devedor (item 8.2.2); e c) o nome do gestor judicial, quando do afastamento do devedor (item 8.4.8).

Duas outras atribuições introduzidas no art. 35 pela LREF-20 destinam-se a um número mais reduzido de devedores em recuperação: o financiamento do devedor durante a recuperação judicial, o que se dá pelas regras dos novos arts. 69-A a 69-F, e a alienação ou a oneração de bens ou direitos do ativo não circulante do devedor, não prevista no plano de recuperação judicial.

De forma específica ao processo de falência encontra-se uma única atribuição: a de deliberar sobre a adoção de outras modalidades de realização do ativo, na forma do art. 145, objeto de maiores considerações no Capítulo 23 (item 2.8).

5.8. Regime jurídico da assembleia geral de credores

a) Convocação e despesas

A convocação da assembleia geral se dá por edital publicado no diário oficial eletrônico, com antecedência mínima de quinze dias (art. 36, conforme redação dada pela LREF-20), devendo constar da publicação o local, data e hora em primeira e em segunda convocação e a ordem do dia, respeitando entre as datas consignadas um lapso de cinco dias. Cópia do aviso de convocação deverá ser afixada na sede e filiais do devedor, de forma ostensiva (art. 36, § 1º).

As despesas da convocação correm por conta do devedor, no caso de recuperação judicial e da massa falida, na hipótese de estar decretada a falência (art. 36, § 3º), salvo nos casos em que a convocação se dá a requerimento de credores que representam 25% do valor total dos créditos de uma determinada classe e por iniciativa do Comitê de Credores. Nestes dois casos, o ônus compete a quem requereu – os credores que assim manifestaram ou todos os credores concorrentes, respectivamente.

b) Presidência

São dois os modos de constituição da mesa de trabalhos, distintos pela matéria a ser deliberada, se envolve ou não decisão que torne incompatível a direção pelo administrador judicial. Em geral é presidida pelo administrador judicial e, havendo incompatibilidades, assume o credor presente que seja titular do maior crédito (art. 37, § 1º).

c) Representação

Os credores presentes à assembleia devem assinar a lista de presença que será encerrada no momento da instalação (art. 37, § 3º), podendo, contudo, ser representados por mandatário com poderes específicos ou por representante legal.

Exige a lei, no caso de o credor fazer-se representar, que entregue ao administrador judicial, até vinte e quatro horas antes da data prevista, documento que comprove seus poderes ou a indicação da folha do processo de falência ou de recuperação em que se encontre o instrumento de mandato.

O cuidado do legislador tem por objetivo evitar tumulto no momento da instalação da assembleia geral e a perda de tempo em discussões acerca da regularidade formal da representação.

Além da presença e do exercício por procurador, o credor trabalhista e o titular de crédito decorrente de acidente do trabalho têm a prerrogativa de serem representados pelo sindicato ao qual estejam associados. Neste caso, duas são as formalidades exigidas: a) o sindicato deverá apresentar ao administrador judicial, até dez dias antes da assembleia, a relação dos associados que pretende representar; b) o trabalhador que constar da relação de mais de um sindicato deverá esclarecer, até vinte e quatro horas antes da assembleia, qual sindicato o representa, sob pena de não ser representado em assembleia por nenhum deles.

d) Direito de participação, sem voto

A Lei n. 11.101/2005 conferiu aos sócios e às sociedades com vínculo de interesses (coligadas, controladoras, controladas, as que tenham sócio ou acionista com participação superior a 10% do capital do devedor ou em que o devedor ou algum de seus sócios detenham participação superior a 10% do capital social) a faculdade de participar da assembleia geral de credores, sem direito a voto, extensível ao cônjuge, pessoa ascendente ou descendente, parente colateral (consanguíneo ou afim) até segundo grau de administrador, do sócio controlador, de membros dos conselhos (consultivo, fiscal ou semelhante) da sociedade devedora e à sociedade em que quaisquer pessoas exerçam essas funções.

Alguns conceitos são necessários para o pleno entendimento da matéria e, para tanto, apresentamos quadro com observações e críticas que reputamos pertinentes:

VÍNCULO PESSOAL	COMENTÁRIO OU CRÍTICA
Cônjuge do devedor individual.	O interesse decorre dos interesses patrimoniais do casal.
Parente colateral – consanguíneo ou afim até o segundo grau do devedor, do administrador, do sócio controlador, de membro dos conselhos consultivo, fiscal ou semelhantes da sociedade devedora.	Há um exagero em se permitir que os parentes colaterais participem, sem comprovar outro interesse nos negócios do devedor e dos membros da diretoria. Sua presença pode ser intimidatória ou mesmo causar tumulto.
Ascendente ou descendente do devedor, do administrador, do sócio controlador, de membro dos conselhos consultivo, fiscal ou semelhantes da sociedade devedora.	Crítica semelhante à anterior.

VÍNCULO SOCIETÁRIO	COMENTÁRIO OU CRÍTICA
Sócios do devedor.	Sócios participantes de sociedade em conta de participação na falência do sócio ostensivo. Sócios da própria sociedade falida, atingidos ou não pelos efeitos da falência (art. 81). Sócios de sociedades que são atingidas pelo efeito da arrecadação da fração social do devedor falido (art. 123).
Sociedades coligadas à devedora.	Sociedades cujo capital ou parte dele pertence a outra sociedade. É gênero do qual as sociedades controladas, filiadas e de simples participação são espécies.

Sociedades controladoras da devedora.	A sociedade possui a maioria dos votos nas deliberações dos cotistas ou da assembleia geral da falida, o que lhe permite eleger a maioria dos administradores (CC, art. 1.098, I).
Sociedades controladas pela devedora.	A falida possui a maioria dos votos nas deliberações dos cotistas ou da assembleia geral, o que lhe permite eleger a maioria dos administradores (CC, art. 1.098, I).
Sociedade ou grupo de sócios ou acionistas de outra sociedade com participação superior a 10% do capital do devedor.	A redação da Lei Falimentar é péssima, mas parece referir-se ao fato de a falida ser sociedade filiada a outra que, por sua vez, detém mais de 10% do capital da devedora.
Sociedade ou grupo de sócios ou acionistas de outra sociedade em que o devedor detenha participação superior a 10%.	A situação é a mesma da linha anterior, invertendo-se a posição da falida, que, agora, tem como filiada a sociedade ou o grupo interessado.
Sociedade em que os sócios do devedor detenham participação superior a 10%.	Os sócios do devedor detêm participação superior a 10% de outra sociedade. O vínculo de interesse deve ser mais bem estudado: a) Se o sócio é sócio participante de sócio ostensivo falido, qual é o interesse da sociedade em que o sócio participante detém mais de 10% de participação? b) O mesmo se diga em relação à sociedade em que participem, com mais de 10%, os sócios com responsabilidade limitada. É possível que, neste segundo caso, a intenção volte-se à eventual ação, ainda remota, prevista no art. 82. c) No tocante aos sócios solidários da falida, atingidos pela falência, o interesse está delineado em razão da arrecadação dos bens – e da fração nessa sociedade.
Sociedade em que o devedor, o administrador, o sócio controlador, os membros dos conselhos consultivo, fiscal ou semelhantes exerçam essas funções.	O interesse dessas sociedades é o de verificar a existência de atos de seus dirigentes ou a extensão de sua responsabilidade na falência, podendo conduzir a sua substituição (LSA, arts. 147, § 1º, e 153 a 160, entre outros).

Além dessas pessoas, expressamente indicadas pelo legislador, permite-se, evidentemente, por força de seu papel nos processos de falência e de recuperação, a presença do juiz e do membro do Ministério Público, responsáveis que são pela condução do processo e pela defesa de interesse público, respectivamente.

O devedor deve estar presente porque poderá ser chamado a esclarecer pontos que suscitem dúvidas dos credores e, ainda, para, se necessário, na assembleia de deliberação sobre o plano, expressar sua concordância com eventuais alterações que forem propostas pelos presentes (art. 56, § 3º).

e) Formalidades

A ata de todo o ocorrido, o que significa dizer, dos assuntos constantes da ordem do dia (art. 36, II), deverá ser lavrada pelo secretário designado pelo administrador judicial ou de quem a presidir nos impedimentos desse e deverá conter: a) o nome dos presentes; b) a assinatura do presidente; c) a assinatura do devedor; d) a assinatura de dois membros de cada uma das classes votantes.

Em quarenta e oito horas depois da realização da assembleia, o administrador deverá entregar a ata ao juiz, acompanhada da lista de presença.

5.9. O exercício do voto na assembleia geral de credores

a) Classes de credores e credores sem direito a voto

São quatro as classes de credores concursais previstas no art. 41: (1) os titulares de créditos derivados da legislação do trabalho ou decorrentes de acidentes de trabalho; (2) os titulares de créditos com garantia real; (3) os titulares de créditos com privilégio especial, com privilégio geral, quirografários e subordinados; e (4) os titulares de créditos enquadrados como microempresa ou empresa de pequeno porte.

Como primeira observação anota-se que, tanto na recuperação judicial como na falência, há credores que não têm voto nas deliberações da assembleia geral. Estes são os credores fiscais (ou por créditos tributários) e os retardatários de qualquer classe que ainda não foram incluídos no momento da homologação do quadro-geral de credores, à exceção dos titulares de crédito derivados da relação de trabalho (art. 10, §§ 1º e 2º).

Especificamente na recuperação judicial estão também excluídos aqueles credores que não se sujeitam ao regime, previstos no art. 49, §§ 3º e 4º: a) credor titular da posição de proprietário fiduciário de bens móveis ou imóveis; b) arrendador mercantil; c) proprietário ou promitente vendedor de imóvel cujos respectivos contratos contenham cláusula de irrevogabilidade ou irretratabilidade, inclusive em incorporações imobiliárias; d) proprietário em contrato de venda com reserva de domínio; e e) credor de importância entregue ao devedor, em moeda corrente nacional, decorrente de adiantamento a contrato de câmbio para exportação, na forma do art. 75, §§ 3º e 4º, da Lei n. 4.728, de 14 de julho de 1965. Somam-se a estes os credores do devedor que não são atingidos pelo plano de recuperação, isto é, não sofrem qualquer alteração no valor ou nas condições originais de seu crédito, como ocorre com todos os credores não quirografários, na recuperação especial prevista nos arts. 70 a 72.

Na falência, não votam os credores extraconcursais (*v.* 27.9) e os titulares de título judicial decorrente de decisão procedente prolatada em pedido de restituição.

Veja-se o seguinte quadro-resumo:

TIPO DE PROCESSO	CREDOR SEM DIREITO A VOTO NA ASSEMBLEIA GERAL	EXCEÇÃO
Recuperação Judicial e Falência	Credor fiscal (art. 41).	Não há
Recuperação Judicial e Falência	Credores retardatários de qualquer classe que ainda não foram incluídos no momento da homologação do quadro-geral de credores (art. 10, § 1º, e *próximo tópico – c) Distinções ...*).	Credor trabalhista
Recuperação Judicial (art. 39, § 1º)	(a) credor titular da posição de proprietário fiduciário de bens móveis ou imóveis; (b) arrendador mercantil; (c) proprietário ou promitente vendedor de imóvel cujos respectivos contratos contenham cláusula de irrevogabilidade ou irretratabilidade, inclusive em incorporações imobiliárias; (d) proprietário em contrato de venda com reserva de domínio; (e) credor de importância entregue ao devedor, em moeda corrente nacional, decorrente de adiantamento a contrato de câmbio para exportação, na forma do art. 75, §§ 3º e 4º, da Lei n. 4.728, de 14 de julho de 1965; (f) titular de créditos que não decorram da atividade rural, na hipótese dos §§ 2º e 3º do art. 48 (art. 49, § 6º); (g) titular de crédito decorrente de recursos controlados e abrangidos nos termos dos arts. 14 e 21 da Lei n. 4.829/65, na forma do § 7º do art. 49; (h) titular de crédito relativo à dívida constituída nos 3 (três) últimos anos anteriores ao pedido de recuperação judicial, que tenha sido contraída com a finalidade de aquisição de propriedades rurais, bem como as res-pectivas garantias (art. 49, § 9º).	Para as hipóteses (f), (g) e (h), aplica-se a regra de incidência limitada, prevista no art. 5º, II, da Lei n. 14.112 (*v.* 1.2.9)

Recuperação Judicial	Credor que não sofre, com o plano de recuperação judicial, alteração no valor ou nas condições originais de pagamento de seu crédito (art. 45, § 3º).	Não há
Falência	Credores por restituição de coisa ou dinheiro (art. 41). Credores extraconcursais (art. 41).	Não há

b) Credor trabalhista retardatário

Qual a razão jurídica da distinção que o legislador faz, admitindo ao credor trabalhista, retardatário, o exercício do direito ao voto, faculdade que não é contemplada aos demais concursais?

Parece-nos que o legislador presumiu que todas as habilitações de créditos derivados da relação de trabalho têm sua origem em sentença judicial proferida por Juízo ou Tribunal trabalhista e, desta forma, não haveria como contestar a qualidade de credor reconhecida definitivamente, por força da imutabilidade das decisões judiciais.

Entretanto, não é sempre assim que ocorre. A habilitação de credor trabalhista pode ser feita com base nos registros da empresa ou em outros documentos sujeitos à verificação e, inclusive, à impugnação que pode resultar tanto no reconhecimento da inexistência de vínculo quanto da inexistência de crédito a favor do trabalhador.

Ao permitir que todo e qualquer credor trabalhista tenha direito a voto na assembleia geral, o legislador abre um flanco a toda sorte de fraudes porque é possível intitular-se credor por crédito laboral para o fim único de induzir resultado pró ou contra a aprovação do plano de recuperação ou outra matéria de importância.

É certo que os efeitos do voto proferido com fraude são minimizados pela necessidade de outras classes deliberarem. Contudo, não há justificativa para a quebra do tratamento isonômico que os credores devem receber.

c) Distinções quanto ao direito de voto do credor retardatário, na falência e na recuperação judicial

Outra dificuldade de interpretação é o dispositivo que permite, aos retardatários, na falência, o direito de voto, desde que seu crédito conste do quadro-geral de credores homologado (art. 10, § 2º), silenciando-se acerca desta faculdade aos credores em idêntica situação na recuperação judicial.

A solução, contudo, nos parece simples. A omissão do art. 10, § 2º, é resolvida pela primeira parte do art. 39: "Terão direito a voto na assembleia geral as pessoas arroladas no quadro-geral de credores (...)".

Assim, devem-se distinguir os credores retardatários inscritos no quadro-geral dos que ainda não foram. Os primeiros sempre terão direito a voto (art. 39) e os segundos somente terão direito a voto se seu crédito tiver origem em relação de trabalho. Isto vale tanto para a falência como para a recuperação judicial.

d) Mutabilidade dos integrantes da assembleia geral

O direito a voto é atribuído a pessoas que não figuram de forma definitiva no quadro-geral de credores, permitindo, o legislador (art. 39), alterações na constituição da assembleia geral, conforme o andamento do procedimento de verificação de créditos: a) se o quadro-geral encontrar-se constituído, participarão da assembleia, com direito a voto, todos os credores ali arrolados; b) se ainda não foi finalizada a verificação dos créditos, serão computados os votos dos credores constantes da relação provisória apresentada pelo administrador judicial após o decurso do prazo para as habilitações tempestivas (art. 7º, § 2º); c) se nem mesmo essa relação encontra-se disponível – por motivo justificável, por desídia ou porque se encontra, ainda, em elaboração dentro do prazo de quarenta e cinco dias que se segue ao encerramento do prazo para as habilitações –, terão direito a voto os credores constantes da relação apresentada pelo devedor (arts. 99, III, 104, XI, e 105, II).

Incluem-se entre estes: a) os credores *tempestivos* que tiveram deferida reserva de importância de seus créditos; b) aqueles cujas habilitações de crédito foram apreciadas até a data da realização da assembleia; e c) os que foram, até a data da assembleia geral, admitidos ou alterados por decisão judicial

e) "Quorum" de instalação da assembleia

Quanto à instalação, exige-se o *quorum* de presença, em primeira convocação, de mais da metade dos créditos de cada classe, computados por seu valor e, em segunda convocação, qualquer valor.

A Lei Falimentar explicita a regra geral ao mencionar que os titulares de créditos derivados da legislação do trabalho votam com o total de seu crédito. A razão da aparente redundância é de fácil compreensão: os créditos trabalhistas de valor superior a 150 salários-mínimos possuem dupla classificação e são incluídos como prioritários até esse limite e quirografários no que exceder (art. 83, I e VI, *c*).

Distinto é o cômputo dos votos dos titulares de créditos com garantia real que votam em duas classes distintas: até o limite do valor do bem gravado votam com a classe dos detentores de direito real de garantia e, pelo restante, com a classe dos credores quirografários (art. 41, § 2º).

f) "Quorum" de deliberação

Considera-se aprovada proposta que obtiver votos favoráveis de credores detentores de mais da metade do valor total dos créditos presentes à assembleia (art. 42), salvo deliberação sobre a constituição e a escolha dos membros do Comitê de Credores, que permitem votação por classe, e a forma alternativa de realização do ativo, na qual são exigidos votos favoráveis de credores que representem dois terços do valor total dos créditos presentes à assembleia (arts. 46 e 145).

Um quadro permite visualizar com maior eficiência as diversidades acima mencionadas:

<table>
<tr><th>MATÉRIA</th><th>QUORUM DE INSTALAÇÃO</th><th>QUORUM DE DELIBERAÇÃO</th></tr>
<tr><td rowspan="2">Decisões em que se apresentem incompatibilidade do administrador judicial (art. 37, § 1º)</td><td>Em primeira convocação: presença de credores titulares de mais da metade dos créditos de cada classe, computados pelo valor (art. 37, § 2º).</td><td rowspan="2">É aprovada a proposta que obtiver votos favoráveis de credores que representem mais da metade do valor total dos créditos presentes à assembleia (art. 42).</td></tr>
<tr><td>Em segunda convocação: qualquer número (art. 37, § 2º).</td></tr>
<tr><td rowspan="2">Aprovação de forma alternativa de realização do ativo (arts. 46 e 145)</td><td>Em primeira convocação: presença de credores titulares de mais da metade dos créditos de cada classe, computados pelo valor (art. 37, § 2º).</td><td rowspan="2">É aprovada a proposta que obtiver votos favoráveis de credores que representem dois terços do valor total dos créditos presentes à assembleia (art. 46).</td></tr>
<tr><td>Em segunda convocação: qualquer número (art. 37, § 2º).</td></tr>
<tr><td rowspan="2">Constituição do Comitê de Credores</td><td>Em primeira convocação: presença de credores titulares de mais da metade dos créditos de cada classe, computados pelo valor (art. 37, § 2º).</td><td rowspan="2">A constituição se dá por deliberação de qualquer das classes de credores na assembleia geral (art. 26), seguindo-se, com essa modificação, a regra geral. Será aprovada a proposta que obtiver votos favoráveis de credores que representem mais da metade do valor total dos créditos da classe votante presentes à assembleia (art. 42).</td></tr>
<tr><td>Em segunda convocação: qualquer número (art. 37, § 2º).</td></tr>
<tr><td rowspan="2">Composição do Comitê de Credores</td><td>Em primeira convocação: presença de credores titulares de mais da metade dos créditos de cada classe, computados pelo valor (art. 37, § 2º).</td><td rowspan="2">Na escolha dos integrantes somente os membros de cada classe poderão votar (art. 44).

A deliberação cabe à classe (art. 26) e poderá ser feita por requerimento subscrito por credores que representam a maioria dos créditos de uma classe, independentemente da realização de assembleia (art. 26, § 2º).</td></tr>
<tr><td>Em segunda convocação: qualquer número (art. 37, § 2º).</td></tr>
</table>

Demais matérias	Em primeira convocação: presença de credores titulares de mais da metade dos créditos de cada classe, computados pelo valor (art. 37, § 2º). Em segunda convocação: qualquer número (art. 37, § 2º).	É aprovada a proposta que obtiver votos favoráveis de credores que representem mais da metade do valor total dos créditos presentes à assembleia (art. 42).

Vê-se que, como regra geral, exige-se que a proposta obtenha votos favoráveis de credores detentores de mais da metade do valor total dos créditos presentes à assembleia (art. 42). Colhem-se os votos de cada credor presente pelo valor de seu crédito, o que se denomina sistema da proporcionalidade.

Repetindo, fogem à regra: a) a deliberação acerca da constituição e de escolha dos membros do Comitê de Credores, em que a maioria é obtida separadamente, por classe. Observa-se, ainda, que essa deliberação pode ser substituída por documento que comprove a adesão da maioria dos créditos de cada conjunto de credores (art. 45-A, § 2º); b) a decisão sobre a forma de realização do ativo, em que são exigidos votos favoráveis de credores que representem dois terços do valor total dos créditos presentes à assembleia (arts. 46 e 145) e que também pode ser substituída por documento que comprove a adesão de credores que representem dois terços dos créditos (art. 45-A); c) a decisão sobre o plano de recuperação, que exige dupla maioria e maioria por cabeça (item 8.4.3).

g) Sistemas de colheita de votos

À exceção da aprovação, rejeição ou modificação do plano de recuperação, todas as demais deliberações obedecem ao *sistema da proporcionalidade*. São as hipóteses previstas no art. 35, I, *b, d, e, f*, e II, *b, c, d*, ou seja: (I) na recuperação judicial: constituição do Comitê de Credores de seus membros e sua substituição; pedido de desistência do devedor; nome do gestor judicial, quando do afastamento do devedor; qualquer outra matéria que possa afetar os interesses dos credores; (II) na falência: constituição do Comitê de Credores; adoção de outras modalidades de realização do ativo e qualquer outra matéria que possa afetar os interesses dos credores.

Nas questões relativas ao plano de recuperação, além da proporcionalidade, as classes II e III votam segundo o *sistema da dupla maioria* (votam pelo valor de seu crédito e por cabeça) e as classes I (dos credores trabalhistas e acidentários) e IV (titulares de créditos enquadrados como microempresa ou empresa de pequeno porte) seguem exclusivamente o *voto por cabeça*.

De se concluir que coexistem na assembleia geral de credores três modalidades de colheita de voto: a) voto por cabeça – considera-se apenas o número de credores presentes, independentemente do valor de seus créditos (assim votam os credores trabalhistas e acidentários e titulares de créditos enquadrados como microempresa e empresa de pequeno porte na deliberação sobre a recuperação judicial); b) voto proporcional – considera-se o valor do crédito (assim votam os credores com direito real de garantia, classe II, e os demais, classe III, na deliberação da recuperação. É também o voto comum nas demais deliberações) – art. 38; c) dupla maioria – consideram-se os dois sistemas anteriores: voto por cabeça e pelo valor do crédito (assim votam os credores das classes II e III, na deliberação da recuperação).

Quanto à abusividade no exercício do direito de voto, *v.* o item 9.3.

5.10. Efeitos das deliberações

As deliberações da assembleia geral obrigam todos os credores sujeitos à recuperação judicial ou à falência, mesmo aqueles ausentes, não podendo, contudo, atingir direito dos credores que não têm direito a voto (acima mencionados, item 5.9, *a*).

A participação de titular de crédito posteriormente excluído não invalida a deliberação tomada, podendo, entretanto, gerar responsabilização por parte dos demais credores e terceiros interessados pelos prejuízos eventualmente causados.

É o caso de crédito contestado posteriormente, vindo a ser excluído ou alterado seu valor ou sua classificação (art. 39, § 2º).

Evitam-se, com isto, manobras que visem ao retardamento do processo e a provocação de incidentes de nulidade sempre que a deliberação votada não agrade aos interesses de algum credor ou do devedor.

Há, entretanto, casos em que a assembleia pode e deve ser invalidada, como, por exemplo, o descumprimento de formalidade essencial – na convocação, nos prazos de publicação, no *quorum*, na ordem do dia etc. –, o que tecnicamente se denomina “vício de assembleia”.

Outras hipóteses são os vícios do voto e os vícios das deliberações, aos quais Erasmo Valladão Azevedo e Novaes França (2006:191) distingue daquele mencionado: “Há que se distinguir, nessa matéria, três diferentes espécies de vícios, com consequências diversas: a) *vícios da própria Assembleia* – que pode ter sido irregularmente *convocada* (ou mesmo não convocada) ou *instalada*, hipótese em que a sua invalidação trará como consequência, obviamente, a invalidade de *todas as deliberações* que nela forem tomadas; b) *vícios das deliberações* – nessa hipótese, o vício de uma das deliberações não se estende às demais, que não sejam viciadas; c) *vícios do voto* – nessa hipótese, o vício do voto só acarretará o vício de determinada deliberação se o voto foi decisivo para a formação da maioria; senão, será irrelevante, só atingindo o próprio voto viciado".

O Enunciado 45, aprovado na I Jornada de Direito Comercial do CJF, admite ao magistrado "desconsiderar o voto de credores ou a manifestação de vontade do devedor, em razão de abuso de direito".

O PL n. 10.220/2018, na última versão, apresentada em 28 de junho de 2019, explicita as hipóteses de nulidade e abusividade no exercício do direito de voto, ao incluir o seguinte parágrafo:

"§ 5º O voto será exercido pelo credor no seu interesse e de acordo com o seu juízo de conveniência, podendo ser declarado nulo por abusividade quando, manifestamente, exercido:

I – para obter vantagem ilícita para si ou para outrem, ou exclusivamente para prejudicar o devedor ou terceiro;

II – por conta, ordem ou no interesse total ou parcial de outro que não o próprio credor; ou

III – mediante ajuste com devedor ou terceiro que implique a não submissão integral aos efeitos das disposições do plano de recuperação judicial impostas aos demais credores da mesma classe (NR)."

LIVRO II

DA RECUPERAÇÃO DE EMPRESAS EM JUÍZO

(Capítulos 6 a 10)

Capítulo 6

DISPOSIÇÕES COMUNS ÀS FORMAS DE RECUPERAÇÃO[1]

Sumário: 6.1. Crise econômico-financeira. 6.2. Formas de recuperação. 6.3. Princípios norteadores. 6.4. Requisitos. 6.4.1. Requisitos comuns e especiais. 6.4.2. Exigências quanto ao exercício da atividade empresarial. 6.4.3. Exigências quanto ao exercício da atividade empresarial da companhia aberta. 6.4.4. Impedimentos. 6.5. Legitimidade ativa. 6.5.1. A questão do sócio remanescente. 6.5.2. A questão da legitimidade do credor e do Ministério Público. 6.5.3. Do pedido recuperatório simultâneo. 6.6. Distinções entre os instrumentos legais. 6.6.1. Distinção quanto à extensão econômica do exercício empresarial. 6.6.2. Distinção quanto ao universo de credores. 6.6.3. Distinção quanto ao curso da prescrição das ações e execuções individuais dos credores. 6.6.4. Distinção quanto ao procedimento. 6.6.5. Distinção quanto às restrições à administração da empresa. 6.6.6. Distinção quanto aos meios de recuperação.

6.1. Crise econômico-financeira

A expressão "econômico-financeira" utilizada pelo legislador abrange fatores que impedem o empresário de perseguir o objeto de sua empresa e, ainda, a insuficiência de recursos para o pagamento das obrigações assumidas.

Entre as causas da crise econômica estão os embaraços cotidianos que a empresa sofre em seu aspecto funcional. Sua dinâmica é atingida por fatores diversos – internos e externos – capazes de alterar o aviamento empresarial, inviabilizando a continuação dos negócios.

As crises econômicas podem ser territorialmente mais ou menos extensas, resultantes ou não da globalização dos negócios e da interdependên-

[1] O presente capítulo e os que seguem reproduzem alguns comentários e ideias e analisa mais profundamente o que fiz constar no capítulo "Recuperação Judicial", publicado pela Ed. Forense, na obra *A Nova Lei de Falências e de Recuperação de Empresas – Lei n. 11.101/05* (2006, p. 129-156) e no Capítulo 6 de *Aspectos Objetivos da Lei de Recuperação de Empresas e de Falências*, publicado pela Saraiva (2005).

cia das atividades humanas num determinado segmento econômico. Hodiernamente fatos tradicionalmente considerados de âmbito nacional ou local desencadeiam crises nas vendas de produtos ou de serviços em territórios muito diferentes e distantes.

Fatores externos à economia podem suscitar crises econômicas: mudanças climáticas que impedem o acesso a local de intensa movimentação turística, quedas de pontes, estradas com má conservação, acidentes que acarretam intensa contaminação do meio ambiente, atos de terrorismo, revoluções, distúrbios políticos etc.

Fatores internos à administração da empresa, como a má gestão e outras causas de índole pessoal, ligadas ao titular da atividade empresarial, podem ser citados: enfermidade pessoal ou de integrante de sua família, dificuldades no âmbito familiar, gastos pessoais exagerados ou da parte de cônjuge ou filhos etc.

Os fatores que provocam a perda do crédito são múltiplos e variados e, conforme salienta Maria Bernadete Miranda (1993:26), uns são "de ordem geral, econômicos, financeiros, políticos com influência em todos ou alguns dos ramos da atividade humana; outros, de ordem particular, dizem respeito ao devedor, ao modo como administrou seus negócios. As consequências são sempre desastrosas".

Mas, nem sempre a crise da empresa será de liquidez, ou financeira, podendo caracterizar-se por episódios econômicos e patrimoniais. Fábio Ulhoa Coelho (2016:224) distingue umas das outras: "Ela é econômica quando as vendas de produtos ou serviços não se realizam na quantidade necessária à manutenção do negócio. É financeira quando falta à sociedade empresária dinheiro em caixa para pagar suas obrigações. Finalmente, a crise é patrimonial se o ativo é inferior ao passivo, se as dívidas superam os bens da sociedade empresária".

Qual é a relação entre os termos "econômico" e "financeiro"?

Crises econômicas podem acarretar crises financeiras. Empresas economicamente saudáveis podem sofrer crises financeiras, algumas momentâneas, outras não. A causa está na insuficiência de recursos financeiros para o pagamento das obrigações assumidas e pode ser identificada em diversos fatores: ausência de correta estimativa dos custos dos empréstimos tomados, no alto índice de inadimplência de sua clientela ou em qualquer situação relativa à circulação e gestão do dinheiro e de outros recursos líquidos. O inverso também ocorre: a falta de capital suficiente para a realização do objeto da empresa impede a colocação de produtos ou de serviços no mercado, gerando crise.

A dicotomia "econômico-financeira" não revela relação de causa e efeito, na ordem que apresenta, mas sim situação em que uma e outra se fundem para descrever resultados negativos na persecução do objeto empresarial, sugerindo urgente intervenção para evitar o perecimento da empresa.

O prolongamento de uma crise desta natureza, sem a remoção de suas causas, pode conduzir à inexequibilidade dos negócios e o estado de falência bate à porta do empresário. Na crise econômico-financeira há um ponto-limite que não pode ser ultrapassado, sob pena de o devedor perceber tardiamente que não pode mais atender aos requisitos para pleitear sua recuperação judicial, restando-lhe requerer sua própria falência (art. 105).

O que se verifica no âmbito público é a cessação de pagamentos, os protestos, o abandono ou constante ausência do estabelecimento empresarial, o uso de mecanismos de liquidação anormal de seus ativos e de meios ruinosos ou ilícitos para satisfação de suas dívidas etc. São os chamados "atos de falência", situações que fazem presumir, aos olhos dos credores, a instalação de uma crise econômico-financeira irreversível.

6.2. Formas de recuperação

O sistema de recuperação de empresa idealizado pelo legislador de 2005 inclui cinco modalidades de tutelas judiciais, categorizadas em duas classes distintas quanto à maior ou menor intervenção judicial:

a) recuperação *judicial*, que prevê uma forma ordinária, prevista nos arts. 47-69, e outra especial, destinada às microempresas e empresas de pequeno porte (arts. 70-72).

> A LREF-20 introduziu uma terceira forma de recuperação especial, exclusiva ao produtor rural pessoa física, caracterizada não pelo porte da empresa, mas pelo valor da causa – não pode exceder a R$ 4.800.000,00 que é o limite atual da receita bruto para caracteriza empresa de pequeno porte (*v.* item 6.6.1).
>
> Veja que não há identidade entre os critérios adotados pelo legislador. As EPP podem promover a recuperação especial porque apresentam renda bruta de até R$ 4.800.000,00 (o valor da causa pode ser superior); para o produtor rural pessoa física, o valor da causa de seu pedido de recuperação não pode ultrapassar aquele valor (sua renda bruta pode ser superior).
>
> A respeito do valor da causa em recuperação judicial, o STJ já decidiu que deve "guardar relação de equivalência com a soma de

todos os créditos sujeitos a seus efeitos, sendo essa a base econômica que deve ser utilizada para o recolhimento das custas processuais correlatas" (REsp n. 1.637.877/RS, Rel. Min. Nancy Andrighi, 3ª Turma, j. 19-10-2017, *DJe* 30-10-2017). O PL n. 6.229-D é explícito quanto ao valor da causa: "o valor da causa corresponderá ao montante total dos créditos sujeitos à recuperação judicial" (acréscimo do § 5º ao art. 56 da LREF).

b) recuperação *extrajudicial*, plano consensual de viabilização da empresa realizado entre devedor e credores, sujeito à homologação em Juízo, que compreende outras três subespécies:

- *individualizado*, também chamado "plano meramente homologatório" (Cf. Paiva, 2005:569), previsto no art. 162;
- *por classe de credores*, nominado "recuperação impositiva" (Cf. Paiva, 2005:571), fundamentado no art. 163; e
- *modalidade aberta,* consistente em qualquer acordo privado entre o devedor e seus credores (art. 167).

6.3. Princípios norteadores

A diretriz do legislador ordinário, ao estabelecer multiplicidade de instrumentos recuperatórios, cumpre norma maior, com vistas a atender à função social da propriedade e do incentivo à atividade econômica (CF88, arts. 170, II, e 174).

Das normas constitucionais decorre o objetivo da tutela recuperatória em Juízo: atender à preservação da empresa, mantendo, sempre que possível, a dinâmica empresarial, em seus três aspectos fundamentais: fonte produtora, emprego dos trabalhadores e interesses dos credores.

Não há, entretanto, um princípio voltado à preservação da empresa em crise econômico-financeira, equívoco, todavia, reiterado na jurisprudência em matéria recuperacional.

A expressão *princípio da preservação da empresa* foi empregada em tutela judicial visando a continuidade da atividade de sociedade que perdera a pluralidade de sócios, quando do exame do RE n. 104.596, publicado no *DJU* 21-6-1985, em voto do então Ministro Cordeiro Guerra:

"A moderna doutrina e a jurisprudência mais atualizada levam sobretudo à *preservação da empresa*, que é de interesse não só da sociedade, e dos sócios, mas de muitas outras pessoas, para as quais gera empregos e negócios.

Assegura-se, assim, ao sócio remanescente recompor a sociedade com a admissão de outro em fazer prosseguir a empresa, ainda que com firma individual, assegurando o recebimento cabal, pelo retirante, dos haveres que lhe são devidos".

Como sabemos, posteriormente o Código Civil de 2002 possibilitou a manutenção de qualquer sociedade – empresária ou não – dispensando a pluralidade de sócios, no lapso de 180 dias, necessário à recomposição (CC, art. 1.033, IV). Esse dispositivo não foi revogado pela LLE, devendo ser compreendido que, no prazo de 180 dias, caberá ao sócio remanescente recompor a pluralidade de sócios ou requerer a transformação da sociedade em empresa individual de responsabilidade limitada.

Vê-se, portanto, que o entendimento principiológico foi invocado em defesa da atividade econômica em geral – empresarial ou não empresarial – com vistas a manter a continuidade da atividade exercida pela sociedade que perdera o requisito da pluralidade de sócios, nada a se assemelhar à solução de crise econômico-financeira.

Evidente, pois, que o *princípio de preservação da empresa* nesse formato histórico-jurisprudencial não se amolda à criação de um direito subjetivo à aprovação de um plano recuperatório. Tratou-se, antes e unicamente, de se criar mecanismo a *não extinção da sociedade*, permitindo a continuidade da atividade econômica (empresarial ou não) produtiva.

Na doutrina especializada encontramos comumente, ainda, autores que identificam o *princípio da preservação da empresa* como corolário do princípio da função social da empresa, insculpido no art. 170 da Constituição Federal.

Entendemos que esse raciocínio também não se mostra adequado porque esse dispositivo constitucional apresenta conotação limitativa ao direito de propriedade possibilitando ao Estado punir o proprietário desidioso ou o uso abusivo da propriedade. Não serve para justificar a criação de um direito à recuperação da empresa a todo custo. Os aspectos protetivos que decorrem desse dispositivo são de outra ordem, como ensina Facchini Neto (2013:1.800):

"(...) A nossa é uma das mais pródigas na indicação das consequências pelo fato de se observar ou não a função propriedade. Podemos denominá-las funções, que podem ser de dois tipos: positivas (ou protetivas) e negativas (ou punitivas). Em outras palavras, o constituinte protege a propriedade que observa a função social e pune o proprietário que não a cumpre. Essa é a conclusão que se extrai de uma interpretação sistemática de nossa Carta constitucional.

É possível identificar uma função positiva ou protetiva da função social da propriedade quando a Constituição, por exemplo, afasta a possibilidade de desapropriação por interesse social, para fins de reforma agrária, da propriedade rural produtiva (que também observe os demais requisitos previstos no art. 186 da CF), bem como da pequena e média propriedade rural, *ex vi* do art. 185, I e II, da CF)".

Quando muito, portanto, o princípio da função social da propriedade, em sua vertente positiva, voltar-se-ia a impedir que o Estado crie restrições ou limitações à propriedade produtiva, mas jamais, para impor aos seus credores um plano que não obedeça aos requisitos legais e regras impostas ao devedor em crise econômico-financeira. E, nesse entendimento, ao deixar de pagar tributos, a empresa em crise econômico-financeira não se sujeitaria à função protetiva da propriedade, mas, sim, da punitiva.

A recuperação judicial somente atinge seu objetivo se estimular a atividade econômica como um todo e permitir que a empresa cumpra sua função social, que é produzir, contratar, pagar tributos, gerar lucros etc.

Concluindo, perfilamos da compreensão que o art. 47 da LREF não apresenta um *princípio de preservação da empresa*, mas simplesmente descreve o objeto do processo recuperacional: alcançar, se possível e se cumpridos todos os requisitos procedimentais, a continuidade da atividade empresarial. Trata-se de regra processual, e não de princípio.

A Lei n. 11.101, de 2005, distancia-se de todas as anteriores legislações falimentares porque distingue "empresa" e "empresário", concentrando a tutela legal à primeira, de tal modo que, se necessário, impõe o afastamento do último para preservá-la.

A palavra "empresa" deve ser compreendida em seu significado técnico: é o exercício da atividade empresarial. A teoria da empresa formula a empresa com quatro perfis ou aspectos: o perfil subjetivo (o empresário individual, a sociedade empresária), o perfil objetivo (o estabelecimento empresarial), o perfil corporativo (a organização de trabalhadores) e o perfil funcional (o exercício da atividade, a dinâmica empresarial).

A tutela do Decreto-Lei n. 7.661/45, ao promover a recuperação do devedor, concedia-lhe "um favor legal", expressão que, embora imprecisa, revelava a natureza protetiva do titular da empresa – o empresário individual ou a sociedade empresária. Dirigia-se à *pessoa* (aspecto subjetivo) e não à empresa (aspecto funcional), aos meios de produção (aspecto objetivo) e aos trabalhadores (aspecto corporativo), o que se percebe claramente da doutrina em torno da destinação da concordata: "(...) salvar o comerciante desafortunado e honesto, que se ache em desordem transitória, da declaração de quebra que, de outro modo, deveria ocorrer segundo os conceitos gerais. Impedir tal declaração e, portanto, impedir todas as consequências de variada natureza que dela derivam; dar ao comerciante meio de levantar-se de novo para corrigir diligentemente sua desordem econômica, permanecendo, ainda que seja com algumas necessárias restrições, à testa da administração de seu estabelecimento, que a liquidação de quebra destruiria para sempre (...) e, por outro lado, assegurar aos credores, sem necessidade de liquidação, a satisfação adequada de seus créditos – quando o patrimônio de seu devedor permitir –, são os meios com os quais a concordata preventiva se concretiza e se desenvolve" (Cf. Navarrini, 1943).

Os objetivos mais importantes do sistema de recuperação da Lei n. 11.101/2005 são:

a) supremacia da recuperação da empresa (aspecto funcional) sobre o interesse do sujeito da atividade (aspecto subjetivo), promovendo, se necessário, o afastamento do empresário e de seus administradores e possibilitando uma gestão técnica profissional (por exemplo: arts. 50, III, IV, V, XIV, 64 e 65);

b) manutenção da fonte produtora (aspecto objetivo) e do emprego dos trabalhadores (aspecto corporativo), que se verifica com ações efetivas de preservação dos elementos corpóreos e incorpóreos, impedindo a alienação ou sujeição a ônus de bens integrantes do ativo não circulante (art. 66) e a venda ou retirada de bens de propriedade de credores titulares da posição de proprietário fiduciário, de arrendador mercantil, proprietário em contrato de venda com reserva de domínio, durante o período de suspensão (art. 49, § 3º);

c) incentivo à manutenção de meios produtivos à empresa, concedendo privilégio geral de recebimento em caso de falência, aos credores quirografários que continuarem a prover bens e serviços à empresa em recuperação (art. 67, parágrafo único);

d) manutenção dos interesses dos credores (art. 47), impedindo a desistência do devedor após o deferimento do processamento do pedido de recuperação (art. 52, § 4º), submetendo à assembleia de credores não somente essa deliberação, como outras que possam afetar o interesse dos credores (art. 35, I, *f*);

e) observação dos princípios da unidade, universalidade do concurso e igualdade de tratamento dos credores como diretrizes para as soluções judiciais nas relações patrimoniais não reguladas expressamente pela lei (art. 126).

6.4. Requisitos

À exceção dos casos de não incidência, estudados no Capítulo 2, a recuperação em Juízo é facultada aos empresários em geral.

6.4.1. Requisitos comuns e especiais

Podemos afirmar que o art. 48 traz os requisitos comuns a todos os pedidos de recuperação – modalidades judiciais (arts. 48 e 70) e extrajudiciais (arts. 161, 163 e 167) – acrescentando, contudo, que o requisito temporal (art. 48, II e III) não se aplica às recuperações extrajudiciais porque prevista distinta regulamentação no § 3º do art. 161: "O devedor não poderá requerer a homologação de plano extrajudicial, se estiver pendente pedido de recuperação judicial ou se houver obtido recuperação judicial ou homologação de outro plano de recuperação extrajudicial há menos de dois anos".

Em relação à recuperação judicial especial não há dúvidas: a aplicação do art. 48 decorre do fato de o legislador ter designado essa modalidade como mero "plano", concebendo-a em seção (V) do mesmo capítulo genericamente intitulado de "recuperação judicial", o que faz concluir que se aplicam à recuperação judicial especial todas as disposições gerais (arts. 47-50) que com ela não se conflitam e que se resumem ao disposto nos arts. 47 e 48. No que respeita ao universo de credores (art. 49) e aos meios de recuperação (art. 50), o legislador traçou, para a modalidade prevista no art. 70, distinto regramento.

6.4.2. Exigências quanto ao exercício da atividade empresarial

Reporta-se este requisito a três aspectos: *inscrição* no Órgão de Registro de Empresas e *regularidade desse exercício* há mais de *dois anos* (sobre a exceção que a jurisprudência consolidou a favor do *produtor rural, v.* 2.4 *d*).

a) Regularidade de registro

Somente os empresários *registrados* podem pleitear em Juízo sua recuperação – judicial ou extrajudicial. Ficam fora aqueles empresários que não promoveram sua inscrição na Junta Comercial: a sociedade em comum – aquela que não inscreveu os atos constitutivos (CC, art. 986) – e o empresário individual de fato ou clandestino – aquele que não arquivou sua declaração de firma individual.

A LF45 (art. 141) apresentava uma exceção: nos pedidos de concordata, possibilitava ao devedor que exercesse individualmente o comércio a dispensa do requisito de arquivamento desde que seu passivo quirografário fosse inferior a cem vezes o maior salário-mínimo vigente no País. O novo sistema não mais excepciona, exigindo demonstração da regularidade do registro.

b) Regularidade de exercício

A Lei de Recuperação e Falência exige mais que a simples declaração de constituição dos atos de arquivamento do contrato social ou de declaração de firma individual: os empresários devem, ainda, demonstrar a *regularidade* de suas atividades nos últimos dois anos.

A lei veda a obtenção de recuperação em Juízo aos empresários registrados que se tornaram *irregulares* posteriormente ou não conseguem comprovar essa regularidade nos últimos dois anos. Fran Martins (1993:237) delimita esta condição e dá exemplos: "(...) a sociedade que se organiza legalmente, arquiva os seus atos no Registro do Comércio, mas, posteriormente, pratica atos que desnaturam o tipo social (...); ou que funciona sem cumprir as obrigações impostas por lei (não possui livros obrigatórios, não levanta o balanço anual)".

Na vigência da LREF a jurisprudência tem permitido às empresas rurais o ajuizamento de ação de recuperação judicial para reestruturar-se, mesmo sem a comprovação do registro há mais de dois anos. Sendo facultativa a inscrição das empresas rurais no Registro de Empresas (CC, art. 971), um grande número dessas empresas demonstra dificuldade na comprovação da regularidade do registro no biênio anterior ao pedido. Sensível à peculiaridade desses casos, o Tribunal de Justiça de São Paulo entende que basta a comprovação do exercício da atividade há mais de dois anos e que a inscrição no Registro de Empresa tenha ocorrido em data anterior ao pedido recuperatório (*v.* TJSP, 2078347-23.2017.8.26.0000, Rel. Des. Araldo Telles, j. 26-3-2018).

No PL n. 10.220/2018, o legislador federal pretendeu normatizar no PL 10.220/2018 o cumprimento dessa exigência, acrescentando um parágrafo ao art. 48 da LREF a permitir, na hipótese de exercício de atividade rural por pessoa jurídica, "a comprovação do prazo estabelecido no *caput* por meio da escrituração contábil fiscal que tenha sido entregue tempestivamente". Entretanto, a LREF-20 regulamentou a forma de comprovação do prazo de dois anos de atividade rural por pessoa jurídica, estabelecendo que isso se faça por meio da Escrituração Contábil Fiscal (ECF) ou pelos registros contábeis que o substituam. Já para a pessoa natural, a comprovação pode ser feita com base no Livro Caixa Digital do Produtor Rural (LCDPR) ou pelos registros contábeis que o substituam.

Essas informações contábeis devem ser organizadas de acordo com a legislação e o padrão contábil da legislação vigente e guardar obediência ao regime de competência e de elaboração por contador habilitado.

c) Exercício da atividade empresarial há mais de dois anos

Além da *regularidade de inscrição* e de *exercício,* impõe a lei o prazo de mais de dois anos. Em regra, o prazo se demonstra por certidão expedida pela Junta Comercial, que consigna a data de arquivamento da declaração de empresa individual ou dos atos constitutivos da sociedade empresária.

Contudo, este documento pode ser elidido por prova em contrário. Caberá ao impugnante a comprovação quanto à ausência de regularidade ou de exercício, seja porque o devedor encontra-se em atividade há menos de dois anos ou, ainda, em razão de o objeto de sua profissão não se constituir atos de empresa.

Observa-se que o arquivamento de documentos relativos à constituição de firmas individuais e sociedades empresárias é simplesmente *declaratório* da condição de empresário, podendo esta ser contestada. Vale aqui lembrar o magistério de Carvalho de Mendonça (2001, 2:103-104), na vigência do regime da comercialidade: "Se o indivíduo inscreve o nome no registro das firmas, se paga impostos, se se limita a adquirir ou abrir um estabelecimento comercial, se faz anúncios públicos, se tem livros, mas não exerce efetivamente a profissão mercantil, se não pratica sistematicamente atos de mercancia, não é comerciante. Essas circunstâncias seriam indícios ordinários, presunções comuns da profissão de comerciante, mas nenhuma por si só constitui ou define o comerciante. A realidade dos fatos destrói tais presunções, ou indícios. Do mesmo modo, a simples matrícula não basta, para imprimir a qualidade de comerciante. O artigo 17 do Regulamento n. 737 admite a possibilidade de ser contestada a qualidade do comerciante matriculado".

A ausência da condição de empresário ou de regularidade empresarial no biênio anterior ao pedido conduz ao indeferimento da inicial.

6.4.3. Exigências quanto ao exercício da atividade empresarial da companhia aberta

Para a companhia aberta, a LREF-20 impôs no art. 48-A a exigência de formação e funcionamento do Conselho Fiscal, nos termos da LSA, enquanto durar a recuperação judicial, incluindo o período de cumprimento das obrigações assumidas pelo plano recuperacional.

Assim, desde o pedido inicial deve estar comprovada a instalação do Conselho Fiscal (LSA, arts. 161-165), cuja competência vem definida no art. 163 da LSA: "I – fiscalizar, por qualquer de seus membros, os atos dos administradores e verificar o cumprimento dos seus deveres legais e estatutários; II – opinar sobre o relatório anual da administração, fazendo constar do seu parecer as informações complementares que julgar necessárias ou úteis à deliberação da assembléia-geral; III – opinar sobre as propostas dos órgãos da administração, a serem submetidas à assembléia-geral, relativas a modificação do capital social, emissão de debêntures ou bônus de subscrição, planos de investimento ou orçamentos de capital, distribuição de dividendos, transformação, incorporação, fusão ou cisão; IV – denunciar, por qualquer de seus membros, aos órgãos de administração e, se estes não tomarem as providências necessárias para a proteção dos interesses da companhia, à assembleia-geral, os erros, fraudes ou crimes que descobrirem, e sugerir providências úteis à companhia; V – convocar a assembléia-geral ordinária, se os órgãos da administração retardarem por mais de 1 (um) mês essa convocação, e a extraordinária, sempre que ocorrerem motivos graves ou urgentes, incluindo na agenda das assembléias as matérias que considerarem necessárias; VI – analisar, ao menos trimestralmente, o balancete e demais demonstrações financeiras elaboradas periodicamente pela companhia; VII – examinar as demonstrações financeiras do exercício social e sobre elas opinar. VIII – exercer essas atribuições, durante a liquidação, tendo em vista as disposições especiais que a regulam".

Embora o art. 22 da LREF não mencione expressamente, caberá ao administrador judicial verificar se a companhia aberta em recuperação judicial mantém, de forma efetiva, o Conselho Fiscal em funcionamento, exercendo integralmente a competência que a lei lhe confere.

6.4.4. Impedimentos

Entre os requisitos, o legislador impõe, na verdade, três classes de impedimentos: *não ser* falido, *não ter* se submetido anteriormente a regime de recuperação e *não ter sido* condenado por crimes previstos na lei.

a) Falidos

Os falidos não podem requerer recuperação em Juízo. Diversamente à concepção do Decreto-Lei n. 7.661/45, que previa a concordata suspensiva, o legislador não previu formas de recuperação suspensiva ou incidental a processo falimentar.

Somente com a extinção das obrigações de falido, por sentença judicial transitada em julgado, é que o devedor recupera a legitimidade para o pedido de recuperação em Juízo.

A lei, contudo, não exige que o processo de falência esteja encerrado para que o devedor possa pleitear a extinção de suas obrigações.

O processo falimentar estará encerrado se o pedido for feito com fundamento nos incisos III e IV do art. 158, nas hipóteses de decurso de prazo de cinco ou dez anos contados do encerramento da falência, conforme tenha ou não sido condenado por prática de crime previsto na Lei n. 11.101/2005.

Entretanto, o encerramento da falência não é pressuposto para o pedido de extinção quando este estiver fundamentado no pagamento de todos os créditos ou de 50% dos créditos quirografários, depois de realizado todo ativo (art. 158, I e II). Nestes dois casos, a extinção das obrigações será proferida na sentença que declara encerrada a falência (art. 159, § 3º).

b) Concordatários

Os empresários que, na data da vigência da Lei n. 11.101/2005, se encontram em situação de concordata podem concluir seus processos no regime do Decreto-Lei n. 7.661/45 ou, se assim desejarem, valer-se da recuperação judicial ordinária, sendo-lhes vedado pleitear a recuperação em pedido fundado em plano especial previsto para microempresas e empresas de pequeno porte, mesmo quando submetidos a estes regimes fiscais (art. 192, § 2º).

Pois bem. A Lei n. 11.101/2005 não restringiu, de forma expressa, a possibilidade de processamento de recuperação judicial ao devedor em concordata suspensiva.

A restrição, contudo, decorre do quesito I do art. 48: a concordata suspensiva é a ação incidental ao processo de falência, mero "sobrestamento dos efeitos da quebra". Neste caso, as responsabilidades do devedor ainda não foram declaradas extintas, havendo óbice ao pedido de recuperação. Somente depois de extintas suas obrigações é que o devedor em concordata suspensiva pode requerer recuperação em Juízo.

c) Empresário submetido anteriormente à recuperação

Os impedimentos previstos nos incisos II e III do art. 48 e no § 3º do art. 161 da Lei n. 11.101/2005 compreendem: (1) na recuperação judicial, a obtenção de concessão há menos de *cinco anos* de pedido semelhante;

(2) na recuperação extrajudicial, a *pendência* de pedido de recuperação judicial ou *obtenção* de recuperação judicial ou *homologação* de outro plano de recuperação extrajudicial há menos de dois anos.

A partir de que momento inicia-se a contagem desses prazos?

Para as modalidades de recuperação judicial ordinária e especial o termo inicial da contagem dos prazos é a data da decisão que *concede* a recuperação judicial. Concessão é o ato judicial que, na recuperação ordinária, analisa uma das hipóteses previstas na lei (ausência de objeções, art. 57; regularidade da deliberação favorável da assembleia geral, art. 58; ou a presença dos requisitos objetivos previstos no art. 58, § 1º) e delibera sobre a pretensão do devedor, julgando procedente seu pedido e concedendo-lhe a recuperação judicial. Na recuperação especial, a data de concessão é marcada pela decisão judicial que analisa a presença dos requisitos legais, sem necessidade de submeter o pedido à assembleia geral (art. 72).

Devemos atentar que são três as decisões judiciais que delimitam as fases de processamento da recuperação judicial:

• Decisão de processamento – ato de natureza interlocutória, previsto no art. 52: o magistrado verifica tão somente a presença dos requisitos formais quanto à documentação exigida no art. 51, deferindo o processamento do pedido.

• Decisão de concessão – decisão em que se adentra no mérito do pedido, com análise do plano de recuperação judicial.

• Decisão de cumprimento – nos dois anos que se seguem entre a decisão de concessão (art. 58) e a que encerra a recuperação judicial (art. 63), o juiz deverá julgar cumpridas as obrigações do devedor vencidas nesse prazo e decretar por sentença o encerramento da recuperação judicial, independentemente da consolidação do quadro geral de credores (art. 63).

Como a contagem do prazo de impedimento é considerada a partir da data da *concessão*, segue-se que entre a decisão de *cumprimento* de um pedido anterior e um novo pedido de recuperação pode decorrer prazo inferior àqueles fixados no art. 48, I e II. Exemplificando: o devedor propõe a recuperação em 10 de janeiro de 2007 e, nesse mesmo dia, o juiz manda processar seu pedido. O plano de recuperação é apresentado no prazo legal (sessenta dias) e é impugnado pelos credores (art. 55) e, submetido à assembleia geral, é aprovado. A decisão de concessão é proferida em 10 de junho de 2007 (art. 58), iniciando-se a fluência do prazo do período impeditivo. Decorridos dois anos e cumpridas todas as obrigações previstas no plano, neste nosso exemplo, o juiz só veio a encerrar o processo em 10 de julho de 2009 (art. 63). Um novo pedido pode ser feito em 11 de junho de 2012, cinco anos depois da concessão, mas menos de três anos depois da data do cumprimento de seu pedido anterior.

O exemplo bem elucida uma das distinções entre os três atos judiciais, matéria que será expandida nos próximos tópicos.

A jurisprudência vem relativizando a vigência dessa disposição legal, permitindo a convocação da assembleia geral para deliberação sobre novas condições de pagamento após a homologação. O STJ, porém, definiu, em mais de uma oportunidade, "havendo o expresso descumprimento do plano de recuperação judicial não há razão jurídica e sequer sentido para a convocação de nova assembleia, uma vez que a convolação se trata de imposição legal, nos termos do art. 73, inciso IV, da Lei n. 11.101/05" (REsp. n. 1.873.586/RS, Rel. Min. Marco Buzzi, j. 29-6-2020, publicação em 1º-7-2020).

Assim, divergindo da posição adotada nesta obra, a jurisprudência admite a convocação da assembleia geral para deliberar sobre "novas condições de pagamento", ressaltando, contudo, que a alteração somente possa ocorrer se não houve o descumprimento de plano anteriormente aprovado.

d) Ausência de condenação criminal

A nova lei exige prova de ausência de condenação criminal por crime nela previsto tanto do titular da empresa, se o pedido for feito por empresário individual, como também dos administradores e dos sócios controladores da empresa.

O impedimento é menos abrangente que o da lei anterior. No regime da concordata, a LF45 incluía, além dos crimes falimentares, vasto rol de outros, todos de natureza patrimonial: furto, roubo, apropriação indébita, estelionato e outras fraudes, concorrência desleal, falsidade, peculato, contrabando, crime contra o privilégio de invenção ou marcas de indústria e comércio e crime contra a economia popular (LF45, art. 140, III).

A redação recebeu críticas de Jorge Lobo (2005:114): "(...) o art. 48, IV, parte final, representa um retrocesso, porquanto confunde a empresa com o empresário, a empresa com seus administradores e despreza o fato inconteste de que a empresa é um centro de atividades e um centro de interesses autônomo e independente, consoante consagrado no direito francês pela Lei n. 67-563, de 13 de julho (...)".

De fato, o texto do art. 48, IV, exige reflexão sobre a razão legislativa que impôs impedimento de cunho pessoal em ação que tutela a empresa e não seus titulares. Parece existir certa incoerência na opção do legislador ao exigir prova de idoneidade do titular da empresa, ao mesmo tempo que proclama a separação dos conceitos de empresa e de empresário (Pareceres n. 534 e 535 da Comissão de Assuntos Econômicos sobre o projeto de lei que deu origem à Lei n. 11.101/2005, assinado pelo Senador Ramez Tebet e publicado em 10-6-2004): "A empresa é o conjunto organizado de capital e trabalho para a produção ou circulação de bens ou serviços. Não se deve confundir empresa com a pessoa natural ou jurídica que a controla. Assim, é possível preservar uma empresa, ainda que haja a falência, desde que se logre aliená-la a outro empresário ou sociedade que continue sua atividade em bases eficientes".

A considerar este princípio e, ainda, a da supremacia do interesse da empresa sobre o do devedor, há de se concluir que este impedimento não conduz, necessariamente, ao indeferimento do pedido inicial. Para superar este obstáculo, o autor do pedido deve propor, no plano de recuperação, a substituição dos administradores (art. 50, IV) e/ou a alteração do controle societário (art. 50, III), no que respeita ao titular, ao administrador ou ao controlador condenados.

6.5. Legitimidade ativa

Podem requerer recuperação judicial ou extrajudicial o devedor, empresário individual ou sociedade empresária. Em caso de falecimento da pessoa natural que exerce atividade empresarial, estão legitimados o cônjuge sobrevivente, os herdeiros do devedor e o inventariante.

6.5.1. A questão do sócio remanescente

O pedido pode ainda ser feito por sócio remanescente de sociedade dissolvida pela retirada ou morte do outro sócio. Esta faculdade é reservada nos casos em que esses eventos conduzem à dissolução da sociedade. Isto ocorre quando não é possível reconstituir a sociedade, o que se dá, em sociedade com apenas dois participantes, pelo não ingresso de novo sócio no prazo previsto na lei, ou pelo falecimento de um dos sócios, nos contratos sob a regência das regras das sociedades simples, inexistindo acordo com os herdeiros ou previsão contratual para se operar a substituição.

Durante o prazo de cento e oitenta dias da ocorrência, a atividade empresarial pode prosseguir, sem que se opere a dissolução da sociedade (CC, art. 1.033, IV). Nas sociedades por ações, quando se verificar a existência de um único acionista, a sociedade subsistirá nesta condição até o ano seguinte ao da assembleia geral ordinária em que se verificou essa situação (LSA, art. 206, I, *d*).

Se no período instalar-se ou agravar-se crise econômico-financeira, o sócio remanescente que deu continuidade nos negócios pode requerer a recuperação judicial ou a homologação de plano extrajudicial.

O que ocorre, portanto, é a extensão ao sócio remanescente dos poderes de administração em situações que a unipessoalidade se instala na sociedade. Agirá em nome de sociedade ainda não reconstituída, visando preservar a atividade empresarial.

Fábio Ulhoa Coelho (2016:178) e Rachel Sztajn (2006:225) dão interpretação extensiva ao parágrafo primeiro do art. 48: o primeiro permitindo que o pedido seja feito pelo sócio dissidente ou minoritário e a segunda por qualquer dos sócios quando o outro, ou os demais, não possam fazê-lo.

No nosso entendimento, o texto não conduz a tais interpretações. A legitimação nesses dois casos é especial e não comporta ampliação. Além disso, deliberação neste sentido pode envolver alteração no controle societário, no capital social, na administração da sociedade etc. (art. 50) que, na sociedade sob regência da sociedade simples, exige deliberação unânime. Na sociedade limitada, o requerimento depende necessariamente de deliberação dos sócios (CC, art. 1.071, VIII) e exige o *quorum* de mais da metade do capital social (CC, art. 1.076, III). O sócio dissidente que divergir da deliberação pode exercer o direito de retirada, nas sociedades por prazo indeterminado (CC, art. 1.029), mas não o de contrariar o quanto decidido pela maioria.

A legitimação do sócio minoritário ou dissidente somente se justifica na hipótese em que o sócio também estiver legitimado a requerer a falência da sociedade (art. 97, III), conforme desenvolvemos no item 12.8, o que, entretanto, pode implicar fase preliminar de debates acerca da ocorrência de legitimação superveniente, prejudicando a normal tramitação do pedido de recuperação e, sobretudo, demonstrando a inviabilidade por sérias divergências internas na administração da empresa.

6.5.2. A questão da legitimidade do credor e do Ministério Público

O Direito brasileiro não viabiliza pedido por parte de credor, por mais privilegiado ou amplo que seja seu crédito.

A esse respeito, temos o seguinte ponto de vista em outro escrito (Negrão, 2006, p. 143-144):

"Essa assertiva merece algumas reflexões para o aperfeiçoamento do instituto, sobretudo diante da profunda alteração que o novo diploma legal introduziu no sistema concursal brasileiro, provendo instrumentos que atuam sobre a empresa-atividade (perfil funcional), não tendo como único destinatário o empresário, sujeito dessa atividade.

Evidentemente, haveria interesse de o credor ou de grupo de credores e até mesmo de colaboradores da empresa (empregados) buscar a tutela jurisdicional para evitar o perecimento da fonte produtiva de seus créditos e empregos.

Nessa mesma linha, percebe-se o interesse do Ministério Público, instituição a que a Constituição Federal incumbiu de defender interesses sociais e individuais indisponíveis, entre outros (CF88, art. 127), realidade que é bem percebida no mundo econômico, como bem salienta Jorge Queiroz:

'O revigoramento, a recuperação e a preservação da empresa exercem uma função crucial no desenvolvimento econômico e bem-estar de um país. Temos inúmeros exemplos da importância que as nações mais ricas dão a essa questão como a pronta e eficaz tomada pelo governo italiano no caso Parmalat, colocando os infratores na cadeia e nomeando um interventor governamental para o salvamento da mesma. O governo japonês, por sua vez, criou o IRCJ – *Industrial Revitalization Corporation of Japan* (Instituto de Revitalização Industrial do Japão) para atuar na solução da crise que assolou as indústrias japonesas. A França e a Alemanha têm instituições similares. Os Estados Unidos e a Espanha possuem eficientes leis de recuperação de empresas. Essa necessidade de mudanças foi sentida por praticamente todos os países do Ocidente, suscitando um amplo movimento revisionista em seus diplomas legais voltados para a preservação das empresas. Necessitamos incorporar essa mesma consciência no Brasil, e, acima de tudo, agir, se quisermos realmente reverter o dramático caos social que tomou conta de nosso País'.

Conforme corroborado por Dworkin, 'decisões individuais não se harmonizam necessariamente com objetivos sociais'. O regimento legal deve basear-se não apenas na racionalidade econômica, mas incentivar também comportamentos voltados para o trabalho, inclusão e justiça social, pois apenas as empresas 'vivas' permitem atender a esses requisitos.

Os novos instrumentos, assentados na função social da propriedade e do incentivo à atividade econômica (CF88, arts. 170, II, e 174), acarretam a consequência inarredável da presença do interesse público, suficiente não somente à intervenção do Ministério Público, como ocorre (art. 59, § 2º), mas, também, justificaria a ampliação de sua legitimidade para o ingresso do pedido em Juízo, escolha que o legislador infelizmente não fez.

No que se refere aos credores, outras legislações perceberam a importância dessa iniciativa e lhes concederam expressamente legitimidade para apresentação da proposta de plano de recuperação, como ocorre em Portugal, por força do disposto no art. 193 do Decreto-Lei n. 53/2004, de 18 de março, que alterou o Código da Insolvência e da Recuperação de Empresas naquele país, na redação dada pelo Decreto-Lei n. 26/2015, de 6 de fevereiro.

Se fosse facultado aos credores e Ministério Público apresentarem proposta de recuperação de empresa em Juízo, algumas alterações deveriam ser introduzidas para viabilizar a formalização de seus pedidos.

A redação dada pela lei brasileira, em especial as exigências estabelecidas no art. 51, não são obstáculos difíceis de serem superados num regime de legitimidade ativa concorrente, se adotado instrumento próprio típico da ação civil pública em Juízo, o precedente inquérito civil.

Contudo, retomemos à realidade legislativa atual: somente o devedor, o cônjuge sobrevivente, os herdeiros do devedor, o inventariante ou o sócio remanescente possuem legitimidade para o pedido de recuperação em Juízo".

Porém, com a aprovação Lei n. 14.112, de 24 de dezembro de 2020, o legislador deu um passo para a concretização da legitimidade dos credores nas falências – exclusivamente às que vierem a ser decretadas ou aos pedidos de recuperação que vierem a ser ajuizados após o início da vigência da lei (Lei n. 14.112, art. 5º, § 1º) – alterando a redação do § 4º do art. 56 da LREF e acrescentando-lhe três parágrafos.

A atual legislação, que prevê "rejeitado o plano de recuperação pela assembleia-geral de credores, o juiz decretará a falência do devedor", com o texto aprovado, passa a ser: "rejeitado o plano de recuperação judicial, o administrador judicial submeterá, no ato, à votação da assembleia geral de credores a concessão de prazo de 30 (trinta) dias para que seja apresentado plano de recuperação judicial pelos credores".

Por esse novo formato, a concessão desse prazo deve ser aprovada por mais da metade dos créditos presentes e satisfazer cumulativamente às seguintes condições:

a) o não preenchimento dos requisitos para a aprovação assemblear-judicial (*cram down*) prevista no art. 58, § 1º;

b) o atendimento ao conteúdo exigido pelo art. 53 da LREF ("I – discriminação pormenorizada dos meios de recuperação a ser empregados, conforme o art. 50 desta Lei, e seu resumo; II – demonstração de sua viabilidade econômica; e III – laudo econômico-financeiro e de avaliação dos bens e ativos do devedor, subscrito por profissional legalmente habilitado ou empresa especializada");

c) o apoio escrito de credores que representem mais de 25% do total dos créditos sujeitos à recuperação ou mais de 35% dos créditos dos credores presentes à assembleia que rejeitaram o plano apresentado pelo devedor;

d) não pode imputar aos sócios do devedor obrigações novas ou não previstas em lei, tampouco as previstas em contratos anteriormente celebrados;

e) deve prever a isenção de garantias pessoais no tocante aos créditos dos credores que manifestaram apoio por escrito e daqueles que votarem favoravelmente ao plano, sendo vedadas ressalvas de voto;

f) não imposição, ao devedor ou aos seus sócios, de sacrifício maior do que aquele que decorreria da liquidação falimentar.

A par dessas condições cumulativas, os credores podem incluir obrigações não expressamente vedadas e prever a capitalização dos créditos, tornando-se sócios da devedora, podendo resultar na alteração do próprio controle da sociedade.

Essa "nova" figura, introduzida no § 7º do art. 56 da LREF, era denominada *concordata por abandono* pelo direito antigo (*v.* item 7.4).

A norma não precisava dizer, porque é livre o direito à associação, mas acrescentou no final do dispositivo a expressão "permitindo o exercício do direito de retirada pelo sócio do devedor".

6.5.3. Do pedido recuperatório simultâneo

O PL n. 10.220/2018 incluía uma seção (denominada IV-B) no Capítulo III – Da recuperação judicial e acrescenta artigos numerados de 69-E a 69-J regulamentando o pedido de recuperação judicial de grupo sob controle societário comum – consolidação substancial –, o que já vem ocorrendo em multiplicidade de casos anotados na jurisprudência do TJSP.

Contudo, a iniciativa somente teve êxito no PL n. 6229-D, aprovado em 26 de agosto de 2020 pela Câmara dos Deputados, sendo introduzida na LREF uma nova seção, vindo a ser utilizado idêntico número do projeto anterior, porém alterada a letra maiúscula, resultando nos arts. 69-G a 69-L.

Argumentos dirigidos à preservação da empresa não respondem satisfatoriamente às ilações que defendem essa figura processual, de origem no Direito norte-americano, de institutos jurídicos muito distintos aos que regem, no Brasil, as obrigações, as responsabilidades contratuais e os meios processuais para satisfação dos débitos.

O conjunto de credores admitidos à recuperação judicial é muito distinto, tendo o legislador brasileiro optado por não sujeitar à recuperação judicial, credores que, no Direito norte-americano, são universalmente admitidos.

A estratégia de indistinta unificação da recuperação em relação a todas as empresas integrantes do polo ativo desnatura o escopo da lei recuperacional-falimentar brasileira.

Não há como impor uma moeda única a todos os credores e isto por uma razão simples: os contratos firmados, sobretudo os financeiros, foram estabelecidos em bases que consideram o comprometimento de cada empresa: as taxas de juros são distintas, a depender da performance e do patrimônio demonstrados por cada uma das sociedades empresárias do grupo econômico. Não há razão para obrigar os credores de uma e de outra empresa desse grupo a aceitarem maior sacrifício do que aquele que suportariam na tramitação individual da recuperação da empresa em que figuram como credores.

No formato "consolidação substancial" os credores da empresa solvente suportam os custos da insolvente. E, no momento anterior, na tomada de decisão de seus negócios, esses credores basearam-se na alta liquidez da devedora, enquanto os credores da insolvente tiveram oportunidade, no momento da concretização do negócio, de exigir maiores garantias e, por certo, alguns desses exigirão seus créditos fora do juízo recuperacional, invertendo a ordem de segurança jurídica dos contratos firmados com as recuperandas.

Há de se considerar, ainda, que num grupo econômico, sempre haverá algumas empresas que deixaram decorrer o tempo certo para ajuizarem seu pedido e já não há mais condições de atender aos requisitos para pleitear sua recuperação judicial (LREF, art. 105).

As dívidas de todo o grupo não devem ser consolidadas em um único plano de recuperação. A autonomia das personalidades jurídicas impede sejam igualados os riscos contratados por cada um dos credores.

Portanto, assegura-se a reunião dos pedidos de distintas empresas num único processo como medida de economia processual e determina-se que os planos sejam apresentados por cada pessoa jurídica, cada qual a ser votado por seus próprios credores.

A expressão "consolidação processual" recentemente cunhada alhures é totalmente desprovida de fundamento teórico ou técnico no Direito brasileiro; ou há litisconsórcio necessário ou não há.

A desconsideração de uma pessoa jurídica como sujeito titular de patrimônio próprio e único a garantir os credores para atingir outras pessoas de um grupo econômico pressupõe "desvio de finalidade ou confusão patrimonial", como tem reiterado a jurisprudência pátria (por ex.: AgInt no AREsp n. 1.270.256/SC, Rel. Min. Raul Araújo, 4ª Turma, j. 27-11-2018, *DJe* 7-12-2018).

E, evidentemente, a presença de confusão patrimonial e de desvio de finalidade é episódio incompatível com o objetivo legal de preservar a função social da empresa.

No nosso entendimento pessoal, o procedimento deveria denominar-se simplesmente pedido de recuperação judicial simultâneo e obedecer às regras próprias já existentes: a unidade e a autonomia patrimonial das pessoas (CC, art. 91) e a responsabilidade desse patrimônio ao pagamento das dívidas existentes (CPC15, art. 789).

Cada empresa (gerida por pessoa natural ou jurídica) em crise econômico-financeira deve apresentar seu pedido individualmente, instaurando-se pedidos recuperatórios simultâneos, sem a formação de litisconsórcio ativo.

O conjunto de credores das sociedades se distingue a cada uma das devedoras e somente os credores específicos podem aprovar ou rejeitar os planos individualmente oferecidos. Não cabe pedido único, como historicamente sempre se entendeu, *ex vi*, art. 180 do Decreto-Lei n. 7.661/45.

No diploma falimentar de 1945, na sociedade em que figurassem sócios com responsabilidade solidária (leia-se: sociedade em nome coletivo, em comandita simples ou por ações e de capital e indústria) obrigava-se ao sócio que também exercesse o comércio, apresentar pedido simultâneo de "concordata suspensiva, com seus credores particulares". Isto em razão da integração de responsabilidades, uma vez que o patrimônio dos sócios respondia subsidiariamente pelas obrigações sociais.

Padecendo empresas de um mesmo grupo econômico de crise econômico-financeira, cada uma delas imporá aos credores, em caso de liquidação (falência), uma moeda distinta a seus credores.

A crise não é igual para todas elas: algumas poderão pagar 80% do passivo de seus credores e outras, apenas 20%. Não há como impor uma moeda única a todos os seus credores e isto por uma razão simples: os contratos firmados, sobretudo os financeiros, foram estabelecidos em bases que consideram o comprometimento de cada empresa: as taxas de juros são distintas, a depender da performance e do patrimônio demonstrado por cada uma das sociedades empresárias do grupo econômico.

Não há razão para obrigar os credores de uma e de outra empresa desse grupo a aceitarem maior sacrifício do que aquele que suportariam na tramitação individual da recuperação da empresa em que figuram como credores.

E, há de se considerar que, num grupo econômico, sempre haverá algumas empresas que deixaram decorrer o tempo certo para ajuizarem seu pedido e já não há mais condições de atender os requisitos para pleitear sua recuperação judicial (LREF, art. 105).

Se assim é, ao misturar sociedades sem viabilidade econômica para o pedido recuperatório – que se encontram em estado falimentar, portanto – e sociedades que não se encontram em crise econômico-financeira o pedido incidirá em dupla violação ao espírito da lei recuperatória: permitirá processar pedido de recuperação de empresa em estado falimentar (nesse estado seus credores não autorizariam a pretensão) e, ao mesmo tempo, permitirá à empresa que não se encontra em crise econômica valer-se dos benefícios legais, unicamente para atender outra empresa de seu grupo econômico, em detrimento de seus credores que, a rigor, poderiam valer-se das execuções individuais para recuperação de seus créditos.

Assim, se duas ou mais pessoas empresárias tiverem que ingressar com pedidos recuperatórios ao mesmo tempo, em razão da peculiaridade de seus negócios e comprometimento patrimonial, devem submeter-se à deliberação de distintos grupos de credores, respeitando esses princípios.

Nada obstante a clareza desse entendimento, observa-se atualmente a aprovação de planos por uma assembleia única, formada por credores de distintos devedores que invocam "litisconsórcio ativo" e impõem a credores de distintos devedores uma mesma regra e idêntico sacrifício, violando aqueles princípios básicos que regem a personalidade e a obrigação patrimonial.

O texto aprovado pela LREF-20 visa a corrigir as distorções que a invocação do "litisconsórcio ativo" vem apresentando no processamento das recuperações judiciais.

Em primeiro lugar, como se mostra óbvio, cada devedor deve apresentar individualmente, ao juízo competente, a documentação exigida nos arts. 51 e 52, conforme consta do art. 69-G. Em segundo lugar, na consolidação processual não haverá nomeação de mais de um administrador judicial e os atos serão coordenados por um único magistrado, num único processo. Porém, as deliberações serão distintas, com atas distintas e quóruns verificados individualmente em cada assembleia de credores (arts. 69-H e 69-I).

Na consolidação processual não há vínculo, a não ser formal, entre as empresas; o princípio da autonomia patrimonial é respeitado e algumas devedoras podem obter a concessão e outras terem sua falência decretada.

No plano substancial, o juiz pode, excepcionalmente, determinar que outros devedores integrantes do mesmo grupo econômico sejam chamados a responder pelas dívidas das devedoras em recuperação judicial quando verificar a existência de interconexão e a confusão entre ativos ou passivos dos devedores, sem que se possa identificar a sua titularidade sem excessivo dispêndio de tempo e de recursos, conforme estabelece o art. 69-J do PL n. 6.229-D.

Assim dispondo, o legislador afasta a exigência de promoção de incidente de desconsideração da personalidade jurídica previsto nos arts. 133-137 do CPC15 e permite que o juiz autorize a consolidação substancial "independentemente da realização de assembleia geral", desde que comprovada, no mínimo, de forma cumulativa, duas das hipóteses previstas no art. 69-J: "I – existência de garantias cruzadas; II – relação de controle ou de dependência; III – identidade total ou parcial do quadro societário; e IV – atuação conjunta no mercado entre os postulantes".

Os efeitos dessa decisão são: a) a superação da autonomia patrimonial: os ativos e os passivos passam a ser considerados pertencentes a um único devedor (art. 69-K); b) a extinção das garantias fidejussórias e de créditos detidos por um devedor em relação ao outro devedor, mas não há impacto sobre a garantia real dada a algum, salvo se houve expressa aprovação desse credor (art. 69-K, § 1º e 2º); c) o plano recuperatório é único e deve ser submetido a todos os credores das empresas devedoras consolidadas (art. 69-L, *caput*); d) a rejeição do plano acarreta a falência de todos os devedores em consolidação (art. 69-L, § 2º).

6.6. Distinções entre os instrumentos legais

A escolha do instrumento legal passa por uma análise técnica e estratégica por parte do empresário. As distinções entre as vias processuais disponíveis auxiliam neste processo. Por exemplo: verificando que as dificuldades da empresa encontram-se no prazo de vencimento das obrigações, o devedor deve cogitar do uso da recuperação especial, prevista nos arts. 70-72, de índole meramente dilatória. Entretanto, se o devedor não puder se enquadrar na categoria de microempresário ou empresário de pequeno porte, por lhe faltarem os requisitos legais ou, mesmo após ter obtido esta qualidade, necessitar propor remissão ou dilação de dívidas garantidas por direito real, deve valer-se da recuperação ordinária ou extrajudicial. Havendo dívidas trabalhistas e ajustes corporativos, a saída pode estar unicamente na via recuperatória ordinária. E assim por diante.

6.6.1. Distinção quanto à extensão econômica do exercício empresarial

A recuperação especial (art. 70), de caráter dilatório ou misto, destinada somente ao microempresário ou empresário de pequeno porte abrangia, até a promulgação da Lei Complementar n. 147, de 7 de agosto de 2014, apenas os credores quirografários.

Dívida quirografária é aquela que não dispõe de preferência no pagamento concursal porque não contemplada pelo legislador ou pelo contrato. A palavra *quirógrafo* tem origem no grego (*cheirógraphon*), que formou no latim *chirographu* e indica todo documento escrito de próprio punho. São exemplos: duplicata, nota promissória, letra de câmbio, título judicial em ação monitória etc.

Com a alteração do inciso I do art. 71 ("abrangerá todos os créditos existentes na data do pedido, ainda que não vencidos, excetuados os decorrentes de repasse de recurso oficiais, os fiscais e os previstos nos §§ 3º e 4º do art. 49") essa modalidade de plano recuperatório amplia sua extensão econômica, pois o grande número de empresários existentes no mercado (micro e de pequeno porte) agora podem valer-se de modalidade mais abrangente quanto ao universo de credores.

O caráter dilatório ou misto decorre da escolha que o devedor fizer (art. 71, II): o parcelamento em até trinta e seis parcelas mensais, iguais e sucessivas, corrigidas monetariamente e acrescidas de juros equivalentes à taxa SELIC (Sistema Especial de Liquidação e de Custódia) ou o parcelamento aliado a proposta de abatimento do valor das dívidas.

A lei impõe exceções: o repasse de recursos oficiais[1], a importância entregue ao devedor em moeda corrente nacional, decorrente de adiantamento a contrato de câmbio e os débitos resultantes de contrato de alie-

---

[1] Carlos Klein Zanini (2006:319) esclarece o que vem a ser *recursos oficiais*: "Conquanto inexista definição legal do que se deva entender por *recursos oficiais*, parece inequívoco estarem neles compreendidos os financiamentos concedidos por meio de repasse de recursos originários de bancos de desenvolvimento e agências de fomento, a exemplo dos concedidos pelo BNDES, SEBRAE, CAPES, CNPQ e demais instituições regionais".

nação fiduciária, arrendamento mercantil e outros mencionados no § 3º do art. 49.

Microempresa e empresa de pequeno porte são conceitos econômico-fiscais. A Lei n. 9.841, de 5 de outubro de 1999, qualificava como microempresa a que tinha receita anual bruta igual ou inferior a R$ 244.000,00 e como empresa de pequeno porte a que mantinha sua receita em valores iguais ou inferiores a R$ 1.200.000,00. Estes valores eram atualizados com base na variação acumulada pelo IGP-DI, ou por índice oficial que viesse a substituí-lo (Lei n. 9.841/99, art. 2º, § 3º) e foram majorados pela última vez em 31 de março de 2004 para R$ 433.755,14 e R$ 2.133.222,00, respectivamente, pelo Decreto n. 5.028.

Posteriormente alterados pela Lei Complementar n. 123, de 14 de dezembro de 2006, para R$ 360.000,00 e R$ 3.600.000,00, e, mais recentemente, pelas alterações introduzidas pela Lei Complementar n. 155, de 14 de dezembro de 2016, esse limite passou a ser R$ 4.800.000,00, que, além de melhor descrever o requisito receita bruta (produto da venda de bens e serviços nas operações de conta própria, o preço dos serviços prestados e o resultado nas operações em conta alheia, não incluídas as vendas canceladas e os descontos incondicionais concedidos), impôs outras exigências (veja item 30.7, neste volume, e item 13.10 do primeiro volume deste *Curso*).

O sistema de recuperação em Juízo destina toda sua amplitude a esses empresários, únicos a quem a nova lei concede a possibilidade de fazer uso de todos os meios recuperatórios, previstos nos arts. 50 (recuperação ordinária), 71 (recuperação ou plano especial), 161 (recuperação extrajudicial em suas duas formas) e 167 (qualquer outro acordo com seus credores). A grande empresa não pode fazer uso da recuperação especial (art. 71, II), mas tão somente das outras vias judiciais.

O uso desse rico feixe de possibilidades, contudo, dependerá de outros fatores internos que justifiquem a escolha do empresário. O exercício da pequena empresa pode não ser compatível com alguns meios de recuperação propostos para a recuperação ordinária (cisão, fusão, constituição de subsidiária integral, emissão de valores mobiliários etc.).

Estes aspectos distinguidores – dilação e destinação específica ao devedor de pequeno faturamento – abrangem a grande maioria dos empresários em situação de crise econômico-financeira. Grande parte da economia é movimentada por micro e pequenos empresários, que podem valer-se deste instrumento de soerguimento de sua empresa, mas que, além disso, mantêm legitimidade para o pedido ordinário se preferirem fazer uso de outros meios de recuperação.

6.6.2. Distinção quanto ao universo de credores

a) Maior abrangência

Se as dificuldades da empresa abrangem um grande número de credores de distintas categorias – trabalhistas, fornecedores, credores com garantia real etc. –, adequada é a modalidade de recuperação judicial ordinária, por ser a mais abrangente e compreender todos os credores existentes, ainda que titulares de créditos não vencidos (art. 49), à exceção de seis categorias:

1) os credores fiscais;

2) o proprietário fiduciário de bens móveis ou imóveis (art. 49, § 3º);

3) o arrendador mercantil (art. 49, § 3º);

4) o proprietário ou promitente vendedor de imóvel cujos respectivos contratos contenham cláusula de irrevogabilidade ou irretratabilidade, inclusive em incorporações imobiliárias (art. 49, § 3º);

5) o proprietário em contrato de venda com reserva de domínio (art. 49, § 3º);

6) os titulares de importância entregue ao devedor, em moeda corrente nacional, decorrente de adiantamento a contrato de câmbio para exportação (arts. 86, II, e 49, § 4º).

A LREF-20 acrescentou duas outras modalidades a esse rol, acrescentando quatro parágrafos ao art. 49:

a) na recuperação judicial de produtor rural admitida na forma dos §§ 2º e 3º do art. 48, na modalidade ordinária ou especial, sujeitam-se apenas os créditos que decorrem exclusivamente da atividade rural, excluídos todos os demais (art. 49, § 6º);

b) não se sujeitam os recursos controlados e abrangidos nos termos dos arts. 14 e 21 da Lei n. 4.829, de 5 de novembro de 1965, – crédito rural – que tenham sido objeto de renegociação anterior ao pedido recuperatório. Vale dizer que apenas os créditos não renegociados sujeitam-se ao pedido recuperatório (art. 49, § 7º e 8º);

c) não se sujeita o crédito relativo à dívida constituída nos 3 (três) últimos anos anteriores ao pedido de recuperação judicial, que tenha sido contraída com a finalidade de aquisição de propriedades rurais, bem como as respectivas garantias (art. 49, § 9º).

O dispositivo vigente (art. 49, § 5º) determina, ainda, o depósito em conta vinculada do valor do pagamento realizado durante o período de suspensão (art. 6º, § 4º) ao credor não sujeito ao plano, exequente de crédito com garantia de penhor sobre títulos de crédito, direitos creditícios, aplicações financeiras ou valores mobiliários. As garantias não recebidas podem ser substituídas ou renovadas durante a recuperação judicial.

b) Abrangência intermediária

Até a promulgação da Lei Complementar n. 147, de 7 de agosto de 2014, a recuperação especial prevista no art. 70 era de muito menor extensão quanto à massa concursal: limitava-se aos credores quirografários.

Entretanto, a nova legislação ampliou o rol de credores abrangidos, formulando uma redação ao inciso I do art. 71 semelhante à do art. 49, com exceção dos créditos decorrentes de repasse de recursos oficiais, que continuam vedados no plano especial.

Nas recuperações judiciais do empresário rural pessoa natural de que trata o art. 48, § 3º, o valor da causa no plano especial não pode ultrapassar R$ 4.800.000,00 (art.70-A).

Outra limitação na abrangência encontra-se no § 6º do art. 49. Dispõe a legislação que, nos pedidos ajuizados pelos empresários rurais de que tratam os §§ 2º e 3º do art. 48, pessoa natural ou jurídica, sujeitam-se ao plano recuperatório apenas os créditos que, cumulativamente, decorram exclusivamente da atividade rural e estejam discriminados nos documentos contábeis ali mencionados.

c) Menor abrangência

O devedor em recuperação extrajudicial pode incluir a totalidade dos credores titulares de créditos constituídos até a data do pedido de homologação, de uma ou mais espécies de créditos previstos no art. 83, II, IV, V, VI e VII (art. 163, § 1º), o que significa dizer que seu universo é, em regra, limitado aos créditos com garantia real, com privilégio especial e geral e os quirografários. Excluídas estão as seis categorias arroladas no parágrafo anterior.

Os créditos arrolados na classe I, "derivados da legislação de trabalho, e os decorrentes de acidentes de trabalho (art. 161, § 1º)" para serem incluídos no pedido de recuperação extrajudicial dependem do cumprimento da negociação coletiva com o sindicato da respectiva categoria profissional, exigência instituída pela LREF-20.

Uma figura possibilita uma visão completa dos continentes de cada uma das modalidades de procedimento recuperatório e sua atual composição:

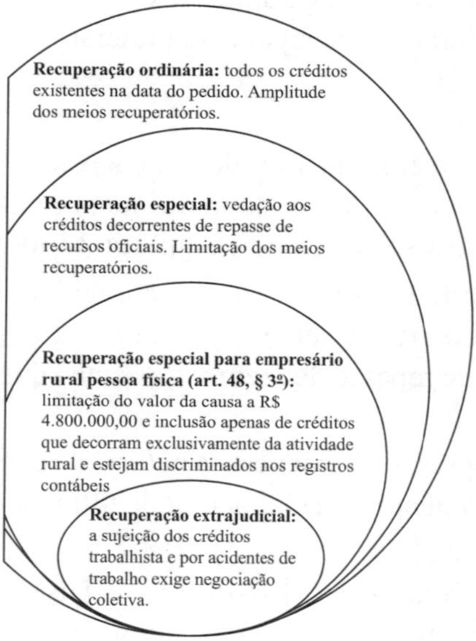

Créditos não abrangidos, comuns a todas as recuperações (judiciais e extrajudiciais)
1) os credores fiscais;
2) o proprietário fiduciário de bens móveis ou imóveis (art. 49, § 3º);
3) o arrendador mercantil (art. 49, § 3º);
4) o proprietário ou promitente vendedor de imóvel cujos respectivos contratos contenham cláusula de irrevogabilidade ou irretratabilidade, inclusive em incorporações imobiliárias (art. 49, § 3º);
5) o proprietário em contrato de venda com reserva de domínio (art. 49, § 3º);
6) os titulares de importância entregue ao devedor, em moeda corrente nacional, decorrente de adiantamento a contrato de câmbio para exportação (arts. 86, II, e 49, § 4º);

Créditos não abrangidos, comuns a todas as recuperações judiciais
7) os recursos controlados e abrangidos nos termos dos arts. 14 e 21 da Lei n. 4.829, de 5 de novembro de 1965, – crédito rural – que tenham sido objeto de renegociação anterior ao pedido recuperatório (art. 49, § 7º);
8) o crédito relativo à dívida constituída nos 3 (três) últimos anos anteriores ao pedido de recuperação judicial, que tenha sido contraída com a finalidade de aquisição de propriedades rurais, bem como as respectivas garantias (art. 49, § 9º);

Créditos não abrangidos, relativamente às recuperações judiciais de empresários rurais mencionados no art. 48, §§ 2º e 3º (pessoa natural ou jurídica)
9) os créditos não decorrentes da atividade rural e não discriminados nos registros contábeis (art. 49, § 6º).

6.6.3. Distinção quanto ao curso da prescrição das ações e execuções individuais dos credores

Por ser mais abrangente, o deferimento da recuperação ordinária suspende o curso da prescrição e, pelo prazo de cento e oitenta dias, todas as execuções ajuizadas contra o devedor, inclusive as do sócio solidário relativas a créditos ou obrigações sujeitos à recuperação judicial ou à falência (art. 6º, II).

Até a sanção da LREF-20, não se aplicava a regra de suspensão às recuperações extrajudiciais. Com o acréscimo do § 8º ao art. 163, o legislador de 2020 estabeleceu a incidência do art. 6º, mas "exclusivamente em relação às espécies de crédito por ele abrangidas".

O efeito da suspensão é, pois, menor nas recuperações extra-judiciais, limitando-se às classes de crédito indicadas no pedido e que tenham atingido o *quorum* necessário de adesão.

Este efeito é menor na recuperação especial, na medida da vedação aos repasses de recursos oficiais. As execuções desses créditos não se suspendem.

Por fim, há de se lembrar que o princípio da universalidade não se aplica aos processos de recuperação em Juízo. Somente os credores submetidos aos planos propostos pelo devedor estão sujeitos aos efeitos das decisões que determinam o processamento de pedido de recuperação ou de homologação de plano em Juízo. Vale dizer que o pedido do devedor limita o universo de credores submetidos à recuperação e, consequentemente, o maior ou menor alcance dos efeitos da decisão judicial.

6.6.4. Distinção quanto ao procedimento

A limitação quanto aos meios recuperatórios implica mudança no rito processual. Na recuperação especial, caberá exclusivamente ao magistrado analisar o atendimento, pelo devedor, das exigências legais.

Se houver objeção de credores titulares de mais da metade de qualquer uma das classes de créditos prevista no art. 83, o juiz analisará a consistência da impugnação, levando em consideração, em sua decisão, os critérios objetivos traçados pelo legislador nos arts. 48 e 71. Se a soma dos credores impugnantes de uma das classes for superior a 50% do continente desses credores, o juiz deverá julgar improcedente o pedido de recuperação e decretar a falência do devedor.

O legislador afastou, na modalidade especial, a exigência – imposta no procedimento da recuperação ordinária – de se convocar a assembleia geral de credores para deliberar sobre o plano, e o fez acertadamente. A manifestação pode ser feita sem a reunião dos credores em assembleia, porque se presume tratar-se de processamento de menor complexidade quanto ao número de credores e de objeções. Outra solução, mais econômica, foi encontrada pelo legislador: a objeção da maioria de uma classe impede a concessão da recuperação (art. 72, parágrafo único).

A supressão da reunião dos credores em assembleia, contudo, traz sérios inconvenientes ao devedor que, diante de objeções parciais (quanto ao prazo, por exemplo), poderia ser beneficiado com proposta de alteração, como se permite na tramitação do plano ordinário (art. 56, § 3º).

6.6.5. Distinção quanto às restrições à administração da empresa

A adoção de plano de recuperação, em qualquer modalidade, implica, necessariamente, a restrição à liberdade de onerar ou vender bens porque representam a garantia natural dos credores.

A regra do art. 66 da Lei n. 11.101/2005 impõe, ao devedor, desde a distribuição do pedido de recuperação judicial, a proibição de alienar ou onerar bens ou direitos de seu ativo não circulante, "salvo evidente utilidade reconhecida pelo juiz, depois de ouvido o Comitê, com exceção daqueles previamente relacionados no plano de recuperação judicial". Embora a LREF-20 tenha substituído essa última expressão por "salvo mediante autorização do juiz, depois de ouvido o Comitê", o sentido permanece o mesmo, qual seja, os interesses-objetivos previstos no art. 47 da LREF.

O legislador resolveu discriminar o procedimento, acrescentando quatro parágrafos ao art. 66 da LREF:

"§ 1º Autorizada a alienação de que trata o *caput* deste artigo pelo juiz, observar-se-á o seguinte: I – nos 5 (cinco) dias subsequentes à data da publicação da decisão, credores que corresponderem a mais de 15% (quinze por cento) do valor total de créditos sujeitos à recuperação judicial, comprovada a prestação da caução equivalente ao valor total da alienação, poderão manifestar ao administrador judicial, fundamentadamente, o interesse na realização da assembleia-geral de credores para deliberar sobre a realização da venda; II – nas 48 (quarenta e oito) horas posteriores ao final do prazo previsto no inciso I deste parágrafo, o administrador judicial apresentará ao juiz relatório das manifestações recebidas e, somente na hipótese de cumpridos os requisitos estabelecidos, requererá a convocação de assembleia-geral de credores, que será realizada da forma mais célere, eficiente e menos onerosa, preferencialmente por intermédio dos instrumentos referidos no § 4º do art. 39 desta Lei.

§ 2º As despesas com a convocação e a realização da assembleia-geral correrão por conta dos credores referidos no inciso I do § 1º deste artigo, proporcionalmente ao valor total de seus créditos.

§ 3º – Vetado.

§ 4º O disposto no *caput* deste artigo não afasta a incidência do inciso VI do *caput* e do § 2º do art. 73 desta Lei".

Entendemos que o legislador promoveu essa alteração desnecessariamente. Isso porque a jurisprudência atual, ao solucionar a diversidade de casos que se lhe apresentam, atua com base na especificidade da conjuntura enfrentada caso a caso. Dada a multiplicidade de situações, o rol legislativo acaba por se tornar apenas enumerativo.

Na redação original do art. 66 da LREF, o legislador mencionava "ativo permanente", vindo a corrigir essa expressão para "ativo não circulante", conforme a redação que lhe dá o legislador de 2020, denominação correta que decorre da Lei n. 11.638, de 28 de dezembro de 2007, que alterou o inciso I do art. 183 da LSA.

De todo modo, a regra atual representa maior rigidez que o regramento do art. 149 da LF45. Na legislação revogada, o devedor concordatário não podia, sem consentimento dos credores, alienar ou onerar *bens imóveis* ou *outros sujeitos às cláusulas da concordata*, tampouco vender ou transferir seu estabelecimento empresarial.

Trata-se de restrição geral à livre administração da empresa, à qual se somam outras específicas, nos termos das cláusulas particulares a cada caso, estabelecidas no plano de recuperação.

Na recuperação especial, além da regra geral, aplicável indistintamente às hipóteses de recuperação ordinária e especial, há, necessariamente, a restrição quanto ao aumento de despesas e contratação de empregados, submetendo tal deliberação à autorização judicial (LREF, art. 71, IV).

6.6.6. Distinção quanto aos meios de recuperação

Meio de recuperação é procedimento corretivo de atuação gerencial, caracterizado por ações de reestruturação, reorganização e de saneamento, exercidas sobre um, alguns ou todos os aspectos da empresa, com vistas à solução da crise econômico-financeira.

Quanto à dívida existente, os meios recuperatórios podem ser dilatórios, remissórios ou mistos. Em relação aos efeitos sobre os aspectos empresariais, podem ser subjetivos, objetivos, funcionais ou corporativos.

Segundo esta classificação e considerando os meios indicados no art. 50, podemos apresentar o esquema abaixo, observando que, quanto ao aspecto empresarial, indica-se aquele mais acentuadamente atingido pelo remédio a ser empregado, o que, entretanto, não significa dizer que é o único a sofrer a ação corretiva.

Veja-se, por exemplo, a modalidade prevista no inciso II: "cisão, incorporação, fusão ou transformação de sociedade, constituição de subsidiária integral, ou cessão de cotas ou ações, respeitados os direitos dos sócios, nos termos da legislação vigente". As mudanças indicadas atingem a sociedade – pessoa jurídica – e, portanto, incidem preponderantemente sobre o aspecto subjetivo da empresa, mas envolvem, ainda, bens e direitos da empresa, na medida em que parcela do patrimônio será destinada à reestruturação societária.

Meios de Recuperação	Dilatório ou misto	Concessão de prazos e condições especiais para pagamento das obrigações vencidas ou vincendas (inc. I);
	Meramente remissório	Equalização de encargos financeiros relativos a débitos de qualquer natureza, tendo como termo inicial a data da distribuição do pedido de recuperação judicial, aplicando-se inclusive aos contratos de crédito rural, sem prejuízo do disposto em legislação específica (inc. XII);
	A reformulação recai preponderantemente sobre o perfil subjetivo da empresa	Cisão, incorporação, fusão ou transformação de sociedade, constituição de subsidiária integral (inc. II); Alteração do controle societário (inc. III); Constituição de sociedade de credores (inc. X);
	A reformulação recai preponderantemente sobre o perfil objetivo da empresa	Cessão de cotas ou ações (inc. II); Aumento de capital social (inc. VI); Trespasse ou arrendamento de estabelecimento, inclusive à sociedade constituída pelos próprios empregados (inc. VII); Dação em pagamento ou novação de dívidas do passivo, com ou sem constituição de garantia própria ou de terceiro (inc. IX); Venda parcial dos bens (inc. XI); Emissão de valores mobiliários (inc. XV); Constituição de sociedade de propósito específico para adjudicar, em pagamento dos créditos, os ativos do devedor (inc. XVI); Conversão da dívida em capital social (inc. XVII); Venda integral da devedora, desde que garantidas aos credores não submetidos ou não aderentes condições, no mínimo, equi-valentes àquelas que teriam na falência, hipótese em que será, para todos os fins, considerada unidade produtiva isolada (inc. XVIII).

Meios de Recuperação	A reformulação recai preponderantemente sobre o perfil funcional da empresa	Substituição total ou parcial dos administradores do devedor ou modificação de seus órgãos administrativos (inc. IV); Concessão aos credores de direito de eleição em separado de administradores e de poder de veto em relação às matérias que o plano especificar (inc. V); Usufruto da empresa (inc. XIII); Administração compartilhada (inc. XIV);
	A reformulação recai preponderantemente sobre o perfil corporativo da empresa	Redução salarial, compensação de horários e redução da jornada, mediante acordo ou convenção coletiva (inc. VIII).

A Lei n. 11.101, de 2005, ao tratar da recuperação ordinária, exemplifica esses dezesseis meios, possibilitando, contudo, ao devedor, a adoção de qualquer outra ação com a mesma finalidade de soerguimento da empresa abalada econômica e financeiramente.

A LREF-20 acrescentou duas outras modalidades de meios recuperacionais, que já eram amplamente utilizadas pela jurisprudência, uma em que a reformulação recai sobre o perfil objetivo da empresa ("XVII – conversão de dívida em capital social") e outra sobre o perfil funcional da empresa ("XVIII – venda integral da devedora, desde que garantidas aos credores não submetidos ou não aderentes condições, no mínimo, equivalentes àquelas que teriam na falência, hipótese em que será, para todos os fins, considerada unidade produtiva isolada").

Como se trata de lista meramente exemplificativa, não há razão para o legislador preocupar-se com sua ampliação.

Analisando a última inclusão, observa-se que com a venda integral da devedora ocorre a preservação da empresa (atividade empresarial), mas sob nova direção. Com a liquidação da *sociedade* devedora, a compradora é quem passará a exercer a empresa (atividade empresarial), com a liquidação da devedora, porque a *cessão* de todos os seus meios produtivos, ela não há mais exerce empresa; quem a exerce é a sucessora.

É, portanto, a nosso ver, liquidação por sucessão e, nesse caso, seria tecnicamente correto o encerramento da recuperação da devedora.

Facultou o legislador, na recuperação ordinária e nas modalidades extrajudiciais, uma amplitude de meios a ser empregados pelo devedor e que devem ser discriminados pormenorizadamente no plano a ser apresentado até sessenta dias da distribuição do pedido (art. 53, I) ou constar dos termos e condições de seu pedido de homologação extrajudicial (arts. 161, 163 e 166).

No plano especial, o devedor está limitado à pretensão de dilação do prazo para pagamento de credores em, no máximo, 36 parcelas mensais, iguais e sucessivas, corrigidas monetariamente e acrescidas de juros pela taxa SELIC.

Capítulo 7

MEIOS DE RECUPERAÇÃO

Sumário: 7.1. Classificação. 7.2. Meios dilatórios, remissórios ou mistos. 7.3. Meios com predominância sobre o perfil subjetivo da empresa. 7.4. Meios com predominância sobre o perfil objetivo da empresa. 7.5. Meios com predominância sobre o perfil funcional da empresa. 7.6. Meios com predominância sobre o perfil corporativo da empresa.

7.1. Classificação

O art. 50 da Lei n. 11.101, de 2005, estabeleceu, de modo meramente exemplificativo, dezesseis formas de recuperação judicial, reproduzindo algumas soluções que constavam do Decreto-Lei n. 2.321/87, que dispõe sobre o regime de administração especial temporária, matéria dos Capítulos 36 e 37.

Sobre elas, Jorge Lobo (2005:123-129) sugere classificação voltada aos meios de reestruturação, em seis categorias: a) do poder de controle (art. 50, III, V, X e XII); b) financeira (art. 50, *caput*, I, VI, IX, XV, § 2º); c) econômica (art. 50, II, VII, XI e XVI); d) administrativa (art. 50, *caput*, IV, VIII e XIV); e) societária (art. 50, II); f) complexa, híbrida ou mista (art. 53, II).

Preferimos outra classificação (item 6.6.6) a partir da tradição brasileira em ordenar as concordatas em dilatórias, remissórias e mistas, agrupando a estas os novos modelos concebidos pelo legislador da Lei de Recuperação e Falências, ordenando-os segundo a Teoria da Empresa.

A classificação oferecida, além de sua virtude didática, constitui subsídio para a aferição do cumprimento do requisito específico do pedido, exigido no art. 51, I: "exposição das causas concretas da situação patrimonial do devedor e das razões da crise econômico-financeira". As causas e as razões nada mais são do que a identificação dos antecedentes que deram origem ao estado que aflige o devedor e devem guardar coerência com o tratamento legal pleiteado, sobretudo com o remédio recuperatório que o devedor julga capaz de sanar as dificuldades historiadas.

Com estes delineamentos e considerando, ainda, o único meio permitido para a recuperação especial (arts. 70-72), entendemos possível distinguir sete categorias distintas, conforme os dois tipos clássicos de favor legal e do aspecto da empresa mais visado pela proposta reformadora: (1) dilatório; (2) misto; (3) remissório; (4) com predominância sobre o perfil subjetivo da empresa; (5) com preponderância sobre o perfil objetivo da empresa; (6) com preponderância sobre o perfil funcional da empresa; (7) com preponderância sobre o perfil corporativo da empresa.

A ampliação do rol do art. 50 aprovada pela LREF-20 ("XVII – conversão de dívida em capital social" e "XVIII – venda integral da devedora, desde que garantidas aos credores não submetidos ou não aderentes condições, no mínimo, equivalentes àquelas que teriam na falência, hipótese em que será, para todos os fins, considerada unidade produtiva isolada") é comentada no item 6.6.6 e se refere aos perfis objetivo e funcional da empresa.

Pretenderam os congressistas incidir sobre o meio recuperatório escolhido, regra de natureza contábil-tributária prevista em novo dispositivo (art. 50-A), na qual se determinava que, nas negociações de dívidas, sujeitas ou não à recuperação judicial, deveriam ser observadas nas demonstrações financeiras: I – a receita obtida pelo devedor não deveria ser computada na apuração da base do cálculo do PIS-PASEP e da Cofins; II – para a apuração do imposto de renda e da CSLL, o ganho com a redução da dívida não se sujeitaria ao limite de 30% previsto na legislação tributária (Lei n. 8.981, de 20 de janeiro de 1995, arts. 42 e 58, que tratam da determinação do lucro líquido, lucro apurado e lucro arbitrado); III – as despesas decorrentes de obrigações assumidas no plano recuperacional seriam dedutíveis na determinação do lucro real e da base de cálculo da CSLL, se não deduzidas anteriormente. Com uma ressalva: essas disposições não se aplicam às renegociações de dívidas de sociedade controladora, controlada, coligada ou interligada, pessoa natural que seja acionista controladora, sócia, titular ou administradora da devedora.

O dispositivo foi vetado em sua íntegra. Consta da mensagem de veto que "tais medidas ofendem o princípio da isonomia tributária, acarretam renúncia de receita, sem o cancelamento equivalente de outra despesa obrigatória e sem que esteja acompanhada de estimativa do seu impacto orçamentário e financeiro, o que viola o art. 113 da ADCT e o art. 14 da Lei de Responsabilidade Fiscal".

7.2. Meios dilatórios, remissórios ou mistos

É meramente dilatório o disposto no art. 71, II, único meio recuperatório permitido para a recuperação destinada a microempresas e empresas de pequeno porte: parcelamento em até 36 parcelas mensais, iguais e sucessivas, corrigidas monetariamente e acrescidas de juros à taxa SELIC. Será, contudo, misto (dilatório e remissório) se o plano especial fizer constar proposta de abatimento do valor das dívidas.

É dilatório, ou misto de dilatório e remissório, o meio previsto no inciso I do art. 50: concessão de *prazos* e *condições especiais* para o pagamento das obrigações vencidas ou vincendas.

A lei somente estabelece limitação de prazo em dois casos:

a) dilação máxima de um ano: créditos vencidos derivados da legislação do trabalho ou decorrentes de acidentes de trabalho (art. 54); e

b) dilação máxima de trinta dias: créditos de natureza estritamente salarial, até cinco salários-mínimos, vencidos nos três meses anteriores ao pedido de recuperação judicial (art. 54, parágrafo único).

A equalização de encargos financeiros relativos a débitos de qualquer natureza, tendo como termo inicial a data da distribuição do pedido de recuperação judicial, aplicando-se inclusive aos contratos de crédito rural, sem prejuízo do disposto em legislação específica (art. 50, XII), ocasiona remissão de parte da dívida.

A palavra utilizada pelo legislador é, como bem atenta Manoel Justino Bezerra Filho, "equívoca" e, em termos jurídicos, "nada significa" (2017:182). Contudo, considerando o espírito da lei e a função econômica do instituto de recuperação, é correto entender, como faz Fábio Ulhoa Coelho, que "a medida insere-se no contexto de renegociação do devedor que explora a empresa em situação crítica. Por ela, bancos e empresas de fomento mercantil padronizam os encargos financeiros de seus créditos, ajustando-os ao menor dos praticados no mercado (em idênticas condições, bem entendido). Trata-se de impor a determinados credores redução de seu direito creditório, sob a justificativa de que ela não lhes acarretará prejuízo" (2017:205). É este também o ensino de Jorge Lobo ao entender que se trata de uniformização dos encargos, "adotando-se parâmetros que permitam o reerguimento da empresa em crise" (2005:126).

O plano pode, ainda, pretender benefício superior à mera *equalização de encargos* e prever a remissão de parte da dívida, possibilitando, por exemplo, o pagamento em trinta dias, com desconto, como ocorria no sistema anterior, na modalidade concordata à vista (LF45, arts. 156, § 1º, I, e 177, parágrafo único, I).

Ao aderir ao plano, os credores permitem a liberação da dívida pelo pagamento parcial, recebendo valores inferiores aos devidos, extinguindo a obrigação. Se há solidariedade passiva, a dívida é extinta na parte correspondente ao empresário em regime de recuperação, e o credor aderente não poderá cobrar o débito dos coobrigados sem dedução da parte remitida (CC, art. 388).

7.3. Meios com predominância sobre o perfil subjetivo da empresa

Agrupam-se nesta classificação os meios indicados nos incisos II, III e X do art. 50, que compreendem: a cisão, incorporação, fusão ou transformação de sociedade, constituição de subsidiária integral (inc. II); a alteração do controle societário (inc. III) e a constituição de sociedade de credores (inc. X). Fica fora deste gênero a operação "cessão de cotas ou ações, respeitados os direitos dos sócios, nos termos da legislação vigente" (inc. II), matéria que se reporta ao perfil objetivo da empresa.

São modalidades de reestruturação que provocam profundas alterações na sociedade e que se refletem, com maior intensidade, sobre o sujeito da atividade econômica ao dar nova forma à sociedade empresária, ou à estrutura social e controle sobre o capital.

a) Cisão, incorporação, fusão de sociedade (art. 50, II)

Iniciemos pelo conceito de cada um dos procedimentos indicados.

Cisão: processo pelo qual a sociedade transfere parcelas do seu patrimônio para uma ou mais sociedades, constituídas para este fim ou já existentes. Há a cisão total quando ocorre a versão de todo seu patrimônio, e parcial quando não for integral a transferência.

Incorporação: uma ou mais sociedades são absorvidas pela outra, que lhes sucede em todos os direitos e obrigações.

Fusão: é a execução de atos tendentes à reunião de duas ou mais sociedades para formar uma nova sociedade, que lhes sucederá em todos os direitos e obrigações.

Os processos de cisão, incorporação e fusão da sociedade exigem deliberação dos sócios das sociedades envolvidas na reestruturação: a incorporadora e a incorporada, as sociedades fundidas, a sociedade que dá e a que recebe parcela do patrimônio cindido. Na sociedade limitada, a decisão deve ser tomada pelos votos correspondentes, no mínimo, a três quartos do capital social ou *quorum* maior, se assim previsto no contrato social. Na sociedade anônima é necessária a aprovação por parte de acionistas que representem metade, no mínimo, das ações com direito a voto, se outro *maior* não for exigido pelo estatuto da companhia (LSA, art. 136, I).

Ressalvada a hipótese de identidade na composição social, haverá grande dificuldade no envolvimento de outras sociedades no processo de reestruturação de devedor em crise econômico-financeira.

E quanto à garantia dos credores de uma e de outra sociedade envolvidas na reorganização societária? Nessas três modalidades os credores anteriores mantêm as mesmas garantias que dispunham antes dos procedimentos adotados, não estando obrigados a aceitar qualquer substituição se entenderem que as mudanças são prejudiciais aos seus interesses e podem pleitear a anulação judicial da operação no prazo decadencial de sessenta (LSA, art. 232) ou noventa dias (CC, art. 1.122), dependendo da regência legal da operação.

b) Transformação da sociedade (art. 50, II)

Transformação: é a operação de mudança do tipo societário, independentemente de dissolução e liquidação. Exige o consentimento unânime dos acionistas ou sócios, exceto se houver outra previsão no contrato ou estatuto. Ao dissidente cabe o direito de retirar-se da sociedade, salvo se, ao ingressar na sociedade, tenha renunciado a este direito.

A transformação, por definição, opera a adoção de uma outra forma societária, mas não altera o direito dos credores então existentes. Uma sociedade em nome coletivo, ao se transformar em sociedade limitada, sofrerá mudanças de três importantes ordens: (1) da responsabilidade dos sócios, de solidariamente responsáveis pelas obrigações sociais, de forma solidária para responsabilidade limitada à integralização do capital social, em relação aos novos credores; (2) do nome social, podendo, agora, adotar denominação ou firma social, faculdade concedida para as sociedades limitadas, uma vez que as sociedades em nome coletivo somente podem valer-se das firmas sociais. Haverá, necessariamente, a inclusão do sufixo limitada ou, abreviadamente, "Ltda."; (3) do *quorum* para futuras deliberações, salvo se o contrato social mantiver a rigidez da unanimidade para as matérias do art. 997 do Código Civil (arts. 999, 1.040 e 1.076, III).

Observa-se que a mera alteração de tipo societário não traz qualquer benefício ao devedor em situação de crise econômica, razão pela qual a transformação somente se justifica se consistir parte de processo mais complexo, visando à redução de custos administrativos e operacionais.

c) Constituição de subsidiária integral (art. 50, II)

Subsidiária integral: sociedade que tem como único acionista sociedade brasileira, vem prevista no art. 251 da Lei das Sociedades por Ações. Sua constituição se dá mediante escritura pública ou pela aquisição de todas as ações de uma companhia por outra.

Os benefícios de sua criação são de ordem operacional, voltados à especialidade, como destacam Egberto Lacerda Teixeira e José Alexandre Tavares Guerreiro (1979, 2:725): "(...) por exigência da própria legislação especial, determinadas atividades empresariais somente podem ser exercidas por pessoas jurídicas distintas, como objeto social delimitado e específico. No sistema financeiro nacional, por exemplo, vigora o princípio da especialidade, segundo o qual as atividades de bancos comerciais, banco de investimento, financeiras etc., devem ser segregadas em entidades separadas, juridicamente distintas, e dotadas de autonomia formal, embora vinculadas por laços acionários, financeiros e administrativos comuns e muitas vezes integrantes de um complexo maior, conhecidos por *conglomerados* ou *grupos*".

É possível, a partir de sua constituição, por exemplo, destiná-la ao exercício das atividades empresariais rentáveis da empresa em recuperação, gerando recursos que propiciarão o soerguimento pleno da atividade empresarial.

Veja o seguinte exemplo: empresa atuando no ramo de fabricação de componentes de computadores se vê surpreendida por brusco avanço tecnológico – como o que tornou obsoletas as máquinas de escrever – e não dispõe de recursos imediatos para a modernização de grande parte de seu parque industrial. Verificando que o segmento secundário de sua atividade é rentável e pode tornar-se altamente lucrativo com poucos recursos, entende que a solução é a segmentação empresarial, mediante a constituição de sociedade subsidiária integral.

A adoção desta e de outras soluções passa, necessariamente, pela análise do negócio, do mercado, da distribuição dos produtos etc., matéria que compete a profissionais do ramo da Administração.

d) Alteração do controle societário (art. 50, III)

A alteração do controle societário revela-se adequado meio recuperatório em inúmeras situações, aqui exemplificadas segundo a principal área a ser saneada:

1) *financeira*: a deficiência empresarial situa-se preponderantemente na insuficiência de capital social. Neste caso o aporte de novos recursos possibilitará adequação do capital social às necessidades da empresa;

2) *gerencial*: há necessidade de mudanças na condução dos negócios porque a área administrativa apresenta problemas que geram dificuldades ou dificultam decisões saneadoras ou, ainda, porque o sócio controlador, condenado por crime previsto na lei, impede apresentação do pedido de recuperação em Juízo (art. 48, IV);

3) *jurídica*: a pessoa, natural ou jurídica, ou o grupo controlador, vive período de intensas dificuldades internas, como, por exemplo: a morte do acionista detentor do controle, sem possibilidade de acordo entre os herdeiros; a falência da pessoa controladora ou o desinteresse de sociedade ou grupo estrangeiro que exercia as funções etc. Tais situações comprometem a celeridade das deliberações, a direção das atividades sociais e a orientação do funcionamento dos órgãos administrativos da empresa e sugerem a adoção da alteração do controle.

e) Constituição de sociedade de credores (art. 50, X)

A constituição de sociedade de credores não é novidade no direito brasileiro. Consistia em incidente da liquidação, previsto no art. 123, § 5º, do Decreto-Lei n. 7.661/45.

Dispositivo raramente utilizado na prática forense porque, na legislação anterior, trazia o inconveniente de apresentar-se como solução de realização de ativo e não de recuperação da atividade empresarial, em momento que, decorridos, muitas vezes, vários anos, o ativo arrecadado encontrava-se consumido pela ação do tempo ou superado por novos produtos ou novas tecnologias.

Corretamente posto como solução para evitar o prematuro encerramento das atividades de empresa viável, algumas dificuldades podem torná-lo instrumento inútil. Veja-se, por exemplo, o direito dos dissidentes, matéria que a lei anterior regulava (LF45, art. 123, § 5º), prevendo aos dissidentes que compunham a minoria o pagamento, em dinheiro, pela maioria que assim deliberara, respeitadas as seguintes condições: a) era considerado, inicialmente, o valor total do acervo arrecadado e sua avaliação; b) desse total descontava-se o valor devido aos encargos e dívidas da massa; e, finalmente, c) atribuía-se aos credores dissidentes a porcentagem a eles devida sobre aquele resultado.

A dissidência é previsível porque o ingresso em sociedade empresária depende da convergência de elementos essenciais presentes em todo contrato: capacidade, consentimento, objeto lícito e forma prescrita ou não defesa em lei, além dos elementos específicos da pluralidade de sócios, da constituição do capital social, da *affectio societatis* e da coparticipação nos lucros e perdas. É possível, portanto, que aquele que se encontre na condição de credor do falido não tenha qualquer interesse na reunião de esforços com os demais, sobretudo em razão dos riscos próprios da atividade empresarial.

Não há na nova lei previsão quanto ao direito da minoria e pode não existir interesse, daqueles que deliberarem, de adiantar pagamentos aos dissidentes, nos moldes do regulado na lei anterior.

Interpretação literal do art. 59 poderia levar ao entendimento de que a aprovação da maioria obriga todos os demais credores sujeitos ao plano, o que se mostra irreconciliável com o livre direito de associação.

Acrescente-se que não é tarefa fácil convencer credores – trabalhistas, fornecedores, privilegiados, muitas vezes desconhecidos entre si e unidos tão somente por pertencerem à mesma massa credora – a unirem esforços em torno de atividade distinta à que exercem. A aliança transitória que os une não parece suficiente a ponto de afirmarmos presente o requisito da *affectio societatis,* com seus elementos essenciais: (1) colaboração ativa, (2) consciente e (3) igualitária dos contratantes (4) para realização de um lucro a partilhar (Cf. Carvalho de Mendonça, 1954, 3:22).

A lei não aponta o objeto da sociedade ao qualificá-la "sociedade de credores", não se podendo presumir que se trata de empresa com o único fim de receber os créditos. Trata-se de nova sociedade que assume o ativo da empresa em recuperação e que, portanto, passa a ter como objeto, pelo menos inicialmente, o anteriormente desenvolvido pela devedora.

Há mais dificuldades: os credores não sujeitos ao plano, e igualmente os não aderentes, passam a ser credores da nova sociedade, salvo se prevista forma de pagamento anterior à constituição. Não se aplica aqui a regra do art. 141, II, que dispõe sobre a não sucessão de obrigações, porque, na recuperação, não vige o princípio da universalidade, isto é, pode haver credores não abrangidos pelo plano proposto ou excepcionados pela lei, como ocorre com os credores indicados no art. 49, §§ 3º e 4º.

De se ponderar, ainda, a irreversibilidade do plano na hipótese de a empresa devedora extinguir-se em razão da transferência total de seu ativo à nova sociedade. Com a dação em pagamento de todo ativo aos credores para a constituição da nova sociedade opera-se, também, a extinção das obrigações e, neste caso, o juiz julga cumprida a recuperação e extingue o processo. Se a transferência do ativo é parcial, restando parte das obrigações a ser cumprida pelo devedor que permanece em atividade empresarial, resta que o não pagamento das parcelas restantes pode inviabilizar o projeto da nova empresa.

Enfim, a adesão à qualidade de sócio implica não somente insegurança quanto ao recebimento dos créditos a médio prazo, como, igualmente, dificuldades no exercício do direito de retirada.

Nas sociedades reguladas pelo Código Civil, contratadas por prazo indeterminado, o sócio que pretende retirar-se deverá notificar os demais sócios com antecedência mínima de sessenta dias (CC, art. 1.029). Dentro de trinta dias subsequentes à notificação, os demais sócios poderão optar por dissolver a sociedade (CC, art. 1.029, parágrafo único). Se, entretanto, o contrato prevê duração determinada, a retirada deve ter o consentimento unânime dos sócios ou ser motivada por justa causa alegada pelo dissidente, a ser apreciada pelo Poder Judiciário em ação de resolução de sociedade. Em se tratando de sociedade limitada, cabe o exercício do direito de recesso fundamentado numa das hipóteses do art. 1.077. Na sociedade anônima este direito é regulado em inúmeras situações previstas nos arts. 136, 221, 225, IV etc.

Por todas estas razões, entendemos que o instrumento de constituição de sociedade de credores somente se viabilizará se grande credor ou credores associados, identificados com o objeto da devedora, dispuser-se a receber o ativo como forma de ampliação das atividades que já desenvolvem ou como ação de não concorrência.

7.4. Meios com predominância sobre o perfil objetivo da empresa

O aspecto objetivo ou patrimonial é destacado nos incisos II (final), VI, VII, IX, XI, XV, XVI, XVII e XVIII com o aumento do capital social; o trespasse ou arrendamento de estabelecimento empresarial; a dação em pagamento ou novação de dívidas do passivo, com ou sem constituição de garantia; a venda parcial de bens; a emissão de valores mobiliários e a constituição de sociedade para adjudicar os ativos do devedor, a conversão da dívida em capital social e a venda integral da devedora.

A maioria dos casos indicados guarda certa identidade com a figura da concordata por abandono, instituto "de origem francesa, consistente na adjudicação de todo ou parte do ativo da massa aos credores, para que o realizem e paguem o passivo, exonerando desde logo o devedor; uma aproximação de cessão de bens". Segundo historia o *Tratado de Direito Comercial Brasileiro* (Carvalho de Mendonça, 1963, 8: item 1.072), o instituto surge no direito pátrio no projeto de Joaquim Nabuco, em 1866, constando nos diplomas falimentares a partir de 1882 (Decreto n. 3.065, de 1882, e Decreto n. 917, de 1890), vindo a ser eliminado pela Lei n. 859, de 1902.

Salvo a constituição de sociedade para adjudicar os ativos do devedor, nas demais figuras modernas as operações envolvem frações patrimoniais do devedor e os credores não se obrigam a realizar o ativo para pagar o passivo, como ocorria no instituto da concordata por abandono.

a) Cessão de cotas ou ações (art. 50, II)

Refere-se o legislador à cessão de cotas ou ações do ativo da sociedade (Cf. Coelho, 2017:200, e Lobo, 2005:127) e não às que correspondem à participação dos sócios no capital social, como parece entender Rachel Sztajn (2006:234). A mudança do quadro social – com cessão de cotas ou ações dos sócios – em nada contribui para o soerguimento da empresa, salvo se a operação corresponder a aumento de capital social, hipótese tratada no inciso VI, ou se implicar alteração do controle acionário (art. 50, III), modalidade acima exposta.

O que se mostra meio idôneo de recuperação não é a substituição dos sócios, mas a cessão por parte do devedor de parcela específica de seu ativo, nos moldes dos demais instrumentos agrupados neste item.

Propõe o legislador sejam *respeitados os direitos dos sócios, nos termos da legislação vigente*, indicando que a proposta não pode prejudicar o direito dos demais detentores de cotas ou ações que perfazem o capital social das sociedades que esses títulos representam.

Assim, se o devedor em recuperação possuir participação em outra sociedade, deve respeitar o regime jurídico aplicável à cessão: a) nas sociedades simples, em nome coletivo e em comandita simples depende do consentimento de todos os sócios (CC, arts. 1.003, 1.040 e 1.046); b) na sociedade limitada, salvo outra previsão contratual, o sócio pode ceder sua participação – parcial ou total – a outro sócio, sem a audiência dos demais; na cessão a pessoa estranha ao quadro social, impõe-se a não oposição de mais de um quarto do capital social; c) na sociedade anônima, o direito de ceder ações é livre, salvo se houver acordo de acionistas que impeça a livre negociação.

A cessão de ações e cotas sociais propicia o ingresso de recursos para pagamento dos credores ou, quando de considerável valor, a satisfação da dívida pela entrega dos próprios títulos.

b) Aumento do capital social (art. 50, VI)

O aumento do capital é o modo pelo qual se apreende com maior facilidade o mecanismo de recuperação da empresa: o ingresso de recursos pela confiança que os investidores – novos sócios ou atuais – depositam no plano apresentado pelos administradores ou titular da empresa.

No que se refere aos direitos dos sócios existentes na data da operação, algumas regras societárias devem ser observadas:

1) na sociedade anônima: a) os antigos terão preferência na subscrição do aumento de capital, na proporção do número de ações que possuírem (LSA, art. 171); b) não pode ocorrer diluição injustificada da participação dos antigos acionistas (LSA, art. 170, § 1º), conforme bem anota Jorge Lobo (2005: 126). O legislador encontrou solução na fixação do valor de emissão pelo valor patrimonial da ação ou outros parâmetros (rentabilidade e cotação em bolsa ou mercado de balcão) que impedem o desequilíbrio entre os antigos sócios – que contribuíram para a constituição do patrimônio atual – e os novos que ingressam;

2) na sociedade limitada: os sócios possuem preferência na proporção de suas cotas, devendo exercê-la no prazo de trinta dias após a deliberação (CC, art. 1.081, § 1º), sendo permitida a cessão deste direito a qualquer sócio ou, se não houver oposição de titulares de mais de um quarto do capital social, a terceiros estranhos ao capital social (CC, art. 1.057).

c) Trespasse ou arrendamento de estabelecimento, inclusive à sociedade constituída pelos próprios empregados (art. 50, VII)

A expressão "trespasse" consagrada pela doutrina significa cessão ou alienação de estabelecimento empresarial.

Distintamente do que ocorre na alienação das coisas singulares, o trespasse de estabelecimento empresarial é cercado de certas exigências legais que dão validade e segurança aos contraentes:

1) A alienação, como também o usufruto e o arrendamento, somente produzem efeitos em relação a terceiros depois do averbamento do contra-

to na Junta Comercial, à margem da inscrição do cedente, e de publicado na imprensa oficial (CC, art. 1.144).

2) A eficácia da cessão está condicionada à concordância dos credores, que deverão ser notificados para, em até trinta dias, manifestarem-se, de modo expresso ou tácito, sobre a alienação. Observe-se que a notificação deve ser feita a *todos* os credores e não somente aos submetidos ao plano. É que o estabelecimento é a garantia do universo de credores e não apenas aos atingidos pela recuperação.

3) A notificação deve ser feita judicialmente ou pelo oficial de registro de títulos e documentos. O Código Civil não regulamentou a forma de notificação, que, entretanto, foi objeto de disposição na Lei n. 11.101/2005, na seção relativa à ineficácia de atos praticados antes da falência: "(...) devidamente notificados, judicialmente ou pelo oficial do registro de títulos e documentos" (art. 129, VI).

4) Ordinariamente, não estando o alienante em processo de recuperação, os contraentes são solidários pelos débitos contabilizados, anteriores ao trespasse. Os credores decaem do direito de cobrar o devedor alienante se não o fizerem no prazo de um ano (CC, art. 1.146). Esta regra sofre modificação pela cláusula da recuperação, o estabelecimento fica livre de qualquer ônus e não há sucessão do arrematante nas obrigações do devedor (art. 60, parágrafo único).

5) Os contratos integram o estabelecimento empresarial e, assim, ocorre sua sub-rogação ao adquirente, salvo se o contrato tiver por objeto prestação de caráter pessoal.

6) Não ocorre sub-rogação do contrato de locação relativo ao imóvel em que se encontra instalado o estabelecimento empresarial. Para tanto, há necessidade de autorização do locador, conforme exige a Lei de Locações (LLI, art. 13), que poderá ser obtida por negociação direta ou, ainda, mediante expedição de notificação por escrito. O locador deve manifestar sua oposição no prazo de trinta dias (LLI, art. 13, § 2º), sob pena de sua inércia caracterizar consentimento tácito.

7) Com a alienação do estabelecimento ocorre a cessão dos créditos, negócio jurídico que produz efeitos desde a publicação do trespasse no órgão oficial. É possível, contudo, que algum devedor do alienante pague sua dívida diretamente ao antigo titular do estabelecimento, desconhecendo a cessão. Neste caso, se caracterizada sua boa-fé, o devedor fica desobrigado da dívida (CC, art. 1.149).

d) Dação em pagamento ou novação de dívidas do passivo, com ou sem constituição de garantia própria ou de terceiro (art. 50, IX)

A dação em pagamento consiste em o credor consentir em receber prestação diversa da que lhe é devida (CC, art. 356). Segundo Clóvis (1975, 2:124), é "contrato liberatório, em que o credor concorda em receber uma coisa por outra, *aliud pro alio*, não sendo dinheiro".

A novação ocorre em três situações definidas em lei (CC, art. 360), aplicando-se à recuperação as duas primeiras: (I) novação objetiva: o devedor contrai com o credor nova dívida para extinguir e substituir a anterior; (II) novação subjetiva com mudança do devedor: o novo devedor sucede ao antigo, ficando este quite com o credor; (III) novação subjetiva com mudança do credor: em virtude de obrigação nova, outro credor é substituído ao antigo, ficando o devedor quite com este.

No primeiro caso, a dívida se extingue e, no segundo caso, ocorre sua substituição por dívida nova (novação objetiva), mais adequada e suportável, ou, ainda, a alteração do titular da obrigação (novação subjetiva), que passa a ser assumida pelos sócios ou administradores da empresa, ou, também, por outra pessoa jurídica coligada à devedora em crise econômico-financeira.

e) Venda parcial de bens (art. 50, XI)

Na recuperação, a venda de bens ocorre por instrumentos distintos: a) no plano de recuperação, como meio necessário à superação da crise econômico-financeira; b) a requerimento do devedor, durante a tramitação do processo de recuperação, devendo, neste caso, ser reconhecida judicialmente a evidente utilidade da operação, depois de ouvido o Comitê de Credores (art. 66).

Na primeira situação o devedor deverá justificar sua necessidade e, sobretudo, a ausência de prejuízo à continuação da atividade empresarial

Na segunda, sua justificativa deverá superar as razões de cautela geral que determinaram a suspensão do direito de livre disposição (alienação ou oneração) sobre os bens ou direitos do ativo (art. 66) que, em termos gerais, constitui-se de bens e direitos que não se destinam a alienação a curto prazo, como, por exemplo, prédios, máquinas, equipamentos etc.

Verifica-se, pois, que a regra consiste em que o conjunto de bens do devedor – garantia natural dos credores e principal centro de atividade da empresa – seja preservado para manutenção da fonte produtora, do emprego dos trabalhadores e dos interesses dos credores.

f) Emissão de valores mobiliários (art. 50, XV)

São chamados valores mobiliários tanto a ação como também os demais títulos de investimento previstos na Lei das Sociedades por Ações: debêntures, partes beneficiárias, bônus de subscrição, além de outros regulados por legislação esparsa, como os *commercial papers*.

A distinção essencial entre as ações e os demais valores mobiliários é que as primeiras formam o capital próprio da sociedade, concedendo aos titulares a participação na vida da sociedade, e os segundos são obrigações assumidas pela companhia perante terceiros que ingressam com investimento próprio, ou mesmo sem ele, objetivando receber, no prazo que for estipulado, direito de crédito contra a sociedade.

As debêntures – também chamadas simplesmente de obrigações – são instrumentos de captação de recursos às sociedades por ações que concedem direito de crédito ao seu possuidor.

Partes beneficiárias são títulos de crédito, literais, autônomos, onerosos ou gratuitos, sempre nominativos, estranhos ao capital social e que conferem direito de crédito eventual contra a companhia, consistente na participação de até 10% dos lucros anuais. Tais títulos somente podem ser emitidos por companhias fechadas.

Os bônus de subscrição são títulos nominativos emitidos pelas companhias de capital autorizado, no limite do aumento consentido pelo estatuto, conferindo o direito de subscrever ações do capital social, mediante sua apresentação e o pagamento do preço de emissão. A lei concede preferência ao acionista em sua aquisição.

Commercial papers, também chamadas notas promissórias de emissão pública, são, como denota o nome, promessas de pagamento vencíveis no prazo de 30 a 360 dias, emitidas com exclusividade pelas sociedades por ações. No Brasil foram inicialmente regulamentados pela Instrução n. 134, de 1º de fevereiro de 1990, da Comissão de Valores Mobiliários, posteriormente alterada pela Instrução n. 292, de 15 de outubro de 1998. Destinam-se a companhias com elevado patrimônio líquido.

A finalidade dos "papéis comerciais" é a mesma das debêntures: obter recursos para a consecução de seus objetivos e o desenvolvimento da empresa.

A primeira constatação refere-se à destinação específica deste instrumento recuperatório: aplica-se somente às sociedades por ações.

A segunda constatação é a necessária confiabilidade dos papéis, ingrediente indispensável para atrair investidores interessados em sua aquisição, tal como ocorre com o aumento do capital social (letra "b", acima).

A terceira constatação refere-se à dificuldade em regular a emissão pública desses papéis porque deve ser precedida de autorização da Comissão de Valores Mobiliários, entidade autárquica vinculada ao Ministério da Fazenda. A Instrução CVM n. 400, de 29 de dezembro de 2003, prevê no art. 16 o indeferimento do registro de emissão de valores mobiliários nas seguintes hipóteses: "I – por inviabilidade ou temeridade do empreendimento ou inidoneidade dos fundadores, quando se tratar de constituição de companhia; ou II – quando não forem cumpridas as exigências formuladas pela CVM, nos prazos previstos nesta Instrução".

É nos quesitos *inviabilidade* e *temeridade* que se podem situar as divergências entre a deliberação lançada no processo de recuperação e a manifestada pela Comissão de Valores Mobiliários. Observa-se que os objetivos não são comuns: os credores, ao deliberarem a aprovação do plano contendo emissão de valores mobiliários, estão voltados ao interesse próprio na percepção de créditos, e a CVM, quanto às "ofertas públicas de distribuição de valores mobiliários, nos mercados primário ou secundário", tem por finalidade "assegurar a proteção dos interesses do público investidor e do mercado em geral, através do tratamento equitativo aos ofertados e de requisitos de ampla, transparente e adequada divulgação de informações sobre a oferta, os valores mobiliários ofertados, a companhia emissora, o ofertante e demais pessoas envolvidas" (Instrução n. 400, art. 1º).

g) Constituição de sociedade de propósito específico para adjudicar, em pagamento dos créditos, os ativos do devedor (art. 50, XVI)

As sociedades de propósito específico (SPE) têm sua origem no direito norte-americano. São conhecidas também pelo nome: *special purpose entity (SPE)* ou, ainda, pelas expressões *special purpose company (SPC)* e *special purpose vehicle (SPV)*. Podem ser criadas como subsidiárias, coligadas, filiadas ou qualquer outra estrutura de vínculo com a empresa principal, para a realização de atividade restrita a determinados negócios. Sua constituição tem por objetivo evitar a contaminação de suas operações com os riscos da atividade principal. Por esta razão ganhou o apelido de *bankruptcy-remote entity*, ou seja, empresa afastada dos efeitos de uma eventual falência da empresa principal.

Semelhantemente ao uso que se faz da companhia subsidiária integral, a especialização do objeto social permite reduzir riscos em determinado segmento, isolando-o de outras atividades da empresa.

É possível atingir resultados específicos em determinadas situações negociais, como, por exemplo, impedir que contratos anteriores ao desenvolvimento de um novo produto obriguem um dos desenvolvedores a transferir a nova tecnologia à concorrente.

Não faltam exemplos no mundo empresarial, como o que é citado na *Wikipédia* (nomes omitidos): as empresas A e B, para o desenvolvimento de um novo processador, criaram uma sociedade de propósitos específicos, proprietária da tecnologia desse processador, com vistas a impedir que concorrentes, por força de contratos de licenciamento anteriores com uma das parceiras, viessem a obter a nova tecnologia.

Outro exemplo: a Resolução n. 2.686, de 26 de janeiro de 2000, do Banco Central do Brasil, somente autoriza a cessão de créditos oriundos de operações praticadas por instituições financeiras (bancos múltiplos, bancos comerciais, bancos de investimento, sociedade de crédito, financiamento e investimento, sociedade de crédito imobiliário, sociedades de arrendamento mercantil, companhias hipotecárias, associações de poupança e empréstimo e pela Caixa Econômica Federal) a sociedades anônimas que têm por objeto exclusivo a aquisição de tais créditos. Neste caso, a exclusividade da atividade é exigência de norma legal.

Na recuperação, o propósito específico delineado pelo legislador é a adjudicação, em pagamento dos créditos, dos ativos do devedor. À cessão direta dos bens do ativo (letras "a", "b" e "c", acima) o empresário em recuperação prefere entregar parte de seu ativo a uma sociedade que, ao adjudicá-lo a seu patrimônio, intermediará o melhor aproveitamento a favor dos credores.

O vocábulo "adjudicação", aqui empregado figuradamente, tem conotação própria no processo executório: é o ato pelo qual o juiz da execução determina a entrega dos bens ao credor, reconhecendo sua titularidade, na ocorrência de leilão sem interessados, por preço não inferior ao do edital. Na recuperação a "entrega" se faz por força da proposta aceita pelos credores à SPE criada exclusivamente para o fim de receber esta parcela do ativo do devedor.

h) Conversão da dívida em capital social (art. 50, XVII)

Essa proposta de recuperação tem sido utilizada e aprovada em planos recuperatórios e consiste em oferecer aos credores o pagamento de seus créditos em ações ou cotas da sociedade em recuperação judicial.

A confiança dos credores e seu interesse no soerguimento da empresa são postos à prova na deliberação assemblear. Valerá a pena deixar de receber o crédito em dinheiro para investir na empresa que se encontra em crise econômico-financeira?

Outra questão é definir a situação dos credores que não anuírem ao plano apresentado e não se interessarem em se tornar sócios ou acionistas da sociedade em crise. O plano obriga a esses dissidentes? Pode o Estado impor a alguém que se associe a um investimento econômico? Não haveria ferimento a dispositivo constitucional (CF, art. 5º, XVII e XX)?

O plano que proponha a conversão da dívida em capital social, deve, necessariamente, prever cláusula aplicável à dissidência, indicando claramente a forma que os credores não aderentes receberão seu crédito.

Este tem sido o entendimento mantido em voto divergente em julgados do TJSP (AI n. 2015064-89.2018.8.26.0000, j. 10-12-2019).

Reportamo-nos ao comentário que se encontra acima, em 7.3, alínea *e*, relativamente à constituição da sociedade de credores.

Anotamos que aquele instrumento recuperatório recebeu a classificação entre os "meios com predominância sobre o perfil subjetivo da empresa" por se tratar de alteração dos titulares da administração societária e, no presente caso, a administração não se altera, mas apenas se permite o ingresso de credores no quadro de sócios ou acionistas da sociedade.

i) Venda integral da devedora, desde que garantidas aos credores não submetidos ou não aderentes condições, no mínimo, equivalentes àquelas que teriam na falência, hipótese em que será, para todos os fins, considerada unidade produtiva isolada (art. 50, XVIII)

Dessume-se da redação desse dispositivo que a venda, nesse caso, não se refere à empresa, mas aos estabelecimentos empresariais e todos os meios produtivos da devedora.

Desse entendimento segue uma dificuldade: tendo sido alienados os meios produtivos da empresa (a empresa em seu perfil objetivo), como recuperar a empresa (a empresa em seu perfil funcional)?

Assim, *a menos que a venda dos estabelecimentos empresariais não acarrete a extinção da própria atividade empresarial*, o presente meio recuperatório não pode ser assim denominado porque se trata, na verdade, de liquidação da empresa. É confissão de falência: não tendo mais como prosseguir com a atividade empresarial, procedo à venda dos ativos para pagamento dos credores. Trata-se, pois, de liquidação e extinção da empresa.

Entendemos que, embora com boas intenções, o legislado não cuidou de acrescentar uma nova modalidade à recuperação da empresa, mas, tão somente, de meio liquidatório que decorre da vontade de o empresário não mais ter condições de prosseguir com a atividade de sua empresa, oferecendo, então, seus ativos à liquidação antecipada. Dessa entrega dos bens à liquidação encontra-se implícito o reconhecimento de autofalência com pretensão à extinção das obrigações para com todos seus credores, inclusive com aqueles que, em regra, não se sujeitam à recuperação – se assim não fosse, como autorizar a alienação de todos os ativos, sem formação de uma única massa subjetiva?

7.5. Meios com predominância sobre o perfil funcional da empresa

A dinâmica negocial, isto é, a atividade própria da empresa, é profundamente alterada pela substituição dos administradores ou modificação de seus órgãos administrativos (inciso IV) e, ainda, pela concessão aos credores de direito de eleição em separado de administradores e de poder de veto em relação às matérias que o plano de recuperação especificar (inciso V), pelo usufruto da empresa (inciso XIII) ou pela administração compartilhada (inciso XIV).

a) Substituição total ou parcial dos administradores do devedor ou modificação de seus órgãos administrativos (art. 50, IV)

A modificação dos órgãos administrativos pode resultar em economia à sociedade, na redução de custos e conflitos envolvendo atos de gestão e, ainda, impor celeridade nas deliberações. Mas, o objetivo essencial da substituição dos administradores ou modificação de seus órgãos administrativos é prover a empresa de gerenciamento profissional e dar credibilidade a seus atos junto aos credores.

Jorge Queiroz analisa a mudança de comando da empresa sob o aspecto do exame da prática administrativa: "Na maioria dos casos, torna-se necessário efetuar a mudança no comando da empresa, seja pela necessidade de um profissional com perfil gerencial voltado para solução de situações difíceis e complexas, seja devido a problemas de perda de credibilidade junto à governança da empresa e a seus *stakeholders* (terceiros com interesses ou direitos no empreendimento). O novo executivo chefe pode vir de dentro da própria empresa, o que, dependendo do caso, pode representar uma vantagem ou desvantagem. Geralmente o problema em optar por um executivo da empresa é que ele pode ter feito parte dos erros cometidos no passado. A prática mais adotada em casos de *turnaround* é a de colocar alguém de fora da empresa sem vínculos com seu passado, uma vez que o *turnaround expert* possui o perfil mais adequado e pode tomar difíceis decisões de forma mais objetiva" (Queiroz, 2004:87).

Turnaround, conforme Queiroz (2004:77), "em português significa 'mudar o curso ou direção' ou 'reverter a crise', é uma terminologia muito utilizada no meio empresarial público e privado para fazer referência às ações preditivas, preventivas ou corretivas tomadas por uma empresa ou seus *stakeholders* para lograr obter uma correção de rumo e melhoria de *performance* ou por uma empresa em crise ou insolvente, tanto na esfera não judicial como na judicial".

b) Concessão aos credores de direito de eleição em separado de administradores e de poder de veto em relação às matérias que o plano especificar (art. 50, V)

O plano pode exigir a cooperação de credores na deliberação de matérias específicas, como o aumento de despesas, a contratação de empregados, situações que foram consideradas pelo legislador no plano de recuperação especial (art. 71, IV).

A possibilidade de os credores participarem das deliberações traz vantagens quanto à transparência na condução dos negócios, cumpre o objetivo de atender aos seus interesses (art. 47) e os anima a aprovar o plano apresentado.

Há, entretanto, desvantagens por propiciar intervenção à autonomia gerencial da empresa, abrir flanco à concorrência e propiciar debates infindáveis acerca das responsabilidades e causas de naufrágio da empresa, na hipótese de a decretação da falência se tornar inevitável durante o percurso.

A maior dificuldade na adoção desta solução está, contudo, na assunção voluntária de um ou mais credores em se envolver com a realidade econômico-financeira do devedor, sobretudo em razão dos riscos pessoais sobre seu patrimônio (art. 82) e liberdade pessoais (arts. 168 e ss.).

c) Usufruto da empresa (art. 50, XIII)

Anota Clóvis Beviláqua (1975, 2:1.177) que o "usufruto é o direito real, conferido a uma pessoa, durante certo tempo, que a autoriza a retirar de coisa alheia os frutos e utilidades que ela produz".

A modalidade aqui tratada não se confunde com *usufruto de estabelecimento*, permitido pelo art. 1.144 do Código Civil e sujeito às mesmas exigências do arrendamento ou trespasse, acima estudadas.

Nas figuras do usufruto, trespasse e arrendamento do estabelecimento, o usufrutuário, o cessionário e o arrendatário assumem, em seu nome empresarial, a exploração de todo complexo de bens corpóreos e incorpóreos que antes eram destinados à atividade do proprietário, cedente ou arrendante.

Distinto é o objeto do contrato de usufruto da empresa, que, diversamente daqueles, consiste em mudança na direção da empresa por terceiro, que a exercerá sob o nome e riscos do devedor proprietário, auferindo de sua gestão as necessárias rendas para satisfação dos credores. Trata-se de verdadeiro regime de administração temporária da empresa devedora que tem por finalidade sanear ou ampliar sua capacidade de produzir lucros (aviamento) em benefício dos credores.

d) Administração compartilhada (art. 50, XIV)

Menos drástica é a solução prevista no inciso XIV, pois não afasta todos os órgãos de administração anterior, impondo tão somente a participação de terceiros – indicados pela assembleia geral, comitê de credores, maior credor ou pelo juiz da causa, conforme o que for proposto e deliberado – na gestão da empresa.

Os limites da participação, matérias de compartilhamento, responsabilidades, poder de veto etc. são questões que deverão entrar na pauta das decisões que antecedem a proposta e a aceitação por parte dos credores.

7.6. Meios com predominância sobre o perfil corporativo da empresa

No que se refere ao perfil institucional ou corporativo – organização formada pelo empresário e seus colaboradores, dirigentes, funcionários, operários –, as medidas preconizadas no inciso VIII atingem em cheio essas relações, com a redução salarial, compensação de horários e redução da jornada, mediante acordo ou convenção coletiva.

Capítulo 8

RECUPERAÇÃO JUDICIAL

Sumário: 8.1. Fases do procedimento. 8.2. Fase do pedido e de processamento. 8.2.1. Apresentação do pedido. 8.2.1.1. Documentação contábil. 8.2.1.2. Certidões e documentos que constam do Registro Público. 8.2.1.3. Relações descritivas contendo informações de cunho patrimonial não sujeitas à escrituração contábil 8.2.2. Decisão de processamento. 8.3. Fase do plano de recuperação. 8.3.1. Limitações ao plano. 8.3.2. Publicação do aviso. 8.4. Fase de concessão e cumprimento 8.4.1. Objeção dos credores. 8.4.2. Convocação da assembleia geral. 8.4.3. Deliberação sobre o plano apresentado. 8.4.4. Constituição do Comitê de Credores 8.4.5. Apresentação de certidões. 8.4.6. Decisão de concessão. 8.4.7. Efeitos da decisão de concessão. 8.4.8. Situações não atingidas pela sentença concessiva. 8.4.9. Recurso. 8.4.10. Período de cumprimento. 8.5. Resumo gráfico do processo de recuperação judicial ordinário. 8.6. Recuperação judicial especial.

8.1. Fases do procedimento

São delimitadas na Lei Falimentar três fases de desenvolvimento do processo de recuperação judicial ordinária, constantes das Seções II, III e IV do Capítulo III: a) fase de pedido e de processamento (arts. 51-52); b) fase do plano (arts. 53-54); c) fase de concessão e cumprimento, compreendendo dois períodos: o primeiro relativo ao procedimento, com ênfase na participação dos credores, e o segundo, de cumprimento e encerramento, em que o devedor cumpre o plano aprovado (arts. 55-69).

É possível, ainda, visualizar outras subdivisões destacadas em cada fase: a) na fase do pedido e de processamento: o pedido, a eventual determinação de constatação prévia, a decisão de processamento e a verificação dos créditos; b) na fase do plano: a apresentação e a publicação do edital; c) na fase de concessão e cumprimento: a objeção de credores, a convocação da assembleia geral de credores, a deliberação sobre o plano apresentado, a constituição do Comitê de Credores, a apresentação de certidões, a decisão de concessão, o período de cumprimento e, finalmente, a decisão de encerramento da recuperação judicial.

Fases do Procedimento

- **Fase do pedido e processamento**
  - Pedido (art. 51).
  - Eventual decisão judicial de constatação prévia (art. 51-A).
  - Decisão de processamento (art. 52).
  - Verificação e habilitação de crédito (art. 52, § 1º, III).
- **Fase do plano**
  - Apresentação do plano (art. 53).
  - Publicação do edital (art. 53, parágrafo único).
- **Fase de concessão e cumprimento**
  - Objeção (art. 55).
  - Convocação da Assembleia Geral de Credores (art. 56).
  - Deliberação sobre o plano (arts. 56, 57 e 58, § 1º).
  - Constituição do Comitê de Credores (art. 56, § 2º).
  - Apresentação de certidões (art. 57).
  - Decisão de concessão (art. 58).
  - Período de cumprimento (arts. 61-62).
  - Decisão de encerramento (art. 63).

8.2. Fase do pedido e de processamento

A petição inicial de recuperação judicial deve conter os requisitos de validade comum a todos os processos previstos no art. 319 do Código de Processo Civil de 2015, além da exposição das causas concretas da situação patrimonial do devedor e das razões da crise econômico-financeira.

A reforma, aprovada em agosto de 2020, acrescenta ao art. 51 a exigência de que a exposição deve vir acompanhada de prova da "crise de insolvência, caracterizada pela insuficiência de recursos financeiros ou patrimoniais com liquidez suficiente para saldar suas dívidas" (art. 51, § 6º, I).

8.2.1. Apresentação do pedido

O pedido deve ser acompanhado de documentos que podem ser classificados em três ordens distintas: 1) os de natureza contábil; 2) as certidões públicas; e 3) as relações descritivas, contendo informações de cunho patrimonial não sujeitas à escrituração contábil.

São efeitos da distribuição do pedido em Juízo a vedação à distribuição de lucros ou dividendos a sócios e acionistas (art. 6º-A), sob pena de incidência do disposto no art. 168 (fraude a credores) e a vedação de o devedor alienar ou onerar bens ou direitos de seu ativo permanente, salvo em duas hipóteses: a) se demonstrar a utilidade da operação, após ouvido o Comitê de Credores e mediante autorização judicial; b) se as medidas integrarem o plano de recuperação aprovado.

O art. 193-A deixa claro que o pedido de recuperação judicial, o deferimento de seu processamento ou mesmo a homologação do plano de recuperação judicial não afetam nem suspendem o exercício dos direitos de vencimento antecipado e de compensação no âmbito de operações compromissadas e de derivativos.

É válida, portanto, a cláusula que estabelece o vencimento antecipado de um contrato bilateral na ocorrência de pedido de recuperação judicial.

Ao regular essa matéria, a LREF-20 dispôs: a) ocorrendo o vencimento antecipado, os créditos e débitos são compensados e extintas as obrigações até onde se compensarem; b) havendo saldo contra o devedor, este sujeita-se à recuperação judicial, "ressalvada a existência de garantia de alienação ou de cessão fiduciária" que, como decorre do art. 49, § 3º, não se sujeita à recuperação judicial.

8.2.1.1. Documentação contábil

Incluem-se entre os documentos de caráter contábil as demonstrações contábeis e a apresentação de livros e documentos de escrituração.

a) Demonstrações contábeis

As demonstrações contábeis relativas (art. 51, I) aos três últimos exercícios sociais e as levantadas especialmente para instruir o pedido, confeccionadas com estrita observância da legislação societária aplicável e compostas obrigatoriamente de: (a) balanço patrimonial; (b) demonstração de resultados acumulados; (c) demonstração do resultado desde o último exercício social; e (d) relatório gerencial de fluxo de caixa e de sua projeção. A LREF-20 acrescentou a estes documentos: (e) descrição das sociedades de grupo societário, de fato ou de direito. Esse acréscimo mostrou-se necessário porque a reforma instituída regulamenta a consolidação substancial, conforme estudado no item 6.5.3 acima.

A exigência do legislador quanto ao período – últimos três anos – é condicionada à regularidade jurídica da empresa nesse período, uma vez que os empresários que exercem regularmente suas atividades há mais de dois anos (art. 48) e menos de três anos somente poderão apresentar as demonstrações relativas aos dois últimos exercícios.

b) Livros e elementos de escrituração

Quanto aos elementos de escrituração contábil, refere-se o legislador ao depósito dos livros, em originais ou cópia (art. 51, § 3º), e à apresentação de documentos de escrituração contábeis e demais relatórios auxiliares, na forma e no suporte previstos em lei (art. 51, § 1º).

A tais exigências seguem-se algumas questões, diante da falta de clara explicitação legal: Quais são os livros reclamados? Quais são os documentos de escrituração contábil? Que relatórios auxiliares menciona?

A primeira indagação tem sentido porque os livros utilizados pelos empresários podem ser classificados em obrigatórios e não obrigatórios ou facultativos, também chamados auxiliares. E os obrigatórios, por sua vez, subdividem-se em livro comum (Diário – CC, art. 1.180) e livros especiais.

O Código Civil possibilita a substituição do livro Diário pelo livro de Balancetes Diários e Balanços, desde que se mantenham as mesmas formalidades extrínsecas daquele. Nele se encontram (CC, art. 1.186): "I – a posição diária de cada uma das contas ou títulos contábeis, pelo respectivo saldo, em forma de balancetes diários; II – o balanço patrimonial e o de resultado econômico, no encerramento do exercício".

Além do livro obrigatório comum – Diário – imposto pela legislação empresarial, há outros obrigatórios por força de outros diplomas: Entrada e Saída de Mercadorias, Apuração de ICMS, Apuração de IPI, Registro de Inventário, Registro de Empregados etc.

Ao lado dos obrigatórios, a lei faculta ao empresário adotar outros livros visando à melhor organização de seus negócios, tais como: Livro-Caixa, Conta-Corrente, Copiador de Cartas, Razão, Obrigações a Pagar e a Receber etc. É-lhe facultado, ainda, criar novos livros, sempre com vistas à liberdade de administração de sua atividade empresarial (CC, art. 1.179, § 1º).

Quanto aos microempresários e empresários de pequeno porte (item 6.6.1), o legislador traçou regulamentação especial, dispensando o pequeno empresário de seguir um sistema de contabilidade, com base na escrituração uniforme de seus livros (CC, art. 1.179, § 2º), levando à conclusão de que a dispensa alcança *toda e qualquer* escrituração contábil.

Estas considerações permitem elaborar resposta à indagação: Quais são os livros reclamados pelo legislador?

Em regra, somente os livros obrigatórios – empresariais e não empresariais – devem ser levados ao cartório e, se o administrador judicial e seus auxiliares assim entenderem, justificando, devem solicitar ao juiz que determine a apresentação de outros livros para que possam completar as análises que julgarem indispensáveis.

A suspensão do princípio do sigilo dos livros (CC, arts. 1.190-1.191) não é total na recuperação judicial porque, se o fosse, haveria riscos ao empresário em relação a atos de concorrência por parte de credores inscritos no concurso. Devemos ter em mente o escopo da proteção legal ao sigilo: "evitar ou impedir a concorrência desleal" (Cf. Marcondes Machado, 1977:69).

A exibição total é exceção, podendo ser requerida nos seguintes casos: a) na liquidação da sociedade (CPC15, art. 420, I); b) na sucessão por morte de sócio (CPC15, art. 420, II); c) quando e como determinar a lei (CPC15, art. 420, III).

Vê-se, pois, que na recuperação judicial não há previsão legal de quebra de sigilo *de toda escrituração contábil,* diversamente do que ocorre na falência, que, desde a decretação, impõe o depósito dos *livros obrigatórios* em cartório (art. 104, II) e a entrega de *todos os livros, papéis e documentos* ao administrador (art. 104, V).

No tocante às segunda e terceira indagações (Quais são os documentos de escrituração contábil? e Que relatórios auxiliares menciona?), a resposta encontra-se no próprio art. 51, devendo-se considerar o § 1º como explicitação do que é descrito anteriormente.

Os documentos de escrituração contábil são os exigidos no inciso II – as já mencionadas demonstrações contábeis – e os demais relatórios auxiliares são todas as demais relações indicadas nos incisos III, IV e VII relativas a elementos que, necessariamente, constam da escrituração contábil:

"III – a relação nominal completa dos credores, inclusive aqueles por obrigação de fazer ou de dar, com a indicação do endereço de cada um, a natureza, a classificação e o valor atualizado do crédito, discriminando sua origem, o regime dos respectivos vencimentos e a indicação dos registros contábeis de cada transação pendente".

Esse inciso recebeu nova redação na LREF-20, que nada altera o sentido do texto original, sendo, portanto, uma reforma apenas de estilo, conforme grifado: "a relação nominal completa dos credores, *sujeitos ou não à recuperação judicial*, inclusive aqueles por obrigação de fazer ou de dar, com indicação do endereço de cada um, a natureza, *conforme estabelecido nos arts. 83 e 84 desta Lei*, e o valor atualizado do crédito, *com a discriminação* de sua origem, o regime dos respectivos".

Esta relação é a base inicial de formação do quadro-geral e deve constar do edital de chamamento dos credores (art. 52, § 1º, II). Para que não se alegue desconhecimento, exige a lei que o administrador judicial expeça correspondência a cada uma das pessoas constantes desta relação, comunicando a data do pedido de recuperação judicial, a natureza, o valor e a classificação dada ao crédito.

A dualidade de formas de comunicação visa abreviar o procedimento de verificação de crédito, fornecendo aos credores, desde logo, todas as informações disponíveis. A publicação somada à correspondência possibilita ao credor entrar em contato com o administrador, sem se conduzir ao cartório, dando celeridade ao procedimento. Com os esclarecimentos que forem prestados pelo administrador (art. 22, *b*), inclusive com o fornecimento de extratos dos livros do devedor (art. 22, *c*), eventuais dúvidas são sanadas, sem a necessidade de impugnações. Com isso, a verificação de divergências entre o que lhe é devido e o que foi declarado pelo devedor recebe rápido desfecho;

"IV – a relação integral dos empregados, em que constem as respectivas funções, salários, indenizações e outras parcelas a que têm direito, com o correspondente mês de competência, e a discriminação dos valores pendentes de pagamento;

VII – os extratos atualizados das contas bancárias do devedor e de suas eventuais aplicações financeiras de qualquer modalidade, inclusive em fundos de investimento ou em bolsas de valores, emitidos pelas respectivas instituições financeiras".

8.2.1.2. Certidões e documentos que constam do Registro Público

Três ordens de certidões e documentos são exigidos do devedor em recuperação judicial: a) certidão de regularidade no Registro Público de Empresas (art. 51, V); b) certidões dos cartórios de protestos situados na comarca de sua sede ou domicílio e naquelas onde possui filial (art. 51, VIII); c) ato constitutivo atualizado e as atas de nomeação dos atuais administradores.

A primeira e a terceira servem para verificar o cumprimento do requisito previsto no art. 48, e a segunda, como instrumento redundante de análise da higidez financeira.

Dizemos "redundante" porque a existência de protestos anteriores não impede o deferimento ou a concessão do pedido. Diversamente do argumento empregado por Rachel Sztajn, que entende que as certidões são úteis "na análise das probabilidades de a recuperação alcançar êxito" (2006:225), entendemos que a viabilidade do plano não depende de fatos passados, mas da correta análise da situação econômico-financeira do devedor e da adequada aplicação de remédios saneadores, contidos no plano de recuperação. Há de se ponderar, ainda, que os credores sujeitos ao plano são, em regra, os autores dos protestos e, portanto, não desconhecem as inscrições desabonadoras existentes.

Se o objetivo do legislador é conferir aos credores maior conhecimento da extensão do registro público da crise econômico-financeira, deveria exigir certidões dos órgãos de proteção ao crédito mais eficientes que as certidões de protesto porque mais abrangentes que estas.

Duas críticas, portanto, devem ser feitas ao legislador no que se refere às certidões e aos documentos exigidos sob esta rubrica.

Primeira: a exigência de certidões dos cartórios de protesto somente se justifica no pedido de falência com fundamento na impontualidade (art 94, I), não tendo o legislador arrolado a existência de protestos como motivo impeditivo (art. 48), nem tampouco prevê essa situação entre as causas de indeferimento da inicial e decretação *ex officio* da falência (art. 73).

Segunda: a Lei deixou de exigir, entre os documentos indispensáveis à propositura da ação, as certidões ou declarações pessoais que demonstrem o cumprimento dos requisitos previstos nos incisos I a IV do art. 48: certidões do distribuidor judicial cível para verificar o impedimento do inciso I e o cumprimento do prazo dos incisos II e III, bem como do distribuidor criminal para demonstrar a ausência de condenação do titular, administradores ou sócios controladores (art. 48, IV).

8.2.1.3. Relações descritivas, contendo informações de cunho patrimonial não sujeitas à escrituração contábil

a) Relação dos bens particulares dos sócios controladores e dos administradores do devedor

É de difícil compreensão a exigência contida no inciso VI. Os sócios somente são atingidos em seu patrimônio, por efeito da falência, nas sociedades em que figurem com responsabilidade ilimitada, isto é, nas sociedades em comum, em nome coletivo ou em comandita, simples ou por ações, sendo que somente nesta última (comandita por ações) os administradores respondem de forma irrestrita.

Nas sociedades mais comuns – limitada e anônima – os sócios detêm responsabilidade limitada e sobrevindo a falência somente respondem após apuração em ação própria (art. 82), não lhes podendo ser imputada obrigação de abrirem seu sigilo pessoal em função de responsabilidade, que sequer se cogita nesta fase da vida empresarial.

Fábio Ulhoa Coelho (2017:214) entende que "a finalidade é proporcionar aos credores o exame de algumas hipóteses de outorga de garantias reais ou fidejussórias pelos sócios, acionista controlador ou administradores da sociedade requerente".

A esta observação há de se ponderar que o plano somente será apresentado no prazo de sessenta dias do deferimento do processamento do pedido, e pode não contemplar, entre os meios de recuperação, que o devedor ofereça garantias de bens particulares de sócios ou de administradores.

Se houver exigência dos credores nesse sentido, em plano alternativo apresentado na assembleia de credores (art. 56, § 3º), ainda assim a decisão cabe ao devedor, bem como aos titulares dos eventuais bens a serem oferecidos em garantia.

A exigência de se juntar relação de bens de terceiros, não responsáveis por dívidas da empresa devedora (sócios e administradores), não somente fere o princípio da autonomia patrimonial, como também impõe obrigação não prevista legalmente nas cláusulas de constituição de sociedade.

A mesma crítica faz Jorge Lobo (2005:132) ao considerar que o mencionado inciso "comete uma demasia, porquanto é consabido que nem os detentores do poder de comando da sociedade empresária nem, tampouco, seus administradores respondem pelas obrigações e dívidas sociais, por força do instituto da personalidade jurídica das pessoas jurídicas, que impôs a separação, hoje nítida e incontestável, entre o patrimônio dos sócios e o patrimônio da sociedade".

Rachel Sztajn (2006:254) introduz um novo e lúcido argumento relativo ao custo de transação: "Se alguém se vir ameaçado de ter seus bens publicamente informados poderá, antecipando-se, transferi-los a terceiros, criar barreiras de proteção ou, ainda, tratar de obter garantias, no caso de administradores que oneram a sociedade".

b) Relação subscrita pelo devedor, de todas as ações judiciais em que este figure como parte, inclusive as de natureza trabalhista, com a estimativa dos respectivos valores demandados

A utilidade deste documento unilateralmente fornecido pelo devedor é evidente porque permite verificar a existência de credores que ainda não constituíram seus créditos e de créditos ainda não incorporados ao patrimônio do devedor, possibilitando ampliar a análise da sua real situação econômico-financeira. Algumas pendências judiciais refletem situações com reiteradas decisões dos tribunais num mesmo sentido. Nestes casos, o desfecho das ações é previsível e pode lançar alguma luz quanto à viabilidade do pedido de recuperação, sobretudo se elevado o valor da causa em discussão.

A LREF-20 corretamente acrescentou a essa relação, após "ações judiciais" a expressão "e procedimentos arbitrais", o que é de rigor porque o que se busca com essa exigência é a total transparência sobre a extensão da crise econômico-financeira da devedora.

Há, ainda, dois outros acréscimos trazidos pela reforma de 2020: "X – o relatório detalhado do passivo fiscal; e XI – a relação de bens e direitos integrantes do ativo não circulante, incluídos aqueles não sujeitos à recuperação judicial, acompanhada dos negócios jurídicos celebrados com os credores de que trata o § 3º do art. 49 desta Lei".

A inclusão desses incisos está também fundada no princípio da transparência. Isso porque o processo recuperatório-falimentar impõe conduta ao devedor mais específica do que o simples agir *com lealdade e boa-fé* (cf. expressava o CPC73, art. 14, II) "de modo que todos os credores possam acompanhar as decisões nele adotadas e conferir se o prejuízo que eventualmente suportam está, com efeito, na exata medida do inevitável", conforme se expressa Fábio Ulhoa Coelho (2012:58).

8.2.2. Decisão de processamento

Verificando que a documentação do devedor não se encontra em ordem, o magistrado deve determinar sua complementação, nos termos do art. 321 do Código de Processo Civil de 2015, no prazo de quinze dias. Se não cumprida a diligência de emenda ou complementação, o juiz indeferirá a petição inicial (CPC15, art. 321, parágrafo único).

Convém sejam individualizados os elementos faltantes, como orienta a Súmula 56 do Tribunal de Justiça de São Paulo: "Na recuperação judicial, ao determinar a complementação da inicial, o juiz deve individualizar os elementos faltantes".

Encontrando-se formalmente em ordem, o magistrado deferirá o processamento da recuperação judicial. Da decisão constará a nomeação do administrador judicial e as determinações relativas aos efeitos e aos atos de prosseguimento da ação.

Não há, neste momento, enfrentamento da matéria de fundo – o pedido de recuperação judicial –, mas tão somente dos aspectos formais do pedido: requisitos e impedimentos (art. 48) e regular instrução do pedido (art. 51). Contudo, o magistrado, quando do exame do pedido, pode determinar a realização de verificação prévia antes de determinar o processamento. Nesse sentido o entendimento das Câmaras Reservadas de Direito Empresarial do TJSP:

"Enunciado 7: Não obstante a ausência de previsão legal, nada impede que o magistrado, quando do exame do pedido de processamento da recuperação judicial, caso constate a existência de indícios de utilização fraudulenta ou abusiva do instituto, determine a realização de verificação prévia, em prazo o mais exíguo possível".

Esse entendimento jurisprudencial foi incorporado na LREF-20. O art. 51-A permite que o juiz nomeie profissional de sua confiança, tecnicamente capaz e idôneo, como ocorre em todas as nomeações periciais, para o fim exclusivo de constatar as reais condições de funcionamento da devedora, a regularidade e a completude da documentação apresentada com a inicial.

Essa auditoria prévia pode ser determinada sem a prévia ciência do devedor se o magistrado entender que os objetivos podem ser frustrados com a publicidade, com prazo exíguo de até cinco dias para a apresentação do relatório de constatação.

O laudo pode, por exemplo, constatar: a) a existência de indícios de utilização fraudulenta do pedido recuperacional; b) o principal estabelecimento do devedor não se situa na área de competência do juízo; c) o pedido não espelha as reais condições de funcionamento da empresa; d) o pedido não apresenta regularidade documental; etc.

Do resultado da constatação, o devedor será intimado, podendo impugnar o resultado e interpor agravo de instrumento.

Com base no relatório pericial, o juiz pode indeferir o pedido, determinando remessa de cópias ao Ministério Público para fins penais, remeter os autos ao juízo competente, indeferir o processamento do pedido ou determinar a juntada de documentos, em complementação. O que a lei não autoriza é o indeferimento do processamento baseado na análise de viabilidade econômica do devedor (art. 51-A, § 5º).

A decisão que decide sobre o processamento do pedido de recuperação é de cunho interlocutório, não podendo ser concebida como mero despacho ordinatório porque, além do impulso processual, resolve questões de relevância que afetam o devedor e os credores. Com esse entendimento, os Tribunais consolidaram a posição que é cabível a interposição de agravo de instrumento a enfrentar essa decisão. E, mais recentemente, em 7 de junho de 2019, o Enunciado 102, do CJF, firmou enunciado nesse mesmo sentido:

"Enunciado 102: A decisão que defere o processamento da recuperação judicial desafia agravo de instrumento, nos termos do art. 1.015 do CPC/2015".

São efeitos da decisão:

a) a dispensa da apresentação de certidões negativas para que o devedor exerça suas atividades, com exceção de contratação com o Poder Público ou para recebimento de benefícios ou incentivos fiscais ou creditícios (art. 52, II). A nova redação dada pelos legisladores na reforma de agosto de 2020 é mais completa: "II – determinará a dispensa da apresentação de certidões negativas para que o devedor exerça suas atividades, observado o disposto no § 3º do art. 195 da Constituição Federal e no art. 69 desta Lei". O dispositivo constitucional mencionado remete à vedação à contratação com o Poder Público ou ao recebimento de benefícios ou de incentivos fiscais ou creditícios pela pessoa jurídica em débito com o sistema da seguridade social, e o art. 69 impõe que seja observado o uso da expressão "em recuperação judicial" em todos os atos, contratos e documentos firmados pelo devedor.

b) a suspensão do curso da prescrição e de todas as execuções em face do devedor e aquelas dos credores particulares do sócio solidário (art. 6º, II) no prazo de cento e oitenta dias contados do deferimento, prorrogável, por uma única vez, por idêntico período (art. 6º, § 4º). Contudo, não impede "o prosseguimento das ações e execuções ajuizadas contra terceiros devedores solidários ou coobrigados em geral, por garantia cambial, real ou fidejussória" (Súmula 581 do STJ).

Decorrido esse prazo, o direito dos credores de iniciar ou continuar suas ações e execuções fica restabelecido (art. 52, III). Observe-se a distinção entre "sócio solidário", isto é, aquele que figura no contrato social com responsabilidade dessa natureza (na sociedade em comum, na sociedade em nome coletivo e nas sociedades comanditas) e "devedor solidário" por aval, fiança ou solidariedade legal ou contratual. O dispositivo refere-se somente aos primeiros.

Na tramitação no Senado Federal, aprovou-se outro prazo de suspensão das execuções trabalhistas promovidas contra o devedor responsável, subsidiário ou solidário. O § 10 do art. 6º, introduzido pelo Senado Federal (PL n. 4.458/2020), determinava a suspensão dessas execuções até a homologação do plano ou a convolação da recuperação judicial em falência. Esse dispositivo impediria o credor trabalhista de promover a execução de seu crédito contra terceiros corresponsáveis até a homologação do plano, o que pode ser mais extenso que o prazo comum de cento e oitenta dias ou de seu dobro.

A distinção entre credores por crédito garantido por avais e fianças e aqueles por crédito trabalhista afasta-se do princípio do tratamento paritário e prejudica o credor trabalhista. O Senador Paulo Paim apresentou em plenário uma emenda supressiva sob n. 8, sob o correto argumento de que o texto aprovado acarreta grave prejuízo aos trabalhadores.

Com razão. Esse dispositivo não contribui para o soerguimento da empresa em recuperação judicial, prejudica o credor trabalhista e retira da esfera da Justiça Trabalhista a decisão sobre o prosseguimento da execução promovida pelo trabalhador contra empresa que não se encontra em recuperação judicial.

Corretamente, o Presidente da República vetou esse dispositivo ao sancionar a Lei n. 14.112, de 24 de dezembro de 2020. A mensagem de veto encontra justificativa na afirmação de que a proposta "contraria o interesse público por causar insegurança jurídica ao estar em descompasso com a essência do arcabouço normativo brasileiro quanto à priorização dos créditos de natureza trabalhista e por acidentes de trabalho, nos termos do art. 186 do Código Tributário Nacional – CTN, e da própria sistemática instituída pela Lei n. 11.101, de 2005, para a proteção desses créditos".

c) proibição de "retenção, arresto, penhora, sequestro, busca e apreensão e constrição judicial ou extrajudicial sobre os bens do devedor, oriunda de demandas judiciais ou extrajudiciais, cujos créditos ou obrigações sujeitem-se à recuperação judicial ou à falência" (art. 6º, III).

Nessas figuras, há distinção entre "sócio solidário", isto é, aquele que figura no contrato social com responsabilidade dessa natureza (na sociedade em comum, na sociedade em nome coletivo e nas sociedades comanditas) e "devedor solidário" por aval, fiança ou solidariedade legal ou contratual. O dispositivo refere-se somente aos primeiros. Decorrido esse prazo, o direito dos credores de iniciar ou continuar suas ações e execuções fica restabelecido (art. 52, III).

Duas observações são necessárias: os efeitos previstos nos incisos I a III do art. 6º podem ser antecipados, total ou parcialmente (art. 5º, § 12), e comportam exceções (art. 6º, §§ 7º-B e 11).

Não se suspendem as execuções fiscais e as execuções de ofício que se enquadrem nos incisos VII e VIII do art. 114 da CF88, isto é, as que se referem às ações relativas às penalidades administrativas impostas aos empregadores pelos órgãos de fiscalização das relações de trabalho e às execuções de ofício, das contribuições sociais previstas no art. 195, I, *a*, e II, da CF88 e seus acréscimos legais. Se não promovida a execução de ofício ali previstas, proibida é a expedição de certidão de crédito, significando que, embora não se suspenda a execução desses títulos que se encontram em curso, veda-se dar início a novas execuções de ofício.

Embora não sejam suspensas, o juiz da recuperação pode determinar, mediante cooperação jurisdicional (*v. infra*), a substituição dos atos de constrição incidentes sobre os bens considerados essenciais à atividade empresarial (art. 6º, § 7º-B).

O processamento da recuperação e a decretação da falência não afastam a eficácia de cláusula de convenção de arbitragem, tampouco impedem ou suspendem a instauração de procedimento arbitral já instalado.

Não temos dúvidas do acerto do legislador da LREF-20 ao introduzir essa regra no § 9º do art. 6º da LREF, porque os contratos bilaterais não se resolvem com o pedido recuperatório ou com a sentença de falência, conforme decorre do disposto no art. 117 da LREF.

Por fim, algumas situações foram enfrentadas pelos Tribunais, no exame do texto legal original quanto: i) à questão da improrrogabilidade do prazo de cento e oitenta dias prevista no § 4º do art. 6º; ii) ao efeito da suspensão sobre os credores não sujeitos à recuperação judicial, conforme estabelece a parte final do art. 49, § 3º, da LREF; e iii) à contagem do prazo em dias úteis ou corridos.

Da prorrogação do prazo de suspensão

O entendimento do CJF e também dos demais integrantes das Câmaras Reservadas de Direito Empresarial do TJSP é no sentido de que é possível flexibilizar o prazo previsto no art. 6º, § 4º, da LREF:

"Enunciado 42 (CJF): O prazo de suspensão previsto no art. 6º, § 4º, da Lei n. 11.101/2005 pode excepcionalmente ser prorrogado, se o retardamento do feito não puder ser imputado ao devedor.

Enunciado 9 (CRDE): A flexibilização do prazo do *stay period* pode ser admitida, em caráter excepcional, desde que a recuperanda não haja concorrido com a superação do lapso temporal e a dilação se faça por prazo determinado".

Afastávamo-nos desse entendimento porque consideramos improrrogável o prazo de suspensão, nos termos claros da lei. Cabe ao devedor em recuperação judicial instrumentalizar o profissional que o assiste para, com celeridade e transparência, acompanhar passo a passo a tramitação processual e cumprir o prazo legal.

O texto aprovado em 2020 (LREF-20) trouxe clareza a essa questão, permitindo a prorrogação por uma única vez, sempre em *caráter excepcional*, e "desde que o devedor não haja concorrido com a superação do lapso temporal" (art. 6º, § 4º).

Efeito da suspensão sobre os credores não sujeitos

A parte final do § 3º do art. 49, após mencionar credores não sujeitos à recuperação judicial – proprietário fiduciário de bens móveis ou imóveis, arrendador mercantil, proprietário ou promitente-vendedor de imóvel cujos respectivos contratos contenham cláusula de irrevogabilidade ou irretratabilidade, inclusive em incorporações imobiliárias e de proprietário em contrato de venda com reserva de domínio, os impede – veda "durante o prazo de suspensão a que se refere o § 4º do art. 6º desta Lei, a venda ou retirada do estabelecimento do devedor dos bens de capital essenciais à sua atividade empresarial".

A regra claramente impõe restrição ao exercício do direito de credores, os quais, embora não estejam sujeitos à recuperação, ficam proibidos de exercer o direito de dispor dos bens objeto desses contratos durante esse período de cento e oitenta dias.

As execuções fiscais não obedecem a essa regra, por força do disposto no art. 6º, § 7º-B, com a redação que lhe deu a LREF-20.

A demonstração da essencialidade do bem é ônus do devedor em recuperação, devendo argui-la perante o juízo recuperacional, único competente para decidir sobre a matéria. Neste sentido o Enunciado 99 do CJF, aprovado em 7 de junho de 2019: "Para fins de aplicação da parte final do art. 49, § 3º, da Lei n. 11.101/2005, é do devedor o ônus da prova da essencialidade do bem".

Cabe ao juiz da recuperação judicial determinar a constrição sobre bens essenciais durante o período de suspensão e, contudo, obedecendo à regra do art. 69 do CPC15 – Cooperação Jurisdicional Nacional –, conforme determinam os §§ 7º-A e 7º-B acrescentados pela LREF-20 ao disposto no art. 6º.

Em geral, os juízes comunicam-se por cartas (de ordem, precatória e rogatória) expedidas para cumprimento de diligências em outras comarcas (CPC15, arts. 260-268). Contudo, a lei processual prevê meio menos formal para a prática de qualquer ato processual, que a lei processual denomina "cooperação nacional". O pedido de cooperação entre órgãos jurisdicionais de diferentes ramos do Poder Judiciário não exige forma específica e deve ser prontamente atendido, podendo consistir em inúmeros atos judiciais, tais como a prática de citação, de intimação ou de notificação de ato, a obtenção ou a apresentação de provas, a coleta de depoimentos, a efetivação de tutelas ou de medidas e providências à recuperação e preservação de empresas etc.

Contagem do prazo em dias úteis ou corridos

Com a promulgação do CPC15 suscitou-se a possibilidade de prorrogação do prazo de 180 dias, sob o entendimento de que tratar-se-ia de prazo processual, cuja contagem se daria em dias úteis, na forma do art. 219 daquele novo diploma processual ("Na contagem do prazo em dias, estabelecido por lei ou pelo juiz, computar-se-ão somente os dias úteis").

Sobre essa matéria as Câmaras Reservadas de Direito Empresarial apresentaram entendimentos divergentes, tendo a 1ª Câmara compreendido pela aplicação do prazo em dias úteis (entre outras: AI n. 2028910-76.2018.8.26.0000, Rel. Des. César Ciampolini; AI 2049324-95.2018.8.26.0000, Rel. Des. Hamid Bdine; AI 2075975-67.2018.8.26.0000, Rel. Des. Alexandre Lazzarini; AI 2245281-68.2017.8.26.0000, Rel. Des. Fortes Barbosa; AI 2040505-72.2018.8.26.000, Rel. Des. Azuma Nishi) e, a 2ª Câmara, pela manutenção da contagem em dias corridos (entre outras: AI 2012033-61.2018.8.26.0000, Rel. Des. Araldo Telles; AI 2018186-13.2018.8.26.0000, Rel. Des. Maurício Pessoa; AI 2244638-47.2016.8.26.0000, Rel. Des. Ricardo Negrão; AI 2048635-51.2018.8.26.0000, Rel. Des. Cláudio Godoy; AI 2166493-40.2017.8.26.000, Rel. Des. Alexandre Marcondes; AI 2184205-43.2017.8.26.000, Rel. Des. Carlos Alberto Gabi; AI 2236772-85.2016.8.26.0000, Rel. Des. Fábio Tabosa).

Mais recentemente, o STJ, com idênticos fundamentos aos apresentados pela 2ª Câmara de Direito Empresarial, mais recentemente, concluiu que a contagem deve ser feita em dias corridos:

"1. O Código de Processo Civil, na qualidade de lei geral, é, ainda que de forma subsidiária, a norma a espelhar o processo e o procedimento no direito pátrio, sendo normativo suplementar aos demais institutos do ordenamento. O novel diploma, aliás, é categórico em afirmar que 'permanecem em vigor as disposições especiais dos procedimentos regulados em outras leis, as quais se aplicará supletivamente este Código' (art. 1.046, § 2º). 2. A Lei de Recuperação e Falência (Lei n. 11.101/2005), apesar de prever microssistema próprio, com específicos dispositivos sobre processo e procedimento, acabou explicitando, em seu art. 189, que, 'no que couber', haverá incidência supletiva da lei adjetiva geral. 3. A aplicação do CPC/2015, no âmbito do microssistema recuperacional e falimentar, deve ter cunho eminentemente excepcional, incidindo tão somente de forma subsidiária e supletiva, desde que se constate evidente compatibilidade com a natureza e o espírito do procedimento especial, dando-se sempre prevalência às regras e aos princípios específicos da Lei de Recuperação e Falência e com vistas a atender o desígnio da norma-princípio disposta no art. 47.4. A forma de contagem do prazo – de 180 dias de suspensão das ações executivas e de 60 dias para a apresentação do plano de recuperação judicial – em dias corridos é a que melhor preserva a unidade lógica da recuperação judicial: alcançar, de forma célere, econômica e efetiva, o regime de crise empresarial, seja pelo soerguimento econômico do devedor e alívio dos sacrifícios do credor, na recuperação, seja pela liquidação dos ativos e satisfação dos credores, na falência. 5. O microssistema recuperacional e falimentar foi pensado em espectro lógico e sistemático peculiar, com previsão de uma sucessão de atos, em que a celeridade e a efetividade se impõem, com prazos próprios e específicos, que, via de regra, devem ser breves, peremptórios, inadiáveis e, por conseguinte, contínuos, sob pena de vulnerar a racionalidade e a unidade do sistema. 6. A adoção da forma de contagem prevista no novo Código de Processo Civil, em dias úteis, para o âmbito da Lei n. 11.101/2005, com base na distinção entre prazos processuais e materiais, revelar-se-á árdua e complexa, não existindo entendimento teórico satisfatório, com critério seguro e científico para tais discriminações. Além disso, acabaria por trazer perplexidades ao regime especial, com riscos a harmonia sistêmica da LRF, notadamente quando se pensar na velocidade exigida para a prática de alguns atos e na morosidade de outros, inclusive colocando em xeque a isonomia dos seus participantes, haja vista a dualidade de tratamento. 7. Na hipótese, diante do exame sistemático dos mecanismos engendrados pela Lei de Recuperação e Falência, os prazos de 180 dias de suspensão das ações executivas em face do devedor (art. 6º, § 4°) e de 60 dias para a apresentação do plano de recuperação judicial (art. 53, *caput*) deverão ser contados de forma contínua. 8. Recurso especial não provido" (REsp n. 1.699.528/MG, Rel. Min. Luis Felipe Salomão, 4ª Turma, j. 10-4-2018, *DJe* 13-6-2018).

c) a obrigação de o devedor comunicar a suspensão das ações e execuções aos Juízos competentes (art. 52, § 3º);

d) a proibição de o devedor desistir de seu pedido, salvo se obtiver aprovação na assembleia geral de credores (art. 52, § 4º);

e) a obrigação de o administrador judicial enviar correspondência aos credores, com base na relação apresentada pelo devedor (art. 53, III) comunicando a data do pedido de recuperação judicial, a natureza, o valor e a classificação dada ao crédito (art. 22, *a*).

Caso a caso podem ser apontados outros efeitos da decisão de processamento, como, por exemplo, a não suspensão de fornecimento de serviços essenciais por concessionárias de serviços públicos, por débitos anteriores ao pedido recuperatório. As concessionárias devem submeter-se às deliberações como todos os demais credores sujeitos ao plano recuperatório. Nesse sentido: "A falta de pagamento das contas de luz, água e gás anteriores ao pedido de recuperação não autoriza a suspensão ou interrupção do fornecimento" (Súmula 57 do TJSP).

No tocante aos atos de impulso, o magistrado "determinará ao devedor a apresentação de contas demonstrativas mensais enquanto perdurar a recuperação judicial, sob pena de destituição de seus administradores" (inc. IV), "ordenará a intimação eletrônica do Ministério Público e das Fazendas Públicas federal, estaduais, distrital e municipais em que o devedor tiver estabelecimento, a fim de que tomem conhecimento da recuperação judicial e informem eventuais créditos perante o devedor, para divulgação aos demais interessados" (inc. V, com a redação dada pela LREF-20) e "a expedição de edital, para publicação no órgão oficial" (§ 1º).

No edital deve constar o resumo do pedido e da decisão, a relação nominal dos credores, com valor atualizado e classificação de cada crédito, bem como a advertência quanto aos prazos de quinze dias para as habilitações tempestivas e do prazo de trinta dias para oferecerem objeção ao plano.

O legislador adiantou-se ao exigir que no edital de ciência a respeito do processamento da recuperação ficasse constando duas advertências quanto aos prazos a serem observados pelos credores (art. 52, § 1º, III): a primeira é relativa ao prazo de habilitação dos credores que, de fato, inicia-se a partir deste edital, e a segunda reporta-se à apresentação das objeções, cujo início encontra-se sob condição de ocorrência de evento futuro – a apresentação do plano de recuperação que deve ser feita até sessenta dias depois da publicação deste edital.

O prazo de trinta dias para a apresentação das oposições terá início em termos ainda incertos, conforme tenham ou não ocorrido duas outras publicações: a) o edital contendo a relação de credores (art. 7º, § 2º); b) o edital de aviso de apresentação do plano de recuperação que deve ser apresentado pelo devedor no prazo de sessenta dias contados da publicação da decisão que defere o processamento.

Não havia, portanto, razão para o legislador exigir que no edital de processamento constasse advertência acerca da fluência de prazo para as objeções dos credores porque este prazo somente tem início depois de completada e publicada a relação de credores e depois de publicado o aviso dando ciência de que o devedor apresentou seu plano.

É possível visualizar em esboço gráfico os prazos mencionados e entender a escassa utilidade prática de constar do edital previsto no art. 52, § 1º, III, a advertência acerca do prazo, incerto e futuro, para a apresentação de oposição ao plano. As figuras preenchidas em cinza mostram que o edital do art. 52, § 1º, não é termo de contagem para a apresentação de objeções, ato processual remoto e sujeito a outras condições e a outras duas publicações:

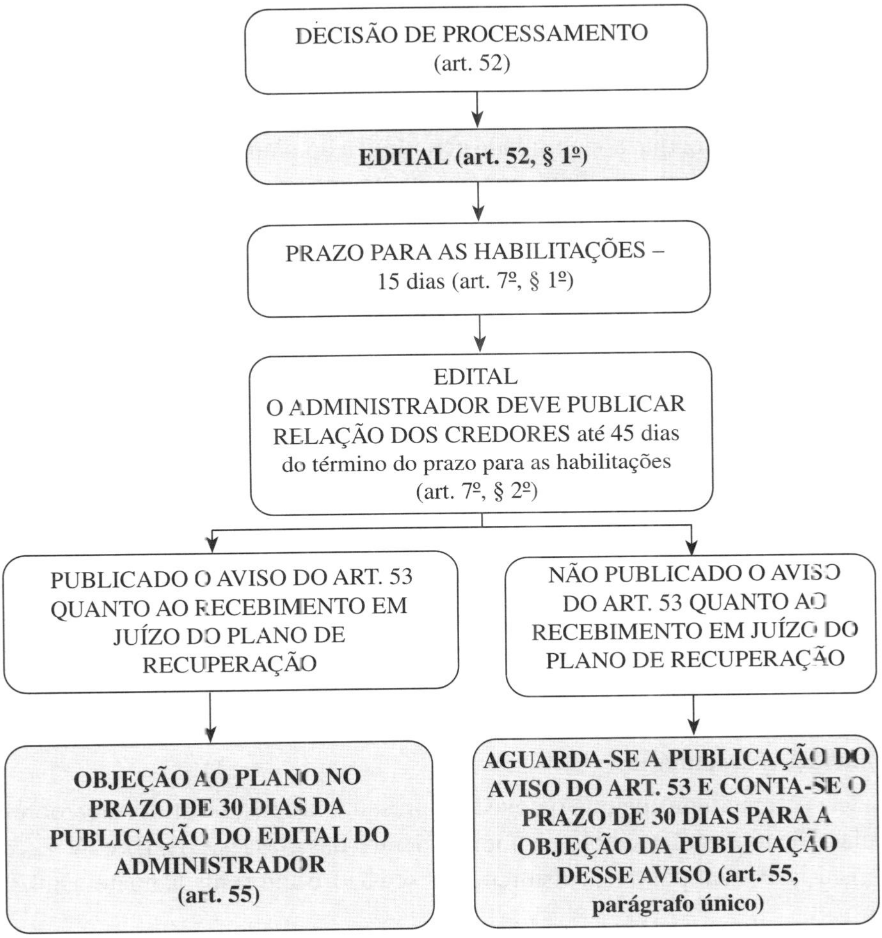

8.3. Fase do plano de recuperação

O plano, contendo a discriminação dos meios, a demonstração de sua viabilidade econômica e o laudo econômico-financeiro e de avaliação dos bens do ativo do devedor, deve ser apresentado até sessenta dias da publicação da decisão que deferir o processamento da recuperação judicial.

A determinação (art. 53, I) no sentido de que se faça "discriminação pormenorizada dos meios de recuperação a ser empregados, conforme o art. 50 desta Lei, e seu resumo" impõe ao devedor detalhar e discriminar as ações e as estratégias a serem empregadas – uma única ou uma mescla de ações de saneamento e/ou de reestruturação da empresa – dentre os meios de recuperação previstos no art. 50 ou outros que justificar, apresentando também um resumo dos objetivos e das etapas.

Exige a lei que a viabilidade econômica do plano seja demonstrada, o que somente pode ser feito por análise técnica competente (art. 53, II). A discriminação pormenorizada dos meios de recuperação (art. 53, I) possibilita aos credores considerarem a factibilidade do plano, mesmo sem conhecimentos técnicos, fundado na experiência comum de exercício da atividade empresarial. O resumo (art. 53, I) é a descrição pormenorizada da integração entre os vários meios empregados e o resultado pretendido em cada fase de sua implantação.

Não há formulários ou modelos, como ocorre no sistema norte-americano. Ausente a rigidez formal, permite-se, no direito brasileiro, que no arranjo dos meios o devedor empregue, com liberdade, as ações que lhe convier, priorizando determinadas estratégias em detrimento de outras. É indispensável, contudo, contar com adequada assessoria profissional nas áreas contábil, econômica e administrativa, quando se fizer necessário. No campo jurídico, se o projeto implicar mudanças estruturais na constituição societária, não há como dispensar os serviços de advogado na elaboração de documentos relativos à constituição de sociedade e aos contratos ou alterações estatutárias.

A lei não proíbe que o devedor apresente proposta distinta a credores classificados numa subclasse interna, dentro das classes I, II, III e IV. Essa matéria, com as possíveis distorções no seu uso, é apresentada no item 8.4.3.

8.3.1. Limitações ao plano

As únicas limitações impostas ao conteúdo do plano estão delineadas no art. 54 e seu parágrafo único: a) para os créditos vencidos, derivados da legislação do trabalho ou decorrentes de acidentes de trabalho, a proposta de pagamento não poderá exceder o prazo de um ano, podendo, entretanto, ser estendido em até 2 (dois) anos, se o plano atender a três requisitos cumulativos introduzidos em parágrafo acrescentado ao art. 54 pela LREF-20: "§ 2º: I – apresentação de garantias julgadas suficientes pelo juiz; II – aprovação pelos credores titulares de créditos derivados da legislação trabalhista ou decorrentes de acidentes de trabalho, na forma do § 2º do art.

45 desta Lei; e III – garantia da integralidade do pagamento dos créditos trabalhistas"; b) os créditos decorrentes de crédito de natureza estritamente salarial, no teto de até cinco salários mínimos, vencidos nos três meses anteriores ao pedido de recuperação judicial, deverão ser pagos em até trinta dias.

A lei não indica o termo inicial dos prazos de três meses e de um ano, dando causa a inúmeras interpretações. Há aqueles que oferecem interpretação *pró-devedor* e estendem ao máximo o termo inicial, alargando-o à data da homologação do plano aprovado pela assembleia geral. Nesse caso, o primeiro pagamento aos credores trabalhistas pode ocorrer muitos anos após o pedido inicial. Não será um prazo único para essa classe de credores; será menor ou maior, na dependência do andamento de cada processo em juízo, mesmo se dois pedidos tenham ingressado na mesma data no Poder Judiciário.

Os que entendem que o prazo deve ser único para situações idênticas formulam duas soluções: os prazos iniciam-se na data do pedido ou se iniciam na data da apresentação do plano. Adotamos a primeira interpretação porque o dispositivo indica claramente que os prazos se referem a eventos que têm seu limite na data do pedido de recuperação judicial, como se observa da simples leitura da parte final do *caput* e de seu parágrafo único, respectivamente, (...) "*vencidos até a data do pedido de recuperação judicial*" e (...) "*vencidos nos 3 (três) meses anteriores ao pedido de recuperação judicial*".

Diversamente, entretanto, entenderam os demais integrantes das Câmaras Empresariais do Tribunal de Justiça de São Paulo no Enunciado I, publicado no *DJe* em 17 de janeiro de 2019:

"Enunciado I: O prazo de um ano para o pagamento de credores trabalhistas e de acidentes de trabalho, de que trata o art. 54, *caput*, da Lei n. 11.101/2005, conta-se da homologação do plano de recuperação judicial ou do término do prazo de suspensão de que trata o art. 6º, § 4º, da Lei n. 11.101/2005, independentemente de prorrogação, o que ocorrer primeiro".

Ora, todos os créditos sujeitos à recuperação judicial estão vencidos na data do pedido recuperatório (art. 49) ou se encontram atualizados até essa data, mesmo se não vencidos (art. 9º, II) e, assim, nenhuma necessidade haveria de se indicar no art. 54 que o vencimento se deu na data do pedido de recuperação judicial ou é anterior a ele. Essa indicação enfática visa tão somente elucidar que os prazos de um ano e de três meses contam-se dessa data.

Margem de dúvida haveria se as expressões finais grifadas (*vencidos até a data do pedido de recuperação judicial*" e "*vencidos nos 3 (três) meses anteriores ao pedido de recuperação judicial*") não tivessem sido acrescentadas pelo legislador: "Art. 54. O plano de recuperação judicial não poderá prever prazo superior a 1 (um) ano para pagamento dos créditos derivados da legislação do trabalho ou decorrentes de acidentes de trabalho. Parágrafo único. § 1º – O plano não poderá, ainda, prever prazo superior a 30 (trinta) dias para o pagamento, até o limite de 5 (cinco) salários-mínimos por trabalhador, dos créditos de natureza estritamente salarial".

No plano formal, o laudo econômico-financeiro e de avaliação dos bens e ativos do devedor deve ser subscrito por empresa especializada ou profissional legalmente habilitado, aos quais também convém lançar parecer quanto à demonstração da viabilidade econômica, documento técnico que, igualmente, deve acompanhar o pedido.

8.3.2. Publicação do aviso

Protocolizado o plano, o juiz verificará a ordem formal de sua apresentação, não lhe sendo vedado que determine a emenda ou esclarecimentos que, a seu critério, se façam necessários.

Cumpridas eventuais diligências, o magistrado determinará a publicação do edital contendo aviso para manifestação ou oposição dos credores a respeito do pedido do devedor. O prazo termina em trinta dias e deve ser contado após a realização cumulativa dos atos de publicidade praticados nos autos, sempre daquele que ocorrer por último: a) da data da publicação do edital contendo a relação dos credores elaborada pelo administrador judicial; b) da data do aviso da apresentação do plano de recuperação judicial.

Se o administrador judicial publicou a relação de credores prevista no § 2º do art. 7º, o edital contendo o aviso sobre a apresentação do plano trará como principal efeito o início da fluência do prazo de trinta dias para as objeções dos credores. Se ainda não se publicou a relação de credores, o prazo somente fluirá a partir de sua ocorrência (veja quadro no item 8.2.2).

A razão de se aguardar a dupla publicação (da relação de credores e do aviso da chegada do plano em Juízo) antes de se iniciar a fluência do prazo de oposição dos credores é de fácil entendimento: se os credores não são conhecidos, por ausência de inclusão na lista apresentada pelo administrador, não há como chamá-los ou verificar sua legitimidade para objeções ao pedido. Por outro lado, se não foi publicado o aviso sobre a apresentação do plano, os credores não terão ciência de seu acesso ao conteúdo que pretendem impugnar.

8.4. Fase de concessão e cumprimento

O plano de recuperação pode incluir um ou alguns dos meios indicados no art. 50 ou, ainda, outros que sua estratégia, fundada em estudos técnicos, impuser. Apresentado em cartório, o escrivão autuará e remeterá os autos à conclusão do juiz, a quem caberá verificar a ordem formal, determinando sua complementação ou emenda. Depois, deve determinar imediata publicação de edital contendo aviso aos credores, informando sobre a protocolização do plano de recuperação em cartório e do prazo de trinta dias que deve ser respeitado para apresentação de eventuais objeções.

8.4.1. Objeção dos credores

Publicado o edital (art. 53, parágrafo único), qualquer credor constante da relação do devedor (art. 51, III) ou da apresentada pelo administrador (art. 7º, § 2º) pode manifestar sua objeção ao plano, no prazo de trinta dias.

Há liberdade na fundamentação por parte do credor, que tanto pode arguir ausência dos requisitos legais como também aspectos de mérito: inviabilidade técnica do plano, sacrifício dos credores superior à liquidação na falência, inexatidão dos laudos e pareceres técnicos, existência de fraude ou crime praticado anterior ou simultaneamente ao pedido etc.

O juiz pode indeferir objeção que não guarde pertinência com o pedido feito pelo devedor ou, ainda, se apresentado por quem não ostente a qualidade de credor sujeito ao plano de recuperação.

8.4.2. Convocação da assembleia geral

A assembleia geral somente será convocada para deliberar sobre o plano se houver objeção ao pedido apresentado pelo devedor (art. 55).

Há um limite temporal a ser respeitado: o juiz deve reunir os credores em assembleia dentro do prazo de cento e cinquenta dias contado da data da decisão do processamento da recuperação judicial, o que nos leva à conclusão de que o magistrado pode dispor de um período de tão só sessenta dias para fazê-lo, depois de findo o prazo para as objeções.

O devedor dispõe, desde a data da primeira decisão, de até sessenta dias para apresentar o plano, e os credores, de mais trinta para apresentar suas objeções. Se o devedor se valer de todo o período que a lei lhe concede, a assembleia deve ocorrer nos sessenta dias após a fluência do prazo para as objeções, sob pena de se ultrapassar o limite temporal fixado.

A Lei de Recuperação não impõe qualquer sanção para coibir excesso verificado, omissão que nos remete às penas de índole administrativa previstas na organização judiciária ou processual (CPC15, art. 143, I), quando verificado dolo, fraude, desídia no retardamento injustificável.

Até o advento da reforma introduzida pela LREF-20, em pedidos mais complexos, envolvendo milhares de credores, exceder o prazo de cento e cinquenta dias tornava-se incontornável em razão da exigência de publicação do edital de convocação para a assembleia geral em jornais de grande circulação nas localidades da sede e das filiais, conforme dispunha a redação original do art. 36. Na redação atual desse artigo, o devedor deve publicar o edital apenas no diário oficial eletrônico e disponibilizá-lo no sítio eletrônico do administrador judicial, com antecedência mínima de quinze dias (art. 36). Há, com a mudança legislativa, uma grande economia de tempo e de custos, considerando, sobretudo, que a lei prevê, ainda, uma segunda convocação a ser realizada somente depois de decorridos mais de cinco dias da primeira (art. 36, I).

Os prazos dos atos que antecedem à realização da assembleia somam cerca de cento e dez dias – sessenta na apresentação do plano, trinta para as objeções, quinze de publicação de editais e cinco dias para a segunda convocação –, aos quais devem ser adicionados os prazos para cumprimento pelo cartório e os de publicação. Dos cento e cinquenta dias permitidos, o magistrado disporá de um período de cerca de quarenta dias – ou menos – para reunir os credores num primeiro momento e pode ser obrigado a novas designações, em continuação à assembleia, para diligências e deliberações.

8.4.3. Deliberação sobre o plano apresentado

a) Regras para deliberação pelas classes votantes

Os poderes da assembleia geral de credores incluem aprovar, rejeitar ou modificar o plano de recuperação judicial (art. 35, I). O art. 45 da Lei n. 11.101/2005 dispõe sobre a deliberação sobre o plano de recuperação judicial, traçando as seguintes regras:

a) As classes de credores submetidas ao plano deverão ser ouvidas e aprovar a proposta. Compõem a classe I os titulares de créditos derivados da relação de trabalho ou decorrentes de acidentes do trabalho; integram a classe II os titulares de crédito com garantia real, e a classe III, os titulares de créditos quirografários, com privilégio especial, com privilégio geral ou subordinados, e, por força de posterior criação legislativa (Lei Complementar n. 147/2014), compõem a classe IV os titulares de créditos enquadrados como microempresas ou empresa de pequeno porte.

b) Nas classes I e IV, a proposta deverá ser aprovada por maioria simples dos credores presentes, independentemente do valor de seu crédito.

c) Nas classes II e III, a proposta deverá ser aprovada por credores que representem mais da metade do valor total dos créditos presentes à assembleia e, cumulativamente, pela maioria simples dos credores presentes. Neste caso, o sistema adotado foge à regra da maioria simples e introduz o sistema da dupla maioria: a formada pelo número de credores presentes e a que decorre de seus valores de créditos.

d) O credor que não sofrer, com o plano, alteração em seus valores ou condições originais de pagamento de seu crédito não terá direito a voto e não poderá ser considerado para fins de verificação de *quorum* de deliberação.

b) Cômputo dos votos em subclasses

Há grande deficiência na computação dos votos no sistema adotado pelo legislador, que pressupôs a apresentação de condições idênticas aos credores pertencentes a uma mesma classe de credores. Na prática, entretanto, o que ocorre é bem distante dessa realidade. Os planos podem conter condições específicas a categorias de credores que mantêm certa homogeneidade de interesses, como, por exemplo, na classe de credores quirografários, pode haver *fornecedores, colaboradores essenciais, credores financeiros* etc.

Assim, nos parece salutar a reforma pretendida pelo PL n. 10.220/2018, infelizmente não incluída na reforma aprovada pelo Congresso Nacional em 2020. Esse projeto acrescentava três incisos e dois parágrafos ao art. 53:

"IV – especificação das classes de credores afetadas e não afetadas pelo plano;

V – especificação do tratamento a ser conferido aos créditos que compõem cada classe de credores, que será igualitário, ressalvado o disposto no art. 67; e

VI – indicação de data, hora e local para a realização da assembleia geral de credores.

§ 1º Os credores de cada classe possuirão interesses homogêneos, delineados em função da natureza ou da importância do crédito, ou de outro critério de similitude justificado pelo proponente do plano e aprovado pelo juiz, a qualquer tempo que anteceda a homologação judicial do plano.

§ 2º Créditos derivados da legislação trabalhista ou decorrentes de acidentes de trabalho não poderão ser alocados em classes que envolvam créditos de outra natureza".

As modificações almejadas pela proposta legislativa de maio de 2018 mostravam-se corretas, inclusive quanto à indicação, desde logo, de data, hora e local para a realização da assembleia, evitando lapsos longos que vêm ocorrendo entre a apresentação do plano e sua deliberação. Essa data deve ser fixada no interregno indicado no § 1º do art. 56 (até cento e cinquenta dias contados do deferimento do processamento da recuperação judicial, ou cento e vinte dias, se viesse a ser aprovada a proposta prevista no PL n. 10.220/2018).

Contudo, outro termo deveria ser adotado para não haver confusão com as classes previstas no art. 41, que, no projeto de 2018, não sofre modificação. Impor categorias de credores com interesses homogêneos evita a dificuldade que se terá em não distinguir, no plano, as classes de origem do crédito (trabalhista, direito real de garantia, quirografário, titulares de crédito enquadrados como ME ou EPP) daquelas adotadas pelo devedor e "delineadas em função da natureza ou da importância do crédito, ou de outro critério de similitude justificado pelo proponente do plano e aprovado pelo juiz". Assim, por exemplo, credores por prestação de serviços podem ser agrupados numa categoria específica de interesses, independentemente da classe de origem de seu crédito, o mesmo ocorrendo para os credores por empréstimos ou credores financeiros etc.

A criação de classes com interesses homogêneos segue uma tendência do direito europeu e argentino, conforme anotamos na obra *A eficiência do processo judicial na recuperação da empresa* (2010:182):

"No Direito brasileiro foram estudadas [item 4.5.3.1, acima] as dificuldades quanto à aplicação do princípio da *par conditio creditorum* nos planos horizontal e vertical, que, por ausência de diretriz legislativa, pode conduzir a resultados injustos, situação que as leis que adotaram a categorização evitam, submetendo ao magistrado o exame do atendimento aos critérios legais: justiça e adequação (InsO – 'Lei de Insolvência Alemã – *Insolvenz ordenung*'), fundamentação e razoabilidade (LCQ – '*Ley de Concursos y Quiebras* argentina') e razoabilidade e conveniência (BC – '*Bankruptcy Code* norte-americana').

A criação de grupos de tratamento específico permitiria atender, com certa dose de relativização do princípio da *pars conditio creditorum*, em sede de negociação, a certas características próprias do devedor em crise econômico-financeira, deixando ao legislador certa margem de regulamentação, como, por exemplo, as condições previstas no art. 54 da Lei n. 11.101/2005, que restringe o prazo para pagamento dos credores derivados da legislação do trabalho ou decorrentes de acidentes de trabalho a um ano e os créditos de natureza estritamente salarial vencidos nos três meses anteriores ao pedido de recuperação judicial, até o limite de cinco salários mínimos por trabalhador, a trinta dias.

No mais, a lei brasileira poderia autorizar a aprovação do plano por outros subgrupos, concedendo maior flexibilidade e adequação do trato negocial segundo os interesses econômicos que unem os credores.

Vislumbra-se, no direito brasileiro, maior dificuldade na aprovação do plano de recuperação em razão do agrupamento de credores em classes com interesses muitas vezes antagônicos que impede a apresentação de proposta única que atenda a todos os seus integrantes. Quais são os interesses econômicos que unem credores quirografários, em regra fornecedores de bens e serviços, aos credores com privilégio geral – por exemplo, debenturistas com garantia flutuante e os honorários de advogado – e aos subordinados – por exemplo, créditos dos sócios e dos administradores sem vínculo empregatício?".

Sem referir-se à categorização, o PL n. 10.220/2018 adotava as linhas que entendíamos indispensáveis à melhor análise do plano pelos credores.

Entretanto, embora sem expressa regulamentação legal, não há vedação, possibilitando-se, como ocorre amiúde, a apresentação de planos distintos a credores da mesma classe, distribuídos de forma justificada em subclasses conforme sua homogeneidade e interesses distintos.

O parágrafo único do art. 67 da LREF, na redação que lhe deu a LREF-20, autoriza o devedor a propor tratamento diferenciado aos fornecedores de bens ou serviços que continuarem a provê-los normalmente durante a recuperação judicial. Duas condições foram impostas pelo legislador à aceitação dessa proposta: a) a demonstração que tais bens e serviços são necessários à manutenção de suas atividades; b) o tratamento diferenciado é adequado e razoável "no que concerne à relação comercial e futura".

No caso de aprovação de plano em que são previstas várias subclasses ou categorias, entendemos que se deve seguir a mesma lógica do disposto no art. 58. Assim, se são três subclasses, para a aprovação nessa classe apura-se segundo a fórmula dos incisos I, II e III do § 1º do art. 58: voto favorável de credores que representam mais da metade dos créditos presentes à assembleia, aprovação de duas classes e, na classe que o rejeitou, o voto favorável de mais de 1/3 (um terço) dos credores.

c) Abusividade no exercício do voto

Ainda que esse raciocínio seja integralmente seguido, sempre há o risco de impor a uma subclasse sacrifício excessivo ou entregar a uma determinada subclasse o exercício de voto com abuso, conforme anotamos em artigo publicado (Negrão, 2015:91-118):

"O primeiro desvio é identificado na pretensão de que credores da subclasse menos favorecida (minoritários) sejam submetidos à aprovação da proposta por deliberação dos credores da classe mais favorecida pelo plano que dispõe de número superior de titulares de crédito e que simultaneamente somam créditos de valor superior ao daqueles.

O segundo, tão mais temido quando ao primeiro, está em que os credores da subclasse mais favorecida sejam submetidos à rejeição injustificada do plano deliberada pelos credores da classe menos favorecida que dispõem de maior quantidade de titulares de crédito e somam valor superior ao daqueles.

Nesse jogo de estratégias, identifica-se, no primeiro caso, o objetivo de o autor alcançar resultados a partir de cálculos previamente articulados no plano recuperatório. Vislumbra-se como única finalidade a consecução dos interesses do devedor e não no cumprimento dos objetivos do art. 47 da Lei n. 11.101.

No segundo caso, um plano adequado seria rejeitado por abuso de direito dos credores com maior poder de voto".

Prevendo essas distorções, a LREF-20 acrescentou o § 6º ao art. 39, que prevê a declaração de nulidade do voto "quando manifestamente exercido para obter vantagem ilícita para si ou para outrem".

d) Formas de aprovação do plano apresentado pelo devedor

O plano de recuperação será considerado aprovado a) tacitamente, se decorrido o prazo de trinta dias da publicação do aviso do art. 53, parágrafo único, ou do edital do art. 7º, § 2º, não houver objeções por parte dos credores ou do Ministério Público (art. 55); b) expressamente, por deliberação da assembleia geral de credores (art. 45), aprovação assemblear, em votação presencial, telepresencial (realizada por sistema eletrônico) ou por qualquer outro mecanismo reputado suficientemente seguro pelo juiz (art. 39, § 4º, II e III), obedecido o *quorum* previsto no art. 45; c) aprovação documentada em termo de adesão de credores em número que satisfaça o *quorum* de aprovação, nos termos do que dispõe o art. 56-A em seus parágrafos (arts. 39, § 4º, I, e 45-A, § 1º). O *quorum* de aprovação do plano mantém-se aquele previsto no art. 45 já explicitado nos parágrafos anteriores.

Uma quarta alternativa é a prevista no art. 58, §§ 1º e 2º , que permite ao juiz conceder a recuperação judicial mesmo na hipótese de o plano não ter obtido o número de votos necessários à sua aprovação na forma do art. 55 se na assembleia geral o plano alcançar, cumulativamente:

a) o voto favorável de credores que representem mais da metade do valor de todos os créditos presentes à assembleia, independentemente de classes;

b) a aprovação de três classes de credores ou, se houver somente três classes votantes, a aprovação de duas classes com credores ou, caso somente sejam duas classes votantes, em pelo menos uma delas (art. 58, § 1º, incisos I, II e III);

c) o voto favorável de mais de um terço dos credores na classe que houver rejeitado o plano, respeitada a forma de computação dos votos prevista nos §§ 1º e 2º do art. 45.

Esta via é denominada por Alberto Camiña Moreira *cram down* brasileiro, por assemelhar-se ao instrumento norte-americano previsto no § 1.129 do *Bankruptcy Code*. A expressão foi cunhada pela doutrina do país do norte para regular o ato de "o juiz impor aos credores discordantes o plano apresentado pelo devedor e já aceito por uma maioria" (Cf. Moreira, 2005:257).

Em sentido oposto a esse entendimento, Frederico Augusto Monte Simionato (2008:183) expressa os fundamentos de outra conclusão: "Se o artigo 58, § 1º, da Lei, pudesse ser visto como uma subespécie do *cram down* da lei americana, o nosso diploma poderia ser definido como um *cram down* à moda brasileira. Em outras palavras, não há *cram down* na Lei 11.101/05, em hipótese alguma. Uma interpretação dessa natureza contraria por completo o espírito da lei, ferindo os seus princípios, e colocando por terra a obra do legislador. A boa doutrina não pode trilhar esse caminho, propondo interpretação ao arrepio da lei. O que vale é o texto normativo e a estrutura contratualista que a lei estabelece para o regramento da crise econômica da empresa. O magistrado, em sede de aplicação da Lei 11.101/05, não tem a prerrogativa de contrariar os votos dos credores nas maiorias normativas estabelecidas pela própria lei para a aprovação do plano de recuperação judicial. Isto iria ferir de morte a boa interpretação da lei, o que não deve ser aceito".

Um resumo das quatro formas de aprovação, previstas nos arts. 55, 45, 56-A e 58, § 1º, pode ser visualizado na seguinte tabela:

APROVAÇÃO TÁCITA (ART. 55)	Pelo decurso do prazo de trinta dias da publicação do aviso do art. 53, parágrafo único, ou do edital do art. 7º, § 2º, sem objeções por parte dos credores ou do Ministério Público (art. 55).
APROVAÇÃO ASSEMBLEAR, EM VOTAÇÃO PRESENCIAL, TELEPRESENCIAL (REALIZADA POR SISTEMA ELETRÔNICO) OU POR QUALQUER OUTRO MECANISMO REPUTADO SUFICIENTEMENTE SEGURO PELO JUIZ (ART. 45)	Aprovação por todas as classes submetidas ao plano: a) maioria simples dos credores derivados da legislação do trabalho ou decorrentes de acidentes do trabalho, presentes à assembleia, independentemente do valor do crédito; b) mais da metade do valor total dos créditos dos titulares de créditos com garantia real presentes à assembleia e, cumulativamente, maioria simples dos credores presentes; c) mais da metade do valor total dos créditos dos titulares de créditos quirografários, com privilégio especial, com privilégio geral ou subordinados presentes à assembleia e, cumulativamente, maioria simples dos credores presentes.
APROVAÇÃO DOCUMENTAL POR TERMO DE APROVAÇÃO, POR ESCRITO, APRESENTADO ATÉ CINCO DIAS ANTES DA DATA DE REALIZAÇÃO DA ASSEMBLEIA GERAL DE CREDORES (ART. 56-A)	Termo de adesão de credores em número que satisfaça o *quorum* de aprovação, nos termos do que dispõe o § 1º do art. 45-A (PL n. 6.220-D, arts. 39, § 4º, I, e 56-A). O *quorum* de aprovação do plano mantém-se aquele previsto no art. 45.
APROVAÇÃO ASSEMBLEAR-JUDICIAL (ART. 58, § 1º)	Obtenção de: a) voto favorável de credores que representem mais da metade do valor de todos os créditos presentes à assembleia, independentemente de classes; b) a aprovação de três classes de credores ou, se houver somente três classes votantes, a aprovação de duas classes com credores ou, caso somente sejam duas classes votantes, em pelo menos uma delas; c) o voto favorável de mais de um terço dos credores na classe que houver rejeitado o plano, respeitada a forma de computação dos votos prevista nos §§ 1º e 2º do art. 45. Nesse caso, a regra de cômputo dos votos não se altera: 1) os votos dos credores derivados da legislação do trabalho ou decorrentes de acidentes do trabalho, presentes à assembleia, serão computados independentemente do valor do crédito; 2) a soma dos votos favoráveis dos credores titulares de créditos com garantia real presentes à assembleia deve alcançar mais de um terço do valor total dos créditos e mais de um terço do número de credores presentes; 3) a soma dos votos dos credores titulares de créditos quirografários, com privilégio especial, com privilégio geral ou subordinados presentes à assembleia deve alcançar mais de um terço do valor total dos créditos e mais de um terço do número de credores presentes.

Faculta-se à assembleia geral promover alterações no plano de recuperação (art. 55, § 3º), que, entretanto, deverão contar com a aprovação do devedor e "em termos que não impliquem diminuição dos direitos exclusivamente dos credores ausentes". Vale dizer que a assembleia geral, ao modificar o plano inicial, para o qual todos os credores foram previamente convocados, não pode deliberar tão somente no sentido de reduzir os direitos dos credores que deixaram de atender à convocação, como que impondo aos faltosos punição pela ausência.

e) Do plano apresentado pelos credores

Para além das formas de aprovação do plano apresentado pelo devedor, a LREF-20 ampliou as oportunidades de concessão da recuperação judicial, introduzindo, no art. 56 da LREF (§§ 4º a 8º), a possibilidade de o administrador judicial submeter à assembleia geral proposta de deliberação de concessão do prazo de trinta dias, para que os credores façam a apresentação de outro plano. Essa deliberação deve ser aprovada por credores que representam mais da metade dos créditos presentes à assembleia geral de credores.

Criou-se, portanto, uma quinta possibilidade de aprovação de plano, contudo, não mais aquele desejado inicialmente pelo devedor, mas imposto pelos credores interessados no soerguimento da empresa. Se nem mesmo o devedor obtém a aprovação do plano apresentado pelos credores, a falência é de rigor (art. 58-A).

Esse plano dos credores somente poderá ser apresentado à votação se, cumulativamente, sejam satisfeitas seis condições:

"I – não preenchimento dos requisitos previstos no § 1º do art. 58 desta Lei;" Isto é, somente haverá a possibilidade de apresentação do plano pelos credores se não for possível a homologação judicial pelo chamado *cram down* (aprovação assemblear-judicial).

"II – preenchimento dos requisitos previstos nos incisos I, II e III do *caput* do art. 53 desta Lei;", que são os mesmos exigidos para a apresentação do plano original pelo devedor.

"III – apoio por escrito de credores que representem, alternativamente: a) mais de 25% (vinte e cinco por cento) dos créditos totais sujeitos à recuperação judicial; ou b) mais de 35% (trinta e cinco por cento) dos créditos dos credores presentes à assembleia geral a que se refere o § 4º deste artigo;"

"IV – não imputação de obrigações novas, não previstas em lei ou em contratos anteriormente celebrados, aos sócios do devedor;"

"V – previsão de isenção das garantias pessoais prestadas por pessoas naturais em relação aos créditos a serem novados e que sejam de titularidade dos credores mencionados no inciso III deste parágrafo ou daqueles que votarem favoravelmente ao plano de recuperação judicial apresentado pelos credores, não permitidas ressalvas de voto;"

Essa condição provavelmente inviabilizará a apresentação do plano alternativo, por impor excessivo ato de liberalidade aos credores que dispõem de créditos com garantias pessoais. Com a adesão a essa cláusula, esses credores não poderão executar os créditos contra os avalistas e fiadores, em geral sócios da recuperanda.

"VI – não imposição ao devedor ou aos seus sócios de sacrifício maior do que aquele que decorreria da liquidação na falência."

Esse inciso é uma versão inversa do princípio apresentado por Carvalho de Mendonça (1954, p. 384-385):

"(...) Não se compreende a concordata sem a equivalência dos sacrifícios, que se exigem dos credores, as vantagens de evitar a liquidação judicial na falência. Não seria justo levar o rigor da lei ao ponto de sacrificar o interesse dos credores em benefício exclusivo do falido, ou de credores astutos. A falência não é meio de enriquecer".

O equilíbrio entre credores e devedor (hoje uma das finalidades do processo recuperatório previsto no art. 47 – *interesse dos credores*) constou de todas as legislações falimentares desde a Lei n. 2.024, de 1908 (art. 108), até a lei falimentar de 1945, que reproduzia o mesmo texto em seu art. 143:

"Art. 143. São fundamentos de embargos à concordata: I – sacrifício dos credores maior do que a liquidação na falência ou impossibilidade evidente de ser cumprida a concordata, atendendo-se em qualquer dos casos, entre outros elementos, à proporção entre o valor do ativo e a percentagem oferecida".

O legislador de 2020 revela nesse inciso sua clara opção pelo direito do devedor e de seus sócios, em detrimento do direito do credor ou do equilíbrio contratual entre devedor e credor, afastando-se da regra do art. 47 da LREF.

8.4.4. Constituição do Comitê de Credores

A assembleia geral que aprovar o plano de recuperação judicial poderá indicar os membros do Comitê de Credores, salvo se este já estiver constituído em momento anterior, após a decisão de processamento (art. 52, § 2º). Por se tratar de órgão de instituição facultativa, na sua ausência as atribuições serão exercidas pelo administrador judicial ou, nas incompatibilidades, pelo juiz (art. 28).

As atribuições específicas do Comitê de Credores no processo de recuperação judicial podem ser classificadas em atribuições: (1) de cunho administrativo; (2) na verificação de créditos; (3) na fiscalização geral do plano de recuperação; (4) na fiscalização sobre o ativo do devedor; (5) na defesa do direito da massa credora; (6) na fiscalização sobre os atos do administrador judicial, resumidas no seguinte quadro:

ATRIBUIÇÃO	FUNDAMENTO
Atribuição relacionada à organização interna	
Eleger seu presidente.	Art. 26, § 3º
Atribuições na verificação de crédito	
Apresentar impugnação à relação de credores.	Art. 8º
Manifestar-se nos procedimentos de impugnação de crédito.	Art. 12
Requerer, em procedimento ordinário previsto no Código de Processo Civil, a exclusão, outra classificação ou a retificação de qualquer crédito, nos casos de descoberta de falsidade, dolo, simulação, fraude, erro essencial ou, ainda, documentos ignorados na época do julgamento do crédito ou da inclusão no quadro-geral de credores.	Art. 19
Atribuições na fiscalização geral do plano de recuperação	
Zelar pelo bom andamento do processo e pelo cumprimento da lei.	Art. 27, I, *b*
Fiscalizar a administração das atividades do devedor, apresentando a cada 30 dias relatório de sua situação.	Art. 27, II, *a*
Fiscalizar a execução do plano de recuperação judicial.	Art. 27, II, *b*
Fiscalizar a condução da atividade empresarial durante o procedimento da recuperação judicial.	Art. 64
Requerer ao juiz a convocação da assembleia geral de credores.	Art. 27, I, *e*
Manifestar-se nas hipóteses previstas na lei.	Art. 27, I, *f*
Atribuições na fiscalização sobre o ativo do devedor	
Submeter à autorização do juiz, quando ocorrer o afastamento do devedor nas hipóteses previstas na lei, a alienação de bens do ativo permanente, a constituição de ônus reais e outras garantias, bem como atos de endividamento necessários à continuação da atividade empresarial durante o período que antecede a aprovação do plano de recuperação judicial.	Art. 27, II, *c*
Manifestar-se sobre os pedidos do devedor de alienação ou sujeição a ônus de bens ou direitos, não previstas no plano de recuperação.	Art. 66

Manifestar-se sobre a celebração de contratos de financiamento com o devedor.	Art. 69-A
Manifestar-se sobre a alienação de bens por processo competitivo ou outra modalidade não especificada pelo legislador.	Art. 142, IV, V, e § 3º -B, III
Atribuições na defesa de direitos da massa credora	
Comunicar ao juiz, caso detecte violação dos direitos ou prejuízo aos interesses dos credores.	Art. 27, I, *c*
Apurar e emitir parecer sobre quaisquer reclamações dos interessados.	Art. 27, I, *d*
Atribuições na fiscalização sobre os atos do administrador judicial	
Fiscalizar as atividades e examinar as contas do administrador judicial.	Art. 27, I, *a*

8.4.5. Apresentação de certidões

Não havendo objeção ou se esta for rejeitada e o plano tiver sido aprovado pela assembleia geral, essa deliberação será juntada aos autos e o devedor deverá apresentar certidões negativas de débitos tributários (art. 57), nos termos dos arts. 151, 205 e 206 do Código Tributário Nacional.

A Lei Falimentar não fixa prazo para essa juntada, devendo o magistrado considerar que o Código Tributário Nacional dispõe que o fornecimento da certidão deverá ser feito em dez dias da data da entrada do requerimento na repartição fiscal (CTN, art. 205, parágrafo único). É razoável, portanto, fixar-se em quinze dias, desde a data da deliberação favorável da assembleia geral ou do decurso do prazo de trinta dias previsto no art. 55, o prazo-limite para essa apresentação, salvo motivo idôneo apresentado pelo devedor, alheio a sua vontade, que não configure desídia ou inadimplemento das obrigações tributárias.

Contudo, se as certidões não forem juntadas, qual é a sanção?

No regime da LF45 (art. 174), entregue o relatório do comissário, o devedor em concordata deveria apresentar "prova do pagamento dos impostos relativos à profissão, federais, estaduais e municipais, e das contribuições devidas ao Instituto ou Caixa de Aposentadoria e Pensões do ramo de indústria ou comércio (...)". Não o fazendo, o escrivão certificava a ocorrência e os autos eram remetidos ao juiz para decretação da falência.

Na prática, contudo, a jurisprudência desprezava as exigências fiscais, remetendo o Fisco às vias próprias.

A Lei n. 11.101/2005 não reproduziu aquele dispositivo, abrindo caminho a ampla discussão na doutrina. Há quem entenda que a redação do art. 58 remete a inevitável leitura condicional: "(Se) cumpridas as exigências desta Lei, o juiz concederá" e, assim, *a contrario sensu*, "(Se) não cumpridas as exigências desta Lei, o juiz não concederá".

Este entendimento resultaria da redação do art. 191-A da Lei Complementar n. 118, que, em 9 de fevereiro de 2005, alterou o Código Tribunal Nacional: "A concessão de recuperação judicial depende da apresentação da prova de quitação de todos os tributos, observado o disposto nos arts. 151, 205 e 206 desta Lei".

Contudo, o juiz não dispõe de uma única opção (falência) para a hipótese de não apresentação das certidões fiscais. Não conceder não significa decretar a quebra. O magistrado pode considerar outras medidas, tais como requisitar certidões ou declarar inócua sua apresentação tendo em vista comunicação anterior, quando do deferimento do processamento (art. 52, V), sem qualquer relato de débito existente etc.

Nos primórdios da aplicação da LREF, doutrina e jurisprudência afirmam que a ausência de legislação acerca do parcelamento do débito fiscal era o fundamento à dispensa das certidões.

Com a sobrevinda da Lei n. 10.522/2002 autorizando o parcelamento de débitos em até oitenta e quatro parcelas e sua regulamentação (Portaria n. PGFN/RFB n. 1, de 13 de fevereiro de 2015) e, mais recentemente, o pagamento da dívida consolidada em cento e vinte parcelas por força do art. 3º da Lei n. 14.112, de 24 de dezembro de 2020, não mais se sustenta aquele fundamento pautado na ausência de norma legal.

O descumprimento do acordo de parcelamento de débitos impõe a decretação da falência do devedor, conforme prevê o inciso V do art. 73, na nova redação dada pela LREF-20, objeto do item 9.6 deste volume.

8.4.6. Decisão de concessão

Duas questões devem ser enfrentadas quando se discorre sobre a decisão de concessão: qual a natureza jurídica desta decisão e o papel do magistrado no momento de sua prolação.

Alguns entendem que o modelo adotado no Brasil comporta pronunciamento judicial meramente homologatório, a vontade dos agentes econômicos envolvidos nesse diálogo é preponderante; ainda aqui, no processo judicial, a lei entregou a solução da crise da empresa à vontade geral recolhida de modo formal no encontro de credores.

É o magistério de Eduardo S. Munhoz (2006:284), que sustenta: "Não cabe ao juiz, portanto, nenhuma margem de *discricionariedade* a respeito da matéria ou, em palavras mais precisas, não há na lei, quanto a este aspecto, conceitos abertos (chamados conceitos indeterminados) que confiram ao juiz margem ampla de interpretação para a emissão dos respectivos *Juízos de legalidade*. Assim, uma vez preenchidos os requisitos da Lei, que nesse aspecto não adota nenhuma cláusula aberta ou conceito indeterminado, e aprovado o plano pelos credores, cumpre ao juiz conceder a recuperação, se, por outro lado, não se configurar tal hipótese, cabe ao juiz decretar a falência".

O modelo dos renomados doutrinadores citados tem como paradigma da legislação brasileira o sistema recuperatório norte-americano, sem tradição jurídica em nosso país, daí por que todo cuidado deve cercar o magistrado ao considerar seu papel na condução do processo recuperatório.

Não nos parece que o modelo brasileiro, ao afastar-se da legislação francesa, tenha necessariamente que revestir-se da total roupagem concebida pelo legislador norte-americano.

De se lembrar, neste aspecto, o magistério de Jorge Lobo (2005:153): "Sob o império da LRE, são ainda maiores e mais amplos os poderes, funções e atribuições do juiz na condição do processo de reerguimento da empresa, sem chegar, entretanto, como ocorre no direito francês, a ser uma autêntica 'magistratura econômica', em virtude do fundamento ético, do objeto, dos fins imediatos e mediatos e dos princípios da LRE, do evidente interesse público na preservação da atividade econômica e do fato inconteste, ressaltado pelo Min. Sálvio de Figueiredo Teixeira, de que 'o Estado Democrático de Direito não se contenta mais com uma nação passiva. O Judiciário não mais é visto como mero Poder equidistante, mas como efetivo participante dos destinos da Nação e responsável pelo bem comum'".

O Brasil tem uma consciência jurídica própria e é provido de escolas de magistratura que se formaram ao longo de séculos e deve buscar na sua experiência histórica as respostas para as dificuldades da nova lei, conduzindo-se pelo espírito da função social preconizado na Constituição Federal e nos nortes firmados no art. 47: "permitir a manutenção da fonte produtora, do emprego dos trabalhadores e dos interesses dos credores, promovendo, assim, a preservação da empresa, sua função social e o estímulo à atividade econômica".

O magistrado, no Direito brasileiro, não é mero expectador, mas age segundo princípios processuais próprios, entre os quais o da independência na apreciação da prova, previsto no art. 371 do Código de Processo Civil de 2015: "O juiz apreciará a prova constante nos autos, atendendo aos fatos, independentemente do sujeito que a tiver promovido, e indicará na decisão as razões da formação de seu convencimento".

A sentença proferida é de cunho constitutivo, exatamente como ocorria no sistema revogado, devendo ser lembrado, a este respeito, o magistério de Pontes de Miranda (1998, 3:532): "A sentença que concede a concordata preventiva é constitutiva integrativa, embora alguns elementos constituidores já venham de atos do devedor e dos credores e já tenha havido a eficácia constitutiva do vencimento antecipado dos créditos por ocasião do despacho de incoação e o encerramento das contas correspondentes. Não se trata de sentença declarativa, como ainda pensa Elio Fazzalari (*La Giurisdicione voluntária,* 208 s.). As cláusulas da concordata preventiva vão ser cumpridas. O cumprimento é que é execução, mas execução voluntária. Se não se cumpre, ocorre o que se queria prevenir: a falência".

8.4.7. Efeitos da decisão de concessão

São efeitos da decisão de concessão de recuperação judicial:

a) Novação dos créditos anteriores ao pedido (art. 59)

Novação é uma das formas de extinção da obrigação e se opera pela mutação de uma dívida em outra. Interessam à recuperação a novação objetiva (CC, art. 360, I), que é a contração de nova dívida com o credor para extinguir e substituir a anterior, e a novação subjetiva passiva (CC, art. 360, II), em que um novo devedor sucede ao antigo, ficando este quite com o credor.

Há, contudo, uma dificuldade a ser sanada quando se confrontam os arts. 59 e 49, § 1º, da Lei de Recuperação Judicial e os arts. 364 a 366 do Código Civil.

Acrescenta o primeiro a expressão "sem prejuízo das garantias, observado o disposto no § 1º do art. 50 desta Lei" (art. 59), em consonância com a regra do art. 49, § 1º: "os credores do devedor em recuperação judicial conservam seus direitos e privilégios contra os coobrigados, fiadores e obrigados de regresso", enquanto os últimos afirmam: "a novação extingue os acessórios e garantias da dívida, sempre que não houver estipulação em contrário" (CC, art. 364); "operada a novação entre o credor e um dos devedores solidários, somente sobre os bens do que contrair a nova obrigação subsistem as preferências e garantias do crédito novado. Os outros devedores solidários ficam por esse fato exonerados" (CC, art. 365) e "importa exoneração do fiador a novação feita sem seu consenso com o devedor principal" (CC, art. 366).

Vê-se que no Código Civil a novação opera a liberação das garantias e bens oferecidos pelo devedor e, ainda, das garantias pessoais, quando o terceiro garantidor não tiver consentido expressamente. Na recuperação, mesmo com a novação, as garantias reais e pessoais subsistem.

Qual legislação subsiste?

Jorge Lobo (2005:158) sustenta a aplicação da Lei de Recuperação não somente porque se trata de lei posterior, como também porque vige o princípio da especialização.

Eduardo S. Munhoz busca compatibilizar as legislações (2006:290): "A interpretação sistemática do art. 59 e dos arts. 364, 366 e 367 do CC leva à conclusão de que a expressão 'sem prejuízo das garantias' refere-se às garantias e acessórios da dívida em geral, ressalvados: (i) a fiança; (ii) o penhor, a hipoteca ou a anticrese sobre bens pertencentes a terceiros; e (iii) a obrigação solidária de outros devedores (arts. 364, 365 e 366, CC)".

Para Munhoz (2006:291), o art. 59 estaria destinado a completar o sentido do § 1º do art. 50 da Lei de Recuperação (*verbis:* "Na alienação de *bem objeto de garantia real*, a supressão da garantia ou sua substituição somente serão admitidas mediante aprovação expressa do credor titular da respectiva garantia") porque entende que "não implicará a extinção da garantia real sobre ele incidente, salvo com sua expressa concordância, solução que é compatível com o disposto no art. 364 do CC, que deixa à autonomia da vontade das partes a definição da manutenção ou não desta espécie de garantia".

Entendemos que os credores somente conservam seus direitos e privilégios *contra fiadores* até a concessão da recuperação judicial. A partir daí, com a novação – efeito da concessão – incide o art. 366 do Código Civil, ficando o fiador exonerado, salvo se, nos autos de recuperação, expressamente consentir com a conversão operada.

No que se refere aos bens de terceiros, a regra do Código Civil é clara: não basta ao credor ressalvar o penhor, a hipoteca ou anticrese se os bens pertencem a terceiro que não foi parte na novação. Sobre estes bens a Lei de Recuperação não traça regra especial, não os mencionando no rol do art.

49, § 1º (são mencionados apenas os coobrigados, fiadores e obrigados de regresso), nem se pode dizer que estariam contidos na expressão "garantia real" do art. 50, § 1º, porque esta não se encontra qualificada (garantia real *sobre bens de terceiros*). Na ausência de identificação incide a regra do art. 364 do Código Civil: "Não aproveitará, contudo, ao credor ressalvar o penhor, a hipoteca, a anticrese, se os bens dados em garantia pertencerem a terceiro que não foi parte na novação".

A expressão "garantia", dos arts. 49, § 1º, e 59 da Lei de Recuperação, deve ser entendida como a real fornecida pelo próprio devedor em recuperação judicial.

Em suma, entendemos que a novação, efeito da concessão da recuperação judicial, opera (1) a liberalização dos bens dados em penhor, hipoteca ou anticrese, pertencentes a terceiros que não fazem parte do plano e (2) exoneração do *fiador*, salvo se este consentir.

A concessão não opera qualquer mudança nos direitos dos credores em relação às obrigações cambiárias (*avais e endossos*) de coobrigados e obrigados de regresso porque autônomas em relação à principal. Esta conclusão está em sintonia com o disposto no art. 365 do Código Civil.

A jurisprudência do Tribunal de Justiça de São Paulo considera que a novação mencionada nesse dispositivo é de natureza relativa e "somente será efetivamente levada a efeito se cumpridas todas as obrigações previstas no plano, pois, caso contrário, o caminho será somente o da falência, reconstituídos todos os direitos dos credores tais como contratados originalmente" (Desª. Lígia Araújo Bisogni, no julgamento do AgReg. n. 2054649-90.2014, em 7 de julho de 2014, entre inúmeros outros das CRDE).

b) Sujeição do devedor e de todos os credores a ela sujeitos (arts. 49 e 59)

É de observar que nem todos os credores estão sujeitos ao plano de recuperação judicial. Foram expressamente ressalvados os credores fiscais (CTN, art. 187) e aqueles mencionados nos §§ 3º e 4º do art. 49: a) credor titular da posição de proprietário fiduciário de bens móveis ou imóveis; b) arrendador mercantil; c) proprietário ou promitente vendedor de imóvel cujos respectivos contratos contenham cláusula de irrevogabilidade ou irretratabilidade, inclusive em incorporações imobiliárias; d) proprietário em contrato de venda com reserva de domínio; e e) o credor por importância entregue ao devedor em moeda corrente nacional, decorrente de adiantamento a contrato de câmbio para exportação – os chamados "ACC".

É possível, ainda, que o plano não altere o valor ou as condições originais do pagamento de alguns credores sujeitos à recuperação. Neste caso estão sujeitos, mas sem que tal condição acarrete mudanças na sua posição credora.

Quanto ao produtor rural que somente se inscreveu às vésperas do pedido recuperacional (*v. 2.4 d)*, deixando de cumprir o prazo de dois anos previsto no art. 48, *caput*, poderia surgir dúvida quanto à sujeição ao plano dos credores existentes em data anterior à regularidade no Registro Público de Empresas.

O CJF, na III Jornada de Direito Comercial, enfrentou essa questão com o Enunciado 96: "A recuperação judicial do empresário rural, pessoa natural ou jurídica, sujeita todos os créditos existentes na data do pedido, inclusive os anteriores à data da inscrição no Registro Público de Empresas Mercantis".

Contudo, a LREF-20 solucionou definitivamente a dúvida existente, acrescentando o § 6º ao art. 49 da LREF e dispondo expressamente que, para os casos previstos nos §§ 2º e 3º do art. 48 (isto é, em que se admite a comprovação do biênio de exercício de atividade sem registro regular), "somente estarão sujeitos à recuperação judicial os créditos que decorram exclusivamente da atividade rural" e, ainda, que estejam discriminados na sua Escrituração Contábil Fiscal (ECF), regulamentada pela IN RFB n. 1322, de 19 de dezembro de 2013, ou em registros contábeis que o substituam. Em se tratando de exercício de atividade rural por pessoa natural, os créditos devem estar registrados no Livro Caixa Digital do Produtor Rural (LCDPR), arquivo digital instituído pela IN RFB n. 1.848, de 28 de novembro de 2018 ou, ainda, em registros contábeis que o substituam, apresentando também a declaração de Imposto de Renda de Pessoa Física e o balanço patrimonial.

Os recursos controlados e abrangidos nos termos dos arts. 14 e 21 da Lei n. 4.829, de 5 de novembro de 1965, que tenham sido objeto de negociação entre o devedor e a instituição financeira antes do ajuizamento pedido também não se sujeitam à recuperação judicial (art. 49, § 7º e 8º). Referem-se esses aos créditos rurais concedidos pelas instituições financeiras integrantes do sistema nacional de crédito rural.

E, finalmente, não está sujeito à recuperação o crédito relativo à dívida constituída nos três anos anteriores ao pedido recuperatório para a aquisição de propriedades rurais e suas garantias.

c) Constituição de título executivo judicial

Com a revogação do art. 584 do CPC73 pela Lei n. 11.232, de 22 de dezembro de 2005, a segunda parte do § 1º do art. 59 da Lei Falimentar restou prejudicada. Deve-se compreender que a decisão judicial que concede recuperação judicial é título judicial, sem a supérflua remissão ao dispositivo suprimido da lei processual.

A redação primitiva era passível de críticas ao igualar a sentença concessiva de recuperação à de homologação de *conciliação* ou de *transação,* porque estes institutos diferem, em muito, da negociação com a massa de credores que ocorre na recuperação judicial. Esta é marcada pela imposição da vontade de uns credores sobre a dos outros e, ainda, pela possibilidade de intervenção judicial que, em determinadas condições, sobrepõe-se à manifestação de grande parte dos credores (deliberação assemblear judicial, também conhecida como *cram down*).

d) Obediência às regras do art. 142 na venda de unidades produtivas

Se o plano envolver alienação judicial de filiais ou de unidades produtivas isoladas do devedor, será obedecida a forma de venda prevista no art. 142, o objeto da alienação estará livre de qualquer ônus e não haverá sucessão do arrematante nas obrigações do devedor, inclusive as de natureza, salvo se o adquirente se enquadrar numa das hipóteses do § 1º do art. 141 (I – sócio da sociedade falida, ou sociedade controlada pelo falido; II – parente, em linha reta ou colateral até o 4º (quarto) grau, consanguíneo ou afim, do falido ou de sócio da sociedade falida; ou III – identificado como agente do falido com o objetivo de fraudar a sucessão).

Os projetos aprovados no Congresso Nacional previam a liberação ampla e irrestrita de todas a obrigações, isentando o arrematante de ônus de qualquer natureza – ambiental, regulatória, administrativa, penal, anticorrupção, tributária e trabalhista – (art. 60, parágrafo único, e art. 66, II, § 3º).

Essa extensão, contudo, foi vetada pelo Presidente da República ao sancionar a LREF-20, com as seguintes justificativas:

"Todavia, e embora se reconheça a boa intenção do legislador, a medida contraria a moldura constitucional pátria, notadamente no que tange às obrigações ambientais, nos termos do *caput* do art. 225 e do inciso II do art. 186, ambos da Constituição da República, haja vista que a responsabilidade pela reparação de eventual dano ambiental causado recairá não apenas sobre aquele que o houver causado, mas também sobre aquele que houver adquirido o bem que sofreu (e sofre o dano a ser reparado, ante a natureza jurídica de tal reparação, que é objetiva e por causa da coisa (*propter rem*), nos termos da jurisprudência do Superior Tribunal de Justiça e do Supremo Tribunal Federal (v.g. RE 698.284, Rel. Min. Ricardo Lewandowski, data de julgamento 24-06-2014, *Dje* 31-7-2014, p. 1º-8-2014; AI 729.635, Rel. Min. Marco Aurélio, data de julgamento 21-9-2018, *Dje* 25-9-2018. PP. 26-9-2018; entre outros)".

"Ademais, os dispositivos também contrariam as obrigações de natureza anticorrupção, haja vista que a excepcionalidade criada está em descompasso com os direitos fundamentais à probidade e à boa administração pública, além de ir de encontro ao interesse público, uma vez que podem implicar insegurança jurídica, além de prejuízo ao erário e no incremento de ações junto ao Poder Judiciário no combate à corrupção".

A proibição de alienação ou de oneração de bens ou direito do ativo não circulante é efeito da distribuição do pedido de recuperação (art. 66) e não da sentença de concessão. Contudo, o plano aprovado pode prever a alienação de unidades produtivas, que integram, por natureza, "bens, direitos ou ativos de qualquer natureza, tangíveis ou intangíveis, isolados ou em conjunto, incluídas participações dos sócios" (art. 60-A). Neste caso, incidem duas regras: a primeira impõe a forma de venda e, a segunda, os efeitos da alienação em relação aos credores dos estabelecimentos ou das unidades produtivas alienadas.

Desde as primeiras edições desse volume, ao tratarmos da LREF, insistimos na obediência à forma de alienação, segundo o art. 142, sob o argumento de que essa exigência visa preservar o valor das unidades objeto das alienações.

A LREF, na versão original, era omissa quanto à exigência, havendo juízes que entendiam que a incidência do art. 142 somente se aplicaria à alienação de filiais ou de unidades produtivas isoladas, nos termos do art. 60 da LREF (*v.* voto vencido no AI n. 2010496-59.2020.8.26.0000, j. 6-10-2020).

Os bens agregados como unidade econômica, em pleno funcionamento, obtêm melhor preço no mercado empresarial porque estão dispostos em condições de dar continuidade à sua função produtiva. Além disso, o afastamento da sucessão trabalhista, tributária, de fornecedores ou outros – que se sujeitarão às regras do plano aprovado – minimiza os riscos do adquirente, que se verá a salvo de ações e execuções por dívidas anteriores.

Com péssima técnica legislativa, o projeto aprovado pelo Congresso Nacional introduzia uma regra de natureza tributária no art. 6º-B, regulamentando a forma de apuração do imposto sobre a renda e da contribuição social sobre o lucro líquido (CSLL) na alienação judicial de bens prevista nos arts. 60, 66 e 141 da LREF, indicando, no *caput* e no parágrafo único, as hipóteses de incidência e de não incidência do limite percentual de 30% previsto na legislação tributária federal (Lei n. 9.065, de 20 de junho de 1995, arts. 15 e 16).

Esse dispositivo foi vetado pela Presidência da República porque, como é óbvio, "acarreta renúncia de receita, sem o cancelamento equivalente de outra despesa obrigatória e sem que esteja acompanhada de estimativa de seu impacto orçamentário e financeiro, o que viola o disposto no art. 113 da ADCT, e no art. 14 da Lei de Responsabilidade Fiscal".

e) Ampla publicidade quanto ao estado da empresa nos documentos e registros públicos

Três são as regras a serem obedecidas quanto à publicidade: a) obrigatoriedade de fazer constar em todos os atos, contratos e documentos, a expressão "em recuperação judicial", logo após o nome empresarial (art. 69); b) anotação da recuperação judicial no Órgão de Registro de Empresas – Junta Comercial e à Secretaria Especial da Receita Federal (art. 69, parágrafo único, com a redação dada pela LREF-20); e c) intimação eletrônica das Fazendas Públicas federal, distrital, estaduais e municipais em que o devedor tiver estabelecimento (art. 59).

A ampla publicidade quanto à atual condição do devedor visa preservar o direito dos futuros parceiros de negócios e é corolário do princípio da boa-fé na interpretação dos contratos, previsto no art. 113 do Código Civil.

Estando a empresa em recuperação judicial, impõem-se certos cuidados aos contratantes quanto à regularidade da sua representação de negócios: o administrador pode não estar autorizado a realizar alguns negócios (art. 50, V), não estar à testa da condução negocial (art. 50, III, V e XIV) ou, ainda, ter sido afastado da administração (art. 64). Há de se considerar, ainda, alterações nas condições do negócio – a prazo ou a vista e incidência de encargos – em razão do maior risco que a nova situação representa.

Aplicam-se, na omissão de seu dever de fazer constar a expressão "em recuperação judicial", as regras previstas no Código Civil e na Lei das Sociedades Anônimas:

"CC, art. 1.016 – Os administradores respondem solidariamente perante a sociedade e os terceiros prejudicados, por culpa no desempenho de suas funções".

"LSA, art. 158 – O administrador não é pessoalmente responsável pelas obrigações que contrair em nome da sociedade e em virtude de ato regular de gestão; responde, porém, civilmente, pelos prejuízos que causar, quando proceder: I – dentro de suas atribuições ou poderes com culpa ou dolo; II – com violação da lei ou do estatuto".

8.4.8. Situações não atingidas pela sentença concessiva

A decisão, contudo, não produz modificações sobre as seguintes situações, mantendo:

a) a variação cambial como parâmetro de indexação dos créditos em moeda estrangeira, salvo se houver expressa aprovação do credor titular, manifestada quando da deliberação de aprovação do plano (art. 50, § 2º);

b) o direito de o devedor pleitear e obter o parcelamento de dívidas fiscais (art. 68) e obter, se microempresa e empresa de pequeno porte, prazo 20% superior àqueles regularmente concedidos às demais empresas (art. 68, parágrafo único);

c) o devedor ou seus administradores na condução da atividade empresarial, salvo se seu afastamento for previsto no plano ou, se durante o procedimento, manifestar-se a ocorrência de fatos impeditivos (art. 64), oportunidade em que se nomeará um gestor judicial aprovado pela assembleia geral, que assumirá o encargo de gerir as atividades da empresa, aplicando-lhe o mesmo regime de impedimentos e de remuneração do administrador judicial (art. 65).

A Lei n. 11.101/2005 provê, entretanto, o afastamento e a substituição compulsória do devedor e dos administradores da condução da atividade judicial, por ato judicial, nas seguintes hipóteses previstas no art. 64:

"I – houver sido condenado em sentença penal transitada em julgado por crime cometido em recuperação judicial ou falência anteriores ou por crime contra o patrimônio, a economia popular ou a ordem econômica previstos na legislação vigente;

II – houver indícios veementes de ter cometido crime previsto nesta Lei;

III – houver agido com dolo, simulação ou fraude contra os interesses de seus credores;

IV – houver praticado qualquer das seguintes condutas:

a) efetuar gastos pessoais manifestamente excessivos em relação a sua situação patrimonial;

b) efetuar despesas injustificáveis por sua natureza ou vulto, em relação ao capital ou gênero do negócio, ao movimento das operações e a outras circunstâncias análogas;

c) descapitalizar injustificadamente a empresa ou realizar operações prejudiciais ao seu funcionamento regular;

d) simular ou omitir créditos ao apresentar a relação de que trata o inciso III do *caput* do art. 51 desta Lei, sem relevante razão de direito ou amparo de decisão judicial;

V – negar-se a prestar informações solicitadas pelo administrador judicial ou pelos demais membros do Comitê;

VI – tiver seu afastamento previsto no plano de recuperação judicial".

Se o afastamento atinge um dos administradores, a substituição será feita pelo juiz segundo previsto nos atos constitutivos da sociedade ou, na ocorrência do disposto no inciso VI, o que for previsto no plano de recuperação (art. 64).

Entretanto, se o ato atinge o próprio devedor – empresário individual –, o juiz deve convocar a assembleia geral de credores para deliberar sobre o nome do gestor judicial que assumirá a administração das atividades empresariais. Enquanto não se reunir a assembleia geral, a função será exercida pelo administrador judicial (art. 65, § 1º).

O gestor judicial está sujeito, no que couber, aos deveres e impedimentos do administrador judicial e faz jus a idêntica remuneração.

8.4.9. Recurso

O agravo é o meio recursal adequado tanto para atacar a decisão que concede a recuperação judicial (art. 59, § 2º) como para a que decreta a falência (art. 100), submetendo-se, em ambos os casos, ao procedimento previsto no Código de Processo Civil.

Contra a decisão que concede a recuperação poderão recorrer o Ministério Público e qualquer credor, devendo-se limitar, em relação aos últimos, aqueles que demonstrem interesse, isto é, os submetidos ou prejudicados pela deliberação.

8.4.10. Período de cumprimento

Com a decisão que concede a recuperação judicial, o devedor permanece nesse estado até que se cumpram todas as obrigações previstas no plano, sujeitando-se, inclusive, às que se vencerem em até dois anos após a concessão.

Se, nesse período, as obrigações estiverem cumpridas, o juiz decretará, por sentença, o encerramento da recuperação judicial, determinando (art.

63): "I – o pagamento do saldo de honorários ao administrador judicial, somente podendo efetuar a quitação dessas obrigações mediante prestação de contas, no prazo de 30 (trinta) dias, e aprovação do relatório previsto no inciso III do *caput* deste artigo; II – a apuração do saldo das custas judiciais a serem recolhidas; III – a apresentação de relatório circunstanciado do administrador judicial, no prazo máximo de 15 (quinze) dias, versando sobre a execução do plano de recuperação pelo devedor; IV – a dissolução do Comitê de Credores e a exoneração do administrador judicial; V – a comunicação ao Registro Público de Empresas e à Secretaria Especial da Receita Federal do Brasil do Ministério da Economia para as providências cabíveis (art. 63).

No momento do encerramento da recuperação judicial, pode ocorrer que o quadro geral de credores não tenha sido homologado. A LREF, na versão original, nada dispôs sobre o prosseguimento dos incidentes de verificação de crédito. Contudo, a reforma de 2020 introduziu, no art. 10, quatro novos parágrafos, entre os quais o 9º, em que prevê que "as ações incidentais de habilitação e de impugnação retardatárias serão redistribuídas ao juízo da recuperação judicial como ações autônomas e observarão o rito comum".

Essa solução não nos parece ser a que melhor atende ao espírito de celeridade e de transparência ao processo recuperatório porque beneficia o devedor que omite, na relação inicial, credores que dela deveriam constar.

A lei deveria distinguir créditos constituídos antes do pedido recuperatório daqueles que somente tornaram-se líquidos após o ajuizamento da recuperação judicial. No primeiro caso, a omissão do devedor acarretaria a declaração de extraconcursalidade do crédito, não o sujeitando ao plano recuperatório e, assim, permitindo ao credor executá-lo singularmente fora do juízo recuperatório.

Decorrido o prazo de dois anos, as ações dos credores, por descumprimento das obrigações previstas no plano, deverão ser realizadas individualmente, mediante execução da obrigação assumida ou requerimento de falência, fundado no art. 94 da atual Lei de Falências.

Quanto à forma de contagem do prazo de dois anos, a jurisprudência tem-se mostrado insegura, ora iniciando a fluência a partir do prazo da decisão concessiva, ora o fazendo a partir do prazo de carência e, ainda, considerando outros termos iniciais. As CRDE, por exemplo, estabeleceram no Enunciando n. 2 que "o prazo de dois anos de supervisão judicial, previsto no artigo 61, *caput*, da Lei 11.101/04, tem início após o transcurso do prazo de carência fixado".

O art. 61, na redação dada pela LREF-20, não estabeleceu o fim dessa divergência, mas apenas substituiu o trecho "o devedor permanecerá em recuperação judicial até que se cumpram todas as obrigações previstas no plano que se vencerem até 2 (dois) anos depois da concessão da recuperação judicial" por "o juiz poderá determinar a manutenção do devedor em recuperação judicial até que sejam cumpridas todas as obrigações previstas no plano que vencerem até, no máximo, 2 (dois) anos depois da concessão da recuperação judicial, independentemente do eventual período de carência", deixando em aberto em que condições o magistrado "pode" (e não "deve") encerrar o processo.

Neste período, o administrador judicial deve apresentar relatórios, atuar na verificação de créditos, na fiscalização da recuperação judicial, atuando nos órgãos colegiados e praticando atos próprios e de gestão:

FUNÇÕES	FUNDAMENTO	PRAZO E/OU FINALIDADE
Relatórios		
Apresentar ao juiz, para juntada nos autos, relatório mensal das atividades do devedor, atestando a veracidade e a conformidade das informações prestadas pelo devedor	Art. 22, II, *c*, na redação dada pela LREF-20	
Apresentar o relatório sobre a execução do plano de recuperação, de que trata o inciso III do *caput* do art. 63	Art. 22, II, *d*	
Apresentar, para juntada aos autos e no endereço eletrônico específico, relatório mensal das atividades do devedor e relatório sobre o plano de recuperação judicial, no prazo de até 15 (quinze) dias após sua apresentação, atestando a veracidade e a conformidade das informações prestadas pelo devedor, além de informar eventual ocorrência das condutas previstas no art. 64 desta Lei	Art. 22, II, *h*, na redação dada pela LREF-20	
Prestar contas e apresentar relatórios omitidos no tempo certo	Art. 23	Na omissão, 5 dias depois de intimado, sob pena de desobediência
Na verificação dos créditos		
Enviar correspondência aos credores	Art. 22, I, *a*	
Dar extratos dos livros do devedor	Art. 22, I, *c*	Antes de findo o prazo de 15 dias para as habilitações
Elaborar a relação de credores	Arts. 7º, § 2º, e 22, I, *e*	45 dias após findo o prazo para as habilitações tempestivas

Consolidar o quadro-geral de credores	Arts. 18 e 22, I, *f*	5 dias após a publicação da sentença que julgar as impugnações de crédito
Na fiscalização da recuperação judicial		
Assegurar que as negociações realizadas entre devedor e credores reger-se-ão pelos termos convencionados entre os interessados ou, na falta de acordo, pelas regras propostas pelo administrador judicial e homologadas pelo juiz, observado o princípio da boa-fé para solução construtiva de consensos, que acarretem maior efetividade econômico-financeira e proveito social para os agentes econômicos envolvido	Art. 22, II, *g*, na redação dada pela LREF-20	
Assegurar que devedor e credores não adotem expedientes dilatórios, inúteis ou, em geral, prejudiciais ao regular andamento das negociações	Art. 22, II, *f*, na redação dada pela LREF-20	
Fiscalizar os atos de administração do devedor	Art. 64	
Exigir dos credores, do devedor ou de seus administradores quaisquer informações	Art. 22, I, *d*	A qualquer tempo
Fiscalizar as atividades do devedor e o cumprimento do plano de recuperação judicial	Art. 22, II, *a*	
Fiscalizar o decurso das tratativas e a regularidade das negociações entre devedor e credores	Art. 22, II, *e*, na redação dada pela LREF-20	
Nos órgãos colegiados		
Presidir a assembleia geral	Art. 37	
Receber a relação de associados sindicalizados que serão representados pelo sindicado na assembleia geral	Art. 37, § 6º, I	10 dias antes da assembleia
Requerer a convocação da assembleia geral de credores	Art. 22, I, *g*	Quando entender necessária sua ouvida para tomada de decisões
Exercer as funções do Comitê de Credores, se este não for constituído e aquelas não forem incompatíveis	Art. 28	

Atos de gestão		
Contratar profissionais ou empresas especializadas para auxiliá-lo	Art. 22, I, *h*	Quando necessário, mediante autorização judicial
Exercer as funções de gestor enquanto a assembleia geral não deliberar sobre a escolha deste	Art. 65, § 1º	
Atos processuais próprios		
Requerer a falência no caso de descumprimento de obrigação assumida no plano de recuperação	Art. 22, II, *b*	
Assinar o termo de compromisso	Art. 33	48 horas
Manifestar-se sobre a forma de alienação do ativo, quando o plano envolver essa alienação	Arts. 60 e 142	

8.5. Resumo gráfico do processo de recuperação judicial ordinário

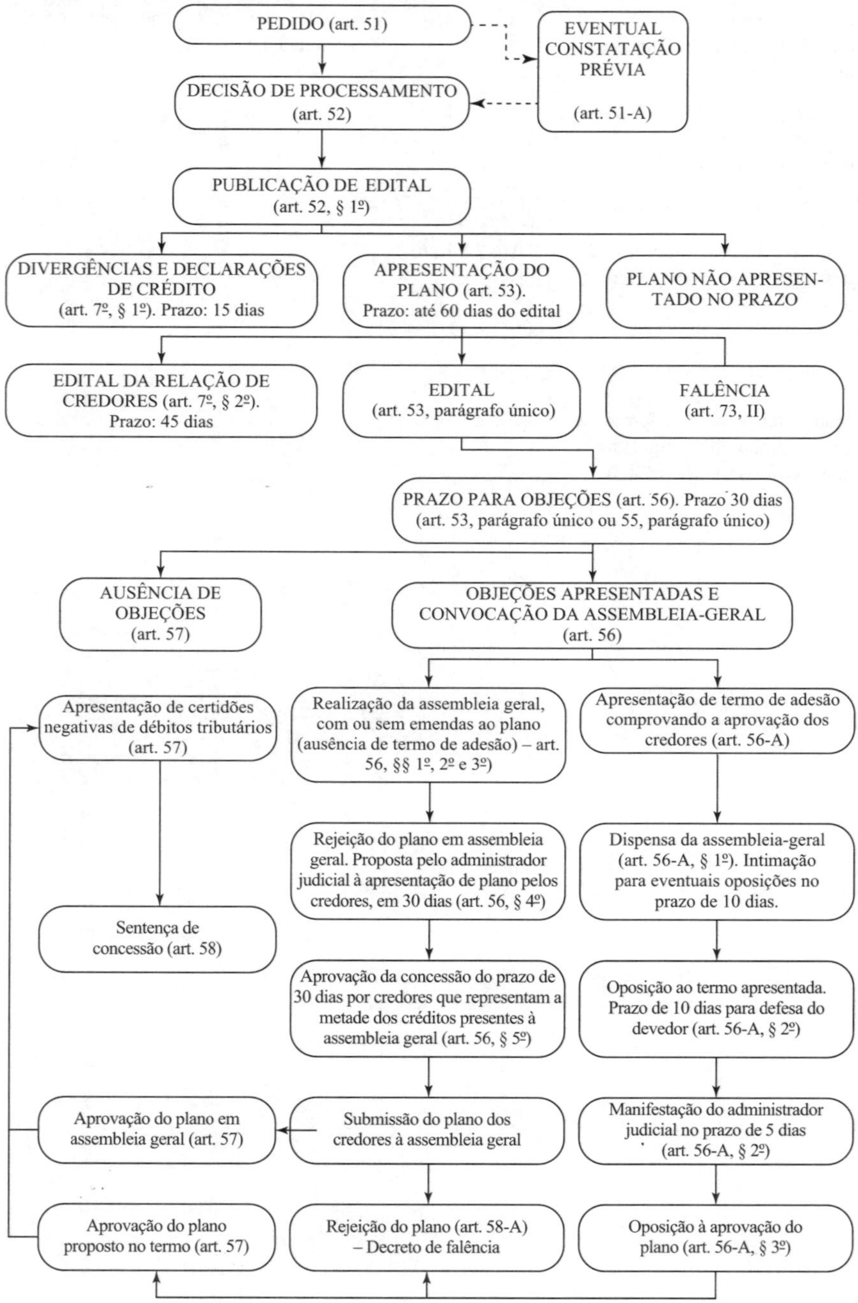

Resumo gráfico do processo de recuperação judicial ordinário, caso o juiz entenda necessário nomear profissional para constatação das reais condições de funcionamento da empresa:

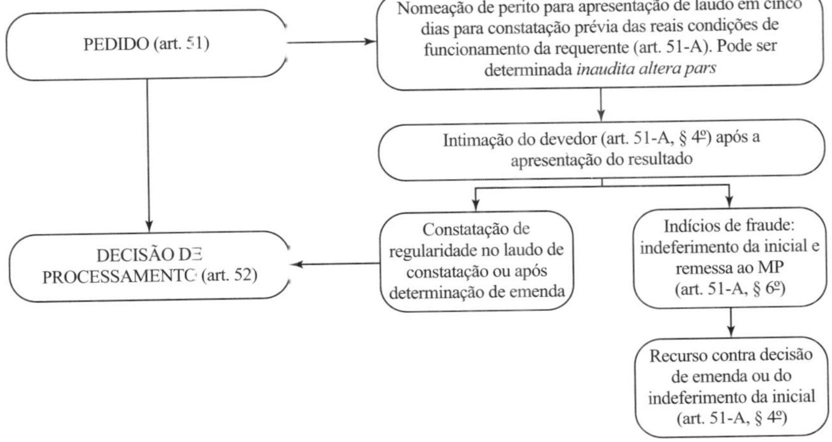

8.6. Recuperação judicial especial

Os requisitos dos arts. 48 e 51 são comuns a ambas as modalidades de recuperação judicial, impondo ao devedor que declare sua intenção de valer-se do procedimento especial ao apresentar seu pedido inicial, comprovando uma daquelas condições – microempresário ou empresário de pequeno porte (art. 70, § 1º).

Também lhes são comuns as regras constantes da fase de pedido, de processamento e de apresentação do plano.

As distinções entre os dois instrumentos legais de viabilização da recuperação judicial situam-se na extensão econômica do exercício empresarial (item 6.6.1), no universo de credores (item 6.6.2), no curso da prescrição (item 6.6.3), no procedimento (item 6.6.4) e nas restrições à administração da empresa (item 6.6.5) e nos meios de recuperação a serem empregados (item 6.6.6).

Um resumo do que é específico ao plano de recuperação especial permite uma melhor compreensão deste instrumento legal:

a) quanto à destinação: somente podem fazer uso pessoas que se incluam nos conceitos de microempresa e empresa de pequeno porte, às quais, contudo, não está vedado o uso do meio ordinário, previsto nos arts. 48-69. Há uma única exceção à regra geral: se a empresa encontrava-se em concordata preventiva, deve valer-se unicamente da forma ordinária. Independentemente desse enquadramento em microempresa ou de empresa de pequeno porte, o produtor rural pessoa física *somente* pode ingressar com o pedido especial de recuperação se o valor da causa não exceder R$ 4.800.000,00, conforme art. 70-A introduzido pela LREF-20;

b) quanto ao universo de credores: sujeitam se à recuperação judicial especial todos os credores à exceção dos decorrentes de repasse de recursos oficiais, os fiscais, os previstos nos §§ 3º e 4º do art. 49; a estes, para o produtor rural somam-se os introduzidos pelos §§ 6º a 9º desse mesmo dispositivo. A ampliação do universo de credores foi introduzida pela Lei Complementar n. 147/2014 e a distinção a que se refere aos meios de recuperação permitidos – a dilação de prazo com ou sem o abatimento do valor da dívida – conduzem à conclusão de que o plano especial deixou de ser sucedâneo da concordata preventiva;

c) quanto ao meio de recuperação permitido: permite-se a dilação no pagamento das dívidas em até 36 parcelas mensais e sucessivas, corrigidas monetariamente e acrescidas de juros à taxa SELIC, sendo que a primeira parcela deve ser paga em até cento e oitenta dias da distribuição do pedido de recuperação judicial. Possibilita, ainda, a remissão pelo abatimento do valor das dívidas com o parcelamento;

d) quanto à restrição à administração da empresa: impõe a autorização judicial para o devedor aumentar despesas ou contratar empregados;

e) quanto ao procedimento: a existência de objeção de credores não conduz à convocação da assembleia geral de credores como ocorre na modalidade ordinária, cabendo distinguir se há ou não objeção de titulares de mais de metade dos créditos de qualquer uma das classes previstas no art. 83. No primeiro caso, o juiz decretará a falência e, no segundo, analisará os documentos juntados e concederá a recuperação judicial se tiverem sido atendidas as exigências previstas na lei.

Veja o seguinte quadro:

	RECUPERAÇÃO ESPECIAL	RECUPERAÇÃO ORDINÁRIA
Condição subjetiva	Somente estão legitimadas as microempresas e as empresas de pequeno porte (art. 70). O produtor rural pessoa física que comprova o prazo do biênio na forma do art. 48, § 3º, pode valer-se desse instrumento, mas somente em condições especiais, isto é, se o valor da causa não ultrapassar R$ 4.800.000,00 (art. 70-A).	Destinadas a toda e qualquer empresa. As microempresas e as empresas de pequeno porte podem valer-se de seu uso, se não preferirem a recuperação especial (art. 72). Entretanto, tratando-se de concordatária que queira pleitear os benefícios da recuperação judicial, deverá fazê-lo sob a forma ordinária, independentemente de seu porte econômico (art. 192, § 2º).
Universo de credores abrangidos	Credores titulares de créditos existentes à data do pedido, ainda que não vencidos (art. 71, I).	Todos os credores existentes, ainda que titulares de créditos não vencidos (art. 49).
Credores não sujeitos ao regime	Credor titular de importância entregue ao devedor em moeda corrente nacional, decorrente de adiantamento a contrato de câmbio para exportação (arts. 49, § 4º, 71, I, e 86, II).	Credor titular de importância entregue ao devedor em moeda corrente nacional, decorrente de adiantamento a contrato de câmbio para exportação (arts. 49, § 4º, e 86, II).
	Credor titular de posição de proprietário fiduciário de bens móveis ou imóveis, de arrendador mercantil, de proprietário ou promitente vendedor de imóvel cujos respectivos contratos contenham cláusula de irrevogabilidade ou irretratabilidade, inclusive em incorporações imobiliárias, ou de proprietário em contrato de venda com reserva de domínio (arts. 49, § 3º, e 71, I). Os recursos controlados e abrangidos nos termos dos arts. 14 e 21 da Lei n. 4.829/65, isto é, (art. 49, §§ 7º e 8º), que são créditos rurais concedidos pelas instituições financeiras integrantes do sistema nacional de crédito rural. Também não está sujeito à recuperação o crédito relativo à dívida constituída nos três anos anteriores ao pedido recuperatório para a aquisição de propriedades rurais e suas garantias (art. 49, § 9º). Nas recuperações judiciais do produtor rural (biênio cumprido na forma do art. 48, § 2º e 3º), credores titulares de créditos que não decorram da atividade rural ou não estejam relacionados na Escrituração Contábil Fiscal (ESC) ou por meio de obrigação legal de registros contábeis que substituam a ESC (art. 48, § 2º).	Credor titular de posição de proprietário fiduciário de bens móveis ou imóveis, de arrendador mercantil, de proprietário ou promitente vendedor de imóvel cujos respectivos contratos contenham cláusula de irrevogabilidade ou irretratabilidade, inclusive em incorporações imobiliárias, ou de proprietário em contrato de venda com reserva de domínio (art. 49, § 3º). Os recursos controlados e abrangidos nos termos dos arts. 14 e 21 da Lei n. 4.829/65, isto é, (art. 49, § 7º e 8º), que são créditos rurais concedidos pelas instituições financeiras integrantes do sistema nacional de crédito rural. Também não está sujeito à recuperação o crédito relativo à dívida constituída nos três anos anteriores ao pedido recuperatório para a aquisição de propriedades rurais e suas garantias (art. 49, § 9º). Nas recuperações judiciais do produtor rural (biênio cumprido na forma do art. 48, § 2º e 3º), credores titulares de créditos que não decorram da atividade rural ou não estejam relacionados na Escrituração Contábil Fiscal (ESC) ou por meio de obrigação legal de registros contábeis que substituam a ESC (art. 48, § 2º).

	Credor decorrente de repasse de recursos oficiais (art. 71, I).	
Simplificação de procedimento	Não há necessidade de convocar assembleia geral para aprovação do plano (art. 72). O juiz julgará o pedido improcedente se houver objeção de credores titulares de mais da metade dos créditos de qualquer uma das classes previstas no art. 83 (art. 72, parágrafo único).	Havendo objeção, há necessidade de se convocar a assembleia geral que deliberará sobre o plano (art. 56).
Meios de recuperação	Meramente dilatório e/ou dilatório e remissório: parcelamento em até 36 parcelas mensais, iguais e sucessivas, corrigidas monetariamente e acrescidas de juros de 12% a.a., com pagamento da primeira parcela no prazo máximo de 180 dias, contado da distribuição do pedido, podendo conter proposta de abatimento do valor das dívidas (art. 71, II e III).	Inúmeros, não se limitando aos descritos no art. 50, podendo referir-se a alguns aspectos da vida da empresa ou a vários deles.
Restrições à administração da empresa	Necessidade de autorização judicial, após ouvidos o administrador judicial e o Comitê de Credores, para aumentar despesas ou contratar empregados (art. 71, IV).	Algumas restrições podem constar do plano de recuperação. De modo geral, contudo, são vedadas a alienação e a imposição de ônus sobre bens e direitos (art. 66).
Quanto ao curso da prescrição e das ações e execuções	O pedido de recuperação judicial especial não suspende o curso da prescrição nem das ações e execuções por créditos não abrangidos pelo plano (art. 71, parágrafo único).	O deferimento do processamento do pedido de recuperação judicial suspende o curso da prescrição e de todas as ações e execuções em face do devedor, inclusive aquelas dos credores do sócio solidário (art. 6º), pelo prazo de 180 dias (art. 6º, § 4º).

Capítulo 9

CONVOLAÇÃO DE RECUPERAÇÃO EM FALÊNCIA

Sumário: 9.1. Causas que acarretam a convolação de recuperação em falência. 9.2. A não apresentação do plano (art. 73, II). 9.3. A apresentação tempestiva do plano e sua rejeição (art. 73, III). 9.4. Deliberação da assembleia geral (art. 73, I). 9.5. Descumprimento de obrigação assumida (art. 73, IV). 9.6. Descumprimento de parcelamento. 9.7. Esvaziamento patrimonial da devedora. 9.8. Efeitos da convolação.

9.1. Causas que acarretam a convolação de recuperação em falência

O art. 73 traçou exaustivamente as causas que acarretam a decretação da falência do devedor em recuperação judicial, intercalando situações distintas quanto ao momento de sua ocorrência e o *quorum* de deliberação da assembleia geral.

Com dois incisos introduzidos no art. 73 pela LRFE-20, totalizam seis as modalidades previstas pelo legislador que, de forma didática, prevê a convolação da recuperação judicial em falência segundo a fase de desenvolvimento do plano recuperatório: (1) não apresentação do plano (art. 73, II), (2) sua apresentação e rejeição (art. 73, III), (3) deliberação posterior à aprovação, por parte da assembleia geral (art. 73, I), (4) decisão judicial pelo descumprimento das obrigações assumidas pelo devedor (art. 73, IV), (5) descumprimento dos parcelamentos referidos no art. 68 da LREF ou de transação relativa a créditos inscritos em dívida ativa da União (Lei n. 10.522/2002, art. 10-C) e (6) esvaziamento patrimonial do devedor.

Em todos esses casos, o decreto de falência é de rigor, cabendo ao magistrado prolatar sentença contendo, em qualquer caso de convolação, os requisitos do art. 99.

Além desses casos, a decretação de falência pode decorrer de iniciativa de credor não sujeito ao plano de recuperação, como, por exemplo, credor alienante em contrato de *alienação fiduciária* que não foi satisfeito nos prazos e condições previstas em contrato. Protestado o título, o credor – não sujeito à recuperação (art. 49, § 3º) – pode requerer a falência nos termos do art. 99, I.

Inclui-se nessa categoria de credores não sujeitos ao plano de recuperação aquele constituído após o pedido de recuperação judicial. Esse credor também se encontra legitimado a requerer a falência da empresa em recuperação. Nesse sentido: "Crédito constituído após o pedido de recuperação judicial legitima requerimento de falência contra a recuperanda" (Súmula 55 do TJSP).

9.2. A não apresentação do plano (art. 73, II)

Se o devedor não apresentar, no prazo improrrogável de sessenta dias após o processamento de seu pedido, o plano de recuperação judicial, incorre na sanção do art. 53.

Há de se ponderar que, em determinadas situações, e verificadas omissões sanáveis, sem que se vislumbre má-fé ou desídia do devedor, é possível antever, por analogia ao sistema processual civil e a critério judicial, a possibilidade de ser determinada emenda ao plano tempestivamente apresentado, para cumprimento do devedor em prazo não superior a dez dias (CPC15, art. 321).

Contudo, abusos na apresentação de sucessivos planos sem intenção de submetê-los à apreciação dos credores, como manobra artificiosa para obter maior prazo devem ser considerados como causa de falência, sob esta mesma rubrica.

9.3. A apresentação tempestiva do plano e sua rejeição (art. 73, III)

Apresentado tempestivamente o plano e havendo objeções por parte dos credores, a assembleia geral deve ser convocada para deliberar.

O legislador distingue no art. 73, III, a expressão "rejeição" de outra utilizada no § 1º do art. 58: "plano que não obteve aprovação". Conforme veremos, é possível não conceder aprovação e, nem por isso, rejeitar o plano.

A deliberação acerca do plano de recuperação judicial exige *quorum* especial previsto no art. 45, conforme estudado no item 8.4.3:

a) As classes de credores titulares de créditos derivados da relação de trabalho, os decorrentes de acidentes do trabalho e os titulares de créditos enquadrados como ME ou EPP deverão aprovar o plano por maioria simples dos credores presentes, independentemente do valor de seu crédito.

b) Os votos dos titulares de crédito com garantia real, quirografários, com privilégio especial, com privilégio geral ou subordinados submetem-se à regra da dupla maioria. A proposta deve ser aprovada por credores que representem mais da metade do valor total dos créditos presentes à assembleia e, cumulativamente, pela maioria simples dos credores presentes.

c) Não votam: o credor que não sofrer, com o plano, alteração em seus valores ou condições originais de pagamento de seu crédito.

Se a proposta do devedor não atingir votos suficientes à aprovação nas três classes, ainda assim o plano não é considerado rejeitado porque viável a concessão da recuperação, desde que a não aprovação se concentre em uma única classe que, entretanto, não tenha rejeitado o plano por *quorum* superior a dois terços dos presentes e no cômputo geral – independentemente de classes – o plano tenha obtido voto favorável de credores que representem mais da metade do valor de todos os créditos presentes à assembleia.

Somente é considerado rejeitado o plano que não for aprovado pela assembleia geral (art. 58, § 1º) e, cumulativamente, ficar inviabilizada qualquer alteração no plano (art. 56, § 3º) e a deliberação das classes de credores não puder atender aos requisitos do art. 58, §§ 1º e 2º.

Rejeitado o plano apresentado pelo devedor, ainda assim, a falência não será decretada. A LREF-20 introduziu, no art. 56 da LREF (§§ 4º, 5º e 6º), mecanismo que possibilita ao administrador judicial submeter à assembleia geral proposta de deliberação de concessão do prazo de trinta dias para que os credores façam a apresentação de outro plano. Essa deliberação deve ser aprovada por credores que representam mais da metade dos créditos presentes à assembleia geral de credores.

Se o devedor não obtiver a aprovação do plano apresentado pelos credores, seja na forma do art. 55 (aprovação tácita), seja na forma do art. 45 (aprovação pela maioria em cada classe de credores), seja na forma do art. 56-A (aprovação por documento – termo de adesão), seja na forma do art. 58, § 1º, ou, ainda, na derradeira forma prevista no art. 56, §§ 4º a 8º (aprovação do plano apresentado pelos credores, na redação dada pela LREF-20), a falência é de rigor.

O estudo dessa forma de aprovação foi estudada anteriormente, no item 8.4.3.

9.4. Deliberação da assembleia geral (art. 73, I)

Esta hipótese distingue-se da anterior, no tocante ao momento e ao *quorum*. Neste caso a deliberação pela decretação da falência é aprovada pelos votos favoráveis de credores que representem mais da metade do valor total dos créditos presentes à assembleia geral (art. 42), em oportunidade diversa daquela que deliberou acerca do plano de recuperação judicial. Não se trata aqui de se deliberar sobre o plano, mas sim de assembleia convocada especialmente para o fim de discutir e aprovar a resolução do regime e sua convolação em falência.

O administrador pode requerer ao juiz a convocação de assembleia geral para esse fim (art. 22, I, *b* e *g*), bem como o Comitê de Credores (art. 27, I, *e*) e os credores que representem mais de 25% dos créditos de determinada classe (art. 36, § 2º). O próprio juiz pode fazê-lo quando entender que não dispõe de elementos suficientes para a decretação da falência ou preferir ouvir os credores por se tratar de matéria que afeta seus interesses.

Deve-se ter em mente que a hipótese não representa reapreciação do plano apresentado, mas sim superveniência de fato que inviabiliza sua consecução.

9.5. Descumprimento de obrigação assumida (art. 73, IV)

Durante o biênio, o descumprimento de qualquer obrigação assumida acarretará a decretação da falência do devedor e os credores terão seus créditos reconstituídos, com suas respectivas garantias, segundo as condições previstas no plano aprovado, com a dedução de eventuais valores que tenham sido pagos durante o procedimento.

O § 1º do art. 61 é incisivo ao dispor que "o descumprimento de qualquer obrigação prevista no plano acarretará a convolação da recuperação em falência". É possível, contudo, amenizar a redação deste dispositivo, quando for possível o saneamento da irregularidade. Verificado, nesses casos, o inadimplemento de alguma obrigação, o magistrado deve determinar a intimação do devedor para, em prazo mínimo, justificar ou cumprir o quanto previsto no plano aprovado.

Se a dúvida persistir, o magistrado deve determinar que os interessados (credor reclamante e devedor) apresentem provas de suas alegações ou, ainda, submeter a matéria à assembleia geral.

9.6. Descumprimento de parcelamento

Refere-se o legislador, no inciso V introduzido no art. 73 pela LREF-20, ao descumprimento de acordos de parcelamentos de dívidas específicas: (1) as decorrentes de contrato de financiamento obtido durante a recuperação judicial previstas nos art. 69-A a 69-F e (2) as com origem em acordo de parcelamento de débitos fiscais para com a Fazenda Nacional, vencidos ou não na data do pedido recuperatório, objeto de disciplina pela Lei n. 10.522, de 19 de julho de 2002, e de alterações introduzidas nessa mesma reforma de 2020.

Essas duas hipóteses de inadimplemento geram a convolação em falência.

a) Do financiamento do devedor e do grupo devedor durante a recuperação judicial

Pela disciplina da Seção IV-A (arts. 69-A a 60-F), inserida logo após o procedimento de recuperação judicial (arts. 53-69), o juiz pode autorizar a celebração de contratos de financiamento com o devedor, o que não era vedado pela legislação original, mas carecia de regulamentação.

Permite-se que esses contratos de financiamento sejam obtidos para permitir a continuidade das atividades empresariais e o pagamento das despesas de reestruturação ou do que for necessário à preservação de ativos, podendo ser garantidos por bens e direitos, de terceiros ou da devedora, integrantes de seu ativo não circulante.

À exceção das garantias dadas em cessão fiduciária de créditos e as decorrentes de contrato de alienação fiduciária, o bem ou direito que já é objeto de garantia de outros contratos firmados pelo devedor pode servir para garantir, de forma subordinada, o financiador, sem necessidade de anuência do detentor da garantia original.

O financiador que aceita a garantia de forma subordinada apenas dispõe de eventual excesso resultante da alienação da garantia original, recebendo em segundo plano, após pagamento do credor original.

O crédito cedido tem a natureza de crédito extraconcursal, isto é, não se sujeita ao plano recuperatório e, em caso de falência, seu pagamento é prioritário, na ordem prevista no art. 84, II, da LREF. O financiador conserva a garantia e a preferência de pagamento até o limite dos valores entregues antes da data da sentença de falência.

Considerar-se-á automaticamente rescindido o contrato se, antes da liberação integral dos valores financiados, a falência vier a ser decretada.

Qualquer pessoa pode ser financiadora ou garantidora desse financiamento: o próprio devedor, os credores, os familiares dos sócios, os sócios ou os integrantes do grupo devedor.

b) Do parcelamento de débitos fiscais

A legislação acerca do cadastro informativo dos créditos não quitados (Lei n. 10.522/2002) foi alterada pela LREF-20, permitindo ao devedor em recuperação judicial, até o momento referido no art. 57 da LREF – isto é, após a juntada do plano aprovado ou do decurso do prazo previsto no art. 55, sem objeções –, a apresentação de proposta de transação relativa a créditos inscritos em dívida ativa da União.

As condições para obtenção desse parcelamento estão previstas no art. 10-C da Lei n. 10.522, de 19 de julho de 2002: (1) prazo máximo de cento e vinte meses que, contudo, pode ser ampliado em até doze meses adicionais se o devedor desenvolve projetos sociais; (2) limite máximo de reduções de até 70%; (3) na proposta apresentada à PGFN, deve comprometer-se a (a) fornecer "informações bancárias e empresariais, incluídas aquelas sobre extratos de fundos ou aplicações financeiras e sobre eventual comprometimento de recebíveis e demais ativos futuros; (b) manter regularidade fiscal perante a União; (c) manter o Certificado de Regularidade do FGTS; (d) demonstrar a ausência de prejuízo decorrente do cumprimento das obrigações contraídas com a celebração da transação em caso de alienação ou de oneração de bens ou direitos integrantes do respectivo ativo não circulante".

Apresentada a proposta, as execuções fiscais, em regra, são suspensas (só não o serão se houver oposição justificada da Procuradoria Geral da Fazenda Nacional, sob o crivo do juiz da recuperação).

Obtido o parcelamento, a rescisão poderá ocorrer na falta de pagamento de seis parcelas consecutivas ou de nove alternadas e, ainda, na falta de pagamento de uma até cinco parcelas, se todas as demais já estiverem pagas.

Embora a legislação refira-se apenas aos créditos da Fazenda Nacional, o § 4º do art. 10-C da Lei n. 10.522/2002, na redação que lhe dá a LREF-20, faculta aos Estados, ao Distrito Federal e aos Municípios autorizar, por lei de iniciativa própria, que essas regras sejam aplicadas a seus créditos. Caberá, portanto, à devedora e/ou aos demais credores fiscais demonstrarem em juízo a existência de previsão legislativa nesse sentido.

9.7. Esvaziamento patrimonial da devedora

No inciso VI introduzido no art. 73 pela LREF-20, encontramos outra hipótese de ineficácia objetiva, semelhante àquela prevista no inciso VI do art. 129, e que agora se soma às sete previstas pelo legislador original.

Considera-se esvaziamento patrimonial a conduta da devedora que implique liquidação substancial da empresa, em prejuízo dos credores não sujeitos à recuperação judicial. Constatado o esvaziamento patrimonial da devedora, o ato de alienação será considerado ineficaz e o juiz determinará o bloqueio do produto de eventuais alienações e a devolução do devedor dos valores já distribuídos, que, então, serão postos à disposição do juízo (art. 73, VI, § 2º).

Esse efeito somente não será possível se consumado o negócio jurídico, com o recebimento dos recursos correspondentes pelo devedor, conforme prevê o art. 66-A na redação introduzida pela LREF-20.

É comum que as devedoras em recuperação judicial procedam à liquidação de seu patrimônio – por oneração, alienação, transferência, reforço de garantias sem reservar bens livres e desembaraçado, cessão ou dação em pagamento de importante parcela de seu patrimônio – inclusive de um ou de vários estabelecimentos empresariais e de unidades produtivas, com o objetivo de realizar o pagamento dos credores sujeitos à recuperação, em cumprimento do plano aprovado e homologado judicialmente.

Entretanto, finalmente lembrou-se o legislador da existência de credores não sujeitos ao plano recuperacional que, não participando da assembleia de credores, não tem voz nas deliberações de liquidação patrimonial e, assim, podem vir a ser preteridos em seu direito com o esvaziamento patrimonial.

Decreta-se, portanto, a falência "quando identificado o esvaziamento patrimonial da devedora que implique liquidação substancial da empresa, em prejuízo de credores não sujeitos à recuperação judicial, inclusive as Fazendas Públicas".

Norma bastante saudável por impor à recuperanda a responsabilidade na apresentação de plano recuperacional factível que atenda realmente ao soerguimento da atividade empresarial, com previsão de pagamento dos credores sujeitos e dos não sujeitos à recuperação judicial.

É uma forma mais honesta e sensata de sanar as finanças da devedora em crise econômico-financeira. A obtenção de acordo com uma parcela de credores (os sujeitos ao plano) não impede que, em execuções singulares promovidas pelos credores não sujeitos ao plano (extraconcursais e posteriores ao pedido recuperatório) levem o empresário ou a sociedade empresária à falência.

Impõe-se ao devedor estabelecer a estratégia de alienação de seus ativos com vistas ao pagamento de dívidas com vencimentos mais próximos, bem como daquelas que são objeto de parcelamento na forma do plano homologado, muitas vezes com previsão de prazos mais longos.

Considera a nova legislação que a liquidação será considerada substancial "quando não forem reservados bens, direitos ou projeção de fluxo de caixa futuro suficientes à manutenção da atividade econômica para fins de cumprimento de suas obrigações, facultada a realização de perícia específica para essa finalidade."

9.8. Efeitos da convolação

a) Validade dos atos e contratos

A lei presume a validade dos atos de administração, inclusive os que acarretam endividamento, oneração ou alienação do ativo, desde que tenham sido praticados em consonância com a lei (art. 74). Evidentemente, o esvaziamento patrimonial previsto no art. 73, VI, não se inclui entre os atos considerados válidos.

b) Obrigações contraídas durante a recuperação

Os créditos decorrentes de obrigações contraídas durante a recuperação são considerados créditos extraconcursais, isto é, terão seu pagamento priorizado na falência, antes de qualquer outro credor.

c) Reconstituição de direitos e garantias originais

Outro efeito é o que resulta do § 2º do art. 61: "Os credores terão reconstituídos seus direitos e garantias nas condições originalmente contratadas, deduzidos os valores eventualmente pagos e ressalvados os atos validamente praticados no âmbito da recuperação judicial".

A dificuldade está em que a sentença de concessão operou a novação dos créditos, liberando garantias e direitos reais previstos no contrato original. Autores modernos sustentam que a novação está sujeita a condição resolutiva (Coelho, 2017:245) ou à ineficácia em caso de falência (Pacheco, 2006:166).

O Superior Tribunal de Justiça, em julgamento de recurso repetitivo, firmou o seguinte entendimento: "A recuperação judicial do devedor principal não impede o prosseguimento das execuções nem induz suspensão ou extinção de ações ajuizadas contra terceiros devedores solidários ou coobrigados em geral, por garantia cambial, real ou fidejussória, pois não se lhes aplicam a suspensão prevista nos arts. 6º, *caput*, e 52, inciso III, ou a novação a que se refere o art. 59, *caput*, por força do que dispõe o art. 49, § 1º, todos da Lei n. 11.101/2005" (REsp n. 1.333.349/SP, Rel. Ministro Luis Felipe Salomão, Segunda Seção, j. 26-11-2014, *DJe* 2-2-2015).

Posteriormente, firmou-se o entendimento sumular n. 581: "A recuperação judicial do devedor principal não impede o prosseguimento das ações e execuções ajuizadas contra terceiros devedores solidários ou coobrigados em geral, por garantia cambial, real ou fidejussória" (*DJe* 19-9-2016).

Há, entretanto, que se distinguir: a) em primeiro lugar, conforme nosso solitário entendimento (item 8.4.7), os fiadores que não foram ouvidos quanto ao plano ficam liberados a partir da sentença de concessão, não podendo ser reconduzidos à condição original; b) em segundo lugar, os bens de terceiros dados em penhor, hipoteca ou anticrese, não incluídos no plano, igualmente foram liberados com a concessão (item 8.4.7); c) se o bem foi alienado, a garantia não se recompõe (Cf. Lobo, 2005:165); e d) se a garantia foi substituída por outra, somente esta última se mantém (Cf. Lobo, 2005:165).

Capítulo 10

RECUPERAÇÃO EXTRAJUDICIAL

Sumário: 10.1. Conceito e noções. 10.2. Pedido de recuperação extrajudicial. 10.3. Documentação necessária. 10.4. Procedimento da recuperação extrajudicial. 10.5. Efeitos da sentença homologatória. 10.6. Recurso e outras formas privadas de acordo.

10.1. Conceito e noções

Recuperação extrajudicial é modalidade de ação integrante do sistema legal destinado ao saneamento de empresas regulares, que tem por objetivo constituir título executivo a partir de sentença homologatória de acordo, individual ou por classes de credores, firmado pelo autor com seus credores. Seus efeitos podem se estender aos credores não aderentes de uma mesma classe, desde que cumpridas determinadas condições previstas em lei.

O devedor em situação de crise econômico-financeira, que preencha os requisitos do art. 48, pode optar por uma terceira modalidade – também judicial – de recuperação, denominada "extrajudicial", em razão de grande parte de seu procedimento ocorrer em período anterior à homologação em Juízo.

A proposta e a negociação de meios que lhe proporcionem a recuperação de seu empreendimento são realizadas diretamente com os credores, antes de sua homologação em Juízo, impondo, o legislador, certos limites ao devedor, em defesa de princípios expressamente abraçados pela Lei Falimentar, notadamente os da universalidade e o da *pars conditio creditorum*. Em razão deste – igualdade de tratamento entre os credores – o plano extrajudicial não pode contemplar o pagamento antecipado de dívidas, nem, tampouco, tratamento desfavorável aos credores que a ele não estejam sujeitos (art. 161, § 2º) e, no tocante ao primeiro – universalidade –, não acarreta suspensão de direitos, ações ou execuções, nem a impossibilidade de pedido de decretação de falência pelos credores que não lhe são sujeitos (art. 161, § 4º).

Para evitar que seu uso se torne contínuo e regular instrumento de administração, com constante imposição de sacrifícios a credores, impõe-se outro limite: a impossibilidade de pedido contemporâneo a outro de recuperação judicial pendente ou, ainda, sucessivo a outro de recuperação em Juízo, obtido ou homologado há menos de dois anos (art. 161, § 3º).

Para que o acordo se torne firme e se evitem artifícios ou simulações, não se permite aos credores, após a distribuição do pedido em Juízo, desistir da adesão, salvo com a anuência expressa de todos os demais signatários (art. 161, § 5º).

10.2. Pedido de recuperação extrajudicial

Duas são as modalidades de plano de recuperação extrajudicial: o plano individualizado e por classe de credores.

No primeiro – que denominamos plano de recuperação extrajudicial individualizado –, de cunho mais restrito, o devedor reduz suas negociações a certos credores em particular e apresenta em Juízo sua justificativa e o documento – por instrumento público ou particular – que contenha os termos e condições, assinado pelos credores que a ele aderiram (art. 162).

Luiz Fernando Valente de Paiva (2005:569) prefere denominar esta modalidade "recuperação meramente homologatória", à qual aderiu Francisco Satiro de Souza Junior (2006:513). Fábio Ulhoa Coelho a chamou de "homologação facultativa" (2017:526).

No segundo – aqui designado plano de recuperação extrajudicial por classe de credores –, o devedor obtém a assinatura de credores que representem mais da metade dos créditos constituídos (cf. art. 163, com a modificação introduzida pela LREF-20; anteriormente, eram três quintos) até a data do pedido, de uma ou mais classes entre as previstas nos incisos II, IV, V, VI e VIII do art. 83, obrigando a totalidade dos credores da espécie consignada no documento de adesão.

Pela nova disciplina introduzida pelo § 7º ao art. 163, a demonstração desse *quorum* não precisa acompanhar o pedido, bastando a anuência de credores que representem pelo menos 1/3 (um terço) de todos os créditos de cada espécie por ele abrangidos e o compromisso de atingir o *quorum* exigido pelo *caput* no prazo improrrogável de 90 (noventa) dias. Se de todo modo não lhe for possível comprovar esse *quorum*, há, ainda, a faculdade de conversão do pedido em recuperação judicial.

Para incluir credores da classe I – trabalhista e acidentários –, o devedor deve submeter-se previamente à negociação coletiva com o sindicato da respectiva categoria profissional, conforme estabelece a redação dada ao art. 161, § 1º, pela reforma (LREF-20).

É chamada de "recuperação impositiva" por Luiz Fernando Valente de Paiva (2005:571), também adotada por Francisco Satiro de Souza Junior (2006:513) e de "homologação obrigatória" por Fábio Ulhoa Coelho, em seus *Comentários à Lei de Falências e de Recuperação de Empresas* (2017:527)

Para a obtenção desse percentual, algumas regras são estabelecidas: a) obtém-se a soma de todos os credores da classe levando-se em conta o valor e condições originais de pagamentos dos credores não aderentes ao plano e o valor dos créditos por ele abrangidos (art. 163, § 2º); b) o crédito em moeda estrangeira é convertido em moeda nacional pelo câmbio da véspera da data da assinatura do plano (art. 163, § 2º, I); c) não se computam os créditos dos sócios do devedor, das sociedades coligadas, controladoras, controladas ou das que tenham sócio ou acionista com participação superior a 10% do capital social do devedor ou em que o devedor ou algum de seus sócios detenham participação superior a 10% do capital social (arts. 163, § 2º, II, e 43).

10.3. Documentação necessária

Ao pedido de homologação do plano extrajudicial em Juízo, o devedor deve juntar: a) justificativa, acompanhada de documento que contenha termos e condições do plano, subscrito pelos credores (art. 162); b) exposição da situação patrimonial do devedor (art. 163, § 6º, I); c) as demonstrações contábeis relativas ao último exercício social e as levantadas especialmente para instruir o pedido, na forma do inciso II do *caput* do art. 51 (art. 163, § 6º, II); d) os documentos que comprovem os poderes dos subscritores para novar ou transigir, relação nominal completa dos credores, com a indicação do endereço de cada um, a natureza, a classificação e o valor atualizado do crédito, discriminando sua origem, o regime dos respectivos vencimentos e a indicação dos registros contábeis de cada transação pendente (art. 163, § 6º, III).

10.4. Procedimento da recuperação extrajudicial

Ao receber o pedido, o magistrado determina a publicação de edital eletrônico (cf. art. 164, na nova redação dada pelo PL n. 6.220-D), convocando todos os credores a apresentarem eventuais impugnações no prazo de trinta dias.

Comprovado que o pedido traz o *quorum* preliminar mínimo de 1/3 (um terço) exigido pelo § 7º do art. 163, fica suspenso o curso da prescrição e de todas as ações e execuções em face do devedor integrante da classe abrangida por esse *quorum*, na forma do art. 6º da LREF (cf. § 8º introduzido ao art. 163 pela LREF-20).

As impugnações devem limitar-se às seguintes alegações: "I – não preenchimento do percentual mínimo previsto no *caput* do art. 163 desta Lei; II – prática de qualquer dos atos previstos no inciso III do art. 94 ou do art. 130 desta Lei, ou descumprimento de requisito previsto nesta Lei; III – descumprimento de qualquer outra exigência legal".

Apresentada impugnação o devedor terá vista nos autos por cinco dias, voltando os autos conclusos ao magistrado para decidir no quinquídio subsequente, homologando ou indeferindo o pedido, cabendo apelação, sem efeito suspensivo.

Se o pedido for indeferido, devolve aos credores o direito de exigir o valor original sem alterações, deduzindo-se eventuais valores pagos aos credores (art. 165, § 2º). Uma das razões para o indeferimento é a demonstração de simulação de crédito ou a existência de vício de representação dos credores (art. 165, § 6º).

O procedimento é bastante simples, conforme se depreende do seguinte organograma:

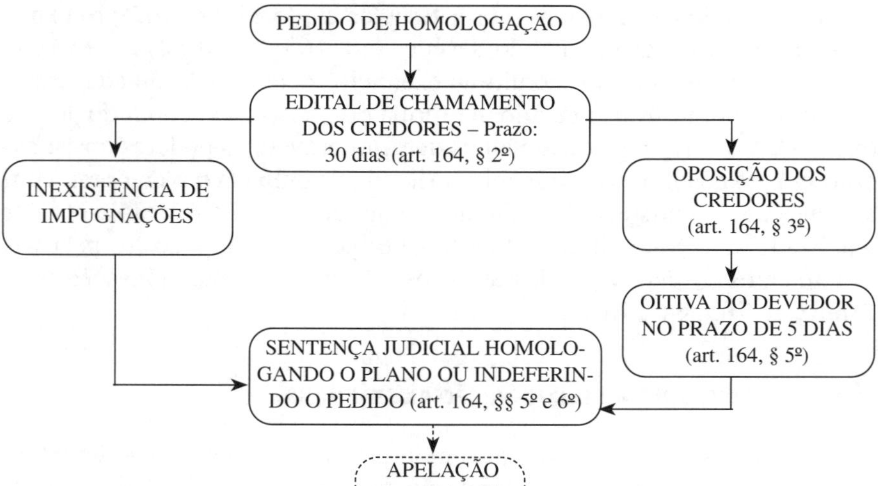

10.5. Efeitos da sentença homologatória

Uma vez homologado por sentença, o plano gera efeitos imediatos (art. 165), independentemente da interposição de recursos (art. 164, § 7º), de natureza similar aos que ocorrem a partir da sentença concessiva de recuperação judicial:

a) passa a constituir-se título executivo judicial (art. 161, § 6º);

b) impede a alienação de bem objeto de garantia real, a supressão da garantia ou sua substituição sem a aprovação expressa do credor titular da respectiva garantia (art. 163, § 4º);

c) mantém a variação cambial dos créditos em moeda estrangeira, salvo se o credor titular aprovar mudança, inserindo-a no plano de recuperação extrajudicial (art. 163, § 5º);

d) se houver previsão, o plano pode alcançar efeitos anteriores à homologação, limitadamente à modificação do valor ou da forma de pagamento dos credores signatários (art. 165, § 1º);

e) se o plano estabelecer a alienação judicial de filiais ou unidades produtivas do devedor, a forma de venda obedecerá ao que dispõe o art. 142, que é regra geral para a mesma ocorrência em todas as modalidades de recuperação em Juízo e no processo de falência (art. 166).

10.6. Recurso e outras formas privadas de acordo

Prevê a Lei n. 11.101/2005 a interposição de recurso de apelação, sem efeito suspensivo, para a decisão que homologar ou julgar improcedente o pedido (art. 164, § 8º).

As duas formas previstas nos arts. 162 e 163 não são as únicas modalidades de acordos possíveis, concebendo o legislador a viabilização de qualquer acordo privado entre o devedor e seus credores (art. 167). Distingue-se o acordo privado das formas extrajudiciais, quanto ao título formado: no primeiro caso os credores dispõem de título executivo judicial e, nos acordos privados, de título extrajudicial, desde que cumpridos os requisitos do art. 784, IV, do Código de Processo Civil de 2015.

LIVRO III

DA FALÊNCIA

(Capítulos 11 a 28)

PARTE I

SISTEMAS E PROCEDIMENTOS PRÉ-FALIMENTARES

(Capítulos 11 a 16)

Capítulo 11

CARACTERIZAÇÃO E PRESSUPOSTOS DO ESTADO FALIMENTAR

Sumário: 11.1. Introdução e conceito inicial. 11.2. O procedimento pré-falimentar ou fase preliminar. 11.3. Sistemas de caracterização do estado falimentar. 11.3.1. A impontualidade e os atos de falência. 11.3.2. Outros critérios. 11.4. Pressupostos do estado falimentar.

11.1. Introdução e conceito inicial

O presente trabalho foi dividido em partes que guardam unidade lógica. Este capítulo inaugura o livro da Falência, cujo objeto de estudo é a caracterização e os pressupostos do estado falimentar e o procedimento pré-falimentar em suas várias formas.

Iniciemos com o conceito instrumental. Falência é um processo de execução coletiva, no qual todo o patrimônio de um empresário declarado falido – pessoa física ou jurídica – é arrecadado, visando o pagamento da universalidade de seus credores, de forma completa ou proporcional. É um processo judicial complexo que compreende a arrecadação dos bens, sua administração e conservação, bem como a verificação e o acertamento dos créditos, para posterior liquidação dos bens e rateio entre os credores. Compreende também a punição de atos criminosos praticados pelo devedor falido.

De tal complexidade se envolve o Direito Falimentar que sua principal característica é ser ele pluridisciplinar, sendo tênue a separação entre os conceitos de direito processual e os de direito material que se misturam na Lei Falencial. Regras de Direito Civil, Contratual, Penal, Trabalhista, Administrativo, Tributário mesclam-se com outras de Direito Processual Civil e Direito Processual Penal, levando Carvalho de Mendonça (1963, 7, item 34) a percuciente observação: "Na verdade, o instituto da falência não se restringe aos domínios do Direito Comercial; penetra nos do Direito Público, do Direito Civil, do Direito Internacional Público e Privado, do Direito Criminal, do Direito Judiciário, em cada um dos quais vai buscar regras, preceitos e ensinamentos, tendo, muitas vezes, de modificá-los a fim de adaptá-los ao grande meio de execução coletiva que trata de organizar. Inspira-se ainda na ciência econômica, cujos fenômenos não lhe devem ser estranhos, na ciência financeira e na estatística, onde verifica a prova do resultado do seu funcionamento. Apreciada economicamente, a falência interessa não somente à economia individual como à pública, pois incontestavelmente perturba o crédito público, produz a dispersão de capitais, trazendo dano para a economia geral".

Embora mantenha a natureza utilitária de processo de execução, a falência possui características próprias no direito brasileiro.

Em primeiro lugar, ela somente é reservada ao devedor empresário – regular ou irregular. Observe-se, contudo, que nem todos os empresários se submetem a esse regime, havendo aqueles que se sujeitam a um especial, como as instituições financeiras, administradoras de consórcio, companhias de seguro, usinas de açúcar, sociedades cooperativas etc. Vimos no Capítulo 2, por exemplo, que as primeiras somente se submetem ao regime falimentar após decisões em instâncias administrativas; as últimas (cooperativas) estão sujeitas a regime liquidatório próprio.

Em segundo lugar, há algumas situações previstas em lei que caracterizam o estado falimentar: essas não pressupõem a insolvabilidade ou a simples inadimplência, mas tão somente a impontualidade ou atos e situações fáticas definidas na própria lei (art. 94).

Em terceiro lugar, não se exige que os créditos que dão origem ao pedido falimentar tenham origem mercantil; o pedido falimentar pode decorrer de qualquer causa obrigacional, havendo, contudo, restrições a determinados tipos de credores, no que se refere à iniciativa para o requerimento ou para a habilitação no concurso universal. É o que ocorre com os credores por obrigações a título gratuito, que, não possuindo título exigível na falência (art. 5º, I), não podem, por conseguinte, requerê-la (art. 94, § 2º).

Em quarto lugar, o título executivo que acompanha o pedido inicial, na hipótese da falência requerida com fundamento no art. 94, I, ao contrário do que ocorria no sistema de 1945, precisa estar vencido e protestado, devendo, ainda, corresponder a mais de quarenta salários-mínimos na data do pedido de falência. Se o valor do título for inferior ao teto legal, o credor poderá reunir-se em litisconsórcio a fim de perfazer o limite mínimo.

Por fim, a qualidade de empresário não é essencial para legitimar o autor de pedido de falência, salvo no procedimento de autofalência. Entretanto, se o credor-requerente for empresário, deve comprovar sua regularidade no órgão de registro de empresa.

No decorrer deste estudo, observar-se-á, mais de perto, cada uma dessas características.

11.2. O procedimento pré-falimentar ou fase preliminar

O procedimento pré-falimentar tem natureza cognitiva, isto é, trata-se de processo de conhecimento, de feição contenciosa, no qual, sumariamente, o magistrado irá conhecer os fatos trazidos pelo autor e, ao final, decretará ou não a falência do devedor. A tutela, que se inicia com o pedido de abertura da quebra até a sentença chamada declaratória, não é nem declaratória nem executiva, mas sim constitutiva, uma vez que altera a situação jurídica não apenas do falido, mas gera efeitos sobre os credores, seus contratos, suas relações jurídicas e seus bens.

A partir deste capítulo, conhecer-se-ão as várias formas de que se revestem o pedido inicial e, ainda, as defesas possíveis, denominadas pela lei como relevantes razões de direito, tudo de acordo com os procedimentos legais.

FUNDAMENTO DO PEDIDO	RITO PROCESSUAL	SISTEMAS ADOTADOS
Art. 94, I	Rito processual previsto nos arts 94-99	A falência requerida em razão da impontualidade
Art. 94, II e III	Rito processual previsto nos arts. 94, 95 e 97-99	A falência caracterizada por atos de falência
Art. 105	Rito processual previsto nos arts. 105-107	O pedido de autofalência caracterizado predominantemente pela impossibilidade de prosseguimento da atividade empresarial

11.3. Sistemas de caracterização do estado falimentar

O legislador pode valer-se de vários critérios para caracterizar o estado falimentar, como, por exemplo, considerar falido aquele que possua um passivo superior a seu ativo. Isso ocorre no sistema da insolvabilidade previsto no Código de Processo Civil de 1973 (arts. 748 a 786-A), que permanece em vigor até a edição de lei específica, conforme determina o art. 1.052 do Código de Processo Civil de 2015.

Pode, ainda, considerar a inadimplência, a impontualidade ou a prática de determinados atos descritos em lei como caracterizadores da falência.

11.3.1. A impontualidade e os atos de falência

No Direito brasileiro, a falência não pressupõe nem a insolvabilidade nem a simples inadimplência, mas, tão somente, a impontualidade ou a prática de atos de falência – atos e situações fáticas previstas na própria lei.

A impontualidade, conforme definição do art. 94, I e II, da Lei n. 11.101/2005, ocorre quando o devedor empresário não paga, no vencimento, obrigação líquida materializada em título ou títulos executivos protestados cuja soma ultrapasse o equivalente a 40 salários-mínimos na data do pedido de falência. Os atos de falência caracterizam-se por situações enumeradas pela lei que fazem presumir a existência de dificuldades financeiras na vida do empresário, nos termos dos incisos II e III do mesmo dispositivo da lei.

11.3.2. Outros critérios

Além desses dois critérios eleitos pela Lei Falimentar, há, ainda, outros dois não adotados pela atual legislação concursal brasileira, o do estado patrimonial deficitário, utilizado pela legislação processual civil (CPC73, art. 748: "Dá-se a insolvência toda vez que *as dívidas excederem à importância dos bens do devedor*"), e o da cessação de pagamentos, vigente na época do Império. Este último trazia sérias dificuldades na aplicação, uma vez que exigia indagar o momento em que ocorria o estado falimentar: se uma, duas ou mais inadimplências caracterizariam ou não a insolvência. No Império, a aplicação do sistema de cessação de pagamentos confundiu-se com o do patrimônio deficitário, constatação que se faz a partir do fato de os tribunais somente reconhecerem a cessação de pagamentos quando o estado do devedor demonstrava desequilíbrio econômico tal que não poderia ser ignorado.

Sobre isto escreveu Carvalho de Mendonça (1963, 7.1, item 137): "Sem regra legal que os orientassem, nossos tribunais nunca precisaram definitivamente o conceito de cessação de pagamentos, e, na generalidade, reconheciam o estado de falência somente quando a ruína do comerciante se apresentava patente, notória. A obra de quarenta anos de jurisprudência pátria mostrou simplesmente que a tendência nela predominante foi explicar o conceito de cessação de pagamentos pelo da insolvência, doutrina errônea, que importava aceitar em nosso direito o velho sistema, que ele repeliu, do desequilíbrio econômico".

E coube a esse mesmo autor (1963, 7.1, item 41) resgatar a exposição apresentada por Campos Sales, ministro da Justiça, ao chefe do governo, em janeiro de 1891, narrando as críticas à lei em vigor (Código Comercial de 1850). Destacam-se desse texto as críticas referentes às dificuldades do sistema da cessação de pagamentos: "(...) Na parte relativa às falências, de há muito a prática demonstra defeitos e inconvenientes que, embaraçando a marcha do processo desde a abertura da falência até o final da liquidação, o tornava sobremodo vexatório para o falido e ruinoso para os credores. Às dúvidas sobre o característico legal da cessação de pagamentos e insolvência, natureza comercial das dívidas, classificação dos créditos, separação do patrimônio individual e social, acresciam as queixas de fraudes nas concordatas, de óbices opostos pelo moroso processo criminal ao contrato de união, da insuficiência de fiscalização, falta de garantias na administração das massas e no julgamento dos falidos".

O Tratado escrito por Carvalho de Mendonça é permanente fonte de pesquisa histórica sobre a formação das leis comerciais no Brasil. Lemos, por exemplo, no mesmo volume, item n. 137, as dúvidas entre os senadores, em 1848, ao discutirem o que viria a ser o sistema da cessação de pagamentos: "O senador Vasconcelos, na sessão do Senado de 8 de agosto de 1848, perguntava: 'Que significa cessar pagamentos? Entender-se-á por cessar pagamentos não fazer pagamento algum? A palavra cessar significa uma suspensão momentânea ou uma impossibilidade de pagar?'".

Desse sistema se origina o da impontualidade, exigindo a ocorrência de apenas o não pagamento de um crédito protestado por seu credor; nele não se indaga a respeito da insolvabilidade, isto é, da possibilidade de o ativo cobrir o passivo, mas, tão somente, da impossibilidade – momentânea ou não – de pagar dívida no vencimento.

11.4. Pressupostos do estado falimentar

No Direito brasileiro, para existir falência, do ponto de vista jurídico, devem concorrer três pressupostos: a qualidade de empresário do devedor, sua insolvência e a declaração judicial desse estado. Rubens Requião (1975:35-38), em sua obra, discute se a pluralidade de credores constitui ou não um dos pressupostos para o estado falimentar.

Evidentemente, há bons argumentos por parte de Waldemar Ferreira defendendo a impossibilidade de execução coletiva de um só credor. Contudo, presentes os três primeiros requisitos (empresário, insolvência e declaração judicial), tem-se uma decisão judicial definitiva; somente depois, na fase de verificação dos créditos, é que se saberá qual o número de credores que participarão da execução.

Carvalho de Mendonça (1963, 7: item 98), em seu *Tratado*, afirma que, "sendo a falência uma execução coletiva, o seu pressuposto é a pluralidade de credores. Tem-se, porém, sujeitado a essa execução o devedor com um só credor, sob o fundamento de que o estado de falência resulta não do número de credores, porém do fato da impossibilidade de pagar. Ao credor não satisfeito pode ser indispensável a falência para revogar atos praticados em seu prejuízo. Negar-lhe este direito, diz-se, é privá-lo da garantia com que contava ao tratar com o devedor. E se o devedor satisfizer todos os seus pequenos credores, deixando sem pagamento o mais importante? A dificuldade séria é que nessa falência muitas disposições legais ficam sem aplicação. O processo torna-se mais expedito, o que não repugna à natureza da instituição, às obrigações do devedor e aos direitos do credor. Não é possível a concordata, no sentido legal. O legislador cogita de casos ordinários – *quod raro evenit proetereunt legislatores*. Ocorrendo a presença de um só credor na falência, fica ao arbítrio do juiz simplificar o processo quanto possível".

Há aqui um paradoxo: embora a falência seja um processo de execução coletiva, a pluralidade de credores não constitui pressuposto para a prolação da sentença declaratória. Nos processos não precedidos por procedimento recuperatório, o momento de verificação dos créditos é sempre posterior à análise dos requisitos formais, necessários à decretação da quebra. Primeiro decreta-se a falência e, depois, habilitam-se os credores.

Não há dúvidas, portanto, que "a pluralidade de credores não constitui pressuposto da falência", como acertadamente concordam as Câmaras Reservadas de Direito Empresarial do Tribunal de Justiça de São Paulo, em entendimento sumular n. 44.

No Direito positivo brasileiro, como sugere o grande mestre do direito comercial, a verificação de apenas um credor acarreta a simplificação de alguns atos que a Lei Falimentar pressupõe como necessários somente em caso de haver concurso de credores. Em ambas as situações, existindo um ou vários credores, o procedimento falimentar prossegue. Apenas a inexistência de credores leva ao encerramento do processo por falta de objeto.

Capítulo 12

A LEGITIMIDADE ATIVA

Sumário: 12.1. O credor legitimado a requerer a falência. 12.2. Natureza do crédito e do credor. 12.3. Credor empresário. 12.4. Credor sem domicílio no Brasil. 12.5. Credor com garantia real. 12.6. Credor privilegiado fiscal. 12.7. Credor privilegiado trabalhista. 12.8. O sócio, mesmo acionista ou comanditário. 12.9. Credor debenturista. 12.10. Litisconsorte ativo.

12.1. O credor legitimado a requerer a falência

Tanto o devedor como os credores e, ainda, o cônjuge sobrevivente, herdeiro do devedor, inventariante, cotista ou acionista da sociedade devedora podem requerer a falência. Em relação ao devedor é indispensável ficar demonstrada sua condição de empresário, regular ou irregular, uma vez que o instituto falimentar é dirigido exclusivamente aos empresários.

Há algumas condições previstas na Lei Falimentar em relação ao pedido promovido pelos credores.

12.2. Natureza do crédito e do credor

Os credores podem ser empresários ou não, e o título que apresentarem em Juízo para legitimar seu pedido ter origem mercantil ou não. O credor não empresário tem igual legitimidade de ver decretada a falência de seu devedor quanto o credor empresário. O que se objetiva não é a discussão em torno de um crédito em particular, mas a garantia de sobrevivência do crédito e a proteção dos credores como um todo. Sob essa ótica, pouco importa saber se a dívida é ou não de natureza mercantil.

12.3. Credor empresário

Ao credor empresário com domicílio no Brasil a lei exige a demonstração de sua regularidade, determinando se faça, com o pedido inicial, a juntada de prova de arquivamento de seus atos constitutivos ou de sua declaração de firma individual.

Fica assentado, pois, que o empresário irregular pode ter sua falência decretada, mas jamais estará autorizado a vir em Juízo requerer a de outro empresário. Exige a lei que o credor empresário demonstre sempre sua regularidade (art. 97, § 1º).

12.4. Credor sem domicílio no Brasil

O credor, empresário ou não, sem domicílio no Brasil deve prestar caução para pagamento das custas do processo e do valor de eventual indenização prevista no art. 101.

A indenização somente é cabível quando comprovado dolo do requerente; havendo boa-fé ou erro escusável, não é de se impor a condenação. Essa opinião tem razão de ser e já foi utilizada em entendimento sumular voltado à compreensão do art. 940 do CC, antes do advento da Lei n. 11.101/2005 (Súmula 159: "Cobrança excessiva, mas de boa-fé, não dá lugar às sanções do art. 1.531 do Código Civil").

A natureza, o valor e a possibilidade de indenização por dano material e moral são matérias abordadas no Capítulo 18 (itens 18.5 e 18.6). A lei exige que o depósito seja suficiente para a indenização por eventual dano material e custas processuais, devendo o magistrado valer-se de estimativa que considere o valor da causa e a repercussão do pedido, não se afastando da realidade econômica dos envolvidos.

12.5. Credor com garantia real

No sistema anterior, o credor com garantia real somente podia requerer a falência de seu devedor se dela abrisse mão ou se demonstrasse sua insuficiência. A distinção não mais existe, estando legitimados o credor com garantia real e o credor fiscal a requererem a falência do devedor.

12.6. Credor privilegiado fiscal

Quanto ao credor fiscal firmaram-se, no sistema anterior, algumas correntes de entendimento doutrinário e jurisprudencial:

a) os que entendiam possível o pedido falimentar tendo por sujeito ativo o credor tributário. Para esses juristas o crédito com direito real de garantia não se confundia com o privilégio concursal da Fazenda Pública e, portanto, não estaria esta abrangida pela restrição imposta pelo art. 9º, III, *b*, do Decreto-Lei n. 7.661/45, que não comportaria interpretação restritiva de forma extensiva. Nesse sentido são encontrados estudos de Fábio Konder Comparato[1], Fazzio Jr. (1999:105), Amador Paes de Almeida (1998:59) e os votos dos Ministros Costa Leite e Eduardo Ribeiro[2]. Essa corrente pre-

---

[1] O Professor Konder Comparato conclui, em trabalho publicado a partir de consulta da Coordenação da Administração Tributária, da Secretaria da Fazenda do Estado de São Paulo: "a) A certidão de dívida ativa é documento hábil a ensejar à Fazenda do Estado o requerimento de falência de contribuinte com o apoio no art. 1º da Lei de Falências? Sim. Trata-se de título que legitima a ação executiva fiscal, referindo-se a obrigação líquida (Decreto-lei n. 960, art. 2º). Preenche, portanto, todos os requisitos exigidos pelo art. 1º da Lei de Falências. Ressalvada a questão da multa fiscal de caráter penal (Decreto-Lei n. 7.661, art. 23, parágrafo único, n. III), o crédito tributário assim demonstrado pode ensejar a quebra do contribuinte, comerciante individual ou sociedade mercantil. A alegada impontualidade do devedor não precisa se referir ao crédito tributário, que pode aliás não estar vencido (Decreto-Lei n. 7.661, art. 9º, n. III), bastando que a Fazenda Pública exiba a certidão de protesto do título de outro credor (o chamado 'protesto de empréstimo'). Se a impontualidade se refere ao crédito tributário, é mister levar a protesto preliminarmente a certidão de dívida ativa, pelo modo previsto no art. 10 da Lei de Falências" (*RT*, 442/48-54, ago. 1972).

[2] Esse último assim se manifestou: "Trouxe V. Exa., Sr. Presidente, argumento ponderável, ao invocar o que se contém na Lei 6.830. Tomado literalmente, o art. 38 daquela Lei conduziria realmente à conclusão de que a Fazenda só poderia colocar em Juízo a discussão de sua dívida ativa pela via da execução. Nem seria dado argumentar que a falência tem conotação de execução coletiva porque a norma citada explicita que a execução será a prevista na própria lei. Parece-me, entretanto, que, examinada essa disposição legal, tendo em vista sua razão de ser, a objeção é superável. Visou o legislador a conferir maior rigor à cobrança do crédito fazendário, procurando, quanto possível, vedar a discussão judicial a seu respeito, sem que houvesse garantia. Assim é que, ou se faria mediante execução, em que há penhora, ou em ação anulatória, condicionada essa ao prévio depósito da importância questionada. Não poderia impedir o uso do mandado de segurança, em virtude de sua matriz constitucional, e o pedido de repetição supõe, obviamente, tenha havido pagamento. Certo que esse propósito não foi, em verdade, alcançado porque a jurisprudência cuidou de amoldar o texto ao que se contém na Constituição, de maneira a garantir a amplitude do acesso à jurisdição. No Tribunal Federal de Recursos firmou-se o entendimento de que o depósito só era necessário para evitar a execução, não constituindo requisito indispensável para que se pudesse ajuizar ação anulatória. Entretanto, o objetivo da Lei foi, sem dúvida, o de dar mais garantia à Fazenda. Se assim é, creio que o dispositivo em exame não há de ser compreendido de maneira a restringir as possibilidades de ingresso em Juízo da Fazenda Pública, em detrimento daquilo que se pretendeu assegurar. Ora, o pedido de falência pode a ela interessar e muito, *data venia* das opiniões em contrário. A circunstância de o crédito ser privilegiado e mesmo de ser possível o ajuizamento de execução, no curso da falência, não afasta a conveniência de, em certas circunstâncias, se pleitear seja decretada a quebra. Além de a

valeceu na reforma de 2020. O art. 3º da LREF, ao modificar a Lei n. 10.522, de 19 de julho de 2002, acrescentou ao art. 10-A o § 4º-A, que expressamente admite a "faculdade de a Fazenda Nacional requerer a convolação da recuperação judicial em falência" se o contribuinte for excluído do parcelamento fiscal.

Não consta expressamente a possibilidade de apresentação de pedido falimentar às hipóteses previstas no art. 94, porém, não há, igualmente, impedimento legal a que as Fazendas Públicas pleiteiem a falência de seus devedores.

b) outras judiciosas opiniões em contrário que sustentavam a ausência de legítimo interesse em a Fazenda Pública requerer a falência do devedor-contribuinte. Nesse segmento se encontram Rubens Requião (1975, 1:90) e o Ministro Cláudio Santos[3].

---

falência propiciar uma investigação mais abrangente da situação econômica do devedor, vale assinalar que enseja, por exemplo, a ação revocatória que pode ser muito importante para os credores. No que diz com os efeitos drásticos que tem a medida, ainda que fundada apenas na impontualidade, não é peculiar ao pedido feito pela Fazenda. A empresa pode ser destruída, em virtude de dificuldade que seria passageira, a pedido de qualquer credor" (REsp n. 10.660-MG, j. 12-12-1995).

[3] O Ministro Cláudio Santos, do STJ, em seu voto vencido proferido no REsp n. 10.660-MG, j. 12-12-1995, assim se posicionou: "(...) não pretendo reduzir a faculdade da Fazenda de discutir em Juízo seu crédito, exclusivamente, nas execuções fiscais. Em qualquer ação contra ela proposta a discussão pode ser travada, mas é inquestionável que a cobrança da Dívida Pública deve ser feita na execução fiscal singular, sem prejuízo de seu direito às medidas cautelares asseguradas no estatuto processual aplicável subsidiariamente. Inexato, por outro lado, argumentar-se que a Fazenda Pública pode renunciar aos seus direitos e privilégios, como credora de tributos, para pretender assumir a posição de um credor comum, quirografário, em concorrência com os demais credores e com isso vir a ter afirmado o direito de requerer a falência do devedor. O tributo é cobrado mediante atividade administrativa plenamente vinculada, de acordo com a definição contida no art. 3º do Código Tributário Nacional, lei complementar do Sistema Tributário Nacional, e, assim, outro caminho não tem o administrador, salvo encaminhar a certidão de dívida para cobrança através de execução fiscal, porque é no Juízo competente que a questão deve ser discutida e não no Juízo falimentar. A esses argumentos de natureza jurídica não são alheios outros de ordem econômica, moral e política. É consabido privilegiar nosso ordenamento constitucional a igualdade, a liberdade de iniciativa, a livre concorrência, não sendo compatível com esses princípios conferir-se ao Estado o direito de destruir a empresa, segundo a livre determinação e escolha de seus agentes administrativos, por força da impontualidade no pagamento de um tributo. A legislação falimentar brasileira está em descompasso com a realidade social e econômica, é atrasada e iníqua, ao considerar presumidamente insolvente em benefício do credor um caso de simples mora ou de mera impontualidade. A sua nova disciplina em tramitação no Congresso Nacional atenua um pouco o rigor da lei em vigor e agasalha um princípio de grande significação que é o interesse pela recuperação da

Embora a atual legislação não distinga, quanto à legitimidade ativa, entre credores privilegiados e não privilegiados, a matéria ainda enseja reflexões, mesmo com a revogação do Decreto-Lei n. 7.661/45.

Adota-se, como regra, nesta obra, a segunda corrente, não apenas pelas razões expostas pelo eminente Ministro Cláudio Santos, mas também porque a entrega da decisão de requerer a falência ao funcionário do Estado, de forma discricionária, cabendo a ele decidir em que casos o fará ou não, implica violação ao princípio da impessoalidade do art. 37 da Constituição Federal, salvo se o pedido de falência pela Administração Pública se vinculasse a critérios objetivos fixados em lei. Di Pietro (1997:64) aclara o significado do princípio da impessoalidade ao afirmar: "A administração não pode atuar com vistas a prejudicar ou beneficiar pessoas determinadas, uma vez que é sempre o interesse público que tem que nortear o seu comportamento...". Quais elementos diferenciadores poderiam ser utilizados pela Administração Pública para distinguir devedores que seriam executados daqueles contra os quais seriam distribuídos pedidos de falência? É possível que a escolha se faça por critérios tais como ramo de atividade, importância total do crédito ou área geográfica? Os únicos tipos legais estabelecidos pela Lei Falimentar são a impontualidade e os atos de falência. Sempre que, por exemplo, o contribuinte executado pela Fazenda Pública não pagasse, não depositasse a importância ou não nomeasse bens à penhora, dentro do prazo legal, o Estado obrigar-se-ia a ingressar com o requerimento falimentar, evitando prejudicar alguns comerciantes, deixando outros fora da execução concursal. Sua atuação nesse campo implicaria séria intervenção do Estado na atividade econômica.

Outras questões ainda poderiam ser suscitadas: o art. 174 da Constituição Federal define a função do Estado na atividade econômica: "(...) fiscalização, incentivo e planejamento, sendo este determinante para o setor público e indicativo para o setor privado", não se subsumindo a intervenção falimentar a nenhuma delas. Contudo, esse fundamento nos parece relativizado diante do disposto no § 4º-A do art. 10-A da Lei n. 10.522, de 19 de julho de 2002, na redação que lhe deu a LREF-20.

---

empresa e não pela liquidação de seu ativo para pagamento de suas dívidas. Conferir ao Estado uma medida judicial desse potencial aniquilador é, sem dúvida, contrariar aqueles princípios orientadores da ordem econômica no País, e consagrar uma coação reprovável pela moral e pela política".

12.7. Credor privilegiado trabalhista

Em relação ao credor privilegiado trabalhista, impende sustentar, por coerência, a possibilidade de vir a requerer a falência de seu empregador. Sendo privilegiado, não seria justo manter essa posição quando a lei não mais obriga aos credores com direito real de garantia a perda dessa garantia.

Já sob a égide do Decreto-Lei n. 7.661/45 a doutrina era avassaladora na defesa da possibilidade de o credor privilegiado trabalhista, ou qualquer outro credor privilegiado (à exceção do credor fiscal, já tratado acima), requerer a falência de seu devedor. Para esses defensores, o crédito daqueles credores somente ocupa a posição de privilégio no concurso de credores. Decorreria seu interesse na possibilidade de somente vir a obter prioridade no pagamento, até sobre os credores com direito real de garantia, se o concurso de credores viesse a se instalar[4].

12.8. O sócio, mesmo acionista ou comanditário

Autoriza a Lei Falimentar ao sócio e ao acionista da sociedade por ações o direito de requerer a falência da sociedade da qual participe.

O dispositivo comporta investigação mais profunda. A sociedade empresarial é representada pelos seus gerentes sócios ou diretores, e estes estão devidamente legitimados a ingressar com o pedido de autofalência. Que hipótese, então, prevê a lei no art. 97, III? Agem como representantes da sociedade? Não, porque, se assim fosse, estaríamos diante de modificação da representação legal da sociedade empresarial, o que a lei não pretendeu. Agem como credores da sociedade, por direito próprio, como entende Waldemar Ferreira (1955, 5:95)? Cremos que não, porque sendo credores não precisariam demonstrar sua qualidade social; como credores, a lei impõe-lhes apenas a juntada de título executivo que legitime sua qualidade. Do fato de, ao mesmo tempo, serem sócios – acionista ou cotista – não advém outra exigência porque essa qualidade não lhes restringe o direito de crédito. A lei não precisaria dispor sobre sua legitimidade, quando o autor fosse

---

[4] O Professor Fábio Konder Comparato, da Universidade de São Paulo, conclui, em parecer apresentado em 23 de agosto de 1971, em resposta à consulta de credores trabalhistas, "que o credor privilegiado não apenas tem interesse de pedir a falência de seu devedor, no sentido processual do termo, como só pode realizar o seu privilégio na falência (ou no concurso de credores)" (*RT*, 432/53-55, out. 1971).

ao mesmo tempo credor e sócio, a menos que existisse restrição legal anterior. Permanece, pois, a dúvida: de qual fato decorre a legitimidade dos sócios, acionistas ou cotistas?

Duas hipóteses são possíveis, dentro de uma interpretação sistemática. A lei pode referir-se à legitimidade decorrente da inércia dos órgãos responsáveis ou conceder legitimidade concorrente para os casos em que a lei permite ao sócio, cotista ou acionista o pedido de dissolução de sociedades. É que o sócio tem o legítimo interesse, em determinadas situações, de ver a falência decretada e definidas as responsabilidades dos órgãos de administração da sociedade – dos quais o autor não participa – para evitar a dilapidação do patrimônio social ou o aumento de sua responsabilidade enquanto participante da sociedade. As modalidades são aquelas que vinham previstas no art. 336 do Código Comercial e as que se encontram nos arts. 105 e 205, II, *b*, da Lei n. 6.404/76.

O Código Civil não reproduziu os mesmos casos de dissolução da Lei Comercial, mas o art. 1.030 previu a exclusão de sócio, judicialmente, mediante iniciativa da maioria dos demais sócios, por falta grave no cumprimento de suas obrigações ou, ainda, por incapacidade superveniente.

A legitimação do sócio, portanto, sobrevém:

a) por interpretação histórica do disposto no Código Comercial: por perda inteira do capital social ou pelo fato de este não ser suficiente (art. 336, 1); na demonstração da incapacidade moral ou civil do sócio administrador (art. 336, 2); nos casos de abuso, prevaricação, violação ou falta de cumprimento das obrigações sociais, ou fuga dos representantes legais (art. 336, 3);

b) na Lei das Sociedades por Ações: na hipótese de ocorrência de atos violadores da lei ou do estatuto e se demonstrados indícios de graves irregularidades praticadas por qualquer dos órgãos da administração da companhia (LSA, art. 105) e se a sociedade não preencher seu fim (LSA, art. 206, II, *b*);

c) no Código Civil: na ocorrência de falta grave no cumprimento de suas obrigações ou, ainda, por incapacidade superveniente de sócio diretor.

Nessas situações, sempre que a esses fatos cumular a impontualidade ou, ainda, quando concorrer algum fato previsto no art. 94, III, entende-se que o sócio estará legitimado a requerer a falência da sociedade da qual participe.

É certo que os sócios não podem ficar inertes, ao passo que o órgão que estaria legitimado a requerer a autofalência pratica atos de liquidação precipitada, remissão de crédito ou cessão de direitos, realiza negócios simulados ou fraudulentos, transfere o estabelecimento empresarial, ausenta-se sem deixar representante ou comete graves irregularidades demonstradas em processo judicial anteriormente proposto etc.

Comprovada a inidoneidade do órgão legitimado, entendemos que o sócio, cotista ou acionista, pode ingressar com o pedido e, nessa hipótese, deve fundamentá-lo no art. 94, demonstrando as circunstâncias que o legitimam. Os representantes legais serão chamados a, querendo, oferecer oposição ao pedido.

12.9. Credor debenturista

Em relação às debêntures, o agente fiduciário, representante da comunhão de debenturistas, poderá fazê-lo validamente, depois de ouvida a assembleia de debenturistas (LSA, art. 68, § 3º, *c*).

Previstas nos arts. 52 a 74 da Lei n. 6.404/76, as debêntures concedem direito de crédito contra a sociedade, que pode realizar várias emissões, sempre através da assembleia geral, dividindo-as em séries. Cada série gera os mesmos direitos, possuindo cada debênture da mesma série idêntico valor nominal[5].

Em relação às garantias outorgadas, subdividem-se as debêntures em quatro espécies:

(1) com garantia real: é a outorgada sobre um determinado bem ou conjunto de bens (um prédio, um terreno etc.). Os credores debenturistas com tal garantia possuem privilégio real, e, assim, o bem se sujeita ao cumprimento da obrigação. Sua posição em caso de concurso de credores é a do credor com direito real de garantia;

(2) com garantia flutuante: possuirá o credor, neste caso, garantia geral sobre o ativo da companhia, mas não poderá impedir a negociação dos

[5] Tullio Ascarelli anota a particularidade na emissão das debêntures: "(...) são títulos de crédito emitidos em série; idênticos, por isso, devem ser os direitos decorrentes de qualquer dos títulos da mesma emissão; a emissão de todos os títulos corresponde a uma operação única. É por isso, natural, o interesse em organizar coletivamente os debenturistas e com efeito tal se deu, em virtude de associações voluntárias dos debenturistas, mesmo anteriormente à disciplina legal de uma organização coletiva deles" (2001:736).

bens que compõem esse ativo. Os debenturistas estarão na situação comum de qualquer credor: o ativo da sociedade é a garantia futura do pagamento de seus créditos, não possuindo eles nenhuma ação contra eventual venda do ativo por parte da companhia. Em caso de execução ou de falência da sociedade, têm preferência sobre os créditos quirografários e receberão logo após o pagamento da classe dos credores com privilégio especial sobre determinado bem;

(3) sem preferência: são considerados credores quirografários, sem qualquer preferência no concurso de credores. Em caso de falência, não dispõem de nenhuma preferência no pagamento;

(4) subordinada aos demais credores da companhia: esta hipótese contempla a pior posição no quadro de credores da companhia: estará seu titular abaixo da última classe de credores – a dos quirografários – e somente terá preferência sobre os acionistas.

No tocante à forma de emissão, a Lei n. 8.021/90 extinguiu a possibilidade de emissão de debêntures endossáveis e ao portador (art. 2º, II), e, assim, elas serão sempre nominativas.

A emissão dá-se por meio de certificados com unidades ou com múltiplos de debêntures. Antes da emissão de certificados, poderão ser emitidas cautelas provisórias que representem esses títulos. A escritura de emissão pode atribuir outras funções ao agente fiduciário, como autenticar os certificados, administrar o fundo de amortização, manter em custódia os bens dados em garantia e efetuar pagamentos de juros, amortização e resgate.

Chama-se agente fiduciário o representante da comunhão dos debenturistas, nomeado no momento da lavratura da escritura de emissão das debêntures. Sua função é proteger os interesses dos debenturistas, notificando-os de qualquer inadimplência da sociedade e elaborando relatórios à disposição deles, anualmente. Somente ele dispõe do direito-dever de requerer a falência da companhia emissora, segundo o art. 68, § 3º, *c*, da Lei n. 6.404/76. Observe-se que este dispositivo limita a legitimidade do agente fiduciário na hipótese de “não existirem garantias reais”, em razão da exigência legal anterior de o credor com direito real de garantia renunciá-la ou, querendo mantê-la, provar que os bens não chegam para a solução de seu crédito (LF45, art. 9º, III, *b*).

A Lei n. 11.101, de 2005, não mais restringe o direito do credor com direito real de garantia, e, assim, o agente fiduciário dispõe de poderes para requerer a falência existindo ou não garantias reais.

12.10. Litisconsorte ativo

É obrigatória a formação de litisconsórcio ativo, o que conduz à percuciente observação de Vera Helena de Mello Franco (2006:397-398): "É claro que a criação formal de litisconsórcio ativo afasta a possibilidade de que os credores, entre si, impugnem os respectivos créditos" e que "o fato de um terceiro credor impugnar e obter sucesso na impugnação de qualquer um dos créditos, objeto do litisconsórcio, não alterará a falência já decretada, posto que a impugnação somente tem lugar em momento posterior. Tal, porém, não ocorre em relação ao falido, o qual, na sua contestação, pode, como matéria de defesa, impugnar este ou aquele crédito, demonstrando a inexistência do mínimo legal".

A tudo isto se deve acrescentar que, formado o litisconsórcio ativo, se o devedor obtiver o reconhecimento de matérias que afastam uma ou algumas das obrigações representadas pelos títulos apresentados à inicial, o pedido poderá vir a ser extinto, sem resolução de mérito, por ausência de pressupostos de constituição e de desenvolvimento válido e regular do processo (CPC15, art. 485, IV), em razão de a obrigação líquida não mais alcançar o valor exigido pelo art. 94, I. Em outras palavras: se a sentença reconhecer a ocorrência de prescrição em relação a alguns títulos, nulidade ou falsidade de outros, o magistrado deverá verificar se restaram obrigações não atingidas pelas defesas e se a soma ainda equivale a valor superior a 40 salários mínimos na data do pedido de falência (LREF, art. 96, § 2º).

Capítulo 13

O SISTEMA DA IMPONTUALIDADE

Sumário: 13.1. A obrigação líquida e o título executivo. 13.2. Os títulos executivos previstos na Lei Processual Civil. 13.2.1. Aluguel. 13.2.2. Cheque pré-datado. 13.2.3. Contrato de caução – fiança bancária. 13.2.4. Contrato de caução – fiança bancária, necessidade de título. 13.2.5. Duplicata representada apenas por boletos bancários. 13.2.6. Duplicata de prestação de serviços. 13.2.7. Título executivo sujeito a cálculo aritmético. 13.2.8. O crédito bancário rotativo. 13.2.9. O contrato de câmbio. 13.3. Títulos executivos previstos em outras leis. 13.4. O protesto. 13.5. Do pedido com base no art. 94, I – documentos que devem acompanhá-lo. 13.6. Da citação. 13.7. Defesa com e sem depósito elisivo. 13.7.1. Depósito elisivo. 13.7.2. Audiência de conciliação. 13.7.3. Oposição e citação de sócios. 13.8. O rito do art. 94, I.

13.1. A obrigação líquida e o título executivo

No principal sistema adotado pela lei brasileira basta a demonstração, por instrumento de protesto, do não pagamento, na data de vencimento, de obrigação líquida constante de um ou de mais de um título executivo, cuja soma ultrapasse, na data do pedido de falência, o equivalente a 40 salários-mínimos, sem que exista razão relevante para a inadimplência. A impontualidade se exterioriza pelo protesto que, na visão de Waldemar Ferreira (1955, 5:42), "não denuncia embaraço momentâneo. Nem dificuldade passageira e, quiçá, removível. Não. Quando, no Brasil, o comerciante não logra evitar o protesto de seu título de dívida, é porque, falto de recursos, seu crédito definitivamente desapareceu e se esgotou o espírito de cordura e transigência de seus credores. A paciência também tem limites; e o ânimo de conciliar, suas raias".

13.2. Os títulos executivos previstos na Lei Processual Civil

Líquida é a obrigação determinada no tocante a seu objeto. O devedor de obrigação líquida sabe exatamente o valor ou o bem que deve entregar ao credor porque estes se encontram definidos em contrato, título ou decisão judicial.

Título é o documento escrito que pode abrigar obrigação decorrente de uma sentença condenatória, confissão de dívida, declaração de um direito ou representação de um crédito. Esse documento (título) deve, necessariamente, ter eficácia executiva, ou seja, haver previsão legal que permita a seu titular a possibilidade de propor ação executória.

O título executivo pode ser judicial ou extrajudicial, observando-se que, para poder embasar o pedido falencial, deve manter sua liquidez, certeza e exigibilidade (CPC15, art. 783).

Partindo do pressuposto de que a caracterização da impontualidade subentende a existência de uma *obrigação líquida*, constante de *título executivo*, resta que nem todo título executivo poderá servir para embasar o pedido falencial (porque ilíquido), e, igualmente, nem toda obrigação líquida será suficientemente idônea (porque não constante de título executivo). Devem ainda, uma vez possuindo concomitantemente as duas qualidades, não sofrer as restrições do art. 94, § 2º, da Lei Falimentar (*verbis*: "Ainda que líquidos, não legitimam o pedido de falência os créditos que nela não se podem reclamar").

Com essas diretrizes, pode-se concluir que nem todos os títulos judiciais e extrajudiciais servirão para fundamentar o pleito falimentar, com base no art. 94, I. Por exemplo, o formal e a certidão de partilha são títulos executivos judiciais, mas somente possuem força executiva em relação ao inventariante, aos herdeiros e aos sucessores a título universal ou singular, não sendo títulos hábeis a promover a falência de empresário.

Por vedação legal (LREF, art. 5º), mesmo conservando a executividade, as obrigações a título gratuito não podem ser exigidas nos processos falimentares.

Outros títulos, se não contiverem obrigação líquida – isto é, (a) não houver certeza quanto à sua existência, como, por exemplo, se for objeto de litígio em processo judicial ou pender de decisão definitiva e (b) não houver quantia fixada de forma exata a ser paga –, não poderão servir para fundamentar a pretensão falimentar. A jurisprudência traz inúmeros casos em que houve discussão sobre a executividade de variada espécie de títulos. Veremos alguns.

13.2.1. Aluguel

As parcelas locatícias mensais, decorrentes de contrato de locação de imóvel, são títulos executivos extrajudiciais (CPC15, art. 784, VIII), mantendo a condição de liquidez mesmo na hipótese de ser necessário singelo cálculo aritmético, por critérios que constem do acordo escrito: "O contrato de locação subscrito por duas testemunhas gera a liquidez do título. Ainda que parte do valor da avença seja pendente de mero cálculo aritmético" (REsp n. 141.505/SP, Rel. Min. Vicente Cernicchiaro, *DJ*, 16-3-1998).

13.2.2. Cheque pré-datado

O cheque pré-datado mantém sua força executiva própria, independentemente de ter sido emitido sob condição de apresentação em data diversa daquela que constou no título. Nesse sentido: "I – A circunstância de haver sido aposta no cheque data futura traz como única consequência prática, no âmbito do direito privado, a ampliação real do prazo de apresentação. II – A aposição de data futura, por si só, não desnatura o cheque como título hábil a instruir o pedido de falência" (STJ, REsp n. 195.748/PR, Rel. Min. Sálvio de Figueiredo Teixeira, j. 16-8-1999).

13.2.3. Contrato de caução – fiança bancária

O Superior Tribunal de Justiça já decidiu a respeito da matéria: "É título executivo extrajudicial, líquido e exigível nos termos da quantia garantida, a carta de fiança bancária, máxime se o afiançado inadimplente aceitou a duplicata emitida pelo vendedor. Prevista no contrato a correção monetária do débito, apuração mediante simples cálculo, sua inclusão não desnatura o título, não subtrai a liquidez e certeza do débito" (STJ, REsp n. 5.825/PA, Rel. Min. Athos Carneiro, j. 21-8-1991).

13.2.4. Contrato de caução – fiança bancária, necessidade de título

Em outra linha de entendimento, a jurisprudência exige que a obrigação principal garantida pela fiança esteja apresentada em cártula que ostente a qualidade de executividade: "A carta de fiança, por si só, não constitui título executivo. Indispensável que a obrigação principal seja consubstanciada em título com aquela qualidade" (REsp n. 1.941/SP, Rel. Min. Eduardo Ribeiro, *DJ*, 2-4-1990, e REsp n. 192.319/MG, Rel. Min. Carlos Alberto Menezes Direito, j. 6-12-1999).

13.2.5. Duplicata representada apenas por boletos bancários

O Superior Tribunal de Justiça enfrentou a questão da executividade de boletos bancários, na hipótese de os títulos originais – as duplicatas – ficarem retidos pelo devedor ao recebê-los para aceite. Decidiu-se que, nesse caso, não há necessidade de emissão de triplicatas em substituição às duplicatas retidas: "1. A obrigatoriedade da extração de triplicatas alcança os casos de perda ou extravio dos títulos, embora a jurisprudência admita possível a extração havendo retenção. No caso, não havendo nem perda nem extravio, não era obrigatória extração de triplicatas".

No voto do Ministro Carlos Alberto Menezes Direito lê-se a referência aos boletos bancários e às triplicatas: "A ausência dos títulos com a exordial está explicada pelo fato de se tratar de protestos por falta de pagamento por simples indicação do portador, como se vê pelos instrumentos de fls., obviamente que na falta de devolução dos títulos, tudo como faculta o § 1º do art. 13 da Lei n. 5.474/64. De forma alguma seria exigível na espécie a extração de triplicatas, como quer a ora recorrente, por não se contemplar a hipótese de perda ou extravio. E afora isto é que cumpria à requerida comprovar que os títulos, nos originais, haviam sido devolvidos e se encontravam em poder da credora, nada constando nos autos nesse sentido. Se a jurisprudência admite a extração de triplicatas também em caso de retenção, o certo é que a previsão legal é apenas para o caso de perda ou extravio, não havendo, portanto, fundamento para se acolher a inépcia por este motivo (REsp n. 10.841/RS, Rel. Min. Dias Trindade, *DJ* de 16-8-1991; REsp n. 3.253/RS, Rel. Min. Sálvio de Figueiredo Teixeira, *DJ* de 19-11-1990; REsp n. 1.493/PR, Rel. Min. Gueiros Leite, j. em 13-3-1990)"[1].

13.2.6. Duplicata de prestação de serviços

A Lei Falimentar não faz distinção entre dívida civil e dívida comercial ao fixar como pressuposto do pedido falimentar a simples impontualidade. E, dessa forma, pouco importa se o crédito é representado por duplicata de prestação de serviços ou por duplicata mercantil decorrente de entrega de mercadorias: "Constitui título hábil para embasar o pedido de falência a duplicata de prestação de serviços, protestada e

[1] Cf. REsp n. 174.221/SP, j. 8-2-2000.

acompanhada de prova de que os serviços foram prestados" (REsp n. 172.637/RJ, Rel. Min. Eduardo Ribeiro, j. 10-4-2000).

Segue-se que "a jurisprudência desta Corte não faz a distinção pretendida pelo recorrente. A lei pretendeu aplicar às duplicatas oriundas de prestação de serviços o mesmo tratamento conferido às sacadas em virtude de compra e venda. Entende-se, portanto, que a duplicata de prestação de serviços, assim como a de mercadorias, constitui título hábil para embasar o pedido de falência. Desta Turma, pode-se citar o Recurso Especial n. 160.914, relatado pelo Ministro Menezes Direito. Esta a sua ementa: 'Duplicata de prestação de serviços. Falência. Depósito elisivo. Comprovação da prestação de serviços e do ajuste entre as partes. Precedentes da Corte. 1. Não há nenhuma adversidade na jurisprudência sobre a validade da duplicata de prestação de serviços para instruir o pedido de falência. 2. Quando o Tribunal de origem confirma a efetiva prestação dos serviços e o cumprimento do ajuste entre as partes, não é possível fazer o reexame da base fática para concluir de outro modo, diante da Súmula 7 da Corte, como assentado em precedente. Veja-se, ainda, da 4ª Turma, o Recurso Especial n. 214.681'".

Os requisitos exigidos para a duplicata de prestação de serviços ensejar o pedido falimentar são os mesmos de qualquer outro título executivo: "I – A duplicata de prestação de serviço que preenche todos os requisitos previstos em lei, para legitimar a ação executiva, é eficaz para instruir pedido de falência. II – Para se requerer a falência, basta que tenha o comerciante, sem relevante razão de direito, deixado de pagar no vencimento obrigação líquida constante de título que legitime ação executiva. III – Afirmando o acórdão impugnado estarem presentes os requisitos para a exigibilidade do título, quais sejam, o protesto e a comprovação da prestação dos serviços, bem como a ausência de oposição ao aceite e ao protesto dos quirógrafos, a pretensão recursal que sustenta o contrário demandaria o revolvimento de matéria fática, procedimento defeso no âmbito desta Corte, a teor do enunciado n. 7 da Súmula/STJ" (REsp n. 214.681/SP, Rel. Min. Sálvio de Figueiredo Teixeira, *DJ*, 16-11-1999).

A matéria encontra-se hoje pacificada pela Súmula 248 do Superior Tribunal de Justiça: "Comprovada a prestação dos serviços, a duplicata não aceita, mas protestada, é título hábil para instruir pedido de falência" (*DJU* de 5-6-2001, Seção 1, p. 132).

13.2.7. Título executivo sujeito a cálculo aritmético

Muitas vezes há necessidade de atualização dos valores constantes da cártula por força de cláusulas acordadas entre as partes, motivando a confecção de cálculos que independem de maiores questionamentos ou aprofundamento pericial. Nesses casos, assentou-se que o título não perde suas características de liquidez: "O título executivo não se desnatura quando, para se encontrar o seu valor, se faz necessário simples cálculo aritmético, com a inclusão de encargos previstos no contrato e correção monetária, bem como com o abatimento dos pagamentos parciais" (REsp n. 78.658/SP, Rel. Min. Sálvio de Figueiredo Teixeira, j. 5-5-1998).

Nesse julgamento assim votou o relator: "Quanto à apontada iliquidez do título, em razão dos pagamentos parciais efetuados, não logra ser acolhida a irresignação. O acórdão recorrido assentou que o pedido foi instruído não apenas com a promissória, mas também com o contrato de empréstimo ao qual se acha ela vinculada, e que o contrato prevê os acréscimos incidentes sobre o débito original, de tal modo que bastam cálculos aritméticos, incluindo as parcelas pagas para apurar-se o valor atualizado do débito".

13.2.8. O crédito bancário rotativo

Em relação aos contratos de abertura de crédito em conta-corrente, a jurisprudência se dividia em opiniões conflitantes até o advento da Súmula 233 do Superior Tribunal de Justiça, que pacificou a matéria, ao dispor: "O contrato de abertura de crédito, ainda que acompanhado de extrato da conta-corrente, não é título executivo".

A nota promissória emitida para garantia desse contrato igualmente perde a eficácia executiva: "A nota promissória vinculada a contrato de abertura de crédito não goza de autonomia em razão da iliquidez do título que a originou", conforme se depreende da Súmula 258 do Superior Tribunal de Justiça.

13.2.9. O contrato de câmbio

O contrato de câmbio, desde que protestado, é título executivo, conforme determina o art. 75 da Lei n. 4.728/65, habilitando o credor a receber tanto a diferença entre a taxa do câmbio prevista no contrato e a data em que se efetuar o pagamento (§ 1º), como também os adiantamentos feitos pelas instituições financeiras aos exportadores, por conta do contrato de câmbio, desde que as importâncias correspondentes estejam averbadas no contrato (§ 2º).

Se a exportação da qual tem origem o contrato não ocorrer, o título não perde sua executividade, que decorre de um contrato de venda e compra acabado, conforme decidiu o Superior Tribunal de Justiça: "I – O contrato de câmbio, desde que protestado, é título hábil a instruir pedido de falência, dada a sua liquidez. A simples conversão da moeda estrangeira e a apuração da diferença entre o valor convertido e a amortização da dívida não desnaturam a liquidez do título. II – A natureza jurídica de compra e venda do contrato de câmbio com adiantamento do preço impõe a sua conclusão com o consenso e a assinatura dos contratantes, a partir de quando se considera perfeito e acabado, sendo irrelevante a não realização da exportação a ele vinculada" (REsp n. 30.516/MG, Rel. Min. Sálvio de Figueiredo Teixeira, citado no REsp n. 33.900/SP). Foi relator o Min. Cesar Asfor Rocha, com a mesma ementa: "Ainda que não tendo ocorrido a exportação, o contrato de câmbio é instrumento hábil, em tese, para fundamentar pedido de falência".

13.3. Títulos executivos previstos em outras leis

Além dos títulos extrajudiciais listados no art. 784 do Código de Processo Civil de 2015, anota-se a existência de uma vasta relação, genericamente prevista no inciso VIII desse último dispositivo: *todos os demais títulos a que, por disposição expressa, a lei atribuir força executiva*. Incluem-se nessa listagem, entre outros, os documentos legais indexados nas próximas linhas.

DENOMINAÇÃO	LEGISLAÇÃO
Ações	Lei n. 6.404, de 15-12-1976
Bilhete de Mercadoria	Lei n. 165-A, de 17-1-1890 (art. 4º) Lei n. 4.829, de 5-11-1965 (art. 25, V) Observações: (1) Os requisitos formais dos Bilhetes de Mercadorias encontram-se no art. 4º da Lei n. 165-A, e a previsão legal que autoriza esses títulos a constituir garantia dos empréstimos rurais, de conformidade com a natureza da operação creditícia, encontra-se na Lei n. 4.829/65. (2) No D. s/n, de 25 de abril de 1991, que trata de outra matéria (reconhecimento de cursos superiores), foi introduzido o art. 4º, que declarou revogados milhares de decretos relacionados em seu anexo, incluindo a Lei n. 165-A. Por princípio, decreto não revoga lei e, assim, aquela norma legal permanece em vigor, conclusão que se mostra ainda mais consistente porque não há menção da revogação da Lei n. 4.829/65, que prevê a existência do título.
Bônus de Subscrição	Lei n. 6.404, de 15-12-1976

DENOMINAÇÃO	LEGISLAÇÃO
Cédula de Crédito à Exportação	Lei n. 6.313, de 16-12-1975
Cédula de Crédito Bancário	Lei n. 10.931, de 2-8-2004
Cédula de Crédito Comercial	Lei n. 6.840, de 3-11-1980
Cédula de Crédito Industrial	Decreto-Lei n. 413, de 9-1-1969
Cédula de Produto Rural – CPR	Lei n. 8.929, de 22-8-1994
Cédula Hipotecária	Decreto-Lei n. 70, de 21-11-1966, e Resolução n. 228, de 4-7-1972, do BACEN
Cédula Pignoratícia de Debêntures	Lei n. 6.404, de 15-12-1976
Cédula Rural Hipotecária	Decreto-Lei n. 167, de 14-2-1967
Cédula Rural Pignoratícia	Decreto-Lei n. 167, de 14-2-1967
Certificado de Depósito Agropecuário – CDA	Lei n. 11.076, de 30-12-2004
Certificado de Depósito Agropecuário de Cooperativa	Lei n. 5.764, de 16-12-1971, alterada pela Lei n. 11.076, de 30-12-2004 (art. 47)
Certificado de Depósito Bancário	Lei n. 4.728, de 14-7-1965 (art. 30)
Certificado de Depósito de Ações	Lei n. 6.404, de 15-12-1976
Certificado de Depósito de Partes Beneficiárias	Lei n. 6.404, de 15-12-1976
Certificado de Depósito em Garantia	Lei n. 4.728, de 14-7-1965 (art. 31)
Certificado de Direitos Creditórios do Agronegócio – CDCA	Lei n. 11.076, de 30-12-2004
Certificado de Investimento	Resolução n. 145, de 14-4-1970
Certificado de Recebíveis do Agronegócio – CRA	Lei n. 11.076, de 30-12-2004
Cheque	Decreto n. 57.595, de 7-1-1966 (Lei Uniforme) e Lei n. 7.357, de 2-9-1985
Conhecimento de Depósito	Decreto n. 1.102, de 21-11-1903 (art. 15)
Conhecimento de Depósito de Cooperativa	Lei n. 5.764, de 16-12-1971, alterada pela Lei n. 11.076, de 30-12-2004 (art. 47)
Debêntures	Lei n. 6.404, de 15-12-1976
Duplicata de Prestação de Serviços	Lei n. 5.474, de 18-7-1968, com alterações introduzidas pelo Decreto-Lei n. 436, de 27-1-1969, e pela Lei n. 6.458, de 3-11-1977

DENOMINAÇÃO	LEGISLAÇÃO
Duplicata escritural	Lei n. 13.775, de 20 de dezembro de 2018
Duplicata Mercantil	Lei n. 5.474, de 18-7-1968, com alterações introduzidas pelo Decreto-Lei n. 436, de 27-1-1969, e pela Lei n. 6.458, de 3-11-1977
Duplicata Rural	Decreto-Lei n. 167, de 14-2-1967
Extrato de registro eletrônico de duplicata escritural	Lei n. 13.775, de 20 de dezembro de 2018
Fatura ou Conta de Serviços	Lei n. 5.474, de 18-7-1968, com alterações introduzidas pelo Decreto-Lei n. 436, de 27-1-1969, e pela Lei n. 6.458, de 3-11-1977
Letra de Câmbio	Decreto n. 2.044, de 31-12-1908 (art.1º), alterado pelo Decreto n. 57.663, de 24-1-1966 (Lei Uniforme)
Letra de Crédito do Agronegócio – LCA	Lei n. 11.076, de 30-12-2004
Letra de Crédito Imobiliário – LCI	Lei n. 10.931, de 2-8-2004
Letra Hipotecária	Lei n. 7.684, de 2-12-1988
Letra Imobiliária	Lei n. 4.380, de 21-8-1964
Nota de Crédito Rural	Decreto-Lei n. 167, de 14-2-1967
Nota de Crédito à Exportação	Lei n. 6.313, de 16-12-1975
Nota de Crédito Comercial	Lei n. 6.840, de 3-11-1980
Nota de Crédito Industrial	Decreto-Lei n. 413, de 9-1-1969
Nota Promissória	Decreto n. 2.044, de 31-12-1908 (arts. 54-56), alterado pelo Decreto n. 57.663, de 24-1-1966 (Lei Uniforme, arts. 75-78)
Nota Promissória Rural	Decreto-Lei n. 167, de 14-2-1967
Partes Beneficiárias	Lei n. 6.404, de 15-12-1976
Warrant	Decreto n. 1.102, de 21-11-1903 (art. 15)
Warrant Agropecuário	Lei n. 11.076, de 30-12-2004
Warrant de Cooperativa	Lei n. 5.764, de 16-12-1971, alterada pela Lei n. 11.076, de 30 -12-2004 (art. 47)
Warrant Agropecuário de Cooperativa	Lei n. 5.764, de 16-12-1971, alterada pela Lei n. 11.076, de 30-12-2004 (art. 47)

Observa-se, contudo, que nem todos os títulos acima enumerados podem legitimar o pedido falencial, como, por exemplo, as obrigações líquidas não concorrentes, mesmo vencidas e materializadas em título executivo (LREF, art. 5º).

13.4. O protesto

Fundado o pedido no art. 94, I, o autor deve, necessariamente, demonstrar a impontualidade, juntando certidão de protesto, referente a crédito próprio ou de terceiro. Neste último caso, deve também juntar prova de que é credor (art. 94, § 4º).

O ato de protesto é a declaração pública do não pagamento de uma obrigação, ou, na definição legal, "é o ato formal e solene pelo qual se prova a inadimplência e o descumprimento de obrigação originada em título e outros documentos de dívida". Sua regulamentação encontra-se no art. 1º da Lei n. 9.492, de 10 de setembro de 1997.

Theotonio Negrão e José Roberto Ferreira Gouvêa anotam a formação de duas correntes quanto à regularidade do ato do protesto:

"a) pela simples entrega da intimação no endereço do devedor: 'O art. 14 da Lei 9.492/97 considera cumprida a intimação do devedor quando comprovada a entrega no endereço fornecido pela apresentante do título ou documento. Assim, não é irregular o protesto que não identifica a pessoa que recebeu a intimação, não constituindo tal omissão causa para extinção do processo falimentar, sob o fundamento de ausência de pressuposto de constituição e desenvolvimento válido e regular do processo' (*RT*, 766/360);

b) somente é regular se constar o nome da pessoa que recebeu a intimação: 'Do instrumento de protesto deve constar, pelo menos, o nome da pessoa que recebeu a intimação, uma vez que somente quando identificada a pessoa intimada é que se considera que o devedor foi intimado a pagar e não o fez' (STJ, 4ª Turma, REsp n. 172.847/SC, Rel. Min. Barros Monteiro, j. 18-2-1999, não conheceram, v.u., *DJU*, 24-5-1999, p. 173)[2].

Prevalece, contudo, no Estado de São Paulo, o segundo entendimento, manifestado em acórdão da Câmara Especial de Falências e Recuperação Judicial, proferido pelo Desembargador Romeu Ricupero (Ap. 386.754-4/1-00, j. em 9-11-2005), como bem anota Manoel Justino Bezerra Filho (*Jurisprudência,* 2006:251)". Esse entendimento deu origem à Súmula 52 do Tribunal de Justiça de São Paulo: "Para a validade do protesto basta a entrega da notificação no estabelecimento do devedor e sua recepção por pessoa identificada".

Também o STJ decidiu que "a notificação do protesto, para fins de requerimento de falência, exige a identificação da pessoa que a recebeu, em

[2] No mesmo sentido: *RT*, 765/362.

nome da empresa devedora, de sorte que inviável o pedido de quebra precedido de protesto feito por edital, sem qualquer prova, na dicção do aresto estadual, de que foi, antes, promovida a intimação pessoal de representante da requerida" (STJ, 4ª Turma, REsp 472.801/SP, Rel. Min. Aldir Passarinho Junior, j. 21-1-2008, unânime, *BSTJ*, 4/33).

Esse entendimento ficou consolidado na Súmula 361 do STJ, julgada em 10-9-2008: "A notificação do protesto, para requerimento de falência da empresa devedora, exige a identificação da pessoa que a recebeu".

Na linha da anterior, a Lei n. 11.101/2005 distingue protesto obrigatório e protesto especial falimentar, querendo referir-se ao protesto cambiário e ao "protesto para fim falimentar" (art. 94, § 3º). Há de se ponderar, contudo, que se um título já se encontra protestado, nos moldes do direito cambiário, não há que sofrer novo protesto, para fins falimentares, conforme debates jurisprudenciais travados sob a égide da lei anterior. Esse é o entendimento nas Câmaras Reservadas de Direito Empresarial do Tribunal de Justiça de São Paulo (Súmula 41 – "O protesto comum dispensa o especial para o requerimento de falência").

Resgatando a trilha deste entendimento, o Ministro Ari Pargendler apontou no Recurso Especial n. 1.283/GO, relatado pelo Ministro Gueiros Leite, em 20 de fevereiro de 1990, um dos precedentes que davam origem a essa divergência. Nesse julgamento se entendia ser necessário o protesto especial do cheque por se deduzir que a dispensa de protesto, prevista no art. 47, II e § 1º, da Lei de Cheques somente ocorria por declaração do sacado, escrita e datada sobre o cheque, com indicação do dia de apresentação, ou, ainda, por declaração escrita e datada por câmara de compensação, nos casos de execuções ajuizadas contra endossantes e avalistas: "O protesto especial do cheque é necessário no pedido de falência (Lei de Falências, arts. 10 e 11). O art. 47, II, § 1º, da Lei n. 7.357/85 não se aplica à falência, mas às execuções por falta de pagamento do cheque, ajuizadas contra endossantes e avalistas". No teor do acórdão lê-se o judicioso voto do citado ministro: "O art. 10 diz que os títulos não sujeitos a protesto obrigatório (como é o cheque) devem ser protestados (protesto especial) para o fim previsto na lei. O art. 11, *caput*, diz, de sua vez, que para requerer falência com fundamento no art. 1º, o pedido deve ser instruído com a certidão de protesto, para caracterizar a impontualidade do devedor. A tese do acórdão repousa no art. 47, II, § 1º, da Lei n. 7.357/85, no qual se lê que pode o portador promover a execução contra os endossantes e avalistas, se o cheque, apresentado em tempo hábil, tiver o pagamento recusado e a recusa comprovada pelo protesto ou por declaração do sacado, escrita e datada sobre o cheque, com indicação do dia da apresentação; ou ainda, por declaração escrita e datada por câmara de compensação.

Qualquer das declarações previstas no texto dispensaria e produziria os efeitos deste" (REsp n. 248.143/PR).

Observa-se que, em se tratando de título executivo não cambial, judicial ou extrajudicial, o protesto especial falimentar será tirado, obedecendo o instrumento às anotações do tipo e do motivo do protesto, conforme dispõe o art. 23 da Lei n. 9.492/97.

Por fim, deve-se anotar que é "impossível, durante o período de sustação de protesto, o pedido de quebra, porquanto ausente o título autorizador da pretensão" (STJ, 4ª Turma, REsp n. 251.678/SP, Rel. Min. Hélio Quaglia Barbosa, j. 4-9-2007, unânime, *BSTJ*, 14/42).

13.5. Do pedido com base no art. 94, I – documentos que devem acompanhá-lo

O pedido será sempre acompanhado do título de crédito, no original ou por cópias autenticadas se estiverem juntados em outro processo (art. 9º, parágrafo único), da certidão de protesto que indique a impontualidade e, se for o caso, dos documentos necessários para legitimar a ação do autor:

a) Do credor empresário: a certidão da Junta Comercial que atesta a regularidade do arquivamento de seus atos constitutivos, em se tratando de sociedade empresarial, ou do arquivamento da declaração de firma individual, quando se tratar de empresário individual. A certidão expedida pela Junta Comercial deve conter o nome empresarial, o número de inscrição no registro de empresa, a data de sua inscrição, o último ato de arquivamento ou averbação e a data de seu registro, a constituição social, bem como o nome dos sócios que respondem pela gerência social, quando se tratar de sociedade.

A Câmara Reservada à Falência e Recuperação Judicial do Tribunal de Justiça de São Paulo, entretanto, entendeu que a ausência dessa certidão não impede o processamento do pedido de falência, podendo ser juntada em momento posterior: "Agravo. Falência. Requerente sociedade empresária. Contestação que alega omissão na apresentação da certidão da Junta Comercial para demonstrar a situação de regularidade da requerente. Concessão de prazo para apresentação da certidão. Legalidade. Inteligência do art. 97, parágrafo 1º, da Lei n. 11.101/2005. A exegese desta regra deve ser feita conforme o sistema de nulidades do CPC, que se orienta pelo aproveitamento máximo dos atos processuais. Processualística contemporânea que não admite excesso de formalismo nem servilismo às filigranas jurídicas, sendo teleologicamente vinculada ao processo justo. Agravo improvido" (AI n. 0205065-12.2011.8.26.0000, Rel. Des. Manoel de Queiroz Pereira Calças, j. 20-9-2011, v.u.).

b) Do credor sem domicílio no Brasil: a indicação de seu endereço no Brasil ou o de seu procurador para intimação dos atos judiciais e o depósito do valor da caução ou indicação do bem a ser caucionado.

c) Do acionista ou de sócio comanditário ou sócio cotista: prova de sua qualidade e da circunstância que o legitima excepcionalmente, como, por exemplo, a inidoneidade do órgão ou do sócio administrador.

d) Do debenturista: escritura de emissão, contendo a nomeação do agente fiduciário e, ainda, os certificados ou títulos de múltiplos de debêntures.

13.6. Da citação

A citação, com prazo de dez dias para a defesa, deve ser realizada na pessoa do devedor, em se tratando de empresário individual, ou na pessoa do diretor, no caso de sociedade empresária, admitindo-se, ainda, seja feita na pessoa do procurador legalmente autorizado (LREF, art. 98; CPC15, art. 242).

Distintamente do que dispunha a lei anterior, a Lei n. 11.101/2005 não discrimina os atos processuais na hipótese de o devedor não ser encontrado e, tampouco, a forma com que estes atos podem se revestir. Na omissão, aplica-se o Código de Processo Civil, no que couber (art. 189), isto é, no que for compatível com a natureza do procedimento falimentar. Esse princípio deve nortear toda a matéria processual: havendo previsão processual especial na Lei Falimentar, não se invoca a regra geral processual que tampouco pode ser aplicada se incompatível com os princípios falimentares.

Com esta consideração, seguem-se as seguintes regras:

a) *Local de citação*

O empresário deve ser citado no local de seu estabelecimento, não cabendo ao oficial de justiça diligenciar fora dele. Isto porque também caracterizam o estado falimentar a ausência do empresário, ou de seu representante, para administrar o negócio, habilitado com recursos suficientes para pagar os credores, e, ainda, o abandono do estabelecimento empresarial ou sua ocultação, deixando furtivamente seu domicílio (art. 94, III, *f*).

Não sendo encontrado em seu estabelecimento, o devedor deve ser imediatamente citado por editais. Esse é também o magistério das Câmaras Reservadas de Direito Empresarial em São Paulo:

"Súmula 51 – No pedido de falência, se o devedor não for encontrado em seu estabelecimento será promovida a citação editalícia independentemente de quaisquer outras diligências".

b) *Citação por editais*

Se o empresário e/ou o seu representante legal não são encontrados, procede-se à citação editalícia. O magistrado deve fixar prazo para defesa entre vinte e sessenta dias, com início a partir da data da única ou, se houver mais de uma, da primeira publicação do edital na rede mundial de computadores, no sítio do respectivo tribunal e na plataforma de editais do Conselho Nacional de Justiça, devidamente certificado nos autos (CPC15, art. 257, II e III).

c) *Citação pelo correio*

Antes da entrada em vigor do Código de Processo Civil de 2015, o sistema processual excetuava algumas causas, entre estas, as ações de execução. E, assim, por se tratar de modalidade de citação não prevista na Lei de Quebras, não havia como se invocar a norma geral do processo civil. Isto porque, se o fizéssemos, chegaríamos ao absurdo de permitir a citação via correio para o processo concursal de execução coletiva, mas não o permitiríamos para o caso de execução individual ou coletiva regulada na própria lei processual civil (CPC73, art. 222, *d*).

Com o advento do Código de Processo Civil de 2015, a exceção não mais existe (CPC15, art. 247), razão pela qual se torna possível não somente a citação por correio para fins falimentares como também a citação por meio eletrônico (CPC15, art. 246, V).

Para esse fim, as empresas públicas e privadas devem cadastrar-se nos sistemas de processo em autos eletrônicos, para efeito do recebimento de citações e intimações. A essa nova regra excetuam-se apenas as microempresas e empresas de pequeno porte (CPC15, art. 246, V, § 1º).

d) *Nomeação de curador especial*

O Decreto-Lei n. 7.661/45 (art. 12, § 2º) somente admitia a nomeação de curador especial para o procedimento pré-falimentar fundado em atos de insolvência. A jurisprudência estendeu a intervenção ao procedimento fundado na impontualidade por decisão de 3 de maio de 2001 (publicação em 15-10-2001), da 4ª Turma do Superior Tribunal de Justiça: "cabível a designação do curador especial ao revel no processo falimentar, nos termos do artigo 9º, II, do Código de Processo Civil, na hipótese de a citação ter se efetivado por edital, como no caso. Nulidade da r. sentença declaratória de falência e de todos os atos dela decorrentes, sendo anulado o processo a partir do momento em que, citada a falida por edital e decretada a revelia, não lhe foi nomeado curador especial, o que deverá ser feito pelo magistrado de primeiro grau, nos termos do artigo 9º, III, do Código de Processo Civil" (REsp n. 180.349/SP).

Nesse julgamento, tendo como relator o Ministro Cesar Asfor Rocha, considerou-se que a diferença de tratamento entre as hipóteses dos arts. 1º e 2º da Lei Falimentar ocorria em razão de haver, no primeiro caso, título líquido, certo e exigível, inexistindo margem à contestação de sua executividade. Entretanto, tendo a Súmula 196 do Superior Tribunal de Justiça admitido a nomeação de curador especial no processo de execução – com origem em título da mesma natureza do exigido para o procedimento falimentar com base no art. 1º –, inexistiriam razões plausíveis para impor restrição à mesma defesa no processo falimentar.

A Lei n. 11.101/2005 não prevê e, tampouco veda, existindo, a favor da nomeação de curador especial, o fato de se tratar de um procedimento único para as modalidades de pedidos – impontualidade e atos de insolvência – com idêntica dilação temporal. É o magistério de Vera Helena de Mello Franco (2006:406).

Em São Paulo, as Câmaras Reservadas de Direito Empresarial firmaram o seguinte entendimento: "No pedido de falência, feita a citação por editais e ocorrendo a revelia é necessária a nomeação de curador especial ao devedor" (Súmula 38 do TJSP).

13.7. Defesa com e sem depósito elisivo

Após a citação, seguem-se alguns caminhos: a) julgamento à revelia, por falta de atendimento ao chamado judicial; b) defesa apresentada com base em *relevantes razões de direito*, no prazo de dez dias, sem depósito elisivo; c) defesa apresentada com base em *relevantes razões de direito*, no prazo de dez dias, com depósito elisivo; d) defesa manifestada apenas com depósito elisivo; e) pedido de recuperação judicial. É de anotar que, realizado o depósito elisivo, a falência não mais poderá vir a ser decretada, seguindo-se, portanto, sentença denegatória da falência que decidirá sobre o destino do depósito.

Embora não seja uma estratégia segura, o devedor pode apresentar sua defesa sem efetuar o depósito elisivo, caso em que se sujeitará, na hipótese de improcedência de sua defesa, a um possível decreto de quebra.

O Ministro Sálvio de Figueiredo Teixeira expõe os riscos da defesa sem depósito elisivo: "(...) a oferta pura e simples da defesa, desacompanhada de caução, se mostra possível, não obstante seja um risco para a devedora, tendo em vista que o não acatamento das razões de contestação leva, inevitavelmente, à decretação de sua falência. O depósito surge como garantia da empresa acusada de insolvência, uma vez que a sua efetivação impede o juiz de pronunciar a falência, transformando o processo numa ação de cobrança onde se discutirá a veracidade das alegações das partes, com levantamento da quantia pelo vencedor" (REsp n. 30.536/PB, j. 12-2-1996).

Observe-se que a matéria do art. 96, intitulada razões relevantes, é simplesmente exemplificativa, objeto de estudos no próximo capítulo.

13.7.1. Depósito elisivo

Depósito elisivo é o realizado em dinheiro correspondente ao crédito reclamado. Efetivando-se, a falência não mais pode ser decretada, porque já não mais existe a impontualidade; a matéria de julgamento agora é deslocada para a legitimidade do crédito do autor, obrigando o magistrado a examinar o pedido de falência para definir quem levantará o depósito elisivo (TJSP, Súmula 40).

O *quantum* a ser depositado deve incluir correção monetária, juros e honorários de advogado, segundo determina o parágrafo único do art. 98 e já o fazia a Súmula 29 do Superior Tribunal de Justiça ("No pagamento em juízo para elidir falência, são devidos correção monetária, juros e honorários de advogado"). Observa-se, contudo, que nem sempre, no exíguo prazo de defesa, há possibilidade de o devedor se assegurar do valor total do débito, sobretudo porque ainda desconhecido o montante que será arbitrado a título de honorários. Se houver essa dificuldade, o devedor deve depositar o principal e, junto com este, requerer o arbitramento dos honorários e a elaboração de conta para complementação de seu depósito.

Assim entendeu o Ministro Carlos Alberto Menezes Direito: "Falência. Súmula 29. O depósito a ser efetuado em 24 horas corresponderá ao principal. Deverá o juiz arbitrar honorários e determinar o cálculo das importâncias relativas à correção monetária e juros, facultando a complementação. Limitando-se o réu a depositar a importância pertinente a um dos títulos, poderá oferecer defesa quanto aos demais, expondo-se à quebra, caso não seja acolhida" (REsp n. 140.699/AM, j. 3-12-1998).

A decisão do magistrado que autoriza o levantamento do depósito elisivo, dando fim ao procedimento pré-falimentar, é recorrível mediante a interposição de recurso de apelação conforme decisão da 4ª Turma do STJ (REsp n. 711.937/RS, Rel. Min. João Otávio de Noronha, j. 8-4-2008, *DJU*, 28-4-2008).

13.7.2. Audiência de conciliação

O procedimento pré-falimentar pauta-se pela celeridade e, por essa razão, todos os atos necessários ao pleno conhecimento da matéria foram regulados em um único dispositivo: o art. 98 da Lei n. 11.101/2005, que se complementa com o art. 95. Assim, citado, o devedor deve apresentar contestação no prazo de dez dias, podendo pleitear, nesse mesmo prazo, sua recuperação judicial e, ainda, depositar o valor suficiente à elisão.

A não ser a oposição e citação de sócios mencionadas no próximo parágrafo, por decorrência de interpretação histórica, nenhum outro procedimento é exigido. Essa limitação procedimental é importante para que se atendam aos princípios norteadores fixados pelo legislador no § 1º do art. 75, na redação que lhe deu a LREF-20: "O processo de falência atenderá aos princípios da celeridade e da economia processual, sem prejuízo do contraditório, da ampla defesa e dos demais princípios previstos na Lei n. 13.105, de 16 de março de 2015 (Código de Processo Civil)".

A jurisprudência paulista segue o mesmo entendimento: "A lei falimentar, por especial, possui todo o regramento do pedido e processo de falência, e nela não se prevê a designação de audiência de conciliação" (Súmula 46 do TJSP).

13.7.3. Oposição e citação de sócios

A LF45 (art. 11, § 4º) facultava, nos pedidos de falência propostos contra as sociedades empresárias não revestidas da forma de sociedade por ações, a qualquer um de seus sócios opor-se à declaração da falência, apresentando defesa no prazo de cinco dias depois de decorrido o prazo de vinte e quatro horas da juntada do mandado citatório, se a sociedade não comparecesse para se defender ou se a falência fosse requerida pelo outro sócio.

A Lei n. 11.101/2005 não mais contempla o instituto de oposição, embora remeta a solução para os casos omissos ao Código de Processo Civil (art. 189).

Convém compreender os objetivos da oposição falimentar: o próximo e direto é impedir a declaração de falência; o remoto e indireto visa proteger o interesse do sócio que se verá prejudicado com a prolação de um decreto falimentar. O direito do sócio é amplo: pode tanto apresentar defesa como elidir, com depósito, a falência.

Demonstrado o interesse do sócio, qualquer que seja o tipo societário, nada obsta sua intervenção, sobretudo porque a natureza jurídica do direito à oposição funda-se no direito processual da assistência. Nesta, exige-se apenas que o terceiro em relação aos litigantes (no caso de falência: a sociedade e o credor) demonstre interesse jurídico, que decorre dos efeitos da sentença em relação ao *status* de sócio, que desaparece em razão da dissolução da sociedade pelo decreto de falência (CC, art. 1.044).

Há, entretanto, que se distinguir os tipos de responsabilidade social: os sócios que não são atingidos pela falência – sócios de sociedade limitada, sócios comanditários na sociedade em comandita simples ou por ações, acionistas de sociedade anônima – podem apresentar oposição ao pedido, demonstrando interesse jurídico; os sócios que, com a falência da sociedade, são declarados falidos, isto é, o sócio em nome coletivo, o sócio comanditado, o sócio em comum e o sócio ostensivo, serão citados para apresentar contestação ao pedido, oportunidade em que poderão exercer, com plenitude, o direito de defesa.

13.8. O rito do art. 94, I

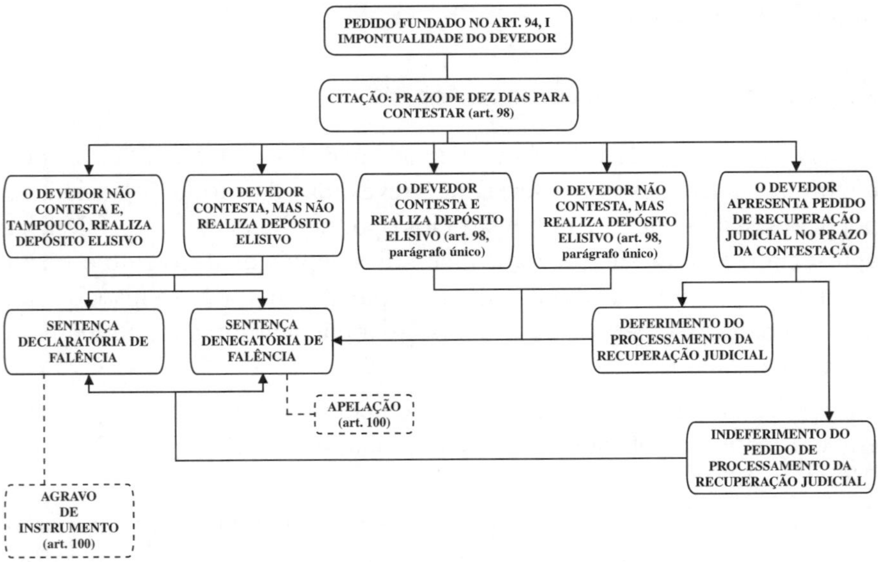

Capítulo 14

O SISTEMA DA IMPONTUALIDADE: A MATÉRIA DE DEFESA

Sumário: 14.1. Defesas. 14.2. Falsidade do título da obrigação. 14.3. Prescrição. 14.4. Nulidade de obrigação ou de título. 14.4.1. Erro e ignorância. 14.4.2. Dolo. 14.4.3. Coação. 14.4.4. Estado de perigo e lesão. 14.4.5. Simulação. 14.4.6. Fraude. 14.4.7. Resumo gráfico. 14.5. Pagamento da dívida. 14.6. Qualquer motivo que extinga ou suspenda o cumprimento da obrigação, ou exclua o devedor do processo da falência. 14.7. Vício em protesto ou seu instrumento. 14.8. Apresentação de pedido de recuperação judicial no prazo da contestação. 14.9. Casos especiais de defesa, relativos a restrições temporais ou de legitimidade ativa.

14.1. Defesas

Entre os meios probatórios de que o devedor pode valer-se para evitar o decreto falimentar, encontram-se os mencionados nos incisos I a VIII do art. 96, que, pela expressão do próprio inciso V, têm valor meramente enumerativo. Na dicção desse dispositivo, serão aceitos quaisquer motivos que extingam ou suspendam o cumprimento da obrigação ou não legitimem a cobrança do título.

Se a defesa pautar-se em matéria sujeita ao regramento do art. 313, V, *a,* do Código de Processo Civil de 2015, isto é, depender do julgamento de outra causa, ou da declaração de existência ou inexistência da relação jurídica, que constitua o objeto principal de outro processo pendente, não puder ser proferida senão depois de verificado determinado fato, ou de produzida certa prova, requisitada a outro juízo e, ainda, tiver por pressuposto o julgamento de questão de estado, requerido como declaração incidente, o pedido falimentar poderá ser suspenso por prazo não superior a um ano (CPC, art. 313, §§ 4º e 5º).

Esse reconhecimento também ocorre na jurisprudência: "Configurada a prejudicialidade externa, o pedido de falência deverá ser suspenso pelo prazo máximo e improrrogável de um ano" (Súmula 53 do TJSP).

Entre meios de defesa não é hábil o pautado na afirmação de que a possibilidade de execução singular inviabiliza o ajuizamento de pedido falimentar. Isso porque a nossa lei não exige a demonstração da solvabilidade da obrigação, satisfazendo-se com a simples impontualidade (art. 94, I). Correto, portanto, o entendimento sumular das Câmaras Reservadas de Direito Empresarial do Tribunal de Justiça de São Paulo:

"A possibilidade de execução singular do título executivo não impede a opção do credor pelo pedido de falência" (Súmula 42 do TJSP).

Embora ainda ocorram defesas e até sentenças denegatórias exigindo "prova da insolvência", o sistema adotado pela legislação brasileira não admite tal compreensão.

É firme a jurisprudência dos Tribunais:

"No pedido de falência fundado no inadimplemento de obrigação líquida materializada em título, basta a prova da impontualidade, feita mediante o protesto, não sendo exigível a demonstração de insolvência do devedor" (Súmula 43 do TJSP).

Recurso especial. Direito falimentar e processual civil. Pedido de falência. Impontualidade do devedor. Indeferimento da petição inicial. Utilização do processo falimentar com finalidade de cobrança. Não ocorrência. Dívida de valor considerável. Desnecessidade de apresentação de indícios de insolvência da devedora. Precedente específico do STJ. 1. Controvérsia acerca do indeferimento da petição inicial de um pedido de falência instruído com título executivo extrajudicial de valor superior a um milhão de reais. 2. Aplicação do disposto no art. 94, I, da Lei n. 11.101/2005, autorizando a decretação da falência do devedor que, "sem relevante razão de direito, não paga, no vencimento, obrigação líquida materializada em título ou títulos executivos protestados cuja soma ultrapasse o equivalente a 40 (quarenta) salários-mínimos na data do pedido de falência". 3. Doutrina e jurisprudência desta Corte no sentido de não ser exigível do autor do pedido de falência a apresentação de indícios da insolvência ou da insuficiência patrimonial do devedor. 4. Não caracterização no caso de exercício abusivo do direito de requerer a falência pelo devedor. 5. Recurso especial provido. (REsp n. 1.532.154/SC, Rel. Min. Paulo de Tarso Sanseverino, Terceira Turma, j. 18-1-2016, *DJe* 3-2-2017).

14.2. Falsidade do título da obrigação

Hipótese idêntica vinha prevista na antiga Lei Falimentar n. 2.024, de 1908, ao enumerar, igualmente no art. 4º, n. 1, a matéria de defesa que podia ser alegada no processo pré-falimentar. Presente também no art. 4º, I, da LF45.

Elegeu-se, no direito falitário em suas várias épocas, a falsidade do título para inaugurar a relação das possíveis defesas falimentares. São contempladas ambas as modalidades de falsidade possíveis: a material e a ideológica, e, ainda, todos os tipos de documentos: públicos ou privados.

Entende-se por falsidade material tanto a *alteração* das características originais do documento, por meio de emendas ou rasuras, como também a *falsificação*, ou seja, a criação de documento imitativo de outro original ou documento novo, produto da mente do falsário. De duas naturezas, portanto, a falsidade material: a) alteração e b) falsificação. Em relação a esta última, será denominada contrafação parcial aquela em que se exerce o falso sobre um documento preexistente e total quando se tratar de criação totalmente nova.

Cumpre distinguir a falsidade parcial e a alteração. Sylvio do Amaral (1978:50) afirma que a distinção repousa no "fato de recair aquela (a falsidade parcial), necessariamente, em documento composto de duas ou mais partes perfeitamente individualizáveis". Vê-se, portanto, que na modalidade de falsidade parcial o agente cria uma porção nova no documento, como, por exemplo, dá quitação total em um recibo ou letra. Na alteração, ele apenas acrescenta elementos ao escrito existente.

Na falsidade material, conforme ensina Sylvio do Amaral, a ação do agente falsificador dá-se exteriormente, sobre a cártula, o papel no qual se encontra registrado o escrito. É dessa natureza a rasura sobre o extenso de um cheque, alterando seu valor ou a data de emissão.

Nas lições do mesmo conceituado autor, conclui-se que, na falsidade ideológica, busca-se a alteração do conteúdo intelectual do documento, o sentido das declarações nele expressas, mas o seu autor é ostensivamente declarado no documento, como, por exemplo, a emissão de uma duplicata sem lastro, assinada pelo próprio autor da falsidade. Na falsidade material, o autor procura imitar a ação de terceiro, busca não se identificar e mantém-se no anonimato, tal como a ação do falsário que, imitando a letra do credor, apõe o recibo de quitação em um título.

Resumidamente:

<table>
<tr><td rowspan="4">FALSIDADE DOCUMENTAL</td><td rowspan="3">FALSIDADE MATERIAL: o autor procura imitar a ação de terceiro.</td><td colspan="2">ALTERAÇÃO: das características originais do documento.</td></tr>
<tr><td rowspan="2">FALSIFICAÇÃO: criação de um documento imitativo de outro original.</td><td>CONTRAFAÇÃO PARCIAL: sobre um documento preexistente.</td></tr>
<tr><td>CONTRAFAÇÃO TOTAL: criação totalmente nova.</td></tr>
<tr><td colspan="3">FALSIDADE IDEOLÓGICA: alteração do conteúdo intelectual do documento, o sentido das declarações nele expressas.</td></tr>
</table>

Cabe ao devedor o ônus da prova da falsidade de título – formação de documento não verdadeiro ou alteração de documento verdadeiro –, razão pela qual dever suscitar, no prazo de defesa, o processamento, em autos apartados, de incidente de falsidade, devendo proceder na forma dos arts. 430-433 do Código de Processo Civil de 2015.

14.3. Prescrição

"Prescrição é a perda da ação atribuída a um direito, de toda a sua capacidade defensiva, em consequência do não uso dela, durante um determinado espaço de tempo" (Clóvis, 1975:435).

O devedor pode alegá-la em sua defesa, mas, se não o fizer, o juiz poderá conhecê-la de ofício após ouvir as partes (CPC15, arts. 487, parágrafo único, e 332, § 1º). A omissão do devedor e a inércia do juiz, entretanto, não impedem sua alegação por parte do Ministério Público. Mesmo após a decretação da falência, o fato de não ter havido discussão dessa matéria na fase preliminar não vincula os credores concorrentes, ou o Ministério Público, criando uma situação paradoxal: o crédito constante do pedido que deu origem ao decreto falimentar pode vir a ser excluído do concurso de credores em razão da prescrição reconhecida por alegação de outro credor ou do Ministério Público, em incidente de impugnação de crédito, na fase de verificação dos créditos.

Observe-se que é entendimento sumular que a prescrição não poderá ser alegada quando o termo final ocorrer após a propositura da ação, se esta foi "proposta no prazo fixado para o seu exercício". A Súmula 106 do Superior Tribunal de Justiça acrescenta: "(...) a demora na citação, por motivos inerentes ao mecanismo da Justiça, não justifica o acolhimento da arguição de prescrição ou decadência". Essa concepção já era sumulada (Súmula 78) pelo antigo Tribunal Federal de Recursos.

Os prazos prescritivos dos títulos mais utilizados nos pedidos falimentares são os seguintes:

a) Aluguel: prescrevem em três anos os alugueres de prédio rústico ou urbano (CC, art. 206, § 3º, I).

b) Cheque:

AÇÃO	PRAZO	FUNDAMENTO LEGAL
Do portador contra o emitente e seus avalistas e contra os endossantes e seus avalistas.	6 meses da expiração do prazo para apresentação, "independente de o credor havê-lo feito em data anterior" (Recurso Especial n. 222.610-SP, Rel. Min. Aldir Passarinho Junior, j. 8-3-2000). O cheque deve ser apresentado: a) em 30 dias da data de emissão, quando emitido no lugar onde houver de ser pago (art. 33 da Lei n. 7.357/85); b) em 60 dias da data da emissão, quando emitido em outro lugar do País ou do exterior.	Art. 59 da Lei n. 7.357/85.
Ação de regresso de um obrigado ao pagamento contra outro.	6 meses, contados do dia em que o obrigado pagou o cheque ou do dia em que foi demandado.	Art. 59, parágrafo único, da Lei n. 7.357/85.
Ação de enriquecimento contra o emitente ou outros obrigados que se locupletaram injustamente com o não pagamento do cheque.	2 anos, contados do dia em que se consumar a prescrição prevista no art. 59 e seu parágrafo único da Lei n. 7.357/85.	Art. 61 da Lei n. 7.357/85.

c) Duplicata:

AÇÃO	PRAZO	FUNDAMENTO LEGAL
Contra o sacado e respectivos avalistas.	3 anos, contados da data do vencimento do título.	Art. 18, I, da Lei n. 5.474/68.
Contra os endossantes e seus avalistas.	1 ano, contado da data do protesto.	Art. 18, II, da Lei n. 5.474/68.
Ação de regresso de um coobrigado contra outro.	1 ano, contado da data em que haja sido efetuado o pagamento do título.	Art. 18, III, da Lei n. 5.474/68.

d) Honorários advocatícios: a ação de cobrança prescreve em cinco anos, contados: 1) do vencimento do contrato; 2) do trânsito em julgado da decisão que os fixar; 3) da ultimação do serviço extrajudicial; 4) da desistência ou transação; 5) da renúncia ou revogação do mandato (art. 25 da Lei n. 8.906/94). O Código Civil prevê igual prazo para a pretensão desses e de outros profissionais liberais em geral, em seu art. 206, § 5º, II: "a pretensão dos profissionais liberais em geral, procuradores judiciais, curadores e professores pelos seus honorários, contado o prazo da conclusão dos serviços, da cessação dos respectivos contratos ou mandato".

e) Letra de câmbio e notas promissórias:

AÇÃO	PRAZO	FUNDAMENTO LEGAL
De um endossante contra outro.	6 meses, do dia em que o endossante pagou a letra ou do dia em que ele próprio foi acionado.	Art. 70, última parte do Decreto n. 57.663/66 – Lei Uniforme, aplicável em razão de o Decreto n. 2.044/1908 não conter disposição a respeito.
Contra os aceitantes e seus avalistas.	3 anos, contados do vencimento do título.	Art. 70, 1ª alínea, do Decreto n. 57.663/66 – Lei Uniforme.
Do portador contra os endossantes e contra o sacador e seus avalistas.	1 ano, contado da data do protesto feito em tempo útil ou da data do vencimento, se a letra não for protestável.	Art. 70, 2ª alínea, do Decreto n. 57.663/66 – Lei Uniforme e art. 52, 2ª alínea, do Decreto n. 2.044/1908.
Nas notas promissórias.	Os mesmos prazos.	Art. 56 do Decreto n. 2.044/1908 e art. 77 do Decreto n. 57.663/66 – Lei Uniforme.

f) Títulos de crédito em geral, cujas leis não mencionam o prazo prescricional: aplica-se a previsão do art. 206, § 5º, I, do Código Civil. Trata-se de regra genérica de prescrição em cinco anos para: "a pretensão de cobrança de dívidas líquidas constantes de instrumento público ou particular". Para aqueles títulos em que há expressa regulamentação, aplica-se a regra especial. *V.* a previsão para as letras de câmbio e notas promissórias:

AÇÃO	PRAZO	FUNDAMENTO LEGAL
Contra o sacador, aceitante e respectivos avalistas.	5 anos, contados do dia em que a ação pode ser proposta.	Art. 52 do Decreto n. 2.044/1908.
Contra o endossador e respectivo avalista.	12 meses, contados do dia do pagamento.	Art. 52 do Decreto n. 2.044/1908.

14.4. Nulidade de obrigação ou de título

A matéria de nulidade é prevista nos arts. 166 a 184 do Código Civil e pode ser estudada nas suas duas espécies: absolutas e relativas.

Segundo Clóvis Beviláqua (1975:410), "nulidade é a declaração legal de que a determinados atos se não prendem os efeitos jurídicos, normalmente produzidos por atos semelhantes. É uma reação da ordem jurídica para restabelecer o equilíbrio perturbado pela violação da lei".

A nulidade é, portanto, a sanção aplicada pela lei aos negócios jurídicos praticados em desobediência a ela, consistindo na privação de efeitos jurídicos que eles normalmente teriam.

Chamam-se de nulidades absolutas aquelas que sancionam o negócio jurídico com a privação de toda a sua eficácia jurídica, por ofenderem gravemente o direito positivo. Segundo Roberto de Ruggiero, "é a mais grave imperfeição, não lhe permitindo que produza qualquer dos efeitos próprios; o negócio jurídico é, pelo ordenamento, considerado como se não se tivesse feito" (1999, 1:390). Os efeitos da declaração da nulidade absoluta são *ex tunc*, atingindo-os desde sua formação.

Compreendem-se entre os casos de nulidade absoluta os atos mencionados no art. 166 do Código Civil:

a) os praticados por pessoa absolutamente incapaz, como, por exemplo, a compra e venda realizada por menor com 14 anos de idade;

b) o ato ilícito, v.g., a cobrança de dívida decorrente de exploração do lenocínio, ou que tenha objeto impossível, tal como o agenciamento de viagem no tempo. No novo Código Civil, além dessas duas hipóteses – *ato ilícito ou impossível* –, há a de não ser determinável seu objeto;

c) quando o motivo determinante, comum a ambas as partes, for ilícito. É uma das inovações previstas no Código (inciso III). Abrange hipótese além do ato, o próprio motivo que o determinou. Numa sociedade empresária pode ocorrer que o contrato obedeça a forma legal, contendo objeto lícito, e, entretanto, sua atividade revele a verdadeira razão que gerou seu nascimento, sendo esta ilícita;

d) o que não se revestir da forma prescrita em lei, como ocorre na contratação verbal de sociedade empresarial;

e) os que preterirem de alguma solenidade que a lei considere essencial para sua validade, como ocorre na ausência da expressão "cédula de produto rural" no momento de emissão desse título;

f) atos que tiverem por objetivo fraudar lei imperativa. Nesta redação, o Código Civil mais uma vez inova, para englobar situação em que se evidencia o uso de atos aparentemente legais, visando a fraude à norma geral imperativa. Tullio Ascarelli (2001:181) explica que "há, com efeito, normas jurídicas que não se limitam a disciplinar um determinado ato, mas têm em conta o resultado prático visado pelas partes, quaisquer que sejam os meios por elas escolhidos para consegui-lo; e, por isso, deve-se, na aplicação de tais normas, considerar o fim visado pelas partes e não apenas a causa típica do negócio adotado; há outras, ao contrário, que têm em vista somente o instrumento jurídico, sem curar dos fins para que é utilizado no caso concreto. A validade do negócio quanto a seus fins indiretos deve ser examinada, ante as normas de primeira categoria. Analogamente ao que acontece no domínio da simulação que, por seu turno, pode ser lícita ou fraudulenta, o negócio indireto será lícito ou fraudulento conforme o fim visado pelas partes";

g) os que a lei taxativamente declarar nulos ou lhes negar efeito, v.g., os praticados com a intenção de fraudar credores, previstos no art. 129 da Lei Falimentar.

Anuláveis ou maculados pela nulidade relativa são aqueles atos que padecem de imperfeições menos graves, ainda capazes de levar à sua ineficácia, mas cujos defeitos podem ser sanados. São duas as modalidades de atos jurídicos anuláveis do art. 171 do Código Civil: a) os praticados por agente relativamente incapaz; e b) os que contêm vício resultante de erro, dolo, coação, estado de perigo, lesão ou fraude contra credores. A esses últimos, como se verá, insere-se a simulação relativa prevista no art. 170.

Os efeitos da declaração de anulabilidade são *ex nunc*, produzindo eficácia jurídica até essa data, conforme dispõe o art. 177 do Código Civil: "A anulabilidade não tem efeito antes de julgada por sentença, nem se pronuncia de ofício; só os interessados a podem alegar, e aproveita exclusivamente aos que a alegarem, salvo o caso de solidariedade ou indivisibilidade".

14.4.1. Erro e ignorância

"Erro é a noção falsa, que vicia a manifestação de vontade. Ignorância é a completa ausência de conhecimento sobre aquilo de que se trata. A consequência desses dois estados de espírito é a mesma para os atos jurídicos; num e noutro a vontade não é real ou, antes, se desvia" (Clóvis, 1975:334).

De fato, tanto interessam ao direito a ignorância, caracterizada pela ausência total de conhecimento por parte do agente, como também o falso conhecimento, que é o erro. Ambos derivam de equívocos, sem que exista contribuição de parte a parte: um não tem a intenção de induzir o outro ao erro. Somente é anulável o chamado erro substancial, aquele que "interessa à natureza do negócio ao objeto principal da declaração, ou a alguma das qualidades a ele essenciais" (CC, art. 139, I), ou ainda "o que concerne à identidade ou à qualidade da pessoa a quem se refira a declaração de vontade" (CC, art. 139, II: O erro é substancial quando: I – interessa à natureza do negócio, ao objeto principal da declaração, ou a alguma das qualidades a ele essenciais; II – concerne à identidade ou à qualidade essencial da pessoa a quem se refira a declaração de vontade, desde que tenha influído nesta de modo relevante; III – sendo de direito e não implicando recusa à aplicação da lei, for o motivo único ou principal do negócio jurídico"). Nesses dois incisos encontram-se as seguintes situações:

a) o erro incide sobre a natureza do negócio: num contrato de compra e venda mercantil o vendedor realiza o ato imaginando tratar-se dessa operação, mas o comprador recebe as mercadorias na qualidade de brinde de fim de ano;

b) o erro incide sobre o objeto principal da declaração: o empresário imagina estar adquirindo um lote de computadores pessoais compatíveis com o padrão IBM e recebe outros, padrão *Apple*;

c) o erro incide sobre alguma qualidade essencial do objeto: o devedor imagina estar comprando um lote de peças novas, mas recebe um lote de peças usadas, sucateadas;

d) o erro incide sobre qualidades essenciais da pessoa: nesta hipótese, somente acarreta a anulação do ato se na declaração de vontade a escolha dessa pessoa específica foi o motivo determinante do negócio jurídico. Exemplo clássico é a edição de uma obra intelectual ou artística encomendada a um escritor ou a um pintor de renome, que deve ser executada exclusivamente pela pessoa contratada.

14.4.2. Dolo

Dolo é o erro provocado pela parte contratante. Clóvis (1975:341) o define como "o artifício astucioso, empregado para induzir alguém à prática de um ato, que o prejudica, e aproveita ao autor do dolo ou a terceiro".

Pode-se praticá-lo por comissão ou por omissão, sendo neste caso, por exemplo, a hipótese de um dos contratantes, em ato bilateral, "silenciar-se a respeito de fato ou qualidade que a outra parte haja ignorado" (CC, art. 147).

É requisito da anulação do negócio jurídico por dolo a circunstância de ele ser a causa do ato jurídico (CC, art. 145), isto é, o dolo deve ser a razão primordial de a outra parte praticar o ato.

Além dessa modalidade de dolo denominado *dolus causam* ou principal, o Código Civil apresenta outra espécie – o acidental ou *dolus incidens* –, prevista no art. 146: "O dolo acidental só obriga à satisfação das perdas e danos, e é acidental quando, a seu despeito, o negócio seria realizado, embora por outro modo".

Para ilustrar, pode-se citar como dolo praticado na vida mercantil a venda de mercadorias sobre as quais pesa ônus de penhor, omitida essa circunstância do comprador. Outro exemplo, extraído da jurisprudência: "Nulidade de compra e venda de ações. Dolo da instituição financeira, induzindo os compradores em erro – Esquema publicitário escondendo situação pré-falimentar da entidade, que acabou entrando em liquidação extrajudicial – Vício de vontade caracterizado" (1º Tribunal de Alçada Civil de São Paulo, Rel. Juiz Rodrigues de Carvalho *RT*, 632/133-135, jun. 1988).

14.4.3. Coação

Coação é a ameaça atual ou iminente, exercida sobre alguém, suficiente a incutir-lhe fundado temor de dano à sua pessoa, à sua família, ou a seus bens, obrigando-o a praticar ato jurídico. Para invalidar o ato, devem estar presentes na coação os elementos previstos no art. 151 do Código Civil:

a) a ameaça deve ser: (a.1) a causa do ato; (a.2) grave; (a.3) injusta; (a.4) fundada, isto é, apta a trazer justo receio de prejuízo à sua pessoa, a seus bens ou à sua família;

b) o dano receado deve ser: (b.1) atual ou iminente; (b.2) no mínimo, igual ao do ato extorquido.

14.4.4. Estado de perigo e lesão

O Código Civil introduziu, entre as hipóteses de defeitos dos negócios jurídicos, os institutos do estado de perigo e da lesão.

O primeiro está definido no art. 156 e se configura "quando alguém, premido pela necessidade de salvar-se, ou a pessoa de sua família, de grave dano conhecido pela outra parte, assume obrigação excessivamente onerosa".

Maria Helena Diniz (2007, 1:465) afirma que o estado de perigo "decorre de ato praticado em situação de desigualdade volitiva para contratar, punindo cláusula leonina, mesmo sem que se comprove dolo de aproveitamento indevido na realização do ato negocial".

A prova da circunstância causadora da lesão nem sempre será de fácil demonstração, sobretudo porque nas relações negociais entre o empresário, seus fornecedores ou investidores, a comprovação da posição de inferioridade ou desigualdade daquele exigirá a verificação de fatos que excedem a ocorrência de atos comuns, típicos da atividade empresarial.

O segundo instituto, a lesão, exige a demonstração de premente necessidade ou de inexperiência por parte do contratante, de tal forma que a prestação a que se obrigou se "mostre manifestamente desproporcional ao valor da prestação oposta" (CC, art. 157).

A crítica que se faz é a mesma. No mundo empresarial e, portanto, em regra entre partes contratantes simétricas quanto à habilidade e conhecimento do mundo negocial, resulta sobremodo custosa a indicação da verossimilhança das alegações de "premente dificuldade" ou de "inexperiência" do empresário contratante.

14.4.5. Simulação

Simulação "é a declaração enganosa da vontade, visando produzir efeito diverso do ostensivamente indicado" (Clóvis, 1975:353). Tanto o Código Civil de 1916 (art. 102) como o de 2002 (art. 167, § 1º) arrolam três espécies desse vício:

a) a decorrente de interposição de pessoa (quando "aparentarem conferir ou transmitir direitos a pessoas diversas daquelas às quais realmente se conferem, ou transmitem");

b) a que esconde o caráter do negócio jurídico (quando "contiverem declaração, confissão, condição, ou cláusula não verdadeira"); e

c) a que decorre da falsidade de data (quando "os instrumentos particulares forem antedatados, ou pós-datados").

Verifica-se que, na simulação, a inverdade é traço característico; seu objetivo é enganar terceiros, quer para esconder um outro negócio que as partes realmente estão efetivamente realizando, quer para obter alguma outra vantagem em prejuízo de terceiro. Havendo um negócio dissimulado que constitui a verdadeira relação jurídica, existirá a chamada simulação relativa; se não houver qualquer outra relação subjacente, a ocorrência é de simulação absoluta.

Exemplo da primeira (relativa): emissão de um título visando esconder a origem ilícita de dinheiro obtido em negócios escusos. Exemplo da segunda (absoluta): emissão de título de crédito para criar passivo e excluir bens da partilha, em separação judicial.

O art. 103 do Código de 1916 estabelecia que se a simulação fosse inocente, isto é, se não houvesse intenção de prejudicar credores, ou de violar disposição de lei, o ato simulado não seria considerado viciado ou defeituoso. O novo Código Civil não adotou a mesma redação, inquinando à simulação a pecha de nulidade absoluta (CC, art. 167). Entretanto, admitiu as mesmas regras exceptivas ao permitir o aproveitamento de um negócio jurídico se contiver os requisitos de outro, "quando o fim a que visavam as partes permitir supor que o teriam querido, se houvessem previsto a nulidade" (CC, art. 170).

Percebe-se por tais dispositivos que a simulação é, em regra, causa de nulidade absoluta do negócio jurídico (CC, art. 167), mas pode configurar hipótese de anulabilidade, na hipótese do art. 170, desde que comprovado que, na substância e na forma, o negócio realizado é válido. Maria Helena Diniz (2007, 1:479), citando Messineo, explica que "há, pois, nessa espécie de simulação, dois contratos, um aparente (simulado) e um real (dissimulado), sendo este o que é verdadeiramente querido pelas partes e, por conseguinte, o que se oculta de terceiros".

Observa-se que com frequência se alega, nas defesas falimentares, simulação na causa de emissão do título no qual se baseia o pedido falimentar. O juiz deve ponderar que, se a alegação recai sobre título cambial não causal, o indeferimento da dilação probatória é de rigor, uma vez que a causa que lhe dá origem não é suscetível de arguição dessa natureza, dada a sua autonomia. Nos títulos causais, além das exceções estritamente cambiais, podem ser opostas aquelas fundadas em direito pessoal seu contra o credor.

14.4.6. Fraude

A fraude é definida nos arts. 158 a 165 do Código Civil de 2002 como a prática de atos tendentes à redução de patrimônio por parte de devedor insolvente ou que se torne insolvente em razão desses atos, consistindo:

a) na transmissão gratuita de seus bens a terceiros;

b) na transmissão onerosa quando sua insolvência for notória;

c) na atribuição de direitos preferenciais a determinados credores; ou

d) na remissão de dívidas, sempre em prejuízo aos credores.

No direito obrigacional o devedor, pessoa física ou jurídica, empresário ou não, "responde, para o cumprimento de suas obrigações, com todos os seus bens presentes e futuros" (CPC15, art. 789). É o princípio da responsabilidade patrimonial primária, que gera no insolvente o efeito de limitar a livre disposição de seus bens por atos de mera liberalidade ou que imponham preferências de alguns credores sobre outros já existentes.

Protege-se aqui a massa de credores existente, e que se associará em execução concursal decorrente de seu estado econômico deficitário. Esse estado de insolvência poderá estar ou não evidenciado por atos externos, tais como protesto de títulos, distribuição de ações de cobrança, inclusão do nome do devedor em órgãos de proteção ao crédito etc.

Os exemplos mais comuns encontram-se na própria Lei Falimentar:

a) a transferência a terceiro do estabelecimento sem o consentimento de todos os credores, salvo se ficar com bens suficientes para solver o seu passivo;

b) a constituição de direito real de garantia, inclusive a retenção, dentro do termo legal da falência, tratando-se de dívida contraída dentro desse termo;

c) o oferecimento de garantia real a algum credor sem ficar com bens livres e desembaraçados equivalentes às suas dívidas.

14.4.7. Resumo gráfico

A extensão do presente tópico impõe a necessidade de um quadro-resumo sobre a matéria, facilitando a consulta e o entendimento:

<table>
<tr><td rowspan="16">NEGÓCIOS JURÍDICOS ANULÁVEIS OU NULOS</td><td rowspan="7">ABSOLUTOS OU DE PLENO DIREITO</td><td colspan="2">PRATICADOS POR AGENTE ABSOLUTAMENTE INCAPAZ</td></tr>
<tr><td colspan="2">ILÍCITO OU QUE TENHA OBJETO IMPOSSÍVEL OU INDETERMINÁVEL</td></tr>
<tr><td colspan="2">CUJO MOTIVO DETERMINANTE, COMUM A AMBAS AS PARTES, FOR ILÍCITO</td></tr>
<tr><td colspan="2">QUE NÃO SE REVESTEM DA FORMA PRESCRITA EM LEI</td></tr>
<tr><td colspan="2">QUE PRETERIREM ALGUMA SOLENIDADE DE QUE A LEI CONSIDERE ESSENCIAL PARA SUA VALIDADE</td></tr>
<tr><td colspan="2">QUE TIVEREM POR OBJETIVO FRAUDAR LEI IMPERATIVA</td></tr>
<tr><td colspan="2">QUE A LEI TAXATIVAMENTE DECLARA NULOS OU LHES NEGUE EFEITO
(EX.: A SIMULAÇÃO ABSOLUTA)</td></tr>
<tr><td rowspan="9">RELATIVOS OU ANULÁVEIS</td><td colspan="2">PRATICADOS POR AGENTE RELATIVAMENTE INCAPAZ</td></tr>
<tr><td>ERRO</td><td>a) erro incidente sobre a natureza do negócio;
b) erro incidente sobre o objeto principal da declaração;
c) erro incidente sobre alguma qualidade essencial do objeto;
d) erro incidente sobre qualidades essenciais da pessoa.</td></tr>
<tr><td>DOLO</td><td>a) dolus causam ou principal.
b) dolus incidens ou acidental.</td></tr>
<tr><td colspan="2">COAÇÃO</td></tr>
<tr><td>SIMULAÇÃO RELATIVA</td><td>a) decorrente de interposição de pessoa (“quando aparentarem conferir ou transmitir direitos a pessoas diversas das a quem, realmente, se conferem, ou transmitem”);
b) a que esconde o caráter do ato jurídico (“quando contiverem declaração, confissão, condição, ou cláusula não verdadeira”);
c) a que decorre da falsidade de data (“quando os instrumentos particulares forem antedatados, ou pós-datados”).</td></tr>
<tr><td colspan="2">ESTADO DE PERIGO</td></tr>
<tr><td colspan="2">LESÃO</td></tr>
<tr><td colspan="2">FRAUDE</td></tr>
</table>

14.5. Pagamento da dívida

A Lei n. 11.101/2005 traz redação melhorada em relação à do art. 4º, IV, da lei anterior, resumindo a antiga expressão "pagamento da dívida, embora depois do protesto do título, mas antes de requerida a falência" para tão somente "pagamento da dívida", sem mencionar o momento. Entende-se melhorada porque, paga a dívida, antes ou depois do protesto, mesmo tendo o credor recebido seu valor após a citação nos autos falimentares, mas antes da declaração da falência, a obrigação estará extinta.

Eventualmente, outro credor poderá vir a Juízo requerendo novamente a falência com base em novo título, e, se decretada a falência, nada obsta que se discuta a eventual fraude a credores por pagamento antecipado a um deles, em detrimento da massa concursal. Trajano de Miranda Valverde (1999, 1:90) entende que o pagamento da dívida após o pedido de falência – fora dos casos de depósito elisivo – somente poderá ser revogado se provada a fraude de ambas as partes, mediante propositura de ação revocatória (prevista atualmente no art. 130 da LREF).

14.6. Qualquer motivo que extinga ou suspenda o cumprimento da obrigação, ou exclua o devedor do processo da falência

Afirmou-se que ao devedor é concedida uma amplitude de meios para afastá-lo da execução falimentar. Além dos outros itens enumerados no art. 96, a lei traz a possibilidade de o devedor valer-se de qualquer motivo que extinga ou suspenda o cumprimento da obrigação contida no pedido inicial, ou que o exclua do processo de falência.

Nelson Nery Junior e Rosa Maria Andrade Nery (1996:1.917) lembram que a enumeração não é exaustiva e apresentam alguns casos de defesa pertinente, aos quais se acrescentam outros tantos, alguns desses motivos encontrados na própria LREF, aqui adaptados e ampliados: (a) o devedor não é empresário (art. 1º); (b) o devedor é empresário mas não se sujeita à falência (art. 2º); (c) a obrigação não é líquida (art. 94, I); (d) a dívida não está vencida (art. 94, I); (e) o credor possui título não vencido e baseia seu pedido em título de terceiro contra o qual o devedor opõe razões para o não pagamento (art. 94, I); (f) o título apresentado não legitima ação executiva (art. 94, § 1º); (g) o título não foi protestado, logo, não há impontualidade (art. 94, § 3º); (h) não ocorrem as hipóteses previstas no pedido inicial, constantes do art. 94, II e III; (i) o credor é empresário irregular (art. 97, § 1º); (j) o credor, sem domicílio no Brasil, não providenciou o depósito da caução legal (art. 97, § 2º); (l) o devedor, embora empresário, não se sujeita ao decreto falimentar por iniciativa do credor, como, por exemplo, instituição financeira; (m) a obrigação do título juntado à inicial sujeita-se a condição ainda não realizada ou a termo final ainda não ocorrido (CC, art. 332); (n) o título tem origem em obrigação a título gratuito (art. 5º, I); (o) o credor é debenturista com direito real de garantia, mas não ostenta a qualidade de agente fiduciário; (p) a soma dos títulos juntados à inicial é inferior a 40 salários mínimos (art. 94, I).

Inúmeros outros motivos podem ser encontrados no Código Civil, tais como as várias formas de extinção das obrigações, além do pagamento, bem como outros exemplos extraídos da prática comercial.

Há, ainda, as hipóteses de extinção do processo sem resolução do mérito, previstas no Código de Processo Civil de 2015, em seu art. 485:

a) indeferimento da petição inicial;

b) paralisação do processo por mais de um ano por negligência da parte;

c) abandono da causa pelo autor, por mais de trinta dias;

d) ausência de pressupostos de constituição e de desenvolvimento válido e regular do processo;

e) acolhimento da alegação de perempção, de litispendência ou de coisa julgada;

f) ausência de legitimidade ou de interesse processual;

g) compromisso arbitral;

h) desistência por parte do autor;

i) morte da parte em ação considerada intransmissível;

j) confusão entre autor e réu;

l) demais casos previstos no Código de Processo Civil.

14.7. Vício em protesto ou seu instrumento

A matéria foi objeto de estudos no item 13.4, para o qual se reporta.

14.8. Apresentação de pedido de recuperação judicial no prazo da contestação

O devedor pode apresentar pedido de recuperação judicial no prazo da contestação e, neste caso, deverá fazer a juntada dos documentos previstos no art. 51, entre os quais as demonstrações contábeis (inc. II) e certidões de regularidade no órgão de Registro de Empresa (inc. V), de difícil obtenção no exíguo prazo de dez dias. A expressão "observados os requisitos do art. 51 desta Lei" leva a entender que a finalidade do legislador foi a de evitar a extinção de empresa que, consciente de seu estado de crise econômico-financeira, estava preparada para apresentar seu pedido em Juízo, sendo surpreendida pela ação de seus credores.

Não é, portanto, defesa que possa ser apresentada por empresário ou sociedade empresária desavisada de seu estado econômico-financeiro, exigindo, antes, perfeita organização contábil e documental a lhe permitir cumprir, no breve prazo da contestação, as exigências dos arts. 98, VII, e 51 da Lei Falimentar.

Outra não pode ser a conclusão porque se o devedor pretende os benefícios da recuperação ordinária, pressupõe que o meio recuperatório, a fundamentar seu pedido, submeteu-se a prévia auditoria técnica. Não há como expor as causas concretas de sua situação patrimonial e das razões da crise econômico-financeira e do remédio apropriado, sem levantamento profissional adequado. E, mesmo na modalidade recuperatória especial (arts. 70-72), destinada aos empresários de pequeno porte e microempresários, o plano a ser apresentado exige identificação das causas e justificativa quanto à viabilidade de seu cumprimento.

Uma última observação: a contestação fundada na apresentação de pedido de recuperação insere-se entre as formas de defesa do empresário acionado com fundamento no art. 94, I (impontualidade). Não vemos restrição à sua aplicação aos pedidos baseados em atos de falência (art. 94, II e III).

14.9. Casos especiais de defesa, relativos a restrições temporais ou de legitimidade ativa

Três casos são mencionados no inciso VIII e § 1º do art. 98: (a) cessação das atividades empresariais há mais de dois anos antes do pedido de falência; (b) sociedade anônima após liquidado e partilhado seu ativo; (c) espólio após 1 (um) ano da morte do devedor.

Sobre a matéria reporta-se ao que ficou consignado nesta obra no Capítulo 2, item 4, no estudo sobre as características e conceitos, ao se tratar, entre outros assuntos, da incidência da Lei n. 11.101/2005.

Capítulo 15

O SISTEMA DOS ATOS DE FALÊNCIA

Sumário: 15.1. Prática de atos de falência. 15.2. Execução frustrada. 15.3. Liquidação precipitada; uso de meio ruinoso ou fraudulento. 15.4. Negócio simulado ou alienação de parte ou da totalidade de seu ativo. 15.5. Trespasse de estabelecimento. 15.5.1. Noção de estabelecimento empresarial. 15.5.2. O conceito de Oscar Barreto Filho. 15.5.3. Definição jurídica. 15.5.4. Natureza jurídica. 15.5.5. Elementos do estabelecimento empresarial. 15.5.6. Outras consequências jurídicas do trespasse do estabelecimento empresarial. 15.6. Oferecimento de garantia real em detrimento de outros credores. 15.7. Ausência ou abandono de estabelecimento. 15.8. Documentos que devem acompanhar o pedido. 15.9. Do rito. 15.10. O rito do art. 94, II. 15.11. O rito do art. 94, III.

15.1. Prática de atos de falência

Arrola a Lei Falimentar, em seu art. 94, II e III, de forma taxativa, os atos que independem da ocorrência da impontualidade para caracterizar o estado de falência; são assim considerados, de forma presumida, indicadores de sua situação de insolvência. Esses fatos devem ser especificados no pedido inicial, juntando o autor as provas que tiver e indicando as que pretenda produzir. São eles: II – executado, por qualquer quantia líquida, não paga, não deposita e não nomeia à penhora bens suficientes dentro do prazo legal; III – (a) procede à liquidação precipitada de seus ativos ou lança mão de meio ruinoso ou fraudulento para realizar pagamentos; (b) realiza ou, por atos inequívocos, tenta realizar, com o objetivo de retardar pagamentos ou fraudar credores, negócio simulado ou alienação de parte ou da totalidade do seu ativo a terceiro, credor ou não; (c) transfere estabelecimento a terceiro, sem o consentimento de todos os credores e sem ficar com bens suficientes para solver seu passivo; (d) simula a transferência de seu principal estabelecimento com o fim de burlar a legislação ou a fiscalização ou para prejudicar credores; (e) dá ou reforça garantia a credor por dívida contraída anteriormente sem ficar com bens livres e desembaraçados suficientes para saldar seu passivo; (f) ausenta-se sem deixar representante habilitado e com recursos suficientes para pagar os credores, abandona estabelecimento ou tenta ocultar-se de seu domicílio, do local de sua sede ou de seu principal estabelecimento; (g) deixa de cumprir, no prazo estabelecido, obrigação assumida no plano de recuperação judicial.

Pressupõe a lei a possibilidade de prejuízo aos credores, cabendo ao devedor elidir a presunção legal por todos os meios de que dispuser.

15.2. Execução frustrada

A primeira hipótese refere-se ao credor que não encontra qualquer outro meio de receber seu crédito e, tendo ingressado com pedido de execução, o vê frustrado pela omissão do executado empresário em pagar, depositar ou nomear bens à penhora, no prazo legal.

Nesse caso, deve o credor extrair certidão das circunstâncias mencionadas no Juízo da execução e requerer, no Juízo competente, a falência de seu devedor. Tratando-se de pedido fundado em execução singular já promovida, bastam os requisitos exigidos em seu ajuizamento, não sendo necessário o protesto do título executivo. Isso porque é possível iniciar execução individual sem o protesto do título, e a causa do pedido falimentar não é a impontualidade, mas a ausência de depósito ou de indicação de bens à penhora. Nesse sentido há entendimento sumular: "No pedido de falência com fundamento na execução frustrada ou nos atos de falência não é necessário o protesto do título executivo" (TJSP, Súmula 50).

Não incide nessa hipótese o limite de quarenta salários-mínimos previsto no inciso I do art. 94. Embora se perceba similaridade entre as situações, pois ambas decorrem de não pagamento de obrigação líquida, o legislador não impôs restrições ao valor da causa na execução frustrada. Na impontualidade, a causa falimentar é o protesto de título ou títulos cujo valor ultrapasse a quarenta salários-mínimos; na execução frustrada, repita-se, a causa é o não depósito do valor correspondente à execução ou a não nomeação de bens suficientes à garantia da execução. As Câmaras Reservadas de Direito Empresarial do Tribunal de Justiça de São Paulo assim entendem: "Súmula 39 – No pedido de falência fundado em execução frustrada é irrelevante o valor da obrigação não satisfeita".

O prazo da nomeação de bens à penhora conta-se do dia e hora certificados pelo oficial de justiça: três dias contados da citação (CPC15, art. 829). Se citado um dos executados, no caso de serem dois ou mais os réus, o prazo começa a correr para ele.

O § 4º do art. 94 da LREF dispõe que, na hipótese do inciso II do *caput*, "o pedido de falência será instruído com certidão expedida pelo Juízo em que se processa a execução".

Manoel Justino Bezerra Filho (2017:283), comentando o texto original da LREF, entende possível pedido de falência incidental a execução frustrada em andamento: "Em tese poderia o credor requerer a citação para fins falimentares, nos próprios autos da execução, desde que este seja o juiz competente para tanto. Não há qualquer óbice legal a tal forma de procedimento, que, aliás, é aconselhado pelos princípios da celeridade e da economia processual, princípios gerais de procedimento, expressamente consagrados no parágrafo único do art. 75 desta Lei".

Divergimos desse entendimento. Entendemos que o pedido de falência é sempre autônomo ao do processo do qual se extraiu a certidão comprovando a execução frustrada. Isso ocorre porque o pedido falimentar impõe citação do devedor, a quem se faculta, a partir desse ato, o depósito elisivo, com ou sem defesa e, ainda, manifestar incidente de recuperação judicial.

Fábio Ulhoa Coelho (2017:351-352), acolhendo esse mesmo entendimento, comenta que o processo de execução deverá ser suspenso:

"O empresário devedor que, executado, não paga, não deposita nem nomeia bens à penhora no prazo legal incorre em execução frustrada (LF, art. 94, II). Trata-se da hipótese mais usual de pedido de falência, tirante os fundados na impontualidade. Se está sendo promovida contra a sociedade empresária uma execução individual, isso significa que ela não pagou, no vencimento, obrigação líquida, certa e exigível (CPC15, art. 783). Por outro lado, se não nomeou bens à penhora, é sinal de que talvez não disponha de meios sequer para garantir a execução. Esses fatos denunciam a insolvabilidade da executada e possibilitam a decretação da falência.

O pedido de falência da executada com fundamento no inciso II do dispositivo aqui comentado não se faz nos autos da execução individual. Esta, na verdade, deve ser suspensa ou mesmo extinta (alguns juízes condicionam o processamento do pedido de falência à prova do encerramento definitivo da execução). O exequente deve, então, solicitar uma certidão atestando a falta do pagamento, depósito ou nomeação de bens à penhora, para, em seguida, formular, perante o juiz competente, o pedido de falência instruído com aquele documento."

A jurisprudência do Tribunal de Justiça de São Paulo não admite pedido de falência incidental à execução:

Bem móvel – Execução – Pagamento, depósito ou penhora não efetivados – Decretação da falência nos próprios autos – Impossibilidade –

Agravo improvido. Agravo de Instrumento n. 1.112.757-00/4 – 26ª Câmara de Direito Privado – Relator: Vianna Cotrim (j. em 4-6-2007).

Execução frustrada. Pedido de decreto de falência nos mesmos autos. Inviabilidade. Recurso improvido. Agravo de Instrumento n. 471.706-4/8-00, Câmara Especial de Falências e Recuperações Judiciais de Direito Privado por votação unânime, negar provimento ao recurso. Relator: Araldo Telles (j. em 18-10-2006).

Neste último acórdão se lê, no voto do Relator, os fundamentos da rejeição: "Não obstante, desde há muito consolidou-se o entendimento da inviabilidade da transformação da execução frustrada em pedido de falência pura e simplesmente como quer a agravante. Não basta que se omita o devedor para autorizar a quebra. É preciso que se veicule, em procedimento próprio, pedido com esse fundamento, permitindo-lhe não só a elisão, como a oferta de defesa de forma a descaracterizar a insolvabilidade".

E o que ocorre com a execução frustrada? Fica extinto o processo? O exequente terá que requerer a desistência da execução? Parece-nos que faltou ao legislador introduzir no art. 921 do CPC15 outra hipótese para a suspensão da execução. A nosso ver, isto decorre logicamente do confronto do dispositivo do CPC com as normas dos arts. 6º e 94, II, da LREF. A hipótese de suspensão por execução frustrada (que legitima o pedido falimentar) guarda semelhança com a hipótese prevista no inciso III do art. 921 (não possuir bens penhoráveis), autorizando a interpretação teleológica.

A matéria encontra-se pacificada nas Câmaras Reservadas de Direito Empresarial do Tribunal de Justiça de São Paulo: "Para ajuizamento com fundamento no art. 94, II, da Lei n. 11.101/2005, a execução singular anteriormente aforada deverá ser suspensa" (Súmula 48).

15.3. Liquidação precipitada; uso de meio ruinoso ou fraudulento

O segundo caso, liquidação precipitada, refere-se à venda dos bens que compõem o patrimônio da sociedade empresarial ou do empresário individual, sem pagamento dos credores então existentes. Exemplo de liquidação precipitada é a venda de mercadorias ou bens do ativo a preço abaixo do custo, sem qualquer preocupação em saldar os débitos existentes ou sem restar-lhe bens para fazê-lo. É também a venda de bens pessoais do empresário individual a preço vil ou sua transferência a terceiros de forma injustificada.

Meios ruinosos são os que consistem na prática de negócios arriscados ou sujeitos exclusivamente à sorte, bem como atos de liberalidade ou gastos excessivos e prodigalidade. Trajano de Miranda Valverde (1999, 1:45-46) cita negócios arriscados ou de puro azar, abuso de responsabilidades de mero favor, empréstimos a juros excessivos, alienação de máquinas ou instrumentos indispensáveis ao exercício do comércio. Carvalho de Mendonça apresenta como exemplo de meios ruinosos os empréstimos a juros elevadíssimos, os descontos de títulos em condições muito mais onerosas que as usuais, o abuso das cambiais de favor, a alimentação de circulação fictícia, a venda de mercadorias por preço notavelmente inferior à cotação do mercado, a venda de maquinismos e materiais necessários ao exercício da indústria ou do comércio etc. Acrescenta o mesmo autor que meios ruinosos não se confundem com meios gravosos, sendo estes os que não comprometem a situação do comerciante[1].

Meios fraudulentos são artifícios de má-fé, caracterizados por dolo ou engano malicioso, ação astuciosa, visando à ocultação da verdade ou fuga ao cumprimento do dever. Pressupõe a intenção de causar prejuízo a terceiro. Salienta-se, dentre tais, o oferecimento de garantia a credor em detrimento de outro, hipótese destacada no art. 94, III, *e*, como modalidade especial e que, portanto, será estudada neste capítulo.

15.4. Negócio simulado ou alienação de parte ou da totalidade de seu ativo

A quarta hipótese – simulação de negócio – é espécie do gênero fraude, pressupondo a intenção de esconder fatos que deveriam ser de conhecimento dos credores, com intenção de lesá-los ou de lhes retardar pagamentos.

---

[1] CARVALHO DE MENDONÇA, J. X. (1963:7:1, item 183-B). Aqui, o mestre define meios ruinosos como aqueles que "colocam o comerciante nas unhas dos usuários, os expedientes protelatórios, ou fictícios, que o permitam deitar alguns dias para trás, mas, passados que sejam, surgem as mais prementes necessidades. Em geral, compreendem-se entre os *meios ruinosos* os empréstimos a juros elevadíssimos, os descontos de títulos em condições muito mais onerosas que as usuais, o abuso das cambiais de favor, alimentação de uma circulação fictícia, a venda de mercadorias por preço notavelmente inferior à cotação do mercado, a venda dos maquinismos e materiais necessários ao exercício da indústria ou do comércio etc. Não se confundam meios *ruinosos* com meios *gravosos*, que não comprometem seriamente a situação do comerciante". Essa última distinção o mestre Carvalho de Mendonça indica como de autoria de Ramella, *Trattato del Fallimento*, 2. ed., vol. 1, n. 92.

A simples tentativa, caracterizada por atos inequívocos, é suficiente para caracterizar o estado falimentar.

Há simulação nos atos jurídicos, segundo dispõe o Código Civil (art. 167), sempre que a declaração da vontade, sendo enganosa, se destinar a produzir efeito diverso daquele indicado no documento em que foi expressa.

A outra hipótese prevista no art. 94, III, *b*, da Lei de Falências abrange a alienação de parte ou da totalidade de seu ativo a terceiro, credor ou não.

Em mais de uma oportunidade, a Lei de Falências contempla, nesse mesmo artigo, a venda de bens por parte do empresário como figuras que caracterizam o estado falimentar: a) na figura de liquidação precipitada (art. 94, III, *a*); b) na alienação de parte ou da totalidade de seu ativo a terceiro, credor ou não (art. 94, III, *b*); c) na transferência de seu estabelecimento empresarial a terceiros, sem o consentimento de seus credores (art. 94, III, *c*); d) no oferecimento de garantia a alguns credores, em detrimento de outros (art. 94, III, *e*).

As situações guardam certa identidade, mantendo diferenças, entretanto, quanto à forma do ato, à intenção do empresário ou ao conjunto de bens. Na liquidação precipitada, a intenção do empresário é realizar pagamentos; na hipótese da alínea *e,* é privilegiar alguns credores, quebrando a igualdade de tratamento e a ordem de preferência dos créditos. Dificuldade maior há na distinção entre a transferência de estabelecimento empresarial e a ora estudada (alienação de parte ou da totalidade do seu ativo). As expressões, contudo, possuem conotações jurídicas diversas. O vocábulo "ativo" representa a soma de todos os valores disponíveis ou realizáveis pelo empresário. É uma das representações do patrimônio que abrange tanto direitos como obrigações. Por estar ligado à noção de patrimônio, inclui toda a universalidade de bens de uma pessoa, seja os destinados ao uso no comércio, seja aqueles que não o são. O ativo de um empresário individual, pessoa natural, engloba todo o seu patrimônio: veículos, imóveis, móveis. O estabelecimento empresarial, entretanto, possui uma abrangência menor. É o complexo de bens corpóreos e incorpóreos utilizados pelo empresário para o exercício de sua atividade. Vê-se, portanto, que o patrimônio contém o estabelecimento empresarial, conforme pode-se observar na figura:

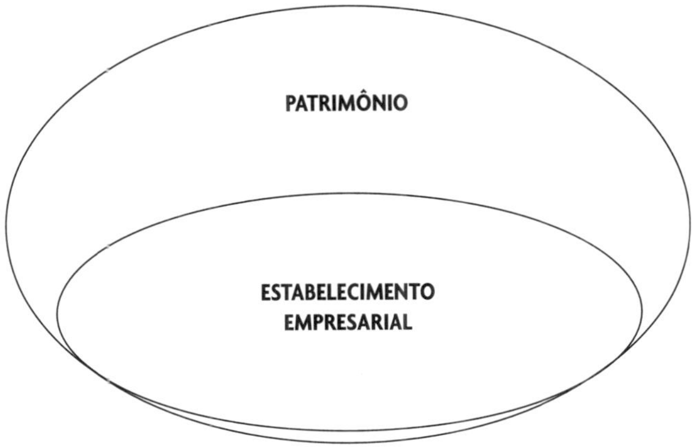

15.5. Trespasse de estabelecimento

A transferência do estabelecimento empresarial sem o consentimento de todos os credores, salvo se ficar com bens suficientes para solver o seu passivo, é a hipótese agora contemplada.

Em primeiro lugar, deve-se estar bem familiarizado com o conceito de estabelecimento empresarial. No capítulo 5 do 1º volume desta obra foram fixadas as principais ideias, os vários conceitos existentes e as teorias sobre a natureza jurídica desse importante instituto de Direito Empresarial. Convém relembrar os pontos mais importantes.

15.5.1. Noção de estabelecimento empresarial

A noção básica que se extrai dos conceitos ali referidos sugere a reunião de meios necessários para o exercício da atividade mercantil, isto é, um conjunto de bens que sirva de base econômica para o exercício da empresa. Ao separar uma parcela determinada de bens, recursos ou valores, o empresário, seja ele coletivo, seja individual, cria um patrimônio assim chamado empresarial, exclusivo para o exercício da empresa.

Essa separação, contudo, no caso do empresário individual (entenda-se: quando não se tratar de *empresa individual de responsabilidade limitada*), não tem repercussões no plano jurídico, uma vez que, no direito brasileiro, não se concebe a existência de duas massas patrimoniais sob a titularidade de um mesmo sujeito de direito. O art. 57 do Código Civil revogado adotava o conceito de unidade patrimonial: "O patrimônio e a herança constituem coisas universais, ou universalidades, e como tais subsistem, embora não constem de objetos materiais".

Esse princípio é, ainda hoje, mantido. O Código Civil, evitando o uso do vocábulo "patrimônio", preferiu a expressão "complexo de relações jurídicas" para distinguir os conjuntos de bens de uma pessoa, fazendo-o em duas categorias: as universalidades de direito e as de fato. A primeira definida como "complexo de relações jurídicas, de uma pessoa, dotadas de valor econômico" (art. 91), e a segunda, estabelecida como "a pluralidade de bens singulares que, pertinentes à mesma pessoa, tenham destinação unitária" (art. 90).

Decorre de tais definições que há, em regra, um só patrimônio (universalidade de direito ou complexo de relações jurídicas) para cada pessoa que, por sua vez, pode dar destinação utilitária a parte desse patrimônio.

Inexiste, no nosso direito positivo, a noção jurídica de patrimônios separados para pagamento de dívidas da empresa. Em se tratando de empresário individual (aquele não constituído sob forma de *Eireli*), todos os seus bens respondem pelas dívidas do empreendimento e constituem a garantia única dos credores, sejam eles negociais ou não.

Na organização da pessoa jurídica – no caso, a *empresa individual de responsabilidade limitada* e a sociedade empresária –, destacam-se parcelas dos patrimônios pessoais do titular e dos sócios ou acionistas e forma-se um *novo e autônomo patrimônio*, distinto do de seus formadores.

Correta, portanto, a advertência de Oscar Barreto Filho (1988:62), ao afirmar que somente é lícito falar de patrimônio comercial quando se trata de sociedade.

A essa conclusão acrescente-se a *empresa individual de responsabilidade limitada* que, por força da Lei n. 12.441, de 11 de julho de 2011, equipara-se os efeitos de sua constituição aos da sociedade empresária.

A conclusão do mestre fica assim atualizada: somente é lícito falar de *patrimônio empresarial* quando se trata de sociedade ou de *empresa individual de responsabilidade limitada*.

15.5.2. O conceito de Oscar Barreto Filho

Na formação do conceito brasileiro de estabelecimento empresarial, encontram-se várias influências das ideias italianas, francesas e alemãs, concluindo o Professor Oscar Barreto Filho (1988:75) que "estabelecimento comercial é o complexo de bens, materiais e imateriais, que constituem o instrumento utilizado pelo comerciante para a exploração de determinada atividade mercantil".

15.5.3. Definição jurídica

A legislação brasileira não adotava uma definição de estabelecimento comercial, gerando inúmeras dificuldades práticas no campo dos contratos, nas execuções promovidas em face de comerciantes e nas ações revocatórias, de natureza falimentar.

O novo Código Civil inova totalmente o instituto, estabelecendo, no art. 1.142: "Considera-se estabelecimento todo complexo de bens organizado, para exercício da empresa, por empresário, ou por sociedade empresária". O conceito, contudo, é mais amplo do que o admitido pela doutrina de Oscar Barreto Filho. O art. 1.143 não somente o admite como universalidade, como também inclui, entre seus elementos, os negócios jurídicos: "Pode o estabelecimento ser objeto unitário de direitos e de negócios jurídicos, translativos ou constitutivos, que sejam compatíveis com a sua natureza".

Para a Teoria da Empresa, adotada pelo Código Civil de 2002, os contratos de trabalho, de locação etc. constituem elementos integrantes do fundo de comércio, ao lado de bens corpóreos e incorpóreos.

15.5.4. Natureza jurídica

Ainda citando Oscar Barreto Filho, na excelente e mais completa obra brasileira sobre o assunto, são mencionadas nove correntes doutrinárias que tentam explicar a natureza jurídica do estabelecimento comercial.

Teorias históricas, superadas:

a) teoria da personalidade jurídica do estabelecimento comercial;

b) teoria do estabelecimento concebido como patrimônio autônomo;

c) teoria da personificação do fundo do comércio, de Valéry;

d) teoria do estabelecimento como negócio jurídico, de Carrara;

e) teoria do estabelecimento como instituição, de Ferrara.

Teorias modernas:

a) teorias imaterialistas, que concebem o estabelecimento como bem imaterial (Pisko, Isay, Hubmann e Muller-Erzbach);

b) teorias atomistas, que negam a possibilidade de configuração unitária do estabelecimento (Scialoja, Barassi, Barbero);

c) teorias patrimonialistas, que identificam o estabelecimento como patrimônio comercial, caracterizado como *universitas juris* (Fadda e Bensa);

d) teorias que divisam no estabelecimento um complexo de bens unificados por uma destinação comum, configurando uma *universitas rerum* (Carnelutti, Rotondi, Vivante).

Até a vigência do novo Código Civil brasileiro, os doutrinadores pátrios situavam-se entre as duas últimas correntes modernas, as das universalidades. Clóvis (1975:288) distingue as universalidades em duas outras categorias: as de direito e as de fato: "coisas coletivas (*universitates rerum*) são as que, sendo compostas de várias coisas singulares, se consideram em conjunto, formando um todo econômico (*ex distantibus constant*), e designando-se por um nome genérico (*uni nomini subjecta*). Distinguem-se em universidades de fato, que são agregados de coisas corpóreas, como um rebanho, uma loja, uma biblioteca; e universidades de direito, unidades abstratas de coisas e direitos, como o patrimônio, a herança, o dote, os pecúlios".

Somente com a adoção do novo Código Civil é que se vê o estabelecimento definido como uma universalidade, separado como unidade abstrata, distinta de outra, como definido no art. 1.143.

Essa também era a conclusão de Oscar Barreto Filho (1988:108-109). No mesmo sentido é a de Dylson Doria (1995:123): "Ora, sendo o estabelecimento comercial um complexo unitário, pois que pode ser objeto de negócios jurídicos diversos dos que incidem sobre os bens que o compõem, dúvida alguma se manifestaria a respeito de sua classificação entre as chamadas universalidades. Faltaria, todavia, definir-se se se trataria de universalidade de fato ou de direito. Mas, se, como já se acentuou, a universalidade de direito depende de lei que a reconheça, e se lei alguma há que atribua ao estabelecimento essa qualidade, claro que não sobraria à doutrina nacional outra alternativa que não fosse a de conceituá-lo como uma universalidade de fato. Esta é, pois, a sua natureza jurídica em face de nosso Direito".

No sistema anterior, uma vez definido estabelecimento como universalidade de fato, sua existência dependia exclusivamente da vontade de seu titular. Assim, sujeito às escolhas feitas pelo empresário – singular ou coletivo – resultava neste e naquele estabelecimento, com características próprias.

No atual Código Civil, o delineamento é mais específico; trata-se de uma universalidade que compreende todo o complexo de bens organizado, para exercício da empresa, por empresário ou sociedade empresária, podendo incluir direitos e negócios jurídicos, translativos ou constitutivos, que sejam compatíveis com sua natureza.

15.5.5. Elementos do estabelecimento empresarial

Abraçada a tese da universalidade de fato, o fundo empresarial é visto como parte de todo o patrimônio, e, neste caso, as dívidas não podem compô-lo porque pertencem a universo muito mais amplo. Entretanto o Código Civil impôs ao adquirente a obrigação pelos débitos anteriores, desde que regularmente contabilizados, ficando o alienante solidariamente responsável pelos créditos vencidos, no prazo do art. 1.146.

É estabelecimento empresarial, essencialmente, um complexo de bens, e estes se dividem em duas categorias principais:

a) bens materiais: coisas corpóreas, que podem ser objeto de domínio;

b) bens imateriais: aqueles que têm existência apenas ideal e as prestações decorrentes de direitos obrigacionais.

No próximo quadro vê-se uma relação, com exemplos, de cada uma dessas categorias:

ELEMENTOS DO ESTABELECIMENTO EMPRESARIAL	
BENS INCORPÓREOS	**BENS CORPÓREOS**
Exemplos: • sinais distintivos: nome comercial objetivo, título e insígnia do estabelecimento, marcas de produto ou serviço, marcas de certificação, marcas coletivas; • privilégios industriais: patentes de invenção e de modelos de utilidade, registro de desenhos industriais; • obras literárias, artísticas ou científicas; • ponto ou local da empresa; • direitos decorrentes dos contratos em geral; • créditos. (Somente integram o estabelecimento os créditos a ele referentes. O novo Código Civil previu expressamente esse crédito como integrante do estabelecimento empresarial, regulando-o no art. 1.149).	Exemplos: • nos estabelecimentos industriais: terrenos, edifícios, construções, usinas, armazéns, máquinas, equipamentos, produtos acabados, matéria-prima etc.; • nas chamadas atividades intermediárias: mercadorias, instalações, mobiliário e utensílios; • nas empresas de transporte: veículos etc.; • nas atividades bancárias: dinheiro, títulos.

Alguns doutrinadores incluem entre os bens incorpóreos o *aviamento*, conforme Américo Führer (2006:20). Contudo, a melhor doutrina entende que aviamento é, tão somente, uma qualidade ou atributo do estabelecimento empresarial, isto é, trata-se da expectativa de lucros futuros.

A inclusão da clientela entre os bens incorpóreos é igualmente condenável, entendendo Oscar Barreto Filho tratar-se de mera situação de fato (1988:159,182-183) e nunca de bem imaterial.

O estabelecimento empresarial é considerado, na doutrina, como bem móvel, mas, apesar disso, pode constituir-se de bens imóveis, e, neste caso, sua transferência estará sujeita a esse regime de bens. Sujeita-se, ainda, como bem móvel, a negócios de alienação *inter vivos*, a título oneroso ou gratuito, a negócios de alienação *mortis causa* e a negócios de gestão.

15.5.6. Outras consequências jurídicas do trespasse do estabelecimento empresarial

A LREF impõe restrições à venda do estabelecimento empresarial, sob pena de ineficácia, ao estabelecer, no art. 129, VI, que "são ineficazes em relação à massa falida, tenha ou não o contratante conhecimento do estado econômico do devedor, seja ou não intenção deste fraudar credores: (...) VI – a venda ou transferência de estabelecimento feita sem o consentimento expresso ou o pagamento de todos os credores, a esse tempo existentes, não tendo restado ao devedor bens suficientes para solver o seu passivo, salvo se, no prazo de 30 (trinta) dias, não houver oposição dos credores, após serem devidamente notificados, judicialmente ou pelo oficial do registro de títulos e documentos".

De igual modo, o Código Civil, no art. 1.145, estabelece regras de proteção ao credor, não apenas em caso de falência, mas em caráter geral: "Se ao alienante não restarem bens suficientes para solver o seu passivo, a eficácia da alienação do estabelecimento depende do pagamento de todos os credores, ou do consentimento destes, de modo expresso ou tácito, em 30 (trinta) dias a partir de sua notificação".

Na recuperação judicial, igualmente, a lei impõe a restrição de venda, transferência ou oneração não apenas do estabelecimento empresarial, mas de todo ativo permanente (art. 66), salvo evidente utilidade reconhecida pelo magistrado, depois de ouvido o Comitê de Credores.

Observa-se que, embora a venda do estabelecimento possa ser feita destacadamente, em vários contratos, por se tratar de coisas singulares que não perdem sua individualidade mesmo pertencendo a uma *universitas facti*, a unidade sempre persistirá, por definição. Criticáveis, portanto, decisões judiciais que consideram eficazes vendas separadas de linhas telefônicas, marcas, instalações etc., às vésperas da falência, por entenderem que a lei apenas coíbe a venda do todo complexo, isto é, de todo conjunto de coisas corpóreas e incorpóreas, mas não sua venda em separado. Tal raciocínio leva a tornar inócuo o texto legal, bastando que o empresário faça as vendas por partes.

15.6. Oferecimento de garantia real em detrimento de outros credores

O art. 163 do Código Civil estabelece a presunção de fraudatórias aos direitos dos outros credores as garantias de dívidas que o devedor insolvente tiver dado a algum credor, mas "presumem-se, porém, de boa-fé e valem os negócios ordinários indispensáveis à manutenção de estabelecimento mercantil, rural, ou industrial, ou à subsistência do devedor e de sua família" (art. 164).

Nesta expressão "negócios ordinários indispensáveis à manutenção do estabelecimento" distinguem-se os atos que são de boa-fé daqueles que não o são. Por exemplo, em contrato de locação é comum a fiança; na aquisição de imóvel é razoável a hipoteca do próprio imóvel a favor do mutuante; nos negócios bancários é comum o aval etc., não se podendo imputar os oferecimentos de garantias a esses credores como fraudulentos ao direito de outros credores fornecedores de mercadoria. A posição mais vantajosa de um credor sobre o outro, nesses casos, decorre da natureza do contrato firmado e, salvo prova em contrário, não visam a fraude contra os demais credores. Entretanto, se o estado de insolvência já preexiste ao oferecimento de garantia a credor antigo, a caracterização de fraude é de rigor.

15.7. Ausência ou abandono de estabelecimento

É comum, na vida em sociedade, encontrar pessoas que, estando em dificuldades financeiras, ocultam-se de seus credores para não serem molestadas. Essa prática, moralmente condenável no mundo comercial, é caracterizadora de ato revelador de seu estado falimentar.

Evidencia-se por atos inequívocos que visam à fuga de suas responsabilidades:

a) ausência sem deixar representante habilitado com recursos suficientes para pagar os credores;

b) abandono do estabelecimento;

c) ocultação ou tentativa de ocultação, deixando furtivamente o seu domicílio.

Há casos clássicos contados na literatura e no dia a dia de nossos jornais. A prova desses fatos dá-se de muitas maneiras. Exemplificando, ter-se-á:

a) a devolução de correspondência, por não ter sido encontrado o destinatário em seu estabelecimento empresarial ou por estar este fechado em horários comerciais;

b) a tentativa de citação por oficial de justiça, em outro processo, certificada uma dessas circunstâncias;

c) a divulgação pela imprensa, falada ou escrita, do abandono ou fuga do empresário ou dos administradores da sociedade empresarial;

d) a impossibilidade de acesso, por ausência do empresário ou dos administradores habilitados, à fiscalização do Poder Público, certificada pelo funcionário competente;

e) a devolução de títulos para aceite ou pagamento ao cartório de protestos, por ausência de pessoa credenciada a recebê-los;

f) o acúmulo de correspondência, jornais e boletos de cobrança à porta do estabelecimento, revelando estado de abandono;

g) a não comunicação ao órgão de registro de empresas (Juntas Comerciais) da mudança de seu estabelecimento;

h) a reiterada devolução de correspondência eletrônica (*e-mails*), no caso de estabelecimentos virtuais (*sites*) que operam pelo tráfego da rede de computadores internacional (*internet*).

15.8. Documentos que devem acompanhar o pedido

Destaca-se no procedimento do art. 94, II e III, o fato de nem sempre o autor ter condições de oferecer, desde o início, as provas referentes aos atos enumerados pela lei.

O pedido deve vir sempre acompanhado do título de crédito que autorize a ação e, se for o caso, dos documentos necessários a legitimar a pretensão do autor:

a) do credor empresário: a certidão (*v.* subtítulo n. 13.5, a) da Junta Comercial que atesta a regularidade do arquivamento de seus atos constitutivos, em se tratando de sociedade empresarial, ou do arquivamento da declaração de firma individual, quando se tratar de empresário individual. A certidão expedida pela Junta Comercial deve conter o nome empresarial, o número de inscrição no registro de empresa, a data de sua inscrição, o último ato de arquivamento ou averbação e a data de seu registro, a constituição social, bem como o nome dos sócios que respondem pela gerência social, na hipótese de sociedade empresária;

b) do credor sem domicílio no Brasil: a indicação de seu endereço no Brasil ou o de seu procurador para intimação dos atos judiciais e o depósito do valor da caução ou indicação do bem a ser caucionado, calculado pelo dobro do valor indicado de seu crédito, nos termos do art. 940 do Código Civil, se outro valor não for determinado pelo juiz;

c) do acionista ou sócios comanditário ou cotista: prova de sua qualidade e da circunstância que o legitima excepcionalmente, como, por exemplo, a inidoneidade do órgão ou do sócio administrador.

15.9. Do rito

O rito processual é único, ordinário, aplicável aos pedidos falimentares baseados no art. 94.

Há de se distinguir, contudo, alguns poucos aspectos diferenciadores:

a) o depósito elisivo é defesa que se faculta tão somente nas hipóteses dos incisos I (impontualidade) e II (ato de falência caracterizado pela execução frustrada), conforme deflui do parágrafo único do art. 98 da Lei n. 11.101/2005. Entretanto, nem sempre foi assim. Na lei anterior esta modalidade de defesa somente era permitida nos pedidos de falência que tinham como causa a impontualidade.

A extensão para a hipótese de execução frustrada é fruto de entendimento jurisprudencial. O Superior Tribunal de Justiça, por voto do Ministro Nilson Naves[2], admitiu o depósito elisivo para os casos do art. 2º do

[2] BRASIL, STJ, REsp n. 51.855-5/SP, j. 22-11-1994: "É lícito ao devedor, também no caso desta espécie, depositar a quantia correspondente ao crédito reclamado, e elidir a falência". No corpo do acórdão lê-se: "Não tenho receio algum em admitir o depósito elisivo, em caso dessa ordem. Pedido de falência não há de ser levado a ferro e fogo! Como bem disse o Sr. Subprocurador em seu parecer, é necessário que se preserve a atividade empresarial. Conforme *RTJ*-94, em passagem de José da Silva Pacheco: 'Contudo, assinale-se, a orientação generalizada é de que facultado o depósito em qualquer caso, e feito este, elidida está a falência' (p. 365). Aqui nesta 3ª Turma, anotou o Sr. Ministro Cláudio Santos, no julgamento do AgRg 9.392, sessão de 12-8-91: 'Daí se depreende que a agravante de posse de um título judicial, sem êxito na execução comum, optou pela execução aterradora da falência. Elidido o pedido desta através do depósito do principal, a credora recebeu a importância depositada.

Decreto-Lei n. 7.661/45, tendo como fundamento a preservação da atividade empresarial, sob pena de se creditar ao pedido falencial a mera manifestação emulatória, nas situações em que se realiza o depósito elisivo.

Desde então se admite o depósito elisivo para a falência caracterizada por execução frustrada. Nos demais atos que caracterizam a falência (art. 94, III), a dívida não é passível de ser extinta por depósito em dinheiro, uma vez que o credor não necessita sequer apresentar prova de existência de dívida vencida. Assim, salvo nas situações arroladas no art. 94, II (execução frustrada: o executado não paga, nem deposita ou nomeia bens à penhora), nas demais torna-se impossível de se calcular o valor do depósito elisivo a ser efetuado a favor do requerente[3].

Admitir o depósito elisivo nas hipóteses em que a dívida não está vencida é admitir o pagamento antecipado a favor de um credor que, por exemplo, denunciou, por seu pedido de falência, a existência de oferecimento de garantia a favor de outro credor! Nesse caso, sua situação tornou-se mais privilegiada que a do credor que apenas recebeu garantias. O pedido falimentar serviria para contemplar fraudes e conluios entre credor e devedor, tornando lícitas situações que estariam sujeitas à ineficácia, no caso de decretação de falência;

b) a matéria de defesa prevista no art. 96 é exemplificativa de situações que podem ocorrer no pedido fundamentado na impontualidade (art. 94, I), mas não há óbice que o devedor formule, em sua contestação, as causas elisivas previstas nos incisos VII (apresentação de pedido de recuperação judicial) ou VIII (cessação de atividade; partilha e liquidação de ativo e decurso de um ano após a morte do devedor).

---

sem o reclamo de seus complementos, deixando transitar em julgado a sentença a julgar elidida a falência'. No voto do Ministro Eduardo Ribeiro constou a anotação: 'Acompanho o eminente Ministro Relator, mas desejo salientar que o faço por se tratar da hipótese do item n. I do art. 2º da Lei de Falências. Não aderiria ao entendimento de que o depósito elisivo seja admissível em todos os casos'".

[3] Nesse mesmo sentido é a opinião do Desembargador J. A. Penalva Santos, do Estado do Rio de Janeiro. Em artigo publicado na *RT*, 632/32-43, jun. 1988, ele conclui: "A nosso ver, as hipóteses do art. 1º e do art. 2º, I, assemelham-se, pelo que não seria justo, no segundo caso, impedir-se o devedor de oferecer o valor da dívida e acessórios, tanto mais quando a prática da elisão decorre do aspecto assinalado por Waldemar Ferreira e Sylvio Marcondes, da execução singular da primeira fase do pedido de sua elisão. Nos demais casos do art. 2º compete ao devedor, através dos embargos previstos no art. 12, provar cumpridamente a inocorrência do fato referido no respectivo inciso".

15.10. O rito do art. 94, II

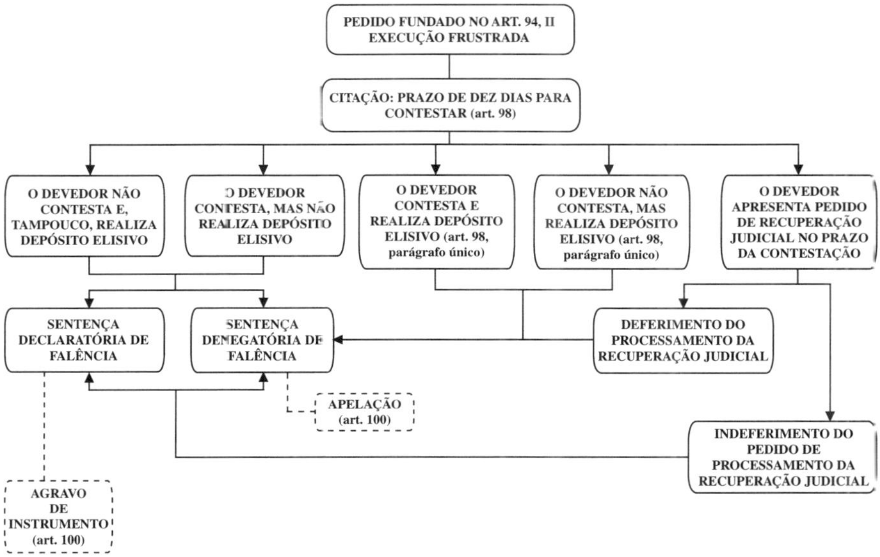

15.11. O rito do art. 94, III

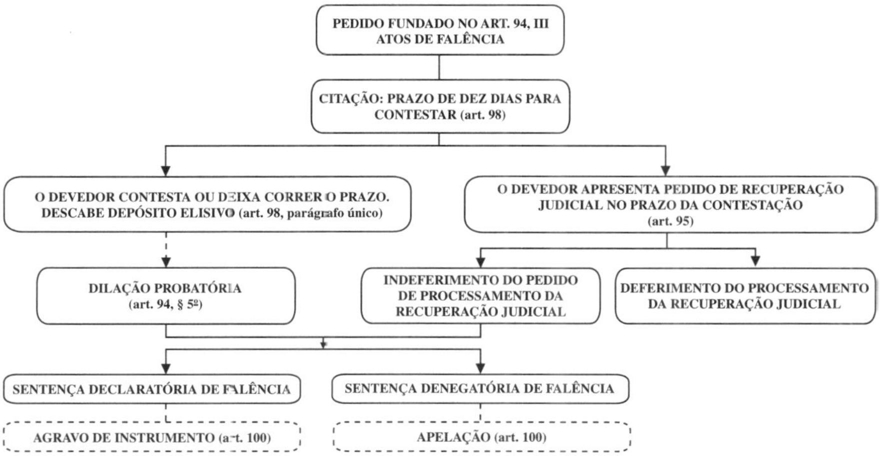

Capítulo 16

O SISTEMA DA AUTOFALÊNCIA

Sumário: 16.1. A confissão da falência pelo devedor. 16.2. Procedimento do art. 105. 16.3. Natureza do pedido de autofalência. 16.4. Natureza da dívida. 16.5. Processamento do pedido. 16.6. Legitimidade para o pedido. 16.6.1. A representação do empresário individual ou da sociedade contratual. 16.6.2. As sociedades por ações. 16.6.3. O cônjuge sobrevivente, o inventariante e o herdeiro. 16.6.4. As instituições financeiras. 16.7. Oposição e citação de sócios. 16.8. Desistência do pedido. 16.9. O rito do art. 105 – autofalência.

16.1. A confissão da falência pelo devedor

O próprio empresário pode requerer sua falência, em procedimento denominado autofalência. Embora o art. 105 da Lei Falimentar afirme que o *devedor* em crise econômico-financeira *deve* requerer sua autofalência quando julgar não atender aos requisitos para pleitear sua recuperação judicial, certo é que não há sanção para o seu não atendimento.

A nova redação repete a expressão imperativa ("deve") prevista no Decreto-Lei n. 7.661/45 (art. 8º), que determinava a obrigatoriedade de o devedor requerer sua própria falência, no prazo de até trinta dias contados do vencimento de título representativo de obrigação líquida: "o comerciante que, sem relevante razão de direito, não pagar no vencimento obrigação líquida, deve, dentro de 30 (trinta) dias, requerer ao juiz a declaração da falência, expondo as causas desta e o estado de seus negócios e juntando ao requerimento: (...)"[1].

O dever pelo não atendimento no prazo legal impedia ao empresário o exercício do direito de requerer sua concordata, conforme impunha o art. 140, II, da lei revogada. Mesmo mitigado pela Súmula 190 do Supremo Tribunal Federal ["o não pagamento de título vencido há mais de 30 (trinta) dias, sem protesto, não impede a concordata preventiva"], esse efeito persistia. Havia, portanto, um dever jurídico sancionado pela norma.

A Lei n. 11.101/2005, contudo, não impõe qualquer restrição ou obrigação ao devedor que descumprir a norma legal. No novo sistema falimentar não há, tecnicamente, um dever jurídico porque o ato de requerer a autofalência submete-se unicamente à vontade do empresário ou da sociedade empresária.

16.2. Procedimento do art. 105

A lei não estabelece procedimento próprio para o caso de requerimento falimentar feito pelo próprio devedor. Conclui-se, assim, que nada obsta sejam realizadas diligências destinadas à complementação do pedido, inclusive a citação dos sócios que administram a sociedade e não figurem na inicial para, querendo, apresentar oposição ao pedido.

16.3. Natureza do pedido de autofalência

A doutrina classifica como confissão o pedido de autofalência, e, assim, por ser ato pessoal do confitente, entendeu-se, no passado, desnecessário seja o requerente representado por advogado (Valverde, 1999, 1:149). Entretanto, a Lei n. 8.906, de 4 de julho de 1994, definiu como atividade privativa de advocacia a postulação a qualquer órgão do Poder Judiciário. Dessa forma, o empresário deve fazer-se representar por advogado, que, por sua vez, estará munido de procuração com poderes especiais em razão da regra do art. 390, § 1º, do Código de Processo Civil de 2015 ("A confissão judicial pode ser espontânea ou provocada. § 1º A confissão espontânea pode ser feita pela própria parte ou por representante com poder especial") e de eventual indenização que seu requerimento ensejar em caso de dolo.

16.4. Natureza da dívida

O art. 105 da Lei de Falências menciona a existência de crise econômico-financeira. O pedido pode referir-se a dívidas negociais ou não negociais e, ainda, conter somente créditos privilegiados[1].

[1] No REsp n. 90.445-SP, o Ministro Ari Pargendler assim entendeu: "A falta de pagamento de aluguéis constitui causa para o pedido de autofalência". No teor do acórdão se lê: "(...) o privilégio concedido aos créditos decorrentes de locação não inibe que a falta do respectivo pagamento dê causa ao pedido de falência. A lei não distinguiu entre créditos privilegiados e quirografários. O comerciante que falta ao pagamento de uns e de outros tem o dever de requerer a autofalência".

Quando, porém, o pedido de autofalência for proposto pelo cônjuge sobrevivente, pelos herdeiros do devedor ou pelo inventariante, deverá ser fundado na impontualidade ou em decorrência de título vencido constante de execução já proposta. As pessoas mencionadas não estão legitimadas a propor o pedido nos demais casos do art. 94, III, porque essas hipóteses revelam atos fraudatórios que poderiam macular a imagem do falecido, dos quais os legitimados são sucessores.

16.5. Processamento do pedido

O devedor deve juntar ao pedido os documentos mencionados nos seis incisos do art. 105, quais sejam: I – demonstrações contábeis referentes aos três últimos exercícios sociais e as levantadas especialmente para instruir o pedido, confeccionadas com estrita observância da legislação societária aplicável e composta obrigatoriamente de: a) balanço patrimonial; b) demonstração de resultados acumulados; c) demonstração do resultado desde o último exercício social; d) relatório do fluxo de caixa; II – relação nominal dos credores, indicando endereço, importância, natureza e classificação dos respectivos créditos; III – relação dos bens e direitos que compõem o ativo, com a respectiva estimativa de valor e documentos comprobatórios de propriedade; IV – prova da condição de empresário, contrato social ou estatuto em vigor ou, se não houver, a indicação de todos os sócios, seus endereços e a relação de seus bens pessoais; V – os livros obrigatórios e documentos contábeis que lhe forem exigidos por lei; e VI – relação de seus administradores nos últimos cinco anos, com os respectivos endereços, suas funções e participação societária.

Recebido o requerimento e inexistindo qualquer diligência a ser determinada, o juiz declarará a falência em sentença, que conterá os requisitos do art. 99 da Lei Falimentar.

Possíveis diligências referem-se ao requerimento incompleto, podendo o magistrado determinar seja o pedido completado no prazo estabelecido ou, na falta de cumprimento, serem requisitados os documentos faltantes em órgãos públicos, onde estiverem. Exemplos de documentos que prescindem de novas diligências junto ao devedor são o contrato social, os estatutos e eventuais alterações societárias, que podem ser obtidos por requisição às Juntas Comerciais dos Estados. A falta de indicação de endereço dos estabelecimentos pode ser suprida por informação da respectiva Secretaria da Fazenda Estadual.

Entendemos que a recusa do devedor em completar seu pedido não impede a decretação da falência, que se baseará exclusivamente na existência de credores, na confissão de crise econômico-financeira e na impossibilidade de prosseguimento da atividade empresarial. Assim também entende a doutrina.

Fábio Ulhoa Coelho (2017:396) ensina:

"Apresentada a petição inicial de autofalência, e estando ela convenientemente instruída, o juiz sentencia a quebra do requerente. Se não estiver, o juiz deve determinar sua emenda. Vencido o prazo para a emenda sem adequada manifestação do requerente, o juiz deve sentenciar a quebra, mesmo que não instruída corretamente a petição inicial".

Ricardo Tepedino (2005:292), igualmente, assim entende:

"Permite-se que uma empresa cuja ruína foi admitida em juízo continue sua existência, com alto risco para o que lhe restou de patrimônio, por conta da falta de documentos que sempre se podem juntar ou produzir posteriormente, acaso necessário? (...) Assim, se a deficiência da instrução estiver justificada, na inicial ou quando do atendimento à determinação de emendá-la, o pedido deve ser apreciado a despeito dessa falta".

16.6. Legitimidade para o pedido

Algumas situações devem ser consideradas no que se refere à requerente da autofalência: os poderes especiais concedidos ao advogado subscritor do pedido, os órgãos envolvidos na autorização da falência de sociedade por ações, a questão do espólio e das instituições financeiras.

16.6.1. A representação do empresário individual ou da sociedade contratual

O empresário individual pode requerer sua falência mediante procurador com poderes para tanto. Nas sociedades empresariais com sócios com responsabilidade solidária (ou seja: sociedade em nome coletivo, em comandita simples, em comum e em conta de participação) serão representadas pelo sócio administrador ou pelo liquidante, no caso de estarem submetidas a regime de liquidação. Se alguns sócios solidários não assinam em nome da sociedade, isto é, não são administradores, ou, sendo, não assinarem o pedido, deverão ser citados para, querendo, apresentar contestação ao pedido de declaração de falência, por meio de requerimento dirigido ao Juízo falimentar.

Na sociedade limitada, o pedido de recuperação judicial depende de deliberação dos sócios (CC, art. 1.071, VIII), exigindo votos correspondentes a mais da metade do capital social (CC, art. 1.076, II). Mas, para o pedido de falência, não há regra específica, e sua deliberação, na ausência de disposição contratual, submete-se ao regramento geral previsto no art. 1.076, III: maioria simples dos votos presentes.

16.6.2. As sociedades por ações

No caso de sociedades por ações, o requerimento de falência será assinado por seus diretores, depois de ouvida a assembleia geral convocada para esse fim. Em primeira convocação os sócios deverão reunir-se com a presença de, no mínimo, um quarto do capital social e, em segunda, com qualquer número, deliberando com maioria absoluta de votos, não se computando votos em branco (LSA, arts. 122, IX, 125 e 129).

Faculta-se, contudo, ao acionista majoritário não ouvido em assembleia que decidiu sobre o pedido o direito à oposição, conforme decidido pelo Ministro Thompson Flores, em julgamento de 27-6-1980: "O sócio majoritário de empresa, que não foi parte em processo falimentar, tem legitimidade ativa *ad causam* para propor ação rescisória contra sentença que declarou a autofalência da referida empresa, sem a prévia autorização da assembleia geral. Negativa de vigência ao art. 487, II, do CPC e arts. 87, parágrafo único, *i*, 94 e 105 do Decreto-Lei n. 2.627/40". Embora o voto mencione legislação revogada, a atual Lei das Sociedades por Ações, no art. 122 estabelece a competência privativa da assembleia geral para "IX – autorizar os administradores a confessar falência (...)". Se não obedecida a regular tramitação da deliberação autorizatória, cabe oposição dos acionistas que se sentirem prejudicados.

O acionista controlador pode, em caso de urgência, confessar a falência, antes mesmo de convocada a assembleia geral, conforme autoriza a Lei das Sociedades por Ações (art. 122, parágrafo único). Sua condição resulta da redação dada ao art. 116 dessa lei, que o define como a pessoa jurídica ou natural, ou o grupo de pessoas vinculadas por acordo de voto ou sob controle comum, que: a) é titular de direitos de sócios que lhe assegurem, de modo permanente, a maioria dos votos nas deliberações da assembleia geral e o poder de eleger a maioria dos administradores da companhia; b) usa efetivamente seu poder para dirigir as atividades sociais e orientar o funcionamento dos órgãos da companhia.

16.6.3. O cônjuge sobrevivente, o inventariante e o herdeiro

Na hipótese de falência do espólio, a legitimidade cabe ao cônjuge sobrevivente, herdeiros e inventariante, observando-se que, nesse caso, há o prazo decadencial de um ano contado da morte do empresário individual, somente quando o requerente for o credor e não as pessoas ali mencionadas. Depois disso, o concurso se dará nos autos de inventário (CPC15, arts. 642-646). Anote-se o que ficou registrado no item 2.4*b* a respeito da matéria.

Ao pedido, além dos documentos exigidos no art. 105, devem ser juntados:

a) do cônjuge supérstite: a certidão de casamento e a certidão de óbito do empresário individual;

b) do inventariante: certidão expedida pelo cartório no qual tramita o processo de arrolamento ou de inventário, mencionando a nomeação e a data do termo de compromisso;

c) do herdeiro: certidão expedida pelo cartório em que tramita o processo de arrolamento ou de inventário, mencionando sua condição.

16.6.4. As instituições financeiras

Para algumas atividades empresariais o legislador reservou hipóteses especiais. As instituições financeiras não se submetem ao regime falimentar por iniciativa de seus credores, mas poderão requerer a autofalência por seu interventor ou liquidante, quando autorizados pelo Banco Central, nos casos previstos na lei:

a) na liquidação extrajudicial, se ficar demonstrado que o ativo não é suficiente para cobrir pelo menos a metade do valor dos créditos quirografários ou quando houver fundados indícios de crimes falimentares (art. 21, *b*, da Lei n. 6.024/74);

b) na intervenção extrajudicial: se o ativo não for suficiente para cobrir sequer metade do valor dos créditos quirografários, se julgada inconveniente a liquidação extrajudicial ou, ainda, em razão da complexidade dos negócios da instituição ou quando a gravidade dos fatos apurados aconselharem a medida (art. 12, *d*, da Lei n. 6.024/74).

Esse mesmo raciocínio aplica-se a atividades empresariais submetidas a esses regimes administrativos. São elas: as operadoras de plano de assistência à saúde (Lei n. 9.656/98, art. 23, § 1º), sociedades seguradoras (Decreto-Lei n. 73/66, art. 26) e sociedades de capitalização (Decreto-Lei n. 261/67, art. 4º).

16.7. Oposição e citação de sócios

A oposição ao pedido pode ser feita por meio de depósito elisivo ou, ainda, cumulativa ou isoladamente, mediante alegação de matéria relevante prevista no art. 96 ou por qualquer motivo de direito ou de fato que extinga ou suspenda o cumprimento das obrigações indicadas no pedido de autofalência.

16.8. Desistência do pedido

Discute-se na doutrina a possibilidade de desistência de pedido de confissão de estado falimentar. Rubens Requião (1975, 1:87) entende que o devedor pode retratar-se até o momento da sentença declaratória; Sampaio de Lacerda (1999:67), admitindo a desistência e denominando a confissão de simples atos preparatórios, ensina que esses atos ficarão sem valor com a retirada do requerimento que os provocou; José da Silva Pacheco (1998:179) igualmente aceita a desistência, mas exige que o devedor prove ao magistrado "o desaparecimento do fato de que decorreu o dever de requerê-la".

Entendemos que a confissão do estado falimentar pode ser objeto de desistência, mas não de retratação, como admitem alguns autores. A desistência decorre de atos supervenientes, desconhecidos do devedor no momento em que faz o pedido. São fatos que alteram sua situação econômica e permitem-lhe voltar ao regular exercício da atividade empresarial, com o pagamento dos devedores então existentes. Não se trata de retratação de fato confessado, mas de nova situação que lhe possibilite cumprir seus compromissos, de forma regular.

Ao apresentar em Juízo essa nova situação, demonstrando-a, nada obsta que a desistência venha a ser homologada. Se a mudança de estado econômico ocorrer após a sentença declaratória, não alcançada por meio de recurso, restará ao devedor pagar os credores e requerer a extinção de suas obrigações (item 28.5).

16.9. O rito do art. 105 – autofalência

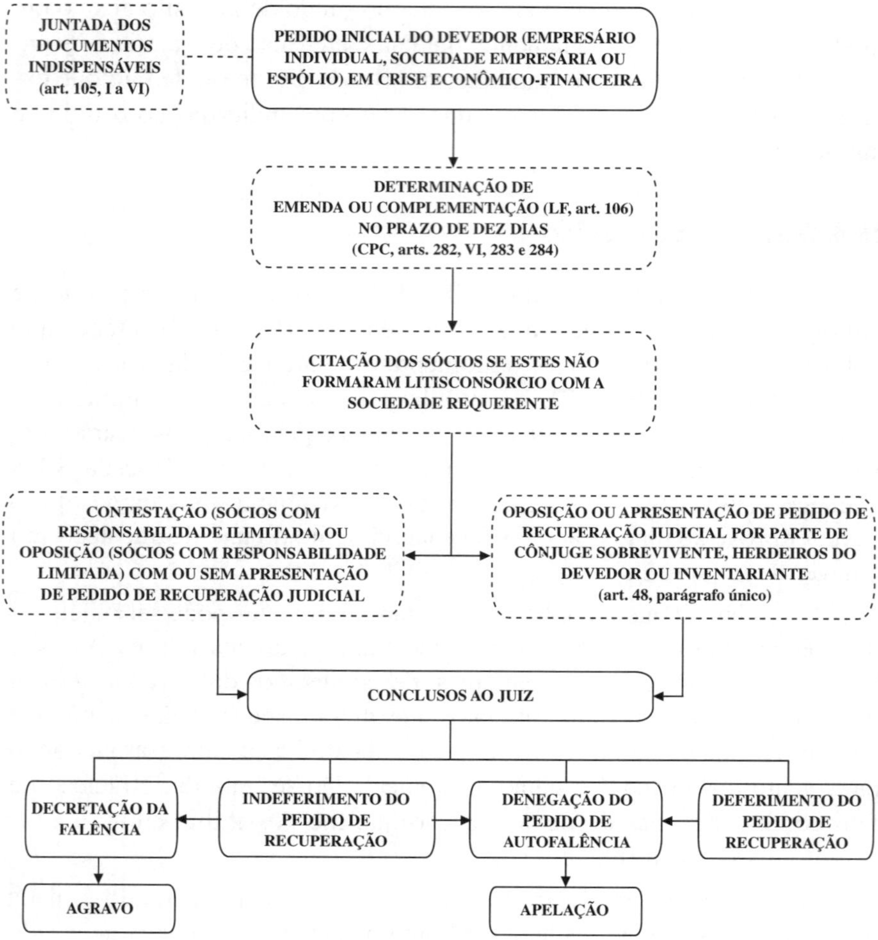

PARTE II

DA SENTENÇA JUDICIAL E SEUS EFEITOS

(Capítulos 17 a 22)

Capítulo 17

O JUÍZO FALIMENTAR

Sumário: 17.1. Fixação da competência judicial. 17.2. Unidade, indivisibilidade e universalidade do Juízo. 17.2.1. Ações não reguladas pela Lei Falimentar, em que o falido figure como autor ou litisconsorte ativo. 17.2.2. Falido autor, em ação regulada pela Lei Falimentar. 17.2.3. Ações de despejo em que a massa falida figure como ré. 17.2.4. Execuções individuais dos credores, anteriores à decretação da falência. 17.2.5. Ações trabalhistas. 17.2.6. Execuções fiscais. 17.2.7. Ações que se processam na Justiça Federal por força da competência privativa. 17.2.8. Ações relativas a imóveis. 17.2.9. Ações ajuizadas antes da quebra, com citação também anterior. 17.3. Prioridade dos atos e diligências judiciais. 17.4 Resumo da matéria.

17.1. Fixação da competência judicial

Diversamente do que dispõe a Lei Civil acerca da pessoa natural que tiver outras residências, onde alternadamente viva, ou vários centros de ocupações habituais, considerando domicílio qualquer um deles, a Lei n. 11.101/2005 somente admite, para efeito de fixação da competência falimentar, um domicílio: o lugar onde o empresário possuir seu *principal estabelecimento*, entendido este como o local onde fixa a chefia da empresa, o centro de suas atividades, o irradiador das ordens de seus negócios (art. 3º).

Trajano de Miranda Valverde (1962, 1:96-97) explica o espírito da legislação: "A sede administrativa é, com efeito, o ponto central dos negócios, de onde partem todas as ordens, que imprimem e regularizam o movimento econômico dos estabelecimentos produtores. As relações externas com os fornecedores, clientes, bancos etc. realizam-se por seu intermédio. Na sede da administração é que se faz a contabilidade geral das operações, onde, por isso, devem estar os livros legais da escrituração, os quais, mais do que o valor pecuniário, ou a importância do estabelecimento produtor, interessam, na falência ou concordata, à Justiça".

A regra é simples: a fixação do principal estabelecimento pela sede da administração sobrepõe-se a qualquer outro critério estatutário ou contratual. Outras situações poderiam ser objeto de indagação: (a) para o empresário com filial no Brasil e sede no exterior, a competência se estabelece pela filial; (b) se o empresário cessou o exercício de sua atividade, a ação deverá ser conhecida pelo juiz do local onde estava situado seu principal estabelecimento; (c) a mesma regra vale para os ambulantes e empresários de espetáculos públicos. Quanto a estes, afasta a legislação vigente a antiga regra do art. 7º, § 1º, do Decreto-Lei n. 7.661/45, que fixava a competência, para efeito de decretação de falência, no Juízo do local onde fossem encontrados. A exceção não mais se justifica diante do avanço dos meios de mobilidade e de alcance da jurisdição. Distintos Juízos podem comunicar-se visando ao resguardo e à administração dos bens suscetíveis de arrecadação.

Após a distribuição do pedido de falência, do pedido de recuperação judicial ou de homologação de recuperação extrajudicial, qualquer mudança contratual ou estatutária da sede da empresa é absolutamente inócua, permanecendo competente aquele primeiro juiz que recebeu o pedido falimentar: "A distribuição do primeiro pedido de falência e a realização da citação perante o Juízo onde a requerida tem seu principal estabelecimento (art. 7º, *caput*, 1ª parte, do Decreto-Lei n. 7.661/45), acarreta a *perpetuatio jurisdictionis* prevista no art. 87 do Código de Processo Civil, sendo irrelevante a posterior alteração do contrato social para a transferência da empresa para outro Estado. O Juízo que recebeu o primeiro pedido de falência, então, encontra-se prevento para decidir requerimentos semelhantes, posteriormente apresentados, incidindo as regras dos arts. 7º, § 2º, e 202, § 1º, do Decreto-Lei n. 7.661/45" (STJ, Rel. Min. Carlos Alberto Menezes Direito, j. 29-11-1999).

Recentemente, entretanto, aclararam-se os limites dessa prevenção, para considerar sua ocorrência somente se a falência vier a ser decretada na precedente distribuição: "1. O juízo da falência é indivisível porque competente para todas as ações sobre bens e interesses da massa falida, conforme enfatizava o art. 7º, § 2º, da antiga Lei Falimentar (DL 7.661/45), norma repetida no art. 76 da atual Lei de Recuperação de Empresas (Lei 11.101/2005). 2. O objetivo da *vis attractiva* do juízo falimentar é submeter a universalidade dos bens do devedor comum a um regime único, evitando que apareçam duas ou mais falências paralelas em juízos diferentes, para que, assim, haja paridade no tratamento dos créditos. É necessário, portanto, que, para se instaurar o juízo universal da falência, seja efetivamente decretada a falência pelo juízo competente. 3. *In casu*, houve reconhecimento do depósito elisivo do primitivo pedido de quebra, por sentença transitada em julgado, desaparecendo a possibilidade de decretação da falência com fundamento na nota promissória, não se tendo, por isso, instaurado o juízo universal da falência. 4. O fato de existir uma execução frustrada, advinda de um título judicial nascido de uma ação falimentar extinta pelo depósito elisivo parcial, não tem o condão de determinar a distribuição, por prevenção, de um segundo pedido de falência, pelo fato de que não mais existe a possibilidade de ocorrerem falências em juízos diferentes. 5. Recurso especial provido" (REsp n. 702.417/SP, Rel. Min. Raul Araújo, Quarta Turma, j. 11-3-2014, *DJe* 31-3-2014).

O Juízo para o qual um pedido de falência, de recuperação judicial ou homologação de recuperação extrajudicial for distribuído fica prevento para outros pedidos dessa mesma natureza, relativo ao mesmo devedor (LREF, art. 6º, § 8º, com a redação dada pela LREF-20). Assim, numa comarca com vários juízes competentes para apreciar pedido de recuperação judicial ou de falência e homologação de plano extrajudicial, o primeiro a quem for distribuído torna-se o único competente para apreciação de ações semelhantes, de interesse do mesmo devedor.

O objetivo da lei é evitar decisões conflitantes e dar segurança jurídica aos litigantes. A regra reproduz o disposto no art. 202, § 1º, da LF45 e estende-se aos procedimentos de intervenção e liquidação extrajudicial, em que a distribuição do inquérito administrativo ao Juízo competente previne a jurisdição deste mesmo Juízo para conhecer eventual pedido de falência (Lei n. 6.024/74, art. 45, § 1º).

17.2. Unidade, indivisibilidade e universalidade do Juízo

Fixando a lei um domicílio único para o empresário – o do principal estabelecimento –, exclusivo será o Juízo competente para declarar sua falência, e, uma vez declarada, aquele que a decretou passa a ser indivisível para outras ações e reclamações contra a massa, respeitadas as exceções previstas no art. 76 e em outras leis em vigor que serão objeto deste estudo.

Quando se diz que o Juízo da falência é uno, afirma-se também que ele é indivisível para todas as ações e reclamações sobre bens, interesses e negócios do falido (e, consequentemente, da massa falida), conforme regra do art. 76. É o juiz da falência o único, e, como tal, atrai todas as ações e negócios da falida, tornando-se indivisível; essa segunda qualidade decorre da primeira: na falência, a unidade acarreta a indivisibilidade, visando concentrar num único órgão jurisdicional as ações de interesse da massa.

Já a universalidade diz respeito aos credores: todos concorrem ao mesmo Juízo, aplicando-se a eles uma só regra, com o que se evita a ruptura da igualdade de condições entre os diversos credores negociais ou não que são atraídos pela falência. A universalidade de credores pressupõe a existência de um único juiz para decidir todas as questões. Esse princípio encontra-se fixado no art. 126 e decorre do fato de todos os credores do falido sujeitarem-se aos efeitos da decretação da falência (art. 115).

Cada um desses conceitos pode ser resumido no seguinte quadro:

PRINCÍPIO	CONCEITO
Unidade do Juízo	É o estabelecido no art. 3º, *caput*, da Lei n. 11.101/2005, instituindo somente um Juízo competente para homologar o plano de recuperação extrajudicial, deferir a recuperação judicial ou decretar a falência do devedor e que se fixa pelo local do principal estabelecimento desse empresário.
Indivisibilidade do Juízo	É o estabelecido no art. 76 da Lei Falimentar, ao determinar que o Juízo falimentar passa a ser o competente para todas as ações e reclamações sobre bens, interesses e negócios da massa falida.
Universalidade do Juízo	Ao Juízo falimentar – fixado pela regra da unidade – passam a concorrer todos os credores de um mesmo devedor comum por decorrência da formação da massa subjetiva de credores, conforme determina o art. 126 da Lei Falimentar.

Vê-se, portanto, que enquanto a regra da unidade atinge de uma forma geral os institutos falimentares – recuperação judicial e extrajudicial e falência –, os princípios da indivisibilidade e universalidade incidem especialmente no processo falimentar, o que se mostra de fácil entendimento porque nos processos de recuperação nem todos os credores ficam sujeitos aos efeitos das decisões judiciais proferidas.

As exceções às regras da indivisibilidade judicial exigem estudo mais detalhado, como veremos a seguir:

17.2.1. Ações não reguladas pela Lei Falimentar, em que o falido figure como autor ou litisconsorte ativo

Uma observação inicial deve ser feita. A redação da lei revogada e a da atual guardam grandes semelhanças, preferindo, entretanto, o legislador de 1945 a expressão "massa falida" e o atual o vocábulo "falido" para expressar o sujeito ativo ou passivo sobre o qual incidem as regras de competência.

Nenhuma das duas expressões mostra-se suficiente para bem identificar a pessoa que impõe a modificação da competência de processo distribuído antes ou depois da falência. Isto porque, antes da decisão judicial de quebra, o autor ou réu não é falido, nem, tampouco, massa falida, e, depois da decisão de quebra, a legitimidade – ativa ou passiva – é atribuída exclusivamente à massa falida (não ao falido), nos processos que tenha por objeto bens, interesses ou negócios relativos à execução coletiva.

Correta, pois, a crítica que faz Carlos Klein Zanini (2006: 336): "a lei substitui a expressão massa falida por falido, o que se mostra tão discutível quanto, do ponto de vista prático, irrelevante".

Na verdade, o legislador pretendeu tratar no *caput* do art. 76 das ações anteriores à falência e, no parágrafo único, da modificação do polo ativo ou passivo pela massa falida, olvidando-se que a expressão "falido" não é apropriada por se tratar de incidente anterior à quebra e, ainda, que a *massa falida* pode promover novas ações.

Com esta consideração, manteremos a expressão legal "falido" nos títulos de nossas considerações, tal como se encontra no texto legal, mas evitaremos o uso desta palavra porque o devedor neste estado não pode propor ações no interesse do concurso de credores. Massa falida será utilizada quando nos referirmos nas ações movidas *após* a sentença de quebra.

A regra da indivisibilidade diz respeito às ações em que a *massa* figure como ré, seja porque o devedor agora falido aparecia nesta posição, seja porque o autor moveu a ação *depois* da sentença de quebra. A Lei n. 11.101/2005 estabelece exceções a ela em seu art. 76. Estão excluídas da regra do Juízo indivisível as ações em que o devedor, posteriormente falido, e a massa falida sejam autores ou litisconsortes ativos, não reguladas pela própria Lei de Falências. As ações já distribuídas e as que vierem a ser, figurando a massa falida como autora ou litisconsorte ativa, terão a competência estabelecida livremente, segundo as regras do direito comum, isto é, não se sujeitam à norma geral prevista no art. 76. Por exemplo: ação destinada à declaração de ineficácia de título emitido contra a massa falida promovida pelo administrador judicial; ação indenizatória promovida pela massa falida; ação de cobrança que tenha a falida como autora ou litisconsorte ativa. Em todos esses casos, por ser a massa falida autora ou litisconsorte ativa, a distribuição é livre, não ocorrendo a *vis attractiva* do Juízo falimentar.

17.2.2. Falido autor, em ação regulada pela Lei Falimentar

Diversamente é o que ocorre quando a massa é autora e a ação é regulada pela Lei Falimentar. Neste caso, o Juízo que decretou a falência torna-se o competente para processar e julgar a causa. Todas as ações dessa natureza serão distribuídas necessariamente ao Juízo falimentar:

• a ação para exclusão, outra classificação ou simples retificação de quaisquer créditos, nos casos de descoberta de falsidade, dolo, simulação, fraude, erro essencial ou de documentos ignorados na época do julgamento de crédito, incidente na falência ou na recuperação judicial (art. 19);

• a ação pretendendo a responsabilidade solidária dos diretores das sociedades por ações e dos sócios e administradores das sociedades limitadas, dos sócios comanditários ou dos sócios ocultos por violação das regras societárias (art. 82);

• o incidente de desconsideração da personalidade jurídica (CPC15, arts. 133-137) promovido contra os administradores da empresa individual de responsabilidade limitada e contra os administradores e sócios da sociedade falida, por abuso da personalidade jurídica;

• a ação para a integralização de cotas ou ações que os sócios de responsabilidade limitada subscreveram para o capital (art. 82);

• a ação para apuração de haveres contra a sociedade da qual o falido for sócio, na qualidade de comanditário ou cotista (art. 123, *caput*);

• a ação de extinção de comunhão, para apuração da parte do falido, em condomínio de que participe (art. 123, § 2º);

• a ação buscando a ineficácia de ato praticado pelo devedor antes da falência (art. 129, parágrafo único);

• as ações revocatórias (ineficácia subjetiva) previstas no art. 134.

É possível que, em alguns desses casos, já exista ação distribuída a outro Juízo antes da falência, como, por exemplo, ação de integralização de subscrição de ação promovida pela sociedade contra acionista ou ação de integralização promovida por sócio cotista contra outro. O administrador judicial deve assumir o polo ativo da demanda, que será redistribuída ao Juízo falimentar.

17.2.3. Ações de despejo em que a massa falida figure como ré

Como se observou, em geral, figurando a massa falida como ré, incide a regra da indivisibilidade do Juízo falimentar, tendo em vista a expressão legal: "todas as ações sobre bens, interesses e negócios do falido (leia-se: do devedor posteriormente falido, isto é, da massa falida)".

A leitura conjunta das regras de competência leva a concluir que somente as ações que demandarem quantia ilíquida (art. 6º, § 1º) e as causas trabalhistas e fiscais (art. 76) prosseguirão no Juízo ao qual foram anteriormente distribuídas; as demais devem ser remetidas ao Juízo falimentar, salvo disposição legal ou de caráter constitucional, objeto das considerações que seguem.

A ação de despejo, a rigor, deveria ser distribuída por dependência ao Juízo falimentar, por versar sobre bem ou interesse da massa falida, sobretudo quando envolver questão relativa ao ponto comercial – bem incorpóreo da empresa.

Os Tribunais, contudo, na égide do Decreto-Lei n. 7.661/45, sempre admitiram a livre distribuição do pedido de despejo por entenderem que o conteúdo dessa ação é diverso daquele preconizado pela Lei Falimentar[1].

Essa jurisprudência não se alterou no regime da LREF. Veja-se:

Agravo de instrumento. Ação de despejo por falta de pagamento cumulada com cobrança de aluguéis e acessórios da locação. Reconhecimento da incompetência absoluta do Juízo em razão da matéria. Massa falida. Competência. Juízo universal. Ausência de "vis atractiva" do juízo universal da falência. A ação de despejo não é atraída pelo Juízo universal da falência. Agravo provido[2].

Carlos Klein Zanini (2006:338), analisando as ações de despejo e as possessórias, entende que o art. 6º, § 1º, da Lei n. 11.101/2005 adotou redação mais restrita àquele equivalente da lei anterior (LF45, art. 24, § 1º) e conclui que "não mais subsiste, com a mesma largueza, a exceção à universalidade do Juízo falencial, o que está a recomendar uma revisão do entendimento jurisprudencial à vista do novo texto da Lei".

---

[1] BRASIL, STJ, REsp n. 64.804-1-MG, Rel. Min. Luiz Vicente Cernicchiaro, j. 28-8-1995: "A ação de despejo não é atraída pelo Juízo Universal da falência. Aqui reúnem-se passivo e ativo do falido, a fim de os credores receberem o mesmo tratamento. A ação de despejo tem finalidade e conteúdo diversos".

[2] TJSP, AI n. 0254596-33.2012.8.26.0000, Rel. Des. Lino Machado, 30ª Câmara de Direito Privado, j. 5-2-2014.

Resta, entretanto, considerar que é firme o entendimento jurisprudencial afastando a atração das ações de despejo, pelo menos até que completada a fase de conhecimento, isto é, até que formado o título executivo.

17.2.4. Execuções individuais dos credores, anteriores à decretação da falência

A lei anterior excluía da atração do Juízo falimentar as execuções individuais dos credores sociais, ou dos credores particulares dos sócios solidários da falida, que envolviam direitos e interesses relativos à massa, nas quais os bens se encontravam em praça, com dia definitivo para a arrematação (LF45, art. 24, § 1º).

A nova lei não reproduziu a regra, mas determinou fossem atendidos os princípios da celeridade e da economia processual (art. 75, § 1º, na redação dada pela LREF-20), fundamentos que devem nortear o juiz da falência na decisão de permitir a hasta em outro Juízo, desde que a venda não seja obstáculo às finalidades da falência: "preservar e otimizar a utilização produtiva dos bens, ativos e dos recursos produtivos, inclusive os intangíveis, da empresa" (art. 75, I) e, tampouco, desagregue a unidade da empresa, impedindo a obediência à ordem de preferência na alienação estabelecida no art. 140.

A regra universal é a atração de todos os credores ao Juízo falimentar para neste declararem seus créditos e, ao final, participarem da liquidação única, com avaliação e venda de todos os bens do devedor. Daí por que as execuções individuais ficam suspensas (art. 6º, II), permitindo a todos participarem, em igualdade de condições, da execução coletiva. Entretanto, por economia processual, a lei previu a possibilidade de alguns bens serem vendidos anteriormente à fase liquidatária. Isso ocorre quando eles já se encontram em praça, com dia definitivo para a arrematação no Juízo da execução individual, anteriormente promovida. Nesse caso, aproveitam-se os atos processuais produzidos naquele Juízo, entrando para a massa falida o produto apurado, que, então, se somará aos valores e bens arrecadados na falência, formando uma massa única para pagamento de todos os credores, no momento próprio.

17.2.5. Ações trabalhistas

A Constituição Federal (art. 114) estabelece como competente a Justiça do Trabalho para conciliar e julgar os dissídios individuais e coletivos entre trabalhadores e empregadores, e, assim, tais créditos somente são apurados pelas Varas e Tribunais do Trabalho. Uma vez estabelecida a certeza e liquidez do crédito trabalhista, incide a atração universal do Juízo falimentar, devendo o titular desse crédito vir a ele promover sua habilitação, na classe que lhe é própria.

Aplica-se ao credor trabalhista a regra do art. 76, assegurando-lhe o direito de pedir a reserva da importância dos créditos e dos respectivos rateios pela preferência trabalhista até que seja decidida sua reclamação no Juízo especial (art. 6º, § 3º). Seu pedido de reserva será apresentado ao Juízo trabalhista, que, deferindo, encaminhará a determinação ao Juízo da falência ou de recuperação judicial.

O crédito trabalhista submete-se, portanto, a dois procedimentos distintos:

Julgamento da certeza e liquidez do crédito trabalhista: Juízo e Tribunais Trabalhistas.

Julgamento de sua inclusão e classificação: Juízo falimentar.

17.2.6. Execuções fiscais

A partir da reforma introduzida pela LREF-20, adotou-se para as execuções fiscais dupla análise procedimental (*v.* quadro no item 17.2): a constituição se dá por inscrição na dívida ativa realizada pela Administração Pública e a sua inclusão e classificação se faz no juízo falimentar. Quanto à constituição pelo credor fiscal, o art. 3º da Lei n. 6.830, de 22 de setembro de 1980, dispõe que a dívida ativa regularmente inscrita goza de presunção de certeza e liquidez e assim deve ser considerada pelo administrador judicial e o juízo falimentar (art. 7º-A, § 4º, IV), mesmo que ainda não se encontre em execução fiscal. No que tange à inclusão e classificação do crédito, o procedimento a ser observado é o incidente de classificação de crédito público, estudado no item 3.2.8.

Assim, decretada a falência, as execuções fiscais contra o falido ficam suspensas até seu encerramento, somente podendo prosseguir as execuções fiscais contra os corresponsáveis tributários.

Até o advento da LREF-20, a questão das execuções fiscais resumia-se às intricadas posições jurisprudenciais, dificultando o andamento do processo de falência e a própria cobrança da dívida fiscal:

APLICAÇÃO PLENA DO PRINCÍPIO DA UNIVERSALIDADE PLENA DO JUÍZO FALIMENTAR	FORMAÇÃO DE CONCURSO NO JUÍZO DA EXECUÇÃO PELO BEM ALI PENHORADO	RELATIVIDADE DA FORMAÇÃO DO CONCURSO NO JUÍZO DA EXECUÇÃO
A execução fiscal prosseguia até alienação do bem penhorado, mas o produto é remetido ao Juízo falimentar.	A cobrança fiscal prosseguia com a venda dos bens, e os credores preferenciais aos créditos tributários deveriam concorrer no Juízo da execução.	A cobrança fiscal prosseguia no Juízo da execução, que, então, providenciava os pagamentos, obedecendo, entretanto, a ordem de preferência e valores fornecidos pelo Juízo da falência.

17.2.7. Ações que se processam na Justiça Federal por força da competência privativa

As causas em que a União, entidade autárquica ou empresa pública federal forem interessadas na condição de autoras, rés, assistentes ou oponentes são processadas e julgadas pelos juízes federais, conforme norma de caráter processual prevista no art. 109, I, da Constituição Federal. Essa regra é absoluta e não depende da data em que houver sido proposta a ação (antes ou depois do decreto falimentar). Após o julgamento, a classificação e a inclusão no quadro geral de credores serão realizadas no Juízo da falência, tal como ocorre com os créditos trabalhistas.

Nesses casos, prevalece o princípio maior da Carta Magna, que se sobrepõe ao estabelecido pela Lei Falimentar. São exemplos de causas que permanecem: embargos opostos em execução promovida pela Caixa Econômica Federal (Conflito de Competência n. 22.383-RS); ação indenizatória promovida por empresa pública federal contra empresa que veio a ter sua falência decretada (Conflito de Competência n. 1.445-MS) etc.

17.2.8. Ações relativas a imóveis

Constituem exceções à regra da indivisibilidade do Juízo falimentar, também, as ações relativas a imóveis, como, por exemplo, a ação de usucapião, que deve ser julgada no foro da situação do imóvel. Sobrepõe-se o foro determinado pelo art. 4º da Lei n. 6.969/81 ("A ação de usucapião especial será processada e julgada na comarca da situação do imóvel") à regra da Lei Falimentar. A competência determinada pela situação do imóvel é de tal forma absoluta que, mesmo nos casos em que ocorre a presença da União ou de qualquer de seus entes, prevalece o foro previsto na ação de usucapião especial, conforme já ficou consubstanciado na Súmula 11 do Superior Tribunal de Justiça ("A presença da União ou de qualquer de seus entes, na ação de usucapião especial, não afasta a competência do foro da situação do imóvel").

17.2.9. Ações ajuizadas antes da quebra, com citação também anterior

Outra exceção decorreria da interpretação que se fazia ao art. 7º, § 2º, do Decreto-Lei n. 7.661/45 ("O Juízo da falência é indivisível e competente para todas as ações e reclamações sobre bens, interesses e negócios da massa falida, as quais serão processadas na forma determinada nesta Lei"), reproduzido quase integralmente pela Lei n. 11.101/2005. A expressão *massa falida* impunha a conclusão de que a indivisibilidade alcançava apenas as ações movidas após o decreto de falência, porque antes dele não há massa falida.

O Tribunal de Justiça de São Paulo, no Conflito de Competência n. 8.795, relatado pelo Des. Aniceto Aliende (j. 6-10-1988), decidiu que o princípio da indivisibilidade não se aplica às ações em curso antes da decretação da falência, salvo se a citação é posterior ao decreto falimentar.

Nesse sentido, o Superior Tribunal de Justiça igualmente se posicionou ao entender: "Ajuizada a causa antes da decretação da falência, incidente é o art. 24 da lei de regência e não o art. 7º, § 2º, daquele diploma" (STJ, Conflito de Competência n. 1.445-MS, Rel. Min. Sálvio de Figueiredo, j. 8-5-1991).

O art. 76 da Lei n. 11.101/2005, tendo substituído a expressão "massa falida" por "falido" ("O Juízo da falência é indivisível e competente para todas as ações e reclamações sobre bens, interesses e negócios do *falido* (...)"), conduz a outra interpretação por se referir às ações do devedor, ora falido – e não somente as da massa falida. Trata-se de mudança relevante.

Com esta consideração, resulta que as ações anteriormente distribuídas, envolvendo bens, interesses e negócios do *falido*, serão remetidas ao Juízo falimentar para julgamento, salvo aquelas que demandarem quantia ilíquida contra o falido que terão prosseguimento no Juízo ao qual foram anteriormente distribuídas, por força da disposição geral aplicável aos processos de falência e de recuperação (art. 6º, § 1º).

17.3. Prioridade dos atos e diligências judiciais

Estabelece o art. 189-A a prioridade de tramitação dos processos disciplinados na LREF, bem como seus respectivos recursos e todos os processos e procedimentos e execução de atos e diligências judiciais em que figure como parte empresário individual ou sociedade empresária em regime de recuperação judicial ou extrajudicial ou, ainda, de falência.

Assim, salvo o *habeas corpus* e as prioridades estabelecidas em leis especiais, como, por exemplo, os casos mencionados no art. 1.048 do CPC: "I – em que figure como parte ou interessado pessoa com idade igual ou superior a 60 (sessenta) anos ou portadora de doença grave, assim compreendida qualquer das enumeradas no art. 6º, inciso XIV, da Lei n. 7.713, de 22 de dezembro de 1988; II – regulados pela Lei n. 8.069, de 13 de julho de 1990 (Estatuto da Criança e do Adolescente) ; III – em que figure como parte a vítima de violência doméstica e familiar, nos termos da Lei n. 11.340, de 7 de agosto de 2006".

17.4. Resumo da matéria

Neste capítulo ficou demonstrado que o Juízo falimentar é o competente para todas as ações e reclamações sobre bens, interesses e negócios da massa falida. A esse princípio, denominado indivisibilidade do Juízo falimentar, acrescenta-se outro, o da universalidade, que estabelece concorrerem para esse mesmo Juízo os credores do falido. As não poucas exceções a esses dois princípios são encontradas na própria Lei Falimentar, em leis especiais e em decisões jurisprudenciais:

POSIÇÃO DO FALIDO	ESPÉCIE DE AÇÃO	PREVISÃO LEGAL OU JURISPRUDENCIAL	PREVALÊNCIA DO PRINCÍPIO DA INDIVISIBILIDADE	
			SIM	NÃO
Autor ou Litisconsorte Ativo	Ações em que o falido seja autor ou litisconsorte ativo, previstas na Lei Falimentar	LREF, art. 76, *caput*	•	
Autor ou Litisconsorte Ativo	Ações em que o falido seja autor ou litisconsorte ativo, não previstas na Lei Falimentar	LREF, art. 76, *caput*		•

Réu	Ação de despejo	LREF, art. 6º, § 1º, e art. 76, *caput* Construção jurisprudencial dominante	•	 •
Réu	Ações trabalhistas	CF, art. 114 LREF, art. 76, *caput*		•
Réu	Execuções individuais dos credores sociais ou dos credores particulares dos sócios solidários da falida, que envolvam direitos e interesses relativos à massa, nas quais os bens se encontram em praça, com dia definitivo para a arrematação	LREF, arts. 75 e 140	*	
Réu	Execuções fiscais	LREF, art. 7º-A, incidente de classificação de crédito público	•	
Autor ou Réu	As causas em que a União, entidade autárquica ou empresa pública federal forem interessadas na condição de autoras, rés, assistentes ou oponentes	CF, art. 109, I		•
Autor ou Réu	Ações relativas a imóveis (usucapião especial)	Lei n. 6.969/81, art. 4º Construção jurisprudencial		•
Réu	Ações ajuizadas antes da quebra, com citação anterior a ela, que demandem quantia ilíquida	LREF, arts. 6º, § 1º, e 76, *caput*		•
Réu	Ações ajuizadas antes da quebra, com citação anterior a ela, que *não* demandem quantia ilíquida	LREF, arts. 6º, § 1º, e 76, *caput*	•	

* Em termos. O critério é judicial e atenderá aos princípios da celeridade e da economia processual, bem como obedecerá à ordem de preferência estabelecida no art. 140.

Capítulo 18

A SENTENÇA FALIMENTAR

Sumário: 18.1. Natureza da sentença declaratória de quebra. 18.2. Requisitos da sentença de falência. 18.2.1. O relatório da sentença falimentar. 18.2.2. A motivação da sentença. 18.2.3. O dispositivo da sentença. 18.2.3.1. Termo legal da falência. 18.2.3.2. Nomeação do administrador judicial. 18.2.3.3. Prazo para as habilitações de crédito. 18.2.4. Outras determinações na sentença. 18.3. Recursos contra a sentença falimentar. 18.4. Efeitos da sentença denegatória. 18.5. Indenização por dano material. 18.6. Indenização por dano moral.

18.1. Natureza da sentença declaratória de quebra

A chamada sentença declaratória de falência não se comporta como exclusivamente declaratória, tendo, antes, força constitutiva, como ensina Pontes de Miranda (1971, item 3.313, n. 3): "O procedimento desde o pedido de decretação de abertura da falência até a sentença que o defere não é em ação declaratória, nem em ação executiva; é em ação constitutiva. A sentença que se profere, constitui e inicia a execução, com carga que não é a preponderante. Note-se a particularidade: não é o despacho inicial que inicia, como na ação de execução de sentença e na ação executiva de títulos extrajudiciais; é a sentença definitiva. O que precluiu foram o efeito constitutivo e o executivo; não foi o adiantamento da execução, nem a execução após plena *cognitio*. Com a abertura do concurso de credores, civil ou falencial, é que se constitui e se inicia a execução".

18.2. Requisitos da sentença de falência

O Código de Processo Civil de 2015, em seu art. 489, trata dos requisitos essenciais de qualquer sentença, incluindo a falimentar. São eles: a) o relatório, que conterá o nome das partes, a suma do pedido e da contestação, e o registro das principais ocorrências havidas no andamento do processo;

b) os fundamentos, em que o juiz analisará as questões de fato e de direito; e c) o dispositivo, em que o juiz resolverá as questões principais que as partes lhe submeterem.

18.2.1. O relatório da sentença falimentar

O relatório traz o resumo de todo o processo, no qual, necessariamente, devem ser mencionados o nome das partes, a suma do pedido e da resposta do réu, bem como o registro das principais ocorrências havidas. São requisitos essenciais. A Lei Falimentar, por sua vez, exige, além desses, a inclusão, no relatório, de alguns aspectos pessoais relacionados com:

a) a identificação do devedor, seja ele pessoa natural ou jurídica;

b) a identificação dos sócios com responsabilidade ilimitada da pessoa jurídica;

c) a administração: nome dos diretores, gerentes ou liquidantes da sociedade falida.

A inclusão desses elementos exigidos pelo art. 99, I, da Lei Falimentar tem dupla finalidade:

a) a primeira, quando determina a identificação do devedor individual ou da sociedade e de seus sócios solidários, limita o alcance das responsabilidades e, em consequência, ordena a arrecadação de seus bens (art. 81);

b) a segunda objetiva facilitar os inúmeros atos de administração que se seguirão à sentença falimentar, atingindo indistintamente devedor, administradores e sócios: (1) o devedor deve cumprir certas obrigações pessoais após o decreto falimentar, tais como declarar as causas determinantes da falência, trazer os livros em Juízo, comparecer aos atos da falência etc.; (2) aos sócios solidários e aos administradores das sociedades comerciais são atribuídas, também, algumas dessas obrigações administrativas, decorrendo a necessidade de sua menção na sentença falimentar para, oportunamente, virem em Juízo cumprir suas obrigações no auxílio à administração da massa.

Em relação à primeira finalidade, a eficácia dos efeitos patrimoniais falimentares, a menção aos nomes desses devedores (devedor individual, sociedade e sócios solidários) é requisito essencial e, como tal, não deve ser omitida, sob pena de nulidade da sentença.

É possível, como ocorre com alguma frequência, que no momento da sentença o juiz não disponha de todos esses elementos em razão de a ficha do empresário, no sistema de arquivamento da Junta Comercial, não se encontrar atualizada ou não ter sido juntada nos autos. Alterações posteriores à juntada nos autos podem conter importantes mudanças na estrutura social, tais como o nome dos sócios atuais, o endereço do estabelecimento etc. É nula a sentença que se mostra em desacordo com a realidade arquivada no órgão de registro de empresas, pois poderá vir a atingir pessoa inexistente ou que não mais tenha responsabilidade perante credores de sociedade modificada.

Para cumprir a determinação legal, o juiz deve conhecer a estrutura da sociedade, sendo de bom expediente a requisição, antes da prolação da sentença de quebra, dos extratos dos atos levados a registro na Junta Comercial, bem como da cópia do último contrato social ou do estatuto arquivados.

Observa-se que a lei inquina de nula a sentença quando, entre outros elementos, os nomes das partes encontram-se omitidos ou erroneamente grafados. Será nula a sentença porque esses requisitos são essenciais. Partes no procedimento pré-falimentar são o autor e o devedor, e, portanto, em decorrência de erro em relação a esses nomes, imputar-se-á a nulidade, quando ocorrerem as irregularidades mencionadas.

Em relação a outras pessoas enumeradas no art. 99, I (administradores, diretores, gerentes e liquidantes), a finalidade de sua indicação na sentença tem natureza administrativa – de chamá-los para cumprimento do art. 104 da Lei Falitária. Sua omissão ou grafia errônea não implicará nulidade da sentença, porque sanável, uma vez que o comando da sentença falimentar não os atinge, não tendo nenhuma eficácia sobre seus bens patrimoniais. A inclusão ou não dessas pessoas não altera a formação da massa de credores. Essas pessoas podem optar por aproveitar a oportunidade de vir a Juízo e esclarecer, por exemplo, terem deixado a administração da sociedade em época anterior e, ainda assim, trazerem em suas declarações importantes subsídios à administração da massa.

Quando, por qualquer razão jurídica, estiverem interessados na modificação da sentença para excluir seus nomes, os administradores, liquidantes e gerentes ou diretores devem interpor recurso contra a sentença declaratória, correndo o prazo, para tanto, da data em que forem intimados no processo falimentar para algum ato a eles atribuído. Aplicável ainda a Súmula 25 do STJ: "Nas ações da Lei de Falências o prazo para a interposição de recurso conta-se da intimação da parte".

Igualmente, os sócios solidários deverão interpor recurso se tiverem interesse na sua exclusão. Isto ocorre, por exemplo, na hipótese de retirada de sócio com responsabilidade solidária há mais de dois anos ou, em prazo inferior a dois anos, estando, naquela oportunidade, solvidas as obrigações sociais então existentes (art. 81, § 1º). Figurando seu nome na sentença de quebra, terá ele legitimidade para interpor o recurso objetivando a sua exclusão. A modificação da sentença nesse aspecto não é de declaração de nulidade, mas de ineficácia, sanável em grau de recurso, em relação ao sócio que se retirou.

Por outro lado, se o nome de quaisquer pessoas indicadas no art. 99, I, foi omitido na sentença, qualquer interessado poderá interpor recurso para sua inclusão, demonstrando legítimo interesse. Assim, o sócio cossolidário tem interesse em pleitear a inclusão de outro sócio; o diretor está legitimado a pleitear a inclusão de outro que tenha exercido os mesmos poderes.

Após o trânsito em julgado, a inclusão de outros terceiros aos efeitos falimentares, não constantes da sentença falimentar, somente se dará em processo próprio de conhecimento, como ocorre na integralização de ação ou cota com vistas à responsabilidade de sócios de sociedades com responsabilidade limitada ou, ainda, em ações destinadas à apuração da responsabilidade por ato ilícito ou abuso na administração da sociedade (art. 82).

18.2.2. A motivação da sentença

Na segunda parte da sentença, o juiz deve considerar os fundamentos de sua convicção, que, por sua vez, decorrem do material obtido na fase de instrução do processo pré-falimentar. Este é o momento para o julgador examinar as questões prejudiciais, os pressupostos processuais, a matéria relevante etc. A ausência de motivação importa na nulidade da sentença.

18.2.3. O dispositivo da sentença

Finalmente, o juiz concluirá o processo intelectual apresentando sua decisão com dispositivo de comando preciso, que não deixe espaço para obscuridades e incertezas que possam vir a dificultar seu cumprimento, limitando-se ao pedido do autor. Sentenças incertas são inexecutáveis: se não se extrair delas, de forma clara e determinada, a existência de decreto falimentar, não haverá lacração, ou arrecadação, ou mesmo chamamento do devedor para cumprir seus encargos na falência. Sentenças imprecisas não se limitam ao pedido do autor e serão consideradas *ultra* ou *extra petita*. Sentenças incompletas, omissas em relação a alguns pedidos, são *citra petita*.

Entre os requisitos que devem constar do dispositivo da sentença falimentar, a Lei n. 11.101/2005 arrola os seguintes:

a) a fixação do termo legal da falência (art. 99, II);

b) a nomeação do administrador judicial (art. 99, IX);

c) explicitação do prazo para a apresentação das habilitações de crédito (art. 99, IV);

d) a ordenação de outras diligências de interesse da massa, tais como suspensão de todas as ações e execuções, proibição de atos de disposição ou oneração de bens do falido etc.

As três primeiras questões alinhadas (termo legal, nomeação do administrador e fixação do prazo para as habilitações de crédito) serão estudadas mais detidamente.

18.2.3.1. Termo legal da falência

O juiz, na sentença declaratória, deve fixar, se for possível naquele momento, o termo legal da falência, indicando período de seu início até noventa dias anteriores à data do primeiro protesto, da distribuição do pedido de falência ou do pedido de recuperação judicial (art. 99, II).

Anotei (Negrão, 2005b:495) que "o período limite que antecede a primeira ocorrência legal vem se ampliando à medida que se sucedem as leis falimentares. Na Lei n. 2.024, de 1908 (art. 16, *c*), o período não poderia retroagir a mais de quarenta dias; no Decreto-Lei n. 7.661, de 1945 (art. 14, III), ficou limitado a sessenta dias e, na nova lei, foi ampliado para noventa dias. A quarentena histórica foi transformada em 'noventena', fato que causa certa perplexidade por constituir paradoxo à evolução da tecnologia ocorrida nos últimos cem anos. O alongamento do período não se coaduna com a celeridade que nossa época impõe aos negócios empresariais ou, ainda, com a disponibilidade de mecanismos que possibilitam maior agilidade dos credores na proteção de seus direitos e na busca da tutela judicial diante da crise econômico-financeira do devedor".

Sempre entendi que o termo legal da falência insere-se na classificação de período suspeito[3], gênero que inclui outros lapsos temporais coexistentes

[3] A doutrina divide-se em relação ao uso das expressões "termo legal" e "período suspeito". Trajano de Miranda Valverde, em *Comentários à Lei de Falências* (4. ed. atualizada por J.

na legislação falimentar. Há, segundo se entende, três períodos distintos que são assim considerados:

a) o período suspeito *estrito senso* – uso essa terminologia em razão da discussão doutrinária em torno do tema – de dois anos, no qual somente alguns atos praticados são considerados ineficazes em relação à massa. São as hipóteses do art. 129, IV e V, da Lei Falimentar;

b) o termo legal estabelecido na sentença declaratória, que abrangerá todos os atos do falido ocorridos no período nele fixado. Considere-se, por exemplo, uma sentença proferida em 30 de março de 2006. A rigor, seus efeitos somente se aplicariam aos fatos posteriores a ela, como a perda do falido do direito de dispor de seus bens (art. 99, VI). Entretanto, ao fixar como início legal desses efeitos o período de noventa dias anteriores ao primeiro protesto, será a partir desse novo prazo que terão início os efeitos da sentença falimentar. Exemplificando: se o primeiro protesto ocorreu em 27 de dezembro de 2005, considerar-se-á como início dos efeitos da sentença a data de 27 de setembro de 2005. Se o falido desfez-se, no período, de bens não classificados como objeto de sua atividade empresarial, estes são atingidos pelos efeitos da falência e serão arrecadados em poder de eventual comprador;

A. Penalva Santos e Paulo Penalva Santos, Forense, 1999, p. 183), utiliza-se de ambas as expressões indistintamente ao comentar: "O *termo legal*, assinalemos por fim, não é um efeito especial da sentença declaratória da falência. Ela não retroage à data da fixação do termo, como se costuma dizer, porquanto, na verdade, a instituição do *período suspeito* não tem outro objetivo senão facilitar a revogação de atos prejudiciais aos interesses dos credores, presumidamente fraudulentos, independente da prova de má-fé" (grifos nossos). J. C. Sampaio de Lacerda (*Manual de Direito Falimentar*, 14. ed., atualizada por Jorge de Miranda Magalhães, Freitas Bastos, 1999, p. 92-93) discorda desse uso, citando Castro Rebelo: "A diferença é nítida e bem esclarecida por Castro Rebelo, afirmando que o *termo legal*, no sentido em que a lei emprega essa expressão, é o que vai da sentença declaratória até o momento em que, primeiro, se tenha objetivado qualquer dos característicos do estado de falência. Os atos do devedor são especialmente apreciados em relação a ela, não pela distância que os separa da sentença declaratória, mas pela influência que, é de supor-se, deve exercer em sua conclusão um estado patrimonial, de que se consideram indícios fatos diversos, que a lei especifica. Ambos – período suspeito e termo legal – coexistem simultaneamente e é o que se verifica na prática, afirma Jayme Leonel, concordando, aliás, com a diferenciação de Castro Rebelo, mas acentuando que também podem ser incluídos no período suspeito os atos mencionados no art. 53, isto é, atos praticados com a intenção de prejudicar credores, provando-se a fraude do devedor e do terceiro com que ele contratar, porque tais atos podem ter sido praticados fora do termo legal e nem por isso evitam sua revogação".

c) o período de quinze dias antes da falência, em relação à entrega de mercadorias vendidas a prazo (art. 85, parágrafo único).

Da correta fixação do termo legal resultará a ineficácia de atos praticados pelo devedor, previstos no art. 129, I, II e III: (1) o pagamento de dívidas não vencidas realizado pelo devedor dentro do termo legal, por qualquer meio extintivo do direito de crédito, ainda que pelo desconto do próprio título; (2) o pagamento de dívidas vencidas e exigíveis realizado dentro do termo legal, por qualquer forma que não seja a prevista pelo contrato; (3) a constituição de direito real de garantia, inclusive a retenção, dentro do termo legal, tratando-se de dívida contraída anteriormente; se os bens dados em hipoteca forem objeto de outras posteriores, a massa falida receberá a parte que devia caber ao credor da hipoteca revogada.

Em todos os casos, a lei pressupõe a existência de atos que afetam o interesse dos credores, entendendo que o estado falimentar não ocorre no momento em que o juiz decreta a falência, mas gradativamente em época anterior a essa decretação.

A lei anterior possibilitava que o magistrado deixasse de fixar o termo legal na sentença declaratória quando não fosse possível em razão de faltarem elementos nos autos. A ocorrência mais comum se dava nas hipóteses do art. 2º do Decreto-Lei n. 7.661/45, nas quais o requerente alegava fatos que podiam não indicar a data da caracterização do estado falimentar.

Esta situação persiste. Os fatos anteriormente arrolados no art. 2º da lei anterior foram reproduzidos em grande parte (à exceção do inciso III) no art. 94, III, da Lei n. 11.101/2005. Contudo, o magistrado não dispõe da mesma solução da lei anterior e deve fixar o termo legal valendo-se dos parâmetros mencionados.

Qualquer interessado, ou, ainda, o membro do Ministério Público, pode, ao tomar ciência da sentença falimentar, requerer a busca de certidão de protesto aos cartórios existentes no local do principal estabelecimento do falido, que, necessariamente, indicará a ocorrência mais antiga. Ao obtê-la, poderá recorrer visando modificar, neste ponto, a sentença proferida.

A lei exclui expressamente a utilização, para este fim, dos protestos cancelados (art. 99, II). A jurisprudência, contudo, admite restrição mais ampla e entende igualmente imprestáveis os protestos irregulares, como, por exemplo, o realizado em duplicidade ou em relação a título já pago no vencimento, que não servirão de fundamento para estabelecer o termo legal.

Esse é o teor do acórdão contido no REsp n. 226.382-SP, de lavra do Ministro Cesar Asfor Rocha, j. 13-6-2000: “Ora, o objetivo da regra contida no dispositivo tido por violado não é outro senão o de determinar o momento em que verdadeiramente foi instalada a inadimplência da empresa, a partir de quando ficou ela sem condições de honrar seus compromissos. No caso, ela sequer tornou-se inadimplente; o protesto foi irregular, mais que isso, foi nulo, porquanto referente a um título devidamente pago no seu vencimento, conforme configuração dos fatos esboçada soberanamente pela v. decisão recorrida. Sendo assim, ele não é marco inicial para que se possa contar regressivamente, a partir dele, o período de sessenta dias para se estabelecer – e, no caso, alterar – o termo legal de quebra".

Observe-se que o termo legal pode ter como parâmetro outros fatos, além da data verificada na certidão de protesto, como bem indica a lei: o requerimento inicial da falência, no caso de autofalência ou de pedido com base nos atos falenciais indicados no art. 94, III, ou na distribuição do pedido anterior de recuperação judicial.

O legislador acertadamente não contemplou o pedido de homologação de recuperação extrajudicial entre os limites em que incide o prazo legal. A quebra, na hipótese de recuperação extrajudicial, não decorre da não homologação do plano e, tampouco, do descumprimento dos seus termos. Os credores, em ambas as situações – não homologação, desde que detentores de título executivo, ou descumprimento –, dispõem de título passível de execução e de protesto e, cumpridas as formalidades do art. 94, poderão requerer a falência do devedor. Remete, pois, o legislador, na hipótese de recuperação extrajudicial, aos trâmites exigidos para o pedido de falência.

Resumidamente:

a) se o pedido foi formulado com base na impontualidade, o termo legal será fixado em até noventa dias anteriores à data mencionada na certidão de protesto juntada;

b) se for pedido de autofalência, o termo retroagirá em até noventa dias do pedido;

c) se houve pedido de recuperação judicial anterior, convolada em falência, o termo legal será fixado em até noventa dias anteriores à data do pedido inicial.

Em todas essas situações o magistrado considerará a data mais antiga, valendo-se da certidão que se encontrar nos autos. Assim, se a data do pedido de recuperação judicial ou do pedido de autofalência é posterior ao de certidão de protesto juntada nos autos o juiz da falência considerará esta última.

18.2.3.2. Nomeação do administrador judicial

O juiz, na sentença declaratória, deve designar uma pessoa – física ou jurídica – para administrar os bens da massa falida e manifestar-se no interesse da massa de credores. A nomeação deve recair sobre profissional idôneo, preferencialmente advogado, economista, administrador de empresas ou contador, ou pessoa jurídica especializada.

Neste último caso, a nomeada designará o profissional responsável pela condução do processo de falência, não podendo ser substituído sem autorização do juiz.

Os aspectos comuns da figura do administrador judicial foram estudados no Capítulo 4, restando indicar as funções e os prazos que o administrador deve obedecer no curso do processo falimentar:

FUNÇÕES	FUNDAMENTO	PRAZO E/OU FINALIDADE
Administrar a empresa falida, na continuação provisória	Art. 99, XI	
Alugar ou celebrar outro contrato referente aos bens da massa, com o objetivo de produzir renda para a massa falida	Art. 114	
Apresentar conta demonstrativa da administração	Arts. 22, III, *p*, e 148	10º dia do mês seguinte ao vencido
Apresentar relatório final da falência	Art. 155	10 dias do julgamento das contas
Apresentar relatório sobre as causas e circunstâncias que conduziram à situação de falência	Art. 22, III, *e*	40 dias da data da assinatura do compromisso. Prorrogável por igual período
Apresentar relatório das manifestações recebidas sobre a alienação de bens do devedor	Art. 66, § 1º, II	48 horas posteriores ao prazo previsto no inciso I do § 1º do art. 66
Arrecadar os bens e documentos do devedor e elaborar o auto de arrecadação	Arts. 22, III, *f*, e 108	Ato contínuo à assinatura do termo de compromisso
Arrecadar os valores dos depósitos realizados em processos administrativos ou judiciais	Art. 22, III, *s*	
Assinar o auto de arrecadação	Art. 109	No ato
Assinar o termo de compromisso	Art. 33	48 horas
Atuar em outros países como representante do processo de falência brasileiro, independentemente de decisão judicial	Art. 167-E	No caso de omissão, deverá ser substituído por terceiro nomeado pelo juiz (art. 167-E, § 1º)
Avaliar os bens arrecadados	Arts. 22, III, *g*, e 110	No ato da arrecadação. Prazo máximo de 30 dias de seu requerimento explicando as razões pelas quais não a realizou no ato de arrecadação

Avisar, pelo órgão oficial, o lugar e a hora em que os credores terão à disposição os livros e documentos do falido	Art. 22, III, *a*	Antes de findo o prazo de 15 dias para as habilitações e a tempo para as consultas dos credores
Cooperar, sob a supervisão do juiz, com a autoridade estrangeira ou com os representantes estrangeiros na persecução dos objetivos estabelecidos no art. 167-A	Art. 167-P, § 2º	
Consolidar o quadro geral de credores	Arts. 18 e 22, I, *f*	5 dias após a publicação da sentença que julgar as impugnações de crédito
Contratar avaliadores	Art. 22, III, *h*	Quando necessário, mediante autorização judicial
Contratar profissionais ou empresas especializadas para auxiliá-lo	Art. 22, I, *h*	Quando necessário, mediante autorização judicial
Cumprir ou denunciar os contratos	Arts. 117 e 118	Ao tomar conhecimento ou até 10 dias depois de notificado pelo contratante
Dar extratos dos livros do devedor	Art. 22, I, *c*	Antes de findo o prazo de 15 dias para as habilitações
Declarar se cumpre ou não os contratos bilaterais	Art. 117, § 1º	10 dias após a interpelação do contratante
Designar dia, hora e local para receber os livros obrigatórios e tomar as declarações do devedor falido, bem como receber a relação dos credores, em arquivo eletrônico	Art. 104, I, II e XI	Até 15 dias após o decreto falimentar
Diligenciar a cobrança de dívidas e dar quitação	Art. 22, III, *l*	
Elaborar a relação de credores	Arts. 7º, § 2º, e 22, I, *e*	45 dias após findo o prazo para as habilitações tempestivas
Entregar ao seu substituto todos os bens e documentos da massa	Art. 22, III, *q*	
Enviar correspondência aos credores	Art. 22, I, *a*	
Estimular, sempre que possível, a conciliação, a mediação e outros métodos alternativos de solução de conflitos	Art. 22, I, *j*	
Examinar a escrituração do devedor	Art. 22, III, *b*	
Exercer as funções do Comitê de Credores, se este não for constituído e aquelas não forem incompatíveis	Art. 28	
Exibir as certidões de registro dos imóveis	Art. 110, § 4º	15 dias após a arrecadação
Exigir dos credores, do devedor ou de seus administradores quaisquer informações	Art. 22, I, *d*	A qualquer tempo
Fornecer todas as informações pedidas pelos credores interessados	Art. 22, I, *b*	Com presteza
Guardar os bens arrecadados	Art. 108, § 1º	

Informar o juiz da inexistência de bens a arrecadar ou da insuficiência de bens arrecadados	Art. 114-A	Imediatamente
Manifestar-se no incidente de classificação de crédito público	Art. 7º-A, § 3º, I	15 dias do encerramento do prazo previsto no art. 7º-A
Manifestar-se nos pedidos de restituição	Art. 87	5 dias da intimação
Manifestar-se sobre a necessidade de manutenção das reservas e manutenção dos créditos públicos	Art. 7º-A, 3º, V	10 dias, no prazo comum, após a intimação
Manifestar-se sobre a extinção das obrigações do falido	Art. 159, § 1º	5 dias da publicação pela secretaria do juízo sobre a interposição do requerimento do devedor, em prazo comum com credores e Ministério Público
Manifestar-se sobre a forma de alienação do ativo	Art. 142, § 3º-B, III	
Manifestar-se sobre impugnação das suas contas ou parecer contrário do Ministério Público	Art. 154, § 3º	
Manifestar-se sobre o termo de adesão dos credores ao plano recuperatório	Art. 56-A, § 2º	5 dias após a oposição e da manifestação de devedor
Manter endereço eletrônico na rede mundial de computadores, com informações atualizadas sobre os processos de falência e de recuperação judicial, com a opção de consulta às peças principais do processo e endereço eletrônico específico, salvo decisão judicial em sentido contrário	Art. 22, I, *k*	
Manter endereço eletrônico específico na rede mundial de computadores, para recebimento dos pedidos de habilitação ou a apresentação de divergências em âmbitos administrativos, com modelos que poderão ser utilizados pelos credores, salvo decisão judicial em sentido contrário	Art. 22, I, *l*	
Praticar os atos conservatórios de direitos e ações	Art. 22, III, *l*	
Praticar os atos necessários à realização do ativo e ao pagamento dos credores	Art. 22, III, *i*	
Presidir a assembleia geral	Art. 37	
Prestar contas e apresentar relatórios omitidos no tempo certo	Art. 23	Na omissão, 5 dias depois de intimado, sob pena de desobediência
Prestar contas	Arts. 22, III, *r*, e 154	No final do processo, 30 dias depois de concluída a realização do ativo e distribuído o produto entre os credores
Prestar contas	Arts. 22, III, *r*, e 31, § 2º	10 dias depois de sua substituição, destituído ou renunciar ao cargo

Proceder à venda de todos os bens da massa falida	Art. 22, III, *j*	No prazo máximo de 180 dias, contado da juntada do auto de arrecadação, sob pena de destituição
Promover a venda dos bens arrecadados na hipótese de insuficiência de bens	Art. 114-A, § 2º	30 dias para bens móveis e 60 dias para bens imóveis
Propor diretamente medidas de assistência aos processos estrangeiros	Art. 167-A	
Propor, sem exclusividade, ação revocatória	Art. 132	Até 3 anos contados da decretação da falência
Providenciar resposta aos ofícios e às solicitações enviadas por outros juízos e órgãos públicos, sem necessidade de prévia deliberação do juízo	Art. 22, I, *m*	15 dias do recebimento
Realizar atos pendentes em inventário do espólio falido, em relação a direitos e obrigações da massa falida	Art. 125	
Realizar despesas, inclusive pagamentos antecipados	Art. 150	
Receber a relação de associados sindicalizados que serão representados pelo sindicato na assembleia geral	Art. 37, § 6º, I	10 dias antes da assembleia
Receber e abrir a correspondência dirigida ao devedor	Art. 22, III, *d*	
Receber para arrecadação, todos os bens, papéis, documentos e senhas de acesso a sistemas contábeis, financeiros e bancários do devedor falido	Art. 104, V	
Relacionar os processos e assumir a representação judicial e extrajudicial, incluídos os processos arbitrais, da massa falida	Arts. 22, III, *c*, e 76, § 1º	
Remir, em benefício da massa e mediante autorização judicial, bens apenhados, penhorados ou legalmente retidos	Art. 22, III, *m*	
Representar a massa em Juízo, contratando, se necessário, advogado	Art. 22, III, *n*	
Requerer a concessão de prazo para apresentar o laudo de avaliação, quando necessário	Art. 110, § 1º	30 dias para a apresentação do laudo
Requerer a convocação da assembleia geral de credores	Art. 22, I, *g*	Quando entender necessária sua ouvida para tomada de decisões
	Arts. 22, I, *g*, e 35, II, *b*	Para constituir o Comitê de Credores
	Arts. 22, I, *g*, 35, II, *c*, e 145	Para a adoção de outras modalidades de realização do ativo
Requerer a manifestação do Comitê de Credores	Art. 22, III, *n*	Para fixar honorários de advogados contratados pela massa

Requerer a venda antecipada de bens	Arts. 22, III, *j*, e 113	Quando houver bens perecíveis, deterioráveis ou sujeitos a considerável desvalorização ou de conservação arriscada ou dispendiosa, mediante autorização judicial, ouvidos o Comitê e o falido, em 48 horas
Requerer todas as medidas e diligências que forem necessárias para o cumprimento da lei, a proteção da massa ou a eficiência da administração	Art. 22, III, *o*	
Restituir coisa móvel comprada com reserva de domínio, se resolver não continuar a execução do contrato	Art. 119, IV	
Revogar ou confirmar representação judicial conferida em mandato outorgado pelo falido	Art. 120	Ao tomar conhecimento e não ser do de interesse da massa
Transigir sobre obrigações e direitos da massa falida	Art. 22, § 3º	Somente após ouvir o Comitê de Credores e com autorização legal

18.2.3.3. Prazo para as habilitações de crédito

Na legislação anterior o juiz, ao sentenciar, devia estabelecer o período entre dez e vinte dias para as declarações de crédito (LF45, arts. 14, V, e 80), que eram apresentadas em cartório (LF45, art. 82). Na redação atual, o legislador preferiu utilizar a forma futura do verbo "explicitar" à expressão anterior (marcará), retirando do magistrado o poder de delimitar o intervalo temporal dentro da margem legal.

O magistrado apenas torna explícito o prazo, evitando ambiguidades. Se assim é, sua função não é apenas reproduzir o que a lei preceitua no art. 7º, § 2º, ao limitar peremptoriamente o prazo para as habilitações em quinze dias. Deve indicar claramente o nome do administrador judicial a quem os credores deverão dirigir suas habilitações e divergências, o horário de atendimento e o endereço onde encontrá-lo.

A mudança operada pela lei pode suscitar algumas dificuldades, porque o edital contendo a íntegra da sentença de falência precede à intimação do administrador judicial e à assinatura do termo de seu compromisso, ocasião em que, em geral, se dá conhecimento daquelas informações nos autos falimentares. Outra dificuldade é o controle da data de apresentação do pedido (protocolização) ao administrador judicial.

Preferível, pois, que o magistrado, ao explicitar o prazo de quinze dias, determine que as habilitações ou divergências dirigidas ao administrador judicial sejam apresentadas em cartório, durante o expediente forense.

18.2.4. Outras determinações na sentença

Além dos elementos acima estudados, o legislador relacionou, em extensa lista, outras determinações – verdadeiros atos de comunicação ao falido, credores e interessados – que devem ser indicadas na sentença que decreta a falência, aqui resumidas:

• Art. 99, III – DETERMINAÇÃO PARA QUE O FALIDO APRESENTE, NO PRAZO MÁXIMO DE CINCO DIAS, RELAÇÃO NOMINAL DOS CREDORES. Esta listagem, contendo endereço, importância, natureza e classificação dos respectivos créditos, servirá para dar celeridade ao processo de verificação de crédito e somente é indispensável se já não se encontrar nos autos, o que ocorre na hipótese de decretação de falência incidental à concordata ou à recuperação judicial. A pena para a não apresentação, sem justificativa idônea, no prazo fixado, é de desobediência, cuja apuração se inicia com a ciência ao Ministério Público, determinando o magistrado, ao cartório, a remessa dos autos ao seu gabinete (art. 187, § 2º). Caberá ao órgão ministerial decidir se oferece denúncia desde logo ou se requisita inquérito policial para apuração dos fatos.

• Art. 99, V – SUSPENSÃO DE TODAS AS AÇÕES OU EXECUÇÕES CONTRA O FALIDO. Trata-se de um dos efeitos da sentença de falência que, para amplo conhecimento dos credores e interessados, deve tornar-se público com o decreto falimentar. Somente não se suspendem as previstas nos §§ 1º e 2º do art. 6º da Lei Falimentar, quais sejam, as que demandarem quantia ilíquida, ações de conhecimento decorrente das relações de trabalho, execuções fiscais e outras que não se sujeitam ao princípio da indivisibilidade (veja quadro em 17.4).

• Art. 99, VI – PROIBIÇÃO DA PRÁTICA DE QUALQUER ATO DE DISPOSIÇÃO OU ONERAÇÃO DE BENS DO FALIDO. A alienação, oneração ou disposição do bem por qualquer modo deve submeter-se, preliminarmente, à autorização judicial e do Comitê, nos casos em que este estiver constituído. A regra ressalva os bens cuja venda faça parte das atividades normais do devedor se autorizada a continuação provisória dos negócios.

• Art. 99, VII – DETERMINAÇÃO DE DILIGÊNCIAS NECESSÁRIAS PARA SALVAGUARDAR OS INTERESSES DAS PARTES ENVOLVIDAS. A Lei Falimentar autoriza ao magistrado ordenar a prisão preventiva do falido ou de seus administradores, quando requerida, com fundamento em provas da prática de crime por ela definido.

Por se tratar de crimes de ação pública, o juiz deve, antes de sua decisão, ouvir o Ministério Público, devendo-se observar o momento em que ocorreu a provocação judicial: a) se o requerimento nesse sentido foi feito por credor requerente da falência ou pessoa interveniente no curso da instrução, no procedimento pré-falimentar, a manifestação do *dominus litis* deve preceder, necessariamente, à sentença de quebra; b) se o requerimento nesse sentido ocorrer após a decretação da falência, o magistrado ouvirá o representante do *Parquet* e, em seguida, decidirá.

Outras medidas de salvaguarda referem-se à conservação de bens ou manutenção de contratos de interesse da massa, em respeito aos princípios da celeridade, economia processual (art. 75, § 1º) e, ainda, atendendo "à unidade, à universalidade do concurso e à igualdade de tratamento dos credores" (art. 126).

• Art. 99, VIII – ANOTAÇÃO DA FALÊNCIA NO REGISTRO DO DEVEDOR. Com a sentença de quebra o juiz ordenará ao Registro Público de Empresas que proceda à anotação da falência no registro do devedor, para que conste a expressão "Falido", a data da decretação da falência e a inabilitação de que trata o art. 102. A partir de então o devedor falido e os sócios com responsabilidade ilimitada da sociedade falida ficam inabilitados para exercer qualquer atividade empresarial, significando que o órgão de registro de empresa – Junta Comercial – não poderá arquivar documentos de constituição ou alteração de empresas em que figure como titular ou administrador pessoa atingida pelo ato de quebra. Igualmente, será ordenado à Secretaria Especial da Receita Feral do Brasil que também proceda assim.

• Art. 99, X – EXPEDIÇÃO DE OFÍCIOS AOS ÓRGÃOS E REPARTIÇÕES PÚBLICAS E OUTRAS ENTIDADES. O objetivo é obter informações sobre a existência de bens e direitos do falido, podendo, para tanto, requisitar os elementos que constarem nos cadastros de instituições financeiras, cartórios de imóveis, departamentos de trânsito, delegacias da Receita Federal, sociedades por ações, bolsas de valores etc.

• Art. 99, XI – PRONUNCIAMENTO ACERCA DA CONTINUAÇÃO PROVISÓRIA DAS ATIVIDADES DO FALIDO COM O ADMINISTRADOR. No interesse da massa e porque a falência, "ao promover o afastamento do devedor de suas atividades, visa a preservar e a otimizar a utilização produtiva dos bens, dos ativos e dos recursos produtivos, inclusive os intangíveis, da empresa" (art. 75, *caput* e inciso I), o juiz pode autorizar a continuação provisória do negócio do falido, na própria sentença de quebra. É raro o uso dessa faculdade nos casos de falência incidental à recuperação judicial e nos pedidos de falência iniciados na forma dos arts. 94 e 105. Contudo, não há vedação a que o magistrado, antevendo a necessidade de prosseguimento das atividades empresariais ou a consolidação de certos negócios, permita ao administrador judicial que prossiga com os atos necessários à sobrevida da empresa.

À decisão judicial pode, ainda, seguir-se a deliberação da assembleia geral (art. 35, II, *d*), havendo provocação ou não do Comitê de Credores (art. 27, I, *e*) ou do administrador judicial (art. 22, III, *o*).

Uma vez determinada a continuação provisória, o administrador judicial fica autorizado a realizar pagamentos que forem indispensáveis a sua consecução, com recursos disponíveis em caixa (art. 150).

Por todas essas razões, com a sentença de quebra, o magistrado deve pronunciar-se a respeito da continuação provisória das atividades do falido com o administrador judicial ou da lacração dos estabelecimentos empresariais.

• Art. 99, XII – CONVOCAÇÃO DA ASSEMBLEIA GERAL DE CREDORES PARA CONSTITUIÇÃO DE COMITÊ DE CREDORES. A lei faculta a iniciativa de convocação ao magistrado, no ato de decretação da falência, oportunidade em que pode, ainda, autorizar a manutenção de Comitê eventualmente em funcionamento na recuperação judicial quando da decretação da falência. A decisão do juiz dependerá da presença de elementos nos autos que, a seu critério e fundamentadamente, ensejam a constituição do Comitê: (a) na apreciação de requerimento nesse sentido, por parte de credores, na fase processual que antecedeu a sentença de quebra; (b) na antevisão da complexidade dos atos que seguirão com a verificação de créditos e arrecadação de bens, bem como o prenúncio da existência de um grande número de credores, distribuídos em distintas classes.

• Art. 99, XIII – INTIMAÇÃO DO MINISTÉRIO PÚBLICO E A COMUNICAÇÃO POR CARTA ÀS FAZENDAS PÚBLICAS. A expedição de intimação eletrônica à Fazenda Federal e às de todos os Estados, Distrito Federal e Municípios em que o devedor tiver estabelecimento, para que tomem conhecimento da falência, é de rigor, sobretudo diante da nova redação que a Lei Complementar n. 118, de 9 de fevereiro de 2005, deu ao Código Tributário Nacional. Aos representantes legais das Fazendas impõe-se, entre outros, o dever de fiscalizar o cumprimento do que dispõe o art. 133, § 3º, daquela legislação, isto é, o respeito ao prazo e às preferências ali previstas, bem como indicar, com precisão e a tempo, os créditos tributários para efeito da classificação no incidente de classificação do crédito público, no quadro-geral de credores, distinguindo os créditos prioritários (art. 83, III) dos créditos subquirografários (art. 83, VII).

A intimação do Ministério Público deverá ser feita por via eletrônica, devendo ser-lhe remetidos os papéis, documentos e livros que estiverem em cartório para que possa, entre outras análises, verificar a ocorrência de crime falimentar, promovendo, se for o caso, a ação penal ou a requisição de abertura de inquérito policial (art. 187).

18.3. Recursos contra a sentença falimentar

O sistema recursal previsto na Lei n. 11.101/2005 é bastante simples e compreende agravo de instrumento contra a sentença que decreta a falência e recurso de apelação contra a sentença denegatória (art. 100).

O agravo contra a sentença que decreta a falência é sempre de instrumento, devendo, necessariamente, ser formado por peças indicadas pelas partes, extraídas do processo.

O agravo pode ser promovido por credor, devedor, Ministério Público ou terceiro prejudicado, no prazo do Código de Processo Civil, sendo possível referir-se a todos ou a alguns pontos da sentença, como a fixação do termo legal de quebra.

O relator poderá, a pedido do falido, conceder efeito ativo ao recurso interposto, para impedir, por exemplo, o comparecimento do falido em Juízo para o fim de assinar o termo de comparecimento (art. 104, I), a remoção (art. 112) ou a venda de seus bens até decisão do Tribunal ou, ainda, para permitir sua ausência do local onde se processa a falência (art. 104, III). Outro exemplo: se o pedido é promovido por terceiro que adquiriu bens no período suspeito e se pretende, no agravo de instrumento, a modificação do termo legal da falência, o relator poderá, motivadamente, suspender a arrecadação e remoção do bem alienado, em poder desse terceiro.

É de observar que a favor do falido, se demonstrada a impossibilidade de arcar com os encargos processuais, deve-se conceder o benefício da justiça gratuita em relação às custas do recurso que não pode ser julgado deserto por falta de pagamento de preparo. É que, embora ainda não transitada em julgado a sentença de quebra, na pendência de recurso do devedor interposto em seu próprio interesse – e não no interesse da massa –, não se concede efeito suspensivo, prosseguindo-se todos os atos falenciais, inclusive a arrecadação de bens, com seu desapossamento das mãos do falido.

Sendo esta a realidade, obrigá-lo ao preparo quando já não mais dispõe de seus bens e, tampouco, possui meios de gerar recursos, seria impor obstáculo intransponível a seu exercício de defesa. Nesse sentido:

"Agravo interno no agravo em recurso especial. Gratuidade da justiça. Pessoa jurídica em regime de liquidação extrajudicial. Hipossuficiência não comprovada. Impossibilidade de rever o entendimento adotado pelo Tribunal de origem. Súmula 7/STJ. 1. O direito à gratuidade da justiça da pessoa jurídica em regime de liquidação extrajudicial ou de falência depende de demonstração de sua impossibilidade de arcar com os encargos processuais, o que não ficou afigurado na espécie, não sendo possível rever o entendimento adotado pelo Tribunal de origem, em virtude da Súmula 7/STJ. Precedentes. 2. Agravo interno desprovido (AgInt no AREsp n. 1.021.128/MS, Rel. Min. Paulo de Tarso Sanseverino, Terceira Turma, j. 17-8-2017, *DJe* 3-8-2017)".

Se a sentença é denegatória da falência, o recurso é de apelação e legitimados estão o devedor, os credores e o Ministério Público. Observe-se que o devedor pode ter interesse na decretação da falência – na hipótese de pedido de autofalência – ou, nos processos em que foi requerido, pretender a fixação, complementação ou levantamento do valor da indenização de que trata o art. 101.

Vislumbra-se, ainda, com a sentença denegatória da falência, o deferimento do pedido incidental de recuperação judicial, podendo o recurso limitar-se aos termos dessa autorização.

Os prazos recursais contam-se da intimação da parte recorrente (STJ, Súmula 25).

18.4. Efeitos da sentença denegatória

Antes de passar ao extenso assunto dos efeitos da sentença declaratória de falência, deve-se resumidamente tratar dos poucos efeitos da sentença denegatória de falência, que são basicamente dois: a) não impede novo pedido falimentar por outra *causa petendi*; b) pode condenar o autor ao pagamento de perdas e danos, nos termos do art. 101. Se não o fizer, nada obsta o exercício de ação própria por parte do interessado.

18.5. Indenização por dano material

A LREF (art. 101) impõe a condenação ao pagamento de indenização daquele que, dolosamente, propor a falência de outrem. A indenização somente é cabível quando comprovado dolo do requerente de pedido falimentar. O magistrado deve, ao fundamentar sua decisão, indicar os atos caracterizadores da conduta dolosa que afastem a presunção de boa-fé ou de erro escusável.

Manoel Justino Bezerra Filho (2017:305), ao examinar o § 2º do art. 101, constata, com certa perplexidade, que o legislador teria facultado ao terceiro prejudicado, em ação própria, buscar indenização com fundamento mais amplo – por culpa ou dolo.

Não vemos, na redação dada pela nova lei, a possibilidade desta interpretação. Isso ocorria na lei anterior, que, no parágrafo único ao art. 20, conduzia ao tratamento discriminatório ao requerido ("Por ação própria, pode o prejudicado reclamar a indenização, no caso de culpa ou abuso do requerente da falência denegada").

A indenização pelos danos emergentes se dá, de ofício, na sentença falimentar, constatada a existência de dolo por parte do autor do pedido. Se não concedida, cabe ao requerido interpor recurso de apelação para esta finalidade. A sentença ou o acórdão não fixam o valor da indenização que remete para momento posterior – liquidação de sentença – a fixação do *quantum debeatur*.

Entendimento este compartilhado por Sacramone (2018:384):

"A conduta dolosa do requerente exigirá, na própria sentença denegatória, a condenação deste ao ressarcimento das perdas e danos sofridas ou a serem geradas ao empresário devedor, o que poderá ser apurado, se não demonstradas nos autos, por meio da liquidação de sentença."

Se, entretanto, inexistirem nos autos falenciais elementos suficientes a caracterizar dolo ou culpa do autor do pedido, cabe ainda, a qualquer interessado atingido direta ou indiretamente pela conduta do autor do pedido de falência, ingressar com ação própria visando obter a indenização devida.

No atual estágio da execução de título judicial, a liquidação da indenização reconhecida na sentença denegatória de falência faz-se pelo procedimento comum, nos termos do art. 509, II, do Código de Processo Civil de 2015. Cabe ao recorrido demonstrar de forma inequívoca as perdas havidas e a efetividade do dano material.

No sistema da lei revogada, a jurisprudência assentou que o fato de o credor, um banco, não ter apresentado o título de seu crédito, mas, tão somente, a escritura pública de emissão de debêntures por parte da devedora, uma sociedade por ações, seria causa suficiente à configuração da indenização. Na ausência de documento hábil para prova da impontualidade da devedora ou de qualquer um dos fatos descritos no art. 2º da Lei Falimentar anterior, o processo foi extinto, sem julgamento do mérito, condenando-se o autor "a indenizar ao contestante em perdas e danos, cujo *quantum* deverá ser apurado em liquidação de sentença". No tópico específico, a sentença assim argumentou: "Ora, *in casu*, o demandante requereu a falência da demandada sem instruir a inicial com o respectivo título de crédito e sem prova da impontualidade da eventual devedora, ou seja, sem a certidão do respectivo protesto. Assim, manifesto fora o seu dolo em prejudicar não só a requerida, como, principalmente, o contestante, pois, como se sabe, o dolo é sempre intencional e não se pode conceber que o requerente ou seus procuradores desconhecessem normas explícitas da Lei Falimentar e que lhes impunham a obrigação de atendê-las" (STJ, REsp n. 214.295-BA, Rel. Min. Sálvio de Figueiredo Teixeira, j. 23-5-2000).

A decisão é de grande interesse porque o contestante mencionado na sentença de primeiro grau não era a sociedade requerida, mas seu acionista, que, ao utilizar a faculdade prevista no art. 11, § 4º (da LF45), apresentou oposição ao pedido, arguindo seu interesse na qualidade de acionista, conforme se lê no julgado: "I – Tendo as instâncias ordinárias reconhecido a existência de prejuízo pessoal do acionista da empresa, decorrente de dolo do banco requerente da falência, injustificável no caso, em rigor, a exigência da ação própria prevista no art. 20, parágrafo único, da Lei de Quebras para a caracterização das perdas e danos já reconhecidas pelo Judiciário. II – Aferição das perdas e danos do prejuízo pessoal do acionista em liquidação por artigos". A nova Lei Falimentar prevê, de forma expressa, a possibilidade de terceiro prejudicado reclamar indenização dos requerentes que proponham com dolo ação falimentar, devendo, contudo, fazê-lo em ação própria.

Em relação ao *quantum* devido, o acórdão proferido em segunda instância e o voto do Ministro Cesar Asfor Rocha entenderam que o requerente da falência somente seria obrigado a pagar qualquer quantia se, na fase de liquidação de sentença, o contestante demonstrasse a "extensão dos prejuízos que direta e pessoalmente sofreu em face do pedido falimentar".

O art. 101 refere-se a dano patrimonial, exigindo do requerido a demonstração da repercussão sobre contratos e exercício da atividade empresarial etc.

18.6. Indenização por dano moral

De outra natureza é a indenização por dano moral. Se o pedido falimentar atingiu a proteção à honra (bom nome empresarial, fama, prestígio, reputação, estima, decoro, consideração, respeito, imagem) haverá dano moral, lembrando que em geral acarreta a inclusão do nome do empresário em cadastros de proteção ao crédito, restringindo ou, mesmo, impossibilitando a atividade negocial.

Neste caso, o requerido pode suscitar, antes da prolação da sentença, a fixação desses danos ou valer-se de ação própria para este fim, vez que é possível sobrepor-se as indenizações, conforme entendimento sumular: "São cumuláveis as indenizações por dano material e dano moral oriundos do mesmo fato" (STJ, Súmula 37).

Note-se que a indenização pelos danos materiais decorre do disposto no art. 101 e pode ser declarada de ofício, mas a por dano moral somente será apreciada se houver expressa manifestação do requerido. A fixação do *quantum* da primeira será objeto de liquidação por artigos, o que não ocorre com a segunda, que, necessariamente, deverá ser fixada na sentença. Outra distinção: a indenização prevista no art. 101 é imposta na sentença de improcedência que reconhece a má-fé do autor, não se facultando ao requerido intentar ação própria; a indenização por dano moral tanto pode resultar de condenação na sentença denegatória como decorrer de ação própria.

Capítulo 19

EFEITOS JURÍDICOS DA SENTENÇA DECLARATÓRIA EM RELAÇÃO AOS CREDORES

Sumário: 19.1. Principais efeitos. 19.2. Suspensão do curso da prescrição. 19.3. Suspensão das ações e execuções individuais dos credores. 19.4. Vencimento antecipado das dívidas. 19.4.1. Cláusulas penais dos contratos unilaterais. 19.4.2. A conversão dos créditos em moeda estrangeira. 19.4.3. Obrigações sujeitas a condição suspensiva: sem vencimento antecipado. 19.5. Formação da massa de credores. 19.5.1. Credores não concorrentes à falência. 19.5.2. Credor que não dispõe do título de seu crédito. 19.6. Suspensão do direito de retenção. 19.7. Suspensão da fluência de juros. 19.8. Regulamentação do direito de credores de coobrigados solidários. 19.8.1. Credor de obrigação solidária. 19.8.2. Devedor falido com obrigações extintas. 19.8.3. Direito de regresso. 19.8.4. Cobrança de uma massa devedora de obrigação solidária por outra. 19.8.5. Direitos de codevedores solventes. 19.9. Direitos dos credores na condução da falência.

19.1. Principais efeitos

Sete são os principais efeitos da sentença declaratória de falência em relação aos credores:

a) suspensão do curso da prescrição (arts. 6º e 157);

b) suspensão das ações e execuções individuais dos credores (art. 6º);

c) vencimento antecipado das dívidas (art. 77);

d) formação da massa de credores (arts. 115 e 7º, § 1º);

e) suspensão do direito de retenção (art. 116, I);

f) suspensão da fluência de juros (art. 124);

g) regulamentação do direito de credores de coobrigados solidários (arts. 127-128).

19.2. Suspensão do curso da prescrição

Segundo Clóvis Beviláqua (1975:435), "prescrição é a perda da ação atribuída a um direito, de toda a sua capacidade defensiva, em consequência do não uso dela, durante um determinado espaço de tempo". A Lei n. 11.101/2005 traz duas regras sobre a matéria: a do art. 6º e a do art. 157. A primeira determina a suspensão do curso da prescrição relativa a obrigações do falido e dos credores particulares do sócio solidário, e a segunda estabelece que o prazo prescricional recomeça a correr no dia em que passar em julgado a sentença de encerramento da falência.

A demonstração gráfica pode ser feita da seguinte forma:

---- (período anterior à falência) ----• data da falência ----------------• (data do trânsito em julgado da sentença de encerramento)

O efeito preconizado pelo art. 6º alcança, tão somente, as obrigações de responsabilidade do falido e dos sócios solidários. Naquelas em que eles são credores, o prazo fluirá normalmente, e, dessa forma, se o administrador judicial deixar de promover a execução ou a cobrança de dívidas pelas quais a massa é credora, poderá ocorrer a prescrição desses créditos.

Observe a distinção entre suspensão e interrupção oferecida pela Lei Civil (CC, arts. 197 a 204). As causas que provocam a suspensão da prescrição, como as que impedem que o prazo se inicie, são sempre decorrentes de lei. De fato, somente a lei pode: a) impedir que o prazo prescricional se inicie; ou b) suspender – deixar de correr – a fluência de prazo já iniciado.

Diz-se que a suspensão é benéfica ao devedor porque o período anterior à sua ocorrência se soma ao novo período, depois de cessada a razão que determinou a suspensão. No caso da falência, o período que antecede o decreto falimentar será somado ao que transcorrer a partir da data do trânsito em julgado da sentença de encerramento. Exemplificando: o credor é titular de título com prazo prescricional de cinco anos; na data da falência já havia transcorrido três anos; transitada em julgado a sentença de encerramento da falência, o credor ainda terá dois anos para cobrar a dívida, caso o devedor venha a modificar, nesse período e para melhor, sua situação financeira.

Distintamente, a interrupção ocorre por ato do credor e dá-se em seu interesse, sempre buscando a preservação de seu direito. O prazo anterior não se aproveita, recomeçando a correr da data do ato que a interrompeu.

Anote-se, por fim, que a suspensão não alcança os prazos decadenciais porque estes não se interrompem nem se suspendem.

O quadro gráfico resume a matéria:

CASOS	CAUSAS	EFEITOS
Suspensão	Sempre legais	Somam-se os prazos anteriores e posteriores à suspensão. É a hipótese dos arts. 6º e 157 da Lei Falimentar.
Interrupção	Por ato do credor: citação, protesto	O prazo anterior não se aproveita, recomeçando a correr da data do ato que a interrompeu.

19.3. Suspensão das ações e execuções individuais dos credores

A falência submete todos os credores ao concurso universal, a chamada massa falida subjetiva. Como consequência direta, as ações e execuções em face do devedor, inclusive as dos credores particulares dos sócios solidários, ficam suspensas. Isso porque decorre do primeiro fato – todos os credores devem concorrer a um só Juízo para receber seus créditos – a vedação a que cada um individualmente receba seu crédito em outro Juízo. O segundo fato é decorrência lógica do primeiro. Ou, em outras palavras, a universalidade dos credores acarreta a unidade do Juízo falimentar.

Anotam-se três exceções: ações que demandam quantia ilíquida, execução fiscal e execução individual com data definitiva para a praça. As duas primeiras são casos de exclusão absoluta ao efeito da suspensão e, a última, hipótese relativa, sujeita ao critério judicial.

a) *Ações que demandam quantia ilíquida*

Algumas ações individuais não serão suspensas em razão de não ter o crédito nelas discutido alcançado a liquidez necessária para integrar a massa de credores. São as ações que demandam quantia ilíquida, isto é, aquelas em que ainda não se obteve o título judicial necessário à liquidação, como, por exemplo, ação movida por terceiro que se envolveu em acidente com veículo da falida visando obter ressarcimento dos prejuízos sofridos com o conserto de seu automóvel. Sem a sentença judicial condenatória, o litigante não possui título que o qualifique como credor do falido ou da massa falida. Somente a decisão judicial favorável, liquidada, dará a esse credor título para habilitação de seu crédito no quadro geral.

Para que esse credor possa ter garantido seu direito de concorrer à massa de credores, é indispensável que lhe seja permitido prosseguir com sua demanda até a entrega da tutela que solicitou, ocasião em que, com a sentença, obterá documento demonstrativo da liquidez de seu crédito. A sentença tornará certa a condenação do devedor e determinará o seu valor. Dependendo da natureza de seu pedido e do momento em que ocorreu a citação, a ação correrá ou não no Juízo falimentar, mas terá sempre prosseguimento até a constituição de título hábil à inclusão no quadro de credores do devedor falido.

Outro exemplo: o empregado propõe ação, pretendendo a indenização trabalhista por despedida injusta e cobrança de saldo de salário. O Juízo competente é sempre o trabalhista, por força do art. 114 da Constituição Federal. Distribuída a reclamação a uma das Varas Trabalhistas, o processo prosseguirá normalmente até que o juiz trabalhista fixe o valor devido. Com certidão da sentença e do cálculo homologado na instância laboral, o credor poderá, agora, habilitar seu crédito no Juízo da falência, passando a concorrer à massa.

b) *Execuções fiscais*

Uma exceção merece maior atenção: a execução da Fazenda Pública munida de certidão de dívida ativa de débitos fiscais.

A Fazenda Pública não pode excutir seu crédito fora do Juízo falimentar, devendo submeter-se ao incidente de classificação de crédito público, previsto no art. 7º-A.

Porém, isso não implica no arquivamento dessas execuções para o fim de habilitação na recuperação ou na falência (art. 6º, § 7º-B).

Na recuperação, ocorrerá a tramitação simultânea da execução singular e, na falência, instaurado o incidente de classificação de crédito, previsto no art. 7º-A, a execução fiscal ficará apenas suspensa.

Observa-se que, na classificação dos créditos, amiúde se verifica a existência de credores com direito à preferência no pagamento de seus créditos, daí a razão de, embora não arquivada a execução fiscal, os atos de apreensão de bens e sua alienação não poderem ser realizados no juízo da execução, a quem caberá, entretanto, prosseguir com a cobrança contra os corresponsáveis e com a deliberação sobre a existência, a exigibilidade e o valor do crédito.

Anotamos, no item 17.2.6, que a jurisprudência na época do diploma falimentar anterior decidia a favor desse direito fazendário. Ao estudar a questão das exceções à regra da indivisibilidade do Juízo falimentar ficaram consignadas três correntes doutrinárias históricas, formadas a respeito do tema:

(1) A tese de isenção de habilitação da Fazenda Pública na falência, por força do art. 187 do Código Tributário Nacional, submetendo-a, contudo, à obediência da classificação que lhe couber no quadro geral. Executados os bens no Juízo da execução fiscal, o resultado é remetido ao Juízo falimentar e incorporado à massa para oportuna liquidação.

(2) Na segunda opinião estão os defensores que sustentam que os credores com melhores privilégios são obrigados a ir ao Juízo da execução fiscal disputar sua preferência, deslocando-se a competência para a solução naquele órgão jurisdicional.

(3) Para os da terceira linha, são inaceitáveis a formação de um procedimento de habilitação e classificação de crédito no Juízo da execução fiscal e a proposta de que o pagamento se dê no Juízo da execução, a partir da ordem de preferência comunicada pelo Juízo falimentar.

Aceita uma das teses tem-se, no primeiro caso, a não suspensão da execução, com aproveitamento, contudo, de seu resultado ao Juízo falimentar. No segundo e terceiro casos, a execução prossegue até final pagamento, com a distinção de que a ordem de preferência ou dependerá da iniciativa oportuna dos credores com privilégio, ou se definirá no Juízo falimentar.

O art. 108, § 3º, da Lei n. 11.101/2005 deu solução satisfatória a esta questão ao dispor que "o produto dos bens penhorados ou por outra forma apreendidos entrará para a massa, cumprindo ao juiz deprecar, a requerimento do administrador judicial, às autoridades competentes, determinando sua entrega". Aplica-se esse dispositivo aos casos como o da execução fiscal, em que, por força de lei (CTN, art. 187), não ocorreu a suspensão da execução, os bens já se encontravam em hasta e, decretada a falência, o numerário apurado será remetido à massa para satisfação dos credores segundo a ordem de precedência.

De todo modo, a execução fiscal pode prosseguir, no que se refere à existência, à exigibilidade, ao valor do crédito e ao eventual prosseguimento da cobrança contra os corresponsáveis tributários, competência do juízo da execução fiscal (art. 7º-A, § 4º, II).

c) *Execução com data definitiva para a praça*

Outra é a hipótese excetuada pela lei anterior, prevista no art. 24, § 1º, do Decreto-Lei n. 7.661/45: execução individual, achando-se os bens já em praça, com dia definitivo para arrematação, fixado por editais.

Considerava a LF45 que as execuções individuais dos credores – da falida ou de seus sócios solidários –, anteriores à quebra, quando os bens já se encontravam em praça com dia definitivo para a arrematação, não eram atraídas ao Juízo indivisível da falência, como também não incidia sobre elas o efeito da suspensão.

O Decreto-Lei n. 7.661/45 previu a possibilidade de alguns bens estarem em processo de execução, tendo passado por todo procedimento de penhora, avaliação e se encontrarem em praça, com edital publicado na imprensa e próximos da venda. Nesses casos, optou-se por manter aqueles atos, aproveitando-os a favor da massa, vindo o numerário apurado juntar-se aos depósitos bancários eventualmente realizados a esse tempo.

A medida não foi prevista pelo legislador de 2005, mas pode ser adotada nos processos submetidos à vigência da Lei n. 11.101 porque o juiz deve decidir atendendo, nas omissões, aos princípios maiores reservados pelo legislador como diretrizes de julgamento. São aqueles indicados no art. 126 e no parágrafo único do art. 75 da lei: unidade, universalidade do concurso, igualdade de tratamento dos credores, celeridade e economia processual.

Ao aproveitar os atos processuais realizados, o magistrado evita novas discussões sobre a coisa penhorada, os valores de avaliação, a forma de venda etc., promovendo economia de atos processuais na falência.

Inaplicável aqui a solução dada pelo art. 108, § 3º ("O produto dos bens penhorados ou por outra forma apreendidos entrará para a massa, cumprindo ao juiz deprecar, a requerimento do administrador judicial, às autoridades competentes, determinando sua entrega"). A regra geral é de suspensão da execução (art. 6º). Se o bem se encontra penhorado, deverá ser arrecadado pela massa falida porque a execução individual está suspensa e não há como dar continuidade para apurar o "produto dos bens penhorados". A hipótese mencionada restringe-se aos bens penhorados ou arrecadados quando a suspensão não for possível, como ocorre nas execuções fiscais, ou ainda, na hipótese de, na data da falência, já ter ocorrido a arrematação, sob pena de se transformar em letra morta o disposto no art. 6º.

Em sentido contrário há o ensino de Vera Helena de Mello Franco (2006:423), que sustenta não existir mais a distinção preconizada na legislação anterior: "O Decreto-Lei anterior ordenava, na norma do seu art. 70, § 4º, fossem os próprios bens entregues à massa, somente escapando à arrecadação os bens já com praça marcada, com data definitiva para a arrematação, fixada por editais já publicados. A nova Lei não mais faz esta distinção, reclamando somente o resultado obtido nas eventuais ações singulares, o que representa razoável economia processual".

Divergindo da renomada autora, entendemos que cabe ao magistrado decidir quanto à suspensão de execuções individuais com bens penhorados e data para o praceamento.

Observamos, contudo, que há um maior cuidado a ser considerado. Paralelamente à observação dos princípios previstos nos arts. 126 e 75, parágrafo único, a falência deve "preservar e otimizar a utilização produtiva dos bens, ativos e recursos produtivos, inclusive os intangíveis, da empresa" (art. 76, *caput*). É evidente, pois, que se a venda antecipada dos bens na execução individual acarretar prejuízo à alienação oportuna dos bens, segundo a regra do art. 140, por desagregar elemento da empresa, das filiais, das unidades produtivas ou de blocos que representam valor econômico quando mantidos agrupados, a venda se mostrará inconveniente à massa e, deve, assim, ser obstada, mesmo havendo prejuízo de atos processuais praticados nos autos de execução.

19.4. Vencimento antecipado das dívidas

Com a falência, as dívidas do devedor e dos sócios ilimitada e solidariamente responsáveis passam a ser consideradas vencidas na data da sentença falimentar, conforme dispõe o art. 77.

A regra não é nova nem exclusiva do Direito Falimentar. Vinha prevista na antiga Lei Falimentar (Decreto n. 2.024, de 1908) e no Código Civil de 1916, art. 954. Este último estabelecia que "ao credor assistirá o direito de cobrar a dívida, antes de vencido o prazo estipulado no contrato, ou marcado neste Código: I – se, executado o devedor, se abrir concurso creditório". No Código Civil de 2002, o texto é semelhante: "Art. 333. Ao credor assistirá o direito de cobrar a dívida antes de vencido o prazo estipulado no contrato ou marcado neste Código: I – no caso de falência do devedor, ou de concurso de credores".

A *ratio juris* para a ocorrência do vencimento antecipado é explicada por Clóvis Beviláqua (1975, 2:89): "A razão pela qual o credor não tem que esperar o termo do vencimento da dívida, quando se abre concurso creditório, é que este importa em execução geral do devedor, cuja insuficiência econômica se patenteia na execução, que lhe mova algum dos seus credores. Dada essa insuficiência do ativo, todos os credores se reúnem para apurar as preferências, acaso existentes, e dividir, entre si, o acervo dos bens do insolvente".

A lei, ao estabelecer o vencimento antecipado quando se abre concurso de credores, visa a equidade: apreendidos todos os bens do devedor para pagamento, somente de credores que detivessem títulos já vencidos, resultaria em prejuízo aos portadores de títulos representativos de dívidas não vencidas, que ficariam aguardando o termo inserto em seus títulos, sujeitando-se às eventuais sobras que ainda existissem à época de sua ocorrência.

Entretanto, o vencimento antecipado poderia beneficiar alguns credores, que, com a redução do termo de vencimento, se locupletariam de juros calculados para prazo maior que o existente, entre a data da emissão do título e a da quebra.

Imagine-se a seguinte situação: o banco A empresta R$ 10.000,00 ao devedor B, para pagamento em seis meses à taxa total de 12%. Sobrevindo a falência, esse título encontra-se vencido há mais de seis meses. Calculadas as taxas contratadas, o crédito do banco é de R$ 12.400,00 (10.000 + 1.200, dos primeiros seis meses, + 1.200, dos seis meses que antecederam a data da falência). O banco C empresta dinheiro ao mesmo devedor e contrata igual prazo de vencimento, com a diferença de que desconta os juros antecipadamente, entregando ao devedor a importância de R$ 8.800,00 (10.000 – 1.200). A falência ocorre alguns dias depois desse segundo fato, cinco meses antes do vencimento. O primeiro banco, tendo entregado R$ 10.000,00 e aguardado um ano, será credor de R$ 12.400,00, e o segundo banco, tendo entregue, há menos de um mês, R$ 8.800,00, seria credor, por vencimento antecipado, de R$ 10.000,00.

A equidade no tratamento dos credores pretendida pela lei seria, nesse caso, quebrada pelo benefício a favor do credor, cuja dívida não se encontrava vencida na data da falência.

A lei, prevendo essas situações, estipulou que, com o vencimento antecipado da dívida, serão abatidos os juros contratados ou, na sua ausência, os juros legais (art. 77). Na hipótese acima, o primeiro banco seria habilitado por R$ 12.400,00 e o segundo por apenas R$ 8.900,00, em razão do abatimento proporcional dos juros contratados (2% ao mês, no exemplo), a saber: R$ 10.000,00 – 11% (referente a 5 meses e 15 dias).

Com o mesmo espírito – tratamento equitativo dos credores – a lei estabelece outras duas situações que serão estudadas a seguir:

a) as cláusulas penais dos contratos unilaterais não serão atendidas se as obrigações neles estipuladas se vencerem em virtude da falência (art. 83, § 3º);

b) os créditos em moeda estrangeira serão convertidos em real pelo câmbio do dia em que for declarada a falência (art. 77).

Uma terceira situação resulta do sistema jurídico: as obrigações sujeitas a condição suspensiva não terão vencimento antecipado.

19.4.1. Cláusulas penais dos contratos unilaterais

"Cláusula penal é um pacto acessório, em que se estipulam penas ou multas, contra aquele que deixar de cumprir o ato ou fato, a que se obrigou, ou, apenas, o retardar" (Clóvis, 1975, 2:54). Definida nos arts. 408 e seguintes do Código Civil, a cláusula convencional, ou penal, possui delineamentos próprios em nosso direito:

a) faculta-se estipulá-la conjuntamente com a obrigação ou em ato posterior (CC, art. 409);

b) pode referir-se à inexecução completa da obrigação (compensatória) ou a de alguma cláusula especial ou, ainda, somente à mora (moratória);

c) na cláusula compensatória – se houver inadimplemento total da obrigação – o credor terá o direito de escolher entre exigir a obrigação principal ou a pena fixada (CC, art. 410);

d) na cláusula moratória, é facultado ao credor exigir o desempenho da obrigação principal, acrescido da pena pela mora (CC, art. 411);

e) não é permitido que o valor da cláusula exceda o da obrigação principal (CC, art. 412);

f) cumprida em parte a obrigação, a pena será proporcionalmente reduzida pelo juiz (CC, art. 413). A doutrina diverge quanto à possibilidade de as partes convencionarem a irredutibilidade da pena, por acordo entre elas;

g) na obrigação indivisível todos os devedores incorrem na pena, respondendo cada um por sua cota; o culpado pelo inadimplemento responderá pela totalidade da pena. Se o objeto da pena for indivisível, cada um dos devedores responderá pela totalidade da obrigação (CC, art. 414);

h) na obrigação divisível só o devedor culpado incorre na pena, proporcionalmente na obrigação (CC, art. 415);

i) a exigência da pena não depende da prova do prejuízo sofrido (CC, art. 416).

Contratos unilaterais, por sua vez, são aqueles que produzem obrigações somente de um dos contratantes para com o outro. Silvio Rodrigues (1997, 3:28) define e exemplifica esses contratos da seguinte forma: "O contrato unilateral, ou o contrato com prestação a cargo de uma só das partes, embora envolva duas partes e duas declarações de vontade, coloca apenas um dos contratantes na posição de devedor (cf. Messineo, ob. cit., p. 413); são unilaterais, entre outros, o mandato, o comodato, o mútuo e o depósito, pois, uma vez aperfeiçoados, tais contratos só envolvem obrigações para o mandatário, o comodatário, o mutuário e o depositário".

Advirta-se quanto à correta identificação do instituto mencionado no art. 83, § 3º, da Lei. Trata-se de *contrato* unilateral e não de *negócio* unilateral, no qual a declaração de vontade de uma das partes é suficiente para o aperfeiçoamento do negócio, como ocorre nos testamentos. Todo contrato é, quanto a sua formação, bilateral, uma vez que sua criação depende da vontade de ambas as partes contratantes. Em relação aos *efeitos*, os contratos – por definição negócios jurídicos bilaterais – serão reputados bi ou unilaterais, no que se refere às obrigações serem ou não recíprocas.

Feitas essas considerações, passar-se-á à regra falimentar, que determina: "As cláusulas penais dos contratos unilaterais não serão atendidas, se as obrigações neles estipuladas se vencerem em virtude da falência".

A regra apenas acentua o que já ficou estabelecido no art. 77. A falência opera nos contratos não vencidos dois efeitos diferentes:

a) nos contratos unilaterais, estes são considerados vencidos em decorrência desse evento;

b) nos contratos bilaterais, estes "não se resolvem pela falência e podem ser executados pelo administrador judicial, se achar de conveniência para a massa" (art. 117).

Logo, o evento falimentar determinando o vencimento antecipado do contrato unilateral (por exemplo, o mútuo bancário que venceria somente após o decreto falimentar) não acarretará, por esse efeito (de determinar o vencimento antecipado), a obrigação de a massa falida pagar o valor da cláusula penal estipulada para o inadimplemento da obrigação.

Assim, não terá efeito na falência qualquer estipulação que preveja a aplicação de cláusula penal para o fato de não cumprimento da obrigação, em decorrência da insolvência do devedor.

19.4.2. A conversão dos créditos em moeda estrangeira

Guardando certa similaridade com a regra geral aqui estudada, de produção de vencimento antecipado de todas as dívidas do falido, encontra-se a prevista na segunda parte do art. 77: "(...) converte todos os créditos em moeda estrangeira para a moeda do País, pelo câmbio do dia da decisão judicial, para todos os efeitos desta Lei".

O texto legal é claro, convindo, contudo, estabelecer, desde logo, alguns aspectos relacionados à moeda estrangeira e aos efeitos da falência sobre esses contratos:

a) a conversão em reais dar-se-á pelo valor do câmbio fixado oficialmente pelo Banco Central na data da decretação da falência; não havendo preço nesse dia, a conversão ocorrerá no primeiro dia de cotação após essa data;

b) a conversão não aproveita[1] aos fiadores e garantidores do falido, contra os quais se operará pelo câmbio do dia do efetivo pagamento;

c) se o fiador ou o garantidor pagarem o título[2] nas condições acima (pela conversão na data do pagamento), em valor maior do que aquele que pode ser habilitado na falência (conversão na data do decreto falimentar), somente poderão sub-rogar-se contra o devedor principal falido até o limite do valor correspondente à conversão na data da falência. Essa conclusão lança luz à expressão "quantias pagas ou devidas" utilizada no art. 128 da nova Lei de Falências: "Os coobrigados solventes e os garan-

---

[1] BRASIL, STJ, REsp n. 303/SP, Rel. Min. Athos Carneiro, j. 28-8-1999: "O disposto no art. 213 da Lei de Falências não se estende aos fiadores e garantes do falido, contra os quais a conversão da moeda estrangeira em nacional se fará pelo câmbio do dia do pagamento. A finalidade da garantia é exatamente transferir do credor para o garante os riscos da insolvência do devedor".

[2] BRASIL, STJ, REsp n. 60.996/RJ, Rel. Min. Ari Pargendler, j. 29-6-1999: "Sobrevindo a quebra, todas as dívidas do falido vencem antecipadamente, inclusive aquelas contraídas em moeda estrangeira, que são convertidas em moeda nacional segundo a taxa de câmbio vigente na data da sentença declaratória da falência; havendo prestações vincendas, e preferindo o credor estrangeiro cobrá-las do avalista na forma contratual, nem assim este pode exigir da massa falida o valor que desembolsou, só se sub-rogando no crédito apurado nos termos do art. 213 da Lei de Falências".

tes do devedor ou dos sócios ilimitadamente responsáveis podem habilitar o crédito correspondente às *quantias pagas ou devidas*, se o credor não se habilitar no prazo legal", isto é, nem tudo o que foi pago será devido na falência;

d) os créditos decorrentes da conversão em moeda nacional, como todos os demais créditos na falência, sujeitam-se a correção monetária, havendo entendimento sumular a respeito (STJ, Súmula 36: "A correção monetária integra o valor da restituição, em caso de adiantamento de câmbio, requerida em concordata ou falência").

19.4.3. Obrigações sujeitas a condição suspensiva: sem vencimento antecipado

Condição, segundo define o Código Civil, art. 121, "é a cláusula que, derivando exclusivamente da vontade das partes, subordina o efeito do negócio jurídico a evento futuro e incerto". Será denominada suspensiva a condição que, enquanto não se verificar, suspende temporariamente a eficácia de determinado ato.

A Lei Falimentar não proíbe a inclusão de crédito sujeito a condição suspensiva, que, entretanto, estará sujeita à legislação civil. Evita-se, assim, tratamento em melhores condições das que teriam, se não houvesse falência. É a aplicação do princípio geral do art. 126: "Nas relações patrimoniais não reguladas expressamente nesta Lei, o juiz decidirá o caso atendendo à unidade, à universalidade do concurso e à igualdade de tratamento dos credores (...)":

a) em primeiro lugar, as obrigações sujeitas a cláusula que ainda não se verificou podem ser admitidas no quadro geral de credores, mas seu pagamento somente se efetivará após a ocorrência da condição estabelecida. Seu titular, ao habilitá-la na falência, requererá sua reserva, mas o pagamento dependerá da ocorrência do evento clausulado. Decorre esse princípio do que dispunha o art. 121 do Código Civil de 1916: "ao titular do direito eventual, no caso de condição suspensiva, é permitido exercer os atos destinados a conservá-lo", ampliado no art. 130 do atual Código Civil: "Ao titular do direito eventual, nos casos de condição suspensiva ou resolutiva, é permitido praticar os atos destinados a conservá-lo";

b) em segundo lugar, a falência não opera o vencimento antecipado; a sentença falimentar não supre aquele evento futuro e incerto. Somente com a ocorrência deste é que o titular adquire o direito ao crédito ali representado. Antes disso, apenas há uma expectativa de direito;

c) se o evento condicionante ocorrer após os pagamentos dos credores realizados na fase de liquidação, o credor estará resguardado desde que tenha providenciado, oportunamente, a reserva de seu crédito.

19.5. Formação da massa de credores

Desde a decretação da falência, todos os credores comuns do devedor falido obrigam-se a comparecer ao Juízo universal e concorrer em um mesmo quadro geral, de acordo com a classificação que seu crédito comportar.

O conjunto de credores admitidos na falência recebe o nome de massa falida subjetiva. Essa universalidade, constituída pelos credores concorrentes, não possui personalidade jurídica; a lei, entretanto, atribuiu-lhe certos direitos e obrigações próprias de pessoas, como, por exemplo: a) não está sujeita a juros estipulados pelo falido (art. 124); b) é representada pelo administrador judicial, que executará, ou não, os contratos bilaterais, sempre no interesse dela (art. 117); c) possui negócios que lhe interessam (art. 76); d) é protegida contra atos ineficazes do falido (art. 129); e) pode estar em Juízo etc.

A natureza jurídica da massa de credores ou massa subjetiva é a de ente despersonalizado. Isto porque o art. 44 do Código Civil de 2002 não a contemplou como pessoa jurídica. Entretanto, a universalidade subjetiva possui, por conveniência do bom andamento do processo falimentar, certos atributos próprios das pessoas, podendo, em razão disso, estar em Juízo e ser demandada.

Rizzatto Nunes (2006:155) assim se refere aos entes despersonalizados: "Ao lado das pessoas físicas e jurídicas, como sujeitos de direito e obrigações, podem ser identificados os chamados 'entes despersonalizados'. Podem ser caracterizados como aqueles que, embora possam ser capazes de adquirir direitos e de contrair obrigações, não preenchem as condições legais e formais para serem enquadrados como pessoas jurídicas, por falta de algum requisito ou pela sua situação jurídica *sui generis*".

Alguns credores, entretanto, não participam dessa massa subjetiva de credores, conforme se verá adiante.

19.5.1. Credores não concorrentes à falência

A regra da universalidade de os credores – negociais ou não – concorrerem ao Juízo da falência comporta exceções. A lei arrola alguns créditos que não são exigíveis na falência: a) as obrigações a título gratuito; b) as despesas que os credores individualmente fizerem para tomar parte na falência, salvo custas judiciais em litígio contra o devedor.

A lei anterior acrescentava as prestações alimentícias e as penas pecuniárias por infração das leis penais e administrativas.

Veja-se cada uma das exceções à regra.

a) *Credores por obrigações a título gratuito*

São obrigações decorrentes de título gratuito aquelas em que o falido outorga benefícios ou enriquecimento patrimonial a alguém, sem obter qualquer contraprestação. A lei se refere especialmente às obrigações ainda não cumpridas, como, por exemplo, o contrato de doação em que o empresário, por liberalidade, transfere de seu patrimônio valor em dinheiro, mediante título de crédito ou bem determinado, para o patrimônio de outra pessoa, mas tais bens ou valores ainda não se transferiram ao domínio desta.

Se o bem ou valor já se encontra no domínio do beneficiado, não há necessidade de a lei regulamentar sua não inclusão no concurso de credores do falido. Se já executada a doação, o objeto do contrato retornará à massa falida, após o ato gratuito ser declarado: a) nulo, se a transmissão se deu após o decreto falimentar (LREF, art. 99, VI, c/c art. 103, e CC, art. 166, VI); b) ineficaz, em relação à massa, se ocorrido até dois anos anteriores à data da quebra (art. 129, IV); ou c) revogado, se foi realizado fraudulentamente com a intenção de prejudicar os credores (art. 130).

O Código Civil, ao regular o contrato de doação, menciona, no art. 540, três espécies: a) a doação feita em contemplação do merecimento do donatário; b) a doação remuneratória; e c) a doação gravada. Somente a primeira mantém o caráter de liberalidade, uma vez que as duas outras são consideradas gratuitas no excedente ao valor dos serviços remuneratórios ou ao encargo imposto.

Se o doador é movido por sentimento individual que guarda relação com os atos praticados pelo donatário, tem-se a doação por mérito, como ocorre na hipótese de milionário utilizar parte de seus bens na premiação anual de pessoas que reconhecidamente realizaram alguma descoberta ou pesquisa no campo do combate ao câncer. Neste caso, está evidente o caráter de mera liberalidade do doador.

A doação remuneratória é aquela que se destina a pagar um serviço executado pelo beneficiado que não foi ou não podia ser exigido pelo donatário. São exemplos dessa modalidade: o valor recebido por integrante do Corpo de Bombeiros ao socorrer num incêndio o estabelecimento de empresário que, por isso, lhe é grato; a quantia em cheque entregue à equipe médica que assistiu o doador durante cirurgia realizada.

A doação com encargo ou gravada é aquela em que o doador impõe ao donatário uma contraprestação da qual resultará benefícios ao próprio doador ou a terceiros, como, por exemplo, a entrega de soma de dinheiro para entidade cultural com o encargo de parte ser destinada a ministrar cursos profissionalizantes para pessoas carentes de um determinado bairro de sua cidade.

A doação remuneratória, naquilo que não excede os serviços remunerados (a conta do médico que cuidou do doador), e a doação gravada até o limite do encargo imposto podem ser habilitadas na falência porque não são – como a Lei Civil define – meros atos de liberalidade, tratando-se, antes, de remuneração a serviços ou a encargos.

b) *Credores por despesas que fizerem individualmente para tomar parte na falência*

As despesas que os credores fizerem para tomar parte na falência não são dívidas exigíveis no concurso de credores, abrindo, entretanto, a lei algumas exceções: (1) as custas judiciais decorrentes de litígios com o devedor (art. 5º, II), entre as quais se incluem as pagas pelo credor que promoveu a falência e as que forem pagas durante seu curso (art. 84, III); (2) as quantias fornecidas à massa pelos credores (art. 84, II); (3) as custas judiciais relativas às ações e execuções em que a massa for vencida (art. 84, IV); (4) os honorários advocatícios em pedido de restituição contestado, vencido pelo reclamante (art. 88, parágrafo único).

Todas as outras despesas que os credores fizerem não serão exigíveis, como, por exemplo, pagamento de honorários a seu advogado e custas da habilitação de crédito, despesas de pedido de restituição não contestado etc.

c) *Credores por prestações alimentícias e credores decorrentes de penas pecuniárias por infração das leis penais e administrativas*

A lei anterior (LF45, art. 23, parágrafo único, I) vedava que concorressem ao concurso de credores os que detivessem títulos decorrentes de obrigações alimentícias, que são, por natureza, personalíssimas. Previstos nos arts. 1.694 e seguintes do Código Civil, os alimentos são sempre devidos quando os parentes, os cônjuges ou companheiros não têm bens suficientes, nem podem prover, "pelo seu trabalho, à própria mantença, e aquele, de quem se reclamam, pode fornecê-los, sem desfalque do necessário ao seu sustento".

A razão jurídica consistia no fato de que, além de se tratar de dívida personalíssima, com a falência, evidencia-se a mudança na fortuna do obrigado à pensão, e, dessa forma, a exoneração ou a redução do encargo são autorizadas pela lei (CC, art. 1.699). Obrigar a massa a pagar uma dívida pessoal do falido que já não é mais devida na mesma proporção seria onerar a massa falida.

Igualmente, no sistema anterior, as penas pecuniárias (LF45, art. 23, parágrafo único, III), pelo mesmo fundamento – são dívidas personalíssimas – não eram admitidas na falência. Penas pecuniárias são espécies de sanções impostas por violação de leis administrativas ou penais, e, como tais, sua aplicação é sempre pessoal. Se a Lei Falimentar permitisse o concurso de credores por penas pecuniárias, o ônus seria suportado por toda a comunidade de credores e não pelo falido apenas.

Carvalho de Mendonça (1960, 8:item 349) explica suficientemente a matéria, referindo-se a dispositivos do Código Penal do Império e à Constituição Federal vigente que atualmente correspondem ao art. 32, III, do CP, aos arts. 184 e 195, da LPI, e 5º, LXV, da CF88): "Penas pecuniárias são as penas impostas em dinheiro pela infração das leis penais, administrativas ou policiais; são as penas de que tratam o Código Penal, nos arts. 43, letra *h*, 58 e 59, e outras leis ou regulamentos administrativos, sob a denominação de *multas*. Exemplos: o falido violou o direito de patente ou de invenção de terceiro e foi condenado à multa do art. 351 do Código Penal. O falido usou de marca ou vendeu ou expôs à venda mercadorias, contrariando o art. 41 do Dec. n. 5.424, de 1905, e incorreu na multa aí cominada. A União, o Estado ou a Municipalidade, credores das multas, antes ou depois de aberta a falência, não podem cobrá-las da massa falida do devedor comum. A responsabilidade penal é exclusivamente pessoal (Constituição Federal, art. 72, § 19; Código Penal, art. 25). Paga a multa o infrator pelos seus bens e não pelos bens reservados à garantia dos credores no momento do desastre financeiro. Não fosse assim, pelo culpado seriam punidos os inocentes, os credores; à custa dos bens da massa teria de ser paga a pena a que o falido fora condenado".

A jurisprudência anterior entendia que estão compreendidas nas vedações as multas fiscais e as multas fiscais moratórias. É a leitura que se faz das súmulas 192 e 565 do STJ: "Não se inclui no crédito habilitado em falência a multa fiscal com efeito de pena administrativa"; "A multa fiscal moratória constitui pena administrativa, não se incluindo no crédito habilitado na falência".

Pois bem, as situações – alimentos e penas pecuniárias – têm em comum o fato de serem personalíssimas, recebendo do legislador pátrio de 1945 idêntico tratamento, em respeito à *pars conditio creditorum.*

No novo diploma legal, as penas pecuniárias concorrem na classe de créditos subquirografários (art. 83, VII) e as prestações alimentícias não foram mencionadas, isto é, nem constam da relação dos créditos não concorrentes (art. 5º) e, tampouco, estão classificadas nas classes dos credores admitidos (art. 83).

Serão admitidos? E, se o forem, qual é sua classificação?

Buscando responder a estas indagações, anotei, em *Aspectos Objetivos da Lei de Recuperação de Empresas e de Falências*, o seguinte (Negrão, 2005a:50):

"Ignoram-se as razões pelas quais o legislador afastou-se da solução histórica que imputava como pessoal a dívida decorrente de infração às (leis) administrativas e penais. A nova disposição legal encontra resistência na própria intransmissibilidade do crédito assim constituído, lembrando José Araldo da Costa Telles (2004:135) que, 'como pena, embora signifique, em verdade, indenização por dano presuntivamente causado, não pode ultrapassar a figura do transgressor. E acabaria recaindo sobre os credores se fosse admitida na falência'.

Afastado o único fundamento que amparava a identidade de tratamento entre os mencionados créditos, não há como se impedir, na falência, a habilitação do credor por pensão alimentícia. A aplicação da regra geral prevista no art. 126 ('Nas relações patrimoniais não reguladas expressamente nesta Lei, o juiz decidirá o caso atendendo à unidade, à universalidade de credores e à igualdade de tratamento de credores, observando o disposto no art. 75 desta Lei') parece ser suficiente a justificar a nova postura diante desses credores, observando-se, contudo: (a) a classificação atenderá, em respeito à paridade dos credores, à mesma classificação das penas pecuniárias; (b) a admissão na falência somente se dará quanto aos valores até então devidos pelo empresário individual, ora em estado falimentar, se a ele não restar, com o decreto falimentar, bens suficientes ao seu próprio sustento. Dispondo o devedor de outros bens não arrecadáveis na falência (como, por exemplo, salários ou pensões de funcionários públicos), responde pessoalmente pela dívida, liberando a massa falida desses pagamentos; (c) em relação às prestações alimentícias vencidas após o decreto falimentar, a massa não mais responde, cabendo ao devedor, empresário individual falido, demonstrar a mudança de sua situação financeira ao juiz competente, reclamando por exoneração, redução ou majoração do encargo".

19.5.2. Credor que não dispõe do título de seu crédito

É possível, entretanto, que o credor seja concorrente e não disponha de título por quantia líquida que justifique sua condição na universalidade de credores. Isso ocorre em hipóteses em que o credor, no prazo fixado na sentença de quebra, ainda não constituiu seu crédito porque litiga judicialmente pretendendo obter indenização, pagamento de salários, cobrança de dívidas etc., como, por exemplo, o credor trabalhista que ainda não obteve sentença definitiva de sua reclamação.

Até a decisão definitiva no processo comum ou trabalhista, o credor é apenas litigante por quantia ilíquida. Somente depois de apurado o valor de seu crédito é que poderá integrar o quadro geral de credores. Nesse caso, fará o seu requerimento e justificará a não juntada de título definitivo, solicitando a reserva de seu crédito e, com isso, garantirá o respeito à sua ordem de pagamento no momento da liquidação dos créditos (art. 6º, § 3º).

19.6. Suspensão do direito de retenção

Outro efeito é a suspensão do direito de retenção. Dispõe o art. 116, I, que a coisa retida será arrecadada pela massa.

O direito de retenção consiste na guarda de coisa alheia em garantia enquanto não satisfeita, a favor daquele que a retém, obrigação lícita prevista na lei ou em contrato. No Código Civil encontram-se exemplos de direito de retenção: (a) o direito do depositário de reter o depósito nas situações que relaciona (art. 644); (b) o direito do comissário sobre os bens e valores em seu poder em virtude da comissão, para reembolso das despesas feitas, bem como para recebimento das comissões devidas (art. 708); (c) o transportador em relação à bagagem de passageiro e outros objetos pessoais deste, para garantia do pagamento do valor da passagem (art. 742); (d) o possuidor de boa-fé em relação às benfeitorias necessárias e úteis (art. 1.219); (e) o credor pignoratício sobre a coisa empenhada para indenização das despesas que tiver feito (art. 1.433, II); (f) o credor anticrético no tocante ao imóvel dado em garantia (art. 1.507, § 2º).

O credor que, por força de exercício do direito de retenção, mantiver em seu poder coisa sujeita a arrecadação, deverá, a partir da decretação da falência, entregá-la ao administrador judicial, podendo habilitar seu crédito junto à massa, na classe dos créditos com privilégio especial (art. 83, IV, *c*).

Paulo Salvador Frontini (2006:435) suscita dúvida quanto ao objetivo do legislador ao suspender – e não extinguir – o direito de retenção: "A asserção constante da Lei, de que o direito de retenção fica suspenso, enseja dúvidas quanto ao efetivo alcance dessa suspensão. Valerá se, por qualquer circunstância, o falido retomar sua atividade, em quadro análogo ao da antiga concordata suspensiva, o que não foi previsto pela Lei. De qualquer modo, se está suspenso, isso significa que o direito de retenção não foi eliminado".

Haveria somente uma possibilidade de se atender à preservação do bem a favor do credor que detém o direito de retenção. É a hipótese de reforma da decisão que decretou a falência, devolvendo ao falido a livre disposição de seus bens e, consequentemente, ao credor o direito de retenção até que seu crédito seja solvido.

Embora o bem sujeito a retenção possa ser arrecadado e vendido, subsiste o interesse da massa falida na remição do bem e, consequentemente, na sua liberação porque com ela o direito do credor passa a ser quirografário por não mais dispor do privilégio previsto na ordem da classe dos créditos com direito especial de garantia (art. 83, IV, *c*). A remição – pagamento do valor devido ao credor – em determinadas condições pode ser benéfica à massa falida e possibilitar que o produto da venda do bem gravado tenha outra destinação (como, por exemplo, o pagamento das classes posteriores de credores) que não o pagamento preferencial do credor que o detinha por retenção.

Enquanto persistir a preferência do credor com direito de retenção – suspenso, mas não extinto – ele poderá se opor à aquisição ou adjudicação dos bens arrecadados por outros credores (art. 111) e seu direito de preferência ainda lhe confere o de impugnar a venda que lhe pareça prejudicial.

19.7. Suspensão da fluência de juros

Com a falência suspende-se a fluência de juros a partir da data de sua decretação (art. 124). No momento da liquidação, contudo, se o ativo comportar, poderão ser calculados para pagamento, na classe dos créditos subsubordinados, isto é, na última posição na ordem de pagamento (art. 83, IX).

Refere-se a lei aos juros contratados ou legais que incidiriam após a sentença de quebra. Os juros até a data da falência já estarão calculados na inclusão dos créditos habilitados.

A essa regra a lei apresenta a exceção prevista no parágrafo único: "os juros das debêntures e dos créditos com garantia real" terão seu pagamento subordinado exclusivamente ao "produto dos bens que constituem a garantia".

Duas observações podem ser feitas a esse dispositivo.

Em primeiro lugar, a exceção aqui prevista tinha aplicação em conjunto com a redação original do art. 24, § 2º, I, do Decreto-Lei n. 7.661/45: os créditos com direito real de garantia eram considerados não sujeitos a rateio e, desta forma, o produto dos bens seria destinado exclusivamente a seu pagamento. Com o advento da Lei n. 3.726/60, que modificou a redação do art. 102 do Decreto-Lei n. 7.661/45, atribuindo a preferência dos créditos dos empregados por salários e indenizações trabalhistas sobre os demais, todos os créditos passaram a se sujeitar, necessariamente, ao rateio, após pagas as classes anteriores. A precedência do crédito trabalhista inviabiliza o recebimento dos valores referentes à dívida principal e aos juros do credor com direito real de garantia, sem que primeiro sejam satisfeitos os credores laborais. Entretanto, pagos os credores que lhes antecedem, nada obsta que, restando as garantias, sejam estas atribuídas exclusivamente aos credores com garantia real.

Em segundo lugar, a expressão "debêntures" deve ser entendida como se referindo às debêntures com garantia real e não às outras espécies (debêntures com garantias flutuantes, debêntures sem garantia e debêntures subordinadas).

Dessas considerações resulta que os pagamentos dos credores, no momento da liquidação, obedecerão à ordem de cada classe, no montante que foram habilitados, com juros até a data da quebra. Pagos os credores que os antecedem, nessa moeda e, havendo numerário suficiente ao pagamento dos credores com direito real e debenturistas, estes receberão diferenciadamente, com os acréscimos de juros vencidos após a quebra, no limite do produto dos bens que constituem a garantia. Se este produto não for suficiente para o principal e para os juros, o saldo não coberto será considerado crédito quirografário (art. 83, VI, *b*). Havendo numerário – resultado da venda de outros bens que não os vinculados ao pagamento dos credores com direito real e debenturistas – prossegue-se com os pagamentos na primeira moeda, isto é, valor habilitado e juros até a data da quebra. Pagos todos os credores, inclusive os subordinados, com a sobra inicia-se o pagamento de juros aos credores não contemplados, iniciando-se pela classe mais privilegiada, na ordem de preferência.

19.8. Regulamentação do direito de credores de coobrigados solidários

Como consequência da formação da massa de credores, ao primeiro dos efeitos da sentença declaratória em relação aos credores seguem-se outros atribuídos a esses e que são objeto da disciplina dos arts. 127 e 128.

19.8.1. Credor de obrigação solidária

Inicialmente, será estudada a hipótese que trata do credor admitido no concurso de credores em duas ou mais falências por dívida solidária desses devedores, agora falidos. Sendo única a dívida, mas múltiplos os devedores dessa mesma dívida, de forma solidária, a lei disciplina, no *caput* do art. 127, o montante que ao credor será permitido habilitar em cada massa falida. É a hipótese, por exemplo, de banco que empresta dinheiro a empresário individual, tendo como avalistas da operação de crédito dois outros empresários individuais. Sobrevindo a falência dos três devedores solidários, o credor será admitido pela totalidade de seu crédito, em cada massa. Se o título habilitado for de R$ 100.000,00, será por este valor admitido em cada uma das massas.

Recebendo parcialmente o crédito em cada uma das massas falidas, cabe ao credor a obrigação de comunicar em cada Juízo falimentar o quanto já recebido. Na hipótese de ter-se omitido dessa obrigação, de forma maliciosa, vindo o credor a receber mais do que lhe é devido, incide a regra do art. 152 e o credor ficará obrigado a restituir em dobro, além de juros legais. Essa ação será proposta por qualquer um dos administradores judiciais, cuja massa pagou além do que devia, e distribuída ao Juízo de uma das falências, revertendo o resultado às massas prejudicadas.

19.8.2. Devedor falido com obrigações extintas

O § 1º do art. 127 é redundante e dispõe que não prevalece o direito de o credor concorrer a todas as massas devedoras solidárias na hipótese de uma delas ter sido falida, estando extintas suas obrigações. O devedor falido liberado pela extinção de suas obrigações não se sujeita à habilitação desse credor, que, contudo, pode prosseguir contra os demais até recebimento da totalidade de seu crédito.

19.8.3. Direito de regresso

Se uma massa pagar a dívida, pode acionar as demais, em proporção à parte que pagou e àquela que tinha a seu cargo (art. 127, § 2º), isto é, pode pedir a diferença do que pagou a mais do que lhe seria imputado.

Alguns exemplos podem ajudar uma melhor visualização da matéria. Neles serão consideradas duas hipóteses: se as massas eram ou não devedoras de valores iguais ou garantidoras umas das outras.

a) *Direito de regresso entre devedores de valores iguais*

Se as massas (ou solidários solventes) eram devedoras de valores iguais, cada uma delas receberá proporcionalmente ao que deveria pagar e ao que pagou, realizando-se três operações aritméticas:

(1) Na primeira estabelece-se a proporção da parte que pagaram, determinando quanto cada massa deveria ter pago proporcionalmente e o quanto pagou a mais ou a menos. Exemplo: sendo quatro os devedores solidários, dois solventes (A e C) e dois insolventes (B e D), por dívida de 100, com iguais direitos, deveriam pagar individualmente:

A = 25	B = 25	C = 25	D = 25
A pagou 35	B pagou 10	C pagou 50	D pagou 5
Pagou + 10	Pagou – 15	Pagou + 25	Pagou – 20

B e D, portanto, não pagaram além do que deviam, não possuindo direitos sobre o resultado da ação de ressarcimento. No direito regressivo de uma para com a outra, observa-se que A é credor das massas de B e D pela dívida solidária de 10 (por ter pago 10 a mais), e C é credor dessas mesmas massas pela dívida solidária de 25 (por ter pago 25 a mais).

(2) Na segunda operação, estabelece-se o equilíbrio entre os pagadores: havendo massas insolventes, cabia a eles contribuírem, como fizeram, mas de forma proporcional entre os dois pagadores:

A pagou 35	C pagou 50
A deveria pagar metade da dívida de B = 7,50 A deveria pagar metade da dívida de D = 10 Total para equilíbrio com C = 17,50	C deveria pagar metade da dívida de B = 7,50 C deveria pagar metade da dívida de D = 10 Total para equilíbrio com A = 17,50
Soma do que deveria ter pago = 42,50	Soma do que deveria ter pago = 42,50
Resultado: A deveria pagar 7,50 para se igualar a C	Resultado: C deveria receber 7,50 para se igualar a A

Esse equilíbrio é determinado pelo art. 283 do Código Civil, que estipula a divisão entre todos da cota do insolvente, que, no caso, são as massas que não comportaram sequer o pagamento do dividendo proporcional atribuído a cada uma delas.

(3) Num novo exemplo, consideraremos uma terceira operação imaginando a existência de um valor a ser restituído pelo credor que recebera valor maior do que lhe era devido. A regra aqui é a prevista no § 3º do art. 127 da Lei Falimentar: "Se a soma dos valores pagos ao credor em todas as massas coobrigadas exceder o total do crédito, o valor será devolvido às massas na proporção estabelecida no § 2º deste artigo". Conhecido o valor da restituição, voluntária ou imposta por sentença, procedida pelo credor, deverão ser atribuídos os valores devidos a cada massa falida prejudicada, segundo a proporção fixada na primeira operação. Exemplifiquemos que o valor restituído é de 50 (o credor deveria ter recebido 100, mas recebeu 150: 60 de A; 10 de B; 75 de C e 5 de D), deve-se subtrair a importância que cada um pagou daquela que deveria ter pago: tendo C feito o pagamento de 75, quando lhe era imposto apenas 42,50, receberá 32,50 desse total e A, que pagou 60, mas deveria ter pago 42,50, receberá 17,50.

b) *Direito de regresso entre devedores de valores distintos*

O segundo exemplo refere-se à hipótese de as massas não serem responsáveis por valores iguais. Considerou-se aqui uma dívida de 100.000,00, tendo o credor, maliciosamente, recebido 174.000,00. Neste caso, respeitar-se-á essa proporção, realizando-se as mesmas três operações aritméticas. As massas A, B, C, D e E são devedoras em proporções distintas e pagaram nos limites da apuração de seus ativos:

Devedor	Proporção devida	1ª operação: proporção paga e saldo	Sobra: R$ 74.000,00, obtidos em ação de ressarcimento, que serão divididos da seguinte forma:	
			2º cálculo: igualando a proporção à parte que pagaram:	**3º cálculo:** recebendo na proporção que cada um tinha a seu cargo:
A	10%	4%, ficou devendo 6%.	0	0
B	10%	10%, pagou sua cota.	0	0

C	30%	60%, ou seja, 30% a mais. Para compor a cota de A, deverá dispor de mais 2%. Sua cota passa a ser 32%. Tendo pago 60%, pagou 28% a mais.	Para igualar sua condição com os demais, deve-se considerar que deveria ter pago 32%. Restam-lhe 28%. Receberá 28% de 74.000,00, ou seja, 20.720,00.	Dos 74.000,00, foi atribuído no cálculo anterior o total de 54.760,00. Restaram 19.240,00. Esse valor deve ser atribuído segundo a proporção de seu encargo. Como as massas que pagaram a mais somam 80%, sendo 30% para C e 25% para D e E (30+25+25), o valor deve ser dividido por 8, atribuindo 3 partes a C, 2,5 a D e 2,5 a E: C receberá 7.215,00.
D	25%	50%, ou seja, 25% a mais, sendo 2% para compor a cota de A, num total de 27%.	Para igualar sua condição com os demais, deve-se considerar que deveria ter pago 27%. Restam-lhe 23%. Receberá 23% de 74.000,00, ou seja, 17.020,00.	D receberá 6.012,50.
E	25%	50%, ou seja, 25% a mais, sendo 2% para compor a cota de A, num total de 27%.	Para igualar sua condição com os demais, deve-se considerar que deveria ter pago 27%. Restam-lhe 23%. Receberá 23% de 74.000,00, ou seja, 17.020,00.	E receberá 6.012,50.
Total	100%	174%, sendo 74% a mais, representados, como exemplo, por R$ 74.000,00.		

c) *Direito de regresso entre devedores solidários garantidores uns dos outros*

Se as massas são garantidoras umas das outras, respeitar-se-á a ordem das obrigações (art. 127, § 4º), como ocorre, por exemplo, na emissão de uma nota promissória, circulando e possuindo dois outros endossantes, além do sacador. O último endossante, C, exercerá o direito de ser ressarcido por B ou A, e B, por sua vez, somente poderá valer-se contra o sacador A. Sendo todos falidos e tendo o credor por dívida solidária, D (portador do título), habilitado o valor integral em todas as massas, recebendo integralmente o débito, em cotas pagas por algumas massas devedoras ou por uma delas, o direito de regresso de umas para com as outras massas respeitará a posição do garantidor, na ordem que o título lhes confere.

Considerando-se um título de R$ 100.000,00 e tendo o credor recebido da massa de C parte desse valor, num total de 60.000,00, e da massa de A um total de 40.000,00, haverá os seguintes direitos de regresso: C, valendo-se de seu direito de regresso, exerce-o contra a massa de B pela importância de 60.000,00, e este, pagando, sub-roga-se no direito de cobrá-lo da massa de A, devedora principal do título.

É possível a ocorrência de pagamento além do devido. Tendo-se habilitado em todas as três massas, o credor veio a receber 20.000,00 da massa de C, 20.000,00 da massa de B e 85.000,00 da massa do emitente A, num total de 125.000,00, vinte e cinco mil a mais do que lhe era devido. A restituição dar-se-á com respeito à ordem dos garantidores: a massa de C receberá 20.000,00 e estará plenamente ressarcida pelo que pagou; a massa de B receberá 5.000,00 e lhe restarão 15.000,00 para exercer seu direito contra o emitente do título (A).

19.8.4. Cobrança de uma massa devedora de obrigação solidária por outra

Nas hipóteses acima, verifica-se que uma massa solidária devedora que pague parte ou a totalidade da dívida pode cobrar a dívida da outra massa sempre que houver direito de regresso. Há casos em que a dívida interessa somente àquela massa falida, inexistindo, portanto, esse direito. É o que ocorre com a massa falida, emitente singular de nota promissória, que paga a dívida na sua integralidade ou com a massa falida, avalizada de outra, que paga o valor total do débito.

Havendo direito de regresso, este é incluído entre os créditos devidos pela massa acionada, devendo integrar o quadro geral de credores da massa devedora. Nessa hipótese e na de recebimento de restituição de excesso, o valor devolvido pelo credor, bem como a restituição em dobro, é admitido como dívida da massa, anteriormente classificada, nos termos do art. 124, § 2º, III, do Decreto-Lei n. 7.661/45, sob a rubrica de obrigação proveniente de enriquecimento indevido da massa. No atual estágio legislativo devem ser admitidas como créditos extraconcursais e incluídas entre os créditos arrolados no art. 84, V.

19.8.5. Direitos de codevedores solventes

A Lei Falimentar contempla o direito dos coobrigados solventes e dos garantes do devedor ou dos sócios ilimitadamente responsáveis habilitarem "o crédito correspondente às quantias pagas ou devidas, se o credor não se habilitar no prazo legal" (art. 128).

O direito dos coobrigados solventes e dos garantes da obrigação é de sub-rogação dos direitos do credor que dele recebeu o crédito.

Duas observações são necessárias.

Primeira: o devedor solvente que desembolsar quantias superiores às admitidas na falência, por verbas indevidas, somente poderá habilitar-se até o montante admitido pela Lei Falimentar. São exemplos de créditos que não são admitidos na falência: (a) os do art. 5º, já estudados acima; (b) os juros cobrados após a falência, em razão de sua cobrança estar suspensa (art. 124); (c) a diferença da taxa de câmbio entre a data da falência e a efetiva data do pagamento do crédito em moeda estrangeira (art. 77 – veja-se o item 19.4.2).

Segunda: sua habilitação é condicionada à não habilitação do crédito pelo credor originário, no prazo legal. Neste caso e no anterior – ação regressiva de uma massa solidária pela outra – o direito ao crédito é posterior ao do credor originário. Essa exigência tem a finalidade de evitar que uma dentre as massas falidas solidárias, coobrigados solventes ou garantes se tornem concorrentes com o próprio credor originário na massa falida acionada, disputando com ele sobre os mesmos bens garantidores de seu pagamento ainda não integralizado. A regra, mais uma vez, decorre do direito comum (CC, art. 351): "O credor originário, só em parte reembolsado, terá preferência ao sub-rogado, na cobrança da dívida restante, se os bens do devedor não chegarem, para saldar, inteiramente, o que a um e outro dever".

19.9. Direitos dos credores na condução da falência

O credor admitido na falência, com a inclusão de seu crédito, passa a dispor de alguns direitos, entre outros:

a) verificar os livros do falido (art. 22, III, *a*). No direito anterior, a regra era mais explícita: examinar, em qualquer tempo, os livros e papéis do falido e da administração da massa, independentemente da autorização do juiz (LF45, art. 30, III). Em ambos os casos há o afastamento do princípio da inviolabilidade dos livros, facultando aos credores examinarem por inteiro (exibição total) os livros contábeis depositados pelo falido em cartório;

b) integrar, com direito a voto nas deliberações, a assembleia geral pessoalmente ou representado por mandatário ou representante legal, desde que entregue ao administrador judicial, até vinte e quatro horas antes da data prevista no aviso de convocação, documento hábil que comprove seus poderes ou a indicação das folhas dos autos do processo em que se encontre o documento (art. 37, § 4º);

c) interpor recursos, no interesse de seu crédito;

d) promover a execução individual de seu crédito, após o encerramento da falência, se o título não estiver prescrito, direito que obriga ao administrador judicial, na apresentação do relatório final, indicar, entre outras informações, as responsabilidades com que continuará o falido (art. 155). O ideal[3] é que obedeça ao quanto preconizava o art. 133 da lei anterior, para facilitar a expedição de certidão aos interessados, incluindo acerca de cada um: (1) a quantia por que foi admitido; (2) quanto pagou a massa em rateio; e (3) quanto ficou o falido a dever-lhe na data do encerramento da falência.

O direito de fiscalizar a administração da massa, que lhe era reservado pelo art. 30, II, do Decreto-Lei n. 7.661/45, passa a ser exercido pelo Comitê de Credores, a quem compete, nos termos do art. 27, I, da nova lei: (a) fiscalizar as atividades e examinar as contas do administrador judicial; (b) zelar pelo bom andamento do processo e pelo cumprimento da lei; (c) comunicar ao juiz, caso detecte, violação dos direitos ou prejuízo aos interesses dos credores; (d) apurar e emitir parecer sobre quaisquer reclamações dos interessados; (e) requerer ao juiz a convocação da assembleia geral de credores; (f) manifestar-se nas hipóteses previstas na lei.

Era expresso na LF45 (art. 30, I) o direito de o credor intervir, como assistente, em qualquer ação ou incidente em que a massa fosse parte ou interessada. Mantido o instituto nos arts. 119-120 do Código de Processo Civil de 2015, persiste o direito de o credor intervir no processo para auxiliar a massa falida, na qualidade de terceiro, visando valer direito da massa. Contudo, o credor, ao pleitear sua inclusão nos autos, deve demonstrar in-

---

[3] BRASIL, STJ, REsp n. 2.923/PR, Rel. Min. Sálvio de Figueiredo Teixeira, j. 12-3-1991: "Nos termos do art. 133 da lei de quebra, o título hábil para a execução do saldo reclama certidão da qual constem explicitamente os elementos ali previstos". REsp n. 3.500/RJ, j. 18-9-1990. Voto do Ministro Fontes de Alencar: "Mesmo que se admita como regra que a sentença de habilitação de crédito em concordata, posteriormente transformada em falência, tenha cunho declaratório, nada obsta a utilização de via executiva para a cobrança do resíduo do crédito que não fora pago quando do encerramento da falência. Pelo saldo não pago na falência pode o credor executar no Juízo cível, sendo título hábil, a certidão em que conste a quantia por que foi admitido o credor".

teresse *jurídico*. O simples fato de ser credor do devedor em ação condenatória pleiteada por terceiro não lhe faculta o exercício desse direito, sendo indispensável aquela demonstração, conforme anotam Nelson Nery Junior e Rosa Maria Andrade Nery (2015:535-536): "Há interesse jurídico do terceiro quando a relação jurídica da qual seja titular possa ser *reflexamente* atingida pela sentença que vier a ser proferida entre assistido e parte contrária. (...) O interesse meramente econômico ou moral não enseja a assistência, se não vier qualificado como interesse também jurídico".

Se admitido, o credor exercerá os mesmos direitos do assistido e sujeitar-se-á aos ônus processuais deste.

Capítulo 20

EFEITOS JURÍDICOS DA SENTENÇA DECLARATÓRIA EM RELAÇÃO AO FALIDO E AOS ADMINISTRADORES E LIQUIDANTES

Sumário: 20.1. Obrigações impostas ao falido. 20.2. Obrigações consistentes em entrega. 20.2.1. Entrega dos livros obrigatórios. 20.2.2. Entrega dos bens, papéis, documentos e senhas. 20.3. Obrigações consistentes em atos de fazer, impostos ao falido. 20.3.1. A declaração do art. 104, I. 20.3.2. Obrigação de colaborar com o ágil processamento da falência. 20.4. Restrição ao livre direito de ausentar-se da comarca. 20.5. Extensão das obrigações. 20.6. Remuneração do falido. 20.7. Restrições de direitos. 20.8. Direitos atribuídos ao falido.

20.1. Obrigações impostas ao falido

Estabelece o art. 104 da Lei de Recuperação Judicial e Falências que a decretação da quebra impõe ao devedor falido obrigações e restrições de natureza pessoal. Entre as obrigações, aqui conceituadas como "situação jurídica, que tem por fim uma ação ou abstenção de valor econômico ou moral, cuja realização devem certas pessoas assegurar" (afirmação de Clóvis Beviláqua (1975, 2:9), citando Demogue), encontram-se as: (1) de entregar bens, livros e papéis; (2) de fazer, limitadas a auxiliar o Juízo, visando o bom e ágil andamento do processo falimentar; e (3) de se abster de ato, consistente em não se ausentar do domicílio falimentar. No rol das restrições cita-se, como exemplo, a perda de sua capacidade processual – *legitimatio ad causam* – em relação aos bens e interesses patrimoniais pertencentes à massa, cabendo ao administrador judicial exercê-la em nome desta.

20.2. Obrigações consistentes em entrega

Desde a abertura da falência, o falido – empresário individual ou sociedade empresária – se obriga à entrega de bens e documentos relativos à empresa:

a) o art. 104, II, impõe-lhe a entrega dos seus livros obrigatórios e demais instrumentos de escrituração ao administrador judicial, para encerramento; e

b) o art. 104, V, determina a entrega dos bens, papéis e documentos, senhas de acesso a sistemas contábeis, financeiros e bancários ao administrador judicial, indicando-lhe, ainda, os que estejam em poder de terceiros.

Percebe-se, pelos dispositivos mencionados, que podem ser dois os momentos discriminados pela lei para que o falido, pessoa natural e os administradores, gerentes, diretores ou liquidante da pessoa jurídica falida cumpram as obrigações impostas: o do comparecimento para as declarações perante o administrador judicial e o da efetiva entrega para a arrecadação, de livros, documentos e bens. A lei não é clara, nem impõe sanção para a hipótese de não entrega quando do comparecimento para as declarações do art. 104 e nem mesmo exige que a entrega dos livros obrigatórios (inciso II) e dos bens, papéis, documentos, senhas etc. (inciso V) se faça em uma única oportunidade.

Apenas no tocante à entrega da relação de credores, em arquivo eletrônico, há a exigência de que deve ser feita "no dia em que prestar as declarações referidas no inciso I do *caput* deste artigo".

Melhor nos parece, para cumprimento dos princípios da celeridade e da economia processual que a lei claramente determinasse um único dia para o cumprimento das obrigações de comparecimento e de entrega de livros, bens, senhas, relação de credores e documentos.

20.2.1. Entrega dos livros obrigatórios

A primeira obrigação do devedor consiste em assinar o termo de comparecimento perante o administrador judicial, em dia e hora designado no prazo não superior a 15 (quinze) dias após a declaração de falência e declarar quais foram as causas da falência e outras informações pertinentes (art. 104, I).

A LREF, na redação original, indicava que nesse dia o devedor deveria depositar os livros obrigatórios (art. 104, II). A LREF-20 não reproduziu a redação original, que determinava "depositar em cartório, no ato de assinatura do termo de comparecimento, os seus livros obrigatórios (...) e alterou esse dispositivo para somente impor ao falido a obrigação de "entregar ao administrador judicial os seus livros obrigatórios e os demais instrumentos de escrituração pertinentes, que os encerrará por termo", sem indicar em que momento esse dever deveria ser cumprido.

Livros obrigatórios são aqueles mencionados no item 8.2.1.1, *b*. Diferenciam-se dos livros facultativos ou auxiliares. Os livros apresentados na tabela abaixo são todos os utilizados pelo empresário, sejam obrigatórios, auxiliares ou decorrentes de leis não comerciais, tais como os fiscais e trabalhistas: os primeiros são aqueles cuja escrituração é imposta ao empresário, sob pena de sanções administrativas, processuais ou penais; os segundos, aqueles em que a omissão de escrituração não implica qualquer sanção; e, os terceiros, impostos pela fiscalização do Estado.

Subdividem-se os livros obrigatórios em comuns e especiais, conforme sejam destinados a todos os empresários ou a uma determinada categoria destes. Em um breve quadro-resumo ter-se-á:

LIVROS DO EMPRESÁRIO

Obrigatórios

Comum:

Livro Diário

Especiais:

Exemplos:

Livro de Registro de Duplicatas (art. 19 da Lei n. 5.474/68).

Para as sociedades por ações, a lei exige, conforme o caso, a adoção de livros especiais para o registro de valores mobiliários e para o registro dos atos de administração:

a) Livros exigidos para o registro de valores mobiliários, quando a sociedade for emissora desses títulos:

Livro de Registro de Ações Nominativas (art. 100, I, da Lei n. 6.404/76).

Livro de Transferência de Ações Nominativas (art. 100, II, da Lei n. 6.404/76).

Livro de Registro de Partes Beneficiárias Nominativas (art. 100, III, da Lei n. 6.404/76).

Livro de Registro de Transferência de Partes Beneficiárias Nominativas (art. 100, III, da Lei n. 6.404/76).

b) Livros exigidos para o registro de atos de administração, para alguns casos, quando a sociedade adotar a forma de administração respectiva:

Livro de Atas das Assembleias Gerais (art. 100, IV, da Lei n. 6.404/76).

Livro de Presença dos Acionistas (art. 100, V, da Lei n. 6.404/76).

Livro de Atas das Reuniões do Conselho de Administração (art. 100, VI, da Lei n. 6.404/76).

Livro de Atas das Reuniões da Diretoria (art. 100, VI, da Lei n. 6.404/76).

Livro de Atas e Pareceres do Conselho Fiscal (art. 100, VII, da Lei n. 6.404/76).

Facultativos:

O empresário pode, querendo, adotar o Livro Caixa, o Contas Correntes, o Copiador de Cartas, Razão, Obrigações a Pagar e a Receber etc., ou criar novos livros, visando facilitar a administração de sua atividade mercantil. São também chamados livros auxiliares ou facultativos, constantes da expressão legal: "livros e papéis adequados, cujo número e espécie ficam a critério do comerciante".

Livros obrigatórios não empresariais

Trabalhista:

Registro de Empregados.

Fiscais:

Entrada e Saída de Mercadorias.

Apuração de ICMS.

Apuração de IPI.

Registro de Inventário.

O Livro Diário é o único comum a todos os empresários. Assim, no mínimo, o Livro Diário – ou aquele que adotar o microempresário (item 8.2.1.1. *b*) – será exigido quando do comparecimento do falido. A lei utiliza-se da expressão no plural "os seus livros obrigatórios", caracterizando tratar-se de todos os livros obrigatórios que o falido dispuser e não apenas o que se encontra aberto e em uso naquele momento. O falido pode possuir os Livros Diários numerados sequencialmente (1, 2, 3, 4 etc.), dependendo da extensão de seus negócios e, nesse caso, deve apresentar todos os que estiverem disponíveis, facilitando a arrecadação de bens e o conhecimento de suas principais atividades ao longo do exercício de sua empresa. A importância desse fato é de meridiana clareza: a escrituração pode apenas indicar aquisições de bens realizadas há anos, escrituradas em livros já encerrados, ou, como muitas vezes ocorre, descrever contratos ainda em via de execução.

A regularização dos livros depende de sua autenticação em uma unidade da Junta Comercial. Esse ato oficial, regulado pelo art. 39 da Lei n. 8.934/94, somado ao preenchimento regular, na forma exigida pelos arts. 1.183 e 1.184 do Código Civil, dá aos livros o valor de prova documental (CPC15, art. 418; CC, art. 226).

Sendo obrigatório o ato de autenticação, a Junta Comercial pode, em cada Estado da Federação, fornecer, a qualquer momento, certidão a respeito dos livros que se encontram registrados em nome dos empresários regulares. A ausência de autenticação torna imprestável, para efeito de prova, qualquer lançamento transcrito no livro empresarial.

Deixando de trazer os livros obrigatórios – exemplos: diário, duplicatas, registro de ações, registro de partes beneficiárias, atas da assembleia geral das sociedades por ações, reuniões do Conselho de Administração e outros –, o devedor pode sofrer sanções de ordem penal (arts. 104, parágrafo único, 168, § 1º, V, e 178).

Se, entretanto, os registros da Junta Comercial apontam para o não registro dos livros, não há como aplicar ao falido a sanção por desobediência, pois não se pode exigir sejam apresentados livros obrigatórios que não possuem existência legal. Maiores cuidados devem cercar o magistrado ao determinar a grave medida por falta de apresentação dos livros, devendo certificar-se de sua existência nos registros da Junta Comercial.

Certificada a inexistência de livros obrigatórios, o falido poderá sofrer sanções de natureza penal, que consistem no processo e na eventual condenação pela prática do crime previsto no art. 178, que estabelece pena de detenção entre um ano e dois anos para a omissão dos documentos contábeis obrigatórios. O art. 168 prevê, ainda, causa de aumento de pena fixada entre um sexto e um terço, por fraude aos credores, considerando tenha ou não havido movimentação de recursos ou valores em contabilidade paralela.

20.2.2. Entrega dos bens, papéis, documentos e senhas

O devedor deve entregar ao administrador judicial (art. 104, V) *todos* os demais livros de que dispuser: os facultativos, também chamados auxiliares, e os fiscais. Igualmente, a Junta Comercial possui, em seu banco de dados, informações sobre os livros facultativos levados a registro, e, em relação aos livros fiscais, além da informação daquela instituição, o juiz pode determinar busca nos órgãos da Secretaria da Fazenda Estadual e do Ministério da Fazenda.

A omissão do falido em cumprir a ordem legal de entrega de seus livros pode motivar nova intimação e processo por crime de desobediência (art. 104, parágrafo único).

Valendo-se das informações de que dispuser nos autos, tais como as declarações do próprio falido, seu comportamento na fase pré-falimentar, as dificuldades dos grandes centros etc., o juiz poderá fixar prazo para o devedor entregar os livros e papéis, observando-se que a agilidade na falência é um dos princípios que permeiam o processo executório falimentar. Essa constatação se extrai dos variados prazos processuais limitados a horas que se encontram dispersos no texto falimentar, como se observa, por exemplo, nos dispositivos que se referem a atos e diligências impostos ao juiz, ao devedor, credores, Comitê de Credores e administrador judicial:

PRAZO DE 24 HORAS	
Art. 30, § 3º	Para o juiz proferir decisão em requerimento de substituição do administrador judicial ou dos membros do Comitê nomeados em desobediência aos preceitos legais.
PRAZO DE 48 HORAS	
Art. 33	Para o administrador e os membros do Comitê de Credores assinarem o termo de compromisso.
Art. 37, § 7º	Para a entrega ao juiz da lista de presença e da ata da reunião da assembleia geral.

Art. 88	Para a entrega de coisa pertencente a terceiro, após julgamento de ação de restituição.
Art. 143	Para quaisquer credores, devedor ou Ministério Público impugnarem alienação judicial.
PRAZO DE 72 HORAS	
Art. 65	Para o juiz convocar nova assembleia geral, após recusa ou impedimento do gestor indicado.

Estando todos os elementos disponíveis no processo (certidão sobre os livros registrados na Junta Comercial e nos órgãos da Fazenda Pública), o prazo judicial concedido para o cumprimento da obrigação prevista no art. 104, V, não pode ser superior ao do inciso I, quinze dias. A imposição de trazer os livros e papéis em cartório não envolve qualquer dificuldade, uma vez que o empresário – individual ou coletivo – é obrigado, independentemente do evento falimentar, a conservar em boa guarda toda escrituração, correspondência e mais papéis concernentes à sua atividade, enquanto não ocorrer prescrição ou decadência no tocante aos atos neles consignados (CC, art. 1.194). Essa determinação é antiga, prevista no art. 4º do Decreto-Lei n. 486/69.

20.3. Obrigações consistentes em atos de fazer, impostos ao falido

O processo falimentar é de natureza complexa, envolvendo atos de administração; atos processuais em ações de natureza diversa; atos de arrecadação, conservação, avaliação e venda de bens; atos declaratórios de verificação de créditos; atos de fiscalização, de execução, de decisão sobre contratos pendentes etc. Dependendo da complexidade dos contratos firmados e da extensão dos negócios do falido, o trabalho exige frequente assessoria e consulta por parte do administrador judicial, do Ministério Público, do juiz e dos credores aos antigos administradores da empresa falida.

O art. 104 arrola sete atos impostos ao devedor falido que ensejam sua intervenção pessoal, consistindo em comparecer para declarações iniciais, estar presente aos atos falimentares, prestar informações, auxiliar o administrador judicial, examinar declarações de crédito, assistir ao exame de livros e, ainda, verificar e dar parecer sobre as contas do administrador. Dessas, sobressai a primeira, que será objeto de exame mais acurado.

20.3.1. A declaração do art. 104, I

De suma importância é a declaração pessoal do falido, ou dos representantes legais da sociedade falida, acerca das matérias arroladas no art. 104, I:

a) A declaração das causas determinantes da falência, quando houver sido requerida pelos credores. A ressalva é de fácil entendimento: ao requerer sua própria falência, o devedor traz, no pedido, entre os fundamentos, as causas que julga determinantes de seu estado falimentar (art. 105). O interesse jurídico em conhecer essas causas decorre da necessidade de se apurar, entre outros fatos, na falência, a existência ou não de dolo na conduta do falido, caracterizando crime previsto na Lei Falimentar, com responsabilização pessoal do devedor, administrador ou sócio da sociedade falida.

b) O nome e endereço de todos os sócios, acionistas, controladores, diretores ou administradores, apresentando o contrato ou estatuto social e a prova do respectivo registro, bem como suas alterações. Declaração nesse sentido somente é indispensável quando as informações colhidas no órgão de Registro de Empresa (Junta Comercial) forem incompletas ou insatisfatórias. O silêncio do falido individual ou do administrador da sociedade pode ser facilmente suprido por requisição dos atos constitutivos da empresa e certidão do órgão de registro.

c) O nome do contador encarregado da escrituração dos livros obrigatórios. A escrituração contábil é essencial à organização da vida empresarial, e a identificação de seu responsável facilitará a busca de informações necessárias ao conhecimento dos negócios do falido, auxiliando, eventualmente, na obtenção de outros documentos que estejam fora do estabelecimento comercial do devedor, em poder desse profissional. A responsabilidade desse técnico pode abranger atos ilícitos, que serão objeto de análise no inquérito. O Código Civil regulamenta a atividade do contabilista e de outros auxiliares, explicitando que os assentos contábeis, salvo demonstração de má-fé, reputam terem sido efetuados pelo preponente. Em regra, o preposto age com autorização e sob as ordens do preponente, ficando, diante deste, pessoalmente responsável pelos atos culposos que praticar no exercício de suas funções. Perante terceiros o preposto somente responde, solidariamente com aquele, se o ato de sua parte foi feito com dolo (CC, art. 1.177, parágrafo único).

d) Os mandatos que porventura o devedor tenha outorgado, indicando o seu objeto e o nome e endereço do mandatário. Os mandatos negociais cessam com a falência e os de representação judicial permanecem em vigor (art. 120) e somente serão revogados pelo administrador judicial, a quem agora os mandatários passam a sujeitar-se à prestação de contas. É essencial, portanto, que o administrador judicial venha a conhecer, desde logo, quais são os negócios sob intervenção do mandatário, seus resultados e a conveniência em mantê-los ou revogá-los. Além disso, os mandatários respondem pelos prejuízos causados à massa, em caso de excesso de poderes ou prática de fraude. É possível, ainda, que bens da massa estejam em poder desses procuradores, que devem ser intimados à arrecadação.

e) Quais os seus bens imóveis, e quais os móveis, que não se encontram no estabelecimento. A arrecadação é realizada onde quer que estejam os bens do falido e, portanto, extrapola os limites dos estabelecimentos empresariais do devedor, podendo abranger locais fora desses e bens em poder de terceiros.

f) Se faz parte de outras sociedades, exibindo, em caso afirmativo, o respectivo contrato. A declaração visa o cumprimento do art. 123, ou seja, à arrecadação de eventuais participações do devedor falido ou da sociedade falida em outras sociedades simples ou empresárias. Em caso afirmativo, sua participação será apurada conforme o contrato da sociedade ou, na omissão, judicialmente. Se a sociedade tiver que se liquidar (sociedade com dois sócios, por exemplo), somente após o pagamento de seus credores é que o montante apurado entrará para a massa.

g) Suas contas bancárias, aplicações, títulos em cobrança e processos em andamento em que for autor ou réu. Estas informações visam dar celeridade à fase informativa do processo falimentar, facilitando o trabalho de arrecadação de todos os bens e a defesa nos processos em andamento, mas não substituem as diligências que o administrador deve realizar no curso do processo.

Independentemente das declarações prestadas pelo devedor, inserem-se entre os deveres do administrador judicial requisitar informações do sistema bancário e dos cartórios distribuidores existentes nos locais da sede e filiais da empresa falida e, ainda, levantar, na escrituração apresentada, os elementos necessários à exata configuração do ativo e do passivo do falido.

A declaração perante o Juízo falimentar deve ser prestada tão logo o falido – empresário individual, ou, no caso de sociedades empresariais, os sócios com poderes gerenciais, ou, em se tratando de sociedade em liquidação, os sócios liquidantes – tome conhecimento da sentença declaratória de falência. Normalmente, como se afirmou acima, o mandado de intimação da sentença declaratória menciona essa obrigação.

20.3.2. Obrigação de colaborar com o ágil processamento da falência

Em outra classe de obrigações estão as exigências de colaboração do falido aos atos de sindicância e verificação dos créditos: comparecer a todos os atos falimentares (art. 104, IV); prestar informações ao administrador judicial, juiz, membro do Ministério Público e credores (inciso VI); auxiliar o administrador com zelo e presteza (inciso VII); examinar as declarações de crédito apresentadas (inciso VIII); assistir ao levantamento e à verificação do balanço e exame dos livros (inciso IX); manifestar-se sempre que for determinado pelo juiz (inciso X); apresentar ao administrador judicial a relação de seus credores, em arquivo eletrônico, no dia em que prestar as declarações de falido (inciso XI) e examinar e dar parecer sobre as contas do administrador judicial (inciso XII).

A agilidade da apuração falimentar impõe as obrigações acima, no interesse de toda a massa de credores, que, submetida ao processo de execução coletiva, não pode ver-se ainda mais sobrecarregada pelo descaso e negligência do falido ou dos administradores da sociedade falida. Sua ausência ou omissão no cumprimento dos deveres onera a administração da falência, seja na arrecadação dos bens onde quer que se encontrem, na correta configuração do quadro geral de credores, seja na defesa dos interesses da massa falida nos procedimentos em que esta se encontre em litígio. A morosidade na busca de bens arrecadáveis, de provas e de elementos que apurem as causas falimentares implica dilação injustificada dos atos falimentares, com grave prejuízo não somente à comunidade de credores, mas à estabilidade do crédito público e ao custo do processo judicial, envolvendo recursos públicos, que ficam comprometidos com o pagamento dos profissionais da Justiça, e à ampliação de verbas para o atendimento da demanda.

Saber se um crédito foi pago nem sempre é tarefa fácil, diante de uma contabilidade com lançamentos há muito atrasados. Encontrar bens que não estão depositados no estabelecimento empresarial, por força de contratos cujos instrumentos não foram entregues em cartório, requer verdadeira investigação. Localizar bens móveis que no momento da quebra se encontram locados ou arrendados em poder de terceiro; levantar a lista de devedores, cujos títulos caminham para a prescrição; providenciar mão de obra para remoção de máquinas e equipamentos que foram desviados do estabelecimento principal; administrar a colheita de frutos da estação em glebas rurais pertencentes ao falido ou à sociedade falida; definir a melhor estratégia para os contratos bilaterais, cumprindo-os ou não. Todos esses atos envolvem a participação do falido. Sua presença, fornecendo elementos informativos e documentos, agiliza o andamento da execução coletiva e permite que os credores tenham prejuízo menor do que certamente sofrerão com a dilação interminável do prazo de encerramento da falência.

Decorre dessa extensa lista exemplificativa de atribuições a imposição da Lei Falimentar em determinar que o falido se faça presente a todos os atos da falência (art. 104, IV).

A omissão do devedor no cumprimento de algumas dessas obrigações pode não gerar maiores dificuldades à massa falida, mas impõe ao próprio falido a sanção processual correspondente a essa omissão. Deixando, por exemplo, de examinar as declarações de crédito ou de analisar e dar parecer sobre o crédito e as contas do administrador, estará impedido de mostrar seu inconformismo contra eventual resultado ou decisão prejudiciais decorrentes desses atos.

Em relação às demais obrigações, sua omissão retarda o andamento processual e, dependendo da gravidade, pode acarretar-lhe processo por crime de desobediência (art. 104, parágrafo único).

20.4. Restrição ao livre direito de ausentar-se da comarca

Pelo mesmo fundamento das primeiras obrigações estudadas, motivadas pela necessidade de ágil processamento do processo, e como corolário de sua obrigação em comparecer aos atos judiciais, encontra-se a obrigação de não se ausentar (art. 104, III) do lugar onde se processa a falência. Essa restrição é imposta ao falido empresário individual, ou, nas sociedades, aos sócios-gerentes ou aos sócios liquidantes. Para deixar os limites do território jurisdicional do juiz competente, essas pessoas devem solicitar autorização ao magistrado, mediante petição escrita, justificando sua necessidade. Em decorrência das obrigações impostas para com o administrador judicial, credores e membro do Ministério Público (art. 104, VI e VII), estes devem ser ouvidos sobre o pedido antes de proferido o despacho de autorização.

De forma distinta o STJ decidiu: "As disposições dos artigos 34, III, da Lei n. 7.661/1945, e 104, III, da Lei n. 11.101/2005 estabelecem restrição à liberdade de locomoção do falido visando resguardar os interesses da massa falida, no sentido de não prejudicar o andamento do feito judicial com a ausência daquele. Todavia, a Lei n. 11.101/2005 adotou uma posição mais branda em relação à lei anterior, porquanto não mais se exige que o falido requeira ao Juízo autorização para ausentar, mas tão somente comunique a ele tal ausência, que deve ser motivada" (STJ, 4ª Turma, HC 92.327-RJ, rel. Min. João Otávio de Noronha, j. 25-3-2008, maioria, *BSTJ*, 12/63). Há, contudo, no nosso entender, dificuldade de harmonizar a obrigação de o devedor comparecer a todos os atos falimentares e outras tantas obrigações que a lei lhe impõe (art. 104, IV e s.) com a mera comunicação de ausência. Se sua ausência não for conveniente ao bom andamento do processo falimentar, o magistrado tem o dever de indeferir a pretensão do devedor; desse raciocínio resulta concluir não se tratar de mera comunicação, mas de pedido de autorização.

20.5. Extensão das obrigações

As obrigações impostas ao devedor individual, pessoa natural, são estendidas às sociedades, que, por serem criações legais, serão representadas, nas sociedades denominadas de pessoas, pelos diretores designados nos respectivos contratos sociais, e, nas sociedades de capitais, pelos administradores designados nos estatutos ou atas de assembleia, quais sejam: os diretores, os membros do conselho de administração, os membros da diretoria e os membros do Conselho Fiscal, quando constituídos esses órgãos.

Dessa forma, dependendo do tipo societário, a representação legal cabe:

a) na sociedade em nome coletivo, aos sócios indicados e, na omissão do contrato, a todos os sócios (CC, arts. 1.013, 1.040 e 1.042);

b) na sociedade em comandita simples, aos sócios indicados no contrato social e, na omissão, a todos os sócios comanditados (CC, arts. 1.103 e 1.046);

c) na sociedade limitada, aos designados no contrato ou em ato separado (CC, art. 1.060);

d) na sociedade em comandita por ações, aos sócios comanditados, denominados administradores (LSA, art. 282).

Nas sociedades por ações há um número maior de pessoas que devem ser ouvidas e se obrigam a cooperar para o bom andamento da falência. Naquelas em que aparece a figura do acionista controlador, ele deve comparecer para os fins do art. 104. Esse acionista é definido como a "pessoa natural ou a pessoa jurídica ou o grupo de pessoas vinculadas por acordo de voto ou sob controle comum que, cumulativamente, é titular de direito de sócio que lhe assegure, de modo permanente, a maioria dos votos nas deliberações da assembleia geral e o poder de eleger a maioria dos administradores da companhia e, ainda, use efetivamente seu poder para dirigir as atividades sociais e orientar o funcionamento dos órgãos da companhia" (LSA, art. 116).

Se o acionista controlador for uma pessoa natural ou um grupo de pessoas naturais, nenhuma dificuldade existe para sua identificação e chamamento; entretanto, em se tratando de acordo de acionistas ou de pessoa ou pessoas jurídicas, a identificação torna-se mais complexa, e o chamamento pode envolver as várias pessoas naturais que assinaram o acordo de acionistas e os diversos representantes das pessoas jurídicas vinculadas a esse acordo.

É possível, ainda, que a administração da sociedade por ações seja atribuída a um conselho de administração e a um órgão colegiado de diretoria ou somente a uma diretoria. Seus membros serão intimados para o cumprimento das obrigações do art. 104. Igualmente, os membros do conselho fiscal, nas sociedades que o constituíram, são considerados administradores e devem ser chamados para a mesma finalidade.

Nas sociedades em liquidação judicial ou extrajudicial, ou naquelas que estiverem sob regime de intervenção ou especial de administração temporária (RAET), além dos últimos administradores, cumprirão as obrigações impostas pelo art. 104 o liquidante judicial ou extrajudicial e o interventor, os quais, certamente, poderão fornecer subsídios que levarão à correta apuração das causas da falência e, eventualmente, elementos que contribuam para a responsabilização pessoal de natureza civil ou penal por atos na administração das sociedades.

Na falência do espólio, o cumprimento das obrigações é atribuído ao inventariante.

20.6. Remuneração do falido

O texto legal anterior cuidava de certos detalhes de cunho humanitário, estabelecendo regras que atendessem não apenas às necessidades alimentares do devedor, empresário individual, como também se tornassem instrumentos de agilização do processo falimentar.

A regra do art. 38 do Decreto-Lei n. 7.661/45 – arbitramento de remuneração ao falido – tinha caráter de assistência alimentar, embora houvesse autores que discordavam dessa natureza. Trajano de Miranda Valverde afirmava: "(...) não se trata de socorro, auxílio ou pensão alimentar. Mas, sem dúvida, de pagamento de serviços, embora decorram estes das obrigações ou deveres, que a lei impõe ao falido" (1999, 1:275). Se correto o entendimento, mesmo possuindo recursos suficientes para sua manutenção e a de sua família, a remuneração do falido seria de rigor, não podendo o juiz negar sua fixação. Por essa razão, entendia-se que a regra fora estabelecida por razões humanitárias. Em se tratando de obrigação – o falido deve agir com diligência na execução dos deveres que a Lei Falimentar lhe impõe – nenhuma remuneração lhe é devida. Se os deveres decorrem de lei, que, em caso de não cumprimento, impõe sanções civis e até mesmo a prisão do falido, como atribuir à remuneração outro propósito que não a causa humanitária?

A Lei n. 11.101, de 2005, não trata da matéria e não prevê a autorização para tais despesas. Se, entretanto, a assistência foi concedida sob a égide do diploma anterior, o juiz não deve revogá-la porque os processos ajuizados anteriormente regem-se pelo Decreto-Lei n. 7.661/45 (LREF, art. 192). É a aplicação do princípio *tempus regit actum.*

20.7. Restrições de direitos

A falência sujeita inúmeros deveres que, como visto neste capítulo, implicam o comparecimento do falido em Juízo, a entrega de livros, papéis e bens e a abstenção de se retirar dos limites do território jurisdicional. Além dessas obrigações e restrições, a falência traz como consequência certas limitações de direitos que qualquer pessoa – natural ou jurídica – normalmente possui. São elas restritas temporalmente ao período falimentar:

a) a livre administração e disposição de seus bens (art. 103);

b) perda da *legitimatio ad causam* para as ações que interessarem a esses mesmos bens (art. 76, parágrafo único);

c) o exercício da tutela e da curatela (CC, arts. 1.735, I, e 1.774);

d) o exercício da empresa (art. 102);

e) o exercício da profissão de corretor de seguros (art. 3º, *d*, da Lei n. 4.594, de 29-12-1964);

f) o exercício da profissão de corretor de navios (art. 20 do Decreto n. 20.881, de 30-12-1931);

g) o exercício da profissão de leiloeiro (art. 3º, *c*, do Decreto n. 21.981, de 19-10-1932);

h) perda do direito de sigilo de seus livros (art. 104, II) e de sua correspondência no que se referir a assunto de interesse da massa (art. 22, III, *d*).

As restrições pessoais aumentam se houver condenação por crime falimentar, impedindo o devedor de exercer algumas outras profissões, tais como:

a) empresário, administrador ou fiel de armazéns-gerais (art. 1º, § 5º, do Decreto n. 1.102, de 1903);

b) administrador de sociedade por ações (LSA, art. 147, § 1º);

c) exercício de cargo ou função em conselho de administração, diretoria ou gerência de sociedade empresarial (art. 181, II);

d) a impossibilidade de gerir empresa por mandato ou por gestão de negócio (art. 181, III).

20.8. Direitos atribuídos ao falido

O falido dispõe de instrumentos para a defesa de seus interesses na falência, entre os quais destacam-se os expressamente indicados na Lei Falimentar: a) apresentar impugnação contra a relação de credores (art. 8º); b) participar da assembleia geral de credores, sem direito a voto (art. 43); c) manifestar-se nos autos de restituição (art. 87, § 1º); d) requerer o levantamento de sua inabilitação para a atividade empresarial (art. 102, parágrafo único); e) fiscalizar a administração da massa (art. 103, parágrafo único); f) requerer providências conservatórias de seus direitos ou dos bens arrecadados (art. 103, parágrafo único); g) intervir como assistente, nos processos em que a massa seja parte ou interessada, e interpor os recursos cabíveis (art. 103, parágrafo único); h) acompanhar a arrecadação e a avaliação (art. 108, parágrafo 2º); i) receber o saldo, se houver, após pagos todos os credores (art. 153); j) requerer a extinção de suas obrigações (art. 159).

Capítulo 21

EFEITOS JURÍDICOS DA SENTENÇA DECLARATÓRIA EM RELAÇÃO AOS BENS DO EMPRESÁRIO INDIVIDUAL FALIDO E DOS SÓCIOS DA SOCIEDADE FALIDA

Sumário: 21.1. Hipóteses de desapossamento. 21.2. Natureza jurídica do desapossamento. 21.3. Extensão do desapossamento. 21.4. Exceções à regra. 21.4.1. Os bens inalienáveis e os declarados, por ato voluntário, não sujeitos a execução. 21.4.2. Os frutos e os rendimentos dos bens inalienáveis. 21.4.3. Os vestuários e pertences. 21.4.4. Os vencimentos, subsídios e remunerações diversas. 21.4.5. Os livros, as máquinas, os utensílios, os instrumentos ou outros bens necessários ou úteis ao exercício de qualquer profissão. 21.4.6. O seguro de vida. 21.4.7. Os materiais necessários para obras em andamento, salvo se estas forem penhoradas. 21.4.8. A pequena propriedade rural. 21.4.9. Recursos públicos recebidos por instituições privadas. 21.4.10. Quantia depositada em caderneta de poupança. 21.4.11. O patrimônio de afetação previsto na Lei n. 10.931/2004. 21.5. Tipos societários. 21.5.1. Efeitos sobre os sócios com responsabilidade ilimitada. 21.5.2. Efeitos sobre os demais sócios.

21.1. Hipóteses de desapossamento

Com a declaração de falência, o empresário é desapossado de todos os seus bens e direitos, os quais, a partir da publicação da sentença, devem ser arrecadados para formação da massa objetiva. Esse desapossamento, como se verá, não se constitui em perda do direito de propriedade, mas na privação da livre administração e disponibilidade, que persistirá até o pagamento de todos os credores e o encerramento da falência.

No sistema anterior era prevista a apreensão dos bens em momento anterior à sentença declaratória, como medida assecuratória, no curso da instrução do procedimento pré-falimentar, nas hipóteses do art. 2º do Decreto-Lei n. 7.661/45, casos em que o juiz podia determinar o arresto, de ofício ou a requerimento do credor ou do órgão do Ministério Público, conforme dispunha o art. 12, § 4º, da lei revogada.

A Lei n. 11.101/2005 é omissa, mas as medidas assecuratórias e as decorrentes do poder geral de cautela do magistrado podem ainda ser praticadas, com fundamento da legislação processual civil.

21.2. Natureza jurídica do desapossamento

Como em toda execução, o desapossamento dos bens do falido situa-se na aplicação da teoria da responsabilidade patrimonial, insculpida no art. 789 do Código de Processo Civil de 2015: "O devedor responde com todos os seus bens presentes e futuros para o cumprimento de suas obrigações, salvo as restrições estabelecidas em lei".

A partir desse conceito, afasta-se o nosso direito de teorias históricas que entendiam decorrer o desapossamento dos bens da *incapacidade do devedor* ou *de sua morte civil, da presunção da fraude*, *transferência de propriedade*, entre outras.

Para mais bem compreender o desapossamento no processo falimentar, deve-se ter em mente que o falido apenas perde a livre administração dos bens de seu patrimônio, mas não sua titularidade, decorrendo desse entendimento o direito de "fiscalizar a administração da falência, requerer as providências necessárias para a conservação de seus direitos ou dos bens arrecadados e intervir nos processos em que a massa falida seja parte ou interessada, requerendo o que for de direito e interpondo os recursos cabíveis" (art. 103, parágrafo único).

O falido, mesmo depois do término da arrecadação, pode retornar à livre administração de seus negócios com a extinção de suas obrigações (art. 102), o que pode ocorrer antes mesmo da liquidação do ativo, pelo pagamento de todos os créditos (art. 158, I).

A extinção das obrigações de forma prematura – pelo pagamento – encerra o processo falimentar (art. 159, § 3º) e o falido gozará dos mesmos direitos de que dispunha anteriormente. Trata-se, portanto, de um estado jurídico transitório.

21.3. Extensão do desapossamento

Decorre do princípio da unidade patrimonial a regra segundo a qual, ordinariamente, no direito brasileiro, o empresário, individual ou coletivo, possui apenas um patrimônio. Em se tratando de empresário individual, seu patrimônio pessoal compreende tanto os bens e direitos de uso civil como também o fundo do comércio.

Esse princípio, denominado *unidade patrimonial do devedor*, seja ele empresário ou não, vinha previsto no art. 57 do Código Civil brasileiro de 1916: "O patrimônio e a herança constituem coisas universais, ou universalidades, e como tais subsistem, embora não constem de objetos materiais".

O Código de 2002, com maior precisão técnica, definiu, no art. 91, o que vem a ser universalidade de direito ("complexo de relações jurídicas, de uma pessoa, dotadas de valor econômico"), gênero que inclui o patrimônio de uma pessoa – natural ou jurídica.

Como corolário desse dispositivo, que confere a cada pessoa um e somente um patrimônio, resultava a regra do art. 1.566 do Código de 1916, agora reproduzida pelo art. 957 do Código Civil de 2002: "Não havendo título legal à preferência terão os credores igual direito sobre os bens do devedor comum".

De tais noções acima expostas podem-se extrair algumas considerações:

(1) Cada pessoa (natural ou jurídica) tem necessariamente *um* patrimônio, mesmo que este não seja composto de coisas materiais. É um conceito ligado à personalidade.

(2) O patrimônio do empresário, conceituado como complexo de bens, direitos e obrigações, compreende o próprio estabelecimento empresarial.

(3) O patrimônio todo – isto é, *todos os direitos e bens* e não apenas o estabelecimento empresarial – é que deve responder pelas obrigações assumidas pelo empresário, seja ele individual ou coletivo.

(4) Inexiste no Direito brasileiro o conceito de patrimônio empresarial separado para pagamento de dívidas negociais.

Algumas ideias, nascidas no direito estrangeiro, propõem a criação de um patrimônio separado para o exercício da atividade empresarial. Os azares negociais seriam suportados por um patrimônio separado, utilizado exclusivamente pelo empresário na atividade mercantil.

No Brasil, Sylvio Marcondes Machado (1956:280;284), estudando as concepções jurídicas destinadas à limitação da responsabilidade do empresário individual, resume a duas as tendências jurídicas: a) a que defende a personificação da empresa individual, concluindo que "a criação legislativa da empresa individual de responsabilidade limitada, como sujeito de direito, importaria, necessariamente, na instituição de uma nova classe de pessoa jurídica de direito privado. Além disso, quanto à limitação, sua eficácia consistiria, apenas, em limitar a dívida do empresário, perante a empresa e terceiros"; b) a que propõe se considere a empresa como patrimônio: "(...) a atribuição legislativa da natureza do patrimônio separado ao almejado instituto será efeito acumulado de duas causas concorrentes, idôneas ambas para produzi-lo. Reside a primeira na universalidade de direito formado pelo complexo de relações jurídicas emergente da atividade empreendedora; a segunda consiste em circunscrever a responsabilidade patrimonial do empresário, na satisfação das relações passivas, ao limite do que constitua o ativo existente na empresa. Qualquer delas permite que o legislador imprima configuração jurídica ao fenômeno econômico, sem postergar os princípios informativos da matéria na teoria do direito privado".

Hernani Estrella (1973:246-247) critica a possibilidade de cisão do patrimônio: "Inadmite-se que o indivíduo, por ato exclusivo de vontade, tome uma porção qualquer de seus bens e dela faça um segundo patrimônio, sob seu domínio, mas imune às suas dívidas. Tal hipótese contraria princípios fundamentais de direito, que não podem ser superados nem mesmo recorrendo-se à ficção de uma dupla personalidade, isto é, alguém que seja, concomitantemente, cidadão, na órbita civil, e comerciante, na esfera mercantil... Semelhante bifrontismo repugna o senso jurídico, já que diferentes áreas, em que a pessoa (natural ou jurídica) pode, eventualmente, desempenhar atividades, também diversas, não conduzem, necessariamente, àqueles resultados. O ser possível que alguém tenha mais de uma ocupação de caráter permanente e com intuito econômico, isto sobretudo para as pessoas físicas, não implica em que as obrigações contraídas em virtude dessa duplicidade não se façam sentir sobre o inteiro patrimônio de quem as contraiu".

Fran Martins (1993:434-435) defende posição diversa e sustenta a possibilidade de separação patrimonial para o exercício do comércio, advertindo, porém, quanto ao estágio atual de nossa legislação, no que tange ao conceito de unidade patrimonial. As conclusões do eminente mestre são: "E se o sócio de uma sociedade comercial pode limitar suas responsabilidades pelas obrigações assumidas pela sociedade, não se comprometendo subsidiariamente pelas obrigações sociais, identicamente ao comerciante individual deve ser facultado o mesmo direito, não se concebendo que um indivíduo possa afetar parte de seu patrimônio em uma sociedade, mas não o possa fazer negociar sozinho".

Entretanto, até que se modifiquem as regras acima expostas, o patrimônio continuará sendo uma universalidade legal atribuída a cada pessoa e sobre o qual os credores têm o direito de fazer incidir as obrigações assumidas. Nesse contexto, enquanto o patrimônio for uma unidade decorrente da personalidade, seguir-se-á, como consequência, sua incindibilidade. Os terceiros – credores negociais ou não, que contratam com empresário individual – têm, em garantia dos pactos celebrados, não apenas a parcela do capital destinado ao comércio, mas todo o seu patrimônio.

21.4. Exceções à regra

O desapossamento compreende todos os bens do falido – empresário individual, sociedade empresarial ou, ainda, sócio com responsabilidade ilimitada. Com o desapossamento, perde o devedor o direito de administrar os seus bens e deles dispor, atribuindo-se esse encargo ao depositário nomeado pelo juiz – no caso de decretação do arresto como medida assecuratória – ou ao administrador judicial, depois da decretação da falência.

Invocando razões humanitárias, sociais e religiosas, a lei prevê exceções ao desapossamento dos bens do falido, tanto na hipótese assecuratória como em decorrência da sentença declaratória. São os casos previstos nos arts. 108, § 4º, e 119, IX, da Lei n. 11.101/2005 e no art. 833 do Código de Processo Civil de 2015.

21.4.1. Os bens inalienáveis e os declarados, por ato voluntário, não sujeitos a execução

Entre os casos de impenhorabilidade, este é o único que se refere a fatos que ocorrem no plano do direito material, uma vez que os demais decorrem de atos próprios do direito processual. Trata-se de inalienabilidade decorrente de lei ou de declaração em testamentos ou contratos. Nesses casos, ao titular desses bens não pertence o poder de deles dispor e, dessa forma, não há como penhorá-los ou arrecadá-los na falência.

São exemplos de bens inalienáveis por força de lei os bens públicos de uso comum e os bens dos Estados estrangeiros, como aqueles que se destinam às embaixadas e delegações. Inclui-se aqui, ainda, o bem de família definido no art. 1º da Lei n. 8.009/90 como garantia aos membros da família que não constituíram a dívida. O direito brasileiro agasalha o conceito de o devedor não poder dispor de sua propriedade imobiliária quando ela for reconhecida como entidade familiar (REsp n. 160.058/SP, Rel. Min. Eduardo Ribeiro, j. 1º-6-2000).

A jurisprudência vem firmando vários pontos acerca da interpretação do bem de família, envolvendo a destinação do imóvel, a extensão da proteção em razão da pessoa que nele resida e dos bens que estão compreendidos, como será objeto do estudo que segue.

a) *A questão da destinação do imóvel*

A lei exige fique demonstrado que o imóvel tem a destinação de moradia de entidade familiar, caso contrário, será penhorado na execução comum (REsp n. 160.058/SP, Rel. Min. Eduardo Ribeiro, j. 1º-6-2000), como também objeto de arrecadação na falência. Para evitar que a questão venha a surgir no curso do processo falimentar, na fase de arrecadação ou posteriormente, é de boa medida que o devedor – empresário individual – e os eventuais devedores solidários, ao prestarem as declarações previstas no art. 104, sejam indagados sobre o endereço dos imóveis destinados a sua moradia e a de seus familiares.

O fato de o devedor se ausentar de seu domicílio, por breve espaço de tempo, não retira a natureza de impenhorabilidade (REsp n. 209.433/MG, Rel. Min. Waldemar Zveiter, j. 16-11-2000).

b) *A extensão da proteção em razão das pessoas que residam no imóvel*

A jurisprudência do Superior Tribunal de Justiça vem interpretando a expressão “entidade familiar” tendo em vista as várias situações pessoais pelas quais os devedores vivem durante sua permanência no imóvel. Na separação judicial do casal, por exemplo, cada ex-cônjuge constitui uma nova entidade familiar, sujeita à mesma proteção de inalienabilidade (REsp n. 218.377/ES, Rel. Min. Barros Monteiro, j. 20-6-2000). Se o imóvel se destina à moradia de pessoa solteira, não demonstrada a proteção à entidade familiar, não se aplica o benefício (REsp n. 212.500/SP, Rel. Min. Waldemar Zveiter, j. 18-9-2000; REsp n. 169.239/SP, Rel. Min. Barros Monteiro, j. 12-12-2000). A viúva, por sua vez, deve ser agasalhada com a impenhorabilidade (REsp n. 253.854/SP, Rel. Min. Carlos Alberto Menezes Direito, j. 21-9-2000), e o fato de lhe tocar apenas parte do imóvel, em comunhão com as filhas do casal, não afasta a regra (REsp n. 263.033/RS, Rel. Min. Ruy Rosado de Aguiar, j. 17-10-2000). Prevalece o mesmo entendimento quando a entidade familiar é formada por mãe e filhas, coproprietárias do imóvel (REsp n. 245.291, Rel. Min. Aldir Passarinho Junior, j. 20-2-2001).

c) *Bens compreendidos na inalienabilidade*

A Lei n. 8.009/90 inclui no conceito de impenhorabilidade não apenas a construção, mas igualmente as plantações, as benfeitorias de qualquer natureza e todos os equipamentos, inclusive os de uso profissional, ou móveis que guarneçam a casa, desde que quitados (art. 1º, parágrafo único), excluindo, entretanto, os veículos de transporte, obras de arte e adornos suntuosos (art. 2º).

Tem-se entendido na jurisprudência que entre os bens compreendidos encontram-se os aparelhos de televisão e som (REsp n. 123.673/SP, Rel. Min. Milton Luiz Pereira, j. 17-8-2000), bem como móveis de utilidade ao cotidiano familiar (REsp n. 142.356/SP, Rel. Min. Milton Luiz Pereira, j. 20-6-2000), *freezer* (REsp n. 127.633/RS, Rel. Min. Hélio Mosimann, j. 16-6-1997), aparelho de micro-ondas, videocassete, computador, impressora (REsp n. 198.370/MG, Rel. Min. Waldemar Zveiter, j. 16-11-2000), aparelho de ar-condicionado (REsp n. 299.392/RS, Rel. Min. Gilson Dipp, j. 20-3-2001), eletrodomésticos em geral (REsp n. 209.389/SP, Rel. Min. Francisco Peçanha Martins, j. 18-4-2000), lavadora, secadora de roupas, máquina de lavar louça (REsp n. 120.572/RS, Rel. Min. Francisco Peçanha Martins, j. 27-4-2000), antena parabólica quando o usuário a possui para captação de imagens em regiões distantes (REsp n. 161.262/RS, Rel. Min. Aldir Passarinho Junior, j. 24-11-1998).

Entre os bens excluídos do conceito estão: piano, salvo se demonstrado que seja utilizado como meio de aprendizagem, como atividade profissional ou, ainda, constitua bem de valor sentimental (REsp n. 198.370/MG, Rel. Min. Waldemar Zveiter, j. 16-11-2000), o segundo aparelho de televisão (REsp n. 284.445/SP, Rel. Min. Aldir Passarinho Junior, j. 7-12-2000) e os vários utilitários da mesma espécie que guarnecem a residência (STJ, REsp n. 102.000/SP, Rel. Min. Humberto Gomes de Barros, j. 1º-7-1997).

O art. 833, II, do Código de Processo Civil expressa o princípio que deve nortear o aplicador do direito na tarefa de distinguir bens domésticos penhoráveis daqueles que não o são: "salvo os de elevado valor ou que ultrapassem as necessidades comuns correspondentes a um médio padrão de vida".

21.4.2. Os frutos e os rendimentos dos bens inalienáveis

Logo a seguir, no art. 834, o Código de Processo Civil de 2015 estabelece que são penhoráveis "os frutos e os rendimentos dos bens inalienáveis", não mais excetuando como impenhoráveis os frutos destinados à satisfação de prestação alimentícia, como fazia o dispositivo correspondente na legislação processual revogada (CPC73, art. 650).

21.4.3. Os vestuários e pertences

Com previsão no art. 833, III, do Código de Processo Civil, as hipóteses contempladas – vestuários e pertences de uso pessoal – permitem entender incluídas joias de pequeno valor, cujo equacionamento se dá pelo critério geral estabelecido no inciso II: "médio padrão de vida". Incluem-se anéis, colares, brincos, relógios e outros adereços, bem como objetos religiosos ou de culto.

21.4.4. Os vencimentos, os subsídios e as remunerações diversas

É de larga abrangência a hipótese de impenhorabilidade, contemplando três espécies de prestações pecuniárias: a) derivada de prestação de trabalho; b) decorrente de fundo previdenciário; e c) destinada ao sustento com natureza humanitária. A lista é meramente exemplificativa porque pode abranger quaisquer outros pagamentos de idêntica natureza das mencionadas, mesmo que diversamente nomeada: vencimentos, subsídios, soldos, salários, remunerações, proventos de aposentadoria, pensões, pecúlios, montepios, ganhos de trabalhador autônomo, honorários de profissional liberal e quantias recebidas por liberalidade de terceiros, destinadas ao sustento do devedor e sua família.

Exemplo de subsídio liberalmente concedido são as tenças, vocábulo desprezado pelo legislador processual que "compreende a renda ou a pensão atribuída a alguém com o objetivo de lhe assegurar a subsistência, ou de lhe prover a alimentação. Tem, assim, significação equivalente à mesada ou à pensão periódica, vitalícia, ou temporária, destinada à prestação de alimentos", conforme explica De Plácido e Silva (1976:800).

O art. 833, IV, do Código de Processo Civil de 2015, mantém a impenhorabilidade dos vencimentos, dos soldos e dos salários, segundo tradição que remonta ao século XVII. O Decreto de 26 de junho de 1689 exclui da penhora "a renda e ordenado de ofício, sem licença régia". Posteriormente, a Lei de 1763 isentou "todos os bens necessários ao serviço dos oficiais e soldados, e os soldos". Segundo Pontes de Miranda (1976, 10:184), a origem desse dispositivo retroage às Ordenações Filipinas. De fato, o Título LV das Ordenações trazia expressa vedação à penhora de terras da Coroa e assentamentos do Rei: "As terras da Coroa do Reino, que alguns têm de Nós de juro e de herdade, ou em mercê, e os assentamentos, que de Nós tiverem por qualquer razão, não podem ser apenhados, nem obrigados".

Mais uma vez, a proteção dá-se por motivos humanitários, de expresso cunho alimentar.

21.4.5. Os livros, as máquinas, os utensílios, os instrumentos ou outros bens necessários ou úteis ao exercício de qualquer profissão

No art. 833, V, do Código de Processo Civil surge uma questão interessante. Sendo o estabelecimento típico instrumento da atividade empresarial, nele integram *máquinas, utensílios e instrumentos, necessários ou úteis ao exercício da profissão mercantil*. Neste caso, a azienda se situaria entre os bens impenhoráveis? E se o fundo do comércio for o único bem constante do ativo do empresário? A jurisprudência vem interpretando restritivamente a regra processual, acentuando o caráter pessoal do exercício de qualquer profissão. Assim, somente o empresário individual – e de pequeno porte – poderia suscitar a impenhorabilidade.

Nesse sentido há decisão proferida no Recurso Especial n. 84.756-RS, pela 4ª Turma do STJ, em 27 de maio de 1996, na exegese do dispositivo da legislação processual correspondente ao art. 833, V, do CPC15: "É absolutamente impenhorável o ônibus escolar que serve para o exercício da profissão de motorista (art. 649, V, do CPC), não obstante registrado em nome de firma individual, da qual o devedor é titular. A microempresa é forma de atuação do profissional no mercado de trabalho e deve ser ignorada quando tal desconsideração é necessária para fazer prevalecer a norma instituída em benefício do profissional" (*JSTJ* e *TRF*, 86/219). Observa-se, contudo, sua total inaplicabilidade ao empresário individual falido, uma vez que, com o decreto falimentar, cessa o exercício da atividade empresarial. Tais bens são perfeitamente arrecadáveis na falência, conquanto possam não ser penhoráveis na execução comum.

Incluem-se entre os bens ora estudados os equipamentos essenciais ao desenvolvimento do trabalho rural, conforme já decidiu o Superior Tribunal de Justiça (ex.: AGA n. 255.294/RS, Rel. Min. Aldir Passarinho Junior, j. 28-11-2000).

Estende-se a proteção aos equipamentos dos militares, indispensáveis ao exercício de sua função, excluídas da proteção as armas que, eventualmente, possuam em coleções ou para seu uso particular.

21.4.6. O seguro de vida

A lei se refere ao valor de seguro ainda não recebido, tão somente. O valor de seguro já recebido está integrado ao patrimônio do devedor, e, neste caso, não há como desagregá-lo (art. 833, VI). Pontes de Miranda (1976, 10:190) assim explica: "Depois de devida a soma, é parte do patrimônio do segurado, insere-se na sua esfera jurídica – não é mais o seguro, e somente estaria imune à penhora se fosse separada do resto, em virtude de cláusula de inalienabilidade ou de impenhorabilidade".

21.4.7. Os materiais necessários para obras em andamento, salvo se estas forem penhoradas

A presente regra (CPC15, art. 833, VII), tornando impenhoráveis os materiais necessários para obras em andamento, pretende evitar se incluam essas coisas no conceito de imóvel, previsto no art. 835, V, do Código de Processo Civil de 2015.

Segundo a regra do art. 84 do Código Civil, "os materiais destinados a alguma construção, enquanto não forem empregados, conservam a sua qualidade de móveis; readquirem essa qualidade os provenientes da demolição de algum prédio". Desta forma, os materiais seriam penhorados antes do imóvel a que se destinassem (art. 835, VI). Sendo materiais *necessários* para as obras em andamento, sua nomeação à penhora causaria duplo prejuízo ao devedor: seu desapossamento e a paralisação da obra à qual se destinavam.

Para que não fossem penhorados separadamente, em obediência à ordem do art. 835 do Código de Processo Civil de 2015, estabeleceu-se sua impenhorabilidade quando ainda não estejam incorporados ao imóvel em construção. Entretanto, se a obra a que se destinam for penhorada, os objetos perdem o benefício de impenhorabilidade, uma vez que a razão principal – de não causar prejuízo ao andamento da obra – deixou de existir com a apreensão do próprio imóvel.

21.4.8. A pequena propriedade rural

Este inciso, sob n. VIII (CPC15, art. 833), tem o mesmo fundamento do bem de família. A lei preserva a única fonte de sustento do pequeno empresário rural. A presente exceção foi instituída pela Constituição Federal (art. 5º, XXVI) à condição de garantia individual: "a pequena propriedade rural, assim definida em lei, desde que trabalhada pela família, não será objeto de penhora para pagamento de débitos decorrentes de sua atividade produtiva, dispondo a lei sobre os meios de financiar o seu desenvolvimento".

21.4.9. Recursos públicos recebidos por instituições privadas

Restringe-se a impenhorabilidade aos recursos destinados à aplicação compulsória em educação, saúde ou assistência social, sobrepondo aos interesses do exequente – na falência, a massa concursal e extraconcursal – o interesse da coletividade.

21.4.10. Quantia depositada em caderneta de poupança

A regra geral (art. 833, X) torna impenhorável quantia depositada em caderneta de poupança até o limite de quarenta salários-mínimos. Há de se distinguir, contudo, os efeitos sobre o devedor falido. A regra se aplica ao empresário individual, mas não à sociedade empresária falida porque, com a dissolução da sociedade (CC, art. 1.044), o produto arrecadado em conta-corrente de qualquer natureza servirá prioritariamente para a satisfação dos credores e, somente após a realização do ativo, secundariamente à divisão entre os sócios, segundo sua participação social.

21.4.11. O patrimônio de afetação previsto na Lei n. 10.931/2004

A lei prevê exceções ao desapossamento dos bens do falido no art. 833 do Código de Processo Civil de 2015, na Lei n. 8.009/90 e na Lei n. 10.931, de 2 de agosto de 2004.

O primeiro diploma relaciona as hipóteses de impenhorabilidade absoluta; o segundo menciona o bem de família e o terceiro institui o patrimônio de afetação. Neste último, a lei estabelece a possibilidade de o incorporador destinar o terreno e as acessões objeto da incorporação imobiliária, bem como os demais bens e direitos a ela vinculados, exclusivamente à consecução da incorporação correspondente e à entrega das unidades imobiliárias aos respectivos adquirentes.

Pela sistemática introduzida, a insolvência do incorporador não atinge esses bens constantes do patrimônio de afetação, desde que tenha sido constituído mediante averbação no Registro de Imóveis. Decretada a falência, dentro de sessenta dias, os adquirentes se reunirão para deliberar sobre os termos da continuação da obra ou da liquidação desse patrimônio, obrigando-se, de forma solidária com o incorporador, ao pagamento das obrigações tributárias, previdenciárias e trabalhistas incidentes até a data da decretação da falência. Somente serão arrecadados os saldos, porventura existentes, após a venda do imóvel incorporado – na hipótese de se decidir não prosseguir a construção – depois de pagas as obrigações trabalhistas, previdenciárias e tributárias e reembolsados todos os adquirentes das unidades, proprietário do imóvel e instituição financiadora.

É o que resulta do disposto no art. 53 da Lei n. 10.931/2004, ao acrescentar dispositivo sob n. 31-F ao art. 31 da Lei n. 4.591/64: "Os efeitos da decretação da falência ou da insolvência civil do incorporador não atingem os patrimônios de afetação constituídos, não integrando a massa concursal o terreno, as acessões e demais bens, direitos creditórios, obrigações e encargos objeto da incorporação. § 1º Nos 60 (sessenta) dias que se seguirem à decretação da falência ou da insolvência civil do incorporador, o condomínio dos adquirentes, por convocação da sua Comissão de Representantes ou, na sua falta, de um sexto dos titulares de frações ideais, ou, ainda, por determinação do juiz prolator da decisão, realizará assembleia geral, na qual, por maioria simples, ratificará o mandato da Comissão de Representantes ou elegerá novos membros, e, em primeira convocação, por dois terços dos votos dos adquirentes ou, em segunda convocação, pela maioria absoluta desses votos, instituirá o condomínio da construção, por instrumento público ou particular, e deliberará sobre os termos da continuação da obra ou da liquidação do patrimônio de afetação (art. 43, inciso III); havendo financiamento para construção, a convocação poderá ser feita pela instituição financiadora".

A Lei Falimentar traz dispositivo expresso a respeito do tema, no art. 119, IX: "os patrimônios de afetação, constituídos para cumprimento de destinação específica, obedecerão ao disposto na legislação respectiva, permanecendo seus bens, direitos e obrigações separados dos do falido até o advento do respectivo termo ou até o cumprimento de sua finalidade, ocasião em que o administrador judicial arrecadará o saldo a favor da massa falida ou inscreverá na classe própria o crédito que contra ela remanescer".

21.5. Tipos societários

O Direito Societário brasileiro prevê nove tipos societários:

a) dois não personificados (a sociedade em comum e a sociedade em conta de participação);

b) uma sociedade padrão (sociedade simples) destinada tanto a servir como modelo supletivo de todas as demais como também para reger as sociedades não empresárias;

c) três para o exercício de qualquer atividade econômica, empresarial ou não (em nome coletivo, em comandita simples e limitada);

d) dois sempre considerados empresariais, independentemente de seu objeto (anônima e comandita por ações); e

e) um tipo exclusivamente não empresarial, independentemente de seu objeto (cooperativa).

À exceção, portanto, da sociedade simples e da sociedade cooperativa, em razão de não se constituírem sociedades empresárias, todas as demais podem vir a sujeitar-se à falência, desde que seu objeto seja empresarial, por força do contrato social ou da lei, impondo, por consequência, desdobrar, a respeito de cada classe de sócios, os efeitos decorrentes do decreto falimentar, o que pode ser resumido em seis tipos ordinários de responsabilidade perante os credores, enquanto participantes de sociedades empresárias:

a) ausência de responsabilidade perante terceiros: sócio participante, não ostensivo, na sociedade em conta de participação (CC, art. 991, parágrafo único);

b) responsabilidade limitada ao preço de emissão das ações subscritas ou adquiridas, como é o caso dos sócios acionistas das sociedades anônimas (LSA, art. 2º) e dos sócios comanditários das sociedades em comandita por ações (LSA, art. 282). Essa responsabilidade passa a ser até o limite do valor nominal das ações que subscrever ou adquirir (CC, art. 1.088);

c) responsabilidade individual limitada à integralização do capital subscrito pelos sócios comanditários (CC, art. 1.045), nas sociedades em comandita simples;

d) responsabilidade pelo *total* do capital social não integralizado, solidariamente com os demais sócios, nas sociedades limitadas (CC, art. 1.052);

e) responsabilidade ilimitada e solidária entre os sócios em nome coletivo (CC, arts. 1.024 e 1.039) e entre os sócios comanditados (CC, art. 1.045), nas sociedades em comandita simples e nas sociedades em comandita por ações (LSA, art. 285), sempre subsidiariamente ao patrimônio social;

f) responsabilidade ilimitada e solidária do sócio ostensivo, na sociedade em conta de participação (CC, art. 991), não subsidiária ao patrimônio social, porque exerce a atividade em nome individual e, ainda, entre os sócios tratadores das sociedades em comum, permitindo-se o benefício de ordem, isto é, a invocação da subsidiariedade do patrimônio social, somente ao sócio que não contratou em nome da sociedade (CC, art. 990).

O quadro a seguir ilustrará os tipos de responsabilidade patrimonial dos sócios perante terceiros, por dívida da sociedade:

TIPOS DE RESPONSABILIDADE PERANTE TERCEIROS	Ausência total de responsabilidade	Sócio participante na sociedade em conta de participação
	Limitada ao valor das ações	Sócio acionista, nas sociedades por ações (anônima e em comandita por ações)
	Limitada ao valor da cota adquirida	Sócio comanditário, na sociedade em comandita simples
	Limitada ao total do capital não integralizado, solidariamente entre os sócios	Sócio cotista, na sociedade limitada
	Ilimitada e solidária entre os sócios, subsidiária ao patrimônio social	• Sócio em nome coletivo (na sociedade em nome coletivo) • Sócio comanditado (nas sociedades em comandita simples e por ações)
	Ilimitada e não subsidiária ao patrimônio social	• Sócio tratador (na sociedade em comum) • Sócio ostensivo (na sociedade em conta de participação)

21.5.1. Efeitos sobre os sócios com responsabilidade ilimitada

Inovação introduzida na nova Lei Falimentar determina que a mesma decisão que decreta a falência da sociedade empresária acarretará também o mesmo *status* aos sócios que respondem ilimitadamente (art. 81). Críticas à parte (*v.* item 16.1.4 no vol. 1 desta obra), somente nos resta concluir que os sócios ostensivo (na sociedade em conta de participação), tratador (na sociedade em comum) e comanditado (nas sociedades em comandita simples e por ações) terão decretadas suas falências pessoais como efeito da sentença falimentar incidente sobre a sociedade em que participam.

A Lei n. 11.101/2005 (art. 81, § 1º), contudo, apresenta duas situações excepcionais, que excluem a responsabilidade e a falência desses sócios: a) na hipótese de terem se retirado da sociedade há mais de dois anos, contados entre a data do registro da alteração social no órgão de Registro Público de Empresa (Junta Comercial) e a data da quebra; b) se, ao se retirarem, há menos de dois anos, contados dos mesmos termos mencionados, inexistiam dívidas a ser solvidas.

A incerteza da segunda situação mencionada no art. 81 e, em especial, no § 1º, poderá trazer algumas dificuldades ao magistrado no momento da fundamentação da sentença que decreta a falência do sócio com responsabilidade ilimitada. Na instrução sumária que precede a sentença, nem sempre é possível colher elementos suficientes que permitam saber, antes da habilitação dos credores, se há ou não dívidas a serem solvidas naquele período. Observa-se que um levantamento contábil não excluirá a possibilidade de credor não constante dos livros empresariais – por omissão ou porque a dívida ainda é ilíquida – vir a ser incluído, após o decreto falimentar, no quadro geral de credores, por crédito havido no biênio entre a retirada do sócio e a falência.

21.5.2. Efeitos sobre os demais sócios

Os sócios de responsabilidade limitada não se sujeitam à extensão dos efeitos falimentares prevista no art. 81, destinada unicamente aos sócios ilimitadamente responsáveis, conforme estudado no item anterior.

Isso é claro e decorre do sistema de formação das sociedades. A extensão dos efeitos falimentares de sócios com responsabilidade limitada fere o regramento societário. A lei não precisa trazer outras regras acerca do tema e, contudo, o legislador da LREF-20 preferiu ser redundante e introduziu no art. 82-A, o que pode trazer mais confusão do que afirmar o princípio societário de responsabilidade de sócios. Diz o art. 82-A:

"É vedada a extensão da falência ou de seus efeitos, no todo ou em parte, aos sócios de responsabilidade limitada, aos controladores e aos administradores da sociedade falida, admitida, contudo, a desconsideração da personalidade jurídica".

"Parágrafo único. A desconsideração da personalidade jurídica da sociedade falida, para fins de responsabilização de sócio ou de administrador por obrigação desta, somente pode ser decretada pelo juízo falimentar com a observância do art. 50 da Lei n. 10.406, de 10 de janeiro de 2002 (Código Civil) e dos arts. 133, 134, 135, 136 e 137 da Lei n. 13.105, de 16 de março de 2015 (Código de Processo Civil), admitida a instauração do incidente de ofício e não aplicada a suspensão de que trata o § 3º do art. 134 da Lei n. 13.105, de 16 de março de 2015 (Código de Processo Civil)."

Se a vedação decorre do regramento societário e a desconsideração da personalidade jurídica encontra-se suficientemente regulamentada no Código Civil, com procedimento descrito no Código de Processo Civil, não encontramos razão jurídica para a prolixidade legislativa.

No que se refere aos sócios que, pela constituição societária adotada, não respondem solidária e ilimitadamente às obrigações sociais, três classes de efeitos podem ser destacadas: a que decorre da qualidade de administrador, da falta ou complementação dos fundos a que se comprometeu; a que suspende seus direitos de retirada e de recebimento do valor de suas cotas e a que indica a classificação de seu crédito no quadro geral.

No primeiro caso, duas classes de ações são possíveis, com curso no Juízo falimentar independentemente de prova de insuficiência do patrimônio social para cobrir o passivo:

(1) Ações pessoais por atos de responsabilidade praticados por administradores na gestão da sociedade ou deliberações sociais tomadas por sócios.

(2) Ações pessoais para integralização de quota ou recomposição do capital social, que, por sua vez, compreendem: a) ação para responsabilização quanto à exata estimação dos bens (CC, art. 1.055); b) ação para responsabilizar pela evicção o sócio que transmitiu domínio ou posse (CC, art. 1.005); c) ação para responsabilizar pela solvência de crédito cedido a sociedade (CC, art. 1.005); d) ação para integralização do capital social (CC, art. 1.052); e) ação para recompor os fundos retirados (CC, art. 1.003); f) ação revocatória de reembolso dos fundos retirados pelo acionista, na hipótese de redução do capital social (LSA, art. 45, § 8º).

No que se refere ao exercício de retirada ou de recebimento do valor de suas quotas ou ações, a LREF determina, com o decreto falimentar, sua suspensão (art. 116, II). Direito de retirada é o que decorre da condição de sócio e seu desligamento, a qualquer tempo, da sociedade; o recebimento do valor das quotas ou ações pode decorrer de operação de resgate, amortização ou reembolso. Resgate é o pagamento do valor das ações, retirando-as de circulação; amortização é a distribuição aos acionistas, a título de antecipação e sem redução do capital social, de quantias que lhe seriam devidas em caso de liquidação; reembolso é o pagamento que se faz ao acionista dissidente – aquele que, não se conformando com as decisões tomadas pelos órgãos sociais, decide, unilateralmente, retirar-se, levando consigo fundos aplicados. Os valores decorrentes de resgate e amortização não são oponíveis à massa (art. 83, § 2º), isto é, não podem ser classificados entre os créditos devidos na falência, podendo, entretanto, ser objeto de recebimento após o pagamento dos credores (art. 153).

A esse respeito, segue-se o terceiro efeito – a classificação de créditos decorrentes da qualidade de sócio com responsabilidade limitada –, o que resulta em outras quatro distinções possíveis:

a) ordinariamente o sócio somente recebe se houver saldo depois de pagos os credores (art. 153). São os valores devidos por amortização ou resgate;

b) os créditos dos sócios e dos administradores sem vínculo empregatício cuja contratação não tenha observado as condições estritamente comutativas e as práticas de mercado são créditos subordinados (art. 83, VIII, *b*);

c) em se tratando de sócio participante, figura encontrada na sociedade em conta de participação e que se distingue do sócio ostensivo, sua posição no quadro geral será de integrante da classe dos credores quirografários (CC, art. 994, § 2º). Isso se conclui diante da nova redação dada ao art. 83, VIII, *b*, com o acréscimo da expressão "cuja contratação não tenha observado as condições estritamente comutativas e as práticas de mercado", elucidando que a subordinação do crédito dos sócios e administradores judiciais decorre de especial situação da origem do crédito – não se trata de valor atribuível ao sócio na partilha e foge, na constituição, às regras de outros contratos aos quais se atribui a classificação quirografária;

d) na hipótese de acionista dissidente que ainda não recebeu o valor do reembolso, duas situações podem ocorrer: (1) inexistindo dívidas referentes ao período anterior à data da publicação da ata da assembleia que motivou sua dissidência, sua classificação é a de credor quirografário (LSA, art. 45, § 7º); (2) constatando-se a existência de dívidas relativas ao período anterior à data da publicação da ata da assembleia que motivou sua dissidência, é considerado credor subordinado, recebendo após o pagamento de todos os credores então existentes àquela data (LSA, art. 45, § 7º).

Capítulo 22

EFEITOS JURÍDICOS DA SENTENÇA DECLARATÓRIA EM RELAÇÃO AOS CONTRATOS

Sumário: 22.1. Conceitos. 22.2. Contratos bilaterais. 22.2.1. Natureza sinalagmática do contrato bilateral. 22.2.2. Resolução do contrato bilateral por insolvência de uma das partes. 22.2.3. Rescisão contratual requerida por uma das partes. 22.2.4. Efeitos da rescisão judicial do contrato bilateral. 22.2.5. Efeitos da inexecução dos contratos. 22.2.6. Efeitos dos contratos unilaterais em curso na falência. 22.3. Regras gerais aplicáveis aos contratos bilaterais na falência – o cumprimento pelo administrador judicial. 22.3.1. A regra especial na falência. 22.3.2. A faculdade do administrador judicial e do Comitê. 22.3.3. A interpelação do administrador judicial. 22.3.4. O ressarcimento do contratante em razão do não cumprimento pelo administrador judicial. 22.3.5. Efeito da condição resolutiva expressa pelas partes antes da falência. 22.3.6. Efeitos do cumprimento do contrato. 22.4. Introdução aos contratos bilaterais na falência. 22.5. Falência do vendedor que não entregou a coisa contratada. 22.5.1. Contrato de entrega de coisas compostas. 22.5.2. Contrato de venda de coisas móveis vendidas a prestação pelo falido. 22.6. Falência do comprador que não pagou a coisa contratada. 22.7. Contrato de compra e venda com reserva de domínio. 22.7.1. Contrato com cláusula de alienação fiduciária. 22.7.2. Contrato de *leasing* ou arrendamento mercantil. 22.7.3. Contrato de *leasing* ou arrendamento de aeronave ou de suas partes. 22.7.4. Contrato com cláusula de reserva de domínio. 22.8. Falência do comprador ou do vendedor nas vendas a termo. 22.9. Falência e contratos imobiliários. 22.9.1. Contratos imobiliários com compromisso. 22.9.2. Contratos de locação comercial. 22.9.3. Contratos de incorporação imobiliária. 22.10. Outros contratos e regras especiais previstas na Lei Falimentar. 22.10.1. Contrato de conta-corrente. 22.10.2. Compensação de dívidas. 22.10.3. Acordo para compensação e liquidação de obrigações no âmbito do sistema financeiro nacional. 22.10.4. Mandato mercantil. 22.10.5. Contratos de sociedade firmados pelo falido. 22.10.6. Contratos de sociedade em conta de participação. 22.10.7. Condomínio indivisível. 22.11. Outros contratos não mencionados na Lei Falimentar. 22.11.1. Contrato de trabalho. 22.11.2. Contrato de franquia. 22.12. Resumo gráfico.

22.1. Conceitos

A Lei Falimentar menciona a palavra *contrato* em seu sentido amplo para se referir a todo e qualquer negócio jurídico bilateral. Há vários conceitos e definições de contrato, como, por exemplo, a que se retira do Código Civil italiano de 1942 (Editio Minor, Milano, Editore Ulrico Hoepli, 1973): Art. 121: "Il contrato è l'accordo di due o più parti per costituire, regolare o estinguere tra loro un rapporto giuridico patrimoniale", que pode ser traduzido para "Contrato é um acordo de duas ou mais partes para constituir, regulamentar ou extinguir entre elas uma relação jurídico-patrimonial".

Maria Helena Diniz, citando Bassil Dower (2007, 3:13), o aceita como "uma espécie de negócio jurídico, de natureza bilateral ou plurilateral, dependendo, para sua formação, do encontro da vontade das partes".

Desses conceitos podem-se extrair, como características essenciais dos contratos, sua natureza de bi ou plurilateralidade e o fato de se reportarem, sempre, a uma relação jurídica patrimonial.

Os contratos, portanto, pressupõem a existência de duas partes e, assim, são atos sempre bilaterais. Em relação a seus efeitos, contudo, fala-se em contratos *unilaterais* e *bilaterais*. Essa distinção refere-se não à existência de uma ou mais declarações de vontade, mas aos efeitos ou às obrigações que as partes assumam uma com a outra ou reciprocamente. Se uma das partes somente assume as obrigações para com a outra, tem-se o contrato unilateral; se, por outro lado, as duas partes assumem obrigações recíprocas, haverá contrato sinalagmático, também chamado bilateral.

São exemplos de contratos unilaterais o mútuo e o depósito, nos quais o mutuário e o depositário são obrigados a conservar ou a restituir o bem. Entre os bilaterais incluem-se a venda e a locação; nestes, o vendedor ou o locador obrigam-se à entrega ou ao gozo da coisa, e o comprador, ou o locatário, a pagar o preço devido.

22.2. Contratos bilaterais

Os contratos bilaterais – aqueles em que os contratantes se obrigam reciprocamente, isto é, são credores e devedores ao mesmo tempo – não se resolvem pela falência e podem ser executados pelo administrador judicial, se este entender conveniente (art. 117), desde que obedecidas algumas regras especiais, conforme a espécie contratada.

Antes de adentrar em cada espécie contratual, convém buscar na sequência apresentada por Carvalho de Mendonça (1960, 6:450) a razão prática da distinção entre os contratos unilaterais e os contratos bilaterais. Ela repousa nos efeitos de cada um deles. O saudoso tratadista apresenta alguns fundamentos para essa diferenciação, aos quais serão acrescentadas novas considerações.

22.2.1. Natureza sinalagmática do contrato bilateral

Em primeiro lugar, nos contratos bilaterais, "nenhum dos contraentes, antes de cumprida a sua obrigação, pode exigir o implemento da do outro" (CC, art. 476). Explica Carvalho de Mendonça (1960, 6:450) que "as duas prestações, em regra, devem ser feitas simultaneamente, *donnant donnant*, conforme dizem os franceses, *zug um zug*, como se exprimem os alemães, salvo estipulação expressa ou tácita relativamente a outro modo de adimplemento. Quem deve fazer a prestação por último pode recusá-la até que o outro contratante faça a sua. Se as prestações devem realizar-se contemporaneamente, cada contratante pode recusar a sua até que o outro tenha efetuado ou ofereça a própria. Esse direito realiza-se por meio da exceção *non adimplet vel non rite adimpleti contractus*".

22.2.2. Resolução do contrato bilateral por insolvência de uma das partes

Em segundo lugar, "se, depois de concluído o contrato, sobrevier a uma das partes contraentes diminuição em seu patrimônio capaz de comprometer ou tornar duvidosa a prestação pela qual se obrigou, pode a outra recusar-se à prestação que lhe incumbe, até que aquela satisfaça a que lhe compete ou dê garantia bastante de satisfazê-la" (CC, art. 477).

No contrato unilateral, somente uma das partes está obrigada, e esta não pode negar-se ao pagamento em razão da falência ou da diminuição patrimonial da outra. Se a falência ou a diminuição patrimonial é da devedora, a credora promoverá a habilitação no concurso de credores ou a execução individual.

22.2.3. Rescisão contratual requerida por uma das partes

Em terceiro lugar, o Código Civil é peremptório quanto à necessidade de interpelação judicial: "A cláusula resolutiva expressa opera de pleno direito; a tácita depende de interpelação judicial (art. 474)".

Ao exigir que a parte lesada requeira a rescisão, o legislador civil submete ao contratante a faculdade ou não de ir a Juízo e requerer a rescisão contratual, que, dessa forma, não se opera automaticamente com o inadimplemento da outra parte, mas depende de decisão judicial, salvo se houverem as partes estipulado em contrário. Clóvis Beviláqua (1975, 2:209) explica que o Direito brasileiro "não deu à cláusula resolutiva tácita, que se pressupõe em todo o contrato sinalagmático, o efeito legal de operar *ipso jure*, mas de acordo com a tradição do direito pátrio, reconhece-lhe a existência, e permite que a parte a faça valer em Juízo (...). Se, porém, as partes tornarem expressa no contrato a condição resolutiva, ela operará por si, independentemente de interpretação judiciária".

O Código Civil de 2002 é expresso quanto à necessidade de interpelação judicial: "A cláusula resolutiva expressa opera de pleno direito; a tácita depende de interpelação judicial" (art. 474).

22.2.4. Efeitos da rescisão judicial do contrato bilateral

Em quarto lugar, se o contrato bilateral for rescindido, os efeitos da decisão judicial operarão *ex tunc*, isto é, desde o dia em que foi celebrado, "mas a retroação não atinge a coisa e seus frutos, não afeta adquirentes de direitos reais, salvo se estiverem de má-fé" (Cf. Carvalho de Mendonça, Manuel Inácio, 2:653). A parte condenada – inadimplente – ficará obrigada ao pagamento de perdas e danos, incluindo o dano emergente – o que efetivamente perdeu, diminuição atual do patrimônio – e o lucro cessante, conceituado como o que razoavelmente deixou de lucrar.

Observa-se que Agostinho Alvim (1972:174) critica as expressões *dano emergente* e *lucro cessante*: "(...) se o lucro cessante vem a ser uma diminuição potencial, não o podemos pôr no pretérito como aquilo que se deixou de lucrar. É uma questão de ângulo: se nos colocarmos no momento do pedido de indenização por prejuízo já consumado, podemos nos referir, com efeito, aos lucros que deixamos de ter. Mas, se nos colocarmos no momento do fato causador do dano, então, sim, os lucros cessantes são propriamente potenciais: a sua extensão depende ainda do desenrolar dos acontecimentos. Aqui eles representam ou podem representar um prejuízo futuro, que, não obstante, autoriza condenação atual, porque vem a ser a evolução de um fato prejudicial já devidamente verificado (...). Outro reparo faremos a respeito da expressão cessante. Cessar significa parar, acabar, e se diz daquilo que vem acontecendo. Mas o lucro cessante não é somente aquele que se estancou, como, por exemplo, o que alguém normalmente obtinha, em sua profissão, e não mais poderá obter, em virtude de ato ilícito ou de inexecução de obrigações por parte de outrem. Lucro cessante é isso: mas é também aquele que o credor não obterá, ainda que não viesse obtendo antes (...). Com relação ao dano emergente, ponderamos que ele diz respeito não somente a uma diminuição do ativo, como também a um aumento do passivo".

22.2.5. Efeitos da inexecução dos contratos

Em quinto lugar, os contratos sob a égide do Código Civil de 1916, ainda vigentes em grande número e muitos em litígio judicial, seguem a regra do art. 1.057 daquele diploma. Há ali soluções distintas no caso de inexecução das obrigações: nos contratos unilaterais, o contraente responde por culpa, se o contrato lhe aproveita, e por dolo, se não lhe favorece; nos contratos bilaterais, cada uma das partes responde por culpa.

Para esses contratos, se bilaterais, cada contratante responderá pelo dano originado de sua culpa, estrito senso. Por exemplo: em contrato de compra e venda, com entrega de mercadorias a cargo do vendedor, que, em acidente com o veículo, vem a perdê-las, somente ele responde pelo dano. Mas, se o contrato é unilateral, como ocorre no comodato de uma pintura de autor reconhecido, e o objeto em poder do comodatário vem a sofrer dano, este responde por simples culpa, uma vez que o contrato lhe aproveita. O comodante que gratuitamente entregou o bem não fungível ao comodatário somente responderá por dolo. No mesmo exemplo, se a pintura cedida por comodato vier a ser arrestada, penhorada ou reivindicada em ação própria, por terceiro, ficando o comodatário desapossado da coisa que lhe foi entregue, eventual indenização a ele dependerá de prova de dolo do comodante, porque a este o contrato não aproveita.

Para as relações jurídicas iniciadas após a vigência do Código Civil não há que se fazer distinção entre a inexecução de contrato bilateral ou unilateral. O sistema de 2002 estabelece que, "salvo as exceções expressamente previstas em lei, as perdas e danos devidos ao credor abrangem, além do que ele efetivamente perdeu, o que razoavelmente deixou de lucrar" (CC, art. 402). A presente distinção não mais se dá entre um e outro, mas em relação à onerosidade ou gratuidade do contrato (CC, art. 392).

22.2.6. Efeitos dos contratos unilaterais em curso na falência

Por último, em sexto lugar, a distinção entre contratos bilaterais e unilaterais é necessária porque, na falência, os efeitos são diversos.

As quantias decorrentes de contratos unilaterais nos quais o falido é a parte devedora são habilitadas na falência pelo valor do dia do vencimento, se esse vencimento é anterior, acrescidas de juros – contratuais ou legais – até a data da quebra. Se o contrato não está vencido, opera-se o efeito de vencimento antecipado, com o abatimento de juros eventualmente existentes.

Já os valores decorrentes de contratos unilaterais em que o falido é parte credora não terão vencimento antecipado e, somente depois de vencidos, serão cobrados pelo administrador judicial.

22.3 Regras gerais aplicáveis aos contratos bilaterais na falência – o cumprimento pelo administrador judicial

Feitas as necessárias distinções entre contratos de efeitos unilaterais e bilaterais, segue-se o estudo do tratamento legal que a Lei de Recuperação e Falência deu a esses últimos.

22.3.1. A regra especial na falência

O art. 117 estipula que "os contratos bilaterais não se resolvem pela falência e podem ser executados pelo administrador judicial se o cumprimento reduzir ou evitar o aumento do passivo da massa falida ou for necessário à manutenção e preservação de seus ativos, mediante autorização do Comitê".

Verifica-se que esse dispositivo afasta a incidência da regra geral acima estudada: nos contratos bilaterais em geral, "se sobrevier a uma das partes contraentes diminuição em seu patrimônio capaz de comprometer ou tornar duvidosa a prestação pela qual se obrigou, pode a outra recusar-se à prestação que lhe incumbe, até que aquela satisfaça a que lhe compete ou dê garantia bastante de satisfazê-la" (CC, art. 477).

Diversamente, mesmo sabendo que a falência opera de fato a redução do patrimônio do devedor de maneira suficiente a tornar duvidosa a prestação, o contratante não pode suscitar a resolução do contrato. Na falência, por força do art. 117, a hipótese deixou de ser um desses fatos capazes de comprometer a prestação devida pelo falido, cabendo ao administrador judicial, autorizado pelo Comitê de Credores, exercer o direito de escolha quanto ao cumprimento do contrato.

22.3.2. A faculdade do administrador judicial e do Comitê

Pela regra do art. 117, de clareza meridiana, sempre que o administrador entender economicamente interessante à massa, segundo critérios delimitados pelo legislador – se o cumprimento *reduzir* ou *evitar o aumento do passivo* da massa falida ou for *necessário* à manutenção e preservação de seus ativos – deve optar pela execução do contrato bilateral. Trata-se de faculdade que a lei submete ao Comitê de Credores, antes de se decidir acerca da conveniência.

Contudo, note-se, por ser ato próprio, vinculado a critérios legais, não se submete a prévia decisão judicial, salvo se o Comitê de Credores não estiver constituído, situação em que a intervenção judicial se impõe, por força do art. 28: "Não havendo Comitê de Credores, caberá ao administrador judicial ou, na incompatibilidade deste, ao juiz exercer suas atribuições".

O administrador judicial responderá, por outro lado, pelos danos que causar à massa. Miranda Valverde (1960, 1:278), comentando o sistema revogado, explica que "a declaração do *síndico* de cumprir o contrato é uma declaração de vontade unilateral, que não necessita, portanto, de aceitação da outra parte. Basta que chegue ao conhecimento do contratante *in bonis*. Não depende de forma especial e é irrevogável. Todavia, como qualquer outra declaração de vontade, poderá ser ela anulada com base em defeitos, que viciam o ato ou o negócio jurídico, como o erro de fato, o dolo, a simulação".

22.3.3. A interpelação do administrador judicial

Se o administrador judicial não se manifestar a respeito da execução do contrato, fato que ocorre com certa frequência em virtude da não arrecadação ou mesmo da não entrega por parte do falido da documentação relativa a seus negócios, cabe ao contratante o direito de interpelá-lo, no prazo de até noventa dias contado da assinatura do termo de sua nomeação, para que declare se cumpre ou não o contrato. A declaração negativa do administrador ou o seu silêncio, no prazo de dez dias, dá ao contraente direito a indenização, a ser apurado em processo ordinário, cujo título constituirá crédito quirografário (art. 117, § 2º).

O período em que o credor deve interpelar o administrador é novidade introduzida pela Lei n. 11.101/2005 e não constava da legislação anterior. Ricardo Tepedino (2005:305) afirma que se o prazo não for respeitado "não poderá ele reclamar ressarcimento pelos prejuízos que sejam imputáveis à sua própria mora em interpelar, sem que, no entanto, perca o direito à reparação de outras perdas, também decorrentes da resolução, mas que nenhuma relação guardem com seu retardo em indagar ao administrador sobre a continuidade do contrato".

Parece-nos, contudo, que o prazo é de preclusão, isto é, o credor não poderá mais interpelar, ficando vedada a via instrumental que lhe propiciaria munir-se de prova necessária (declaração negativa ou silêncio do administrador judicial) à propositura da ação indenizatória.

A massa falida é terceira em relação aos negócios do falido e pode ignorá-los por completo, à falta de documentação ou de informação. Assim, não tendo sido interpelada sobre a existência ou o interesse de o credor prosseguir a execução de contrato firmado com o falido, não pode ser penalizada com o pagamento de indenização se, com o decurso do prazo, o contrato não mais interessar à massa por incidência de fatos supervenientes. O credor, neste caso, habilitará o saldo do contrato, considerando a data de falência como sendo a de rescisão.

Observe-se que a notificação ao administrador pode verificar-se por petição nos autos falimentares, por meio de advogado ou mediante simples notificação extrajudicial assinada pelo contratante, contendo os elementos do contrato reclamado. O prazo de dias conta-se, no primeiro caso, da intimação do administrador para se manifestar nos autos ou da data do termo de vista para esse fim; no segundo caso, da data do recibo constante da notificação extrajudicial.

É possível que o administrador, mesmo após o recebimento da notificação extrajudicial expedida pelo contratante, não tenha elementos que lhe permitam responder à interpelação. Neste caso, sem demora, no primeiro dia útil após o recebimento, deve juntá-la aos autos falimentares e requerer ao juiz que intime o interessado a trazer melhores esclarecimentos e, em razão da dúvida, sejam colhidas as manifestações do falido, dos credores e do Ministério Público. Essa solução não se encontra expressa na Lei Falimentar, mas resulta de nosso sistema normativo, que confere ao administrador judicial o dever de "requerer todas as medidas e diligências que forem necessárias para o cumprimento desta Lei, a proteção da massa ou a eficiência da administração" (art. 22, III, *o*).

Em qualquer caso, apresentada dúvida razoável que justifique a ausência de declaração do administrador no prazo de dez dias, o juiz, ouvidos todos os interessados, decidirá sobre o cumprimento do contrato.

Exemplificando: em um contrato de compra de um veículo sujeito à cláusula de reserva de domínio, com a obrigatoriedade de pagamento de 18 parcelas, sendo que 16 já se encontram pagas, pode o administrador judicial, dependendo do estado do veículo e do preço que este alcançar no mercado, quitar as prestações faltantes e, dessa forma, avaliá-lo e vendê-lo em praça, obtendo importância em benefício da massa de credores. Para tanto, precisará da autorização do Comitê de Credores e, se não existir, do juiz da falência.

22.3.4. O ressarcimento do contratante em razão do não cumprimento pelo administrador judicial

Se o administrador judicial entender não cumprir o contrato, cabe ao contratante o direito de exigir da massa o devido ressarcimento pelo dano, nos termos do § 2º do art. 117. Deve, entretanto, constituir a massa falida em mora, por intermédio de interpelação nos próprios autos, para que manifeste seu interesse em cumprir o contrato.

A negativa ou o silêncio do administrador judicial, como já visto acima, no prazo de dez dias, dá ao credor o direito de pleitear, em ação ordinária própria, o valor indenizatório, habilitando-o, depois, como credor na falência (o art. 117, § 2º, o qualifica quirografário, mas nem sempre é assim). Nesse valor não podem estar incluídos os lucros cessantes, mas, tão somente, o dano emergente, como bem lembrou Miranda Valverde (1960, 1:279), porque aqueles pressupõem culpa, e, se a lei confere ao administrador o direito de cumprir ou não contrato, não se encontra a massa falida em mora, nem agiu o síndico dolosa ou culposamente. Impor o mesmo tratamento à inexecução do contrato em virtude da falência e por decisão do administrador judicial dos demais casos gerais de inexecução (CC, art. 402) seria transformar o art. 117 da Lei de Falências em letra morta. Obviamente, se a negativa implica inexecução contratual, presumindo-se mora e culpa, em que consistiria a vantagem da faculdade de sua escolha?

22.3.5. Efeito da condição resolutiva expressa pelas partes antes da falência

Anote-se que essa condição resolutiva tácita – diminuição de seu patrimônio capaz de comprometer ou tornar duvidosa a prestação pela qual se obrigou –, prevista no art. 477 do Código Civil, é presumida em todos os contratos bilaterais, podendo, entretanto, as partes estabelecerem-na expressamente. De uma ou outra forma – admitida tácita ou prevista expressamente –, a falência não opera a resolução do contrato, nos termos do art. 117 da Lei Falimentar.

O que ocorrerá se a condição resolutiva expressa prever não a mudança da condição econômica do devedor, mas a resolução do contrato em caso de declaração de sua falência? A doutrina discute a validade da inclusão dessa cláusula. Rubens Requião (1998, 1:192), invocando Spencer Vampré e Carvalho de Mendonça, entende perfeitamente válido o pacto. Waldemar Ferreira (1955, 5:183) vai além e prevê a hipótese de as partes prefixarem o montante da indenização, de "molde a evitar-se a propositura da ação ordinária tendente a cifrá-la".

Spencer Vampré (1922, 3:394) assim se posiciona ao estudar os efeitos do pacto em previsão da falência: "Em princípio se admite pactuar na previsão da falência futura: (...) que esta determine, para a outra parte contratante, a faculdade de considerar rescindido, ou vencido, o contrato, quer seja bilateral, ou unilateral, e quer o falido seja credor ou devedor. Esta cláusula é perfeitamente admissível, uma vez que a massa não pode ter mais direitos, ou obrigações, relativamente a terceiros, do que as que tinha do devedor, antes da falência".

Modernamente as opiniões dos doutrinadores ainda divergem. Manoel Justino Bezerra Filho (2017:124), invocando a supremacia do interesse público sobre o pacto entre particulares, entende que a cláusula resolutiva não será considerada se o administrador pretender dar cumprimento ao contrato. Fábio Ulhoa Coelho (2017:418) firma posição oposta: "Se as partes pactuaram *cláusula de rescisão por falência*, esta é válida e eficaz, não podendo os órgãos da falência desrespeitá-la".

22.3.6. Efeitos do cumprimento do contrato

Ao decidir cumprir o contrato, a massa falida deve dispor de recursos para cumpri-lo. A partir da deliberação dos órgãos da falência, as regras passam a ser as incidentes a todo e qualquer contrato bilateral, sobretudo a que rege o princípio *non adimplet vel non rite adimpleti contractus*, isto é, "nenhum dos contraentes, antes de cumprida a sua obrigação, pode exigir o implemento da do outro" (CC, art. 476).

As despesas decorrentes dos contratos bilaterais admitidos à continuação pela massa são pagas com precedência sobre os créditos dos credores classificados segundo a ordem estabelecida no art. 83. Classificam-se como créditos extraconcursais nos termos do art. 84, V, da Lei Falimentar.

Portanto, na análise da conveniência do cumprimento do contrato, o administrador judicial e os membros do Comitê devem verificar a viabilidade econômica da deliberação, considerando inclusive a existência de credores sujeitos à restituição, cujos pagamentos precedem aos dos credores extraconcursais (art. 149).

22.4. Introdução aos contratos bilaterais na falência

O estudo dos contratos será dividido em cinco situações específicas, considerando a condição de vendedor ou de comprador do falido nos contratos bilaterais. As regras próprias do art. 119 podem ser estudadas em hipóteses distintas: a) a falência do vendedor que não entregou a coisa contratada (incisos II e III); b) a falência do comprador que não pagou a coisa contratada (inciso I); c) o contrato de compra de coisa móvel com cláusula de reserva de domínio (inciso IV); d) vendas a termo, em que houve a falência do comprador ou a do vendedor (inciso V); e) contratos imobiliários, de locação e venda (incisos VI, VII e IX).

A hipótese do inciso VIII é tratada como espécie de compensação (item 22.10.3).

22.5. Falência do vendedor que não entregou a coisa contratada

Sabe-se que, pela regra geral, não tendo o falido entregue a coisa contratada, cabe ao administrador judicial o direito de cumprir ou não o contrato, de acordo com a conveniência da massa, resolvendo-se o contrato em perdas e danos, no caso de não cumprimento. Entretanto, a lei traz dois outros casos específicos: o contrato de venda de coisas compostas e o contrato de coisas móveis não entregues, vendidas a prestação.

22.5.1. Contrato de entrega de coisas compostas

No contrato de venda de coisas compostas pelo falido – aquelas constituídas por um todo complexo –, se o administrador judicial resolver não continuar as entregas, o comprador pode colocar à disposição da massa as coisas recebidas e receber perdas e danos (art. 119, II). A ação para a composição do dano será distribuída ao Juízo falimentar, por força das regras da unidade e da indivisibilidade. Tal disposição tem aplicação em inúmeros casos encontrados no mundo moderno: montagem de uma linha industrial; fornecimento de móveis em franquia comercial; montagem de cozinha industrial; fornecimento de peças de marcenaria para composição de móvel, sem remessa, por exemplo, das portas ou de detalhes de acabamento etc.

Em ação ordinária, o juiz decidirá sobre o valor das perdas e danos, isto é, o valor da indenização, que incluirá, tão somente, os prejuízos efetivos (dano emergente) e não o lucro cessante, uma vez que, como já anotado, não há qualquer culpa da massa pelo não cumprimento do contrato.

Exemplificando: empresário estabelecido no ramo de indústria e comércio de cozinhas planejadas cumpre parte do contratado e apresenta ao comprador somente algumas peças do conjunto encomendado pelo cliente, deixando de entregar as portas e alguns gabinetes. Dispondo-se o administrador a produzir o restante da mercadoria, cumprirá por completo o contrato bilateral e receberá o preço faltante. Se, entretanto, não achar conveniente à massa, o contrato será tido como rescindido, podendo o credor colocar as partes já recebidas à disposição da massa e pleitear perdas e danos, consistentes no dano efetivo, ressarcindo o valor anteriormente pago ao falido, devidamente atualizado.

Paulo Salvador Frontini (2006:440) apresenta solução jurídica que pode interessar aos credores que buscam agilidade processual: "Pensamos que o comprador tem outra alternativa mais simples a seu alcance. Se já pagou parte ou a totalidade do preço, pode, pondo os componentes da coisa composta já recebidos à disposição da massa falida, habilitar seu crédito, abrindo mão das perdas e danos. Por certo será mais rápido e mais prático".

Embora o § 2º do art. 117 estabeleça que o crédito decorrente de indenização pelo contrato não cumprido constitua crédito quirografário, sua natureza tem privilégio especial, conforme dispõe o art. 83, IV, *c*, porque o credor possui direito de retenção sobre as partes já entregues. Contrariamente a esta posição, há na jurisprudência antiga decisão do Supremo Tribunal Federal[1].

---

[1] BRASIL, STF, RE n. 31.560/CE, Rel. Min. Ribeiro da Costa, j. 19-6-1956: "O descumprimento de contrato bilateral, assim na concordata como na falência, dá ao contraente o direito

22.5.2. Contrato de venda de coisas móveis vendidas a prestação pelo falido

No contrato de venda de coisas móveis vendidas a prestação e ainda não entregues, cabe ao comprador o direito de restituição das prestações recebidas pelo falido (art. 119, III). Esse crédito não tem a natureza de quirografário, mas a de dívida da massa, na qualidade de restituição.

O comprador tem o direito de receber a coisa que comprou a prestação, e o administrador pode, no interesse da massa, entregar o bem. Contudo, se não o fizer, utilizando-se da faculdade que a lei lhe confere, ou ainda porque a coisa foi efetivamente arrecadada, mas não mais existe, deverá restituir o valor do bem, indenizando o comprador pelos prejuízos sofridos.

22.6. Falência do comprador que não pagou a coisa contratada

Em contrato de compra e venda mercantil, o vendedor não pode obstar a entrega de mercadorias adquiridas e em trânsito, ainda não pagas, quando já revendidas pelo comerciante falido (art. 119, I). Por essa regra, o chamado *right of stoppage in transitu* somente pode ocorrer se as mercadorias ainda não foram revendidas, sem fraude, "à vista das faturas e conhecimentos de transporte, entregues ou remetidos pelo vendedor". Neste caso, o vendedor pode reintegrá-las a seu patrimônio.

A solução da Lei Falimentar adequava-se, no sistema anterior ao Código Civil de 2002, ao disposto no Código Comercial, segundo o qual, remetida por transportador e emitido o respectivo conhecimento de transporte, presume-se que a mercadoria já está em poder do comprador, sendo este seu proprietário. Adotava-se a tradição simbólica como regra[2].

O referido inciso (I do art. 119) suspende os efeitos da tradição simbólica, permitindo ao vendedor interromper a efetiva entrega, na hipótese de as mercadorias não terem sido revendidas pelo comprador antes da falência.

à indenização, cujo valor, apurado em processo ordinário, constituirá crédito quirografário".

[2] BRASIL, *Código Comercial*, art. 199: "A tradição da coisa vendida, na falta de estipulação expressa, deve fazer-se no lugar onde a mesma coisa se achava ao tempo da venda; e pode operar-se pelo fato da entrega real ou simbólica, ou pelo do título, ou pelo modo que estiver em uso comercial no lugar onde deva verificar-se".

O Código Civil traz regra geral aplicável aos contratos de compra e venda, sem prever, como faz a Lei Falimentar, a exceção à interrupção da entrega na hipótese de a mercadoria ter sido vendida a terceiro: "Não obstante o prazo ajustado para o pagamento, se antes da tradição o comprador cair em insolvência, poderá o vendedor sobrestar na entrega da coisa, até que o comprador lhe dê caução de pagar no tempo ajustado" (art. 495).

Entretanto, nota-se que a contradição entre ambos os dispositivos é apenas aparente. A regra especial falimentar se sobrepõe à regra geral para a hipótese que ela regulamenta, mantendo-se com plena eficácia o dispositivo falimentar.

Discute-se, na doutrina, a natureza desse direito de suspensão dos efeitos da tradição simbólica, entendendo alguns se tratar de direito de retenção, outros, de direito de sequela e outros, ainda, de direito de reivindicação. Trajano de Miranda Valverde (1960, 1:287-289), contudo, dá melhor definição sobre sua natureza: "Se o vendedor já não tem mais o domínio e a posse da coisa, também não tem o comprador a posse direta (material) dela, que está com o condutor ou transportador, o qual, como é sabido, pode até retê-la para cobrir-se de seu crédito, correspondente às despesas de transporte. Por conseguinte, se o vendedor não é mais dono da coisa vendida e transferida ao comprador, como, pois, lhe reconhece a lei, se ele, vendedor, é claro, ainda não foi pago do preço, o direito de obstar a entrega dela ao comprador, ou como dispunha a lei anterior, de reivindicar a coisa vendida? (...) Pensamos, em face do preceito da lei vigente, que o direito do vendedor de obstar a entrega da mercadoria em trânsito não é senão uma aplicação extensiva do disposto no artigo 198 do Código Comercial. Não procede, porém, a obrigação da entrega da coisa vendida antes de efetuado o pagamento do preço, se, entre o ato da venda e o da entrega, o comprador mudar notoriamente de estado, e não prestar fiança idônea aos pagamentos nos prazos convencionados".

O administrador, entretanto, pode resolver cumprir o contrato, recebendo a mercadoria desde logo, e pagar o preço ao vendedor, conforme lhe faculta o art. 117.

Há aqui uma situação bastante curiosa na falência. As mercadorias vendidas a prazo e entregues dentro de quinze dias anteriores ao pedido de falência estão sujeitas a restituição, nos termos do art. 85, parágrafo único. As mercadorias vendidas a prazo e ainda não entregues podem ser obstadas pelo vendedor, desde que não revendidas pelo falido (art. 119, I). As vendidas a prazo e ainda não recebidas pelo falido, mas já revendidas, não serão restituídas, cabendo ao credor habilitar-se na falência como simples credor quirografário, salvo se comprovar que, em data anterior, dentro do período de quinze dias que antecedeu o pedido falimentar, fez a entrega simbólica.

O quadro abaixo mostra cada uma dessas situações:

PERÍODO DA OCORRÊNCIA	SITUAÇÃO DO CONTRATO DE COMPRA E VENDA	EFEITO NA FALÊNCIA
16 dias ou mais, anteriores ao pedido falimentar	Mercadoria vendida e entregue antes do período de 15 dias anteriores ao pedido de falência	O crédito pode ser habilitado como credor quirografário
Entre 15 dias e 1 dia anterior ao pedido falimentar	Mercadoria entregue no período de 15 dias anteriores ao pedido de falência	Crédito sujeito a restituição
Na data do pedido de falência	Mercadoria entregue na data do pedido de falência	Crédito sujeito a restituição
Após o pedido de falência	Mercadoria entregue após o pedido de falência	Se a venda foi efetuada dentro dos 15 dias anteriores ou se houve a tradição simbólica nesse período, cabe a restituição
Na data da falência	Mercadoria entregue na data da decisão que declara a falência	Crédito sujeito a restituição
Após o decreto falimentar	Mercadoria em trânsito, ainda não entregue, mas não revendida pelo falido	O vendedor pode obstar a entrega e receber a mercadoria de volta
Após o decreto falimentar	Mercadoria em trânsito, ainda não entregue, mas revendida pelo falido	O vendedor não pode obstar a entrega. Habilita-se como credor quirografário, salvo se demonstrar que entrega simbólica se deu dentro dos 15 dias anteriores ao pedido falimentar

22.7. Contrato de compra e venda com reserva de domínio

A lei prevê que, nos contratos com reserva de domínio, o administrador judicial, depois de ouvir o Comitê de Credores, pode devolver o bem, rescindindo o contrato, após vistoriar a coisa e arbitrar seu valor (art. 119, IV). Para um estudo mais completo, é preciso verificar algumas hipóteses que se assemelham: a) o contrato sujeito a alienação fiduciária; b) o contrato de *leasing*; e c) o contrato com reserva de domínio.

Em primeiro lugar, deve-se observar a distinção entre eles e seus efeitos na falência.

22.7.1. Contrato com cláusula de alienação fiduciária

ALIENAÇÃO FIDUCIÁRIA		
POSSE DIRETA	**POSSE INDIRETA**	**PROPRIEDADE**
Do comprador do bem (fiduciante, alienante), como mero depositário, com todas as responsabilidades e encargos que lhe incumbem de acordo com a lei civil e penal	Do financiador. Pode este buscar e apreender o bem	O financiador (credor ou vendedor) possui o domínio resolúvel, isto é, transitório, sujeito à ocorrência de uma condição que é o pagamento futuro do financiamento O bem foi entregue em garantia de financiamento, que deixará de existir no momento em que houver o pagamento integral da dívida Somente após pago o preço total, terá o fiduciante o direito exclusivo à propriedade

a) *Conceito e natureza do contrato de alienação fiduciária em garantia*

Para Orlando Gomes (2008:567), o contrato de alienação fiduciária conceitua-se como "o negócio jurídico pelo qual o devedor, para garantir o pagamento da dívida, transmite ao credor a propriedade de um bem, normalmente retendo-lhe a posse direta, sob a condição resolutiva de saldá-la".

Previsto inicialmente na Lei do Mercado de Capitais (Lei n. 4.728, de 14-7-1965), que lhe reservou, tão somente, um dispositivo, o art. 66, este contrato tinha por escopo dar garantia real aos contratos de abertura de crédito para a aquisição de bens móveis por parte do consumidor. Sua redação atual foi determinada pelo Decreto-Lei n. 911, de 1º de outubro de 1969. Posteriormente, a Lei n. 9.514, de 20 de novembro de 1997, instituiu a alienação fiduciária de coisa imóvel.

Pelo mecanismo legal, na alienação fiduciária em garantia, o devedor transfere ao credor o domínio resolúvel e a posse indireta da coisa móvel alienada, independentemente da tradição efetiva do bem. O alienante – devedor – passa a ser possuidor direto e depositário com todas as responsabilidades e encargos que lhe incumbem. No caso de imóveis, a propriedade fiduciária é constituída mediante registro do contrato no cartório de registro de imóveis.

O domínio definitivo encontra-se sob condição resolutiva, daí por que a lei utiliza a expressão *domínio resolúvel*, visto tratar-se de domínio que jamais será pleno, nem tampouco definitivo. O credor possui uma propriedade restrita e transitória enquanto não ocorrer a condição resolutiva. Esta é uma garantia do devedor de que, uma vez paga a dívida, terá, automaticamente, readquirido o pleno domínio sobre a coisa.

Na condição resolutiva, definem os arts. 127 e 128 do Código Civil: "Se for resolutiva a condição, enquanto esta se não realizar, vigorará o negócio jurídico, podendo exercer-se desde a conclusão deste o direito por ele estabelecido" e "Sobrevindo a condição resolutiva, extingue-se, para todos os efeitos, o direito a que ela se opõe; mas, se aposta a um negócio de execução continuada ou periódica, a sua realização, salvo disposição em contrário, não tem eficácia quanto aos atos já praticados, desde que compatíveis com a natureza da condição pendente e conforme aos ditames de boa-fé".

O credor – também chamado financiador – empresta determinada importância ao devedor – denominado financiado –, que, por sua vez, com o dinheiro obtido dessa operação, adquire um bem e, ato contínuo, o transfere, em garantia da primeira operação, a seu financiador. O interesse deste último é receber o que lhe é devido, e, quando isso ocorre, perde ele a propriedade do bem a favor do devedor, também chamado financiado, fiduciante ou alienante.

Aquele que recebe o financiamento – o devedor – aliena a coisa em favor do financiador, em garantia do pagamento da dívida, caracterizando eficientemente o contrato: o bem é garantia do dinheiro entregue ao devedor.

b) *Efeitos da falência sobre o contrato de alienação fiduciária*

Ocorrendo a falência, alguns doutrinadores, apoiando-se no art. 762, II, do Código Civil de 1916[3], entendiam que esse evento, por si só, era

[3] BRASIL, *Código Civil de 1916*, art. 762, II: "A dívida considera-se vencida: (...) II – se o devedor cair em insolvência, ou falir". A redação foi mantida no Código de 2002: "Art. 1.425. A dívida considera-se vencida: (...) II – se o devedor cair em insolvência ou falir".

causa para a rescisão do contrato, frustrando-se a possibilidade de ocorrência da condição resolutiva, e, portanto, o credor poderia, desde a data da quebra, exigir a restituição do bem arrecadado pela massa falida.

Olvidavam-se, contudo, de existência de regra própria, na falência, sobre os contratos bilaterais e a possibilidade de o síndico (como hoje também se faculta ao administrador judicial) prosseguir na sua execução, se entendesse conveniente à massa.

No contrato de alienação fiduciária, o credor tem o direito de pedir a restituição do bem alienado, porque na verdade o domínio lhe pertence. Como a condição resolutiva estabelece que, uma vez paga a dívida contraída, no modo ajustado, perde o credor aquele domínio que lhe fora transferido em garantia, é necessário, se não cumprido o contrato, que ele valha seus direitos sobre a coisa por meio de ação de restituição, promovendo-a no Juízo falimentar. Mas somente poderá fazê-lo após interpelar o administrador judicial, em obediência ao que dispõe o art. 117, § 1º.

c) *Remédio jurídico adequado*

Com a falência, a ação de restituição passa a ser o único meio processual adequado para satisfação dos direitos do credor fiduciário, mesmo que, anteriormente a ela, o credor tenha se valido da ação de busca e apreensão do bem, prevista no art. 3º do Decreto-Lei n. 911, de 1º de outubro de 1969, e da decorrente desta, a ação de depósito – art. 4º do mesmo diploma legal.

O empresário individual e os antigos administradores da sociedade falida perderam o direito de administrar os seus bens e deles dispor e, dessa forma, não podem ser compelidos, via ação de depósito, a devolver os bens que não mais administram, conforme se lê no voto do Ministro Ruy Rosado de Aguiar (REsp n. 89.972-RJ, j. 10-11-1997): “Após decretada a falência do devedor, descabe ao arrendador, no contrato de *leasing*, assim como ao credor fiduciário, no de alienação fiduciária, ambos sedizentes proprietários dos bens dados em garantia e objeto do contrato de depósito, promover ação de depósito contra o falido, pois perdeu ele não só a administração como também a disposição e a posse dos bens que devam ser arrecadados. Entre esses incluem-se os que tenham sido objeto de contratos que conservem a propriedade com o credor e a posse com o devedor. Ao dispor sobre o procedimento da arrecadação, reza o § 6º do art. 70 da Lei de Falências que serão referidos no inventário os bens indicados como propriedade de terceiros ou reclamados por estes, sabendo-se que os bens arrecadados ficarão sob a guarda do síndico (art. 72)”.

E, nesse mesmo sentido, *v.*: (1) REsp n. 21.299/RJ, 4ª Turma, Rel. Min. Barros Monteiro, *DJ*, 13-12-1993: "Decretada a falência da sociedade, descabe a ação de depósito contra os seus antigos administradores por não terem eles mais a posse e a administração dos bens sociais"; (2) Recurso de *Habeas Corpus* n. 172/SP, 5ª Turma, Rel. Min. Jesus Costa Lima, *DJ*, 2-10-1989: "Recurso de *habeas corpus*. Prisão de depositário. Falência. Aberta a quebra, por força do disposto no art. 40 da Lei de Falências, o devedor perde o direito de administrar e de dispor dos seus bens. Assim, não pode ser compelido a devolvê-los em decorrência de decisão proferida, em ação de depósito, cerca de três anos depois do decreto da falência, muito menos ser preso por não ter podido fazê-lo".

Se, após movida a ação de depósito, constatar-se que o bem não foi arrecadado em mãos do falido ou, ainda, que ele está desaparecido, entende-se inviável a restituição em dinheiro, porque a modalidade aqui escapa da disposição do art. 86, I, que pressupõe, por força do art. 85, *caput*, que o objeto a ser restituído seja aquele decorrente do contrato firmado e não apenas, como é, de fato, mera garantia do dinheiro entregue. A hipótese submete-se a regime próprio, previsto no art. 7º do Decreto-Lei n. 911/69, que dispõe: "Na falência do devedor alienante fica assegurado ao credor ou proprietário fiduciário o direito de pedir, na forma prevista na lei, a restituição do bem alienado fiduciariamente". Na dicção desse artigo, somente fica assegurado o direito de pedir a restituição na forma da lei, que, no caso, é o art. 85, que pressupõe a arrecadação da coisa pela massa.

Segundo Cândido Rangel Dinamarco, em acórdão de sua lavra, a respeito do tema na vigência da Lei Falimentar anterior, "o § 2º do art. 78 da Lei Falimentar não tem a dimensão nem o significado que o apelante pretende. Interpretado à luz de seu *caput*, ele se refere somente aos casos em que a coisa mesma é devida, como objeto do direito e não como instrumento de garantia" (mencionado no REsp n. 39.208-0/SP, Rel. Min. Barros Monteiro, j. 14-2-1995, *RT*, 622/65-66).

Nesse sentido tem sido a direção da doutrina. Paulo Restiffe Neto e Paulo Sérgio Restiffe (2000:525), por exemplo, assim se manifestam:

"Cabe aqui importante observação: enquanto subsistir a integridade do contrato e da garantia, o privilégio inerente à alienação fiduciária prevalece em favor do credor *erga omnes*. A partir do momento em que se alcance a restituição e o bem seja vendido executivamente para satisfação do crédito, é evidente que, com o desaparecimento da garantia real, em relação ao eventual saldo remanescente terá de habilitar-se o credor na categoria de *quirografário*. Nisto não discrepa Orlando Gomes (op. cit., n. 71). Não se confunda o privilégio da garantia (objeto de propriedade do fiduciário) com a natureza do crédito correspondente ao saldo. A propriedade do credor sendo sobre o bem, o proprietário atém-se ao seu valor. Quando a venda propicie recursos suficientes para pagamento da dívida com as despesas, recolhe o credor o quanto lhe cabe, devolvendo o saldo à massa. Mas, ao contrário, se o resultado da venda não basta, esgota-se aí o seu privilégio (garantia real), passando (ou voltando) a ser credor da massa na categoria correspondente ao título: quirografário".

Vejam-se também os Recursos Especiais n.: a) 39.208-0/SP, Rel. Min. Barros Monteiro, j. 14-2-1995; b) 5.250/SP, Rel. Min. Cesar Asfor Rocha, j. 19-6-1996; e c) 5.925/RS, Rel. Min. Eduardo Ribeiro, j. 11-3-1991, e decisão do Superior Tribunal de Justiça, que, em 19 de junho de 1997, decidiu: "Decretada a falência do devedor, sem a arrecadação do bem alienado fiduciariamente, cabe ao credor habilitar seu crédito como quirografário"[4].

d) *Resumo gráfico*

A matéria pode ser resumida graficamente da seguinte maneira:

[4] BRASIL, STJ, REsp n. 5.350-SP, j. 19-6-1997. Voto-vista do Ministro Ruy Rosado de Aguiar: "Esta eg. 4ª Turma já decidiu que, na hipótese da falência, o direito do credor reaver a coisa se esgota no próprio bem, sendo inaplicável a regra do art. 78, § 2º, da Lei de Falências. O art. 7º do Dec.-Lei n. 911/69 assegura ao proprietário fiduciário, no caso de falência do devedor alienante, o direito de pedir a restituição do bem alienado fiduciariamente em garantia, o que deve ser feito, conforme expressa dicção da norma, 'na forma prevista na lei'. Ora, a Lei Falimentar, ao dispor a respeito, estabelece, como pressuposto do direito à restituição, que a coisa tenha sido arrecadada em poder do falido (art. 76). No caso em tela, a máquina objeto da alienação fiduciária em garantia não foi arrecadada em mãos da falida, nem tampouco localizada ou identificada fisicamente. Já por tal motivo, descabido é o pedido de restituição, consoante, aliás, já teve ocasião de assentar a c. 3ª Turma deste Pretório em acórdão da relatoria do eminente Ministro Eduardo Ribeiro (REsp 5.926-RS). Desaparecido o bem em questão, inviável apresenta-se a pretensão do recorrente de haver a restituição pelo equivalente em dinheiro. É que não se trata na espécie de uma simples restituição de coisa de propriedade plena daquele que pede a devolução, mas sim de coisa alienada tão somente em garantia. Inaplicável aí o disposto no art. 78, § 2º, do Dec.-Lei n. 7.661, de 21-6-1945, como teve ocasião de evidenciar o conceituado jurista e Desembargador Cândido Rangel Dinamarco em voto inserto na *Rev. dos Tribs*. vol. 622, p. 65-66".

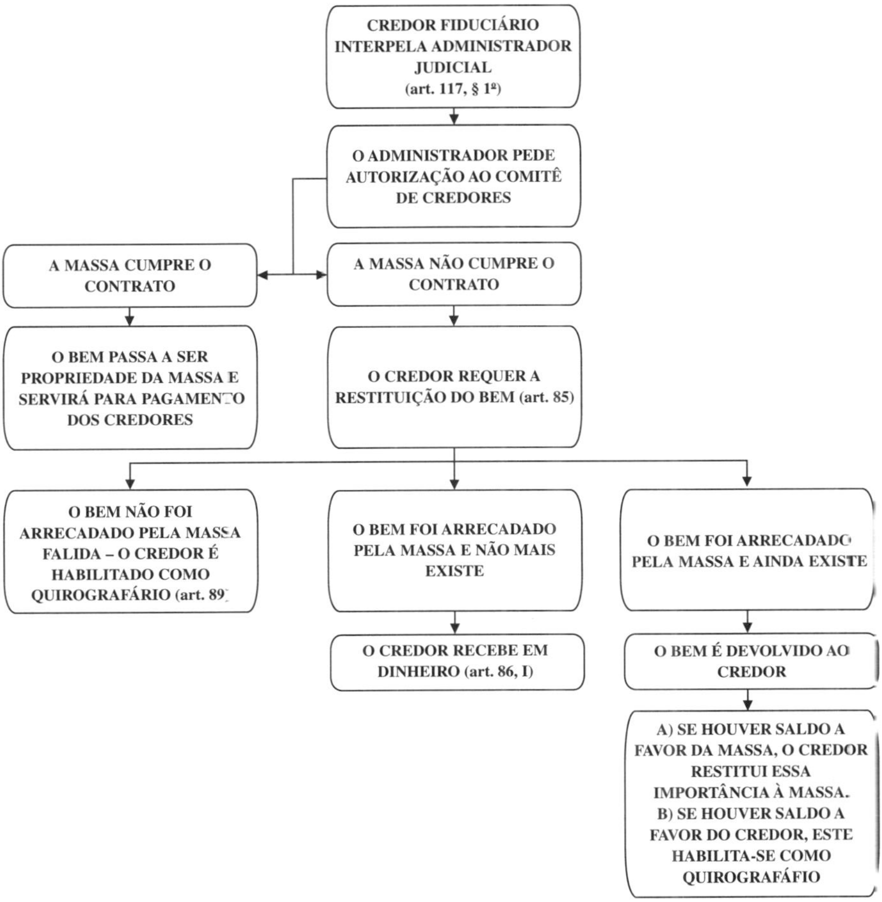

22.7.2. Contrato de *leasing* ou arrendamento mercantil

ARRENDAMENTO MERCANTIL OU *LEASING* (*LEASE*: ALUGAR)		
POSSE DIRETA	**POSSE INDIRETA**	**PROPRIEDADE**
Concessão de uso por prazo determinado ao arrendatário. Findo o prazo, pode: a) adquirir o bem; b) devolvê-lo; e c) prorrogar o contrato.	Concede-se o direito ao vendedor de reclamar o preço ou de recuperar a própria coisa por meio de ação de reintegração de posse.	Pertence ao arrendador. O contrato de compra e venda é realizado entre o fabricante e o arrendador.

O arrendamento mercantil é regulado pela Lei n. 6.099, de 12 de setembro de 1974, que o define em seu art. 1º, parágrafo único: "negócio jurídico realizado entre pessoas jurídicas, na qualidade de arrendadora, e pessoa física ou jurídica, na qualidade de arrendatária, e que tenha por objeto o arrendamento de bens adquiridos pela arrendadora, segundo especificações da arrendatária e para uso próprio desta". Posteriormente, sobreveio a Resolução n. 2.309, de 28 de agosto de 1996, do Banco Central do Brasil e as alterações que se seguiram (Resoluções n. 2.465/98, 2.659/99 e 3.175/2004) disciplinaram e consolidaram as normas relativas às operações de arrendamento mercantil. Possui três partes: o fabricante, o arrendador e o arrendatário, que se envolvem em contratos autônomos.

Segundo Waldirio Bulgarelli (1997:374), o arrendamento mercantil pode ser definido como o "contrato de arrendamento com tríplice opção assegurada ao arrendatário (continuar o arrendamento, terminá-lo ou comprar o bem)". Para o professor paulista, o *leasing* envolve uma operação que se desdobra em cinco fases: a) a proposta do arrendatário à arrendadora ou vice-versa; b) o acordo de vontade entre ambas; c) a aquisição, pela arrendadora, do bem ajustado com o arrendatário; d) a entrega do bem pela arrendadora ao arrendatário; e e) o exercício, pelo arrendatário, de tríplice opção: "continuar o arrendamento, dá-lo por terminado, ou adquirir o objeto do arrendamento, compensando as parcelas pagas a título de arrendamento e feita a depreciação".

No arrendamento mercantil, a coisa está em poder do devedor apenas como alugada, mas, contratualmente, pertence ao arrendador. Na hipótese de sobrevir a falência, pode o administrador judicial prosseguir com a execução do contrato e realizar, ao final, as opções em nome da massa falida. Se entender em não cumprir o contrato, o arrendador tem o direito de reivindicar o bem mediante ação própria falimentar, denominada *restituição*, objeto de estudo nos próximos capítulos.

Como ocorre na alienação fiduciária, com a falência, a ação de restituição passa a ser o único meio processual adequado para satisfação dos direitos do credor fiduciário, mesmo que, anteriormente a ela, o credor tenha se valido da ação de reintegração de posse. Com a falência, o empresário individual e os antigos administradores da sociedade falida perderam o direito de administrar os seus bens e deles dispor e, dessa forma, não podem ser compelidos a devolver os bens que não mais administram. O pedido, na ação de restituição, é fundamentado no art. 85 da Lei Falimentar, na modalidade de coisa arrecadada pela massa falida, devida em virtude de contrato.

Cabe ao arrendador, ao tomar ciência da falência, interpelar previamente o administrador judicial para que este declare se cumpre ou não o contrato. No silêncio ou na negativa, competirá ao arrendador promover a ação de restituição.

Após movida a ação de restituição, se as partes constatarem que o bem não foi arrecadado em mãos do falido ou que ele está desaparecido, entende-se inviável a restituição em dinheiro, e a ação deve ser julgada improcedente, porque a modalidade foge da disposição do art. 86, I. A ação de restituição será julgada improcedente, e o crédito do credor será incluído como quirografário (art. 8º).

22.7.3. Contrato de *leasing* ou arrendamento de aeronave ou de suas partes

Nos contratos de arrendamento mercantil de aeronaves ou de suas partes, a Lei Falimentar abre exceção às regras acima mencionadas e permite às partes contratantes o exercício de direitos deles derivados (art. 199, § 1º), possibilitando ao credor executar as cláusulas contratuais nele previstas, habilitando eventuais créditos remanescentes.

22.7.4. Contrato com cláusula de reserva de domínio

RESERVA DE DOMÍNIO (ARTS. 521-528 DO CC)		
POSSE DIRETA	**POSSE INDIRETA**	**PROPRIEDADE**
Do comprador, com entrega condicional (condição suspensiva: o evento incerto e futuro é o pagamento de todo o preço).	Concede-se o direito ao vendedor de reclamar o preço ou de recuperar a própria coisa por meio de ação de reintegração de posse.	Subordina-se a aquisição do domínio à solução da última prestação. Suspende-se a propriedade até que se tenha o implemento da condição.

Reserva de domínio é o contrato de compra e venda em regra de coisa móvel infungível.

Nos contratos com cláusula de reserva de domínio, o administrador deve ser interpelado sobre o seu cumprimento, e, não querendo prosseguir em sua execução, obriga a massa a devolver o bem, sendo, então, desnecessária a iniciativa do credor por meio de ação de busca e apreensão. Os bens não mais se encontram sob a administração dos antigos administradores e sim arrecadados no Juízo falimentar, sob a guarda do administrador judicial. Neste caso, o credor pode reavê-los mediante simples pedido de restituição.

Em se tratando de bem arrecadado pela massa falida, realiza-se vistoria no processo falimentar, por perito já nomeado nos autos, nos termos do art. 22, III, *h*.

Arbitrado o valor do bem, com a descrição de seu estado e com sua individualização em todas as suas características, dar-se-á lugar à liquidação, procedendo-se à venda do bem. Se o valor apurado for superior ao da dívida, o credor devolverá à massa o saldo. Se, por outro lado, o valor do bem for inferior ao da dívida, o credor habilitará a diferença na qualidade de credor quirografário.

Na impossibilidade de restituir o bem, porque não mais existente ou porque desaparecido, o crédito será, na sua totalidade, de natureza quirografária e como tal deve ser habilitado.

Se o administrador judicial, interpelado, entender não ser o caso de prosseguir na execução do contrato e, mesmo assim, não tomar as providências para vistoria e arbitramento da coisa arrendada, estando a massa em mora, a liquidação dar-se-á pelas mesmas regras processuais previstas, exigindo-se, entretanto, a iniciativa processual do credor. O pedido será distribuído ao juiz da falência, que determinará a vistoria e o arbitramento e a citação da massa falida. A inércia da massa falida resultará em ônus à massa, que pagará custas e despesas processuais.

22.8. Falência do comprador ou do vendedor nas vendas a termo

Nos contratos de venda a termo – nos quais se estipula termo ou prazo para a entrega da coisa e o pagamento do preço –, findo o prazo fixado, sem cumprimento, cabe ao vendedor direito a indenização. Esta será estabelecida pela diferença entre a cotação da mercadoria no dia em que foi assinado o contrato e a da época da liquidação (art. 119, V).

Waldirio Bulgarelli (1997:267, 272) ensina que são três os tipos principais de vendas a termo de mercadorias: a) as vendas a entregar, nas quais o vendedor não possui, em regra, a mercadoria, fixando o preço com o comprador, para entrega em determinado prazo; b) vendas por enfiada ou à fieira: consistem na transferência sucessiva do contrato inicial de venda, sendo a mercadoria entregue ao último comprador; c) *hedging*: operação típica realizada em bolsa de mercadorias e futuros, "tendo por finalidade a cobertura contra riscos inerentes às operações de venda e compra com execução diferida (...)".

Aqui não importa se a falência é do comprador ou do vendedor. Observa-se que pode ocorrer situação em que ambos tenham deixado de ser atendidos: nem aquele recebeu a coisa, nem este o preço. Entretanto, se para uma das partes tornar-se impossível o cumprimento do contrato, com a entrega da coisa na data aprazada e o recebimento do valor convencionado, dar-se-á a indenização pelo valor da diferença devida entre o preço determinado pelas taxas oficiais, fixadas no dia da assinatura do contrato, e a cotação oficial da época da liquidação, estipulada para aquele bem. Época da liquidação é o dia em que se vence e deve ser executado o contrato.

Pode suceder que, no momento em que o administrador judicial declare não ser possível cumprir o contrato, a data para a liquidação ainda não tenha ocorrido. O credor, então, fará uma habilitação ilíquida, postergando-se a apuração do *quantum* para a data em que o contrato se der por liquidado.

22.9. Falência e contratos imobiliários

No tocante aos imóveis, a matéria pode ser dividida, para efeito didático, em efeitos sobre: a) os compromissos de compra e venda (art. 119, VI); b) os contratos de locação imobiliária (art. 119, VII); e c) os contratos de incorporação imobiliária (art. 119, IX).

22.9.1. Contratos imobiliários com compromisso

Segundo bem anota Paulo Salvador Frontini (2006:442) a legislação que integra o sistema financeiro da habitação, desde a Lei n. 4.380/64 até a mais recente Lei n. 10.931/2004, que trata do patrimônio de afetação, "assegura a obrigação de serem respeitados os direitos de compromissários compradores credenciados com cláusula de irrevogabilidade, de modo a inviabilizar a extinção dessas obrigações quer por efeito da sentença de falência, quer por deliberação" de seus órgãos.

Os contratos imobiliários representados por escrituras de compromisso não se resolvem, devendo ser cumpridos pelo administrador judicial, que receberá o restante do preço e, no final, outorgará a escritura.

Se o falido for compromissário comprador, o imóvel será arrecadado pela massa e vendido em hasta pública, respeitadas as prestações vincendas, que serão pagas pelo novo adquirente.

Se o falido é o vendedor, e o registro imobiliário ocorreu após o decreto falimentar, deve-se atentar para as seguintes disposições: a) considerando a regra do art. 129, VII, a inscrição de direitos reais, transcrições de transferência de propriedade ou averbação relativa ao imóvel após o decreto falimentar são ineficazes em relação à massa, salvo se houver prenotação anterior. Neste caso, o contratante terá, em razão da ineficácia, tão somente, o direito de concorrer à massa como credor quirografário pelo preço pago (art. 86, III); b) em decorrência da regra do art. 99, VI, se a venda e o registro imobiliário se deram após a falência, o ato é nulo; c) havendo constituição de direito real de garantia dentro do termo legal da falência, o ato é ineficaz (art. 129, III); d) os atos registrados após a sentença de abertura da falência ou a constituição de direito real de garantia após o termo legal, com data posterior de registro, são nulos (LRP, art. 215).

Há aparente contradição entre a Lei de Registros Públicos e a Lei Falimentar no que se refere à nulidade da alienação. De um lado, a Lei Falimentar somente inquina de ineficaz o ato de constituição de direito real após o termo legal de quebra (art. 129, III); de outro, a Lei de Registros Públicos amplia a restrição para atingir não apenas o ato de constituição, mas, igualmente, o registrário decorrente dele, se realizados após o início do termo legal (art. 215), e, ainda, qualifica-os com nulidade e não com a simples ineficácia prevista na Lei Falimentar.

Em decisão proferida pelo Superior Tribunal de Justiça, na vigência de dispositivo semelhante do Decreto-Lei n. 7.661/45 (art. 52, VII), ficou assentado que "há clara deficiência técnica do artigo 215, ao fixar dois marcos para a incidência da nulidade do registro, um, mais curto, a partir da decretação da falência, outro, mais longo, a partir do termo legal da falência, sem que fossem determinadas em que condições seria adotado um ou outro limite. E, por outra, com a data mais antiga abrangendo a mais recente, tornando despicienda esta. Logo, a locução intercalada 'ou do termo legal nele fixado' somente é conciliável com a hipótese prevista no inciso III do artigo 52, a determinar a ineficácia da garantia real constituída dentro do termo legal da falência, não obstante a impropriedade da nulidade criada na lei registral. Nenhuma incompatibilidade há, destarte, entre o inciso VII do mencionado artigo 52 e o artigo 215 da LRP, sendo induvidoso que este não revogou aquela norma da LF" (Tribunal de Justiça de Goiás, decisão do Desembargador Lafaiete Silveira, mencionada no RMS n. 701, Rel. Min. Waldemar Zveiter, j. 8-10-1991).

Nesse julgamento, o Superior Tribunal de Justiça fixou o seguinte entendimento: "Referentemente à nulidade para efeito de cancelamento de registro e matrícula de imóvel arrecadado, tem-se que, na falência, a exegese que se faz das normas de registros públicos desdobra-se em dois critérios. Num, a nulidade dos atos posteriores ao decreto de falência reporta-se às nulidades cominadas na Lei Falimentar para atos praticados pelo devedor nessa fase. Noutro, relaciona-se com a constituição dos direitos reais de garantia. Assim, as alienações efetivadas antes do termo legal (período de suspeição) não ficam afetadas pela nulidade de que cuida a Lei de Registros Públicos. Inteligência dos artigos 40, § 1º, e 52, III e VIII, da Lei de Falências e artigo 215 da Lei n. 6.015/73".

Combinando as disposições dos artigos mencionados no acórdão e atualizando as referências legislativas, visualiza-se o seguinte resumo gráfico:

ATOS REALIZADOS ANTES DO TERMO LEGAL	ATOS DE NATUREZA IMOBILIÁRIA INEFICAZES, REALIZADOS DENTRO DO TERMO LEGAL	ATOS REALIZADOS APÓS A DECRETAÇÃO DO SEQUESTRO OU DA FALÊNCIA
Não há vedação legal nem para a constituição de direito real, nem tampouco para as inscrições de transferência de propriedade entre vivos, salvo se o contrato versar sobre o estabelecimento comercial, nos termos do art. 129, VI.	A constituição de direito real de garantia, inclusive a retenção, tratando-se de dívida contraída antes do termo (art. 129, III).	"Os registros de direitos reais e de transferência de propriedade entre vivos por título oneroso ou gratuito, ou a averbação relativa a imóveis realizados após a decretação da falência, salvo se tiver havido prenotação anterior" (art. 129, VI). No caso de transferência da propriedade pelo falido: nulidade do ato (art. 99, VI).
Os atos não são afetados.	São ineficazes a garantia constituída no termo e o seu registro realizado após a constituição, a qualquer tempo (art. 215 da Lei n. 6.015/73 c.c. o art. 129, III).	No primeiro caso são ineficazes, e, no segundo, são nulos os registros realizados (art. 215 da Lei n. 6.015/73).

22.9.2. Contratos de locação comercial

Nos contratos de locação não residencial, cabe ao administrador judicial, querendo, purgar a mora, devendo ser intimado para tanto. A falta de pagamento não opera, imediatamente, o direito ao despejo, devendo-se observar o vencimento de dois meses de aluguel e as mesmas regras previstas pela Lei n. 8.245/91, em seu art. 62.

Se o contrato não mais convier à massa, o administrador judicial pode denunciá-lo a qualquer tempo (art. 119, VII).

Se a massa falida é locadora – e não locatária –, o contrato não se resolve, prosseguindo a massa com sua regular execução e recebimento dos valores locatícios devidos, enquanto lhe for conveniente.

22.9.3. Contratos de incorporação imobiliária

Nos contratos imobiliários sujeitos às regras do sistema financeiro de habitação, a parte não falida pode considerar vencido o contrato antecipadamente. A liquidação então se fará segundo previsto no regulamento contratado, admitindo-se a compensação de eventual crédito a favor do falido com créditos do contratante (art. 119, VIII).

Os contratos imobiliários firmados entre o incorporador e o adquirente da unidade incorporada, desde que tenham sido objeto de regime de afetação (item 21.4.11), não são atingidos pelos efeitos da falência, cabendo à comissão de adquirentes decidir sobre o prosseguimento da construção ou a venda do patrimônio de afetação. Decidida a venda e pagos os tributos e obrigações previdenciárias, trabalhistas e as decorrentes do contrato firmado com o proprietário do terreno, não havendo ressarcimento integral, o adquirente habilitará seu crédito, como credor privilegiado, na falência do incorporador, pela diferença entre o aporte efetivado e o produto líquido da venda (art. 119, IX).

22.10. Outros contratos e regras especiais previstas na Lei Falimentar

Procurando regulamentar minuciosamente os efeitos da sentença de quebra sobre os contratos, depois de fixar as regras gerais aplicáveis a eles e, em especial, a alguns que menciona, a Lei Falimentar estabeleceu um sistema próprio que abrange o contrato de conta-corrente, a compensação de dívidas, o mandato mercantil e os contratos societários. Além desses, o presente estudo inclui dois outros que, ordinariamente, são objeto de discussão nas lides falimentares: o contrato de trabalho e o contrato de franquia (itens 22.11.1 e 22.11.2).

22.10.1. Contrato de conta-corrente

O contrato de conta-corrente não se encontra regulado em lei, devendo-se a sua utilização prática à adoção costumeira em nosso sistema jurídico. Carvalho de Mendonça (1960, 6:352-353) assim o define: "Dá-se o contrato de conta-corrente quando duas pessoas convencionam reunir em massa homogênea alguns ou todos os seus negócios, mediante recíprocas remessas que, anotadas na conta, se tornam partidas ou artigos de crédito e débito, verificando-se, por ocasião do seu encerramento, o saldo que deve ser pago por aquele que se mostrar devedor".

Esse mesmo autor menciona os elementos constitutivos da conta-corrente:

"a) A remessa de valores, já pura e simples, já condicional. Diz-se *remessa* toda a operação que dá direito a quem a faz de creditar-se na conta-corrente, e pode consistir em mercadorias, dinheiro, títulos de crédito, pagamento por conta do outro correntista, ou aceite de saques, etc., etc. No seu amplíssimo significado técnico, diz Vivante, a palavra *remessa* compreende também as operações, nas quais na realidade nada se remete (*Trattato di diritto commerciale*, 3ª ed., vol. 4º, n. 1.722).

b) A transformação destas remessas em artigo de crédito e débito; é este o alimento da conta-corrente. Não há em absoluto a *transferência de propriedade das remessas*. Vivante mostra que a proposição contrária, aceita como máxima quase pacífica na doutrina, não resiste à crítica (*Trattato di diritto commerciale*, 3ª ed., vol. 4º, n. 1.733).

c) A verificação de um saldo final, prestação única. Diz-se, ordinariamente, que esta verificação da diferença entre a totalidade do crédito e a do débito se opera mediante a *compensação*, locução que não escapa à censura jurídica (Thaller, *Traité de droit commercial*, 4ª ed., n. 1.655: 'Le compte ne se compose pas de créances distinctes, sujettes à se totaliser ou à *se compenser*, au sens juridique du mot. Le compte courant a une prestation unique: le solde. Jusqu'à ce que ce solde se dégage, il n'est rien du de part ni d'autre')".

Paulo Maria de Lacerda (1928:101) explica que "o contrato de conta-corrente tem por base essencial o crédito, que temporariamente as partes se concedem. O núcleo do acordo está na simplificação das recíprocas relações de negócios entre os contraentes, subsistindo a multiplicidade dos créditos por um só crédito mediante a liquidação".

Nos contratos de conta-corrente, considera-se encerrada a conta no momento da declaração da falência, verificando-se o respectivo saldo (art. 121). Observam-se, contudo, algumas dificuldades na aplicação desse dispositivo, sobretudo quando, entre os valores constantes das escriturações, se incluírem créditos não admitidos na falência ou não suscetíveis de compensação. Na habilitação do crédito decorrente desses contratos torna-se, portanto, indispensável que a verificação pelo perito descreva minuciosamente as operações realizadas, sob pena de se permitir venham a integrar a massa concursal credores por títulos não admitidos na falência.

22.10.2. Compensação de dívidas

O instituto da compensação é definido pelo art. 368 do Código Civil: "Se duas pessoas forem ao mesmo tempo credor e devedor uma da outra, as duas obrigações extinguem-se, até onde se compensarem". Álvaro Villaça Azevedo (1997:183), ao discorrer sobre esse dispositivo, lembra que são três as espécies de compensação: a legal, a voluntária e a judicial:

"Esta a compensação legal, pois está estabelecida na lei, nasce por vontade desta, existindo, a seu lado, duas outras espécies de compensação: a voluntária e a judicial. A voluntária, que é criada pela vontade das partes, pela convenção, e a judicial, que é determinada pelo Juiz em sua decisão, quando perceber no processo o citado fenômeno".

A Lei Falimentar afirma que somente se compensam as dívidas do falido vencidas até o dia da declaração da falência, seja esse vencimento decorrente da sentença declaratória, seja por expiração do prazo, determinando que, na compensação falimentar, somente se levam em conta as dívidas passivas – aquelas em que o falido figura como devedor –, sujeitando-as à compensação em duas hipóteses: as que estiverem vencidas e as que se venceram em razão da falência.

Sendo o falido credor – dívida ativa – e não estando vencida, não há incidência da segunda hipótese do art. 122 (vencidas até o dia da declaração da falência por expiração do prazo estipulado) nem, tampouco, da primeira figura (provenha o vencimento da própria sentença declaratória).

Nessa leitura, portanto, somente são compensáveis, de um lado, as dívidas do falido, nas quais ele é devedor, que venceram antes da falência ou que venceram em virtude desta, e, de outro lado, os créditos do falido, cujos vencimentos tenham ocorrido efetivamente até o dia da falência.

Não são compensáveis as dívidas ativas – créditos do falido – que não se encontrem vencidas, ou porque a data marcada para vencimento é posterior à sentença de quebra, ou porque o efeito da sentença de quebra não atinge essas dívidas, já que o art. 77 se refere ao vencimento antecipado de todas as dívidas (passivas) do falido e dos sócios com responsabilidade ilimitada e não ao vencimento dos seus créditos.

Alguns autores entendem que a solução legal se mostra injusta e pouco abrangente na prática. E, de fato, considerando a existência de um credor do falido pela importância de R$ 1.000,00, por dívida vencida antes da falência, e um crédito da falida por importância igual, mas ainda não vencido, a única solução possível, dentro da norma falimentar, é a habilitação do credor por R$ 1.000,00 e, posteriormente, a cobrança pela massa falida do segundo título, no valor de R$ 1.000,00, contra esse mesmo credor, após o vencimento do título.

Trajano de Miranda Valverde (1999, 1:353) critica a solução dada pela lei ao afirmar: "Uma interpretação estreita levar-nos-ia à conclusão de que, só se vencendo com a falência as dívidas passivas do falido e não as suas dívidas ativas, a compensação seria unicamente possível quando já vencida a dívida do credor do falido por ocasião da sentença de falência, ou se vencesse, justamente, no dia da abertura da falência. Essas duas hipóteses não são comuns, pois, por via de regra, a sentença declaratória da falência não encontra vencido o débito do credor *in bonis*. Com essa interpretação, raríssimas vezes teria aplicação o preceito legal, o que bastaria para tê-la menos exata".

No regime da lei anterior, a redação era a mesma (Lei n. 2.024, de 1908), levando Spencer Vampré (1922, 3:330) a comentar a respeito da solução legal:

"Suponhamos que Primus é credor de Secundus de 15 contos, que este se obrigou a pagar-lhe no prazo de um ano; e, ao mesmo tempo, é devedor de Secundus de 10 contos, que estipulou pagar no prazo de dois anos.

Sobrevindo a falência de Secundus, Primus concorre pelos 15 contos, com abatimento dos juros estipulados, ou legais, sem que a massa possa compensar o seu crédito de 10 contos com o referido débito de 15 contos.

Na hipótese figurada, não ocorre compensação, porque a falência de Secundus vence antecipadamente a sua *dívida*; porém, não o seu *crédito*.

Parece a princípio justo que a massa fique sujeita à eventualidade de Primus não pagar ao fim de dois anos; mas, a solução contrária privaria

Primus do prazo, que estipulou, e que é a seu benefício e o forçaria a um pagamento antecipado, que não contratou. Em suma: é mister que ambas as dívidas sejam vencidas, para que a compensação se efetue".

A solução dada pela lei, contrariamente à crítica de Miranda Valverde, é rigorosamente correta. Somente se compensam as dívidas líquidas, vencidas e de coisas fungíveis, conforme estipula o art. 369 do Código Civil. As dívidas ativas, isto é, os créditos de que o falido dispõe, ou se encontram vencidos na data da falência e, portanto, são compensáveis com as dívidas passivas (as já vencidas e as vencidas em decorrência do efeito especial da sentença falimentar), ou não estão vencidos e, portanto, não se compensam.

Nesse caso, o credor do falido que teve seu crédito antecipadamente vencido deve habilitar-se na falência, como quirografário, e aguardar o momento da liquidação e os rateios. O falido, credor seu, por título ainda não vencido, aguardará o vencimento e cobrará o título.

Alguns cuidados devem ser tomados, porque a compensação a favor de credor do falido pode resultar em pagamento antecipado, quebrando a *pars conditio creditorum*. É por essa razão que, nas compensações de dívidas existentes antes da falência, vencidas ou não, evita-se a fraude contra os credores[5], não se permitindo a operação em algumas hipóteses que a lei prevê.

Os créditos resultantes de título ao portador não são compensáveis porque é impossível determinar sua real data de constituição e origem, permitindo-se fraudes, como a aquisição de créditos de outros credores da falida a preço vil e, em seguida, sua compensação com o crédito da falida. Em conluio com o falido, terceiro pode vir a constituir título por simples emissão ao portador, que, em razão de sua forma, não se liga a

---

[5] RIPERT, Georges. *A Regra Moral nas Obrigações Civis*, Campinas, Bookseller, 2000, p. 319, assinala que o informalismo do Direito Comercial, baseado na boa-fé, visa a agilidade dos negócios, mas adverte para a dificuldade em se demonstrar que o contraente ignora circunstâncias que afastariam aquela presunção: "O mecanismo da cessão de crédito por endosso assenta sobre a regularidade da forma. O portador pode exigir o pagamento ainda que o sacado tenha exceções a opor ao sacador ou ao precedente portador. Diz-se, é certo, que o fato de não poderem opor exceções não aproveita senão ao portador de boa-fé; mas essa boa-fé consiste unicamente na regularidade da aquisição. Thaller declara que não há que saber se o portador estava ao corrente da situação do sacado; basta que ele tenha fornecido fundos para que esteja a salvo das exceções". É essa a razão pela qual a Lei Falimentar traçou regras rigorosas que impedem a compensação quando a forma facilita a fraude, como é o caso dos títulos ao portador.

nenhuma outra causa. Observa-se que o credor, ao habilitar seu crédito, deve demonstrar sua boa origem, condição que o título ao portador em regra não demonstra.

Os créditos transferidos por ato *inter vivos* após a decretação da falência, igualmente, não são compensáveis (art. 122, parágrafo único, I). Salvo a hipótese de sucessão por morte, fusão, incorporação ou cisão, os transferidos após a decretação da falência são suspeitos. Créditos adquiridos após a falência sofrem deságio e, em geral, são adquiridos a preço desprezível pelo devedor da massa com a única finalidade de compensá-lo com a dívida que tem para com ela. Imaginando que alguém deva à massa R$ 500.000,00, se lhe fosse possível percorrer os credores dela e oferecer-lhes a aquisição de cada crédito por 50% de seu valor real, até o limite da dívida que possui para com a massa, seus atos lhe renderiam um bom lucro. Ato contínuo às operações de cessão, o devedor apresentar-se-ia como credor da mesma importância e compensaria com a totalidade de seu débito. Seu lucro, na operação, seria de R$ 250.000,00. No mesmo raciocínio, vindo a adquirir o crédito com o deságio de 80%, com apenas R$ 100.000,00 pagaria uma dívida de R$ 500.000,00!

Finalmente, não operam a compensação os créditos, mesmo se vencidos antes da quebra, que foram transferidos ao devedor do falido, em prejuízo da massa, quando já conhecido o estado de crise econômico-financeira ainda não declarado judicialmente (art. 122, parágrafo único, II), devendo, neste caso, ser provada a má-fé. A hipótese é semelhante à anterior. Prevendo a iminente quebra de seu credor, o devedor percorre os credores de seu credor e propõe a cessão de crédito com deságio. É possível, ainda, o conluio entre o devedor e seu suposto credor para desvio de valores da massa: o devedor, em estado de inadimplência, acorda com terceiro a constituição de elevada dívida, e este último, de posse do título, procura os credores do falido propondo pagamentos irrisórios por seus créditos. Decretada a falência e operada a compensação, o terceiro passa a ser o maior credor, somando poderes em assembleia geral (LREF, art. 35, II), que podem ser exercidos em benefício do falido.

Além desses casos previstos na Lei Falimentar, há outros que vedam a compensação na legislação civil (CC, art. 373), que enumeram créditos oriundos de atos ilícitos, de comodato, depósito ou alimentos ou a hipótese de ser um deles proveniente de coisa impenhorável.

Na própria legislação falimentar encontra-se, ainda, a impossibilidade de se compensarem dívidas não exigíveis na falência (art. 5º).

22.10.3. Acordo para compensação e liquidação de obrigações no âmbito do sistema financeiro nacional

O art. 119, VIII, traz norma inovadora acerca do modo como se compensam as obrigações no âmbito do sistema financeiro nacional, ou seja, com os bancos e as instituições financeiras, privilegiando os contratos desta natureza que, desta forma, escapam à regra do art. 122: a) o contrato deve prever a compensação e liquidação de créditos; b) à parte não falida – em regra o banco ou a instituição financeira – é facultado considerar vencido o contrato antecipadamente; c) o contrato será, então, liquidado segundo o que estiver estabelecido em regulamento – leia-se: regulamento do Banco Central.

A regulamentação dos acordos de compensação e liquidação tem origem na Medida Provisória n. 2.192, de 24 de agosto de 2001, que dispõe, no art. 30: "É admitida a realização de acordo para a compensação e a liquidação de obrigações no âmbito do Sistema Financeiro Nacional, nas hipóteses e segundo as normas estabelecidas pelo Conselho Monetário Nacional. § 1º A realização da compensação e da liquidação nos termos e nas condições acordados, não será afetada pela decretação de insolvência civil, concordata, intervenção, falência ou liquidação extrajudicial da parte no acordo, não se aplicando o disposto na parte final do *caput* do art. 43 e inciso I do art. 52, ambos do Decreto-Lei n. 7.661, de 21 de junho de 1945. § 2º Se, após realizada a compensação dos valores devidos nos termos do acordo, restar saldo positivo em favor da parte insolvente, será ele transferido, integrando a respectiva massa, e se houver saldo negativo, constituirá crédito contra a parte insolvente".

O art. 4º da Resolução n. 3.263, de 24 de fevereiro de 2005, do Conselho Monetário Nacional, determina que os acordos estabeleçam as condições que levem à antecipação do vencimento, bem como a metodologia para a apuração, compensação e liquidação das obrigações a ele sujeitas, considerando a parte que tiver decretada insolvência civil, intervenção, falência ou liquidação extrajudicial, a partir da data de sua decretação.

22.10.4. Mandato mercantil

O art. 120 da Lei n. 11.101/2005 abrange os contratos de mandato firmados pelo falido anteriormente à quebra.

A definição legal de mandato encontra-se no art. 653 do Código Civil: "Opera-se o mandato quando alguém recebe de outrem poderes para, em seu nome, praticar atos ou administrar interesses. A procuração é o instrumento do mandato". No mesmo sentido, o Código Comercial o definia no art. 140 (revogado pela nova Lei Civil): "Dá-se mandato mercantil, quando um comerciante confia a outrem a gestão de um ou mais negócios mercantis, obrando o mandatário e obrigando-se em nome do comitente". Um e outro se distinguiam somente em relação às pessoas que contratavam e à natureza dos atos que conferiam, os quais eram, no mandato mercantil, sempre comerciais. Unificado o direito obrigacional, não mais se faz a distinção.

Percebe-se, pelas definições legais, que o falido pessoa física, empresário individual, pode, no momento da quebra, estar sujeito a vários contratos de mandato, alguns no interesse dos negócios mercantis e outros referentes a atos de sua vida civil. A regra da Lei Falimentar somente atinge os primeiros.

Distinguiam-se, antes do Código Civil de 2002, o mandato e a comissão mercantil, porque, sendo esta última uma espécie daquele, caracterizava-se pelo fato de o comissário ser, necessariamente, comerciante, sem que se fizesse obrigatória a menção ao nome do comitente (CCom, art. 165). A distinção hoje está na natureza dos poderes outorgados: o contrato de comissão "tem por objeto a aquisição ou a venda de bens pelo comissário, em seu próprio nome, à conta do comitente" (CC, art. 693).

Entre as espécies do contrato de mandato mercantil pode-se identificar o mandato geral – aquele que se refere a todos os negócios do mandante – e o especial – limitado a alguns negócios.

Qualquer que seja a extensão do contrato de mandato, sobrevindo a falência, duas são as soluções legais: (1) o contrato se resolve pela falência: a) se o falido é o mandante ou comitente do contrato de mandato ou de comissão mercantil, cabendo ao mandatário ou ao comissário se dirigir ao administrador judicial, prestando contas de seus atos; b) se o falido é o mandatário ou comissário, competindo a ele prestar contas ao mandante ou ao comitente; (2) o contrato não se resolve pela falência quando conferido para representação judicial do devedor. Cabe ao administrador judicial revogá-lo expressamente.

Os mandatos outorgados para atos da vida civil, não negociais, sejam eles de natureza judicial ou extrajudicial, continuam em vigor e não são afetados pela falência.

22.10.5. Contratos de sociedade firmados pelo falido

É possível que o falido faça parte de alguma sociedade, sendo ele empresário individual ou mesmo sociedade empresária. O art. 123 determina que os haveres que o falido – pessoa física ou jurídica – possuir na sociedade da qual participe sejam apurados e entrem para a massa falida.

A lei faz referência aos sócios comanditários e aos cotistas, figuras presentes em todas as sociedades personalizadas, à exceção das anônimas. O sócio comanditário aparece nas comanditas (simples e por ações) e os cotistas nas demais (em nome coletivo, limitada, simples).

Observa-se, portanto, que a Lei Falimentar não regulamentou a hipótese de ser o falido acionista nas sociedades por ações (anônimas e em comandita por ações), e isso por uma razão muito simples: nas sociedades de capitais típicas opera-se a arrecadação das ações e sua venda, uma vez que a alteração social nelas não reflete substancialmente sobre os direitos de outros acionistas, pois o elemento constitutivo denominado *affectio societatis*, nesses casos, é irrelevante.

Nas sociedades que menciona, a Lei Falimentar procurou preservar o respeito à estrutura social desejada pelos integrantes e, nesse sentido, estabeleceu que a liquidação dos haveres do sócio falido se dê (a) na forma que o contrato social dispuser, (b) judicialmente se nada dispuser a respeito, ou, ainda, (c) mediante dissolução prevista em contrato ou decorrente de determinação legal.

Na primeira situação, "conforme preveem as regras contratuais", a apuração dos haveres do sócio falido submeter-se-á ao que dispôs o contrato que, anteriormente, firmara com os demais integrantes da sociedade. O contrato pode envolver pagamento parcelado, apuração contábil, avaliação de bens etc. Em geral, os contratos de sociedade são omissos a respeito desse tema.

Na segunda, "na omissão do contrato social" – que é o que ocorre como regra geral –, a liquidação da parte que cabe ao sócio falido se fará por ação proposta pelo administrador judicial no foro da falência, em razão da *vis attractiva* firmada pelo art. 76, *caput*. A apuração dar-se-á com base na situação patrimonial da sociedade à data da falência do sócio, verificada em balanço especialmente levantado, conforme dispõe o art. 1.031 do Código Civil.

A terceira ocorre nas hipóteses em que a sociedade (da qual o sócio falido participa) deva sofrer sua dissolução, seja porque há previsão contratual nesse sentido, seja porque a sociedade foi constituída com apenas dois sócios e não há precedente regra contratual a respeito da substituição em virtude de falência ou, ainda, porque o objeto social se tornou inviável com a falência de um dos sócios. Nesta hipótese – dissolução da sociedade – os valores que entrarão para a massa falida, com referência à cota que couber ao sócio falido, somente poderão ser atribuídos após o pagamento dos credores sociais da sociedade que se dissolveu. Isso ocorrerá na fase própria, denominada liquidação. O procedimento a ser respeitado é aquele previsto nos arts. 599 e seguintes do Código de Processo Civil de 2015. No 1º volume desta coleção (item 26.6) comentamos as fases e os ritos a serem seguidos nesse procedimento.

22.10.6. Contratos de sociedade em conta de participação

A lei anterior não dispunha a respeito, gerando dúvidas na jurisprudência. Contudo, o Código Civil refere-se expressamente à situação do sócio oculto (chamado participante) e do sócio ostensivo na sociedade em conta de participação.

Falindo o sócio ostensivo, haverá a dissolução da sociedade e a liquidação da respectiva conta de participação, cujo saldo constituirá crédito quirografário (CC, art. 994, § 2º). Falindo o sócio participante, o contrato social ficará sujeito às normas que regulam os efeitos da falência nos contratos bilaterais do falido (CC, art. 994, § 3º), ou seja, caberá ao administrador judicial decidir se o cumpre ou não.

22.10.7. Condomínio indivisível

O § 2º do art. 123 regula os efeitos da falência sobre o destino da parte que o falido dispõe em condomínio indivisível: "o bem será vendido e deduzir-se-á do valor arrecadado o que for devido aos demais condôminos, facultada a estes a compra da quota-parte do falido nos termos da melhor proposta".

São duas as regras, portanto: em primeiro lugar, permite-se a venda pelo Juízo da falência e, em segundo, outorga-se aos outros condôminos o direito de preferência.

22.11. Outros contratos não mencionados na Lei Falimentar

Além dos contratos mencionados pela Lei Falimentar, excepcionando regras especiais para seu cumprimento ou resolução, é comum na vida mercantil a existência de uma infinidade de outros contratos não mencionados e que, necessariamente, terão seu regramento pela norma geral (art. 117) ou pela aplicação analógica das especiais estabelecidas pelo Direito Falitário.

Nos limites deste trabalho são tratados dois contratos não previstos: o contrato de trabalho firmado pelo falido e o contrato de franquia.

22.11.1. Contrato de trabalho

A falência não opera a resolução dos contratos bilaterais. Entre estes se encontra o contrato de trabalho firmado entre o falido e seus empregados, incumbindo ao administrador judicial manifestar-se a respeito de sua continuação. Optando pela rescisão, ou silenciando-se após a cessação das atividades da empresa ou de interpelação dos credores, os contratos trabalhistas serão considerados rescindidos, e, em consequência, o trabalhador fará jus às verbas rescisórias, como, por exemplo, o aviso prévio[6].

A massa, entretanto, não é obrigada ao pagamento de multa decorrente do não pagamento das parcelas incontroversas (CLT, art. 467) e das multas decorrentes da rescisão (CLT, art. 477, § 8º) porque o administrador judicial não tem como efetuar esses pagamentos fora do concurso de credores[7]. Em relação aos juros devidos, aplica-se aos contratos trabalhistas a mesma regra destinada a todos os credores concorrentes: sua não fluência a partir da data da quebra (art. 124), salvo se a massa comportar.

Em relação à multa sobre os depósitos de FGTS, a regra aplicável é a prevista no art. 18, § 2º, da Lei n. 8.036/90, que prevê a incidência de 20% quando a despedida decorrer de força maior[8].

---

[6] BRASIL, TST, Acórdão n. 42.633, Rel. Min. Galba Velloso, j. 30-9-1998: "Tem-se que os contratos bilaterais, em princípio, não se resolvem pela falência. No entanto, se o síndico da massa falida opta pela rescisão contratual, subsiste ao empregado os direitos decorrentes da relação de emprego, entre os quais o aviso prévio". Vejam-se também os acórdãos de n.: a) 3.083, de 22-6-1982, tendo como relator o eminente Ministro Marco Aurélio; b) 1.248, de 24-4-1985, sendo relator o mesmo eminente ministro; c) 415.172, de 4-6-1999, sendo relator o eminente Ministro José Alberto Rossi.

[7] BRASIL, TST, Acórdão n. 673.453, Rel. Min. Rider Nogueira de Brito, j. 10-11-2000: "Incabível a aplicação das penalidades previstas nos arts. 467 e 477 da CLT à massa falida, pois, nos termos do art. 23 do Decreto-Lei n. 7.661/45, está legalmente impedida de efetuar qualquer pagamento fora do Juízo falimentar, porque não tem disponibilidade de bens e recursos para atender aos créditos, ainda que de natureza trabalhista". No mesmo sentido, os acórdãos de n.: a) 700.114, de 6-12-2000, sendo relatora a Juíza convocada Maria Berenice C. Castro Souza; b) 654.319, de 23-8-2000, sendo relator o Ministro Vantuil Abdalla.

[8] BRASIL, TST, Acórdão n. 654.319, Rel. Min. Vantuil Abdalla, j. 23-8-2000: "Na falência não se tem por caracterizada a arbitrariedade do empregador na dispensa do empregado. Consequentemente, o enquadramento legal da falência para efeito da multa sobre os depósitos de FGTS deve se dar, não mediante a observância do § 1º do art. 18 da Lei n. 8.036/90 (que trata da hipótese típica da despedida arbitrária), mas do § 2º, dirigida à situação de *força maior*".

22.11.2. Contrato de franquia

A regulamentação do contrato de franquia empresarial é relativamente recente entre nós. A Lei n. 8.955, de 15 de dezembro de 1994, dispôs sobre essa modalidade de contrato e o definiu em seu art. 2º como sendo "o sistema pelo qual um franqueador cede ao franqueado o direito de uso de marca ou patente, associado ao direito de distribuição exclusiva ou semiexclusiva de produtos ou serviços e, eventualmente, também o direito de uso de tecnologia de implantação e administração de negócios ou sistema operacional desenvolvidos ou detidos pelo franqueador, mediante remuneração direta ou indireta, sem que, no entanto, fique caracterizado vínculo empregatício".

Percebe-se claramente que a natureza do contrato envolve prestação de serviços, distribuição de produtos e cessão de uso de marcas e/ou patentes. É bilateral porque um dos contratantes se obriga a fornecer produtos, uso de tecnologia, de marcas e patentes e prestação de serviços, e o outro, a pagar uma remuneração por esses direitos, cessões e serviços. Envolve, ainda, a prestação sucessiva, continuada desses recursos.

Trata-se de contrato que não se resolve pela falência, conforme regra prevista no art. 117 da Lei Falimentar, e, dessa forma, caberá, no caso de falência do franqueado ou do franqueador, a interpelação pela outra parte.

O contrato entre as partes pode trazer cláusula expressa, prevendo a ocorrência falimentar, e, eventualmente, impor a rescisão contratual. Em se tratando de condição resolutiva do contrato, a doutrina divide-se quanto a sua validade em relação à massa falida, conforme se anotou no item 22.3.5.

Se, entretanto, não houver previsão contratual, ocorrendo a falência do franqueado ou do franqueador, e se, depois de interpelado, o administrador silenciar-se ou resolver não cumprir o contrato, opera-se a rescisão e, consequentemente, o direito de a outra parte exigir a indenização, cujo valor, apurado em processo ordinário em curso no Juízo falimentar, constituirá crédito quirografário. Aqui, como em qualquer outro contrato bilateral, a massa responde apenas pelo dano emergente e não pelos lucros cessantes, conforme estudado.

22.12. Resumo gráfico

A matéria estudada neste capítulo pode ser resumida graficamente:

Efeitos sobre os contratos bilaterais	Falência de vendedor que não entregou a coisa contratada	Contrato de entrega de coisas compostas	Art. 119, II – perdas e danos (prejuízos efetivos). Classe do crédito decorrente: privilégio especial (art. 83, IV, *c*).
		Contrato de venda de coisas móveis a prestação	Art. 119, III – restituição do valor pago. Classe do crédito decorrente: credor extraconcursal por restituição.
	Falência do comprador que não pagou a coisa contratada	Entrega de coisa em trânsito	Art. 119, I – direito de obstar a coisa em trânsito. Classe do crédito decorrente: restituição ou quirografário, conforme o período da entrega.
	Contratos de venda com reserva de domínio e assemelhados	Alienação fiduciária Arrendamento mercantil Reserva de domínio	Art. 119, IV – restituição da coisa, se resolver não continuar o contrato. Classe do crédito decorrente: restituição, se a coisa foi arrecadada pela massa, ou quirografário, se não o foi.
	Contratos de venda a termo	Vendas a entregar; à fieira e *hedging*	Art. 119, V – findo o prazo, o vendedor tem direito a indenização. Classe do crédito decorrente: quirografário.
	Contratos imobiliários	Compromisso de compra e venda de imóvel	Art. 119, VI – se o falido é o compromissário comprador: o imóvel é arrecadado. Se o falido é o vendedor: (a) se o ato foi realizado antes do termo legal: a venda se aperfeiçoa; (b) se o ato foi de constituição de garantia, realizada dentro do termo legal: é o caso de ineficácia (art. 129, III); (c) se a inscrição se deu após o decreto de falência, mas a venda é anterior: ineficácia (art. 129, VIII); (d) se a transferência se deu após a falência: o ato é nulo.
		Locação imobiliária	Art. 119, VII – a falência do locador não resolve o contrato. E na falência do locatário o administrador pode denunciar o contrato. Despejo: regido pelo art. 62 da Lei n. 8.245/91.
		Patrimônio de afetação	Art. 119, IX – não é atingido pelos efeitos da falência.

- Efeitos sobre os contratos bilaterais
  - Contratos com regras especiais
    - Contrato de conta-corrente
      - Art. 121 – as contas consideram-se encerradas no momento da falência.
    - Compensação de dívidas
      - Art. 122 – dívidas do falido vencidas antes da falência e as que se vencerem em razão desta e créditos do falido vencidos anteriormente.
      - Art. 119, VIII – possibilidade de acordos de compensação e liquidação no âmbito do sistema financeiro nacional.
    - Mandato
      - Art. 120 – cessam os efeitos, salvo os de representação judicial e os não negociais.
    - Contrato de sociedade
      - Art. 123 – os haveres são apurados e entram para a massa falida.
    - Condomínio indivisível
      - Art. 123, § 2º – venda judicial e direito de preferência.
  - Outros contratos não mencionados na Lei n. 11.101/2005
    - Contrato de trabalho
      - Os contratos não se resolvem pela falência.
      - Classe: prioritário trabalhista.
    - Contrato de franquia
      - Direito a indenização.
      - Classe decorrente: quirografário.

PARTE III

DA ADMINISTRAÇÃO, ARRECADAÇÃO, REALIZAÇÃO DO ATIVO E PAGAMENTO DO PASSIVO

(Capítulos 23 a 27)

Capítulo 23

VISÃO GERAL DA ADMINISTRAÇÃO FALIMENTAR

Sumário: 23.1. A fase de administração falimentar. 23.2. Etapas do processo principal. 23.2.1. A publicidade da sentença falimentar. 23.2.2. O compromisso e as funções do administrador judicial. 23.2.3. Convocação da assembleia geral de credores. 23.2.4. Constituição do Comitê de Credores. 23.2.5. A continuação provisória da atividade empresarial. 23.2.6. A apresentação do primeiro relatório. 23.2.7. A arrecadação e a avaliação de bens. 23.2.8. Realização do ativo e pagamento dos credores. 23.2.9. Encerramento da falência. 23.2.10. Fase pós-falimentar: a extinção das obrigações do falido.

23.1. A fase de administração falimentar

Ultrapassada a fase preliminar, ou pré-falimentar, com a sentença que decreta a falência do devedor, tem início a fase de administração, caracterizada por um misto de atos consistentes em:

(1) formação da massa subjetiva, fundada no acertamento dos créditos, mediante prévia habilitação dos credores, processamento de seus pedidos, eventual impugnação, sentença, publicação do quadro geral de credores e possíveis recursos promovidos pelos participantes do processo falimentar;

(2) formação e consolidação da massa objetiva, iniciada com a arrecadação dos bens sociais e, até mesmo, nos casos legais, dos bens dos sócios, sua constituição definitiva por meio de ações que visam agregar bens que se encontram em poder de terceiros (ações revocatórias) e ações cujo objetivo é devolver ao legítimo dono bens que se encontram em poder da massa (ações de restituição e de embargos de terceiro);

(3) administração da massa objetiva, que envolve a conservação e guarda, inclusive a promoção de medidas judiciais necessárias à correta manutenção desses bens;

(4) investigação a respeito dos atos que motivaram a falência e sua classificação penal.

Por se tratar de execução coletiva, muitas vezes com a participação de centenas de credores em condições diversas, exigindo diligências para a arrecadação de bens, esta fase torna-se a mais extensa de todo o processo falimentar e requer a intensa atuação de inúmeras pessoas, formando um complexo feixe de relações jurídicas processuais de interesses difusos: a) o administrador judicial, personagem central da fase de administração, a quem incumbe a intervenção em quase todos os atos; b) o Comitê de Credores, os credores concursais comuns, credores por títulos não sujeitos a rateio e credores reivindicantes, que podem ser classificados segundo o fundamento de seus pedidos em diversas categorias; c) o falido, os sócios da sociedade falida, os administradores, diretores, gerentes e liquidantes da sociedade, a quem a lei impõe deveres processuais; d) o Ministério Público, que agirá em nome do interesse público, consistente na preservação do crédito público e no exercício da ação penal falimentar.

No organograma abaixo podemos visualizar o processo falimentar, constituído de um eixo principal (em destaque), para o qual convergem as soluções alcançadas em outros processos autônomos ou incidentais:

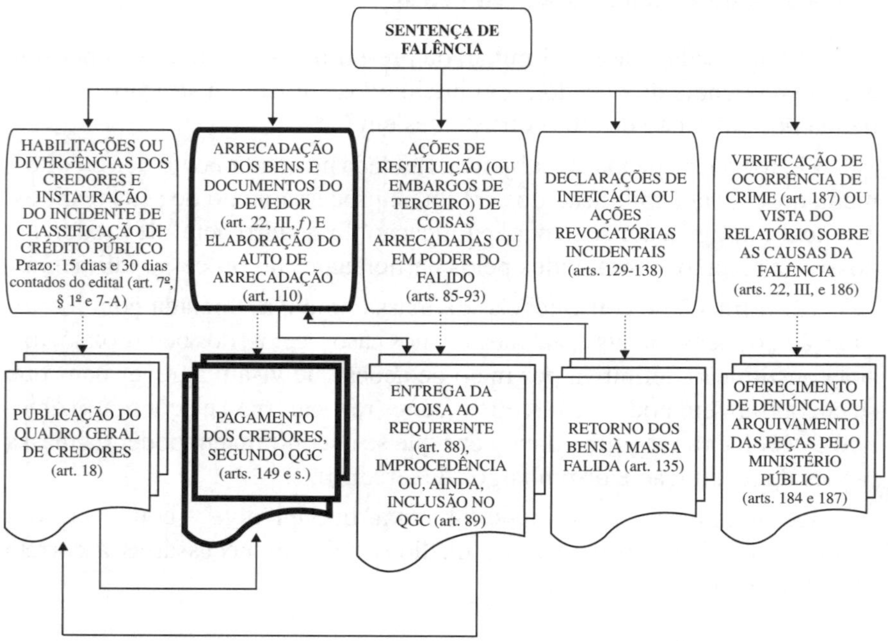

Inicia-se o procedimento falimentar propriamente dito com a sentença de quebra: a partir de sua publicação, a lei impõe atos que devem ser necessariamente praticados pelo administrador judicial nomeado, escrivão, falido, juiz, promotor de justiça de falências e, facultativamente, por credores e terceiros interessados.

A fase de administração da falência envolve, como mencionado preliminarmente, um grande número de relações jurídicas processuais, gerando tantos procedimentos quantas forem as tutelas pretendidas pelos interesses envolvidos, sempre com o objetivo de produzir efeitos num mesmo processo falimentar. Haverá, desse modo, um processo principal para o qual convergem as soluções alcançadas em outros processos incidentais a ele. Dar-se-á por encerrada a fase de administração com o pagamento dos credores.

Visualiza-se, no próximo organograma, os vários atos determinados pela lei no processo principal (blocos arredondados), quase todos de responsabilidade exclusiva do administrador judicial. Indica-se, ainda, o momento em que, incidentalmente, podem ocorrer ações paralelas em procedimentos (blocos tracejados).

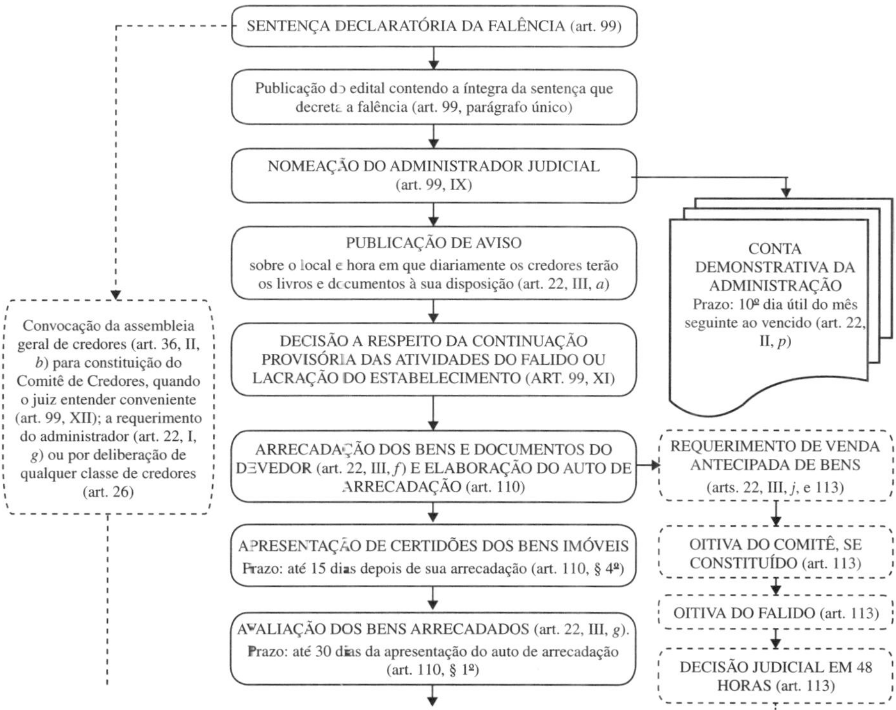

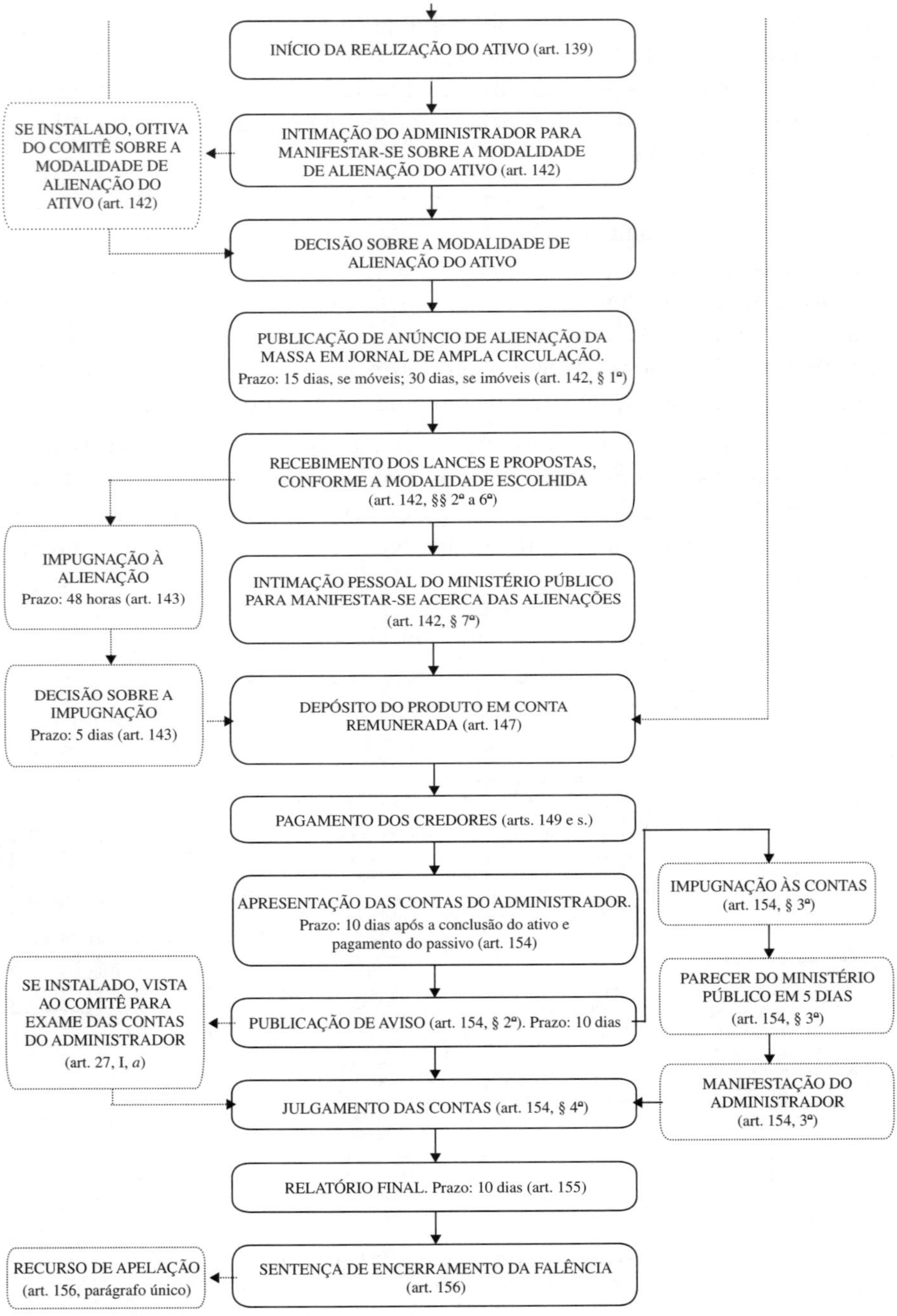
INÍCIO DA REALIZAÇÃO DO ATIVO (art. 139)
INTIMAÇÃO DO ADMINISTRADOR PARA MANIFESTAR-SE SOBRE A MODALIDADE DE ALIENAÇÃO DO ATIVO (art. 142)
SE INSTALADO, OITIVA DO COMITÊ SOBRE A MODALIDADE DE ALIENAÇÃO DO ATIVO (art. 142)
DECISÃO SOBRE A MODALIDADE DE ALIENAÇÃO DO ATIVO
PUBLICAÇÃO DE ANÚNCIO DE ALIENAÇÃO DA MASSA EM JORNAL DE AMPLA CIRCULAÇÃO. Prazo: 15 dias, se móveis; 30 dias, se imóveis (art. 142, § 1º)
RECEBIMENTO DOS LANCES E PROPOSTAS, CONFORME A MODALIDADE ESCOLHIDA (art. 142, §§ 2º a 6º)
IMPUGNAÇÃO À ALIENAÇÃO Prazo: 48 horas (art. 143)
INTIMAÇÃO PESSOAL DO MINISTÉRIO PÚBLICO PARA MANIFESTAR-SE ACERCA DAS ALIENAÇÕES (art. 142, § 7º)
DECISÃO SOBRE A IMPUGNAÇÃO Prazo: 5 dias (art. 143)
DEPÓSITO DO PRODUTO EM CONTA REMUNERADA (art. 147)
PAGAMENTO DOS CREDORES (arts. 149 e s.)
APRESENTAÇÃO DAS CONTAS DO ADMINISTRADOR. Prazo: 10 dias após a conclusão do ativo e pagamento do passivo (art. 154)
IMPUGNAÇÃO ÀS CONTAS (art. 154, § 3º)
SE INSTALADO, VISTA AO COMITÊ PARA EXAME DAS CONTAS DO ADMINISTRADOR (art. 27, I, a)
PUBLICAÇÃO DE AVISO (art. 154, § 2º). Prazo: 10 dias
PARECER DO MINISTÉRIO PÚBLICO EM 5 DIAS (art. 154, § 3º)
JULGAMENTO DAS CONTAS (art. 154, § 4º)
MANIFESTAÇÃO DO ADMINISTRADOR (art. 154, 3º)
RELATÓRIO FINAL. Prazo: 10 dias (art. 155)
RECURSO DE APELAÇÃO (art. 156, parágrafo único)
SENTENÇA DE ENCERRAMENTO DA FALÊNCIA (art. 156)

23.2. Etapas do processo principal

O organograma apresentado anteriormente permite estudar o andamento do processo falimentar, após a sentença de quebra, acompanhando-o em dez etapas, que são a seguir indicadas:

(1) publicidade da sentença falimentar;

(2) compromisso do administrador judicial;

(3) convocação da assembleia geral de credores;

(4) constituição do Comitê de Credores;

(5) continuação provisória das atividades empresariais;

(6) apresentação, pelo administrador judicial, no prazo de quarenta dias, contado da assinatura do termo de compromisso, prorrogável por igual período, de relatório sobre as causas e circunstâncias que conduziram à situação de falência, em que se apontará a responsabilidade civil e penal dos envolvidos;

(7) arrecadação de bens e documentos;

(8) realização do ativo e pagamento dos credores;

(9) encerramento da falência;

(10) fase pós-falimentar: a extinção das obrigações do falido.

Uma visão resumida de cada etapa será objeto dos próximos tópicos, abrindo-se nos capítulos que seguem estudo mais detalhado da arrecadação dos bens (Capítulo 24) e das ações que ampliam ou reduzem o acervo arrecadado (Capítulos 25 e 26), seguindo-se o procedimento liquidatório (Capítulo 27) e a extinção das obrigações do falido (Capítulo 28).

23.2.1. A publicidade da sentença falimentar

A falência envolve interesses de pessoas físicas e jurídicas que mantiveram, durante a vida negocial da empresa falida, relacionamento de crédito e débito que pode ter motivado a realização de inúmeros contratos – unilaterais, bilaterais ou plurilaterais –, que são agora atingidos pelos efeitos da sentença declaratória. Entre esses atos há os direitos de crédito, as dívidas do falido, os atos ineficazes, os contratos rescindidos e os não rescindidos, gerando, no mercado em que o devedor atua, outros efeitos de menor ou maior interesse.

Em razão dessa momentânea desorganização dos negócios realizados e daqueles que se encontram pendentes é que se torna necessária a ampla publicidade da decisão falimentar, não apenas porque os interessados atingidos por seus efeitos deverão exercer seus direitos no processo falimentar, mas também porque terceiros que não trataram diretamente com o falido podem estar de posse de títulos ou executando contratos decorrentes de relações jurídicas anteriores à que firmou, sujeitas a algum efeito derivado da sentença falimentar.

a) *Divulgação por ato de cartório*

Dispõe a Lei Falimentar que a ampla divulgação do decreto falimentar deve ser feita por diversos meios:

(1) Ofício remetido ao presidente da Junta Comercial, para que proceda à anotação da falência no registro do devedor, fazendo constar a expressão "falido", a data da decretação da falência e a inabilitação do devedor e dos sócios com responsabilidade solidária para o exercício de qualquer atividade empresarial até a prolação da sentença que extinguir suas obrigações (art. 99, VIII).

(2) Ofícios aos órgãos e repartições públicas e outras entidades para que informem a existência de bens e direitos do falido (art. 99, X).

(3) Ciência do Ministério Público nos autos (art. 246, § 1º c/c art. 279, parágrafo único do CPC15).

(4) Ofícios às Fazendas Públicas Federal e de todos os Estados e Municípios em que o devedor tiver estabelecimento (art. 99, XIII).

(5) Publicação de edital, constando necessariamente a íntegra da decisão e a relação dos credores (art. 99, parágrafo único), a cargo do escrivão, de preferência em jornal oficial no Estado onde se processar a falência.

Se a massa comportar, a publicação poderá ser feita em jornal ou revista de circulação regional ou nacional, bem como em quaisquer outros periódicos que circularem em todo o país (art. 191) e, nestas, nada impede que se faça de forma resumida. Em qualquer publicação deve constar a expressão inicial "Falência de ..." (art. 191).

O cumprimento das publicações que seguirem à oficial é facultativo e somente pode ser realizado após a verificação da situação financeira da massa, o que, em regra, ocorre após a declaração do falido ou da arrecadação de seus bens. A previsão legal merece melhor compreensão. Dependendo do período em que a informação sobre a situação financeira chegar em Juízo, a publicação será inócua, porque tardia. Há casos, porém, em que, desde o momento da abertura da falência, há ciência sobre a existência de depósitos em nome da massa, como ocorre na falência decorrente de recuperação judicial. Aqui, o conhecimento da quebra já chegou a todos os interessados porque credores participantes do processo antecedente. A despesa de publicação de edital justifica-se quando se tratar de falência de grande repercussão no Estado ou em todo o País, hipóteses em que não apenas se deve providenciar a publicação em jornais de circulação nacional, como também inserir, a qualquer tempo, avisos sobre os fatos de maior interesse à comunidade empresarial.

b) *Divulgação a cargo do administrador judicial*

Igualmente, o administrador judicial tem o dever de dar ampla publicidade à sentença declaratória aos credores (art. 22, I, *a*), e por avisos no órgão oficial sobre o local e a hora em que, diariamente, serão atendidos os credores interessados em verificar os assentos constantes dos livros e papéis do falido (art. 22, III, *a*).

No primeiro caso, a Lei Falimentar impõe, a cargo do administrador, a obrigação de expedir circulares aos credores que estiverem mencionados na escrituração do falido, comunicando a data da decretação da falência, a natureza, o valor e a classificação dada ao crédito.

23.2.2. O compromisso e as funções do administrador judicial

Intimado pessoalmente, logo após a prolação da sentença de quebra, o administrador judicial nomeado tem o prazo de quarenta e oito horas para assumir o encargo de administrador da massa falida, mediante compromisso nos autos (art. 33).

Entre as funções administrativas que deve exercer, cabe ao administrador designar contador para os serviços de verificação da contabilidade do falido, apresentando extratos sobre as declarações de crédito e pedidos de restituição propostos pelos credores e o laudo de exame, que acompanhará, necessariamente, o primeiro relatório. Este consiste na exposição das causas da falência, do procedimento do devedor e da existência de eventuais crimes praticados pelo falido ou pelos ex-administradores da sociedade falida.

É de sua inteira responsabilidade, também, a contratação de perito avaliador para proceder ao levantamento a respeito dos valores dos bens arrecadados, se não puder desincumbir-se dessa tarefa. Alguns valores podem ser atribuídos sem a necessidade de intervenção de profissional do ramo, como é o caso de veículos automotores, cujas cotações são publicadas, mês a mês, em revistas especializadas. Igualmente, as ações com cotação em bolsa são objeto de publicações diárias nos jornais de larga circulação. Entretanto, em se tratando de coisas cuja avaliação dependa de conhecimentos específicos, como imóveis, direitos decorrentes de marcas ou patentes ou contratos de franquia, a contratação de pessoa possuidora de conhecimentos adequados é de rigor.

Alguns profissionais para serviços de administração ou tarefas gerais podem ainda ser contratados pelo administrador judicial, após prévia autorização do juiz da falência. O desempenho desses profissionais atenderá, por exemplo, o mister de arrecadação, guarda e conservação dos bens, e seus salários serão considerados créditos extraconcursais (art. 84, I), precedendo seu pagamento aos créditos classificados no art. 83 (art. 149).

Os atos do administrador podem ser classificados em atos relativos aos órgãos colegiados, relatórios e prestação de contas, atividade no procedimento de verificação de créditos, atos de administração, atos processuais próprios e relativos ao recebimento ou à divulgação de informações de interesse da massa:

FUNÇÕES	FUNDAMENTO	PRAZO E/OU FINALIDADE
ATOS RELATIVOS AOS ÓRGÃOS COLEGIADOS		
Exercer as funções do Comitê de Credores, se este não for constituído e aquelas não forem incompatíveis	art. 28	
Presidir a assembleia geral	art. 37	
Receber a relação de associados sindicalizados que serão representados pelo sindicado na assembleia geral	art. 37, § 6º, I	10 dias antes da assembleia
RELATÓRIOS E PRESTAÇÃO DE CONTAS		
Apresentar conta demonstrativa da administração	arts. 22, III, *p*, e 148	10º dia do mês seguinte ao vencido
Apresentar relatório final da falência	art. 155	10 dias do julgamento das contas
Apresentar relatório sobre as causas e circunstâncias que conduziram à situação de falência	art. 22, III, *e*	40 dias da data da assinatura do compromisso. Prorrogável por igual período

Apresentar relatório das manifestações recebidas sobre a alienação de bens do devedor	Art. 66, § 1º, II	48 horas posteriores ao prazo previsto no inciso I do § 1º do art. 66
Manifestar-se sobre impugnação às suas contas ou parecer contrário do Ministério Público	art. 154, § 3º	
Prestar contas e apresentar relatórios omitidos no tempo certo	art. 23	Na omissão, 5 dias depois de intimado, sob pena de desobediência
Prestar contas ao ser substituído	arts. 22, III, *r*, e 31, § 2º	10 dias depois de sua substituição, destituição ou renúncia ao cargo
Prestar contas no final do processo	arts. 22, III, *r*, e 154	No final do processo, 30 dias depois de concluída a realização do ativo e distribuído o produto entre os credores
ATIVIDADE NO PROCEDIMENTO DE VERIFICAÇÃO DE CRÉDITOS		
Avisar, pelo órgão oficial, o lugar e a hora em que os credores terão à disposição os livros e documentos do falido	art. 22, III, *a*	Antes de findo o prazo de 15 dias para as habilitações e a tempo para as consultas dos credores
Dar extratos dos livros do devedor	art. 22, I, *c*	Antes de findo o prazo de 15 dias para as habilitações
Consolidar o quadro geral de credores	arts. 18 e 22, I, *f*	5 dias após a publicação da sentença que julgar as impugnações de crédito
Elaborar a relação de credores e publicá-la	arts. 7º, § 2º, e 22, I, *e*	45 dias após findo o prazo para as habilitações tempestivas
Enviar correspondência aos credores	art. 22, I, *a*	
Examinar a escrituração do devedor	art. 22, III, *b*	
Manifestar-se no incidente de classificação de crédito público	Art. 7º-A, § 3º, I	15 dias do encerramento do prazo previsto no art. 7º-A
Manifestar-se sobre a necessidade de manutenção das reservas e manutenção dos créditos públicos	Art. 7º-A, 3º, V	10 dias, no prazo comum, após a intimação

ATOS DE ADMINISTRAÇÃO DA FALÊNCIA		
Administrar a empresa falida, na continuação provisória	art. 99, XI	
Alugar ou celebrar outro contrato referente aos bens da massa, com o objetivo de produzir renda para a massa falida	art. 114	
Apresentar plano detalhado de realização dos ativos	art. 99, § 3º	
Arrecadar os bens e documentos do devedor e elaborar o auto de arrecadação	arts. 22, III, *f*, e 108	Ato contínuo à assinatura do termo de compromisso
Arrecadar os valores dos depósitos realizados em processos administrativos ou judiciais	Art. 22, III, *s*	Até 60 dias contados do termo de nomeação
Assinar o auto de arrecadação	art. 109	No ato
Avaliar os bens arrecadados	arts. 22, III, *g*, e 110	No ato da arrecadação. Prazo máximo de 30 dias de seu requerimento explicando as razões pelas quais não a realizou no ato de arrecadação
Contratar avaliadores	art. 22, III, *h*	Quando necessário, mediante autorização judicial
Contratar profissionais ou empresas especializadas para auxiliá-lo	art. 22, I, *h*	Quando necessário, mediante autorização judicial
Cumprir ou denunciar os contratos	arts. 117 e 118	Ao tomar conhecimento ou até 10 dias depois de notificado pelo contratante
Declarar se cumpre ou não os contratos bilaterais	art. 117, § 1º	10 dias após a interpelação do contratante
Diligenciar a cobrança de dívidas e dar quitação	art. 22, III, *l*	
Entregar ao seu substituto todos os bens e documentos da massa	art. 22, III, *q*	

Exibir as certidões de registro dos imóveis	art. 110, § 4º	15 dias após a arrecadação
Guardar os bens arrecadados	art. 108, § 1º	
Informar o juiz da inexistência de bens a arrecadar ou da insuficiência de bens arrecadados	Art. 114-A	Imediatamente
Manifestar-se sobre a forma de alienação do ativo	Art. 142, § 3º-B, III	
Praticar os atos necessários à realização do ativo e ao pagamento dos credores	art. 22, III, *i*	
Realizar despesas, inclusive pagamentos antecipados	art. 150	
Receber, para arrecadação, todos os bens, papéis, documentos e senhas de acesso a sistemas contábeis, financeiros e bancários do devedor falido	Art. 104, V	
Remir, em benefício da massa e mediante autorização judicial, bens apenhados, penhorados ou legalmente retidos	art. 22, III, *m*	
Requerer a concessão de prazo para apresentar o laudo de avaliação, quando necessário	art. 110, § 1º	30 dias para a apresentação do laudo
Requerer a convocação da assembleia geral de credores	art. 22, I, *g*	Quando entender necessária sua ouvida para tomada de decisões
	arts. 22, I, *g*, e 35, II, *b*	Para constituir o Comitê de Credores
	arts. 22, I, *g*, 35, II, *c*, e 145	Para a adoção de outras modalidades de realização do ativo
Requerer a manifestação do Comitê de Credores	art. 22, III, *n*	Para fixar honorários de advogados contratados pela massa
Requerer a venda antecipada de bens	arts. 22, III, *j*, e 113	Quando houver bens perecíveis, deterioráveis ou sujeitos a considerável desvalorização ou de conservação arriscada ou dispendiosa, mediante autorização judicial, ouvidos o Comitê e o falido, em 48 horas

Restituir coisa móvel comprada com reserva de domínio, se resolver não continuar a execução do contrato	art. 119, IV	
Transigir sobre obrigações e direitos da massa falida	art. 22, § 3º	Somente após ouvir o Comitê de Credores e com autorização legal
ATOS PROCESSUAIS PRÓPRIOS		
Assinar o termo de compromisso	art. 33	48 horas
Designar dia, hora e local para receber os livros obrigatórios e tomar as declarações do devedor falido, bem como receber a relação dos credores, em arquivo eletrônico	Art. 104, I, II e XI	Até 15 dias após o decreto falimentar
Estimular, sempre que possível, a conciliação, a mediação e outros métodos alternativos de solução de conflitos	Art. 22, I, *j*	
Manifestar-se nos pedidos de restituição	art. 87	5 dias da intimação
Manifestar-se sobre a extinção das obrigações do falido	Art. 159, § 1º	5 dias da publicação pela secretaria do juízo sobre a interposição do requerimento do devedor, em prazo comum com credores e Ministério Público
Manifestar-se sobre o termo de adesão dos credores ao plano recuperatório	Art. 56-A, § 2º	5 dias após a oposição e da manifestação de devedor
Praticar os atos conservatórios de direitos e ações	art. 22, III, *l*	
Proceder à venda de todos os bens da massa falida	Art. 22, III, *j*	No prazo máximo de 180 dias, contado da juntada do auto de arrecadação, sob pena de destituição
Promover a venda dos bens arrecadados na hipótese de insuficiência de bens	Art. 114-A, § 2º	30 dias para bens móveis e 60 dias para bens imóveis

Propor, sem exclusividade, ação revocatória	art. 132	Até 3 anos contados da decretação da falência
Realizar atos pendentes em inventário do espólio falido, em relação a direitos e obrigações da massa falida	art. 125	
Relacionar os processos e assumir a representação judicial e extrajudicial, incluídos os processos arbitrais, da massa falida	art. 22, III, *c*, e 76, § 1º	
Representar a massa em Juízo, contratando, se necessário, advogado	art. 22, III, *n*	
Requerer todas as medidas e diligências que forem necessárias para o cumprimento da lei, a proteção da massa ou a eficiência da administração	art. 22, III, *o*	
Revogar ou confirmar representação judicial conferida em mandato outorgado pelo falido	art. 120	Ao tomar conhecimento e não sendo de interesse da massa
ATOS RELACIONADOS AO RECEBIMENTO E DIVULGAÇÃO DE INFORMAÇÕES DE INTERESSE DA MASSA		
Atuar em outros países como representante do processo de falência brasileiro, independentemente de decisão judicial	Art. 167-E	No caso de omissão, deverá ser substituído por terceiro nomeado pelo juiz (art. 167-E, § 1º)
Cooperar, sob a supervisão do juiz, com a autoridade estrangeira ou com os representantes estrangeiros na persecução dos objetivos estabelecidos no art. 167-A	Art. 167-P, § 2º	
Exigir dos credores, do devedor ou de seus administradores quaisquer informações	art. 22, I, *d*	A qualquer tempo

Fornecer todas as informações pedidas pelos credores interessados	art. 22, I, *b*	Com presteza
Manter endereço eletrônico na rede mundial de computadores, com informações atualizadas sobre os processos de falência e de recuperação judicial, com a opção de consulta às peças principais do processo e endereço eletrônico específico, salvo decisão judicial em sentido contrário	Art. 22, I, *k*	
Manter endereço eletrônico específico na rede mundial de computadores, para recebimento dos pedidos de habilitação ou a apresentação de divergências em âmbito administrativo, com modelos que poderão ser utilizados pelos credores, salvo decisão judicial em sentido contrário	Art. 22, I, *l*	
Propor diretamente medidas de assistência aos processos estrangeiros	Art. 167-A	
Receber e abrir a correspondência dirigida ao devedor	Art. 22, III, *d*	

23.2.3. Convocação da assembleia geral de credores

No sistema anterior a assembleia geral de credores era convocada pelo juiz, a pedido de credores que representassem mais de um quarto do passivo habilitado (LF45, art. 122), para o fim específico de deliberar sobre o modo da realização do ativo.

A atual Lei Falimentar ampliou as atribuições da assembleia, contemplando sua convocação para deliberar acerca de qualquer matéria que possa afetar os interesses dos credores (art. 35, II, *d*), impondo, ainda, de forma específica, sua ouvida: a) para a constituição do Comitê de Credores, escolha de seus membros e sua substituição (art. 35, II, *b*); b) para adoção de outras modalidades de realização do ativo (art. 35, III, *c*); c) para tomada de decisões, nos termos de requerimento formulado pelo administrador (art. 22, I, *g*); d) para deliberação, a requerimento formulado ao juiz, por credores que representam 25% do valor total dos créditos de uma determinada classe (art. 36, § 1º); e) por iniciativa do Comitê de Credores, em requerimento dirigido ao juiz da falência (art. 27, *e*).

Convocada para deliberar um desses assuntos, será aprovada a proposta que obtiver votos favoráveis de credores detentores de mais da metade do valor total dos créditos presentes à assembleia (art. 42), salvo deliberação sobre a constituição e a escolha dos membros do Comitê de Credores, que permitem votação por classe, e a forma alternativa de realização do ativo, na qual são exigidos votos favoráveis de credores que representem dois terços do valor total dos créditos presentes à assembleia (arts. 46 e 145).

23.2.4. Constituição do Comitê de Credores

A fiscalização dos atos processuais e administrativos da falência cabe aos credores que, para esse fim e para exercer as atribuições impostas na Lei de Falências, podem constituir um Comitê, cujas atribuições podem ser classificadas em: a) atos relacionados à organização interna; b) atividade na verificação de créditos; c) atos relativos à administração da massa; d) atividade de fiscalização da administração da falência e na defesa do interesse dos credores.

ATRIBUIÇÃO	FUNDAMENTO
ATO RELACIONADO À ORGANIZAÇÃO INTERNA	
Eleger seu presidente	Art. 26, § 3º
ATIVIDADE NA VERIFICAÇÃO DE CRÉDITOS	
Apresentar impugnação à relação de credores	Art. 8º
Manifestar-se nos procedimentos de impugnação de crédito	Art. 12

Requerer, em procedimento ordinário previsto no Código de Processo Civil, a exclusão, outra classificação ou a retificação de qualquer crédito, nos casos de descoberta de falsidade, dolo, simulação, fraude, erro essencial ou, ainda, documentos ignorados na época do julgamento do crédito ou da inclusão no quadro geral de credores	Art. 19
ATOS RELACIONADOS À ADMINISTRAÇÃO DA MASSA	
Aprovar os honorários de advogado contratado para representar a massa falida em Juízo	Art. 22, III, *n*
Autorizar o administrador judicial a alugar ou celebrar outro contrato referente aos bens da massa falida, com o objetivo de produzir renda para a massa falida	Art. 114
Autorizar o administrador judicial a cumprir os contratos bilaterais nos casos em que o cumprimento reduzir ou evitar o aumento do passivo da massa falida ou for necessário à manutenção e preservação de seus ativos	Art. 117
Autorizar o administrador judicial a dar cumprimento a contrato unilateral se esse fato reduzir ou evitar o aumento do passivo da massa falida ou for necessário à manutenção e preservação de seus ativos, realizando o pagamento da prestação pela qual está obrigada	Art. 118
Manifestar-se nas hipóteses previstas na Lei Falimentar (art. 27, I, *f*): • sobre pedido do administrador judicial que o autorize a transigir sobre obrigações e direitos da massa falida e conceder abatimento de dívidas (art. 23, § 3º); • no pedido de restituição de coisa arrecadada em poder do falido (art. 87, § 1º); • no requerimento envolvendo ato de disposição ou oneração de bens do falido (art. 99, VI); • no pedido de autorização para os credores, de forma individual ou coletiva, adquirir ou adjudicar, de imediato, os bens arrecadados, pelo valor da avaliação (art. 111); • no pedido de venda imediata de bens perecíveis, deterioráveis, sujeitos a considerável desvalorização ou que sejam de conservação arriscada ou dispendiosa (art. 113); • sobre a restituição de coisa móvel comprada pelo devedor com reserva de domínio do vendedor se o administrador judicial resolver não continuar a execução do contrato, exigindo a devolução, nos termos do contrato, dos valores pagos (art. 119, VI); • antes da decisão acerca da modalidade de alienação do ativo (art. 142); • acerca de proposta alternativa para a realização do ativo (art. 144).	

ATIVIDADE DE FISCALIZAÇÃO DA ADMINISTRAÇÃO DA FALÊNCIA E NA DEFESA DO INTERESSE DOS CREDORES	
Fiscalizar as atividades e examinar as contas do administrador judicial	Art. 27, I, *a*
Zelar pelo bom andamento do processo e pelo cumprimento da lei	Art. 27, I, *b*
Comunicar ao juiz, caso detecte violação dos direitos ou prejuízo aos interesses dos credores	Art. 27, I, *c*
Apurar e emitir parecer sobre quaisquer reclamações dos interessados	Art. 27, I, *d*
Requerer ao juiz a convocação da assembleia geral de credores	Art. 27, I, *e*

A convocação para a constituição do Comitê de Credores pode ocorrer desde logo, na sentença declaratória (art. 99, XII) ou em qualquer outro momento, mediante deliberação de uma classe de credores na assembleia geral (art. 26) ou por determinação judicial (art. 99, XII). Por se tratar de órgão facultativo, deve ser reservada para os processos complexos que envolvam grande número de credores, em classes distintas. A delegação de poderes individuais dos credores ao órgão colegiado propicia celeridade aos atos processuais durante a administração da falência.

23.2.5. A continuação provisória da atividade empresarial

O magistrado pode pronunciar-se acerca da continuação provisória das atividades do falido com o administrador judicial ao prolatar a sentença de quebra (art. 99, XI). Nada impede que a deliberação neste sentido se faça em outro momento, a pedido dos credores, do Comitê (art. 27, I, *e*), da assembleia geral (art. 35, II, *d*), por iniciativa do administrador judicial (art. 22, III, *o*) ou do Ministério Público.

Autorizada a continuação provisória, novos livros são abertos para escrituração dos negócios realizados nesse período, recebendo-os, o administrador, juntamente com os bens arrecadados na falência, mediante recibo nos autos falimentares, na condição de depositário.

A atividade empresarial prosseguirá com relatórios que serão apresentados, podendo ser cassada a autorização a qualquer tempo, segundo conveniência da massa falida. Essa autorização cessará, necessariamente, no momento da alienação (art. 140) da empresa, de seus estabelecimentos ou de unidades produtivas que não permitam o prosseguimento das atividades.

O fundamento para a continuação provisória das atividades do falido encontra se no art. 75, I: "preservar e a otimizar a utilização produtiva dos bens, dos ativos e dos recursos produtivos, inclusive os intangíveis, da empresa". Verificando o administrador judicial a possibilidade de alienação da empresa, com a venda de suas filiais ou unidades produtivas isoladamente ou consolidação de certos negócios, para posterior transferência de determinados contratos (art. 140, I e § 2º), deve propor a continuação provisória.

Uma vez determinada a continuação provisória, o administrador judicial fica autorizado a realizar pagamentos que forem indispensáveis a sua consecução, com recursos disponíveis em caixa (art. 150). Esses desembolsos são créditos extraconcursais e referem-se às remunerações devidas ao administrador judicial e seus auxiliares, e créditos derivados da legislação do trabalho ou decorrentes de acidentes de trabalho relativos a serviços prestados após a decretação da falência, obrigações resultantes de atos jurídicos válidos praticados e tributos relativos a fatos geradores ocorridos (art. 84, I e V).

23.2.6. A apresentação do primeiro relatório

Dentro do prazo de quarenta dias, contado da assinatura do termo de compromisso, o administrador judicial deve apresentar relatório sobre as causas e circunstâncias que conduziram à situação de falência, apontando a responsabilidade civil e penal dos envolvidos, consignando a conduta do devedor e de outros responsáveis.

Com base no conjunto das provas colhidas durante o curso do processo, o administrador indicará as causas da falência, valendo-se do que estiver consignado: (1) nas declarações prestadas pelo falido ou pelos ex-administradores, ouvidos no termo do art. 104, I; (2) nas declarações de crédito ou documentos que os credores apresentaram no processo falimentar ou em processos incidentais; ou, ainda, (3) em matérias divulgadas pela imprensa e (4) nas conclusões trazidas pelo laudo do contador encarregado do exame da escrituração do devedor.

O relatório deverá estar acompanhado de documentos nos quais ele se fundamenta, extraídos por cópias contidas no processo principal, nas habilitações de créditos e nas ações em que a massa for parte e, ainda, seguida do relatório pericial. Juntado aos autos, o Ministério Público terá vista (art. 22, III, § 4º) e poderá, desde logo, oferecer denúncia por crime previsto na Lei Falimentar, determinar o arquivamento das peças por não vislumbrar a existência de qualquer delito, instaurar inquérito policial para apurar os fatos ou autuar os documentos como procedimento investigatório visando esclarecer pontos que julgue necessários à formação de sua convicção, conforme lhe facultam a Lei Falimentar (art. 187), o Código de Processo Penal (art. 16) e a Lei Orgânica do Ministério Público (Lei n. 8.625/93, art. 26).

No plano das obrigações civis, tendo o administrador apontado fatos que indiquem a responsabilidade pessoal de sócios, controladores, administradores, deverá promover a competente ação perante o Juízo falimentar (art. 82). Se o relatório indicar a existência de atos ineficazes ou revogáveis, previstos nos arts. 129 e 130, o administrador judicial deverá, em relação aos primeiros, requerer a declaração de ineficácia nos autos falimentares e, quanto aos últimos, propor a ação revocatória contra todos os que figuraram no ato, terceiros adquirentes, herdeiros e legatários (art. 133).

23.2.7. A arrecadação e a avaliação de bens

Com a falência, os bens do falido são desapossados e colocados sob a guarda do administrador judicial, a quem caberá administrá-los, conservando-os para a liquidação e pagamento dos credores. De rigor que, no ofício da arrecadação, o Ministério Público seja cientificado para exercer plenamente sua atividade fiscalizatória, acompanhando-a desde o ato de apreensão.

A arrecadação faz-se pessoalmente ou por carta precatória, podendo ser acompanhada pelo falido, elaborando-se inventários distintos para a massa falida e para as massas dos bens dos sócios solidariamente responsáveis. Incumbe ao administrador judicial tomar decisão de grande importância para a condução do processo falimentar que consiste na venda antecipada de bens perecíveis, de fácil deterioração ou dos sujeitos a considerável desvalorização, ou que não possam guardar-se sem risco ou grande despesa (art. 113).

A lei anterior previa, no momento da arrecadação, que o *síndico* informasse sobre a suficiência ou não dos bens arrecadados para as despesas do processo (LF45, art. 75). Após proceder à arrecadação em todos os lugares indicados pelo falido ou mencionados nos contratos sociais, estatutos e papéis onde a empresa exercia suas atividades ou mantinha seus escritórios ou estoques, o *síndico*, verificando, por laudo de avaliação prévia, que os bens arrecadados, uma vez vendidos, resultavam em valores insuficientes ao pagamento das despesas do processo, comunicava imediatamente ao juiz da falência, e este, ouvindo o Ministério Público, decidia sobre o rito a ser imposto ao processo.

Decidindo estabelecer o rito sumário, o juiz determinava a publicação de editais pelo prazo de dez dias para que os interessados – credores e terceiros – se manifestassem sobre o que fosse de seu interesse. Imaginava-se que algum credor ou terceiro melhor conhecesse os negócios da empresa falida e pudessem fornecer elementos que resultassem em arrecadação de outros bens. Neste caso, achando conveniente, indicariam esses elementos e, se fossem necessárias despesas, as adiantariam à massa para que se fizessem as diligências, objetivando a complementação da massa.

Se nenhum credor se manifestasse, o juiz determinava a venda de bens e procedia na forma do rito sumário, previsto no art. 200, §§ 3º, 4º e 5º.

A Lei n. 11.101/2005 não reproduziu o dispositivo porque não mais distingue os ritos falimentares em ordinário e sumário, como fazia a lei anterior. Entretanto, a comunicação, não estando vedada, pode trazer celeridade ao processo falimentar. O administrador consideraria em sua comunicação ao magistrado e no interesse da massa (art. 22, III, *o*), a soma das despesas do processo e dos créditos extraconcursais (art. 84), incluindo: a) remuneração do administrador e auxiliares; b) quantias adiantadas pelos credores para os serviços já realizados; c) despesas com arrecadação, administração (transporte, guarda, conservação e conservação dos bens arrecadados); d) custas judiciais do processo de falência, dos seus incidentes e das ações em que a massa for vencida; e) obrigações resultantes de atos jurídicos válidos praticados após o decreto falimentar e eventuais tributos devidos pela massa em razão de fatos ocorridos após a quebra.

Assim agindo, o administrador pode propor soluções mais eficientes e menos onerosas à massa, tais como a alienação ou adjudicação dos bens arrecadados pelos credores (art. 111), venda imediata ou proposta alternativa – mediante expedição de convites ou meio menos oneroso – após ouvida a assembleia geral (art. 145).

23.2.8. Realização do ativo e pagamento dos credores

a) *A publicação do quadro geral de credores*

Paralelamente às diligências que estão sendo realizadas no processo principal, os credores devem habilitar seus créditos ou divergências aos créditos relacionados pelo devedor (arts. 99, III, e 22, I, *a*), competindo ao administrador judicial publicar edital contendo a relação de credores (art. 7º, § 2º).

Todas as vias das declarações e divergências apresentadas devem estar acompanhadas dos documentos que comprovam cada um dos créditos, recomendando a boa técnica que sejam juntadas em autos apensados ao processo de falência, em ordem cronológica de recebimento, autuando-se sob o título "declarações de crédito na falência". O Comitê, qualquer credor, o devedor ou seus sócios ou o Ministério Público poderão oferecer impugnação à relação de credores, apontando a ausência de qualquer crédito ou manifestando-se contra a legitimidade, importância ou classificação de crédito relacionado, que, então, serão desentranhados do processo de declarações e autuados em separado, individualmente.

O juiz proferirá sentença quanto aos créditos não impugnados relacionados pelo administrador e em cada auto de impugnação de crédito, definindo o quadro geral de credores, que será consolidado pelo administrador judicial. As sentenças podem ser apresentadas em datas diferentes para cada procedimento formado e, ao lançar a última sentença, completando o ciclo da verificação de crédito, mandará publicar, em cinco dias contados dessa decisão, o quadro geral de credores, contendo a relação nominal de cada credor, pela ordem de preferência e o valor de admissão do crédito.

b) *Montante dos créditos habilitados*

No Decreto-Lei n. 7.661/45, o *síndico* deveria comunicar o valor dos créditos, ao constatar que, da soma das habilitações, resultava valor inferior a cem vezes o maior salário-mínimo vigente no País, para que o magistrado determinasse o processamento da falência pelo rito sumário.

Eram duas as hipóteses que interrompiam a marcha do rito ordinário: a insuficiência dos bens arrecadados (falência frustrada) e o passivo inferior a cem vezes o salário-mínimo (falência sumária).

A Lei n. 11.101/2005, em sua versão original, não apresentava rito distinto para as hipóteses, mas a LREF-20 fez ressurgir a falência frustrada. Até 2020, nem a insuficiência do ativo e, tampouco, o pequeno passivo implicavam mudanças no rito imposto. Operaram-se, contudo, na nova lei, importantes mudanças que buscavam dar celeridade ao processo falimentar, destacando se duas: (1) a publicação do quadro geral de credores e a solução do inquérito de natureza penal não são mais condições ao início da fase de realização do ativo; (2) a extinção da concordata suspensiva.

Nesse aspecto, outro mecanismo de celeridade foi introduzido em 2020: a realização do ativo independe da consolidação do quadro geral de credores (art. 142, § 2º-A, II), conforme estudaremos no item 27.1 e seguintes.

c) *Realização do ativo*

Decorrido o prazo requerido pelo administrador judicial para a avaliação dos bens ou juntado ao processo o auto de arrecadação, contendo os inventários dos bens e sua avaliação, inicia-se, sem qualquer outra formalidade, a realização do ativo.

Conforme se expandirá em estudos que seguem, o legislador possibilitou formas e modalidades distintas de alienação dos bens arrecadados.

Quanto à ordem de preferência, as formas podem constituir-se de: alienação da empresa, com todos os seus estabelecimentos; alienação da empresa, com a venda de suas filiais ou unidades produtivas isoladamente; alienação em bloco de bens e alienação isolada dos bens individualmente considerados.

Quanto à modalidade empregada, o juiz pode autorizar a venda por leilão eletrônico, presencial ou híbrido, processo competitivo organizado ou qualquer outra aprovada nos termos da LREF (arts. 142 e 145).

d) *Pagamento dos credores*

Realizado o ativo, o pagamento dos credores dependerá do estado do procedimento de verificação de créditos, devendo obedecer, em todo caso, à ordem de precedência prevista nos arts. 84 e 83. É possível que terminada a alienação de todo ativo, o quadro geral ainda não se tenha consolidado ou com poucos credores definidos e, salvo o pagamento dos credores extraconcursais (art. 84), o processo poderá ficar em compasso de espera, aguardando a solução do procedimento de verificação.

Entretanto, se o quadro geral estiver publicado, não há que se aguardar decisão a respeito de credores retardatários que, por sua desídia, perderão o direito a rateios eventualmente realizados (art. 10, § 3º). Os pedidos de reserva e as reservas obrigatórias previstas ao credor tributário (art. 7º-A, 3º, III) deverão ser consideradas, reservando-se, nos cálculos de rateio das classes, os montantes a elas devidos.

23.2.9. Encerramento da falência

a) *Prestação de contas do administrador judicial*

No prazo de trinta dias da realização de todo o ativo e da distribuição do produto entre os credores, o administrador judicial deverá apresentar, em autos apartados, a prestação de contas de sua gestão, devendo, para tanto, juntar os documentos relativos às receitas e as despesas que realizou, providência que não deve exigir grandes esforços, em razão das prestações mensais que efetuou mês a mês.

Recebidas as contas o juiz ordenará a publicação de aviso em que se consigne que os autos encontram-se à disposição dos interessados para eventual consulta e impugnação no prazo de dez dias (art. 154).

Decorrido o prazo, o juiz determinará as diligências que julgar pertinentes e, em seguida, remeterá os autos ao Ministério Público para oferecer parecer, em até cinco dias, sobre as contas e eventuais impugnações. Se houver impugnações ou parecer contrário do órgão ministerial, o administrador judicial será intimado a manifestar-se, seguindo-se, em cinco dias, sentença que julgará boas as contas ou rejeitará as oferecidas, fixando, neste segundo caso, o alcance da responsabilidade e as providências necessárias à indenização da massa, tais como a indisponibilidade ou o sequestro de bens do administrador.

Da sentença que julga as contas cabe apelação, no prazo de quinze dias, devendo ser pessoal a notificação do Ministério Público.

b) *Sentença de encerramento*

Ao julgamento das contas segue-se, em dez dias, a apresentação do relatório final, em que o administrador judicial mencionará o valor do ativo e o produto de sua realização, o valor do passivo e os pagamentos realizados, indicando as responsabilidades remanescentes.

Com base no relatório final, o juiz encerrará, por sentença, a falência, determinando a intimação eletrônica às Fazendas Públicas federal, estaduais, distrital e municipais, correndo desse termo o prazo de quinze dias para a apresentação de eventuais recursos de apelação (art. 156).

É efeito da sentença de encerramento a extinção das obrigações do falido.

23.2.10. Fase pós-falimentar: a extinção das obrigações do falido

A extinção das obrigações do falido se dá em razão do pagamento da totalidade das obrigações, de parte delas ou pelo decurso do prazo de cinco ou dez anos contados do encerramento, conforme tenha ou não havido condenação do falido por crime previsto na Lei Falimentar (art. 158). Tal como a lei revogada, a atual admite, ainda, a ocorrência da prescrição relativa às obrigações do falido como fator de extinção (art. 160).

Na redação original da LREF, o procedimento previsto no art. 159, § 1º, determinava a publicação de edital com prazo de trinta dias, em dois órgãos: um jornal de grande circulação e um órgão oficial do Estado, onde houver. A LREF-20 deu nova redação a esse dispositivo, passando a determinar tão somente que a publicação se faça imediatamente pela secretaria do juízo, no prazo comum de cinco dias, nos quais "qualquer credor, o administrador judicial e o Ministério Público poderão manifestar-se exclusivamente para apontar inconsistências formais e objetivas".

Decorrido o período fixado, com ou sem oposição, o juiz, na versão original da LREF, deveria julgar em cinco dias, determinando, na hipótese de procedência, comunicação a todas as pessoas e entidades informadas da decretação da falência (art. 159, § 3º). Esse prazo é aumentado para quinze dias na nova redação que a LREF-20 deu ao dispositivo.

Transitada em julgado a sentença, o procedimento de extinção será apensado ao processo falimentar (art. 159, § 6º).

O pedido de extinção pode ocorrer em data anterior à sentença de encerramento, quando se tratar de pagamento integral dos créditos admitidos na falência e, nesta hipótese, a sentença de extinção declarará também o encerramento da falência.

Capítulo 24

ARRECADAÇÃO E AVALIAÇÃO DOS BENS

Sumário: 24.1. A arrecadação de bens – conceitos. 24.2. O lacre das portas do estabelecimento e a apreensão de bens. 24.3. A arrecadação pessoal e por carta precatória. 24.4. O acompanhamento pelo Ministério Público. 24.5. O inventário de livros e bens. 24.6. A arrecadação de bens imóveis. 24.7. A arrecadação de bens incorpóreos. 24.8. Bens não arrecadáveis. 24.9. Bens penhorados ou de outra forma apreendidos. 24.10. Venda antecipada. 24.11. Avaliação e falência frustrada e de pequeno passivo. 24.12. Avaliação em separado.

24.1. A arrecadação de bens – conceitos

Um dos principais efeitos da sentença falimentar é o desapossamento dos bens do falido (art. 103) e dos bens dos sócios solidários (arts. 81 e 190), os quais são colocados sob a guarda do administrador judicial, a quem caberá geri-los, conservando-os para a liquidação e pagamento dos credores.

A etapa de arrecadação inicia-se tão logo o administrador judicial assine o termo de compromisso, oportunidade em que deverá diligentemente levantar a situação dos estabelecimentos do empresário falido, providenciando, se for o caso: a) pedido de continuação dos negócios (art. 99, IX); b) prosseguimento de execução de contratos necessários à preservação dos interesses da massa (arts. 117 e 118); c) venda antecipada de bens perecíveis, deterioráveis, sujeitos a considerável desvalorização ou que sejam de conservação arriscada ou dispendiosa (art. 113); d) celebração de contratos referentes aos bens da massa falida, com o objetivo de produzir renda para a massa, tais como o de locação do imóvel, arrendamento do estabelecimento (art. 114) etc.

Todas essas medidas e outras que impliquem conhecer a empresa em toda a sua extensão objetiva dependem da custódia da totalidade de bens e documentos, o que se faz mediante auto de arrecadação e de avaliação dos bens do falido e dos sócios com responsabilidade ilimitada.

A arrecadação é, portanto, esse complexo de atos tendentes à efetivação do desapossamento dos bens, retirando do devedor o poder de deles dispor e submetendo-os à guarda do administrador judicial, ou, sob sua responsabilidade, a pessoa de sua escolha, ou, ainda, em depósito em mãos do falido ou de seus representantes, para, após sua avaliação, serem vendidos e realizados os pagamentos dos credores que compõem a massa concursal.

Trajano de Miranda Valverde (1999, 2:18) prefere conceituá-la como "o ato pelo qual o *síndico* se imite na posse dos bens sujeitos ao processo de execução falimentar". Diversamente do que ocorre na penhora, a arrecadação retira do devedor o poder de disposição sobre a coisa arrecadada.

24.2. O lacre das portas do estabelecimento e a apreensão de bens

Desde a sentença de quebra, opera contra o devedor falido o efeito consistente na perda da administração de seus bens, e do direito de dispor deles. Para prevenir o desvio desses bens, a sentença de falência deve ser amplamente divulgada, por publicação a cargo do escrivão e do administrador judicial. Se houver risco para a etapa de arrecadação ou for necessário à preservação da massa ou dos interesses da massa falida, todos os estabelecimentos do devedor devem ser lacrados.

Spencer Vampré (1922, 3:248) considera o ato de afixação da sentença de quebra o ato inicial da arrecadação: "A afixação, à porta do estabelecimento, e armazéns do falido, do resumo da sentença de falência, tem por fim impedir que ele ou terceiros desviem bens, de modo que possam ser inventariados, e entregues aos síndicos. A afixação da sentença é, assim, preliminar necessária da arrecadação de inventário. A afixação tem também um fim de publicidade, e por isso, ainda mesmo que a arrecadação e inventário se operem no mesmo dia da falência, deve ser afixado o resumo da sentença".

É comum que a afixação se faça em forma de lacre, isto é, em local onde a abertura das portas exija sua ruptura, indicando a violação eventualmente ocorrente. Embora sem previsão legal, a lacração dos estabelecimentos pertencentes aos falidos é ato corriqueiro nos processos falimentares, por determinação dos juízes, e decorre legitimamente da sentença de quebra.

Nem sempre ocorre a lacração dos estabelecimentos do falido, medida que deve restringir-se às situações em que houver risco para a arrecadação ou para a preservação dos bens da massa ou do interesse dos credores (art.

109). O legislador apresenta outras soluções que se contrapõem a essas situações e prescindem da ordem de lacração:

a) venda ou adjudicação imediata dos bens aos credores, de forma individual ou coletiva (art. 111): pressupõe esta solução exame do custo de conservação e de guarda dos bens, a manifestação prévia do Comitê de Credores e, ainda, o respeito à preferência dos credores segundo sua classificação e privilégios sobre o bem;

b) remoção dos bens para melhor guarda e conservação (art. 112): o depósito será de responsabilidade do administrador judicial, que lavrará termo de compromisso nos autos;

c) locação ou qualquer outro contrato envolvendo os bens da massa falida, com o objetivo de produzir renda (art. 114), exigindo a autorização do Comitê de Credores. Cuidou o legislador de afastar o direito de preferência do contratante na compra dos bens contratados, sobre os quais não tem disponibilidade parcial ou total (art. 114, § 1º), salvo no tocante às mercadorias destinadas ao comércio, se objeto, por exemplo, de arrendamento do estabelecimento empresarial. A alienação dos bens a qualquer tempo pela massa falida (art. 114, § 2º) pode afastar possíveis interessados porque não há qualquer garantia mínima de continuação de seus negócios com o uso dos bens contratados com a massa. A anuência do adquirente, prevista pelo legislador, é hipótese de ocorrência remota;

d) continuação provisória das atividades do falido (item 23.2.5).

24.3. A arrecadação pessoal e por carta precatória

Cabe ao administrador judicial proceder à arrecadação dos bens e dos documentos do devedor e elaborar o auto de arrecadação (art. 22, III, *f*) e arrecadar os valores dos depósitos realizados e os processos administrativos ou judiciais aos quais o falido figure como parte (art. 22, III, *s*).

A arrecadação faz-se pessoalmente ou por carta precatória, podendo ser acompanhada pelo falido (art. 108, § 2º), elaborando-se inventários distintos para a massa falida e para as massas dos bens dos sócios solidariamente responsáveis.

Estando os bens fora da comarca, o juiz expedirá carta precatória para que a arrecadação se faça no local onde estiverem. No sistema anterior, José da Silva Pacheco (1998, item 690) entendia que o *síndico* podia arrecadar o bem onde quer que se encontrasse, sendo desnecessária a expedição de carta precatória. Contudo, pondera-se que o administrador judicial, como também o síndico no sistema revogado, se submete a imediata direção e superintendência do juiz da falência e, como tal, estará restrito aos limites territoriais da comarca deste. O servidor da massa não dispõe de maiores poderes que o magistrado na condução normal do processo, e, assim, qualquer ato que realizar fora da comarca somente se fará por meio de carta precatória ou carta de ordem, conforme for o caso. Se o administrador tem dúvida quanto à exata localização dos bens, poderá requerer a expedição de carta precatória itinerante, nos moldes do art. 262, ou mediante pedido de cooperação jurisdicional, na forma do art. 69, ambos do Código de Processo Civil de 2015.

Em regra, o administrador judicial deve acompanhar e cumprir os termos da precatória no Juízo deprecado ou designar auxiliar que possa fazê-lo. Nada obsta, nos casos em que a massa não disponha de recursos para o deslocamento do administrador, que a arrecadação em outra comarca se faça por oficiais de justiça.

O falido deverá ser comunicado a acompanhar os atos arrecadatórios, sob pena de se tornar letra morta o disposto no § 2º do art. 108.

24.4. O acompanhamento pelo Ministério Público

Ao Ministério Público, na falência, compete requerer, em nome do interesse público – consistente na preservação do crédito comercial e na coibição de crimes falimentares –, o que for necessário aos interesses da Justiça. Suas funções, nos processos de natureza concursal, visam a garantia da ordem jurídica e dos interesses sociais e individuais indisponíveis que se apresentarem.

A atual Lei Falimentar não prevê o acompanhamento do Ministério Público ao ato de arrecadação. Contudo, considerando que alguns crimes falimentares pressupõem diligências em torno da arrecadação de bens e de documentos (arts. 168 e seus parágrafos, 171, 173 e 174), a notificação sobre o dia e hora em que ela se realizará é a única forma de se dar plena vigência à construção constitucional desse órgão, permitindo que o representante do *Parquet* se faça presente, se entender necessário.

Compete-lhe, expressamente, assistir ao ato de arrecadação, tanto aquele que se realizar na comarca como também os que se conduzirem fora dela, por promotores de justiça que estejam em exercício nas comarcas deprecadas.

O veto ao art. 4º da Lei n. 11.101/2005 não remove a necessidade de acompanhamento do Ministério Público ao ato de arrecadação e outros em que o interesse público é evidente.

No Estado de São Paulo, o Ato n. 70, de 16 de fevereiro de 2006, da Procuradoria Geral de Justiça, considera que "a nova lei não afasta as disposições dos arts. 82 e 83 do Código de Processo Civil[1], os quais preveem a possibilidade de o Ministério Público intervir em qualquer processo em que entenda haver interesse público" e recomenda que os membros da Instituição "continuem ou passem a oficiar nos autos dos pedidos de falências, recuperação judicial ou extrajudicial e ações em que sejam partes ou interessadas empresas em recuperação ou falidas, requerendo vista dos autos e intimação para os demais atos do processo ou procedimento, manifestando-se fundamentadamente em defesa do crédito e da justa preocupação com a recuperação de empresas em dificuldades, e propondo, sempre que houver desvirtuamento da função social da empresa, medidas que evitem prejuízos à circulação de riquezas, ao crédito popular, ao pleno emprego e à comunidade".

24.5. O inventário de livros e bens

A apreensão faz-se por arrolamento dos bens, materializada em auto de arrecadação próprio. Nesse documento constará o inventário dos livros, papéis e documentos encontrados no local da arrecadação.

Os livros obrigatórios podem estar em cartório, desde antes da decretação da falência, por entrega feita pelo próprio devedor em seu pedido de autofalência, ou já terem sido apresentados no momento das declarações do art. 104, II, ou, ainda, em poder de terceiros, como, por exemplo, no escritório do contador da empresa. Além desses livros – obrigatórios –, possuindo o devedor outros, deverão ser arrolados, no termo de arrecadação, em listagem que individualizará o número e denominação de cada um, páginas escrituradas, data do início da escrituração e do último lançamento, e se os livros obrigatórios estão revestidos das *formalidades legais*. A estas informações devem-se acrescentar outras que servirão para melhor eficiência na apuração de crime previsto na lei: a) o estado em que foi encontrado; b) o número de registro na Junta Comercial ou em outro órgão, se houver; c) a data de seu registro.

---

[1] Os dispositivos citados referem-se ao CPC73. Atualmente a matéria encontra-se regulada nos arts. 178 e 179 do CPC15.

Formalidades legais são requisitos de validade probatória dos livros, previstos nos arts. 1.183 e 1.184 do Código Civil e 417 e 418 do Código de Processo Civil de 2015. Para ter valor em Juízo, os livros devem revestir-se de formalidades de ordem extrínseca (externa) e intrínseca (interna). A primeira ordem de exigências formais refere-se ao modo de abertura e encerramento dos livros e fichas de registro. A segunda assenta-se na necessidade de os lançamentos serem feitos "em idioma e moeda corrente nacionais e em forma contábil, por ordem cronológica de dia, mês e ano, sem intervalos em branco, nem entrelinhas, borrões, rasuras, emendas e transportes sobre as margens" (CC, art. 1.183).

A minúcia da lei em relação à descrição dos livros tem razão de ser. Alguns crimes falimentares se relacionam à conduta do devedor no tocante à escrituração, tais como sua inexistência, supressão, destruição, omissão de lançamento, movimentação paralela de recursos etc. Nenhuma incerteza há de pairar, no momento da apreciação do inquérito criminal, a respeito da apreensão ou não de determinado livro, nem quanto às circunstâncias objetivas em que o documento foi encontrado, tais como: a) a indicação clara sobre o número de folhas e se algumas já tinham sido suprimidas antes do ato de arrecadação; e b) se o livro já estava destruído ou inutilizado, não deixando qualquer espaço para dúvida no tocante à eventual alegação de que sua destruição ou inutilização vieram a ocorrer em cartório. De grande relevância é a exigência por parte do Ministério Público de que essas circunstâncias sejam desde logo certificadas no ato de arrecadação, sob pena de responsabilidade pessoal do administrador.

O inventário dos bens será feito em tantos autos quantas forem as situações em que a empresa falida se encontrar, devendo o administrador individualizar o quanto for possível cada coisa, com descrição, marca, ano de fabricação, cor, estado etc.:

a) auto de bens, valores, dinheiro, títulos de crédito, papéis e documentos encontrados em poder do falido (art. 110, § 2º, II);

b) auto de bens em poder de terceiros, entregues a título de guarda, depósito, penhor ou retenção (art. 110, § 2º, III);

c) auto de bens em poder do falido, mas indicados como propriedade de terceiros – por contratos, documentos ou informação do próprio falido –, mencionando-se essa circunstância (art. 110, § 2º, IV);

d) auto para arrolamento dos bens pertencentes a cada um dos sócios solidários, observando-se que deve ser elaborado um termo individualizado para cada um deles, porque seus credores formarão distintas massas subjetivas (art. 20) e concorrerão, primariamente, ao montante dos bens particulares existentes em cada uma das massas objetivas. Somente depois de pagos os credores particulares é que o produto de seus bens servirá para pagamento dos credores da sociedade falida.

24.6. A arrecadação de bens imóveis

Em relação aos bens imóveis, o administrador judicial elaborará auto de arrecadação. O art. 110 não diz, mas a descrição deve ser circunstanciada, identificando área livre e construída, dados relativos a sua titulação, endereço e, se disponível, o número de matrícula no registro imobiliário, bem como as transcrições aquisitivas e menção às divisas e confrontações. Dentro de quinze dias, após a arrecadação do imóvel, o administrador deve providenciar certidão do registro de imóveis. De bom expediente, ainda, é a comunicação ao serventuário do Cartório de Registro de Imóveis a respeito de sua arrecadação e indisponibilidade, para fins do art. 247 da LRP.

24.7. A arrecadação de bens incorpóreos

Bens incorpóreos ou intangíveis são aqueles que não possuem qualquer consistência material. O patrimônio do devedor, bem como a parcela destinada a seu estabelecimento empresarial, são constituídos de variados bens incorpóreos, como o direito de propriedade industrial, o ponto empresarial, os direitos de crédito etc.

Os bens dessa natureza, desde que tenham expressão econômica, são arrecadáveis na falência, como também podem ser penhorados na execução comum. Deve o administrador, entretanto, tomar certas cautelas na elaboração do inventário:

a) créditos: identificar o devedor e qualificá-lo, descrevendo a origem da dívida, o título que a representa e a data do vencimento (CPC15, art. 847, § 1º, IV);

b) direito de patente: a individualização da carta-patente, indicando o número, o título e a natureza respectiva, o nome do inventor, a qualificação e o domicílio do titular, o prazo de vigência, o relatório descritivo, as reivindicações e os desenhos, bem como dados relativos à prioridade (LPI, art. 39);

c) desenhos industriais: a identificação do certificado de concessão, seu número e título, o nome do autor, o nome do titular, o prazo de vigência, os desenhos e, se houver, o relatório descritivo e as reivindicações (LPI, art. 107);

d) direito de uso de marcas: o número do registro[2], a data de concessão, o nome do titular, os produtos ou serviços, as características do registro e a prioridade estrangeira (LPI, art. 164);

e) direitos relativos à propriedade intelectual referente a cultivares: o número do certificado, o nome do titular e o prazo de duração do direito (Lei n. 9.456, de 25-4-1997, art. 20);

f) ponto comercial: o contrato de locação e a indicação do prazo para o exercício do direito;

g) cotas sociais de sociedades empresárias ou simples: a indicação do nome da pessoa jurídica, o número de cotas e a cópia da última alteração do contrato social registrada na Junta Comercial ou no Cartório de Registro de Pessoas Jurídicas.

Em relação às cotas sociais, após ampla discussão doutrinária sobre o tema, o Superior Tribunal de Justiça concluiu pela possibilidade de sua penhora, ainda que a sociedade estivesse sob o antigo regime de concordata preventiva (REsp n. 114.130-MG, Rel. Min. Cesar Asfor Rocha, j. 23-11-1999). A questão da *affectio societatis*, que poderia ser impeditiva,

---

[2] O Professor Luís M. Couto Gonçalves, da Universidade do Minho, bem ensina a importância do ato administrativo de registro, em relação ao direito de propriedade imaterial: "com o registro, a marca torna-se um bem jurídico autonomamente protegido, sendo atribuído ao respectivo titular um direito absoluto. O registro opera pois o acertamento de um bem imaterial e a 'constituição' de um novo direito. Fora do registro não há direito de marca. Sobre a marca de facto o único direito que existe é o direito de prioridade ao registro dentro do prazo de seis meses. E sendo certo que possa ser protegida para além desse prazo no âmbito das normas punitivas da concorrência desleal, o que então se protegerá já não será o direito de marca que juridicamente não existe" (*Direito de Marcas*, Coimbra, Livraria Almedina, 2000, p. 54). Por outro lado, a avaliação de uma marca é explicada pelo Professor Gilberto Luiz Teixeira Leite Strunck, da Escola de Belas Artes da Universidade Federal do Rio de Janeiro: "Normalmente levam-se em consideração quatro qualidades principais para se avaliar uma marca. Diferenciação. Qual a percepção dos consumidores sobre as inovações ou qualidades únicas de uma marca? Relevância. Qual a importância atribuída à marca? Estima. Qual o nível de relação afetiva que foi estabelecido entre os consumidores e a marca? Conhecimento. É quando os consumidores, após atribuírem as três primeiras qualidades à marca, passam a conhecê-la profundamente, tornando-se seus verdadeiros vendedores. Assim, uma marca nova para entrar no mercado deve ser diferente para gerar experimentação. A partir desta, poderá adquirir relevância. Para manter posição e conquistar a estima e o conhecimento, ela terá que continuar a gerar inovações para fazer crescer sua relevância" (*Como Criar Identidades Visuais para Marcas de Sucesso*, Rio de Janeiro, Rio Books, 2001, p. 30).

é respondida com absoluta propriedade pelo Ministro Cláudio Santos: "O problema da quebra da *affectio societatis* não é de tal monta que acarrete uma impenhorabilidade não prescrita em lei. Por outro lado, não pode a questão acobertar para sempre devedores relapsos que viessem a carrear para uma sociedade por cota todos os seus bens, livrando-se das dívidas. A questão do rompimento da *affectio societatis* pode ser resolvida com a aquisição dos demais sócios e pagamento do valor correspondente à cota ou, com a dissolução da sociedade, na falta de alternativa" (STJ, REsp n. 21.223-PR).

Esse entendimento prevalece ainda hoje, conforme leitura de recentes julgados do E. STJ (AgRg no AREsp n. 551.513/RJ, j. 3-6-2020) em que o Rel. Min. Ricardo Villa Bôas Cueva consignou na ementa: "É perfeitamente possível a penhora de cotas de sociedade limitada, haja vista que tal constrição, além de não implicar ofensa ao princípio da *affectio societatis*, não encontra nenhuma vedação legal".

Aplicável, portanto, em toda a sua inteireza a regra do art. 123 da Lei Falimentar, devendo ser arrecadadas as cotas que o falido ou os sócios solidários possuírem em qualquer sociedade empresarial ou simples e apurados os haveres na forma mencionada no item 22.10.5.

24.8. Bens não arrecadáveis

A lei, invocando razões sociais e religiosas, prevê exceções ao desapossamento e à arrecadação dos bens do falido. São os casos do art. 108, § 4º, da LREF, explicitados no art. 833 do Código de Processo Civil de 2015, que foram objeto de estudos no Capítulo 21. É de todo conveniente, entretanto, que o administrador mencione, em auto próprio, sua existência, as razões de sua não apreensão e o termo de entrega ou de comunicação ao falido dessa circunstância.

24.9. Bens penhorados ou de outra forma apreendidos

O § 3º do art. 108 dispõe que "o produto dos bens penhorados ou por outra forma apreendidos entrará para a massa, cumprindo o juiz deprecar, a requerimento do administrador judicial, às autoridades competentes, determinando sua entrega".

Este dispositivo tem dado margem a distintas posições doutrinárias. Anotamos (19.3, *c*) o ensino de Vera Helena de Mello Franco (2006:423) sobre a matéria e nossa divergência, às quais nos reportamos. Insistimos que cabe ao magistrado decidir quanto à suspensão de ações e execuções individuais com bens penhorados e data para o praceamento, podendo aplicar, por interpretação histórica, razoabilidade e, sobretudo, à falta de vedação, as soluções que a lei anterior contemplava: "achando-se os bens já em praça, com dia definitivo para arrematação, fixado por editais, far-se-á esta, entrando o produto para a massa. Se, porém, os bens já tiverem sido arrematados ao tempo da declaração da falência, somente entrará para a massa a sobra, depois de pago o exequente" (LF45, art. 24, § 1º).

O entendimento de Ricardo Tepedino (2005:296) não é tão flexível quanto aos bens em praça: "A única interpretação compatível com o sistema da lei é a seguinte: devem ser arrecadados os bens penhorados (ou apreendidos de outro modo – arrestados, submetidos à retenção etc.), ainda que a praça já esteja designada na data da quebra (pelo que se disse acima e porque a LRE não abre a aludida exceção do Decreto-Lei n. 7.661), cabendo ao administrador requerer-lhes a entrega, se não estiverem na posse do falido. Se, ao tempo da decretação da falência, o produto da arrematação não tiver sido depositado pelo arrematante, este numerário entrará para a massa. Se o depósito do preço se tiver efetuado anteriormente à sentença declaratória, ainda que não levantado pelo exequente, já integrará o seu patrimônio, só tocando à massa eventual sobra".

24.10. Venda antecipada

São cinco os casos de venda antecipada previstos no art. 113, abrangendo os bens: (1) perecíveis, isto é, os que se sujeitam à perda de suas características e propriedades se não forem utilizados dentro de um determinado período de validade; (2) deterioráveis: aqueles que se tornam sem serventia, estragam-se ou apodrecem, em função de sua constituição ou natureza. Razões fisiológicas, deficiência no acondicionamento ou ações climatológicas aceleram a deterioração. Alguns produtos, como as sementes, por exemplo, não são perecíveis, mas deterioráveis; (3) sujeitos a considerável desvalorização são os que, em razão de mudanças impostas à indústria pela evolução tecnológica ou avanços nas formas de apresentação (*design*), perdem a estima dos consumidores e o valor de mercado. Exemplos podem ser encontrados entre os produtos da indústria de informática e da indústria de moda, especialmente a de calçados femininos; (4) de conservação arriscada: os que atraem a cobiça de marginais ou trazem risco de explosão, incêndio, desastre ecológico etc.; (5) de conservação dispendiosa: os que exigem elevados custos para sua guarda como os que, para manter sua qualidade ou integridade, impõem contratação de pessoal, maquinário ou instalações altamente especializadas.

Os casos indicados ensejam medidas urgentes – em alguns casos *muito* urgentes, imediatas, como ocorre com os perecíveis e deterioráveis – por parte do administrador, e o Ministério Público deve zelar para que ele promova a comunicação com presteza. Entre esses estão os que se referem a alimentos com prazo de validade próximo ao vencimento, colheita de safra, mercadorias sazonais etc.

Observa-se que, quanto às armas e às drogas entorpecentes, há expressa previsão legal sobre o procedimento a ser empregado pelo Juízo, cumprindo ao administrador judicial comunicá-lo imediatamente.

Na hipótese de falência de empresas que produzem, vendem, adquirem, consomem, prescrevem ou fornecem drogas ou em que existam essas substâncias ou produtos, o Juízo deve lacrar as instalações e oficiar às autoridades sanitárias competentes requisitando a promoção de medidas necessárias ao seu recebimento em depósito, dando ciência ao Ministério Público para acompanhar o caso (Lei n. 11.343, de 23-8-2006, art. 69).

No tocante às armas arrecadadas, a comunicação deve ser feita ao órgão regional da Polícia Federal para fins de cadastramento no Sistema Nacional de Armas – SINARM (Lei n. 10.826, de 22-12-2003, art. 2º, VII).

24.11. Avaliação e falência frustrada e de pequeno passivo

Já mencionamos que no sistema anterior o *síndico*, verificando, por laudo de avaliação prévia, que os bens arrecadados, depois de vendidos, resultariam em valores insuficientes ao pagamento das despesas do processo, deveria comunicar tal fato imediatamente ao juiz da falência, visando impor ritmo sumarizado ao processo falimentar (LF45, art. 75). Essa mesma providência deveria ocorrer se ficasse constatado tratar-se de falência com passivo inferior a cem vezes o valor do salário-mínimo (LF45, art. 63, XII).

A LREF-20 faz distinção entre duas situações: o curso regular da falência e o processamento quando verificada a inexistência ou a insuficiência de bens para as despesas do processo.

O procedimento comum ordinário é célere e prevê a avaliação no mesmo ato de arrecadação (art. 110), salvo se o administrador judicial, entendendo que não é possível a imediata apreciação do valor dos bens – v.g., diante do excesso de itens a serem analisados ou da natureza especial dos bens –, requerer prazo até trinta dias para complementar o auto (art. 110, § 1º).

Entretanto, não sendo encontrados bens para serem arrecadados ou se verificar-se que os arrecadados são insuficientes para as despesas do processo, o juiz, depois de ouvir o Ministério Público, fará publicar, edital, no prazo de dez dias, chamando os interessados a se manifestarem.

O juiz deferirá requerimento de credor ou credores interessados no prosseguimento da falência, desde que paguem da quantia necessária às despesas e aos honorários do administrador judicial (art. 114-A).

Se nenhum credor se interessar, os bens arrecadados, móveis ou imóveis, serão alienados, respectivamente, no prazo de trinta ou sessenta dias. Em seguida, apresentado o relatório pelo Administrador Judicial, a sentença será encerrada.

Perdeu-se a oportunidade, na reforma de 2020, de regulamentar a falência de pequeno passivo.

24.12. Avaliação em separado

Dispõe o § 5º do art. 108 que os bens objeto de garantia real deverão ser avaliados em separado, mesmo que integrem a avaliação em conjunto com outros com os quais guardem idêntica destinação que lhes permita alienação em bloco, unidade produtiva ou estabelecimento.

Assim, por exemplo, a arrecadação de mercadorias em estoque existente em estabelecimento empresarial – ou as instalações – que podem ser objeto de alienação com a empresa, integrando algum de seus estabelecimentos, em bloco ou individualmente (art. 140). Se esses bens estão gravados, servindo de garantia real, em contrato firmado com algum credor, o crédito figurará no quadro geral como credor privilegiado (com garantia real – art. 83, II), no limite do valor alcançado na *avaliação* ou na *venda*. Se o crédito é superior ao produto da *avaliação* ou da *alienação* dos bens vinculados, o saldo não coberto é de natureza quirografária (art. 83, VI, *b*). Daí a importância de se saber individualmente em quanto importa o privilégio do credor na ordem de classificação.

As expressões "avaliação" ou "venda/alienação" aqui utilizadas reportam-se às distintas situações mencionadas. Será considerado crédito com privilégio de garantia real o valor da *avaliação* individual nos casos em que ocorra a alienação em bloco; se a venda se dá de forma individual, o valor do privilégio é o de sua *efetiva alienação*.

Por exemplo: credor X dispõe de garantia hipotecária sobre determinado imóvel que é arrecadado na falência do devedor. O valor do contrato de hipoteca é de R$ 100.000,00. Avaliado o imóvel, este alcança a importância de R$ 90.000,00. Primeira situação: considerando que a venda desse imóvel se deu com a venda da empresa, na forma do art. 140, I, no valor global de R$ 1.000.000,00, o credor X receberá em pagamento na classe dos créditos com garantia real o valor da avaliação (R$ 90.000,00) e, na classe dos créditos quirografários, o saldo não coberto pela avaliação do imóvel hipotecado (R$ 10.000,00). Segunda situação: a venda do imóvel se dá individualmente (art. 140, IV) e alcança R$ 110.000,00 no leilão judicial. O credor X recebe a totalidade do que habilitou: R$ 100.000,00, na classe dos credores com garantia real e o que sobejar – R$ 10.000,00 – é destinado ao pagamento de outros credores que lhe sucedem na ordem de classificação.

Capítulo 25

A AÇÃO DE RESTITUIÇÃO E OS EMBARGOS DE TERCEIRO

Sumário: 25.1. O objeto do pedido de restituição. 25.2. A ação de restituição decorrente de titularidade de direito real. 25.2.1. A coisa deve ter sido arrecadada em poder do devedor. 25.2.2. A coisa deve ser devida ao reivindicante em virtude de direito real de propriedade. 25.2.3. A coisa pode ter sido alienada posteriormente ao decreto da falência pela massa. 25.3. A ação de restituição decorrente de venda de coisas a prazo. 25.3.1. Compra com cheque pós-datado. 25.4. A ação de restituição de adiantamento de contrato de câmbio. 25.5. A ação de restituição por contribuição previdenciária descontada e não recolhida. 25.6. Procedimento. 25.7. Intervenção do Ministério Público. 25.8. Liquidação da sentença. 25.9. Honorários advocatícios, juros e atualização monetária. 25.10. Os embargos de terceiro.

25.1. O objeto do pedido de restituição

É possível que entre os bens arrecadados estejam arrolados alguns reivindicados por terceiros em decorrência de determinação legal e outros pertencentes a terceiros que, apresentando títulos ou contrato, provem o direito de propriedade sobre eles. O administrador deve mencionar essa circunstância no auto de arrecadação, se dela tomar conhecimento.

No momento da arrecadação, o administrador não pode transigir em relação aos bens, mesmo havendo terceiros que se apresentem como titulares de coisas que se encontram no estabelecimento do falido. Sua obrigação é arrolá-los, anotando a reivindicação manifestada pelo interessado, cabendo a este propor em Juízo seu pedido de restituição.

Em razão dessa circunstância, haverá ações concernentes às coisas arrecadadas, pertencentes a terceiro em virtude de direito de propriedade (art. 85) ou, ainda, decorrentes de expressa disposição legal (LREF, art. 86, II e III, e Lei n. 8.212, de 1991, art. 51).

Trajano de Miranda Valverde (1999, 2:34) ensina que "o objeto do pedido de restituição há de ser coisa corpórea, móvel ou imóvel, arrecadada em poder do falido" e que "as coisas fungíveis não tendo individualidade própria (espécie) não podem, em regra, ser reivindicadas". Entretanto a Lei n. 4.728/65 (art. 75, § 3º) e outras que se seguiram à Lei Falimentar de 1945 permitiram a arrecadação de dinheiro adiantado em contrato de câmbio e, ainda, contribuições previdenciárias descontadas pelo empregador falido do salário de seus empregados e não recolhidas aos cofres públicos. O Supremo Tribunal Federal firmou sobre a matéria, ainda, que: "Pode ser objeto de restituição, na falência, dinheiro em poder do falido, recebido em nome de outrem, ou do qual, por lei ou contrato, não tivesse ele a disponibilidade" (Súmula 417).

Em consequência de disposições posteriores à LF45, agora consolidadas nos arts. 85 e 86 da LREF, o objeto da ação de restituição pode ser dividido em três espécies – a própria coisa pertencente a terceiro, a mercadoria vendida e importância em dinheiro:

a) o *bem* arrecadado decorrente de direito de propriedade (art. 85);

b) a *coisa* vendida a prazo pelo credor e entregue nos quinze dias anteriores à data do requerimento de falência (art. 85, parágrafo único). Note que o legislador utiliza duas palavras distintas: *bem*, no *caput*, e *coisa*, a partir do parágrafo único. São conceitos distintos: *coisa* é espécie do gênero *bem*. O conceito de bem abrange objetos de direito materiais e imateriais. *Coisa* é todo objeto material valorável, excluindo-se desse conceito o direito autoral, a imagem, a marca e o nome empresarial;

c) o *valor da avaliação do bem* ou o preço, quando a coisa não mais existir no tempo do pedido (art. 86, I); o *valor adiantado* em contrato de câmbio (art. 86, II); *os valores entregues* ao devedor pelo contratante de boa-fé na hipótese de revogação ou ineficácia do contrato, conforme disposto no art. 136, e a *importância descontada* do empregador falido do salário de seus empregados e não recolhida aos cofres públicos (art. 51 da Lei n. 8.212, de 1991).

Em resumo, as ações de restituição podem ter objeto de três naturezas distintas:

OBJETO DO PEDIDO	FUNDAMENTO LEGAL
Bem arrecadado	Decorrente de direito de propriedade (art. 85).
Coisa	Vendida a prazo pelo credor e entregue nos 15 dias anteriores à data do requerimento de falência, se ainda não alienada (art. 85, parágrafo único).
Dinheiro	Quando a coisa não mais existir ao tempo do pedido de restituição (art. 86, I).
	Referente à importância entregue ao devedor, em moeda corrente nacional, decorrente de adiantamento de contrato de câmbio para exportação (art. 86, II).
	Valores entregues ao devedor pelo contratante de boa-fé na hipótese de revogação ou ineficácia do contrato (arts. 86, III, e 136).
	Importância descontada do empregador falido do salário de seus empregados e não recolhida aos cofres públicos (Lei n. 8.212/91, art. 51).

25.2. A ação de restituição decorrente de titularidade de direito real

Prevê a Lei Falimentar a restituição de bem arrecadado em poder do falido quando seja devida em virtude de direito de propriedade (art. 85, *caput*) e coisa, ainda que já tenha sido alienada pela massa (art. 85, I).

Decorre de disposição legal, portanto, que os requisitos essenciais para o exercício do direito à restituição são: a) o bem deve ter sido arrecadado, depois da falência, em poder do devedor; b) o bem é devido ao reivindicante em virtude de direito real de propriedade; c) a coisa pode ter sido consumida ou alienada posteriormente ao decreto de falência pela massa.

25.2.1. A coisa deve ter sido arrecadada em poder do devedor

A jurisprudência de nossos Tribunais se firmou no sentido de não caber restituição quando a coisa foi consumida ou alienada em data anterior ao decreto falimentar, isto é, quando seu consumo decorrer de ato do devedor agora falido[1]. Essa firme jurisprudência tem origem em entendimento de simples compreensão: a ação de restituição pressupõe o ato de arrecadação porque a massa não pode enriquecer-se indevidamente em detrimento de terceiros. Se o bem pertence, por contrato ou direito real, ao reivindicante, nada mais justo do que sua devolução. Mas, se o consumo ou a alienação se deu em data anterior à quebra, sendo a massa terceira em relação àquela relação, não pode arcar com a responsabilidade dos atos – culposos ou dolosos – praticados pelo devedor e que resultaram no desaparecimento do bem. O privilégio decorrente do credor concentra-se no próprio bem, que, uma vez desaparecido, faz igualmente extingui-lo. Seria injusto transferir a outros bens o privilégio que o credor perdeu. O falido, eventualmente, responderá criminalmente pelo fato, mas a massa não se obriga a esse ressarcimento.

25.2.2. A coisa deve ser devida ao reivindicante em virtude de direito real de propriedade

No Capítulo 22, itens 6 e 7, foram mencionados alguns contratos nos quais a coisa arrecadada em poder do falido pertence ao terceiro reivindicante, quais sejam:

a) a entrega da coisa em trânsito (art. 119, I): por força do contrato de compra e venda, o credor tem o domínio sobre a coisa vendida que se encontra em trânsito no momento da falência;

b) o contrato com cláusula de alienação fiduciária, previsto em vários dispositivos legais, de acordo com o objeto contratado: (1) art. 66 da Lei n. 4.728/65, para móveis; (2) art. 20 da Lei n. 9.514/97, quando imóveis; (3) art. 151, § 2º, da Lei n. 7.565/86, quando aeronave. Em todos esses casos, o direito à restituição decorre do fato de o credor possuir o domínio resolúvel, independentemente da tradição efetiva do bem;

c) o contrato de arrendamento mercantil (Lei n. 6.099/74): o arrendador detém a propriedade do bem, alugado a favor do devedor, podendo reivindicá-lo se arrecadado na falência;

---

[1] BRASIL, STJ: a) REsp n. 142.720-RS, Rel. Min. Eduardo Ribeiro, j. 24-11-1998; b) REsp n. 93.677-SP, Rel. Min. Cesar Asfor Rocha, j. 15-10-1998; c) REsp n. 176.011-SP, Rel. Min. Carlos Alberto Menezes Direito, j. 31-8-2000; d) REsp n. 85.648-RS, Rel. Min. Carlos Alberto Menezes Direito, j. 22-9-1997; e) REsp n. 155.090, Rel. Min. Carlos Alberto Menezes Direito, j. 22-9-1997; f) REsp n. 39.208-SP, Rel. Min. Barros Monteiro, j. 14-2-1995; g) REsp n. 25.715-7-SP, Rel. Min. Sálvio de Figueiredo Teixeira, j. 22-11-1994; h) REsp n. 5.925-RS, Rel. Min. Eduardo Ribeiro, j. 11-3-1991; i) REsp n. 2.497-RJ, Rel. Min. Dias Trindade, j. 11-3-1991; j) REsp n. 5.250-SP, Rel. Min. Ruy Rosado de Aguiar, j. 19-6-1997.

d) o contrato com reserva de domínio: o credor recuperará a coisa por meio de ação própria de reintegração de posse, antes da falência, ou, depois dela, por meio de pedido de restituição.

Não é correto afirmar que a nova redação do art. 85, enfatizando o direito do proprietário e suprimindo a expressão contida no art. 76, *caput*, da LF45 "quando seja devida em virtude de direito real ou de contrato", não mais permita a restituição em virtude de contrato.

O Direito – antigo e novo – pressupõe que o devedor e a massa detêm a coisa reivindicada, situação que pode decorrer de inúmeros contratos anteriormente firmados. Uma vez demonstrado, por instrumento hábil, que o domínio da coisa arrecadada pertence ao reivindicante, a restituição será de rigor, mesmo se a posse decorra de contrato como ocorre nos casos acima mencionados e, ainda, na locação de bens móveis, comodato, depósito etc.

25.2.3. A coisa pode ter sido alienada posteriormente ao decreto da falência pela massa

Estudou-se, anteriormente, que, se o objeto foi vendido antes da falência, descabe a restituição, e o pedido do credor deve ser classificado como quirografário em decorrência da perda anterior de seu privilégio. Se, entretanto, a coisa foi consumida (ou perdida) ou alienada *pela massa* falida, por negligência do administrador ou por desconhecer que o bem era objeto de contrato entre o falido e o reivindicante, a massa deve arcar com a perda desse objeto, até o limite do valor da avaliação ou do preço recebido pela venda, conforme uma das ocorrências – consumo (e perda) ou alienação. A previsão legal advém de pacífica jurisprudência do Superior Tribunal de Justiça na vigência do Decreto-Lei n. 7.661/45 (REsp n. 9.329-RS, Rel. Min. Barros Monteiro, j. 10-3-1992).

Havendo mais de um credor reivindicante e não sendo suficiente o numerário para a restituição a todos, os valores serão rateados entre os participantes da classe (LREF, art. 91, § 2º).

25.3. A ação de restituição decorrente de venda de coisas a prazo

A lei prevê a hipótese de restituição de coisa vendida a prazo e entregue ao falido dentro de quinze dias anteriores ao requerimento da falência, se ainda não alienadas pela massa (art. 85, parágrafo único).

Como na primeira espécie de ação reivindicante, nesta, se as mercadorias foram vendidas anteriormente pelo falido, descabe o direito à restituição, e, se vendidas pelo administrador judicial, o direito do credor será transformado em pagamento em pecúnia, dentro dos seguintes parâmetros: a) até o limite do valor estimado – no caso de consumo ou perda pela massa; ou b) limitado ao valor de venda, quando esta ocorrer durante a falência.

Se, entretanto, quando do pedido do credor, o bem houver sido vendido pela massa e os credores concursais tiverem recebido os valores que lhes forem devidos, nada restando para a restituição pretendida, o credor reivindicante não poderá exigir a repetição dos rateios primeiramente distribuídos. Aplica-se aqui, quanto à perda do direito ao rateio, por analogia, o disposto no art. 10, § 3º, e, pela mesma razão, a regra seguinte que permite a reserva de valor para satisfação de seu crédito (art. 10, § 4º).

Veja em 22.6 o quadro das possíveis situações que podem ocorrer nos contratos de compra e venda de mercadorias vendidas a crédito.

25.3.1. Compra com cheque pós-datado

A compra realizada por meio de cheque pós-datado, devolvido pelo banco sacado em razão de insuficiência de fundos, ter-se-á como realizada a prazo, em razão da perda da qualidade de ordem de pagamento à vista. Nesse sentido é a decisão do Ministro Nilson Naves: "É coisa vendida a crédito e não à vista, aquela por cheque pós-datado e sem suficiente provisão de fundos" (AgReg. no AI n. 1.022-MG, j. 20-3-1990).

25.4. A ação de restituição de adiantamento de contrato de câmbio

A Lei n. 4.728, de 14 de julho de 1965 – Lei do Mercado de Capitais, introduziu, no art. 75, § 3º, uma nova modalidade de restituição, atribuindo ao credor de contrato de câmbio o direito à ação para reaver as importâncias adiantadas, desde que averbadas no contrato, com a anuência do vendedor. Com ocorrência exclusiva nos adiantamentos em contratos de câmbio de moeda estrangeira, não se exige o lapso temporal de quinze dias, conforme assentado em direito sumular: "A restituição da importância adiantada, à conta de contrato de câmbio, independe de ter sido a antecipação efetuada nos 15 (quinze) dias anteriores ao requerimento da concordata" (Súmula 133 do STJ).

A norma especial foi acolhida pela Lei n. 11.101/2005 que, no inciso II do art. 86, disciplinou a matéria, acrescentando a expressão "desde que o prazo total da operação, inclusive eventuais prorrogações, não exceda o previsto nas normas específicas da autoridade competente".

É interessante perceber que o privilégio excepcionado pela Lei do Mercado de Capitais não deve ser estendido a outras situações não contempladas pela norma, como bem advertiu o Ministro Ruy Rosado de Aguiar: "É certo que a lei tem estabelecido exceções ao princípio, quando, por exemplo, autorizou a restituição de quantias antecipadas por força de contrato de câmbio. Essa disposição excepcional, porém, a benefício do sistema financeiro e concedida a título de facilitar o financiamento à exportação, não se estendeu para outras situações, como para contrato de fabricação de máquinas, os quais se regem pela regra geral acima referida (art. 43 da Lei de Falências)" (REsp n. 37.259-SP, Rel. Min. Ruy Rosado de Aguiar, j. 18-2-1997).

A incorporação das regras de restituição do adiantamento em contrato de câmbio pela nova Lei Falimentar (art. 86, II), inserindo-a entre as subespécies de restituição em pecúnia, enfraquece qualquer fundamentação no sentido de que o privilégio excepcionado pela Lei do Mercado de Capitais serviria de modelo a tantas outras hipóteses assemelhadas, não previstas na legislação extrafalimentar.

25.5. A ação de restituição por contribuição previdenciária descontada e não recolhida

O art. 51 da Lei n. 8.213, de 24 de julho de 1991 (Lei Orgânica da Previdência Social), determina que "o crédito relativo a contribuições, cotas e respectivos adicionais ou acréscimos de qualquer natureza arrecadados pelos órgãos competentes, bem como a atualização monetária e os juros de mora estão sujeitos, nos processos de falência, concordata ou concurso de credores, às disposições atinentes aos créditos da União, aos quais são equiparados. Parágrafo único. O Instituto Nacional do Seguro Social (INSS) reivindicará os valores descontados pela empresa de seus empregados ainda não recolhidos".

Trata-se, pois, de modalidade, não prevista na Lei Falimentar, de restituição de dinheiro descontado pelo falido e não repassado à Previdência Social, assentada em jurisprudência do Supremo Tribunal Federal: "A Súmula 417 (restituição de dinheiro em falência) aplica-se às contribuições de previdência dos empregados retidas pelo falido" (a) RE n. 18.635; b) Embargos em RE n. 32.210; c) RE n. 52.249; d) RE n. 43.309). Entretanto, se os salários não foram efetuados, só após esse pagamento tem lugar a restituição à instituição previdenciária, se a massa tiver recursos[2].

O assento jurisprudencial serviu, por aplicação extensiva, para ordenar todos os demais casos de restituição em dinheiro, tendo o legislador priorizado o pagamento de créditos trabalhistas de natureza estritamente salarial vencidos nos três meses anteriores à decretação de falência, até o limite de cinco salários-mínimos (art. 151).

25.6. Procedimento

Após a arrecadação, paralelamente ao processo principal falimentar, podem ocorrer pedidos de restituição propostos por credores, de competência exclusiva do juiz da falência, mesmo se forem uma das pessoas previstas no art. 109 da Constituição Federal[3].

De forma resumida, pode-se dizer que a ação de restituição é uma ação própria, prevista em lei – falimentar e extrafalimentar –, que tem como pressuposto a existência de coisa arrecadada em poder do falido, devida por força de direito real ou de contrato. Para evitar o enriquecimento sem causa por parte da massa, fica esta obrigada a devolver bens que não lhe pertencem, salvo se já não existirem ao tempo da restituição. Neste caso, é impossível a devolução da coisa, dando-se a indenização em dinheiro. Mesmo se sub-rogada em outra coisa, a devolução ocorrerá, cabendo, entretanto, ao credor o direito ao respectivo valor.

No conceito de *coisa* arrecadada se incluem bens corpóreos e incorpóreos. A Súmula 417 do Supremo Tribunal Federal insere entre os bens restituíveis o dinheiro em poder do falido, recebido em nome de outrem, ou do qual, por lei ou contrato, não tivesse ele a disponibilidade.

Incluem-se, ainda, entre os bens restituíveis as coisas vendidas a crédito ao falido nos quinze dias que antecederem o requerimento da falência, se não tiverem sido alienadas pela massa. O prazo de quinze dias conta-se da entrega efetiva e não da remessa da mercadoria (Súmula 193 do STF).

O procedimento é bastante simples:

---

[2] BRASIL, STF, RE n. 59.100, Rel. Min. Victor Nunes, *DJ*, 8-3-1967, apud acórdão no mesmo sentido pelo Min. Ruy Rosado de Aguiar (REsp n. 23.642-7-SP, j. 14-2-1995).

[3] BRASIL, STF, Conflito de Competência n. 14.680-PR, Rel. Min. Costa Leite, j. 8-11-1995: "Competência. Falência. Pedido de Restituição. Agravo interposto por autarquia federal. Tribunal Regional Federal não é competente para julgar recurso de decisão proferida por juiz estadual não investido de jurisdição federal, a teor da Súmula 55/STJ".

a) o credor individualiza o objeto reclamado (coisa, mercadoria ou dinheiro) por petição;

b) autuado o pedido, o juiz mandará intimar, pelo prazo sucessivo de cinco dias, o falido, Comitê, credores e administrador judicial, para, querendo, manifestarem-se. Qualquer manifestação contrária será considerada contestação e, neste caso, o juiz designará audiência de instrumento e julgamento, se entender necessária ou, não havendo provas a produzir (ou resumindo-se a discussão a matéria exclusivamente de direito), julgará no estado do processo;

c) a partir da distribuição, a coisa reivindicada fica indisponível até o trânsito em julgado (art. 91), o que significa dizer que não pode ser alienada, salvo se for o caso previsto no art. 113 (venda antecipada de bens perecíveis, deterioráveis, sujeitos a considerável desvalorização ou que sejam de conservação arriscada ou dispendiosa). Nesta hipótese, se conhecido o titular do bem quando da decisão acerca da alienação antecipada, o magistrado deve valer-se da cautela de mandar intimá-lo;

d) inexistindo contestação, segue-se a sentença;

e) nas sentenças de improcedência em que se reconhecer a existência de crédito de outra natureza (com direito real, especial ou quirografário), o juiz deve determinar a inclusão do autor do pedido de restituição no quadro geral de credores, na classificação que lhe couber. Opera-se, assim, economia processual e agilidade na formação da massa subjetiva, evitando a reprodução de argumentos do autor e de fundamentos da sentença, lançados no processo de restituição.

Dificuldade haverá quanto ao prazo de contestação – sucessivo de cinco dias – que não somente estenderá por meses e anos o ciclo citatório (imagine-se uma falência com milhares de credores), como também será de difícil organização. Não há solução fácil para o absurdo legislativo que, ao invés de seguir a norma processual comum – prazo comum (CPC15, art. 335, § 1º) para contestar e em dobro quando os litisconsortes constituírem advogados distintos (CPC15, art. 229) –, criou procedimento judicial tormentoso.

Na busca de possíveis paliativos para o problema, a doutrina apresenta sugestões. Carlos Henrique Abrão (2005:222) entende que os credores devem ser "intimados por edital, caso contrário não se poderá computar o prazo isolada e individualmente, em relação aos demais: falido, administrador judicial, ou comitê, a intimação será feita diretamente, tendo cada um, a partir da juntada aos autos do documento comprobatório, o prazo de cinco dias para resposta". Marcos Paulo de Almeida Salles (2006:385-386) sugere "a obrigatoriedade da convocação da Assembleia de Credores para receber da intimação e nomear o Comitê para cuidar do acompanhamento das ações de restituição em representação dos credores em suas três categorias (art. 35, II, *b* e *d*)". Manoel Justino Bezerra Filho (2017:272), nas edições mais recentes de sua obra, propõe que o juiz deve, "em um único despacho, abrir prazo sucessivo de 5 dias para o falido, comitê de credores (se houver), credores e administrador, advertindo porém que os autos não sairão de cartório".

Entendemos que as propostas dos autores citados devem ser consideradas.

Em primeiro lugar, nada impede que a intimação de *todos*, sem distinção, se faça por edital, respeitada a forma de publicação (art. 191). O legislador não obriga a intimação pessoal, nem sugere a modalidade de efetivação do ato intimatório. Deve-se lembrar que os credores podem não ser conhecidos porque o quadro geral, naquele momento, não está consolidado. Quanto ao falido e administrador judicial, ambos têm o dever de comparecer a todos os atos de falência, cabendo-lhes, quando a lei não exigir intimação pessoal, acompanhar o desenvolvimento do processo.

Em segundo lugar, nas falências com número expressivo de credores, a constituição de Comitê de Credores será instrumento obrigatório de celeridade processual. O juiz da falência deve valer-se de seu poder de condução do processo e determinar a convocação da assembleia geral (art. 99, XII), para que constitua o Comitê que, intervindo nos pedidos de restituições, torna dispensável a intimação de todos os outros credores. O órgão colegiado zela pelo cumprimento da lei e delibera em nome dos credores, podendo, nos casos que entender conveniente, solicitar a convocação da assembleia geral (art. 27, *b* e *e*) e requerer ao magistrado a dilação do prazo para manifestação nos autos de restituição. Nesse período, consultará a assembleia geral.

Por fim, quanto à melhor organização do prazo, a sugestão de Manoel Justino é a que melhor atende aos interesses dos credores, cumprindo a diretiva do § 1º do art. 75 de obediência aos princípios da celeridade e da economia processual.

Da sentença cabe apelação por parte do requerente, Comitê, credores, administrador e falido.

A Lei n. 11.101/2005 não especificou o termo de contagem do prazo recursal, devendo prevalecer o entendimento jurisprudencial construído na vigência do Decreto-Lei n. 7.661/45: "O prazo para o recurso conta-se da data da publicação da sentença no órgão oficial, de conteúdo intimatório (art. 242 c/c art. 236 do CPC e art. 190 da LF)"[4].

O procedimento das ações de restituição pode ser demonstrado graficamente:

[4] BRASIL, STJ, REsp n. 10.966-RJ, Rel. Min. Dias Trindade, j. 11-11-1991. As referências são do CPC73 e da LF45. Hoje aplica-se o CPC15, arts. 1.003 e 272.

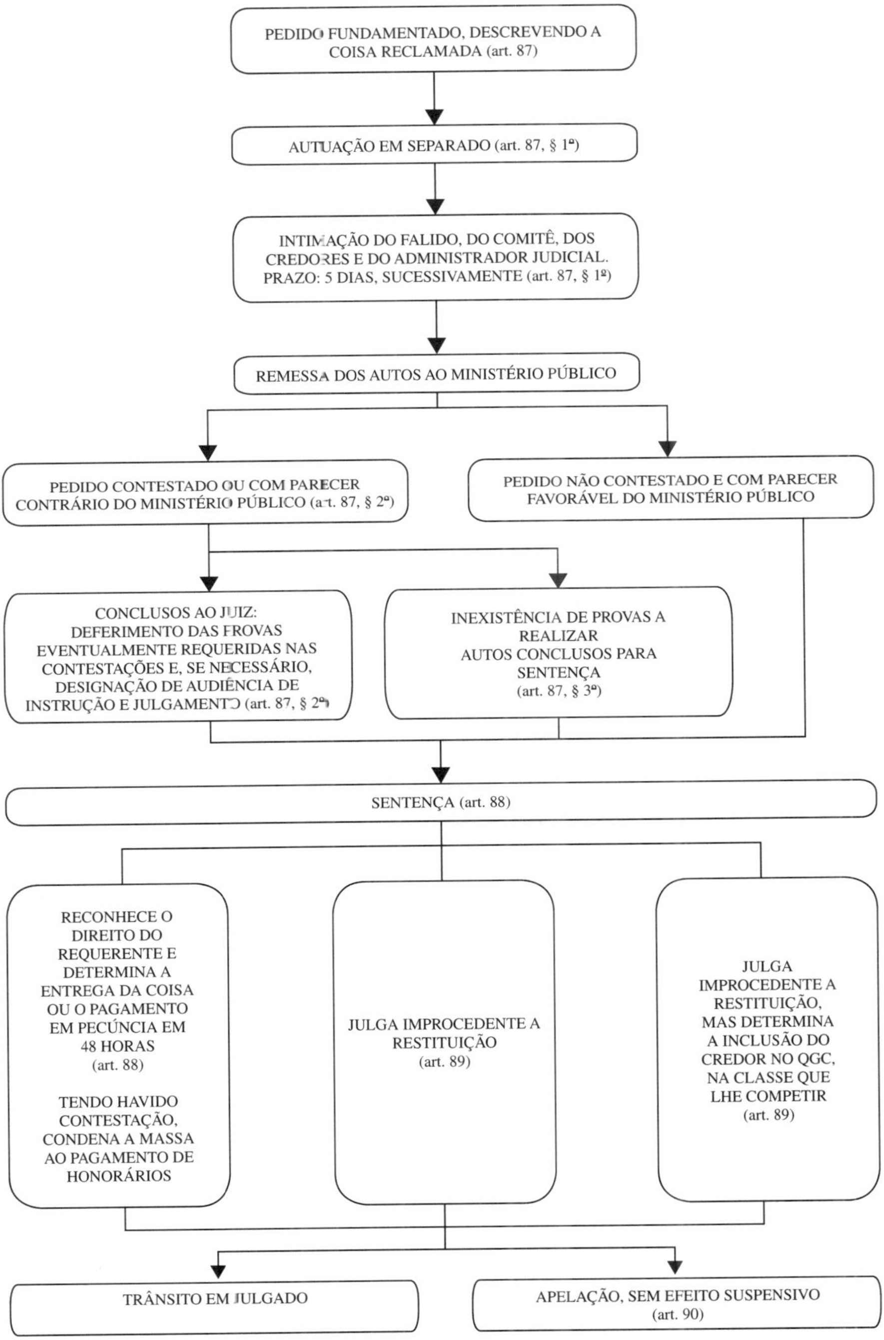

PEDIDO FUNDAMENTADO, DESCREVENDO A COISA RECLAMADA (art. 87)
AUTUAÇÃO EM SEPARADO (art. 87, § 1º)
INTIMAÇÃO DO FALIDO, DO COMITÊ, DOS CREDORES E DO ADMINISTRADOR JUDICIAL. PRAZO: 5 DIAS, SUCESSIVAMENTE (art. 87, § 1º)
REMESSA DOS AUTOS AO MINISTÉRIO PÚBLICO
PEDIDO CONTESTADO OU COM PARECER CONTRÁRIO DO MINISTÉRIO PÚBLICO (art. 87, § 2º)
PEDIDO NÃO CONTESTADO E COM PARECER FAVORÁVEL DO MINISTÉRIO PÚBLICO
CONCLUSOS AO JUIZ: DEFERIMENTO DAS PROVAS EVENTUALMENTE REQUERIDAS NAS CONTESTAÇÕES E, SE NECESSÁRIO, DESIGNAÇÃO DE AUDIÊNCIA DE INSTRUÇÃO E JULGAMENTO (art. 87, § 2º)
INEXISTÊNCIA DE PROVAS A REALIZAR AUTOS CONCLUSOS PARA SENTENÇA (art. 87, § 3º)
SENTENÇA (art. 88)
RECONHECE O DIREITO DO REQUERENTE E DETERMINA A ENTREGA DA COISA OU O PAGAMENTO EM PECÚNIA EM 48 HORAS (art. 88)
TENDO HAVIDO CONTESTAÇÃO, CONDENA A MASSA AO PAGAMENTO DE HONORÁRIOS
JULGA IMPROCEDENTE A RESTITUIÇÃO (art. 89)
JULGA IMPROCEDENTE A RESTITUIÇÃO, MAS DETERMINA A INCLUSÃO DO CREDOR NO QGC, NA CLASSE QUE LHE COMPETIR (art. 89)
TRÂNSITO EM JULGADO
APELAÇÃO, SEM EFEITO SUSPENSIVO (art. 90)

25.7. Intervenção do Ministério Público

A lei não menciona a intervenção do Ministério Público, que, entretanto, deve manifestar, desde o primeiro momento em que intimado da sentença de quebra. A obrigatoriedade de sua ciência a todos os atos e termos do processo falimentar e dos incidentes decorre da existência de interesse público, sobretudo porque o *Parquet* não disporá de elementos para investigar crimes de natureza falitária se não intervir em todo processo falimentar e ações de interesse da massa.

Márcio Souza Guimarães (2006:55) afirma, com propriedade: "(...) a situação evidenciada na falência, no que tange aos credores, leva a crer que o interesse dos credores (e não de apenas um credor) se amolda ao conceito da prevalência da dimensão coletiva sobre a individual".

Argumento definitivo a favor da intervenção nas ações de restituição pode ser encontrado no cuidado do legislador em prever a manifestação do Ministério Público no processo de verificação de créditos (art. 8º), finalidade que as ações de restituição igualmente perseguem, seja porque seu resultado altera o direito dos credores concursais, seja porque, na improcedência, o crédito reivindicado será admitido na classe própria, no quadro geral de credores (art. 89). É incoerente imaginar que há interesse de dimensão coletiva no procedimento de verificação dos créditos que também não esteja presente nas ações de restituição.

25.8. Liquidação da sentença

O credor que pretender a restituição do bem ou da quantia reclamada antes do trânsito em julgado da sentença deverá prestar caução (art. 90, parágrafo único).

Após o trânsito em julgado da sentença que julgar procedente o pedido, a devolução da coisa em poder da massa far-se-á imediatamente, antes mesmo do momento da liquidação falimentar, se houver dinheiro em caixa, descontadas as despesas que a coisa arrecadada tiver causado à massa, em razão de sua conservação (art. 92).

Se o bem não for encontrado, dar-se-á a restituição em dinheiro pelo valor equivalente, avaliação ou venda, conforme tenha sido consumida ou perdida em mãos do administrador judicial ou alienada pela massa.

A restituição em pecúnia após a data do trânsito em julgado dependerá da existência de numerário em caixa.

25.9. Honorários advocatícios, juros e atualização monetária

A nova Lei Falimentar prevê, em redação transversa (art. 88, parágrafo único), a condenação da massa ao pagamento de honorários advocatícios, na hipótese de contestação ao pedido de restituição julgado procedente. Pouco importa saber se a oposição à pretensão do credor foi apresentada por credor, pelo Comitê, pelo administrador judicial ou mesmo pelo Ministério Público, quando de sua manifestação nos autos.

Os juros seguem a regra geral, prevista no art. 124, isto é, não são exigíveis "se o ativo apurado não bastar para o pagamento dos credores subordinados". Em outras palavras: os juros devidos após a decretação da falência serão pagos se a massa comportar, respeitando a ordem de classificação dos credores e sujeito a rateios em cada classe.

Em relação à correção monetária, a Súmula 36 do Superior Tribunal de Justiça determinava, na vigência do Decreto-Lei n. 7.661/45, sua inclusão para as hipóteses de adiantamento de contrato de câmbio, raciocínio que se mantém a todos os casos de pedido originário de restituição em pecúnia.

Nos casos de extinção ou alienação da coisa reivindicada, a regra de atualização monetária é explicitada no inciso I do art. 86: "o valor da avaliação do bem, ou, no caso de ter ocorrido sua venda, o respectivo preço, em ambos os casos no valor atualizado".

25.10. Os embargos de terceiro

No sistema anterior, aquele que tivesse sofrido esbulho ou turbação na posse ou direito, em face da arrecadação ou sequestro, podia valer-se dos embargos de terceiro (Decreto-Lei n. 7.661/45, art. 79), se não quisesse utilizar-se do instituto da restituição. A escolha da via dos embargos deixava de ser opcional quando não houvesse arrecadação, mas mera turbação, assim entendida quando há ameaça de arrecadação do bem.

Rubens Requião ensinava que o pedido de embargos de terceiro se mostrava vantajoso – nos casos em que é possível a escolha por parte do reivindicante – quando o credor pretender o seu recebimento liminar, nos termos do art. 1.051 do Código de Processo Civil de 1973 (CPC15, art. 678), uma vez que, no pedido de restituição, inexiste a possibilidade de reintegração liminar da coisa[5].

---

[5] REQUIÃO, Rubens. *Curso de Direito Falimentar*, São Paulo, Saraiva, 1975, item 231, p. 250: "É precisamente a possibilidade do recebimento, *in limine*, da restituição da coisa

A defeituosa redação do art. 79 do Decreto-Lei n. 7.661/45 permitia entender que cabia ao credor escolher entre a ação de embargos de terceiro e o pedido de restituição, nas situações em que verificasse tanto a ameaça como a efetividade do desapossamento de seu bem.

Ao dispor que "aquele que sofrer turbação ou esbulho na posse de seu direito, por efeito da arrecadação ou do sequestro, poderá, se não preferir o uso do pedido de restituição, defender seus bens por via de embargos de terceiro", o legislador de 1945 descuidou-se de que o ato de arrecadação não se confunde com a simples turbação de posse. Para a turbação, o remédio jurídico é sempre a ação de embargos de terceiros. Ao esbulho por apreensão judicial e à arrecadação em Juízo – a segunda é espécie do gênero "atos de constrição judicial" – é que a lei facultava ao terceiro os dois remédios processuais.

A Lei n. 11.101/2005 fez cessar a discussão e não mais viabiliza a decisão entre uma e outra via judicial, impondo o uso da ação de embargos de terceiro na hipótese de não ser cabível o pedido de restituição (art. 93). Neste caso, o procedimento deverá seguir o rito dos arts. 674 a 681 do Código de Processo Civil de 2015, cabendo o recurso de apelação contra a sentença que julgar o pedido, sendo legitimados o administrador, o falido, qualquer credor, o requerente, Comitê de Credores e o Ministério Público.

---

arrecadada, por parte do embargante em relação ao pedido restitutório. Neste, não há a possibilidade de o juiz conceder a restituição liminar, o que ocorre no caso dos embargos, com a reintegração liminar da coisa a favor do terceiro embargante".

Capítulo 26

AS AÇÕES REVOCATÓRIAS

Sumário: 26.1. Noções. 26.2. Distinção entre as ações previstas nos arts. 129 e 130 da Lei Falimentar. 26.3. Hipóteses previstas no art. 129 da Lei Falimentar. 26.3.1. Atos praticados dentro do termo legal. 26.3.2. Atos praticados no período de dois anos anteriores à decretação da falência. 26.3.3. Atos nos quais não se leva em consideração o elemento temporal. 26.3.4. Atos praticados após a decretação da falência. 26.4. Ação revocatória com fundamento no art. 130. 26.5. Efeitos das ações revocatórias. 26.6. Securitização de recebíveis. 26.7. Processamento da ação revocatória. 26.8. Medidas cautelares e recursos. 26.9. Ineficácia oposta como defesa em ação ou execução. 26.10. Ação revocatória prevista na Lei n. 6.404/76. 26.11. Ação revocatória contra sócio com responsabilidade limitada, por retirada dos fundos sociais. 26.12. Atos fundados em decisão judicial.

26.1. Noções

Na arrecadação promovida pelo administrador judicial, alguns bens pertencentes a terceiros poderão vir a ser objeto de apreensão, resultando na necessidade de interposição de ações por parte dos detentores do domínio, destinadas à devolução desses bens, na forma de restituição. Essas ações, portanto, têm como efeito a redução do acervo arrecadado da massa.

Com incidência sobre o acervo há, ainda, outra espécie de medida falencial, objetivando fim oposto ao pretendido naquelas ações restitutórias. São as ações revocatórias, que, propostas pelo administrador judicial, credores ou pelo Ministério Público, objetivam a ineficácia de atos praticados pelo falido e, com isso, a apreensão de novos bens à massa falida, ampliando-se o acervo.

Desde logo, é bom que se enfatize que as ações revocatórias não visam anular ou desfazer atos praticados pelo devedor, mas, tão somente, torná-los sem efeito em relação à massa falida. Não são ações paulianas, cujo fim é a nulidade de atos, mas delas se aproximam em sua origem.

Conforme Juan Iglesias (1972:216), as chamadas ações paulianas têm esse nome a partir do Digesto (22, 1, 38, 4), conforme explica Teófilo. No Direito Romano, na fase bizantina de Justiniano, pela ação pauliana se exigia que os atos de alienação de bens praticados pelo devedor com intenção de causar dano aos credores retornassem ao estado anterior a essa alienação prejudicial.

No Direito brasileiro, os fundamentos da ação pauliana estão presentes nos arts. 158 a 165 do Código Civil, permitindo a anulação de atos de transmissão gratuita de bens quando praticados por devedor insolvente ou que por esses atos fique reduzido à insolvência.

Embora a Lei Falimentar utilize a expressão *revocatória*, dando a entender que os atos serão anuláveis ou nulos, na verdade, o que ocorre na falência com as ações revocatórias é apenas a ineficácia de atos praticados pelo falido, enquanto sob o efeito da sentença declaratória de falência. Se o devedor falido vier a pagar os credores, alcançando a extinção de suas obrigações, os atos praticados terão plena eficácia contra ele por parte dos contratantes.

Pontes de Miranda (1999, 4:356) explica que "a lei adota os termos 'revocatórios' e 'revogação', para evitar a importação da erronia, que temos exprobrado: 'nulidade relativa'. Evita alusão à 'relatividade' de efeitos, ou à 'não produção'. A desconstituição não é total, é parcial; só se desconstituem efeitos dos atos, *em relação à massa*, aos credores. A ineficácia relativa sobrevém, não é desde o início, desde a prática do ato, como se daria se a ação proposta tivesse sido a ação (declarativa) de ineficácia relativa".

Spencer Vampré (1922, 3:431), analisando as regras presentes na antiga Lei Falimentar (Lei n. 2.024/1908), desvendou a origem das nossas disposições legais: "O sistema da lei brasileira é, sem dúvida, o melhor, pois, tolhendo o arbítrio ao magistrado, fixa-lhe regras claras e práticas, que procuram conciliar o princípio da igualdade dos credores com a defesa do crédito, e a segurança dos negócios. Nesse sistema se distinguem, nitidamente, a doutrina dos atos inexistentes (art. 55 da Lei n. 2.024, de 1908), e a dos atos revogáveis por fraude de ambos os contratantes (art. 56 da mesma Lei). Na primeira, o legislador construiu um instituto especial, com características próprias, e que não tem relação alguma com as regras de direito civil, sobre a nulidade, ou anulação dos atos. Na segunda, modelou-se pelas regras de direito civil, concernentes à fraude contra credores, adaptou uma verdadeira ação pauliana, fundada na intenção de prejudicar (*consilium fraudis*), acompanhada do prejuízo efetivo (*eventus damni*)".

26.2. Distinção entre as ações previstas nos arts. 129 e 130 da Lei Falimentar

Como no sistema de 1908, a Lei de Falências atual prevê duas espécies de ações revocatórias: a instituída no art. 129 e a do art. 130: a primeira trata de ineficácia pura e simples, em relação à massa, tenham ou não os contratantes conhecimento do estado de crise econômico-financeira do devedor, seja ou não intenção de fraudar credores; a segunda argui a ineficácia relativamente à massa dos atos praticados *com a intenção de prejudicar credores*, provando-se a fraude do devedor e do terceiro que com ele contratar. A distinção pode ser demonstrada em um quadro:

ART. 129	ART. 130
• não exige prova da fraude;	• exige prova da fraude entre o devedor e o terceiro;
• condiciona-se a certo tempo anterior à falência, dentro do período suspeito; dentro do prazo de 2 anos anteriores à falência ou de outros prazos;	• não se prende a um lapso temporal, bastando demonstrar que houve intenção de prejudicar credores;
• os atos são chamados ineficazes;	• os atos são chamados revogáveis;
• as hipóteses são taxativas.	• a lei não relaciona as hipóteses.

As duas ações originam-se de fontes distintas: a declaração de ineficácia é construção moderna fundada na teoria dos atos inexistentes e a revocatória baseia-se na fraude aos credores, de cunho civil e remotamente originária da ação pauliana, das quais aproveitou o conceito de fraude, adaptado e simplificado pelo legislador.

Além do que concerne às origens, os atos ineficazes e os revogáveis podem ter suas características próprias delimitadas nos aspectos de tipicidade legal e também pela distinção no uso de instrumentos processuais capazes de atingir os objetivos da proteção legislativa:

(1) Os atos ineficazes apartam-se do conhecimento do terceiro em relação à crise econômico-financeira do devedor e de sua intenção em fraudar credores. Nas ações do art. 130, a intenção de causar dano e o *consilium fraudis* são elementos essenciais.

(2) O efetivo prejuízo sofrido pela massa falida deve ser demonstrado nas ações revocatórias previstas no art. 130.

(3) Somente as figuras do art. 129 condicionam-se à prática de determinado número de atos a certo tempo da falência.

(4) A possibilidade de a ineficácia relativamente à massa ser declarada de ofício, por ser matéria *ex lege* ou ainda, incidentalmente, em defesa ou no processo de outro processo ou mesmo do processo falimentar (art. 129, parágrafo único), o que não ocorre no tipo previsto no art. 130.

(5) O ato judicial que declara a ineficácia proclama que o bem pertence ao devedor falido e será arrecadado. Na ação revocatória, o juiz assenta que o bem pertenceu a terceiro "e, por eficácia *ex tunc* da sentença, deixou de pertencer, em toda a eficácia, como se a ele nunca tivesse pertencido. (...) Como se a ele nunca tivesse pertencido, dissemos. Nunca tivesse pertencido, em *toda a eficácia.* O bem não deixa totalmente de pertencer ao terceiro. Mas o círculo de eficácia perde setor que corresponde à massa, aos credores concursais" (Pontes de Miranda, 1999, 4:358-359).

26.3. Hipóteses previstas no art. 129 da Lei Falimentar

Para efeito didático, as ações previstas no art. 129 serão divididas em quatro espécies, segundo o momento da ocorrência do ato atingido pela ineficácia: a) atos praticados dentro do termo legal; b) atos praticados no período de dois anos anteriores à decretação da falência; c) atos nos quais não se leva em consideração o elemento temporal; e d) atos praticados após o decreto falimentar.

26.3.1. Atos praticados dentro do termo legal

A Lei Falimentar no art. 129 prevê três casos de ineficácia de atos praticados dentro do termo legal de quebra, que é aquele fixado pelo juiz na sentença de quebra. A fixação pode ser feita em período de até noventa dias anteriores à data do primeiro protesto, da distribuição do pedido de falência ou do pedido de recuperação judicial (art. 99, II).

Além desses três casos, com a alteração introduzida pela LREF-20 no art. 73, VI, § 2º, soma-se aos grupo de atos ineficazes praticados dentro do termo legal a hipótese de "esvaziamento patrimonial da empresa, em prejuízo de credores não sujeitos à recuperação judicial, inclusive as Fazendas Públicas", estudada no item 9.7 deste volume.

Constatado o esvaziamento patrimonial da recuperação judicial, o ato de alienação será considerado ineficaz e o juiz determinará o bloqueio do produto de eventuais alienações e a devolução do devedor dos valores já distribuídos, que, então, serão postos à disposição do juízo (art. 73, VI, § 2º).

Esse efeito somente não será possível se consumado o negócio jurídico com o recebimento dos recursos correspondentes pelo devedor, conforme prevê o art. 66-A na redação introduzida pela LREF-20.

Observe-se que o termo legal pode ter como parâmetro outros fatos, além da data verificada na certidão de protesto, como bem indica a lei: o despacho ao requerimento inicial da falência, no caso de autofalência ou de pedido com base nos atos falenciais indicados no art. 94, III, ou na distribuição do pedido de recuperação judicial.

a) *Pagamento de dívidas não vencidas por qualquer meio extintivo do direito de crédito, ainda que pelo desconto do próprio título (art. 129, I)*

A hipótese é bastante clara: dentro do lapso temporal suspeito, isto é, no período havido como suspeito de ser o do início de sua difícil situação financeira, o devedor pagou alguns credores antes do vencimento dos títulos representativos desses créditos. Esse pagamento pode ter sido feito por qualquer meio extintivo, inclusive a aplicação de desconto operado no próprio título em razão do pagamento antecipado.

Trajano Valverde lembra que, em alguns casos, o pagamento antecipado é benéfico à massa falida e está autorizado por lei ou por convenção, como é o caso de pagamento de dívida hipotecária ou pignoratícia antes do vencimento. Essa exceção é igualmente mencionada por Spencer Vampré e Carvalho de Mendonça. O primeiro assim expõe, ao comentar o art. 56 da Lei n. 2.024/1908: "Se trata de crédito, garantido por penhor, hipoteca, ou anticrese, pois, em virtude do pagamento, se libertam os bens, dados em garantia, que assim vêm aumentar o ativo. Cumpre ponderar, entretanto, que, se o pagamento beneficia o credor privilegiado, por não bastarem, por exemplo, os bens para solução integral do crédito, pode ser revogado, nos termos do referido art. 56". O segundo autor – Carvalho de Mendonça (1963, 7:item 530) – menciona igual exceção: "A mesma solução se aplica ao caso em que o pagamento antecipado disser respeito a um crédito garantido com penhor ou hipoteca, pois, em virtude dele, libertam-se as cauções para voltarem ao patrimônio do devedor; não se dá diminuição do ativo, nem consequentemente prejuízo à massa. Se, porém, com este pagamento é beneficiado o credor garantido, excedendo-se aos limites naturais da sua garantia, como no caso de um penhor insuficiente, de um imóvel cujo produto não baste para amortizar a dívida e seus juros, o ato não produz efeito relativamente à massa, pois a respeito dele atuam as considerações expostas no n. 527, *supra*".

Saber se há ou não benefício é essencial à deliberação acerca da declaração da ineficácia. Na dúvida, o administrador judicial deve proceder da forma prevista no art. 117 da Lei de Falências: a manutenção do *status quo* dependerá da demonstração clara dos efeitos da medida sobre ativo e passivo da massa falida.

O princípio aplicado é a garantia de igualdade de tratamento entre os credores: a *pars conditio creditorum*. Evitando-se o pagamento antecipado de uns credores em detrimento de outros, a regra de ineficácia remete todos eles a uma mesma situação quando da ocorrência da quebra.

Ao mencionar o pagamento por qualquer meio extintivo, a Lei Falimentar pretendeu, na realidade, incluir a extinção de obrigação por qualquer modo, entre os quais: o pagamento, a cessão de crédito do devedor ao credor, a dação de bens em pagamento etc.

b) *Pagamento de dívidas vencidas e exigíveis por qualquer forma não prevista em contrato (art. 129, II)*

Normalmente, o pagamento de dívidas vencidas se faz em dinheiro, e o devedor não terá agido irregularmente se, não podendo entregar a coisa exigida no contrato – determinada pelas partes –, o fez por meio de seu equivalente em moeda.

Igualmente, o pagamento por meio de entrega de títulos de crédito de terceiros, cheque de sua emissão ou remessa bancária de dinheiro se equivalem e são formas ordinárias de saldar dívidas mercantis.

O que a lei veda é a entrega de coisa diversa daquela mencionada no contrato que não seja dinheiro ou título equivalente, na forma de dação em pagamento. Spencer Vampré (1922, 3:437) lembra que "essa forma de pagamento é, mais do que qualquer outra, suspeita, pois não só exorbita das práticas comerciais, como também porque o devedor paga dívida, a que não era diretamente obrigado, enquanto a sociedade continuasse solvente".

Evidente que, no uso do comércio, o pagamento que se faz com bens do ativo ou com a cessão de outros bens que não aqueles previstos no contrato implica verdadeira execução antecipada de um credor em detrimento de toda a comunidade de credores; é um exercício de inusitada corrida aos bens do devedor manifestamente insolvente, com o fim de se evitar o prejuízo da participação no concurso de credores.

Novamente, a intenção do legislador foi situar os credores existentes no termo legal de quebra num mesmo plano de igualdade, de tal sorte que a agilidade de uns em se socorrer de meios que, uma vez admitidos pelo devedor, evidenciam seu estado de falência seja anulada pela declaração de ineficácia.

c) *Constituição de direito real de garantia, inclusive retenção, tratando-se de dívida contraída anteriormente (art. 129, III)*

A constituição de direitos reais de garantia – retenção, hipoteca, penhor e anticrese –, acarretando o pagamento em posição privilegiada sobre os credores quirografários, é declarada ineficaz se constituída dentro do termo legal, quando a dívida foi contraída anteriormente.

A coisa objeto de retenção é também mencionada no art. 116, I, no que se refere à suspensão de seu exercício, obrigando que seja arrecadada pela massa. Consiste o direito de retenção na guarda de coisa alheia em garantia enquanto não satisfeita, a favor daquele que a retém, obrigação lícita prevista na lei ou em contrato. O Código Civil regula alguns direitos de retenção: (a) do depositário de reter o depósito nas situações que relaciona (art. 644); (b) do comissário sobre os bens e valores em seu poder em virtude da comissão, para reembolso das despesas feitas, bem como para recebimento das comissões devidas (art. 708); (c) do transportador em relação à bagagem de passageiro e outros objetos pessoais deste, para garantia do pagamento do valor da passagem (art. 742); (d) do possuidor de boa-fé em relação às benfeitorias necessárias e úteis (art. 1.219); (e) do credor pignoratício sobre a coisa empenhada para indenização das despesas que tiver feito (art. 1.433, II); (f) do credor anticrético no tocante ao imóvel dado em garantia (art. 1.507, § 2º).

O credor que mantém em seu poder coisa por força do exercício de direito de retenção deverá entregá-la ao administrador judicial para que seja arrecadada, podendo habilitar seu crédito junto à massa, na classe dos créditos com privilégio especial (art. 83, IV, *c*). Contudo, se a garantia da retenção foi constituída no termo legal, por dívida existente anteriormente, a ineficácia incide sobre a garantia e seu direito se restringe à classificação quirografária.

Observa-se que, até o momento da constituição da garantia, os credores quirografários, então existentes, encontram-se num mesmo patamar de igualdade: sujeitos a rateio em similar condição se a falência viesse a ser declarada. Entretanto, se um deles obtém uma garantia preferencial, sua dívida continuaria sendo nominalmente a mesma, mas agora em posição de preferência no pagamento superior à de seus concorrentes, em eventual concurso de credores.

É evidente que, no período suspeito, e por essa razão recebe esse título, os atos externos do devedor revelam sua situação de dificuldade financeira: atrasos nos pagamentos, renovação de dívidas sem qualquer amortização ou com pequenos pagamentos parciais, renovação de acordos já realizados anteriormente com os credores etc. Alguns credores, antevendo a possibilidade de quebra, exigem melhores garantias a seus créditos já existentes, quebrando a igualdade que deve existir entre os concorrentes.

Somente são ineficazes os atos de constituição se a dívida é preexistente à constituição da garantia. Se a dívida é contraída no momento da constituição da garantia, isto é, são contemporâneas – dívida e garantia –, nada há de irregular. Da mesma forma, se a constituição se dá antes e a dívida é contraída depois, dentro do termo legal da falência, inexiste razão para ineficácia, como ocorre na hipótese de alguém firmar contrato com cláusula hipotecária com fornecimento de dinheiro até um determinado limite aberto a favor do devedor.

A lei afirma que, se os bens dados em hipoteca forem objeto de outras posteriores, a massa receberá a parte que caberia ao credor cujo direito foi declarado ineficaz. Explica-se: o dono pode constituir mais de uma hipoteca sobre um mesmo imóvel (CC, art. 1.476), e, nesse caso, o novo credor hipotecário, ao conceder crédito ao devedor, está ciente da existência dessa primeira garantia fornecida ao primeiro credor hipotecário e, provavelmente, convencido da suficiência da garantia para os dois débitos: o do primitivo credor e o seu próprio. Sabendo-se que o primeiro credor hipotecário não pode ser prejudicado com a assunção de nova dívida sobre o imóvel já hipotecado, o segundo corre o risco de nada ter a receber, após pago o primeiro. A Lei Falimentar quis garantir sua posição no lugar do primeiro credor hipotecário, quando da declaração de ineficácia da constituição do primitivo direito real de garantia. Assim, tornada ineficaz a primeira das constituições de garantia, a massa receberá, quando da venda do imóvel, a mesma parte que seria devida a esse credor que a constituiu e a teve revogada.

26.3.2. Atos praticados no período de dois anos anteriores à decretação da falência

Dois são os casos de ineficácia, cujo prazo eleito pelo legislador foi de dois anos: a) atos a título gratuito (art. 129, IV); b) renúncia a herança ou legado (art. 129, V).

a) *Atos a título gratuito*

Spencer Vampré (1922, 3:453) arrola alguns exemplos de atos a título gratuito: “O tipo dos atos a título gratuito é a doação, mas entre eles se compreendem muitos outros, tais como remissão, ou perdão da dívida; a renúncia gratuita, tácita, ou expressa, de um direito patrimonial; a constituição gratuita de direitos reais, como o usufruto, a servidão; a constituição de dote, a sua entrega antes do prazo estipulado, ou a sua restituição antecipada; o legado; a renúncia à sucessão, legado ou usufruto; a constituição do bem de família".

Evidentemente, a constituição de bem de família não é abrangida pela ineficácia em razão da atual redação da lei que dispôs a regra da impenhorabilidade sobre o imóvel próprio do casal, ou da entidade familiar e os bens agregados que menciona (Lei n. 8.009, art. 1º), não submetendo mais essa declaração à vontade do instituidor.

b) *Renúncia a herança ou a legado*

A renúncia a herança ou a legado insere-se na mesma classe de atos gratuitos. A renúncia tem natureza de ato unilateral que não se presume, requerendo, por parte do renunciante, ato solene, por escritura pública ou por termo nos autos (CC, art. 1.806). Trata-se de ato irretratável.

A comprovação do ato da renúncia é bastante simples porque sua prova é sempre escrita e constante de documento público.

26.3.3. Atos nos quais não se leva em consideração o elemento temporal

É ineficaz a venda ou a transferência do estabelecimento empresarial feita sem o consentimento expresso dos credores existentes, não tendo restado bens suficientes para solver o passivo, salvo se os credores não fizerem oposição no prazo de trinta dias após sua notificação (art. 129, VIII).

O Código Civil de 2002 preocupou-se em estabelecer regras de proteção ao credor, não apenas em caso de falência, mas em caráter geral: "Se ao alienante não restarem bens suficientes para solver o seu passivo, a eficácia da alienação do estabelecimento depende do pagamento de todos os credores, ou do consentimento destes, de modo expresso ou tácito, em trinta dias a partir de sua notificação" (art. 1.145).

Trajano de Miranda Valverde (1999, 1:395) ensina que a ineficácia da venda do estabelecimento, por pressupor a existência de credores que não anuíram ou que não foram satisfeitos após o trespasse, impõe à massa o dever de pagar ao comprador o quanto este despendeu, podendo interessar a ambos – comprador e massa falida – a quitação pelo comprador dos débitos dos credores então existentes à época da venda, mantendo-se boa aquela venda.

Pelo mesmo raciocínio, o emérito jurista conclui que ao dinheiro colocado à disposição da massa pelo comprador somente concorrem os credores então existentes à época da venda: "Assim como, pelos bens apurados nos termos dos artigos 5º, parágrafo único, e 51, apenas são pagos os credores anteriores à retirada dos sócios (art. 128, parágrafo único), aqui também só os credores existentes ao tempo da alienação do estabelecimento têm o direito de participar da soma posta pelo comprador à disposição da massa".

Discordamos dessa posição doutrinária. O estabelecimento empresarial, como qualquer parte do patrimônio do empresário, é a garantia natural de todos os credores – presentes e futuros – e, dessa forma, não há como fazer distinção entre os credores existentes antes ou após a alienação. O ato é vedado ao empresário e configura ato de insolvência previsto no art. 94, III, *c*, atingindo todos os credores presentes e futuros à sua realização.

A analogia de tratamento pretendida pelo ilustre doutrinador não nos parece cabível, porque as situações são diferentes: a) em primeiro lugar, porque o estabelecimento empresarial é, como parte do patrimônio do falido, atingido diretamente pela execução imposta pela sentença falimentar, e os bens dos sócios somente são afetados indiretamente, de forma subsidiária, quando o patrimônio da sociedade não comportar o pagamento de todos os credores; b) em segundo lugar, o sócio solidário que se retira da sociedade até dois anos antes da falência não responde apenas com os fundos que levou consigo – isto é, com parte do que compunha o patrimônio ou o estabelecimento empresarial –, mas por toda a dívida, então existente, à data de sua saída, solidariamente com os demais sócios.

Percebe-se, pois, que são duas situações distintas: a venda do estabelecimento é alienação de patrimônio, garantia natural dos credores (CPC15, art. 789); a ineficácia é concedida mesmo se a transferência ocorrer em período anterior a dois anos da falência; a retirada de sócio acarreta a redução do patrimônio, mas esta somente é levada em conta no caso de haver credores existentes e na hipótese de ser insuficiente o patrimônio social; a responsabilidade do sócio vai além da redução patrimonial decorrente de sua retirada, atingindo todo seu patrimônio, se isto se fizer necessário.

Além desses aspectos, difícil seria o acerto das prioridades mencionadas por Miranda Valverde quando o estabelecimento fosse transferido de forma fracionada a vários compradores, em períodos diferentes de aquisições. Sabe-se que cada venda individualmente considerada é passível de declaração de ineficácia, como corretamente entende o Superior Tribunal de Justiça, e o produto decorrente da ineficácia beneficia todos os credores concorrentes.

V. nesse sentido: (1) REsp n. 33.762-SP, Rel. Min. Ruy Rosado de Aguiar, j. 26-2-1997: "A lei quer impedir a desmontagem do estabelecimento do falido, em prejuízo dos credores, seja pela alienação do estabelecimento como um todo, seja pela transferência de parte substancial dele, descaracterizando-o como local de comércio ou de indústria, o que pode ocorrer com a transferência de seu ativo fixo, como a máquina referida nos autos"; (2) REsp n. 10.194-SP, Rel. Min. Cesar Asfor Rocha, j. 3-12-1996: "Desde que o direito ao uso e gozo de linha telefônica tenha significância como elemento integrante do fundo do comércio da massa falida, como na hipótese, é ineficaz, em relação a ela, o ato de sua alienação praticado durante o chamado período suspeito, independentemente de prova de intenção de fraude (art. 52, VIII, do Decreto-Lei n. 7.661/45)"; (3) TJSP, AI n. 618.398-4/0-00, Rel. Des. Araldo Telles, j. 5-5-2009: "Falência. Ineficácia Alienação de prensa integrante do parque industrial da falida Máquina de alto valor e que se revela importante como elemento demonstrativo da capacidade técnica da devedora. Conclusão de que não se tratou de mero ato de venda de bem integrante do ativo imobilizado, mas de desmonte do estabelecimento empresarial. Declaração de ineficácia mantida".

26.3.4. Atos praticados após a decretação da falência

Até o inciso VI, o art. 129 trata de atos do devedor falido, antes da falência, fixando em cinco deles períodos de ineficácia – termo legal ou biênio anterior. Distingue-se a hipótese regulada no inciso VII por se referir a atos *posteriores praticados por terceiros*. Verifica-se aqui a ineficácia relativamente à massa falida, de atos de registro de direitos reais e transferência de propriedade entre vivos, por título oneroso ou gratuito, bem como a averbação relativa a imóveis realizados após a decretação da falência, salvo se houver prenotação anterior.

A hipótese aqui não é a de transferência de propriedade após o decreto falimentar, que, neste caso, é tida como nula por força do efeito da sentença falimentar, nos termos do art. 99, VI. O art. 129, VII, atribui a ineficácia não à venda, mas aos atos de registro imobiliário ocorrido depois do decreto falimentar.

a) *Distinção entre inscrições, transcrições e averbações*

Para bem entender a disposição legal, convém estabelecer a distinção entre os termos registrários mencionados no artigo: registros e averbação.

A Lei de Registros Públicos, em seu art. 167, I, denomina registro os atos que o Código Civil de 1916 intitulava de transcrição e inscrição, abrangendo várias espécies registrárias, entre as quais: as referentes às hipotecas, ao penhor, à penhora, ao usufruto, à enfiteuse, à anticrese, às convenções antenupciais, às cédulas de crédito rural etc. As averbações são mencionadas no inciso II desse mesmo artigo: o contrato de promessa de compra e venda, das cessões e das promessas de cessões referidas pelo Decreto-Lei n. 58/37, as decisões que tenham por objeto atos ou títulos averbados ou registrados.

O Código Civil de 2002 conservou a terminologia adotada pelo legislador registrário e mantém apenas dois gêneros de atos cartoriais: o registro, como gênero, e as duas espécies: inscrição e averbação, adotando a primeira para designar o registro originário e a segunda, a anotação de suas alterações. Veja-se, por exemplo, a redação dos artigos que tratam da *inscrição* das pessoas jurídicas (art. 45), seu cancelamento (art. 51), a do empresário (arts. 966 e s.), a da hipoteca e seu cancelamento (arts. 1.495 e 1.497). Para exemplos de *averbação* consultem-se: art. 10 (averbação de sentença judicial que declara modificações do estado das pessoas); art. 51 (dissolução da pessoa jurídica); art. 1.012 (nomeação de administrador de sociedade); art. 1.032 (averbação de retirada de sócio); art. 1.138 (averbação de incorporação de sociedade); e art. 1.485 (averbação de prorrogação de hipoteca), entre outros.

Assim, os registros (inscrições e averbações) feitos após o decreto de falência, relativamente a imóveis, são ineficazes. Se houve prenotação anterior à data da falência, isto é, se o protocolo de apresentação do título para inscrição ou averbação foi feito antes do decreto de falência, o registro é válido. No sistema atual de registros públicos, todos os títulos levados para escrituração são numerados por ordem rigorosa de sua apresentação (LRP, art. 182). Registrado o título dessa forma, será tido como prenotado.

b) *Efeito da ineficácia sobre os registros*

No caso de ter contratado a venda e compra de imóvel com o devedor falido antes da falência e não ter levado o documento a registro imobiliário, cabe ao credor, se de boa-fé, o direito à restituição dos bens ou valores entregues ao devedor (art. 136).

Em se tratando de constituição de direito real, a falta de registro concede o direito de o contratante concorrer à massa como credor quirografário. Como consequência da falta de registro válido, o direito real pretendido pelo título não registrado não será considerado.

26.4. Ação revocatória com fundamento no art. 130

Dentre as diferenças existentes entre a ação prevista no art. 130 e aquelas que foram arroladas no art. 129 encontram-se os atos praticados com a intenção de prejudicar os credores, provando-se a fraude do devedor e do terceiro que com ele contratou.

Se nos casos do art. 129 a lei não exige prova da fraude, bastando a ocorrência de um dos fatos mencionados, na hipótese do art. 130, o prejuízo e o *consilium fraudis* deverão ser demonstrados. A lei exige a prova da fraude de ambos os contraentes.

A intenção de prejudicar os credores (o *conluio fraudulento*) tem levado os doutrinadores a travar verdadeira batalha sobre a prova dos motivos determinantes.

Para José da Silva Pacheco (1998, item 559, IX), "a intenção de prejudicar perfaz-se com a simples ciência por parte do devedor de que o ato prejudicará seus credores. Para a revogação, insta que o terceiro também participe da fraude, também saiba do prejuízo que o ato acarretará".

Trajano de Miranda Valverde (1999, 1:399-400) afirma que "a intenção de prejudicar reside na consciência que tem o devedor de que o ato, que ele vai executar, pode prejudicar, ou prejudicará, certamente, os seus credores" e "a má-fé do terceiro consiste, exclusivamente, na ciência que tem de que o ato proposto pelo devedor visa ao prejuízo de credores. Não precisa que também ele tenha a intenção de prejudicar".

Rubens Requião (1975, 1:199) compartilha do mesmo entendimento ao citar acórdão que exige "que o terceiro, que contratou com o falido, tenha consciência desse efeito para os demais credores".

Spencer Vampré (1922, 3:460) escreve: "(...) por *fraude*, neste caso, se deve entender, relativamente ao devedor, a intenção de prejudicar os credores, e, relativamente à parte contratante com o devedor, o conhecimento do estado de insolvabilidade".

Carvalho de Mendonça (1963, 7:item 565) ensina que "se o terceiro tem conhecimento do estado ruinoso, do estado de insolvência do comerciante e com ele contrata atos que podem ser prejudiciais aos credores deste, tem contra si a presunção de fraude, um indício poderoso que, com muita probabilidade, faz crer na sua cumplicidade. Embora não exista entre o conhecimento do estado ruinoso do devedor e a má-fé do terceiro nexo necessário, há, na frase de Aicardi, um nexo provável. Aquele fato deve pôr em guarda a pessoa, que contrata com o devedor na iminência da falência, e estimulá-la a indagar quais as intenções do devedor, sendo certo que pouca diligência basta para tudo descobrir".

A prova da fraude do devedor e do terceiro, em cada caso concreto, revelar-se-á pelo que antecedeu o ato inquinado de fraudulento e a ciência do estado patrimonial do devedor. Se no curso do processo ficar evidenciado que o terceiro tinha conhecimento desse estado – em razão do número de protestos ou ações de execução distribuídas em nome do devedor ou pelo conhecimento de fatos como os enumerados no art. 94, III, da Lei Falimentar –, sua adesão à intenção de prejudicar credores é presumida.

26.5. Efeitos das ações revocatórias

São efeitos das ações revocatórias: a) a proteção da massa concursal; b) a devolução dos bens com seus acessórios, e, na falta, o valor do mercado, acrescido de perdas e danos (art. 135); c) a devolução, ao contratante de boa-fé, de bens e valores entregues ao devedor falido (art. 136, *caput*); e d) a propositura de ações de perdas e danos contra o devedor ou seus garantes por parte de terceiros de boa-fé.

Além desses efeitos, a natureza de sua ineficácia acarreta o retorno à situação anterior quando houver o pagamento dos credores ou o encerramento da falência.

a) *Proteção da massa concursal*

As ações revocatórias objetivam a proteção dos interesses dos credores, evitando-se a dilapidação do patrimônio arrecadado por atos praticados em períodos suspeitos, com desrespeito à lei, ou, ainda, de forma fraudulenta.

A ação prevista no art. 130 pode ser proposta dentro do prazo de três anos contado da declaração da falência (art. 132). Não se sabe a razão pela qual o legislador de 2005 optou por esse período, nem porque deixou de lado a ação por atos ineficazes, prevista no art. 129.

Os fundamentos de ambas as ações (arts. 129 e 130) são os mesmos: a insuficiência de bens arrecadados e o prejuízo de credores concorrentes, enquanto em curso o processo falencial. Cria-se, com a fixação de um prazo decadencial certo, possibilidade de prejuízo aos credores porque decorrido o prazo, estando a falência em curso, não será mais possível obter a tutela protetiva.

Outra dificuldade é a interpretação que se queira dar ao artigo, quanto à possibilidade de os credores promoverem, dentro do triênio ação individual, mesmo encerrada a falência, criando não somente insegurança jurídica, como também violando a *pars conditio creditorum* porque, sem a execução coletiva, não haverá qualquer obediência à ordem de classificação de créditos ou benefício à *massa falida*.

Evidente que, por ser incidente com efeitos sobre a realização do ativo, encerrada a falência não há mais interesse processual em promover a ação porque, como afirmado, as revocatórias pressupõem a existência de estado de falência. O legislador não deixa margem para dúvidas ao usar a expressão "massa falida" na definição de ambas as ações: "Art. 129. São ineficazes *em relação à massa falida* (...)" e "Art. 130. São revogáveis os atos praticados (...) efetivo prejuízo sofrido pela *massa falida*".

Não há espaço para se entender que o credor legitimado age em benefício próprio porque ou o faz para que toda a *massa falida* se beneficie com a *ineficácia* ou deve demonstrar a existência de prejuízo sofrido pela *massa falida*.

A técnica da lei anterior era mais precisa e previa a possibilidade de propositura, com exclusividade, pelo *síndico* a qualquer tempo antes do início da fase de liquidação e, concorrentemente, com os credores até um ano depois de decorridos trinta dias da publicação do aviso do art. 114. No Decreto-Lei n. 7.661/45, a mencionada publicação comunicava aos interessados o início da realização do ativo e o pagamento do passivo, dando início ao prazo decadencial de um ano (art. 56, § 1º) para o seu exercício. A menção a esse momento revela que o legislador de 1945 tinha como única preocupação a suficiência de bens para pagamento dos credores concursais, atentando para dois fatos importantes que se tornavam conhecidos nessa oportunidade:

(1) a suficiência dos bens arrecadados: o *síndico* judicial já teria conhecimento dessa situação, porque encerrada a arrecadação, verificando, então, que a propositura da ação é desnecessária, porque sua finalidade principal é obter recursos suficientes ao pagamento de credores;

(2) o requerimento de concordata preventiva (art. 114) nos cinco dias (art. 178) que se seguiram à apresentação do segundo relatório do *síndico* (art. 63, XIX), inviabilizando ou sobrestando sua propositura.

Pagos os credores ou encerrada a falência, torna-se sem objeto a revocatória, voltando-se à situação anterior à ação, isto é, o ato praticado entre o falido e o terceiro permanecem íntegros.

Esse efeito decorre da proteção que se quer dar aos credores concursais. Havendo suficiência de bens ou inexistindo falência, não há razão para a propositura de ação protetória de natureza coletiva.

b) *Devolução dos bens com seus acessórios, e, na falta, o valor do mercado, acrescido de perdas e danos*

Nos termos do art. 136, a massa receberá o bem na sua integridade, com todos os seus acessórios, ou, na impossibilidade, deverá ser indenizada pelo valor de mercado, acrescido de perdas e danos. Observe-se que, embora a lei determine que os bens devam ser restituídos, nem sempre se dará a devolução de algum bem, conforme se constata em algumas hipóteses do art. 129:

(1) na ineficácia pelo pagamento de dívida não vencida (art. 129, I), o numerário entra para a massa falida e o credor habilita seu crédito. A devolução refere-se à importância fungível, em valor certo;

(2) no pagamento de dívidas vencidas por outra forma não prevista no contrato (art. 129, II), o bem dado em pagamento entra para a massa falida e o credor habilita seu crédito;

(3) se declarada ineficaz a constituição de garantia real (art. 129, III), o credor perde o direito à garantia real e habilita seu crédito como quirografário. O bem é arrecadado pela massa e serve para pagamento do passivo. Se ocorrer a constituição de outros direitos reais de garantia sobre o mesmo bem, cujos títulos não tenham sido declarados ineficazes, o rateio dar-se-á entre esses credores concorrentes, salvo se houver credores prioritários. Não há devolução de bem porque, a rigor, não houve transferência de domínio;

(4) na declaração de ineficácia de prática de atos a título gratuito (art. 129, IV), o credor perde o que tiver recebido e não pode habilitar porque não possui crédito sujeito ao concurso (art. 5º, I). Se o objeto do ato constituir bem móvel ou imóvel, este será devolvido à massa;

(5) na hipótese do inciso V (renúncia de herança), o renunciante falido recebe os bens da herança e estes são arrecadados na falência. Não há habilitação de credores;

(6) na venda do estabelecimento empresarial (art. 129, VI), o complexo de bens corpóreos e incorpóreos retorna à massa, e o contratante habilita-se, como os demais, no concurso de credores;

(7) no caso de registro de direitos reais e transferência de propriedade imobiliária (art. 129, VII), devem-se distinguir as hipóteses de transferência e de constituição de garantia: na primeira, o bem é arrecadado, retornando à massa, e o credor passa a ter direito a reaver o que pagou; na segunda, não há devolução de bem, e o credor habilita seu crédito como quirografário.

Portanto, há de falar em recebimento do bem em sua integridade nas hipóteses dos incisos I, II, IV (se envolver a entrega de bens), V, VI e VII (somente se houve efetiva transferência). Nesses casos, poderá ocorrer indenização à massa, consistente no pagamento em pecúnia do valor estimado da coisa.

c) *Devolução de bens e valores ao contratante de boa-fé*

No caso de o contraente ser credor do falido, hipótese prevista nos incisos I, II, V, VII (na transferência) e VIII do art. 129, o ato declarado ineficaz não retira o direito ao crédito, mas apenas as eventuais garantias que possuiria se mantido íntegro o ato. Os casos foram mencionados no inciso anterior. Anote-se, como exemplo, a hipótese de comprador de imóvel da falida que não levou a registro o título de transferência antes da falência. Seu direito de credor, pelo valor pago, é reconhecido; entretanto, o imóvel é arrecadado pela massa, cabendo-lhe, se de boa-fé, a restituição do valor pago ou bens entregues no negócio realizado com o devedor falido. Na constituição de garantia dentro do termo legal (art. 129, III), em relação a dívida preexistente, o crédito subsiste como quirografário.

d) *Perdas e danos*

O terceiro de boa-fé prejudicado pode intentar ação de perdas e danos contra o devedor falido e seus garantes (art. 136, § 2º) e executar diretamente sobre os bens que porventura não foram compreendidos na falência ou, posteriormente, os futuros.

A solução não é confortável, porque dificilmente haverá bens não arrecadados na falência de empresário individual. Em se tratando de sociedade empresária, a indenização pode ser proposta contra o administrador, sócio-gerente ou diretor que, com culpa ou dolo, tenha realizado o ato. Provada a culpa, a execução recairá sobre seus bens particulares.

26.6. Securitização de recebíveis

Fábio Ulhoa Coelho (2017:489) define securitização como "emissão de título negociável lastreado em obrigação a vencer". É operação que permite ao empresário captar recursos, antecipando o recebimento de ativos auferidos em sua atividade empresarial, mediante sua cessão a outra empresa denominada securitizadora, que, por sua vez, com lastro nesses créditos, emite títulos e valores mobiliários no mercado investidor.

O termo *securitização* é aportuguesamento que vem do inglês *security* ou *securities*, que, por sua vez, têm origem remota no latim *securitas, securitatis*, significando segurança, tranquilidade, sossego. Nada há de jurídico em sua formação, como bem anota Uinie Caminha (2005:36) ao narrar sua aparição nos Estados Unidos: "Uma jornalista entrevistou o autor sobre a primeira operação do gênero realizada no mercado imobiliário, indagando-lhe o nome que ele dava àquele processo; por falta de termo melhor, ele o chamou de *securitização*".

No Brasil, as operações de securitização podem compreender:

a) Créditos de exportações: Uinie Caminha explica que a emissão de títulos é realizada no exterior e o "exportador antecipa receitas que só efetivaria após exportar sua produção" (Caminha, 2005:143).

b) Créditos imobiliários: envolve a emissão de Letras de Crédito Imobiliário pelos agentes imobiliários com lastro em hipoteca ou alienação fiduciária de imóvel, conforme dispõe o art. 12 da Lei n. 10.931/2004: "Os bancos comerciais, os bancos múltiplos com carteira de crédito imobiliário, a Caixa Econômica Federal, as sociedades de crédito imobiliário, as associações de poupança e empréstimo, as companhias hipotecárias e demais espécies de instituições que, para as operações a que se refere este artigo, venham a ser expressamente autorizadas pelo Banco Central do Brasil, poderão emitir, independentemente de tradição efetiva, Letra de Crédito Imobiliário – LCI, lastreada por créditos imobiliários garantidos por hipoteca ou por alienação fiduciária de coisa imóvel, conferindo aos seus tomadores direito de crédito pelo valor nominal, juros e, se for o caso, atualização monetária nelas estipulados".

c) Créditos empresariais, sem regulamentação legal: consiste na cessão de ativos da atividade empresarial – duplicatas, cartões de crédito, carteiras de contas a receber etc.

d) Ativos financeiros, regulada pela Resolução do Conselho Monetário Nacional n. 2.686, de 26 de janeiro de 2000: consiste em cessões oriundas de "operações praticadas por bancos múltiplos, bancos comerciais, bancos de investimento, sociedades de crédito, financiamento e investimento, sociedades de crédito imobiliário, sociedades de arrendamento mercantil, companhias hipotecárias, associações de poupança e empréstimo e pela Caixa Econômica Federal a sociedades anônimas que tenham por objeto exclusivo a aquisição de tais créditos". A cessão por parte das instituições mencionadas é realizada a sociedade anônima de propósito específico – companhia securitizadora de créditos financeiros.

Em geral a operação envolve três pessoas: a empresa que antecipa seu crédito, cedendo-os à securitizadora, emissora dos títulos e o investidor que os adquire no mercado.

Se a devedora tem sua falência decretada, a operação de cessão de crédito poderia ser atingida pela declaração judicial de ineficácia ou de revogação, nos termos dos arts. 129 e 130, desaparecendo, com isto, as garantias – ativos e créditos – que lastrearam a emissão dos títulos que os investidores adquiriram diretamente da companhia securitária.

O § 1º do art. 136 foi concebido para evitar que esses terceiros – alheios à eventual irregularidade praticada pela securitizadora e pelo devedor falido – fossem prejudicados: "Na hipótese de securitização de créditos do devedor, não será declarada a falência ou revogado o ato de cessão em prejuízo dos direitos dos portadores de valores mobiliários emitidos pelo securitizador".

Salientamos a expressão "alheios à eventual irregularidade praticada" porque se o terceiro teve conhecimento da intenção do devedor de prejudicar credores (art. 133, II) ou provada sua participação direta no conluio fraudulento, não há como beneficiar-se de sua própria torpeza. A norma visa dar segurança a possíveis investidores e prover o mercado de meio adequado à captação de recursos, não podendo ser admitida como instrumento de simulação e fraude contra credores da empresa beneficiada.

Qual é a classificação do crédito do investidor na falência do devedor originário? Se a separação do patrimônio é feita pelo próprio devedor, estamos diante de crédito com direito real de garantia, como é o caso do patrimônio imobiliário de afetação, estudado nos Capítulos 21 (item 21.4.11) e 22 (item 22.9.3). Contudo, nem sempre o investidor deverá habilitar-se na falência para receber o valor representado pelo título. Nos casos em que a separação dos ativos e créditos é feita por cessão à empresa securitizadora, cabe a esta o pagamento do título no vencimento.

26.7. Processamento da ação revocatória

O rito é o ordinário (art. 134) e deverá correr no Juízo falimentar.

A ação pode ser movida contra:

a) todos os que figuraram no ato (art. 133, I);

b) todos os que, por efeito do ato, foram pagos, garantidos ou beneficiados (art. 133, I);

c) os herdeiros e legatários das pessoas acima indicadas (art. 133, III);

d) os terceiros adquirentes, se tiveram conhecimento, ao se criar o direito, da intenção do falido de prejudicar os credores (art. 133, II).

Os garantidores da falida não são litisconsortes necessários na ação revocatória, como bem decidiu o Superior Tribunal de Justiça:

"O litisconsórcio necessário surge ou por força da lei ou decorre da natureza da relação jurídica que tiver de ser decidida de modo uniforme para todas as partes (art. 47 do CPC. O voto refere-se ao CPC73. Esse dispositivo hoje é numerado como art. 114 no CPC15). A regra do art. 55, parágrafo único, da Lei de Falências não impõe a propositura da ação contra todas as pessoas ali referidas, as quais serão acionadas na medida da necessidade para a defesa dos interesses da massa. Inexiste aqui, portanto, a primeira situação prevista no art. 47. Vejamos se o litisconsórcio decorre da natureza da relação jurídica que está sendo decidida. Desde logo se vê que o ato do pagamento efetuado pela massa falida, como devedora, à sua credora, no período suspeito, é que está sendo atacado através da ação revocatória, a fim de restabelecer a situação anterior, em razão da sua alegada ineficácia, com restituição pela credora do numerário recebido. Fora dessa relação primária, que é imediata, há uma outra, mediata, em que estão os garantidores da dívida assumida pela falida frente à credora, relação essa que só reflexamente sofrerá os efeitos da sentença de procedência da revocatória, com o restabelecimento da obrigação de garantia, que existe entre os garantes e a credora. Na ação de revogação do ato, a falida não exerceu nenhuma pretensão contra os seus garantes, nem quer alterar a relação deles com a credora, mas sim apenas está agindo contra a credora que recebeu indevidamente, razão pela qual, nesta ação, nada será decidido em favor da massa contra os garantes, que por isso não devem figurar no polo passivo da ação. O que há, a meu juízo, é interesse que justificaria a assistência, não o litisconsórcio" (REsp n. 135.740-RJ, Min. Ruy Rosado de Aguiar).

O rito da ação revocatória pode ser visualizado de forma resumida no seguinte organograma:

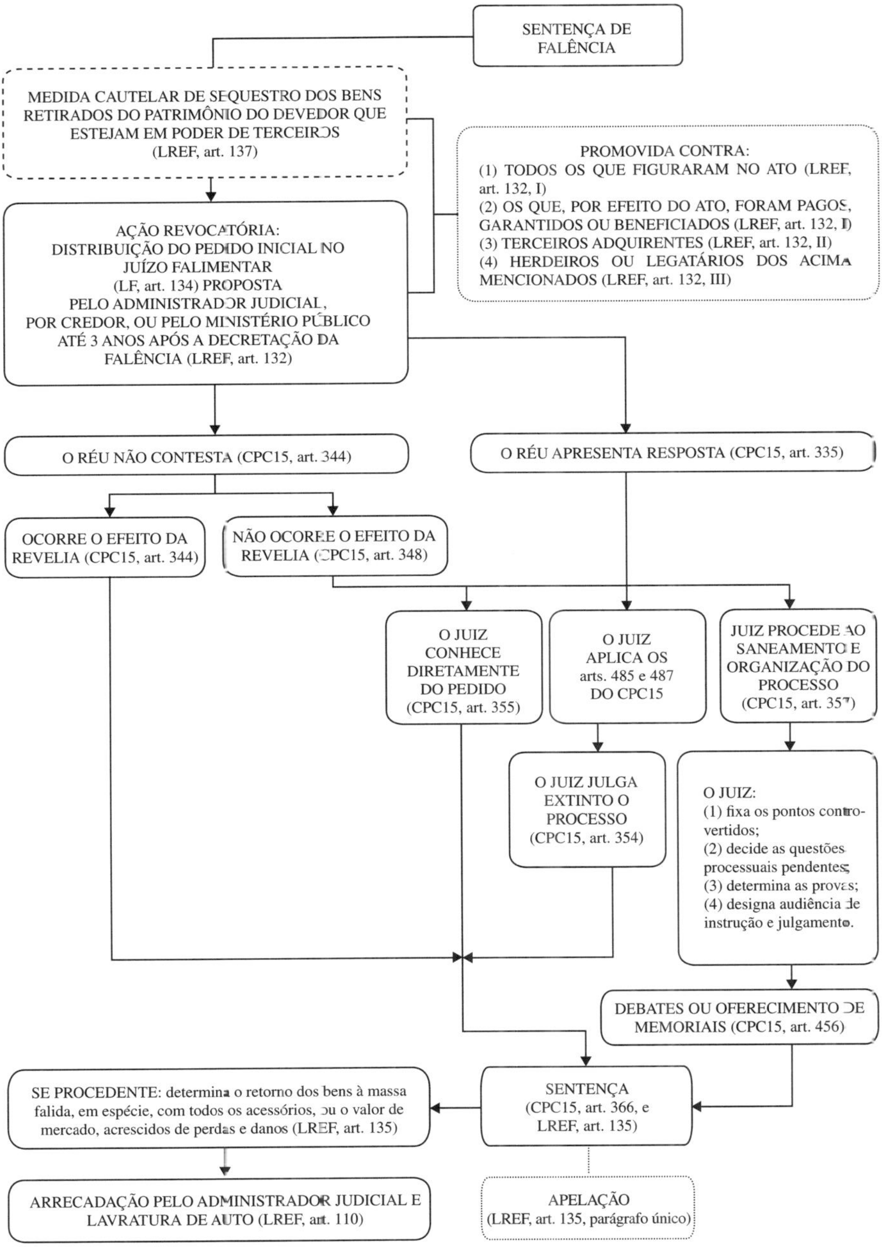
SENTENÇA DE FALÊNCIA
MEDIDA CAUTELAR DE SEQUESTRO DOS BENS RETIRADOS DO PATRIMÔNIO DO DEVEDOR QUE ESTEJAM EM PODER DE TERCEIROS (LREF, art. 137)
PROMOVIDA CONTRA:
(1) TODOS OS QUE FIGURARAM NO ATO (LREF, art. 132, I)
(2) OS QUE, POR EFEITO DO ATO, FORAM PAGOS, GARANTIDOS OU BENEFICIADOS (LREF, art. 132, I)
(3) TERCEIROS ADQUIRENTES (LREF, art. 132, II)
(4) HERDEIROS OU LEGATÁRIOS DOS ACIMA MENCIONADOS (LREF, art. 132, III)
AÇÃO REVOCATÓRIA: DISTRIBUIÇÃO DO PEDIDO INICIAL NO JUÍZO FALIMENTAR (LF, art. 134) PROPOSTA PELO ADMINISTRADOR JUDICIAL, POR CREDOR, OU PELO MINISTÉRIO PÚBLICO ATÉ 3 ANOS APÓS A DECRETAÇÃO DA FALÊNCIA (LREF, art. 132)
O RÉU NÃO CONTESTA (CPC15, art. 344)
O RÉU APRESENTA RESPOSTA (CPC15, art. 335)
OCORRE O EFEITO DA REVELIA (CPC15, art. 344)
NÃO OCORRE O EFEITO DA REVELIA (CPC15, art. 348)
O JUIZ CONHECE DIRETAMENTE DO PEDIDO (CPC15, art. 355)
O JUIZ APLICA OS arts. 485 e 487 DO CPC15
JUIZ PROCEDE AO SANEAMENTO E ORGANIZAÇÃO DO PROCESSO (CPC15, art. 357)
O JUIZ JULGA EXTINTO O PROCESSO (CPC15, art. 354)
O JUIZ:
(1) fixa os pontos controvertidos;
(2) decide as questões processuais pendentes;
(3) determina as provas;
(4) designa audiência de instrução e julgamento.
DEBATES OU OFERECIMENTO DE MEMORIAIS (CPC15, art. 456)
SENTENÇA (CPC15, art. 366, e LREF, art. 135)
SE PROCEDENTE: determina o retorno dos bens à massa falida, em espécie, com todos os acessórios, ou o valor de mercado, acrescidos de perdas e danos (LREF, art. 135)
ARRECADAÇÃO PELO ADMINISTRADOR JUDICIAL E LAVRATURA DE AUTO (LREF, art. 110)
APELAÇÃO (LREF, art. 135, parágrafo único)

26.8. Medidas cautelares e recursos

A lei prevê a medida cautelar de sequestro (art. 137) – hoje denominada tutelas de urgência –, de cuja decisão liminar cabe agravo de instrumento, nos termos da legislação processual civil. A concessão dessas tutelas obedecerá aos princípios processuais gerais do Código de Processo Civil de 2015, especialmente os do art. 300, que autorizam o juiz a conceder liminarmente o pedido – com ou sem a ouvida prévia do réu – ou após justificação prévia do administrador judicial, que deverá demonstrar: a) a urgência da medida; b) que a citação do réu tornará ineficaz a medida requerida; c) a necessidade de prestação de caução pela massa para o caso de prejuízos que o requerido possa vir a sofrer.

Da sentença que julga a revocatória cabe apelação (art. 135, parágrafo único).

26.9. Ineficácia oposta como defesa em ação ou execução

O juiz pode declarar de ofício a ineficácia, nos autos da falência, ou reconhecê-la em ação própria promovida pelas pessoas legitimadas. Pode, ainda, o administrador judicial, nas ações em que representa a massa falida (art. 76, parágrafo único), opor-se em defesa da massa (art. 129, parágrafo único), obtendo a declaração incidental de ineficácia. Por exemplo: se terceiro interpõe ação contra a massa – como pedido de restituição fundado no art. 85 ou embargos de terceiro fundado em turbação da posse –, o administrador judicial pode contestá-la, apresentando e demonstrando a ocorrência de uma das hipóteses do art. 129.

Neste último caso, a lei anterior impunha a perda do direito de propor a ação revocatória, considerando a questão enfocada como matéria abrangida pela coisa julgada (art. 57). A nova lei corrigiu o equívoco e absteve-se de impor a pena de preclusão. De fato, o art. 469 do Código de Processo Civil de 1973, promulgado, portanto, após a Lei Falimentar de 1945, considerou não fazer coisa julgada a "apreciação da questão prejudicial, decidida incidentalmente no processo" (inciso III). Pelo sistema processual de 2015, somente haverá coisa julgada se: "I – dessa resolução depender o julgamento do mérito; II – a seu respeito tiver havido contraditório prévio ou efetivo, não se aplicando no caso de revelia; III – o juízo tiver competência em razão da matéria e da pessoa para resolvê-la como questão principal" (CPC15, art. 503, § 1º).

Insere-se entre as questões prévias ao julgamento do mérito das ações propostas contra a massa a referente à ineficácia de negócio jurídico realizado entre o falido e o terceiro autor, levando o juiz a considerá-la na parte dispositiva da sentença.

Exemplo: o autor X propõe embargos de terceiro contra ato judicial de turbação de um imóvel adquirido em data anterior ao decreto falimentar, por escritura de compra e venda, levada a registro após a data da falência. Na contestação, o administrador judicial alega que a venda efetuada subsome-se ao art. 129, VII, da Lei Falimentar, sendo ineficaz em relação à massa e, portanto, incabível o pedido do autor. Na sentença, o magistrado decidirá essa questão antes de se pronunciar sobre o mérito do pedido do autor, que pretende o reconhecimento da ocorrência de turbação ou de esbulho na posse de seu imóvel.

Essa questão, assim decidida, não faz coisa julgada, podendo o administrador judicial, evidentemente se vencida a massa, propor a competente ação revocatória.

Do mesmo parecer é a abalizada opinião de J. A. Penalva Santos e Paulo Penalva Santos (1999, 1:419), em observação na obra de Trajano de Miranda Valverde e citando Barbosa Moreira: "Daí depreende ser inaceitável, diante do atual sistema processual civil, que a matéria da ação revocatória alegada em defesa possa impedir a massa de propô-la autonomamente. Tal matéria seria, sem dúvida, uma prejudicial de mérito, e jamais poderia ser a massa impedida de ressuscitar a ineficácia ou a revogação do ato em ação revocatória proposta posteriormente. É forçoso lembrar que a massa falida ao alegar em defesa a matéria da revocatória não formula um pedido, nos termos do art. 128 do CPC, não ampliando, consequentemente, o *thema decidendum*".

26.10. Ação revocatória prevista na Lei n. 6.404/76

Além dos casos mencionados nos arts. 129 e 130 da Lei Falimentar, a Lei n. 6.404/76 (Lei das Sociedades por Ações), no texto que foi alterado pela Lei n. 9.457, de 5 de maio de 1997, trouxe uma nova modalidade de ação revocatória, prevista no art. 45, § 8º, *in verbis*: "Se, quando ocorrer a falência, já se houver efetuado, à conta do capital social, o reembolso dos ex-acionistas, estes não tiverem sido substituídos, e a massa não bastar para o pagamento dos créditos mais antigos, caberá ação revocatória para restituição do reembolso pago com redução do capital social, até a concorrência que remanescer dessa parte do passivo. A restituição será havida na mesma proporção de todos os acionistas cujas ações tenham sido reembolsadas".

Observam-se, inicialmente, alguns fatos: a) ocorreu a falência da sociedade por ações; b) houve reembolso; c) houve redução de capital social; e d) os credores existentes à data do reembolso não foram satisfeitos com o produto apurado pela arrecadação dos bens sociais.

Reembolso, na linguagem societária, "é a operação pela qual, nos casos previstos em lei, a companhia paga aos acionistas dissidentes de deliberação de assembleia geral o valor de suas ações" (LSA, art. 45).

Acionista dissidente é aquele que, inconformado com as deliberações tomadas pelos órgãos administrativos, por ato unilateral, retira-se da sociedade, levando consigo os fundos sociais. Há algumas hipóteses nas quais a lei confere o direito de retirada da sociedade, com o pagamento do valor das ações: a) art. 136, I – na criação de ações preferenciais ou aumento de classes existentes, sem guardar proporção com as demais espécies e classes, salvo se já previstos ou autorizados pelo estatuto; b) art. 136, II – na alteração nas preferências, vantagens e condições de resgate ou amortização de uma ou mais classes de ações preferenciais, ou criação de nova classe mais favorecida; c) art. 136, III – na redução do dividendo obrigatório; d) art. 136, IV – na fusão da companhia, ou sua incorporação em outra; e) art. 136, V – na participação em grupo de sociedade (art. 265); f) art. 136, VI – na mudança do objeto da companhia; g) art. 236 – na constituição de companhia de economia mista, adquirida por desapropriação; h) art. 256 – na alienação do controle da companhia.

A redução do capital pode ocorrer pelo pagamento do acionista dissidente. Se, no prazo de cento e vinte dias, contados da publicação da ata da assembleia que autorizou a retirada, aqueles não forem substituídos, considerar-se-á reduzido o capital da companhia, no limite dos fundos retirados. Os dissidentes ficam responsáveis pela restituição do reembolso pago, até o limite dos credores então existentes, na mesma proporção, pelo valor dividido entre todos os acionistas cujas ações tenham sido reembolsadas.

Exemplificando:

a) cinco acionistas dissidentes deixaram a sociedade levando no total 10% do capital avaliado em R$ 1.000.000,00, ou, em valores monetários, a importância de R$ 100.000,00, e dois deles retiraram 3% do total do capital social cada um (30.000,00 cada); outros dois levaram 1% cada um (10.000,00) e o último, 20.000,00, ou 2% do capital social;

b) sobrevindo posteriormente a falência, apurou-se existirem entre os credores habilitados a soma de R$ 500.000,00 entre os créditos mais antigos, ainda não satisfeitos, anteriores à data da assembleia que decidiu pela retirada;

c) o valor proporcional de restituição de cada um será: (1) aqueles que receberam 3% do capital (30.000,00) reembolsarão até 3% dos débitos antigos, ou seja, até o limite de 15.000,00 (3% sobre R$ 500.000,00); (2) os que receberam 1% do capital (10.000,00) reembolsarão até 1% dos débitos antigos, ou seja, R$ 5.000,00; (3) o que retirou 2% (20.000,00) reembolsará até o limite de 2% da dívida existente, ou seja, R$ 10.000,00.

26.11. Ação revocatória contra sócio com responsabilidade limitada, por retirada dos fundos sociais

O art. 1.004 do Código Civil impõe ao sócio, nas sociedades que não se revestirem da forma de sociedade por ações, que se despedir, a responsabilidade pelas obrigações que tinha como sócio, em solidariedade com o cessionário, até dois anos depois de averbada a modificação do contrato.

Outra regra geral para a hipótese de retirada, exclusão ou morte de sócio encontra-se no art. 1.032 do Código Civil, que impõe a extensão dessa responsabilidade pelo prazo de dois anos após o arquivamento da alteração social na Junta Comercial.

Em relação às sociedades limitadas, há de distinguir a forma de regência: se supletiva pelas normas da sociedade anônima (CC, art. 1.053, parágrafo único), aplica-se a regra do art. 45, § 8º, da Lei das Sociedades por Ações, caso contrário, a do art. 1.032 do Código Civil.

Interessa ao estudo a situação dos sócios cotistas nas sociedades limitadas e dos comanditários, nas sociedades em comandita simples, porque para os sócios com responsabilidade ilimitada vige o disposto no art. 81.

No caso de retirada dos sócios com responsabilidade limitada, levando os fundos sociais com os quais participavam, mediante apuração de seus haveres na sociedade e, portanto, com redução do patrimônio social, ficam eles responsáveis pelos débitos existentes naquele momento, até o limite dos fundos retirados. A responsabilidade perdura até dois anos após o arquivamento da alteração social na Junta Comercial.

Apesar de o artigo não mencionar, a ação aqui referida, de rito ordinário, insere-se entre as mencionadas genericamente no art. 82 e tem a natureza de revocatória. Como se percebe, tem a mesma função e abrangência daquela prevista no art. 45, § 8º, da Lei das Sociedades por Ações.

Essa ação, como também a anterior prevista na legislação societária, é da mesma natureza das insculpidas no art. 129 da Lei Falimentar, bastando a demonstração de ocorrência para sua procedência, independentemente de prova de fraude.

26.12. Atos fundados em decisão judicial

O art. 138 da Lei Falimentar dispõe: "O ato poderá ser declarado ineficaz ou revogado, ainda que praticado com base em decisão judicial, observado o art. 131 desta Lei", reproduzindo o princípio encontrado no art. 58 do Decreto-Lei n. 7.661/45.

Na vigência da lei anterior, Pontes de Miranda (1999, 4:337) asseverava a possibilidade de declaração de ineficácia ou revogação do ato, "embora para celebração dele houvesse precedido sentença executiva, ou fosse consequência de transação ou de medida assecuratória para garantia de dívida ou seu pagamento. Revogado o ato, não há efeito da sentença que o motivou. Tal o que está no sistema jurídico, como regra de direito falencial. As ações do adquirente ou beneficiado contra o fraudador e as próprias sentenças contra ele não são óbice para que o síndico ou o credor proponha a ação revocatória. Ainda se o ato jurídico a ser revogado foi posterior. Frise-se poder ocorrer que a lei diga: 'revogado o ato, ficará rescindida a sentença que o motivou'. Em verdade, não se dá 'rescisão' da sentença, porque a matéria da revocatória não fora julgada".

Há de distinguir aqui as esferas de eficácia da coisa anteriormente julgada. Considerando que a alienação da coisa pertencente ao devedor se deu antes de conhecido o estado de falência judicial, evidencia-se que o que se dará a conhecer na ação revocatória é tão somente a matéria nova, relativa à eficácia dos atos praticados dentro do termo legal, no biênio anterior ao decreto falimentar, relativamente ao estabelecimento empresarial e ao registro imobiliário ou à prática de atos com intenção de prejudicar os credores. Ignora o juiz sentenciante a possibilidade de a prática de atos de execução de sua sentença vir a prejudicar ou atingir direitos de credores de falência ainda não decretada.

É da eficácia dessa sentença anterior, no que se refere à nova realidade falencial, que trata o art. 138 da Lei Falimentar. Não há rescisão da sentença anterior, nem violação da coisa julgada, mas tão somente óbice à irradiação de seus efeitos em razão da nova realidade concursal.

Quanto às decisões posteriores à sentença de quebra, somente pode ocorrer a rescisão de atos judiciais diversos de sentença, como bem argumenta Francisco Cláudio de Almeida Santos (2006:348), ao salientar a necessidade de respeito ao "dogma constitucional da coisa julgada": "Sentença de mérito, não mais sujeita a recurso ordinário ou extraordinário, tem eficácia de coisa julgada, o que a torna imutável e indiscutível, salvo a possibilidade de sua cassação, rescisão e modificação, se for o caso, na apreciação de ação rescisória, nos casos previstos na lei processual e proposta antes do decurso do prazo caducial de 2 (dois) anos. Daí por que entendemos que o art. 138 somente deverá ser aplicado para rescindir atos diversos de sentença de mérito ou em que esta tiver caráter meramente homologatório".

Capítulo 27

PROCEDIMENTO LIQUIDATÓRIO

Sumário: 27.1. A etapa de liquidação. 27.2. A ordem de alienação. 27.2.1. Sucessão do arrematante. 27.2.2. Constituição de sociedade de credores ou de empregados do devedor. 27.2.3. Credores trabalhistas, por acidentes de trabalho e credores incapazes. 27.3. Modalidades de alienações públicas. 27.4. Impugnações. 27.5. Recurso contra decisão que homologa a venda. 27.6. A ordem de preferência dos credores. 27.7. Créditos prioritários decorrentes de despesas de pagamento antecipado e os primeiros extraconcursais. 27.7.1. Créditos com prioridade absoluta: às quantias referidas nos arts. 150 e 151 da LREF (art. 84, I-A). 27.7.2. Créditos decorrentes de contrato de financiamento previsto no art. 69-A (art. 84, I-B). 27.7.3. Créditos decorrentes de restituição (art. 84, I-C). 27.7.4. Créditos decorrentes de remunerações devidas ao administrador judicial e seus auxiliares, e créditos derivados da legislação do trabalho ou decorrentes de acidentes do trabalho relativos a serviços prestados após a decretação da falência (art. 84, I-D). 27.7.5. Créditos decorrentes de atos jurídicos válidos durante a recuperação judicial (art. 84, I-E). 27.8. Os demais créditos extraconcursais. 27.9. Créditos concursais ou concorrentes. 27.9.1. Créditos derivados da legislação do trabalho e decorrentes de acidentes de trabalho. 27.9.2. Créditos com direito real de garantia. 27.9.3. Créditos tributários, à exceção das multas tributárias. 27.9.4. Créditos cuja classificação foi extinta na reforma da LREF em 2020. 27.9.5. Créditos quirografários. 27.9.6. Créditos subquirografários. 27.9.7. Créditos subordinados. 27.10. O pagamento aos credores. 27.11. Pagamento de juros. 27.12. Devolução da sobra ao falido ou rateio entre os sócios. 27.13. Resumo gráfico. 27.14. O pagamento entre massas solidárias. 27.15. A prestação de contas e o relatório final do administrador judicial. 27.16. A sentença de encerramento.

27.1. A etapa de liquidação

A etapa de liquidação compreende a realização do ativo e o pagamento aos credores prioritários, extraconcursais e concursais. Na realização do ativo far-se-á basicamente a conversão dos bens arrecadados em dinheiro e, em seguida, promover-se-á o pagamento dos credores.

Para que o processo de falência se encontre em condições de permitir o início da liquidação, não é mais necessário estabelecer claramente o montante do passivo que deve ser pago e o montante do ativo destinado a esses pagamentos. A LREF-20 buscou agilizar essa etapa, permitindo que a alienação do ativo se inicie independentemente da consolidação do quadro geral de credores.

O acertamento que se desenvolve por todo o procedimento de administração da massa prossegue mesmo após as alienações, conforme pode ser resumido, didaticamente, em operações aritméticas de adição e subtração. Configuram adição à massa objetiva o ato de arrecadação, as ações revocatórias, as ações de integralização do capital e, eventualmente, a ação penal falimentar, como efeito da condenação, por tornar certa a obrigação de indenizar o dano causado pelo crime. Inserem se na categoria de subtração as ações de restituição e os embargos de terceiro.

Da mesma forma, a massa subjetiva – o conjunto de credores – acertar-se-á por meio de operações similares. As declarações de crédito – tempestivas e retardatárias – visam a ampliação do número de credores sujeitos aos efeitos falimentares. As impugnações de crédito, à sua redução.

Todos os atos precedentes – a alienação e o acertamento dos créditos – convergem, pois, ao momento esperado pelos credores, que é o principal propósito do processo falimentar: o pagamento devido na execução.

No sistema de 1945, a fase de liquidação estava condicionada à apresentação de relatório pelo síndico da massa falida, sujeitando-se a três ocorrências: publicação do quadro geral de credores, solução do inquérito judicial falimentar e à não postulação, pelo devedor, de pedido de concordata suspensiva:

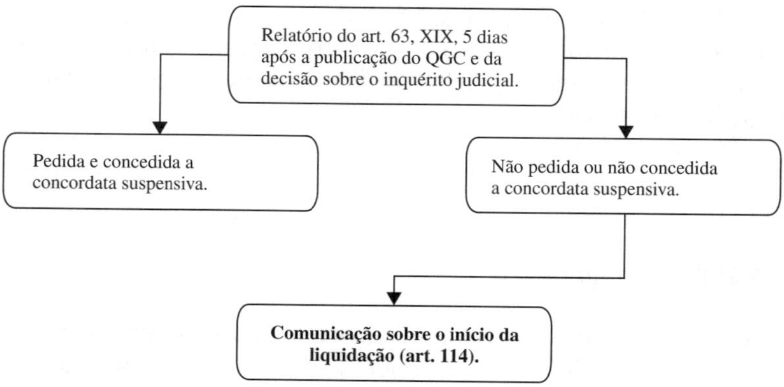

Na busca da celeridade, o legislador de 2005 dispôs: "Logo após a arrecadação dos bens, com a juntada do respectivo auto ao processo de falência, será iniciada a realização do ativo" (art. 139), e os incisos II e IV do § 2º do art. 142 completam esse princípio ao indicarem que a alienação "independerá da consolidação do quadro geral de credores" e "deverá ocorrer no prazo máximo de 180 (cento e oitenta) dias, contado da data da lavratura do autor de arrecadação, no caso de falência".

Há, contudo, ainda, que se aguardar a solução do procedimento de verificação de créditos. Embora a formação do quadro geral de credores não atrase o início da realização do ativo, pode acarretar demora no pagamento de credores se ainda não definida a ordem e o valor dos pagamentos a serem realizados.

Não há mais necessidade de comunicação por aviso publicado em jornal, como exigia o art. 114 do Decreto-Lei n. 7.661/45. Sem a publicidade acerca do início da realização do ativo, os credores retardatários, reivindicantes de bens da massa, sócios solidários, pessoas que litigam fora do Juízo falimentar em outras ações e, ainda, terceiros interessados no acervo da massa não poderão tomar conhecimento e providenciar medidas que atendam a seus interesses pessoais, como, por exemplo, a reserva de créditos na falência.

O início da liquidação torna-se conhecido pela publicação dos editais de venda ou de convocação, o que ocorrerá se o magistrado autorizar outra forma de alienação dos bens, diversa das previstas nos arts. 140-142, porque, neste caso, a assembleia geral de credores deverá ser ouvida para deliberar outras propostas, como a constituição de sociedade de credores ou de empregados.

O procedimento de alienação dos bens deve ocorrer no prazo máximo de cento e oitenta dias, contados da data da lavratura do auto de arrecadação falimentar (art. 142, § 2º-A, IV, introduzido pela LREF-20). Entretanto, o cumprimento desse prazo está a depender do conjunto de bens que se encontrem arrecadados, de haver ou não bens de sócios solidários, da existência de outros que dependam de liquidação em outras sociedades nas quais os sócios da falida participem, da complexidade da realização de sua venda, da necessidade de divulgação em outras cidades, Estados da Federação ou mesmo em outros países, conforme seja a natureza da empresa falida.

Antes de iniciar a realização do ativo, algumas deliberações devem ser tomadas pelo magistrado, administrador judicial, Comitê de Credores e assembleia geral, conforme o caso.

As modalidades comuns de alienação são as previstas no art. 142: leilão eletrônico, presencial ou híbrido, processo competitivo organizado ou qualquer outra modalidade regulamente aprovada. Escolhida uma das duas últimas, sua realização dependerá de aprovação da assembleia geral de credores, em disposição contida no plano recuperatório ou de aprovação pelo juiz, considerada a manifestação prévia do administrador judicial e do Comitê de Credores, quando instalado (art. 142, § 3º-B, III).

Em qualquer modalidade de alienação, há necessidade de intimar o Ministério Público, por meio eletrônico, em face do evidente interesse público, a quem caberá analisar a legalidade e a paridade de tratamento que a proposta confere aos credores. As Fazendas Públicas também devem ser intimadas a partir da nova redação dada pela LREF-20 ao § 7º do art. 142.

Há, entretanto, casos em que a assembleia deve ser obrigatoriamente ouvida porque a realização do ativo envolve o pagamento do quadro geral de forma diversa ao recebimento em dinheiro, a qual o credor não está obrigado a aceitar. Entre as modalidades possíveis de deliberação estão a aquisição e adjudicação dos bens arrecadados, por distribuição entre todos os concorrentes, a constituição de sociedade de credores ou de empregados, a conversão de dívida em capital pela aquisição por meio de constituição de fundo ou outro veículo de investimento, com a participação, se necessária, dos atuais sócios do devedor ou de terceiros (art. 145).

Decidida a forma – venda da empresa, estabelecimentos, unidades e bens individualmente – e a modalidade de alienação – leilão, propostas, pregão ou outra deliberada pelo Comitê ou pela assembleia geral –, o juiz deve estabelecer etapas, que serão observadas pelo administrador na realização do ativo.

27.2. A ordem de alienação

O legislador determinou a obediência a uma ordem de preferência para o procedimento de alienação da massa. A norma tem por objetivo a manutenção da estrutura objetiva da empresa, a integridade das diversas universalidades formadas pelos estabelecimentos empresariais que compõem a falida; frustrada essa possibilidade, permite-se a alienação fracionada de filiais ou unidades produtivas, blocos de bens destacados do estabelecimento e bens individualmente considerados. É o que prevê o art. 140 ao estabelecer as *formas* de alienação.

A lei pressupõe que, com o afastamento dos antigos administradores, a empresa possa prosseguir suas atividades em mãos dos novos adquirentes, fazendo uso de todas ou de algumas unidades que compõem o complexo de bens, incluindo bens corpóreos e incorpóreos e contratos firmados com terceiros, preservados pelo administrador judicial (arts. 117 e 118) conforme necessário à operacionalidade com esperado rendimento.

27.2.1. Sucessão do arrematante

A transferência da empresa, de seus estabelecimentos, de blocos de bens ou de bens individualmente considerados se faz sem ônus, isto é, de forma liberada, não implicando sucessão do arrematante nas obrigações do falido, sejam elas de ordem tributária, trabalhista ou acidentária.

No tocante às obrigações trabalhistas a lei insiste redundantemente em que a admissão de antigos empregados realiza-se mediante novos contratos, não respondendo o arrematante por obrigações decorrentes do contrato anterior (art. 141, § 2º).

O Código Tributário Nacional, em expressão harmônica com esse dispositivo, recepcionou nova redação ao art. 133, fazendo constar a inaplicabilidade dos efeitos da sucessão por aquisição de fundo de comércio ou estabelecimento empresarial na hipótese de a alienação judicial ocorrer em processo de falência (art. 133, I).

A regra falimentar excepciona não somente as regras especiais decorrentes das mencionadas legislações, como também a regra geral do Código Civil, pela qual a eficácia da alienação do estabelecimento depende do pagamento de todos os credores, ou do consentimento destes (art. 1.145) e impõe ao adquirente a responsabilidade pelo pagamento dos débitos anteriores à transferência (art. 1.146).

Todas essas obrigações, contudo, persistem se o arrematante for sócio da falida, de sociedade controlada pelo falido, parente (em linha reta ou colateral até o quarto grau, consanguíneo ou afim) do falido ou do sócio da sociedade falida e, ainda, se identificado como agente do falido, com objetivo de fraudar a sucessão (art. 141, § 1º).

27.2.2. Constituição de sociedade de credores ou de empregados do devedor

Além das alienações indicadas no art. 140, apresenta se como forma especial de realização do ativo, exigindo a aprovação da assembleia de credores, por deliberação tomada na forma do art. 42 da LREF, a possibilidade de se constituir uma sociedade – que pode ser de credores ou, simplesmente de empregados do devedor –, participando ou não, os sócios da falida e, eventualmente, terceiros (art. 145). Esta sociedade não sucede a antiga pelas dívidas anteriores, mas os credores titulares de créditos derivados da legislação do trabalho poderão usar esses valores na aquisição ou arrendamento da empresa.

Na reforma instituída pela LREF-20, ampliou-se a possibilidade de liquidação, permitindo-se a aquisição dos bens mediante constituição de fundo ou outro veículo de investimento, em que se possibilita a participação de terceiros ou sócios da sociedade falida. A dívida, isto é, o crédito devido a cada um dos participantes, é convertida em participação no fundo ou no capital da sociedade constituída.

Considera-se não escrita qualquer restrição à livre negociação ou circulação das participações no fundo formado ou na sociedade constituída.

Para aprovação desta e de outras formas alternativas de realização do ativo na falência, a Lei n. 11.101/2005 exige a formação de *quorum* especial, qual seja o voto favorável de credores que representem dois terços dos créditos presentes à assembleia (art. 46).

Sobre isso, o legislador da LREF-20 traz um texto confuso e com raciocínio circulatório absolutamente desnecessário e contraditório.

Explico: o art. 145 determina que "por deliberação tomada nos termos do art. 42 desta Lei, os credores poderão adjudicar, por meio de constituição de sociedade (...)"; o art. 42, por sua vez, dispõe que "considerar-se-á aprovada a proposta que obtiver votos favoráveis de credores que representem mais da metade do total dos créditos presentes à assembleia geral, exceto nas deliberações sobre (...) forma alternativa de realização do ativo nos termos do art. 145".

Veja-se que o art. 145 remete ao art. 42 e este ao art. 145. Contudo, é no art. 46 que se encontra o *quorum* de aprovação:

"Art. 46. A aprovação de forma alternativa de realização do ativo na falência, prevista no art. 145 desta Lei, dependerá do voto favorável de credores que representem 2/3 (dois terços) dos créditos presentes à assembleia".

Nos termos do art. 42, somos conduzidos a entender que se trata de votos favoráveis de credores que representem mais da metade do valor total dos créditos presentes à assembleia. E, como se observa, o *quorum* não se encontra no art. 145, tampouco no art. 42, mas é o art. 46 que exige o voto favorável de credores que representem dois terços dos créditos presentes à assembleia. Como não houve a revogação do art. 46, e não houve modificação na redação do art. 42 quanto aos casos que excetua, a única interpretação possível é que é mantido o quórum de aprovação de dois terços dos credores presentes à assembleia, devendo-se ler o art. 145, com outra redação: "por deliberação tomada na forma do art. 46 desta Lei".

Esperamos, no futuro, uma melhor redação desses três dispositivos, o que evitará compreensões equivocadas e intermináveis recursos.

A lei original e a aprovada em 2020 nada mencionam quanto ao direito dos credores que não aderirem à proposta. Na lei revogada, a minoria era paga em dinheiro, respeitadas as seguintes condições: a) considerava se, inicialmente, o valor total do acervo arrecadado e sua avaliação; b) desse total descontava se o valor devido aos encargos e dívidas da massa; e, finalmente, c) atribuía se aos credores dissidentes a porcentagem a eles devida sobre aquele resultado (LF45, art. 123, § 1º).

Na ausência de solução legislativa, é perfeitamente adequado dar essa mesma solução aos casos futuros, sobretudo porque respeita a liberdade de o credor associar-se ou não e a paridade de tratamento concursal. Isto porque o ingresso em sociedade empresária depende da convergência de elementos essenciais presentes em todo contrato: capacidade, consentimento, objeto lícito e forma prescrita ou não defesa em lei, além dos elementos específicos da pluralidade de sócios, da constituição do capital social, da *affectio societatis* e da coparticipação nos lucros e perdas. É possível, portanto, que aquele que se encontre na condição de credor do falido não tenha qualquer interesse na reunião de esforços com os demais, sobretudo em razão dos riscos próprios da atividade empresarial.

Nesse caso, aplicada a diretriz da lei anterior, os dissidentes receberão em dinheiro, apurando-se, no cálculo da porcentagem que lhes é devida, o total do acervo arrecadado e avaliado, descontado o valor dos créditos prioritários e extraconcursais.

Exemplificando: consideremos que o valor habilitado pelo credor dissidente seja de R$ 180.000,00, num quadro geral de credores que totalize R$ 1.800.000,00 – sua parcela corresponderá a 10% do passivo. Levando-se em conta, ainda, que a avaliação dos bens, se realizado o ativo de forma regular – venda por leilão, propostas ou pregão –, aponta para a arrecadação de tão somente R$ 1.000.000,00, depois de subtraídos os valores correspondentes aos créditos prioritários e extraconcursais, no presente exemplo somariam R$ 100.000,00, restarão R$ 900.000,00 para pagamento aos demais credores. O dissidente teria direito a receber 10% desse total, ou seja, a importância de R$ 90.000,00, em dinheiro.

27.2.3. Credores trabalhistas, por acidentes de trabalho e credores incapazes

Os credores trabalhistas e os por acidentes de trabalho, se capazes, podem contribuir para o ingresso na nova sociedade ou optar pela dissidência. No caso de o credor não preencher a condição de capacidade, respeitar-se-ão as seguintes regras:

a) na sociedade por ações, é livre a aquisição da condição de acionista;

b) nas demais sociedades, a participação dependerá de quatro condições: (1) as quotas de todos os sócios devem estar inteiramente integralizadas; (2) as quotas de todos os sócios devem permanecer inteiramente integralizadas enquanto os incapazes permanecerem na sociedade; aumentos de capital devem ser integralizados no ato de sua ocorrência; (3) aos sócios incapazes é vedado exercer diretamente a administração da sociedade, mas por meio de seus responsáveis legais poderão deliberar e fiscalizar o andamento dos negócios; (4) o ingresso do menor ou incapaz dependerá de suprimento judicial, por analogia aos casos de sucessão por morte previstos no art. 974 do Código Civil.

27.3. Modalidades de alienações públicas

São três as modalidades de alienação, cuja deliberação dependerá da anuência do Comitê de Credores e da intimação do Ministério Público, sob pena de nulidade: (a) leilão eletrônico, presencial ou híbrido; (b) processo competitivo organizado; e (c) qualquer outra modalidade, desde que aprovada nos termos da LREF.

Além dessas três espécies, a lei contempla a possibilidade de o juiz, mediante requerimento fundamentado do administrador judicial ou do Comitê de Credores, autorizar outras modalidades de alienação judicial, não previstas na LREF (art. 144).

O leilão eletrônico presencial ou híbrido (presencial e virtual) deve seguir algumas regras (art. 142, § 3º-A): (I) numa primeira chamada pelo valor mínimo de avaliação de bem; (II) em segunda chamada, dentro de quinze dias da primeira chamada, por no mínimo 50% do valor de avaliação; (III) em terceira chamada, decorridos quinze dias da segunda chamada, por qualquer preço.

A venda, em qualquer modalidade de alienação prevista no art. 142, não está sujeita à aplicação do conceito de preço vil. Após as tentativas de venda pelo preço de avaliação e por até 50% desse valor, segue-se a alienação a qualquer preço.

27.4. Impugnações

Os credores, o devedor, falido e seus sócios, e o Ministério Público poderão apresentar impugnação no prazo de quarenta e oito horas (art. 143). A lei não é explícita, mas convém que o juiz dê vista ao órgão do *Parquet* nas impugnações apresentadas pelos outros legitimados, decidindo em cinco dias.

Na hipótese de o juiz, o administrador judicial, o membro do Ministério Público, perito, avaliador, escrivão, oficial de justiça, gestor judicial ou o leiloeiro, abusando da discricionariedade na venda dos bens, adquirirem, direta ou indiretamente, bens da massa, ou, em relação a eles, entrarem em alguma especulação de lucro, incide a sanção do art. 177, sujeitando-os à condenação pelo crime de violação de impedimento. Nesse caso, em se tratando de magistrado ou membro do Ministério Público, os responsáveis submetem-se, ainda, às respectivas penas de caráter administrativo.

No Estado de São Paulo, o art. 74, I, da Constituição paulista atribui a competência para o julgamento, nos dois casos, ao Tribunal de Justiça. A investigação estará a cargo desse Tribunal, quando o delito for cometido por juiz de direito. Encerradas as diligências investigatórias no primeiro caso – crime cometido por magistrado em primeira instância –, os autos serão remetidos ao procurador-geral de justiça, a quem sempre incumbe a ação penal pública nesses casos. Se o crime for cometido por promotor de justiça, a investigação estará a cargo do chefe do Ministério Público, a quem também compete oferecer a denúncia ou requerer o apensamento.

Para evitar abusos de pessoas interessadas em atrasar a realização do ativo, o legislador acrescentou, na reforma de 2020, quatro parágrafos ao art. 143 da LREF: (a) aquele que impugnar o valor da venda deve juntar à impugnação proposta vinculante de aquisição por valor superior àquele que impugna, caucionando o equivalente a 10% do valor oferecido; (b) terceiro não impugnante pode apresentar essa proposta, vinculando-se com o impugnante; (c) havendo mais de uma impugnação fundada no valor da venda, só terá prosseguimento a que apresentar proposta com maior valor; (d) se o impugnante suscitar vício na alienação e o juiz considerar infundadas suas alegações, poderá condená-lo a pagar os prejuízos e por ato atentatório à dignidade da justiça, nos termos do que dispõe o CPC15 nos arts. 77 e seguintes.

27.5. Recurso contra decisão que homologa a venda

A Lei Falimentar não prevê qualquer recurso para as decisões que homologuem as vendas realizadas, porque esses atos inserem-se entre os de administração, de conteúdo discricionário, conforme bem manifestou o Ministro Gueiros Leite: "A lei não prevê recurso contra a decisão que autoriza a venda mediante propostas. As deliberações sobre a realização do ativo da massa foram deixadas pelo legislador ao prudente critério do magistrado, sem o rigor do sistema da legalidade estrita, coadjuvada a atuação jurisdicional pela assessoria do síndico e pela fiscalização da Curadoria Fiscal, sempre em atenção ao conhecimento direto da administração da sociedade falida e à tutela dos direitos dos credores, com prevalência do requisito da conveniência nessa matéria" (Recurso em Mandado de Segurança n. 474-SP, em 11-9-1990, no voto do relator).

Quando, entretanto, não se tratar de deliberação sobre a realização do ativo, mas de violação da forma prescrita na lei, é possível a interposição de recurso de agravo de instrumento visando a correção do ato, cabendo sempre ao Ministério Público o dever de requerer o que for necessário aos interesses da Justiça.

27.6. A ordem de preferência dos credores

Realizado o ativo, seguem-se os pagamentos que devem obedecer à ordem de preferência, objeto de decisão do magistrado constante da homologação do quadro geral de credores.

A LF45 trazia a classificação dos créditos, distribuindo-os em seis categorias:

- trabalhistas (art. 102, *caput*);
- encargos da massa (arts. 102 e 124);
- com direitos reais de garantia (art. 102, I);
- com privilégio especial sobre determinados bens (art. 102, II);
- com privilégio geral (art. 102, III); e
- quirografários (art. 102, IV).

Atualmente, a ordem de pagamento de créditos na falência é determinada pelos arts. 84 e 83, que, nesta ordem, priorizaram o pagamento dos credores extraconcursais (art. 84) e, em seguida, dos credores concorrentes ou concursais (art. 83).

Há, neste momento legislativo, somente duas únicas classes de credores prioritários, cuja precedência sobre os demais é absoluta: (a) os créditos trabalhistas de natureza estritamente salarial vencidos nos três meses anteriores à decretação da falência, até o limite de cinco salários-mínimos por trabalhador, com o dinheiro disponível em caixa (art. 151); e (b) as despesas cujo pagamento antecipado seja indispensável à administração da falência (art. 150).

O texto original da LREF contemplava uma terceira classe de credores nessa condição de recebimento antecipado, com os recursos disponíveis em caixa: as restituições em dinheiro, nas hipóteses indicadas no art. 86, parágrafo único, revogado pelo PL n. 6.449-D.

E são três as ordens de precedência para pagamento na falência: os dois credores prioritários, os extraconcursais e os concorrentes ou concursais.

O PL n. 4.458, de 2020, aprovado pelo Senado Federal promoveu profunda alteração na ordem de pagamentos de créditos, conforme consta do Parecer de Plenário n. 155/2020, apresentado pelo Senador Rodrigo Pacheco (Diário do Senado Federal n. 171, de 25 de novembro de 2020, p. 231-232) na afirmação de que pretendeu-se otimizar "a descrição da ordem de pagamentos dos credores na falência, com preferência para os créditos derivados de *dip finance* ofertados em recuperação judicial, restituições, encargos da massa falida, créditos trabalhistas limitados a 150 salários mínimos, créditos com garantia real, créditos tributários, créditos quirografários, créditos subordinados e créditos de juros contra o falido. São extintos os créditos privilegiados".

O quadro completo de preferência encontra-se assim estabelecido, após a modificação introduzida pelo legislador de 2020:

Classificação dos créditos	Prioritários	(1) Créditos trabalhistas de natureza estritamente salarial vencidos nos 3 meses anteriores à decretação da falência, até o limite de 5 salários-mínimos por trabalhador (art. 151) e as despesas cujo pagamento antecipado seja indispensável à administração da falência (art. 150) – art. 84, I-A.
	Extraconcursais	(2) O valor efetivamente entregue ao devedor em recuperação judicial pelo financiador (art. 69-B) – art. 84, I-B.
		(3) Restituições em dinheiro previstas no art. 86 (art. 149) – art. 84, I-C.
		(4) Remunerações devidas ao administrador judicial e aos seus auxiliares, reembolsos devidos aos membros do Comitê de Credores e créditos derivados da legislação trabalhista ou decorrentes de acidentes de trabalho relativos a serviços prestados após a decretação da falência (art. 84, I-D).
		(5) Obrigações resultantes de atos jurídicos válidos praticados durante a recuperação judicial, nos termos do art. 67, ou após a decretação da falência (art. 84, I-E).
		(6) Quantias fornecidas à massa falida pelos credores (art. 84, II).

Classificação dos créditos	Extraconcursais	(7) Despesas com arrecadação, administração, realização do ativo e distribuição do seu produto e custas do processo de falência (art. 84, III).
		(8) Custas judiciais relativas às ações e execuções em que a massa falida tenha sido vencida (art. 84, IV).
		(9) Tributos relativos a fatos geradores ocorridos após a decretação da falência, respeitada a ordem estabelecida no art. 83 (art. 84, V).
	Concorrentes ou concursais	(10) Créditos derivados da legislação do trabalho até 150 salários-mínimos por credor, e aqueles decorrentes de acidentes de trabalho (art. 83, I).
		(11) Créditos com direito real de garantia até o limite do valor do bem gravado (art. 83, II).
		(12) Créditos tributários, independentemente da sua natureza e do tempo de constituição, exceto os créditos extraconcursais e as multas tributárias (art. 83, III). Respeitada a ordem prevista no art. 187, parágrafo único, do CTN.
		(13) Créditos quirografários (art. 83, VI).
		(14) Créditos subquirografários: multas contratuais e as penas pecuniárias por infração das leis penais ou administrativas, incluídas as multas tributárias (art. 83, VII).
		(15) Créditos subordinados (art. 83, VIII).
		(16) Juros vencidos após a decretação da falência (arts. 83, IX, e 124).

As principais mudanças introduzidas em 2020 encontram-se na ordem dos créditos extraconcursais e na revogação dos incisos IV e V do art. 83, eliminando os créditos com privilégio especial e os com privilégio geral. A ordem dos credores extraconcursais era outra na versão original da LREF:

ORDEM DOS CRÉDITOS EXTRACONCURSAIS VIGENTES *ANTES* DA LREF-20

Classificação dos créditos	Prioritários absolutos	(1) Créditos trabalhistas de natureza estritamente salarial vencidos nos 3 meses anteriores à decretação da falência, até o limite de 5 salários-mínimos por trabalhador (art. 151).
		(2) Despesas cujo pagamento antecipado seja indispensável à administração da falência (art. 150).
		(3) Restituições em dinheiro previstas no art. 86.
	Extraconcursais	(4) Remunerações devidas ao administrador judicial e seus auxiliares e créditos derivados da legislação do trabalho ou decorrentes de acidentes do trabalho relativos a serviços prestados após a decretação da falência (art. 84, I).
		(5) Quantias fornecidas à massa pelos credores (art. 84, II).
		(6) Despesas com arrecadação, administração, realização do ativo e distribuição do seu produto, bem como as custas do processo de falência (art. 84, III).
		(7) Custas judiciais relativas às ações e execuções em que a massa falida tenha sido vencida (art. 84, IV).
		(8) Obrigações resultantes de atos jurídicos válidos praticados durante a recuperação judicial, nos termos do art. 67, ou após a decretação da falência, e tributos relativos a fatos geradores ocorridos após a decretação da falência: em primeiro lugar, os créditos tributários e, em segundo lugar, as multas tributárias (art. 84, V).

Vê-se que o financiador (na posição n. 2) é agora classificado em posição anterior à do administrador judicial (que permanece na posição n. 4) e o pagamento das obrigações contraídas após a recuperação passam a antecipar-se aos pagamentos que lhe antecediam (da posição n. 8 para a posição n. 5).

A reforma apresenta-se com forte caráter de política econômica e visa incentivar aquele que celebra contrato de financiamento com a recuperanda, disponibilizando recursos para serem utilizados nas atividades e nas despesas de reestruturação da devedora ou na preservação dos ativos, ou, ainda, no estímulo da manutenção das atividades empresariais durante a recuperação judicial.

Vejamos cada uma das espécies de credores ordenados pela Lei n. 11.101, de 2005, após a alteração introduzida pela Lei n. 14.112, de 2020.

27.7. Créditos prioritários decorrentes de despesas de pagamento antecipado e os primeiros extraconcursais

O pagamento antecipado é destinado somente aos créditos trabalhistas de natureza estritamente salarial vencidos nos três meses anteriores à decretação da falência, até o limite de 5 salários-mínimos por trabalhador (art. 151) e às despesas cujo pagamento antecipado seja indispensável à administração da falência (art. 150).

Anota-se que, embora o inciso I-A limita-se a mencionar na ordem prioritária as "quantias referidas nos arts. 150 e 151 desta Lei", somam-se a elas os valores despendidos pelos credores no pagamento das quantias necessárias às despesas e aos honorários do administrador judicial, conforme dispõe o art. 114-A, § 1º.

Seguem-se os pagamentos dos quatro primeiros credores extraconcursais que, pela disposição do texto aprovado pelo legislador de 2020 concorrem entre si, sem precedência de um sobre o outro: (a) o valor efetivamente entregue ao devedor em recuperação judicial pelo financiador na forma regulamentada nos arts. 69-A até 60-F; (b) as restituições em dinheiro (art. 86); (c) as remunerações devidas ao administrador judicial e seus auxiliares, reembolsos devidos aos membros do comitê de credores e créditos derivados da legislação trabalhista ou decorrentes de acidentes de trabalho relativos a serviços prestados após a decretação da falência; e (d) as obrigações resultantes de atos jurídicos válidos praticados durante a recuperação judicial, nos termos do art. 67 desta Lei, ou após a decretação da falência.

Esses credores com prioridade sobre os demais extraconcursais encontram-se classificados no inciso I do art. 84, identificados pela LREF-20 sob inciso I, destacados em I-B, I-C, I-D e I-E.

Embora as quantias referidas nos arts. 150 e 151 da LREF estejam englobadas sob o inciso I-A, aqueles outros não concorrem com esses créditos absolutamente prioritários que recebem em momento precedente ao início da liquidação por rateio.

Estudemos com atenção cada uma dessas categorias de credores prioritários e primeiros extraconcursais.

Para o completo entendimento da matéria e da evolução do tratamento dispensado ao credores trabalhistas é indispensável entendermos a história da classificação atribuída aos credores trabalhistas na ordem de pagamentos na falência, culminando pela subdivisão em classes internas de pagamento: pagamento prioritário, pagamento preferencial limitado a 150 salários mínimos e pagamento quirografário.

a) *A posição dos créditos trabalhistas no sistema do Decreto-Lei n. 7.661/45*

Primeiramente, vemos que, no sistema de 1945, o crédito trabalhista ostentava, em sua totalidade, prioridade absoluta, preferindo aos encargos e dívidas da massa que hoje correspondem aos créditos extraconcursais. Esta situação decorria da expressa redação do art. 102, *caput*, da Lei Falimentar, a partir da alteração introduzida pela Lei n. 3.726/60. Essa precedência – incluindo créditos e *indenizações* trabalhistas – foi mantida pelo art. 186 da Lei n. 5.172/66, que, ao estabelecer a prioridade dos créditos tributários, ressalvou os decorrentes da legislação do trabalho.

Posteriormente, com a promulgação da Lei n. 6.449, de 14 de outubro de 1977, que deu nova redação ao art. 449 da Consolidação das Leis do Trabalho, estabelecendo que "na falência constituirão créditos privilegiados a totalidade dos salários devidos ao empregado e a totalidade das indenizações a que tiver direito", dissipou-se qualquer dúvida sobre a preferência absoluta dos créditos trabalhistas sobre todos os outros admitidos no concurso falencial.

b) *A não distinção entre créditos anteriores e posteriores à falência, no sistema anterior*

Integravam a mesma classe de prioridade absoluta, os decorrentes de atividade laboral prestada à própria massa falida, isto é, a remuneração devida às pessoas que prestavam serviços durante o processo falimentar. Por princípio de equidade, entendia-se não ser possível distinguir aqueles que prestam serviços antes daqueles que os prestam após a convolação em falência.

O Superior Tribunal de Justiça firmou o entendimento no sentido de que os encargos da massa provenientes de prestação de serviços a ela são, por natureza, trabalhistas, gozando dos mesmos privilégios que os trabalhadores preexistentes à falência. Alguns argumentos contidos nos votos dos eminentes ministros, integrantes da sessão daquele julgamento, devem ser realçados:

(1) A afirmação no sentido de que os créditos trabalhistas da massa, embora classificados como encargos dela, são equiparados aos credores trabalhistas da falida e pode ser encontrada no REsp n. 32.959-4-SP, Rel. Min. Eduardo Ribeiro, j. 13-8-1997.

(2) A identidade no plano lógico e axiológico entre ambas as atividades vem confirmada no voto do Min. Cesar Asfor Rocha no REsp n. 32.959-4-SP, Rel. Min. Eduardo Ribeiro, j. 13-8-1997.

Esse julgamento e outros que se seguiram deram origem à Súmula 219 do Superior Tribunal de Justiça: "Os créditos decorrentes de serviços prestados à massa falida, inclusive a remuneração do síndico, gozam dos privilégios próprios dos trabalhistas".

Equiparavam-se, portanto, aos créditos de natureza trabalhista os encargos mencionados no art. 124, § 1º, do Decreto-Lei n. 7.661/45, que se referissem à prestação de serviços à massa, na arrecadação, administração, realização do ativo, inclusive a comissão do síndico (inciso III).

c) *A posição dos créditos trabalhistas na Lei n. 11.101/2005*

A LREF reformulou substancialmente a posição dos credores trabalhistas, distinguindo quatro situações:

(1) os créditos trabalhistas de natureza estritamente salarial vencidos nos três meses anteriores à decretação da falência, até o limite de 5 salários-mínimos por trabalhador, são pagos tão logo haja disponibilidade em caixa, isto é, a qualquer momento, mesmo antes de iniciada a fase de pagamento dos credores (art. 151);

(2) as remunerações devidas ao administrador judicial e seus auxiliares, e créditos derivados da legislação do trabalho ou decorrentes de acidentes

do trabalho relativos a serviços prestados após a decretação da falência são considerados extraconcursais (art. 84, I);

(3) os créditos derivados da legislação do trabalho, isto é, salários, indenizações e outros encargos, até o limite de 150 salários-mínimos por credor, são pagos no mesmo rateio dos créditos decorrentes de acidentes de trabalho, independentemente dos valores individualmente devidos a seus titulares (art. 83, I). Integram, por equiparação a este rateio, o crédito do representante comercial e os honorários advocatícios;

(4) os créditos trabalhistas e os a eles equiparados que excederem esse limite – 150 salários-mínimos – e os que tiverem sido cedidos a terceiros são considerados quirografários (art. 83, VI, *c*).

No texto original da LREF, o crédito trabalhista cedido a terceiros era reclassificado para crédito subordinado (art. 83, VIII, § 4º). Esse parágrafo foi revogado pela LREF-20, que também afastou a possibilidade de mudança na classificação de quaisquer outras classes de crédito. Assim, em razão de cessão, todos os créditos mantêm a natureza originalmente detida pelo cedente e a mesma classificação (art. 83, IX, § 5º).

Não se deve confundir a natureza específica do crédito da primeira situação com a relativa às outras. Somente são classificados como de pagamento antecipado – além da característica temporal (3 meses antes da falência) e quantitativa (5 salários-mínimos) – os créditos trabalhistas de natureza *estritamente salarial*, distinção que o art. 83 não faz.

É por esta razão que nos parece sem sentido a discussão doutrinária que se lançou quando da promulgação da lei, em torno da questão dos 5 salários-mínimos previstos no art. 151. Debatiam-se os estudiosos em saber se aquele valor constituiria mera antecipação do montante previsto no art. 83, I, ou não.

Embora sejam verbas de cunho trabalhista, as naturezas de uma e de outra se distinguem pela especialidade imposta pelo legislador falitário: de um lado, *verbas estritamente salariais* e, de outro, todo e qualquer *crédito derivado da legislação do trabalho.*

Assim, não há que se promover o desconto do valor anteriormente recebido a título de pagamento antecipado. O trabalhador receberá até 5 salários-mínimos se tiver trabalhado na empresa falida e fizer jus a verbas *estritamente salariais* relativas aos últimos três meses que antecederam à falência. Habilitará até 150 salários-mínimos na classe trabalhista, pelo montante de qualquer natureza que lhe for devido pela legislação trabalhista e, ainda, o que sobejar a este valor na classe dos credores quirografários.

Verifica-se, pois, que as alterações foram profundas. O direito dos trabalhadores foi hierarquizado em duas categorias: *créditos estritamente salariais* e *créditos derivados da legislação do trabalho* e, entre estes, houve prioridade para pagamento dos credores *posteriores* à falência que não apenas receberão antes, mas terão a totalidade do valor de seu crédito preservada pela classificação de credor extraconcursal.

- Créditos trabalhistas
  - De natureza estritamente salarial
    - Prioritário, de pagamento antecipado (art. 151)
  - Derivados da legislação do trabalho
    - Extraconcursal
      - Prestação devida após a decretação da falência (art. 84, I), sem limitação de valor.
    - Privilegiado
      - Prestação devida antes da decretação da falência, até 150 salários mínimos (art. 83, I).
    - Quirografário
      - Prestação devida antes da decretação da falência, acima de 150 salários mínimos (art. 83, VI).

d) *Credores equiparados aos trabalhistas – o crédito do representante comercial autônomo*

Os representantes comerciais têm a mesma preferência dos credores trabalhistas, relativamente às importâncias relacionadas com a representação, inclusive comissões vencidas e vincendas, indenização e aviso prévio, conforme determina o art. 44 da Lei n. 4.886, de 9 de dezembro de 1965.

A lei considera representantes comerciais as pessoas naturais e jurídicas que desempenham, sem relação de emprego, em caráter não eventual, por conta de uma ou mais pessoas, a mediação para a realização de negócios mercantis, agendando propostas ou pedidos, para transmiti-los aos representados, praticando ou não atos relacionados à execução dos negócios realizados.

As alterações operadas pela LREF implicam mudanças na compreensão dos limites a serem observados na classificação do crédito do agente comercial, nas mesmas proporções alinhadas para o crédito trabalhista: serão prioritárias as comissões vencidas nos três meses anteriores, até o limite de 5 salários mínimos, e privilegiados e quirografários os créditos de qualquer natureza – inclusive indenização e aviso prévio –, respeitados os limites de cada classificação (inferior ou superior a 150 salários mínimos).

e) *Credores equiparados ao trabalhista – crédito decorrente de honorários advocatícios*

O tratamento dispensado aos créditos trabalhistas aplica se aos honorários advocatícios, sejam estes contratualmente pactuados, sejam os de sucumbência. Esse entendimento tem sido reiterado pela Alta Corte em matéria infraconstitucional (REsp n. 13.77764/MS, Rel. Min. Nancy Andrighi, j. 208 2013) e pela jurisprudência das Câmaras Reservadas de Direito Empresarial, no Tribunal de Justiça de São Paulo, como, por exemplo, o AI n. 541.626-4/2-00, Rel. Des. Pereira Calças, j. 28-5-2008.

Não se distingue se o titular do crédito é uma sociedade de advogados ou uma pessoa natural no exercício da profissão. A partir do tema n. 637 – Recursos Repetitivos, o STJ não distingue a forma da prestação dos serviços de advocacia para efeito de classificação do crédito na falência: "os créditos resultantes de honorários advocatícios têm natureza alimentar e equiparam-se aos trabalhistas para efeito de habilitação na falência (...)" (REsp n. 1.152.218/RS, Rel. Min. Luís Felipe Salomão, publicado em 7-5-2014).

27.7.1. Créditos com prioridade absoluta: às quantias referidas nos arts. 150 e 151 da LREF (art. 84, I-A)

Percebe-se, portanto, que o tratamento de privilégio absoluto então dispensado ao credor trabalhista no direito anterior é agora limitado a 5 salários-mínimos por trabalhador, *tão logo haja disponibilidade no caixa*. O restante, até 150 salários-mínimos, dependerá da existência de saldo existente após a realização dos pagamentos prioritários, a seguir estudados.

Pior posição é, ainda, o crédito por acidentes de trabalho que nem mesmo possui o direito de receber parcela de sua indenização, devendo aguardar o momento do pagamento na ordem do art. 83, inciso I.

Quanto às quantias referidas no art. 150 e indicadas no inciso I-A do art. 84, ao lado dos créditos trabalhistas prioritários, a lei explicita a hipótese de continuação provisória das atividades previstas no inciso XI do art. 99 e as quantias adiantadas pelo credor no processamento da falência em que apurou-se a insuficiência dos bens arrecadados (art. 114-A, § 1º).

Contudo, há outras despesas que são obrigatórias, como, por exemplo, a contratação para reparos urgentes, o pagamento do prêmio de seguro sobre os imóveis arrecadados, os licenciamentos administrativos, as despesas decorrentes de depósito ou conservação dos bens arrecadados etc.

No interesse da massa e por que a falência, "ao promover o afastamento do devedor de suas atividades, visa a preservar e a otimizar a utilização produtiva dos bens, dos ativos e dos recursos produtivos, inclusive os intangíveis, da empresa" (art. 75, *caput* e inciso I), o juiz pode autorizar a continuação provisória do negócio do falido, na própria sentença de quebra.

É raro o uso dessa faculdade nos casos de falência incidental à recuperação judicial e nos pedidos de falência iniciados na forma dos arts. 94 e 105. Não há vedação a que o magistrado, antevendo a necessidade de prosseguimento das atividades empresariais ou a consolidação de certos negócios, permita ao administrador judicial que prossiga com os atos necessários à sobrevida da empresa.

Determinada a continuação provisória, o administrador judicial fica autorizado a realizar pagamentos que forem indispensáveis a sua consecução, com recursos disponíveis em caixa (art. 150). São pagamentos próprios ao exercício da atividade empresarial que não podem ser postergados à fase de liquidação, tais como os relativos ao pagamento de empregados, às faturas de água ou de energia elétrica, parcela de aluguel, compras de mercadorias à vista, despesas relativas aos prêmios de seguro e aos reparos urgentes no estabelecimento empresarial etc.

27.7.2. Créditos decorrentes de contrato de financiamento previsto no art. 69-A (art. 84, I-B)

A expressão *DIP financing*, extraída do direito falimentar norte-americano (*Bankruptcy Act*, capítulos 11 e 12), refere-se ao financiamento que permite à empresa em crise econômica operar, com regularidade, seus negócios durante seu processo de soerguimento. O devedor nessas condições permanece na posse de bens que garantem o pagamento do crédito do financiador, daí a expressão *debtor in possession*.

Há, nessa expressão, o uso de uma figura semântica que permite identificar o contrato de financiamento à própria condição por ele gerada (manter o devedor na posse do bem dado em garantia).

O estudo desses contratos encontra-se no item 9.6, *a*.

27.7.3. Créditos prioritários decorrentes de restituição (art. 84, I-C)

Os credores com direito direito à restituição têm prioridade porque os bens a que se referem seus pedidos não integram o patrimônio do falido, mas o deles, credores, que, com seu pedido, apenas pretendem reaver aquilo que detinham por força de título de propriedade.

São dessa natureza: os bens adquiridos mediante arrendamento mercantil, reserva de domínio ou alienação fiduciária; os bens que se encontram em poder do falido a título de comodato, depósito ou locação; as mercadorias vendidas a crédito e entregues nos quinze dias anteriores ao requerimento da falência; os valores correspondentes a adiantamento de contrato de câmbio; os valores previdenciários descontados dos empregados e não recolhidos ao órgão de previdência etc.

As ações destinadas à restituição de coisa ou valores foram tratadas no Capítulo 25.

27.7.4. Créditos decorrentes de remunerações devidas ao administrador judicial e seus auxiliares, e créditos derivados da legislação do trabalho ou decorrentes de acidentes do trabalho relativos a serviços prestados após a decretação da falência (art. 84, I-D)

A matéria é alvo de críticas porque distinguiu os créditos de natureza trabalhista e acidentária ocorridos *antes e depois* da quebra, prestigiando os últimos, em detrimento dos primeiros, ao classificálos, respectivamente, como créditos prioritários extraconcursais (art. 84, I-D) e com privilégio laboral (art. 83, I), distanciando-os na quarta posição prioritária e na nona posição na ordem de pagamento.

27.7.5. Créditos decorrentes de atos jurídicos válidos durante a recuperação judicial (art. 84, I-E)

Refere-se o legislador, no inciso I-E, "às obrigações resultantes de atos jurídicos válidos praticados durante a recuperação judicial, nos termos do art. 67 desta Lei, ou após a decretação da falência".

No tocante aos atos realizados durante a recuperação judicial, a própria lei descreve os créditos que devem ser pagos nessa subclasse: "aqueles relativos a despesas com fornecedores de bens ou serviços e contratos de mútuo" (art. 67, *caput*).

Após a decretação da falência, impõe-se ao administrador judicial a realização de inúmeros outros atos jurídicos, dos quais resultarão obrigações que a massa deve suportar, muitos deles também classificados em outras rubricas estudadas neste capítulo.

Quais seriam, então, as obrigações aqui classificadas? Trata o inciso I-E de outras hipóteses não excepcionadas pela Lei Falimentar ou por leis extravagantes, isto é, todo ato jurídico válido praticado pelo administrador judicial ou Comitê de Credores cuja ordem de preferência não tenha sido definida na lei. Dada a amplitude do dispositivo, raros são os atos que podem subsumir-se à regra, uma vez que as expressões "arrecadação", "administração" e "realização do ativo" englobam a maior parte das atribuições legais do administrador judicial e estão previstas em outro inciso do art. 84 (inciso III).

Entre esses raros casos estão os referentes aos contratos que o administrador judicial resolver cumprir, nos termos dos arts. 117 e 118. As despesas resultantes desses contratos são classificadas como extraconcursais.

27.8. Os demais créditos extraconcursais

Estudar a ordem dos créditos extraconcursais no regime do Decreto-Lei n. 7.661/45 era tarefa complexa que exigia esforço de interpretação, em razão de inúmeras alterações impostas por leis extravagantes, ao longo de seus sessenta anos de vigência.

A doutrina admitia a seguinte ordem de pagamento dos chamados encargos e dívidas da massa:

(1) Encargos prioritários: os impostos e contribuições públicas a cargo da massa e exigíveis durante a falência, previstos no art. 124, § 1º, V, do Decreto-Lei n. 7.661/45, cuja preferência era determinada pelo art. 188 do Código Tributário Nacional.

(2) Encargos que se sujeitavam a rateio entre eles, se necessário (art. 124, § 3º):

a) as custas judiciais do processo da falência, dos seus incidentes e das ações em que a massa for vencida, conforme art. 124, § 1º, I, da lei falimentar revogada;

b) as quantias fornecidas à massa pelo síndico ou pelos credores (art. 124, § 1º, II);

c) as despesas mencionadas no art. 124, § 1º, III, com arrecadação, administração, realização de ativo e distribuição do seu produto, desde que não se refiram a pagamento de trabalhadores contratados para essas atividades, que, como assentado, são créditos trabalhistas;

d) as despesas com a moléstia e o enterro do falido que morrer na indigência no curso do processo (art. 124, § 1º, IV);

e) as indenizações por acidente do trabalho que, no caso de continuação de negócio do falido, se tenha verificado nesse período (art. 124, § 1º, VI).

As dívidas da massa eram arroladas no art. 124, § 2º, do Decreto-Lei n. 7.661/45 e se distribuíam em três categorias: a) as custas pagas pelo credor que requereu a falência; b) as obrigações resultantes de atos jurídicos válidos praticados pelo síndico; c) as obrigações provenientes de enriquecimento indevido da massa.

A LREF simplificou a compreensão do tema, reclassificou algumas despesas e denominou as dívidas e os encargos da massa, indistintamente, de créditos extraconcursais:

a) *Quantias fornecidas à massa pelos credores*

A lei anterior era mais completa, pois incluía as quantias fornecidas pelo *síndico*. No regime atual haverá dificuldade em estender a prioridade de pagamento de despesas realizadas pelo administrador judicial, com recursos próprios. As assim realizadas se sujeitarão à classificação subsequente (art. 84, III), devendo o auxiliar do Juízo limitar-se a adiantamentos correspondentes às rubricas indicadas nos incisos III, IV e V do mencionado artigo.

Distinguem-se essas quantias daquelas previstas no art. 114-A, § 1º, de incidência específica ao credor que adianta recursos para o prosseguimento da falência na ocorrência de arrecadação insuficiente de bens. Nesse caso, o adiantamento é classificado como prioritário, na ordem do art. 84, I-A.

b) *Despesas com arrecadação, administração, realização do ativo e distribuição do seu produto, bem como as custas do processo de falência*

São inúmeras as ocorrências no processo falimentar que podem dar ensejo ao pagamento das despesas aqui mencionadas: transporte, prêmio de seguro, chamadas telefônicas, cópia de papéis e documentos, remessa de correspondência, condução para vistoria, conservação ou conserto de bens arrecadados, contratos com empresas especializadas visando a guarda do imóvel ou dos bens, aluguéis de cofres, imóveis ou móveis utilizados pela massa etc.

No tocante às custas do processo de falência, de duas categorias são as despesas a este título, conforme o tempo de sua ocorrência: as realizadas pelo requerente da falência e pagas em momento anterior e as efetivadas após o decreto falimentar que correspondem às publicações de avisos, editais etc.

Refere-se a lei a ambas. As despesas que o autor do pedido de falência realizou para obter o decreto falimentar consistem nas custas processuais propriamente ditas e nos honorários pagos ao advogado que fez o pedido em nome do autor.

O dispositivo aqui estudado excepciona a regra prevista no art. 5º, que proíbe o pagamento de despesas que os credores fizerem para tomar parte na recuperação e na falência. Isto ocorre em razão de critério de justiça, conforme leciona Trajano de Miranda Valverde (1999, 2:198): "Tratando-se de uma execução coletiva, nada mais justo que todos os credores suportem as despesas feitas com o processo preliminar da falência". Aquele que tomou a iniciativa de dar início ao processo falimentar, contratando advogado e demonstrando em Juízo o estado falitário do devedor, contestando suas afirmações e correndo risco pessoal próprio de toda lide – sucumbência e eventual indenização –, deve ser ressarcido pelos benefícios trazidos a toda comunidade credora. Sua iniciativa é distinta à dos demais credores que participam da massa concursal mediante simples habilitação de seus créditos. Trata-se de ato de escolha, em momento que precede ao concurso, que, pela inércia de tantos outros em iguais condições, merece tratamento destacado no concurso de credores.

c) *Custas judiciais relativas às ações e execuções em que a massa falida tenha sido vencida*

O dispositivo permite conclusão que extrapola a mera classificação do crédito. Em regra, as despesas extraconcursais previstas no art. 84 são pagas no momento da liquidação, na etapa de pagamento de credores, em conjunto com outros pagamentos, obedecendo à ordem de prioridade, salvo aquelas que exijam o pagamento antecipado (art. 150).

As custas judiciais são espécies de créditos tributários e receberam na Lei Falimentar tratamento superior a todos os demais títulos dessa natureza, genericamente previstos nos arts. 84, V (tributos relativos a fatos geradores ocorridos após a decretação da falência), e 83, III (créditos tributários), precedendo-os. Nos processos envolvendo interesse da massa – como autora, ré ou litisconsorte –, esses emolumentos inserem-se na oitava posição na ordem de preferência, logo após os créditos estritamente salariais (art. 151), despesas que exigem o pagamento antecipado (art. 150), classificados no art. 84, I-A, fornecedores em contratos regulamentados pelos arts. 69-A a 69-F (os chamados *DIP*, art. 84, I-B), restituições (art. 84, I-C), remunerações do administrador judicial e auxiliares (art. 84, I-D), as obrigações resultantes de atos válido (art. 84, I-E), as quantias fornecidas pelos credores (art. 84, II) e as despesas com arrecadação, administração, realização do ativo etc. (art. 84, III).

A posição delineada pelo legislador falimentar conduz à inafastável conclusão no sentido de que se a massa falida não dispuser de dinheiro em caixa estará dispensada do recolhimento das custas iniciais e despesas dos processos em que intervir, sendo-lhe facultado diferir seu pagamento para o momento da liquidação.

d) *Tributos relativos a fatos geradores ocorridos após a decretação da falência, respeitada a ordem estabelecida no art. 83*

No que se refere aos créditos tributários, decorrem de fatos imponíveis posteriores à sentença de quebra, como, por exemplo, os impostos de propriedade predial e territorial urbana vencidos no exercício posterior à quebra, o imposto relativo à circulação de mercadorias e sobre prestação de serviços incidente sobre as operações decorrentes da continuação provisória da atividade empresarial, o imposto sobre a propriedade de veículos automotores relativo aos exercícios posteriores à quebra etc. Todos esses casos serão classificados e pagos como créditos extraconcursais e não como crédito privilegiado tributário (art. 83, III).

A que ordem se refere a parte final do inciso V do art. 84? A expressão ("respeitada a ordem estabelecida no art. 83") repete o que está consignado na parte final do art. 67 e indica a existência de uma classificação interna dentro da ordem dos créditos extraconcursais.

É que dentre os credores que forneceram serviços ou produtos ao devedor em recuperação judicial poderá haver credores cujos créditos seriam distintamente classificados (direito real, quirografários, subordinados etc.).

Um exemplo pode clarear a matéria: instituição financeira forneceu crédito rotativo, com garantia, e receberia a classificação de seu crédito como credor com direito real de garantia. O saldo de nota promissória não paga é crédito quirografário. A emissão de debênture subordinada é de natureza subordinada. A multa por tributo não pago no vencimento é de natureza subquirografária. Como os fatos ocorreram durante o cumprimento de regime de recuperação judicial e se deles decorrerem cobrança de tributos, estes serão havidos como créditos extraconcursais, mas se respeitará a precedência de pagamento, segundo a ordem original dos fatos geradores. No exemplo acima, todos ocupam a posição equivalente na ordem geral (após os dois prioritários – salários vencidos há três meses e os extraconcursais indicados nos incisos I-B a I-E do art. 84), mas, entre eles, o que originariamente se classificava como direito real de garantia receberá antes do último que decorre de crédito subordinado.

27.9. Créditos concursais ou concorrentes

Pagos os credores prioritários (aqueles que recebem adiantado, os que tiveram suas ações de restituição julgadas procedentes) e os extraconcursais, inicia se o pagamento dos credores em oito classes distintas, as classes privilegiadas, em número de cinco, e as destituídas de qualquer privilégio no recebimento, em número de três. Entre as do primeiro grupo estão: (1) a classe dos credores por créditos derivados da legislação do trabalho e acidentários; (2) a classe dos credores com direito real de garantia; (3) a classe dos créditos tributários; (4) a classe dos créditos com direito geral de garantia. No segundo grupo encontram se: (5) quirografários; (6) subquirografários e (7) subordinados.

Verifica se que, na ordem geral, os primeiros privilegiados recebem após rateios ocorridos nas primeiras dez categorias de credores prioritários absolutos (duas espécies: arts. 150 e 151), extraconcursais prioritários (quatro espécies, art. 84, I-B a I-E) e extraconcursais (quatro espécies, art. 84, II a V). O rateio concursal, portanto, somente inicia se no décimo período de pagamentos.

27.9.1. Créditos derivados da legislação do trabalho e decorrentes de acidentes de trabalho

Os créditos trabalhistas foram tratados no estudo dos créditos prioritários de pagamento antecipado (item 27.7.c). Para concluir o estudo dos credores privilegiados da primeira classe, resta tecer alguns comentários a respeito dos créditos decorrentes de acidentes de trabalho, categoria que concorre com os créditos até 150 salários-mínimos derivados da legislação do trabalho.

Os credores por acidente de trabalho receberam tratamento especial e melhoraram substancialmente sua posição na classificação geral. No sistema anterior, de 1945, figuravam após os créditos tributários.

A preferência anterior desses créditos tinha origem no art. 97 do Decreto-Lei n. 7.036, de 10 de novembro de 1944, e não era ressalvada pelo art. 186 do Código Tributário Nacional, legislação de 25 de outubro de 1966, posterior àquela. A redação desse artigo não deixava qualquer margem a dúvidas quanto à precedência, tão somente, dos créditos trabalhistas sobre os tributários.

Assim, o crédito trabalhista preferia a todos os demais (Decreto-Lei n. 7.661/45, art. 102), e, em seguida, eram pagos os créditos tributários (CTN, art. 188).

Havia, entretanto, quem discutisse se os acidentários antecediam os trabalhistas ou sucediam aos tributários. Coube ao eminente procurador de justiça de São Paulo Gabriel Nettuzzi Perez (1974, 86:9-16), em artigo publicado em 1974, concluir pela preferência do crédito tributário, sustentando a derrogação operada pela redação dada ao art. 186 do Código Tributário Nacional, em data posterior à preferência então estatuída pelo Decreto-Lei n. 7.036/44, que dispunha no seu art. 97: "É privilegiado e insuscetível de penhora o crédito do acidentado ou de seus herdeiros ou beneficiários, pelas indenizações determinadas nesta lei, não podendo, outrossim, ser objeto de qualquer transação, inclusive mediante outorga de procuração em causa própria ou com poderes irrevogáveis. Parágrafo único. No concurso de quaisquer créditos privilegiados, o de que trata este artigo prevalecerá sobre os demais". A redação do Código Tributário, em 25 de outubro de 1966, determinou: "O crédito tributário prefere a qualquer outro, seja qual for a natureza ou o tempo da constituição deste, ressalvados os créditos decorrentes da legislação do trabalho".

E, de fato, no conflito entre duas leis federais, a posterior derroga a anterior. E, assim, na vigência da LF45, o crédito tributário preferia ao crédito por acidente de trabalho, classificação que deve ser observada nas falências ajuizadas anteriormente à vigência da Lei Falimentar atual (art. 192).

Na Lei n. 11.101/2005, o crédito por acidente de trabalho recebeu duas classificações: se a indenização acidentária decorrer de serviço prestado após a decretação da falência, o crédito é extraconcursal (art. 84, I); se anterior à quebra, o crédito é privilegiado e concorre com o decorrente da legislação trabalhista (art. 83, I).

27.9.2. Créditos com direito real de garantia

Clóvis Beviláqua (1976:411) conceitua o direito real de garantia como aquele que, "recaindo sobre determinada coisa corpórea, a vincula ao cumprimento de uma obrigação". Sua definição pode ser ampliada para incluir coisas incorpóreas, porque a lei brasileira equipara a caução de títulos da dívida pública e de títulos de crédito ao penhor. No direito brasileiro se conhecem os seguintes direitos reais de garantia: o penhor, a anticrese e a hipoteca, definidos e regulados, respectivamente, nos arts. 1.419 e seguintes do Código Civil.

O penhor é a garantia do débito pela tradição efetiva ao credor de um objeto móvel corpóreo ou, ainda, na caução, de coisa incorpórea, suscetível de alienação. A anticrese, segundo Silvio Rodrigues (1972, 5:359), é "o direito oriundo de um contrato, que se estabelece pela entrega de um imóvel frugífero ao credor, que fica autorizado a retê-lo e a perceber-lhe os frutos, imputado na dívida, e até o seu resgate, as importâncias que for recebendo". Hipoteca é o direito real que recai sobre a coisa imóvel – navio, avião, lote de terreno, prédio – e que, embora permaneça em poder do garantidor, assegura ao credor o direito de excutir o bem para o pagamento da dívida, com exclusão de qualquer outro credor.

Na falência, não havendo outras preferências – de credores prioritários, extraconcursais e trabalhistas –, os títulos garantidos por direito real não se sujeitam a rateio. Significa dizer que, nessa circunstância, mesmo havendo mais de um credor com direito real de garantia, cada um recebe o produto da venda do bem gravado até o limite de seu crédito. Se o bem gravado for insuficiente, o saldo é admitido como quirografário, e se, ao contrário, o crédito é inferior ao valor alcançado pelo bem, o saldo é lançado para rateio da próxima classe – a dos credores tributários. Não há comunicação entre bens e credores com garantia real.

Se o saldo apurado na venda do ativo não gravado não for suficiente para pagar os credores mais privilegiados que o detentor da coisa onerada, o produto de seu bem servirá para o rateio das classes mais privilegiadas.

Desde a primeira reforma da Lei Falimentar após a promulgação do Decreto-Lei n. 7.661/45, sobrepondo outros credores ao com direito real, a jurisprudência firmou-se no sentido de que os bens garantidores, que em tese deveriam servir exclusivamente para o pagamento de seus créditos, podem ser rateados entre os que possuem prioridade no pagamento. Em outras palavras, utilizadas pelo Ministro Moreira Alves no RE n. 94.448-PR, j. 5-6-1981: "Tal circunstância não mais se verifica a partir do momento em que os próprios bens objeto da garantia real podem ser rateados entre outros credores que têm preferência que se sobrepõe à do titular do direito real de garantia, como sucede, a partir de 2 de janeiro de 1958, com os que têm direito a receber salários e indenizações trabalhistas, aludidos na parte inicial do *caput* do art. 102, em sua atual redação, da Lei de Falências. Essas garantias reais, portanto, são passíveis, atualmente, de diminuição ou até de exaurimento para a satisfação, inclusive por rateio, de uma classe de credores – os por salários ou indenizações trabalhistas – que prefere à dos titulares delas".

Mais recentemente, o Superior Tribunal de Justiça assim se posicionou, ao analisar a inaplicabilidade do art. 119 da Lei de 1945: "Bens da massa. Venda por proposta. Imóveis gravados com hipoteca. Pretensão de que estes sejam levados a leilão na conformidade da lei processual civil, repelida por acórdão que denegou a segurança ao credor. Interpretação correta da lei, sobretudo do art. 102 do Decreto-Lei n. 7.661/45, tal à luz de legislação posterior que veio atribuir prioridade no pagamento a outros credores em detrimento dos hipotecários, ou titulares de direitos reais de garantia" (Recurso em Mandado de Segurança n. 1.519-SP, Rel. Min. Nilson Naves, j. 10-8-1993).

Reiterando a tendência da legislação extravagante anterior, a Lei n. 11.101/2005 priorizou outros credores, relativizando o privilégio do credor com direito real de garantia sobre o produto da coisa gravada.

27.9.3. Créditos tributários, à exceção das multas tributárias

A Lei n. 11.101/2005 distingue três categorias de créditos fiscais: a) os constituídos após a sentença de quebra; b) os devidos antes da decretação da falência; e c) as multas fiscais.

Os primeiros são créditos extraconcursais (art. 84, IV e V) e são pagos depois dos créditos trabalhistas e acidentários decorrentes de serviços prestados após a quebra (art. 84, I); da devolução de quantias fornecidas pelos credores (art. 84, II) e das despesas de arrecadação, administração, realização do ativo e distribuição do produto e custas do processo de falência (art. 84, III). São objeto de estudo no item 27.9. d.

Os constituídos antes da quebra são créditos privilegiados, recebendo logo após a classe dos credores com direito real de garantia. E os últimos – multas fiscais – são créditos subquirografários, recebendo apenas antes dos credores subordinados.

Equiparam-se aos créditos tributários as contribuições sindicais, definidas nos arts. 578 e seguintes da Consolidação das Leis do Trabalho, bem como as do art. 217 do Código Tributário Nacional e as parafiscais devidas para os serviços sociais da indústria e do comércio, tais como SESI, SENAI, SENAC, SESC.

Observe se, finalmente, que o concurso de preferência preconizado pelo art. 187, parágrafo único, do Código Tributário Nacional (*O concurso de preferência somente se verifica entre pessoas jurídicas de direito público, na seguinte ordem: I – União; II – Estados, Distrito Federal e Territórios, conjuntamente e pro rata; III – Municípios, conjuntamente e pro rata*) é perfeitamente aplicável, não sendo inconstitucional a distinção ali prevista, conforme a Súmula 563 do Supremo Tribunal Federal: "O concurso de preferência a que se refere o parágrafo único do art. 187 do Código Tributário Nacional é compatível com o disposto no art. 9º, I, da Constituição Federal".

27.9.4. Créditos cuja classificação foi extinta na reforma da LREF em 2020

Entendemos importante manter em nossos estudos os créditos com privilégio especial sobre determinados bens e os créditos com privilégio geral que eram previstos nos incisos IV e V, do art. 83, suprimidos pela LREF-20.

Pendências jurídicas podem ocorrer entre os diferentes momentos de aplicação da LREF, razão pela qual seu estudo é mantido, seja por razões de memória histórica, seja em razão de ordem de aplicação processual.

a) Créditos com privilégio especial sobre determinados bens

A lei – falimentar e extrafalimentar – atribui o direito de alguns credores excutirem determinados bens, preferencialmente a outros credores. A esse direito se denomina privilégio especial.

Aqui cabe a mesma observação feita em relação ao direito real de garantia. Na falência, havendo credores mais privilegiados, o exercício do direito sobre a coisa unicamente poderá ser realizado após o pagamento daqueles. A eficácia plena desse exercício somente ocorre na ausência de outros credores mais privilegiados.

O art. 83, IV, na redação original da LREF, apresentava quatro modalidades de créditos com privilégio especial nas alíneas *a*, *b*, *c* e *d*.

a) *Os previstos no art. 964 do Código Civil*

São em número de oito: (I) o credor de custas e despesas judiciais feitas com arrecadação e liquidação sobre a coisa arrecadada e liquidada; (II) o credor por despesas de salvamento sobre a coisa salvada; (III) o credor por benfeitorias necessárias ou úteis sobre a coisa beneficiada; (IV) o credor de materiais, dinheiro ou serviços para a sua edificação, reconstrução ou melhoramento, sobre os prédios rústicos ou urbanos, fábricas, oficinas ou quaisquer outras construções; (V) o credor por sementes, instrumentos ou serviços à cultura, ou à colheita, sobre os frutos agrícolas; (VI) o credor de aluguéis, quanto às prestações do ano corrente ou do anterior, sobre as alfaias e utensílios de uso doméstico, nos prédios rústicos ou urbanos; (VII) o autor de obra existente na massa do editor ou seus legítimos representantes, pelo crédito fundado contra aquele no contrato de edição, sobre os exemplares da obra; (VIII) o trabalhador agrícola, quanto à dívida dos seus salários, sobre o produto da colheita para o qual houver concorrido com seu trabalho.

Observa-se que os casos emprestados das leis extrafalimentares, como estes do art. 964 do Código Civil, devem ser confrontados com a disposição falitária, verificando se a hipótese foi contemplada de forma diversa.

Veja-se, por exemplo, o previsto no inciso VI, que possui regulamentação própria na Lei Falimentar (art. 84, III), quando posterior à quebra. O trabalhador agrícola (inciso VIII), na falência, perde o privilégio sobre a coisa e obedece à classificação dos credores trabalhistas, inclusive quanto aos valores de pagamento antecipado.

b) *Os assim definidos em outras leis civis e comerciais, salvo disposição contrária da Lei n. 11.101/2005*

São inúmeros os casos de privilégio especial, previstos em diversas leis, e eles permanecem quando e se a Lei Falimentar não dispuser em contrário. Dois exemplos podem ser apontados:

(1) o direito do transportador, bem como o do depositário, de reter o depósito até que se lhe paguem a retribuição devida, o líquido valor das

despesas ou dos prejuízos que do depósito provierem e as despesas feitas com a coisa (CC, arts. 643, 644 e 751);

(2) o capitão de navio, para pagamento do preço da passagem, sobre todos os pertences que o passageiro tiver a bordo (CCom, art. 632).

c) *Aqueles a cujos titulares a lei confere direito de retenção*

O privilégio especial recai sobre a coisa retida. Consiste o direito de retenção na guarda de coisa alheia em garantia enquanto não satisfeita, a favor daquele que a retém, obrigação lícita prevista na lei ou em contrato. No Código Civil encontram-se exemplos de direito de retenção: (a) o direito do depositário de reter o depósito nas situações que relaciona (art. 644); (b) o direito do comissário sobre os bens e valores em seu poder em virtude da comissão, para reembolso das despesas feitas, bem como para recebimento das comissões devidas (art. 708); (c) o transportador em relação à bagagem de passageiro e outros objetos pessoais deste, para garantia do pagamento do valor da passagem (art. 742); (d) o possuidor de boa-fé em relação às benfeitorias necessárias e úteis (art. 1.219); (e) o credor pignoratício sobre a coisa empenhada para indenização das despesas que tiver feito (art. 1.433, II); (f) o credor anticrético no tocante ao imóvel dado em garantia (art. 1.507, § 2º).

O credor que, por força de exercício do direito de retenção, mantiver em seu poder coisa sujeita a arrecadação, deverá, a partir da decretação da falência, entregá-la ao administrador judicial, podendo habilitar seu crédito junto à massa, na classe dos créditos com privilégio especial (art. 83, IV, *c*).

d) *Aqueles em favor dos microempreendedores individuais, microempresas e empresas de pequeno porte de que trata a Lei Complementar n. 123, de 14 de dezembro de 2006*

Incluídos pela Lei Complementar n. 147, de 7 de agosto de 2014, esses credores detêm privilégio especial na ordem de pagamentos na liquidação. Classificam-se em posição vantajosa à de outros credores que, a rigor, dispõem de créditos de idêntica natureza.

Significa dizer que a lei faz distinção quanto à origem da constituição do título: se o fornecedor do falido é um microempreendedor individual, microempresário ou empresário de pequeno porte receberá em condições privilegiadas, em classe superior à que ostenta o empresário de médio ou de grande porte, detentor de título de semelhante categoria.

Assim, o titular de um título de crédito (cheque ou duplicata, por exemplo) pode ser classificado como credor com privilégio especial ou como credor quirografário. A classificação não mais levará em conta o título que o credor ostenta, mas a condição do enquadramento fiscal do titular desse crédito.

b) Créditos com privilégio geral

São créditos com direito de privilégio geral aqueles aos quais a lei ou o contrato atribuem prerrogativa de seu pagamento sobre todo o patrimônio do devedor, sem sua individualização. O art. 83, V, subdividia as hipóteses em três casos: (a) os previstos no art. 965 do Código Civil; (b) os previstos no parágrafo único do art. 67 da Lei Falimentar; (c) os assim definidos em outras leis civis e comerciais, salvo disposição contrária da Lei Falimentar.

a) *Créditos previstos no art. 965 do Código Civil*

Embora a Lei Falimentar indique os casos previstos no art. 965 do Código Civil, nem todos os casos ali arrolados podem ser classificados como créditos com privilégio geral na falência.

A Lei Civil inclui na relação do art. 965 os créditos decorrentes de: (I) despesas de funeral sobre os bens do espólio; (II) custas judiciais ou por despesas com a arrecadação e liquidação da massa; (III) despesas com o luto do cônjuge sobrevivo e dos filhos do devedor falecido; (IV) despesas com a doença de que faleceu o devedor, no semestre anterior à sua morte; (V) gastos necessários à mantença do devedor falecido e sua família, no trimestre anterior ao falecimento; (VI) impostos devidos à Fazenda Pública, no ano corrente e no anterior; (VII) salários dos empregados do serviço doméstico do devedor, nos seus derradeiros seis meses de vida; (VIII) demais créditos de privilégio geral.

Nem todos esses casos aplicam-se ao concurso falencial, em razão da existência de regra especial, como ocorre com as custas judiciais (CC, art. 965, II) e despesas com a arrecadação e liquidação da massa – são havidas na falência como créditos extraconcursais (art. 84, III). Igual raciocínio se faz em relação aos impostos devidos à Fazenda Pública (CC, art. 965, VI) que ou são créditos com privilégio previsto no art. 83, III, ou são extraconcursais, nos termos do art. 84, V. Os salários dos empregados, por serviços de qualquer natureza, são créditos beneficiados com pagamento adiantado (art. 151) ou são privilegiados (art. 83, I) ou quirografários (art. 83, VI, *c*).

b) *Créditos previstos no parágrafo único do art. 67 da Lei Falimentar*

Se a falência é incidental a processo de recuperação judicial, poderá ocorrer a reclassificação de alguns créditos anteriormente submetidos à categoria quirografária. É a hipótese de fornecimento por este credor, durante a recuperação judicial, de bens e serviços necessários à atividade do devedor: os créditos fornecidos após o processamento da recuperação judicial serão havidos como extraconcursais (art. 84, V) e os anteriores, de natureza quirografária, serão convertidos em créditos com privilégio geral, no limite do valor dos bens ou serviços fornecidos durante a recuperação.

Por exemplo: A, fornecedor de tintas e vernizes ao devedor B, empresário no ramo de loja de construção, habilita-se na recuperação pela dívida quirografária de R$ 15.600,00. Durante o período de recuperação mantém o contrato de fornecimento e entrega produtos a B no montante de R$ 10.000,00, recebendo normalmente a quase totalidade do preço dessas mercadorias. Decretada a falência, seu crédito original de R$ 15.600,00 será reclassificado: (1) o montante de R$ 10.000,00 será considerado crédito com privilégio geral; (2) os restantes R$ 5.600,00 continuarão classificados como quirografários. Do montante que A forneceu na recuperação, os valores ainda não recebidos serão considerados créditos extraconcursais, ou seja, têm prioridade no recebimento, anterior às classes indicadas no art. 83.

c) *Créditos assim definidos em outras leis civis e comerciais, salvo disposição contrária da Lei Falimentar*

Incluem-se entre os exemplos encontrados nas leis civis e comerciais em vigor as debêntures emitidas pelas sociedades anônimas. Elas são títulos de emissão privativa da assembleia geral das sociedades por ações que conferem direito de crédito ao seu portador, assegurando, conforme estipular a escritura de emissão, o pagamento de juros, participação no lucro da companhia e prêmio de reembolso. Sua função é proporcionar recursos financeiros à sociedade sem proceder a aumento de capital ou a financiamentos externos.

Em relação às garantias, as debêntures podem ou não possuí-las. As debêntures com garantia real são aquelas cujo direito recai sobre um determinado bem ou sobre um conjunto de bens. Incidindo sobre o ativo da companhia, serão denominadas debêntures com garantia flutuante. É possível, ainda, a emissão sem garantia e a subordinada ao pagamento de todos os credores, preferente apenas ao rateio dos acionistas.

As debêntures com garantia flutuante, previstas no art. 58, § 3º, da Lei n. 6.404/76, são créditos com direito geral de garantia porque incidem sobre todo o ativo da companhia.

É necessário salientar a observação anotada em relação ao direito real de garantia: na falência, havendo credores mais privilegiados, o exercício do direito sobre a coisa apenas poderá ser realizado após o pagamento daqueles. A eficácia plena desse exercício somente ocorre na ausência de outros credores mais privilegiados.

O Estatuto da Ordem dos Advogados do Brasil revogado (Lei n. 4.215, de 27-4-1963) previa, por exemplo, o privilégio especial sobre o objeto do mandato, pelos honorários e despesas feitas no desempenho daquele contrato. Na lei atual (Lei n. 8.906, de 4-7-1994), o crédito do advogado, fixado em sentença ou por contrato escrito, possui privilégio geral, uma vez que a lei não especifica o bem sobre o qual se atribui seu exercício.

27.9.5. Créditos quirografários

São quirografários os créditos que não possuem preferência alguma no pagamento concursal porque não contemplados por disposição de lei ou, por força desta, atribuída em contrato. Observa-se, como fazem alguns doutrinadores, que não é a ausência de garantias que os classifica como credores quirografários, mas a ausência de privilégio no pagamento dentro da execução coletiva. Esses créditos, eventualmente, podem estar garantidos por direito pessoal, como o aval e a fiança, e mesmo assim se manterão destituídos de privilégio no recebimento dentro do concurso de credores.

A palavra *quirógrafo* tem origem no grego *cheirógraphon*, no latim *chirographu*; representa todo documento escrito de próprio punho e, conforme explica De Plácido e Silva (1998:669), "se opõe ao sentido de *síngrafo* (do gr. *sýngraphos*, "contrato escrito", pelo lat. *syngraphu*) que é o documento de dívida ou obrigação assinado pelas partes, isto é, pelo credor e devedor". Entre seus significados, anotados por Aurélio Buarque de Holanda (2010:1763), encontra-se: "documento lavrado e assinado, ou assinado apenas por uma das partes interessadas".

27.9.6. Créditos subquirografários

A nova Lei Falimentar criou uma classe intermediária entre os credores quirografários e os credores subordinados. Integram-na os credores por multas contratuais e o Estado nas despesas de cobrança das penas pecuniárias por infração das leis penais ou administrativas, inclusive as multas tributárias.

Há de se criticar a inclusão de obrigações de cunho pessoal entre os créditos sujeitos a rateio. O Decreto-Lei n. 7.661/45 excluía do concurso de credores as penas pecuniárias por infração das leis penais e administrativas (art. 23, III), evitando, com isso, a socialização de despesas por atos ilícitos praticados pelo devedor falido. Ao permitir a habilitação de créditos dessa natureza, o legislador impôs à massa falida o pagamento de dívida de caráter personalíssimo para a qual somente os bens da pessoa infratora deveriam responder.

A matéria era sumulada pelo Supremo Tribunal Federal: "Não se inclui no crédito habilitado em falência a multa fiscal com efeito de pena administrativa" (Súmula 192) e "A multa fiscal moratória constitui pena administrativa, não se incluindo no crédito habilitado em falência" (Súmula 565).

José Araldo da Costa Telles (2004:135) indica a razão jurídica que sustentava a vedação imposta pela legislação e jurisprudência anterior à Lei n. 11.101, de 2005: "A causa da intransmissibilidade de crédito dessa natureza não é difícil de alcançar. Como pena, embora signifique, em verdade, indenização por dano presuntivamente causado, não pode ultrapassar a figura do transgressor. E acabaria recaindo sobre os credores se fosse admitida na falência".

27.9.7. Créditos subordinados

Prevê o art. 83, VIII, duas espécies de créditos subordinados: (a) os previstos na lei ou em contrato; e (b) os créditos dos sócios e dos administradores sem vínculo empregatício cuja contratação não tenha observado as condições estritamente comutativas e as práticas de mercado são créditos subordinados (art. 83, VIII, *b*).

No primeiro caso estão as debêntures subordinadas. A escritura de emissão desses títulos pode atribuir garantia real ou flutuante, como pode, ainda, estabelecer a ausência de garantias ou sua subordinação aos demais credores da companhia. As debêntures com garantia real concedem privilégio de direito real (art. 83, II), e as flutuantes, privilégio geral (art. 83, IV). Se a escritura não atribui garantia, o crédito é quirografário (art. 83, VI), e se a emissão a subordina ao pagamento de outros credores, a satisfação do crédito somente preferirá ao pagamento dos acionistas, sobre o ativo remanescente, após pagos todos os demais credores.

Serão chamados subordinados todos os créditos a que, a exemplo da debênture subordinada, a lei ou o contrato atribuírem essa condição.

No segundo caso estão os créditos dos sócios e dos administradores sem vínculo empregatício. Duas conclusões podem ser extraídas deste dispositivo: (1) os créditos de sócios não são aqueles relativos ao direito de recebimento de sua parcela no capital social porque os sócios somente receberão depois de pagos todos os credores, em rateio, se houver, do saldo apurado após a liquidação (art. 153); (2) os administradores com vínculo empregatício receberão, pelos créditos apurados a seu favor, na classe dos credores trabalhistas, isto é, pagamentos antecipados, na forma do art. 151, crédito privilegiado até 150 salários mínimos e crédito quirografário acima deste valor.

O pagamento de juros vencidos após a decretação da falência se dá depois do pagamento destes, sendo assim os últimos créditos a serem considerados, abaixo dos credores subordinados.

27.10. O pagamento aos credores

Durante a realização do ativo serão iniciados os pagamentos, que obedecerão à ordem prevista nos arts. 151, 150, 149, 84 e 83.

Dispõe o § 2º do art. 16, na redação que lhe deu a LREF-20, que o rateio de pagamentos pode ser realizado ainda que não esteja formado o quadro geral de credores, "desde que a classe de credores a ser satisfeita já tenha tido todas as impugnações judiciais apresentadas no prazo previsto no art. 8º desta Lei, ressalvada a reserva dos créditos controvertidos em função das habilitações retardatárias distribuídas até então e ainda não julgadas".

A solução legislativa traz celeridade ao curso da fase de pagamentos e não traz prejuízos porque ressalva a reserva de créditos ainda não julgados. Não há, portanto, risco de uma classe menos favorecida vir a receber mais do que o rateio lhe atribuiria ao final porque os valores dos créditos ainda não julgados nas classes que lhe precedem estarão necessariamente reservados.

Com a nova regra, não há mais necessidade de se aguardar, em relação à maior parte dos credores, a consolidação do quadro geral de credores.

Os pagamentos dos credores devem ser realizados com os mesmos cuidados previstos na lei anterior: mediante a emissão de cheques nominativos ou transferências identificadas, debitados em conta em nome da massa falida, mantida em banco oficial ou privado, segundo a ordem de seus créditos.

As regras estabelecidas nesta etapa não são de difícil compreensão:

• o produto da alienação judicial de empresa, filial ou unidade produtiva isolada permanecerá em conta de depósito à disposição do Juízo falimentar pelo prazo de um ano, contado da data da alienação, somente podendo ser utilizado para o pagamento de créditos extraconcursais ou de créditos que preferem ao tributário (CTN, art. 133, § 3º);

• os valores relativos à reserva de créditos ficarão depositados até o julgamento definitivo das habilitações, podendo ser utilizados posteriormente em rateio suplementar caso não se dê a inclusão pela totalidade do valor pretendido pelo credor que os reservou (art. 149, § 1º);

• os credores extraconcursais – aqueles cujas despesas são indispensáveis à administração da falência e à continuação provisória das atividades – a cujo rol (art. 84) se incluem os trabalhistas, por salários vencidos nos três meses anteriores à decretação da falência, até o limite de 5 salários-mínimos por trabalhador (art. 151), serão pagos tão logo haja disponibilidade em caixa, não se aguardando a definição do quadro geral de credores;

• o administrador recebe com os credores extraconcursais (art. 84, I), até o limite de 60% do que lhe for fixado, o que significa dizer que este é o momento para que o juiz fixe sua remuneração, atentando para que se faça previsão, em depósito judicial, do valor relativo ao pagamento após julgamento de suas contas e apresentação do relatório final – 40% do total fixado (art. 24, § 2º);

• o juiz deve fixar prazo para que os credores providenciem o levantamento dos valores relativos a seus créditos. Decorrido esse prazo, os credores cujos depósitos permanecerem à disposição do Juízo serão intimados no prazo de sessenta dias que, findos, sem o atendimento por parte dos credores, ensejarão a realização de novo rateio suplementar entre os credores remanescentes;

• havendo saldo, inicia-se o rateio de juros posterior à falência e, persistindo dinheiro em caixa, será entregue ao falido empresário individual ou, na hipótese de sociedade, aos sócios na proporção de sua participação, conforme dispuser o contrato.

Convém detalhar um pouco mais o procedimento de distribuição paritária do ativo realizado: havendo mais de um credor na mesma categoria, os pagamentos ocorrerão por rateio dentro dessa classe.

Assim, por exemplo, supondo que no quadro geral de credores e na sentença que fixou os honorários do administrador judicial tenham sido incluídos quatorze credores, nos seguintes valores e classes: (1) Abc – crédito por restituição – R$ 50.000,00; (2) Def – crédito por restituição – R$ 100.000,00; (3) Maria de Souza – administradora judicial – R$ 20.000,00; (4) João da Silva – crédito trabalhista – R$ 35.000,00; (5) José da Silva – crédito trabalhista – R$ 65.000,00; (6) União Federal – imposto de renda – R$ 20.000,00; (7) União Federal – INSS – R$ 10.000,00; (8) Fazenda do Estado de São Paulo – ICMS – R$ 40.000,00; (9) Banco Abc – crédito hipotecário – R$ 25.000,00; (10) Banco Def – crédito por emissão de debênture com garantia flutuante – R$ 25.000,00; (11) Banco Ghi – crédito decorrente de saldo em contrato de cheque especial – R$ 15.000,00; (12) Fornecedor Jkl – crédito representado por cheque devolvido – R$ 20.000,00; (13) Silva & Silva – crédito por emissão de debênture subordinada – R$ 250.000,00; (14) Maria Silva – crédito por emissão de debênture subordinada – R$ 500.000,00. Total: R$ 1.125.000,00.

São representadas, nesse quadro-geral, as seguintes classes de credores:

CLASSE	DESTINAÇÃO	PAGAMENTOS A SE REALIZAREM
Crédito prioritário	*Rateio* entre os credores n. 1 e 2, por direito de restituição	R$ 50.000,00 e R$ 100.000,00
Crédito prioritário	Ao credor de n. 1, por serviços prestados à massa	R$ 20.000,00, sendo 60% nesse momento e 40% reservados para após a apresentação do relatório final
Crédito com direito real de garantia	Ao credor n. 9, até o limite do bem garantidor	Até R$ 25.000,00 (o bem pode valer menos)
Crédito tributário – Subclasse de tributo federal – União	Ao credor n. 6	R$ 20.000,00
Crédito tributário – Subclasse de tributo federal – Autarquia	Ao credor n. 7	R$ 10.000,00
Crédito tributário – Subclasse de tributo estadual	Ao credor n. 8	R$ 40.000,00
Crédito quirografário	*Rateio* entre os credores quirografários, inclusive o credor n. 10 (com garantia real, considerado quirografário a partir da LREF-20):	
	n. 9 (pelo saldo eventualmente não coberto pela garantia recebida na classe dos credores com direito real de garantia, veja 27.10.2);	A diferença entre o valor habilitado e o obtido pela venda do bem garantidor
	n. 11	R$ 15.000,00
	n. 12	R$ 20.000,00
Crédito subordinado	*Rateio* entre os credores n. 13 e 14	R$ 250.000,00 e R$ 500.000,00

Neste exemplo são oito os pagamentos a serem feitos, se a massa comportar. Por que oito? Para se respeitar a ordem das classes, inclusive as internas de cada espécie. Para uma maior compreensão, consideremos duas possibilidades na realização do ativo:

1ª hipótese: o ativo alcançou a importância de R$ 100.000,00:

Em primeiro lugar, neste exemplo, os credores recebem por restituição (art. 84, I-D). Há R$ 100.000,00 em caixa e estes credores somam R$ 150.000,00. Cada um deles receberá, proporcionalmente, mediante cálculo simples (100 corresponde a 66,66% de 150, isto é, cada credor receberá 66,6% do habilitado), que resulta em R$ 33.330,00 para um e R$ 66.660,00 para o outro.

A segunda subclasse prioritária a ser indenizada é a de remuneração por serviços prestados à massa, entretanto, não há saldo para pagamento.

Neste exemplo não há saldo para prosseguir o pagamento de outras subclasses prioritárias. Os credores não prioritários nada recebem.

2ª hipótese: o ativo alcançou R$ 500.000,00:

ORDEM DE PAGAMENTO	SOMA DOS PAGAMENTOS	SALDO PARA A PRÓXIMA CLASSE
1º pagamento: aos credores por restituição em dinheiro	R$ 150.000,00	R$ 350.000,00
2º pagamento: ao administrador judicial	R$ 20.000,00	R$ 330.000,00
3º pagamento: aos credores trabalhistas no limite individual de 150 salários-mínimos	R$ 35.000,00 a João da Silva e R$ 65.000,00 a José da Silva	R$ 230.000,00
4º pagamento: ao credor com direito real de garantia, considerando, neste exemplo, que a venda do bem alcançou R$ 15.000,00	R$ 15.000,00 (dos R$ 25.000,00 que tinha a receber)	R$ 215.000,00
5º pagamento: à União Federal	R$ 20.000,00	R$ 195.000,00
6º pagamento: ao INSS	R$ 10.000,00	R$ 185.000,00
7º pagamento: ao Estado de São Paulo	R$ 40.000,00	R$ 145.000,00

8º pagamento: rateio entre os credores quirografários	Saldo do credor com direito real de garantia: R$ 10.000,00. Credor com privilegio geral (debênture com garantia flutuante – considerado credito quirografário a partir da LREF-20): R$ 25.000,00	R$ 75.000,00
	Banco credor por saldo em conta garantida (cheque especial): R$ 15.000,00	
	Fornecedor sem garantias: R$ 20.000,00	
	Soma da classe: R$ 70.000,00	
9º pagamento: rateio entre credores subordinados (debêntures com essa qualificação)	R$ 250.000,00 e R$ 500.000,00	Para encontrar a participação de cada um dos credores deve se verificar quanto cada um participa percentualmente do rateio, dividindo o saldo existente (R$ 75.000,00) pela soma dos valores que habilitaram, o que resulta no índice redutor de 0,10 (ou 10%), o que significa dizer que para cada R$ 1,00 o credor receberá R$ 0,10. Essa será a moeda de pagamento. O credor que habilitou R$ 250.000,00 receberá (200.000 x 0,10) R$ 25.000,00 e o que habilitou R$ 500.000,00 receberá (500.000 x 0,10) R$ 50.000,00, totalizando R$ 75.000,00 e encerrando a conta da massa.

No exemplo se constata que, do total do passivo, R$ 1.125.000,00, mais da metade dos créditos pertence à classe dos subordinados, exatamente 62,22% dos créditos, quase dois terços do valor total. Se excluídos os créditos prioritários (R$ 170.000,00), que não votam (art. 41), sua participação no passivo atinge 73,30%, o que lhes dá, com sobra, poder de decisão na assembleia, garantindo-lhes meios de definir a forma de liquidação que atenda melhor a seus interesses (art. 145). Infelizmente, a assembleia de credores tem sido pouco utilizada pelos próprios credores na grande maioria dos processos de falência.

27.11. Pagamento de juros

Desde a decretação da falência está suspensa a fluência de juros. Entretanto, se a massa comportar, após a realização do ativo e pagamento dos valores principais, far-se-á nova conta para atribuição de juros, contados desde a data da decretação da quebra, incluindo os legais e os contratuais. A conta obedecerá à classificação ordenada nos autos e que foi respeitada no primeiro pagamento.

27.12. Devolução da sobra ao falido ou rateio entre os sócios

Realizados todos os pagamentos, incluindo o principal e os juros que estavam suspensos, se a massa comportar, o saldo deverá ser devolvido ao falido empresário individual ou aos sócios da sociedade falida, conforme determina o art. 153 da Lei Falimentar. O rateio entre os sócios obedecerá à proporção de sua participação na sociedade, conforme dispuser o contrato social, ou, ainda, pela fração de ações que possuírem.

Nem sempre é possível realizar esse pagamento à falta de bens suficientes para todo passivo, mas, ocorrendo isso, as cotas devidas aos sócios e acionistas deverão ser realizadas no próprio processo falimentar. Nessa hipótese, abre-se nova fase de execução de prestações, fato que pode resultar em novo e longo período de acertamento dos créditos dos sócios ou acionistas.

27.13. Resumo gráfico

ORDEM GERAL DE PAGAMENTO	CLASSES E SUBCLASSES	
1	**Prioridade absoluta**	(1) Créditos trabalhistas de natureza estritamente salarial vencidos nos três meses anteriores à decretação da falência, até o limite de cinco salários-mínimos por trabalhador (art. 151) e as despesas cujo pagamento antecipado seja indispensável à administração da falência (art. 150) – art. 84, I-A.
2 a 9	**Extraconcursais prioritários**	(2) O valor efetivamente entregue ao devedor em recuperação judicial pelo financiador (art. 69-B) – art. 84, I-B. (3) Restituições em dinheiro previstas no art. 86 (art. 149) – art. 84, I-C. (4) Remunerações devidas ao administrador judicial e aos seus auxiliares, aos reembolsos devidos a membros do Comitê de Credores e aos créditos derivados da legislação trabalhista ou decorrentes de acidentes

2 a 9	**Extraconcursais prioritários**	de trabalho relativos a serviços prestados após a decretação da falência (art. 84, I-D). (5) Obrigações resultantes de atos jurídicos válidos praticados durante a recuperação judicial, nos termos do art. 67, ou após a decretação da falência (art. 84, I-E). (6) Quantias fornecidas à massa falida pelos credores (art. 84, II). (7) Despesas com arrecadação, administração, realização do ativo e distribuição do seu produto e custas do processo de falência (art. 84, III). (8) Custas judiciais relativas às ações e execuções em que a massa falida tenha sido vencida (art. 84, IV). (9) Tributos relativos a fatos geradores ocorridos após a decretação da falência, respeitada a ordem estabelecida no art. 83 (art. 84, V).
10 a 14	**Concorrentes ou concursais com privilégio**	(10) Créditos derivados da legislação do trabalho até 150 salários-mínimos por credor, e aqueles decorrentes de acidentes de trabalho (art. 83, I). (11) Créditos com direito real de garantia até o limite do valor do bem gravado (art. 83, II). (12, 13 e 14) Créditos tributários, independentemente da sua natureza e do tempo de constituição, exceto os créditos extraconcursais e as multas tributárias (art. 83, III). Obedecem a seguinte ordem prevista no parágrafo único do CTN: 12 – União; 13 – Estados, Distrito Federal e Territórios, conjuntamente e pro rata; 14 – Municípios, conjuntamente e pro rata.
15 e 16	**Concorrentes ou concursais sem privilégio**	(15) Créditos quirografários (art. 83, VI). (16) Créditos subquirografários: multas contratuais e as penas pecuniárias por infração das leis penais ou administrativas, incluídas as multas tributárias (art. 83, VII)
17 e 18	**Créditos subordinados**	(17) Créditos subordinados (art. 83, VIII): previstos em lei ou em contrato e os créditos dos sócios e dos administradores sem vínculo empregatício cuja contratação não tenha observado as condições estritamente comutativas e as práticas de mercado. (18) Juros vencidos após a decretação da falência (arts. 83, IX, e 124).
19	Devolução ao falido ou rateio entre os sócios da sociedade falida.	

27.14. O pagamento entre massas solidárias

No Capítulo 21 foram estudados os casos de apreensão de bens de sócios para pagamento das dívidas sociais. Reportando ao que ficou mencionado, deve ser lembrado que haverá o acréscimo de tantos quadros-gerais de credores quantos forem os sócios de responsabilidade solidária, e os pagamentos serão realizados em obediência às seguintes regras: (1) os credores da sociedade são pagos com os bens da sociedade; (2) os credores dos sócios solidários são pagos com os bens destes; (3) na hipótese de ocorrer sobra de bens sociais, estes são rateados às massas de bens particulares dos sócios solidários; (4) havendo necessidade, os bens dos sócios solidários respondem também pelas obrigações sociais.

Exemplificando:

1) Numa sociedade em nome coletivo, formada pelos sócios A, B e C, detentores de 25%, 25% e 50% do capital da sociedade D, todos respondem de forma solidária e ilimitada pelas obrigações sociais, subsidiariamente ao patrimônio social. Com a falência, os bens de cada um dos sócios serão arrecadados e figurarão em auto próprio, individualizado. Em decorrência desse efeito sobre seus bens, os credores individuais de cada um deles deverão habilitar seus créditos no prazo fixado pela sentença de quebra, formando-se massas concursais subjetivas, distintas para cada um dos sócios solidários.

2) Após a realização de todo o ativo da sociedade falida D, não foram satisfeitos credores que, na totalidade, haviam habilitado a importância de R$ 600.000,00.

3) As massas individuais dos sócios A e B são superavitárias e comportam o pagamento dos credores particulares habilitados, sobejando as importâncias de R$ 400.000,00, na do primeiro, e R$ 1.000.000,00, na do segundo. A massa individual do sócio C é deficitária e não comporta os pagamentos de seus credores.

4) O valor ainda devido aos credores sociais – R$ 600.000,00 – poderá ser exigido das massas solidárias de A e B, que são superavitárias. Supondo que o administrador judicial tenha se valido de R$ 400.000,00 da massa de A, liquidando-a, e de R$ 200.000,00 da massa de B, a este restará o saldo de R$ 800.000,00, uma vez que seu ativo somava RS 1.000.000,00.

5) A questão residual agora envolve os pagamentos que os devedores solidários devem exigir, por sub-rogação, uns dos outros. A dívida exigida deles foi de R$ 600.000,00, que, na proporção do capital, deveria ser repartida em 25% para A (R$ 150.000,00), 25% para B (R$ 150.000,00) e

50% para C (R$ 300.000,00). Contudo, C é insolvente (item 3) no nosso exemplo.

6) O direito de regresso entre os sócios deve ser calculado na forma estudada anteriormente, isto é: a) em primeiro lugar, calcula-se a proporção paga por cada um dos devedores solidários: A pagou 66,67% de toda a dívida (R$ 400.000,00 de uma dívida solidária de R$ 600.000,00) e B pagou 33,33%; b) em segundo lugar, calcula-se quanto cada um deveria ter pago, considerando a massa insolvente de C. Neste caso, A e B deveriam ter contribuído igualmente com a metade correspondente à parte de C (de R$ 300.000,00 ou 50% de participação na sociedade), ou seja, com R$ 150.000,00 cada um, além da parte que lhes cabia, correspondente a mais R$ 150.000,00 (25% de participação na sociedade); c) em terceiro lugar, apura-se o devido: A deveria pagar R$ 300.000,00 e pagou R$ 400.000,00, podendo acionar B pela importância de R$ 100.000,00. Na devolução dos bens remanescentes a este, pode reivindicar esse valor ao juiz da falência.

7) Dentro do prazo prescricional, A e B podem executar C para obter seu ressarcimento até o montante que cada um contribuiu em relação à parte da dívida a ele atribuída, ou seja, R$ 150.000,00 cada um.

1. EXEMPLO APRESENTADO			
(I) Responsáveis sociais e participação:	(II) Valor que sobejou após o pagamento dos credores de cada massa:	(III) Valores pagos pelos sócios para cobrir os R$ 600.000,00 devidos pela sociedade, em razão de sua solidariedade:	(IV) Resultado final de cada massa:
A (25%)	+ 400.000,00	400.000,00	0,00
B (25%)	+ 1.000.000,00	200.000,00	800.000,00
C (50%)	0,00	0,00	0,00
Sociedade D	– 600.000,00	0,00	0,00

2. PAGAMENTOS EM SUB-ROGAÇÃO ENTRE AS MASSAS SOLIDÁRIAS			
Sócio	**Quanto deveria pagar**	**Considerando que a massa de C é insolvente**	**Quanto pagou efetivamente e quanto lhe é devido, em sub-rogação**
A (25%)	25% de 600.000 = 150.000,00	150.000,00 + metade de C = 300.000,00	Pagou R$ 400.000,00 (II). É credor de R$ 100.000,00, podendo acionar a massa de B.
B (25%)	25% de 600.000 = 150.000,00	Idem	Pagou R$ 200.000,00 (II). Pode ser acionado por R$ 100.000,00 pelo sócio A.
C (50%)	50% de 600.000 = 300.000,00	0,00	Se não fosse insolvente, deveria ter pago R$ 300.000,00. Dentro do prazo prescricional poderá ser acionado pelos sócios A e B pela importância de R$ 150.000, devida a cada um.

27.15. A prestação de contas e o relatório final do administrador judicial

Ao findar a liquidação – com a realização de todo o ativo e pagamento dos credores que a massa comportar –, o administrador judicial prestará contas, dentro de trinta dias, o que se fará em procedimento separado. Para tanto juntará os documentos relativos às receitas e às despesas que realizou, providência que não deve exigir grandes esforços, em razão das prestações mensais que efetuou mês a mês. Decorrido esse prazo desde a data do último pagamento efetuado, o administrador deverá ser intimado, pessoalmente, a cumprir a obrigação, em cinco dias, sob pena de desobediência (art. 23). Se ainda assim não o fizer, o juiz o destituirá, nomeando outro para os atos finais do processo falimentar: elaboração de relatórios e organização de contas, explicitando a responsabilidade de seu antecessor (art. 23, parágrafo único).

Recebidas as contas, o juiz ordenará a publicação de aviso em que se consigne que os autos encontram-se à disposição dos interessados para eventual consulta e impugnação no prazo de dez dias (art. 154).

Se houver impugnações ou parecer contrário do órgão ministerial, o administrador judicial será intimado a manifestar-se, seguindo-se, em cinco dias, sentença que julgará boas as contas ou rejeitará as oferecidas, fixando, neste segundo caso, o alcance da responsabilidade e as providências necessárias à indenização da massa, tais como a indisponibilidade ou o sequestro de bens do administrador.

Da sentença que julga as contas cabe apelação, no prazo de quinze dias, devendo ser pessoal a notificação do Ministério Público.

27.16. A sentença de encerramento

Ao julgamento das contas segue-se, em dez dias, a apresentação do relatório final, em que o administrador judicial mencionará o valor do ativo e o produto de sua realização, o valor do passivo e os pagamentos realizados, indicando as responsabilidades remanescentes.

A demonstração dos saldos servirá para a expedição de certidão aos credores interessados em futura execução a ser promovida em face do falido, quando este comportar, até o momento de sua prescrição.

Com base no relatório final, o juiz encerrará, por sentença, a falência, determinando a intimação eletrônica às Fazendas Públicas federal, estaduais, distritais e municipais em que o devedor tiver estabelecimento e determinará a baixa no CNPJ, correndo desse termo o prazo de quinze dias para a apresentação de eventuais recursos de apelação (art. 156).

Não está legitimado a interpor recurso o credor que não se habilitou no concurso de credores, pela simples razão de que ao deixar de participar da execução coletiva mostrou desinteresse em participar da execução coletiva e deixou transcorrer todos os prazos e oportunidades para discutir matérias de seu interesse, não podendo nesse momento questionar atos sepultados por preclusão.

A Súmula 45 do Tribunal de Justiça de São Paulo fixou entendimento nesse sentido: "Quem não se habilitou, ainda que seja o requerente da falência, não tem legitimidade para recorrer da sentença de encerramento do processo".

PARTE IV

DA FASE PÓS-FALIMENTAR

(Capítulo 28)

Capítulo 28

A EXTINÇÃO DAS OBRIGAÇÕES DO FALIDO E SUA REABILITAÇÃO CRIMINAL

Sumário: 28.1. Extinção das obrigações. 28.2. Extinção pelo pagamento. 28.3. Extinção em decorrência da prescrição. 28.4. Extinção pelo rateio. 28.5. Procedimento de extinção. 28.5.1. Causas de extinção. 28.6. Reabilitação do condenado por crime falimentar.

28.1. Extinção das obrigações

A extinção das obrigações do falido dá-se em razão do pagamento da totalidade das obrigações, de parte delas ou pelo decurso do prazo prescricional. As hipóteses vêm contempladas nos arts. 158 e seguintes da Lei Falimentar.

Uma advertência inicial deve ser feita. Os dispositivos relativos à extinção mencionam tão somente a palavra "falido", como a indicar exclusivamente o empresário individual. Contudo, de se compreender que, por força do art. 190, todas as vezes que o legislador falimentar menciona "devedor" ou "falido", está alcançando os sócios ilimitadamente responsáveis.

28.2. Extinção pelo pagamento

O primeiro caso contempla o pagamento de todos os créditos. A lei não restringe a forma de pagamento, que pode ter sido realizado por terceiro ou pelo próprio falido, por depósito nos autos ou por cessão do direito de crédito.

O sistema anterior – Decreto-Lei n. 7.661/45 – admitia a novação dos créditos com garantia real (art. 135, I). Entendia-se que o legislador de 1945 não pretendeu restringir a novação somente aos credores com garantia real. A redação, apesar da ambiguidade, estendia a possibilidade de novação aos créditos com direito real de garantia e não apenas aos credores quirografários. Esse era o entendimento de José da Silva Pacheco (1998, item 1.047), encontrando-se, contudo, na doutrina opiniões restritivas, como a de Rubens Requião (1975, 2:338) e a de Trajano de Miranda Valverde (1999, 2:222), que interpreta a restrição como imposição de maiores dificuldades ao devedor.

A Lei n. 11.101/2005 nada menciona a respeito da possibilidade de a extinção se dar, além do pagamento, pela novação. Indaga-se, portanto: a novação pode ser considerada entre as hipóteses do art. 158, incisos I e II?

José da Silva Pacheco (2006:349) a admite de forma ampla. Entendemos que, sendo omissa a lei, a admissão da novação deve ocorrer somente se, com a operação, a dívida habilitada for extinta, sem que nova surja entre as mesmas partes e, ainda, não for sub-rogada a favor de terceiro.

A novação – criação de nova obrigação com o fim de extinguir uma anterior – é admitida como forma de extinção das obrigações no direito pátrio (CC, arts. 360-367):

a) o devedor contrai com o credor nova dívida, para extinguir e substituir a primeira. É a chamada novação objetiva;

b) o novo devedor sucede ao antigo, ficando este quite com o credor. É a novação subjetiva passiva;

c) em virtude de obrigação nova, outro credor substitui o antigo, ficando o devedor quite com este. Denomina-se novação subjetiva ativa.

Verifica-se, pois, que a novação objetiva e a subjetiva ativa não excluem a obrigação do devedor que permanece com nova dívida perante o credor antigo (objetiva) ou o que lhe assumiu o lugar (subjetiva ativa), diversamente do que ocorre na novação subjetiva passiva. Nesta ocorre a liberação do devedor primitivo, inexistindo sequer a possibilidade de ação regressiva por parte do credor em caso de superveniente insolvência do novo devedor, salvo demonstração de má-fé (CC, art. 363).

Evidente, pois, que no cálculo dos valores das obrigações referidas no art. 158, I e II, não há restrição a que se computem, entre os pagamentos, os créditos que foram novados mediante a substituição do devedor.

28.3. Extinção em decorrência da prescrição

O art. 157 da LREF, em sua versão original, dispunha que "o prazo prescricional relativo às obrigações recomeça a correr a partir do dia em que transitar em julgado a sentença de encerramento da falência".

Com a reforma introduzida pela LREF-20, esse dispositivo foi revogado e, sobre essa matéria, foi acrescentado o inciso V ao art. 158, dispondo diversamente: "o decurso do prazo de 3 (três) anos, contado da decretação da falência, ressalvada a utilização dos bens arrecadados anteriormente e que serão destinados à liquidação para a satisfação dos credores habilitados ou com pedido de reserva realizado".

Significa dizer que, independentemente da natureza dos créditos submetidos à falência, decorridos três anos do decreto falimentar, sem interrupção ou suspensão de sua contagem, ocorrerá a extinção das obrigações do falido.

Não há mais a distinção de prazos prevista no art. 158, III e IV, da LREF em seu formato original, exigindo o decurso de cinco ou dez anos contados do encerramento da falência, considerando a existência ou não de condenação por crime falimentar.

O sistema modificou-se por completo: a extinção das obrigações independe do encerramento da falência e pode ocorrer em cinco hipóteses previstas nos incisos I, II, V e VI do art. 158: (a) pagamento de todos os créditos; (b) pagamento de 25% dos créditos quirografários após realizado todo o ativo, sendo facultado ao falido o depósito da quantia necessária para atingir essa porcentagem; (c) o decurso do prazo de três anos contado da decretação da falência; (d) o encerramento da falência; (e) a constatação de falência frustrada (arts. 114-A).

28.4. Extinção pelo rateio

Além dos casos de pagamento e de prescrição, a Lei Falimentar (art. 158, II) contempla o pagamento de mais de 25% dos créditos quirografários, depois de realizado todo o ativo, sendo facultado o depósito da quantia necessária para atingir essa porcentagem, se para tanto não bastou a integral liquidação da massa.

Pressupõe essa hipótese a total realização do ativo, tendo o falido, com a venda de seus bens, obtido o pagamento da totalidade das classes prioritárias e privilegiadas (arts. 84 e 83, I a V) de credores e de pelo menos 25% de seus débitos quirografários.

Em suma, o legislador da LREF-20 pretendeu facilitar o reco-meço das atividades do falido, permitindo-lhe a extinção de suas obrigações em prazos menores que os anteriormente previstos e pelo pagamento de montante inferior ao exigido anteriormente: (a) a prescrição das obrigações não mais suspendem ou interrompem correndo da data da sentença falimentar e em prazo muito inferior (três anos) àqueles anteriormente previstos (cinco e dez anos, de-pendendo de haver condenação ou não por crime falimentar); (b) após a realização do ativo, não se exige mais o pagamento de 50% dos créditos quirografários, mas tão somente de 25%.

28.5. Procedimento de extinção

Estão legitimados a requerer a extinção das obrigações tanto o falido, empresário individual, como o representante da sociedade falida ou seus sócios solidários.

O requerimento é autuado em separado (LREF, art. 159, § 1º); publica-se informação sobre o ajuizamento e, no prazo de cinco dias, qualquer credor, o administrador judicial e o Ministério público poderão manifestar-se e apontar exclusivamente "inconsistências formais e objetivas".

O procedimento justifica-se em razão do direito do falido ao contraditório – manifestar-se acerca da oposição dos credores – e da existência de interesse público na intervenção ministerial.

Confere com este entendimento o ensino de Márcio Souza Guimares (2006:61): "O sistema de insolvência empresarial (falência, recuperação judicial e extrajudicial) denota interesse social que demanda a intervenção do Ministério Público, sendo irrelevante o veto imposto ao art. 4º da nova Lei de Falências, não só pelo respaldo constitucional da atuação do *Parquet*, mas também pela regra inserta no art. 83 do Código de Processo Civil, cuja aplicação subsidiária é imposta pelo art. 189 da nova Lei de Falências". A referência é ao CPC73; o dispositivo hoje está numerado como art. 179 no CPC15.

Decorrido o período fixado, com ou sem oposição, o juiz julgará em quinze dias, determinando, na hipótese de procedência, comunicação a todas as pessoas e entidades informadas da decretação da falência. Transitada em julgado a sentença, o procedimento de extinção será apensado ao processo falimentar (LREF, art. 159, § 6º).

A sentença pode ser rescindida por ação rescisória promovida na forma prevista na legislação processual civil (CPC, arts. 966-975), contando-se o biênio decadencial para a propositura da data de seu trânsito em julgado (art. 159-A).

28.5.1. Causas de extinção

O art. 157 da LREF, em sua versão original, dispunha que "o prazo prescricional relativo às obrigações recomeça a correr a partir do dia em que transitar em julgado a sentença de encerramento da falência".

Com a reforma introduzida pela LREF-20, esse dispositivo foi revogado, e acrescentado, sobre essa matéria, o inciso V ao art. 158, dispondo diversamente: "o decurso do prazo de 3 (três) anos, contado da decretação da falência, ressalvada a utilização dos bens arrecadados anteriormente e que serão destinados à liquidação para a satisfação dos credores habilitados ou com pedido de reserva realizado".

Significa dizer que, independentemente da natureza dos créditos submetidos à falência, decorridos três anos do decreto falimentar, sem interrupção ou suspensão de sua contagem, ocorrerá a extinção das obrigações do falido.

Não há mais a distinção de prazos prevista no art. 158, III e IV, da LREF em seu formato original, exigindo o decurso de cinco ou dez anos contados do encerramento da falência, considerando a existência ou não de condenação por crime falimentar.

Em geral, o pedido de extinção de obrigações sobrevém à sentença de encerramento. Contudo, no sistema introduzido pela LREF-20, a extinção das obrigações independe do encerramento da falência e pode ocorrer em cinco hipóteses previstas nos incisos I, II, V e VI do art. 158: a) pagamento de todos os créditos; b) pagamento de 25% dos créditos quirografários após realizado todo o ativo, sendo facultado ao falido o depósito da quantia necessária para atingir essa porcentagem; c) o decurso do prazo de três anos, contado da decretação da falência; d) o encerramento da falência; e) a constatação de falência frustrada (art. 114-A).

28.6. Reabilitação do condenado por crime falimentar

Segundo Carvalho de Mendonça (1963, 8, itens 1.219-1.220), "a reabilitação é a declaração judicial de achar-se o falido reintegrado no exercício de todos os direitos que a falência restringiu". Por essa definição pode-se concluir que, no sistema primitivo da Lei n. 2.024, de 1908, a reabilitação envolvia as relações obrigacionais do falido, liberando-o para o exercício do comércio. Carvalho de Mendonça nos lembra que a reabilitação era concedida nas hipóteses em que o comerciante demonstrasse: a) ter pago o principal e os juros aos credores; b) ter obtido a quitação plena; e c) ter cumprido a concordata.

Hoje7w a reabilitação se situa entre os preceitos de direito penal e mantém-se presa ao instituto civil porque um de seus requisitos é o exame da extinção das obrigações – procedimento próprio previsto nos arts. 158 a 160 da Lei Falimentar.

Nos Estados da Federação nos quais as instâncias penais e civis do falido são separadas, caberá ao Juízo da Vara Civil que decretou e encerrou a falência a verificação das condições de extinção das obrigações e ao juiz da condenação criminal o exame da reabilitação criminal do falido, ocasião em que, necessariamente, apreciará a declaração de extinção firmada por aquele primeiro Juízo.

Por outro lado, pode-se distinguir a reabilitação *penal* da reabilitação *empresarial*. Esta tem por fim a extinção do efeito da interdição do exercício da atividade empresarial a favor do falido que teve extintas suas obrigações ou de condenado por crime falimentar.

Difere o instituto de reabilitação empresarial – a quem foram impostos os efeitos previstos no art. 181 da Lei Falimentar – daquele homônimo regulado pelo Código Penal (reabilitação penal) – arts. 93 a 95 – em três pontos:

a) no alcance: a reabilitação prevista no Código Penal alcança quaisquer penas aplicadas em sentença definitiva e pode, ainda, atingir os efeitos da condenação (CP, art. 93). Na falência, a reabilitação atinge o efeito de interdição do exercício da atividade empresarial, o exercício de cargos ou função em conselho de administração, diretoria ou gerência das sociedades empresárias e a impossibilidade de gerir empresa por mandato ou por gestão de negócio ou, ainda, de exercer cargo ou função em conselho de administração, diretoria ou gerência das sociedades sujeitas à LREF (art. 181, incisos I, II e III);

b) no prazo: o prazo para requerer a reabilitação é de dois anos, contados do dia em que for extinta, de qualquer modo, a pena ou terminar sua execução, computando-se o período de prova da suspensão e o do livramento condicional, se não sobrevier revogação, respeitadas as condições do art. 94 do Código Penal. Na Lei Falimentar, a reabilitação ocorre após o decurso de, no máximo, cinco anos, contados do dia em que ocorrer a extinção da punibilidade, podendo cessar antes pela reabilitação penal (art. 181, § 1º);

c) nos requisitos: exige a Lei Penal a demonstração de que o condenado tenha tido domicílio no País no período de prova, testemunhado bom comportamento público e privado e ressarcido o dano, comprovado não ter condições de fazê-lo ou obtido a renúncia ou novação da dívida por parte da vítima (art. 94). A Lei Falimentar exige, tão somente, decurso do prazo para os casos previstos nos incisos II e III do art. 181.

No mais, negada a reabilitação, aplicam-se as mesmas regras: outro pedido pode ser feito a qualquer tempo, desde que instruído com novos elementos comprobatórios dos requisitos previstos na lei.

Observe-se que a lei não dispõe acerca de um procedimento próprio no âmbito falimentar. Contudo, os impedimentos decorrentes da sentença penal condenatória (art. 181, § 2º) constarão da anotação no Registro de Empresas e sua exclusão somente ocorrerá por declaração judicial, no sentido de que o prazo de interdição decorreu (art. 181, § 1º), ou, ainda, que a cessação ocorreu por força de sentença em pedido de reabilitação penal, segundo preceitos do Código Penal.

Com estas noções, podemos visualizar a situação do devedor falido, dos sócios com responsabilidade ilimitada e dos condenados por crime falimentar durante o curso da falência:

a) desde a decretação da falência e até a sentença que extingue suas obrigações, o empresário individual e os sócios com responsabilidade solidária ficam inabilitados para a atividade empresarial (arts. 102 e 190). A sentença de extinção das obrigações é liberatória, bastando sua averbação no Órgão de Registro de Empresas para este fim;

b) a sentença condenatória por crime previsto na Lei Falimentar pode impor, de forma motivada, ao empresário individual, aos sócios, administradores, controladores etc., alguns outros efeitos, pelo prazo máximo de cinco anos: a inabilitação para o exercício de atividade empresarial; o impedimento para o exercício de cargo ou função em conselho de administração, diretoria ou gerência das sociedades sujeitas a Lei Falimentar e a impossibilidade de gerir empresa por mandato ou por gestão de negócio (art. 181, *caput*). A remessa ao Registro de Empresas (art. 181, § 2º), depois do trânsito em julgado, é obrigatória e impede o inabilitado de obter registro em seu nome. A liberação se dá pelo decurso do prazo indicado, cujo termo deve ser submetido à apreciação do juiz da condenação criminal, em requerimento neste sentido ou mediante pedido de reabilitação penal;

c) a reabilitação penal pode ser requerida depois de dois anos contados do dia em que for extinta, de qualquer modo, a pena ou terminar sua execução, computando-se o período de prova da suspensão e o do livramento condicional. Será feita nos termos do Código Penal (arts. 93 e s.) alcançando quaisquer penas aplicadas em sentença definitiva e atingirá os efeitos da condenação. Para tanto, entre outros requisitos, o interessado deverá demonstrar ter ressarcido o dano, comprovado não ter condições de fazê-lo ou obtido a renúncia ou novação da dívida por parte da vítima;

d) o condenado por crime de natureza falitária pode, entretanto, preferir o decurso do prazo fixado na sentença condenatória e requerer o levantamento do impedimento no registro na Junta Comercial (art. 181, § 2º).

Contudo, se o impedimento consistir na inabilitação para o exercício da atividade empresarial (art. 181, I) a liberação somente se dará se extintas suas obrigações (art. 102). Nas duas outras modalidades – impedimento para o exercício de cargo ou função e gerência de empresa (art. 181, II e III) – o simples decurso do prazo reconhecido pelo magistrado será comunicado ao Órgão do Registro, permitindo ao condenado o exercício dessas atividades. O interessado não estará reabilitado criminalmente, mas não mais estará sujeito àqueles efeitos empresariais previstos na sentença condenatória.

LIVRO IV

DA COOPERAÇÃO INTERNACIONAL NOS PROCESSOS FALIMENTARES-RECUPERATÓRIOS

(Capítulo 29)

Capítulo 29

DA INSOLVÊNCIA TRANSNACIONAL

Sumário: 29.1. Disposições gerais. 29.1.1. Adaptando a Lei Modelo da Uncitral. 29.1.2. Definições dos instrumentos jurídicos e das pessoas legitimadas. 29.1.3. Regras de interpretação da norma jurídica. 29.1.4. Fiscalização ministerial e competência constitucional do STJ. 29.1.5. Destinatários da norma. 29.1.6. Da competência interna. 29.1.7. Da legitimidade. 29.2. Do acesso à jurisdição brasileira. 29.2.1. Da ordem de classificação dos créditos. 29.2.2. Da comunicação dos atos judiciais. 29.3. Do reconhecimento de processos estrangeiros. 29.3.1. Do pedido. 29.3.2. Da decisão de reconhecimento. 29.3.3. Dos atos do representante estrangeiro e da tutela provisória. 29.3.4. Efeitos do reconhecimento de processo estrangeiro principal. 29.3.5. De outras medidas requeridas pelo representante estrangeiro. 29.4. Da cooperação com autoridades e representantes estrangeiros. 29.5. Dos processos concorrentes. 29.5.1. Compatibilidade das medidas concedidas no Brasil. 29.5.2. Dos efeitos falimentares transnacionais.

29.1. Disposições gerais

Iniciamos por criticar o título "Da Insolvência Transnacional" designado ao Capítulo VI-A pelos legisladores da LREF-20, na atualização da Lei n. 11.101/2005, ao nela introduzirem vinte e cinco dispositivos inéditos no direito brasileiro, objeto de nossos estudos.

A palavra "insolvência", embora amplamente utilizada por diversos países em suas leis falimentares, não é histórica e tecnicamente a utilizada no direito brasileiro, que distingue os institutos destinados aos empresários e às sociedades empresárias (falência e recuperação) daquele utilizado para a caracterização da crise econômica de não empresários (a insolvência civil).

Mesmo considerando o termo "insolvência" como mais abrangente, gênero dos institutos de insolvência civil, falência e recuperação, a lei, no rigor técnico, não trata de insolvência transnacional, mas tão somente da falência e da recuperação judicial transnacionais, tanto assim que, nos incisos V e VI do art. 167-A, refere-se à disciplina de "promoção da recuperação de empresas em crise econômico-financeira" e de "promoção da liquidação dos ativos da empresa em crise econômico-financeira"; no art. 167-G, especifica que os "credores estrangeiros têm os mesmos direitos conferidos aos credores nacionais *nos processos de recuperação judicial, de recuperação extrajudicial ou de falência*", sem mencionar o instituto destinado às pessoas em crise econômica cujo objeto seja o exercício de atividades econômicas não empresariais.

Melhor seria adaptar corretamente o modelo internacional, utilizando termos técnicos adequados ao sistema falimentar brasileiro: *procedimentos para a cooperação internacional nos processos falimentares-recuperatórios*, porque é disso que se trata.

Pois bem, vejamos como se operou a adaptação da lei modelo, quais as definições técnicas adotadas, as regras próprias de intepretação da norma jurídica, a intervenção do Ministério Público e a competência constitucional do STJ, os destinatários da norma, a competência interna e a legitimidade para a atuação no país estrangeiro.

29.1.1. Adaptando a Lei Modelo da Uncitral

A partir da reforma introduzida pela LREF-20, o direito brasileiro passa a adotar a lei modelo das Nações Unidas para solução judicial dos casos do processamento da falência e da recuperação judicial de empresas devedoras que possuam bens e direitos localizados em mais de um Estado.

A Lei Modelo sobre Insolvência Transnacional traz regras não vinculativas, somente aplicáveis se inseridas no ordenamento do país que a adotar. Essas leis modelos são também chamadas de *soft laws*, isto é "*collectively, rules that are neither strictly binding nor completely lacking in legal significance*" (*Black Law Dictionary*, 2004:1426), "coletivamente, regras que não são estritamente vinculativas nem totalmente desprovidas de significado jurídico". A que deu origem a esse capítulo da lei brasileira e a muitas outras legislações falimentares ao redor do mundo foi aprovada pela Resolução n. 2.205, de 17 de dezembro de 1966, da Comissão das Nações Unidas para o Direito Mercantil Internacional (CNUDMI ou, em inglês, Uncitral), com o objetivo de fomentar a harmonização e a unificação progressivas do direito mercantil internacional, com vistas ao interesse dos países-membros e ao progresso do comércio internacional.

A redação final do Guia Legislativo da Lei Modelo foi aprovada pela Assembleia Geral da CNUDMI pela Resolução n. 52/158, em 15 de dezembro de 1997, e nela podemos encontrar as seguintes considerações:

"*Observando* que em razão do comércio e dos investimentos internacionais é maior o número de casos em que empresas ou particulares possuem bens em mais de um Estado,

Observando também que quando um devedor com bens em mais de um Estado sofre um procedimento de insolvência, em muitos casos torna-se urgente e necessária a cooperação e coordenação internacionais na supervisão e na administração dos bens e negócios do devedor insolvente,

Considerando que a coordenação e cooperação insuficientes nos casos de insolvência transnacional reduzem a possibilidade de resgatar empresas que são viáveis, mas têm dificuldades financeiras, causam entrave a uma administração equitativa e eficiente das insolvências transnacionais, ampliam as possibilidades de que o devedor oculte ou dilapide bens e dificultam a reorganização ou liquidação dos bens e negócios do devedor de forma mais vantajosa para os credores e outros interessados, inclusive os devedores e seus empregados,

Observando que muitos Estados não estabelecem um regime jurídico que possibilite ou facilite a coordenação e a cooperação transnacional,

Convencida de que uma legislação equitativa e internacionalmente harmônica acerca da insolvência transnacional, que respeite os regimes nacionais – processuais e judiciais – e seja aceitável para os Estados com distintos ordenamentos jurídicos, sociais e econômicos, corrobora para o desenvolvimento do comércio e dos investimentos internacionais,

Considerando que é necessário contar com um corpo legislativo harmônico e padronizado internacionalmente em matéria de insolvência transnacional com o objetivo de ajudar os Estados a modernizar sua legislação nessa matéria" [Grifos do original].

Entre as finalidades relacionadas na Resolução n. 52/158 encontram-se os seguintes objetivos, que também vêm reproduzidos na LREF, em seu art. 167-A:

RESOLUÇÃO N. 52/158 – PREÂMBULO (*TRADUZIDO DA VERSÃO EM LÍNGUA ESPANHOLA*)	LEI N. 11.101/2005 – ART. 167-A
A cooperação entre os tribunais e demais autoridades competentes do Estado e dos Estados estrangeiros que intervirão nos casos de insolvência transnacional;	I – a cooperação entre juízes e outras autoridades competentes do Brasil e de outros países em casos de insolvência transnacional;

Uma maior segurança jurídica para o comércio e para os investimentos;	II – o aumento da segurança jurídica para a atividade econômica e para o investimento;
Uma administração equitativa e eficiente das insolvências transnacionais, que proteja os interesses de todos os credores e das demais partes interessadas, inclusive o devedor;	III – a administração justa e eficiente de processos de insolvência transnacional, de modo a proteger os interesses de todos os credores e dos demais interessados, inclusive do devedor;
A proteção dos bens do devedor e a otimização de seu valor;	IV – a proteção e a maximização do valor dos ativos do devedor;
Facilitar a reorganização das empresas em dificuldades financeiras, a fim de proteger o capital investido e de preservar o emprego.	V – a promoção da recuperação de empresas em crise econômico-financeira, com a proteção de investimentos e a preservação de empregos; e VI – a promoção da liquidação dos ativos da empresa em crise econômico-financeira, com a preservação e a otimização da utilização produtiva dos bens, dos ativos e dos recursos produtivos da empresa, inclusive os intangíveis.

Em 2006, a Comissão das Nações Unidas para o Direito Mercantil Internacional publicou, em Nova Iorque, o Guia Legislativo sobre o Regime de Insolvência aprovado pela Resolução n. 59/40, de 2 de dezembro de 2004.

O texto aprovado contém o teor da Lei Modelo sobre Insolvência Transnacional "para sua incorporação ao direito interno" (ONU, 2006:345-419).

O Guia apresenta 198 recomendações, agrupadas em 24 títulos (tradução nossa):

Recomendações ns. 1 a 5: objetivos fundamentais de um regime de insolvência eficaz e eficiente;

Recomendação n. 6: equilíbrio entre as metas e os objetivos fundamentais de um regime de insolvência;

Recomendação n. 7: características gerais de um regime de insolvência;

Recomendações ns. 8 a 13: Pedido e abertura do procedimento de insolvência;

Recomendações ns. 14 a 29: abertura do procedimento;

Recomendações ns. 30 a 34: regime aplicável aos procedimentos de insolvência;

Recomendações ns. 35 a 38: efeitos sobre os bens;

Recomendações ns. 39 a 51: proteção e conservação da massa insolvente;

Recomendações ns. 52 a 62: utilização e disposição de bens;

Recomendações ns. 63 a 68: financiamento posterior à abertura do procedimento;

Recomendações ns. 69 a 86: efeitos sobre os contratos;

Recomendações ns. 87 a 99: procedimentos revocatórios;

Recomendação ns. 100: compensação de créditos;

Recomendações ns. 101 a 107: efeitos sobre o contrato de conta corrente;

Recomendações ns. 108 a 114: efeitos sobre o devedor;

Recomendações ns. 115 a 125: o representante da insolvência;

Recomendações n. 126 a 136: participação dos credores no procedimento;

Recomendações ns. 137 e 138: direito da parte interessada a ser ouvida e recorrer;

Recomendações ns. 139 a 159: reorganização;

Recomendações ns. 160 a 168: procedimento de reorganização agilizado;

Recomendações ns. 169 a 184: administração do procedimento;

Recomendações ns. 185 a 193: preferências e distribuição;

Recomendações ns. 194 a 196: conclusão do procedimento;

Recomendações ns. 197 e 198: extinção do procedimento.

29.1.2. Definições dos instrumentos jurídicos e das pessoas legitimadas

A LREF adotou no art. 167-B integralmente as definições que constam do art. 2º da Resolução Uncitral n. 52/158, praticamente apenas traduzindo-as:

RESOLUÇÃO N. 52/158 – ART. 2º – (*NA VERSÃO EM LÍNGUA ESPANHOLA*)	LEI N. 11.101/2005 – ART. 167-B
a) Por "procedimiento extranjero" se entenderá el procedimiento colectivo, ya sea judicial o administrativo e incluido el de índole provisional, que se siga en un Estado extranjero con arreglo a una ley relativa a la insolvencia y en virtud del cual los bienes y negocios del deudor queden sujetos al controlo a la supervisión del tribunal extranjero, a los efectos de su reorganización o liquidación;	I – processo estrangeiro: qualquer processo judicial ou administrativo, de cunho coletivo, inclusive de natureza cautelar, aberto em outro país de acordo com disposições relativas à insolvência nele vigentes, em que os bens e as atividades de um devedor estejam sujeitos a uma autoridade estrangeira, para fins de reorganização ou liquidação;

b) Por "procedimiento extranjero principal" se entenderá el procedimiento extranjero que se siga en el Estado donde el deudor tenga el centro de sus principales intereses;	II – processo estrangeiro principal: qualquer processo estrangeiro aberto no país em que o devedor tenha o centro de seus interesses principais;
c) Por "procedimiento extranjero no principal" se entenderá un procedimiento extranjero, que no sea un procedimiento extranjero principal, que se siga en un Estado donde el deudor tenga un establecimiento en el sentido del inciso f) del presente artículo;	III – processo estrangeiro não principal: qualquer processo estrangeiro que não seja um processo estrangeiro principal, aberto em um país em que o devedor tenha estabelecimento ou bens;
d) Por "representante extranjero" se entenderá la persona o el órgano, incluso el designado a título provisional, que haya sido facultado en un procedimiento extranjero para administrar la reorganización o la liquidación de los bienes o negocios del deudor o para actuar como representante del procedimiento extranjero;	IV – representante estrangeiro: pessoa ou órgão, inclusive o nomeado em caráter transitório, que esteja autorizado, no processo estrangeiro, a administrar os bens ou as atividades do devedor, ou a atuar como representante do processo estrangeiro;
e) Por "tribunal extranjero" se entenderá la autoridad judicial o de otra índole que sea competente a los efectos del control o la supervisión de un procedimiento extranjero;	V – autoridade estrangeira: juiz ou autoridade administrativa que dirija ou supervisione um processo estrangeiro; e
f) Por "establecimiento" se entenderá todo lugar de operaciones en el que el deudor ejerza de forma no transitoria una actividad económica con medios humanos y bienes o servicios.	VI – estabelecimento: qualquer local de operações em que o devedor desenvolva uma atividade econômica não transitória com o emprego de recursos humanos e de bens ou serviços.

29.1.3. Regras de interpretação da norma jurídica

São três as regras de interpretação previstas pelo legislador no art. 167-A em quatro parágrafos: (a) o objetivo é a cooperação internacional, a necessidade de uniformidade de sua aplicação e a observância da boa-fé; (b) as medidas de assistência aos processos estrangeiros são meramente exemplificativas; (c) havendo conflito com normas em tratados ou convenções, aplica-se a LREF; (d) o juiz não pode deixar de aplicar as disposições, salvo no caso de ofensa à ordem pública.

Essas disposições sob alíneas *a*, *b* e *d* também estão presentes na Resolução n. 52/158 da Uncitral, como se pode ler em seus arts. 8º, 7º e 6º:

Alínea *a*) art. 8º: *En la interpretación de la presente Ley habrán de tenerse en cuenta su origen internacional y la necesidad de promover la* *uniformidad de su aplicación y la observancia de la buena fe* (Na interpretação desta Lei, deve-se levar em consideração sua origem internacional e a necessidade de promover a uniformidade em sua aplicação e o respeito à boa fé);

Alínea *b*) art. 7º: *Nada de lo dispuesto en la presente Ley limitará las facultades que pueda tener un tribunal o de prestar asistencia adicional al representante extranjero con arreglo a alguna otra norma de este Estado* (Nada nesta Lei limitará os poderes de um tribunal de prestar assistência adicional ao representante estrangeiro de acordo com qualquer outra regra deste Estado);

Alínea *d*) art. 6º: *Nada de lo dispuesto en la presente Ley obstará para que el tribunal se niegue a adoptar una medida en ella regulada, de ser esa medida manifiestamente contraria al orden público de este Estado* (Nada nesta Lei impedirá o tribunal de recusar a adoção de medida nela regulamentada, se essa medida for manifestamente contrária à ordem pública deste Estado).

Quanto à alínea *c*, o legislador brasileiro reservou-se para adotar posição oposta àquela prevista no art. 3º da Resolução n. 52/158, que dispõe: "*En caso de conflicto entre la presente Ley y una obligación de este Estado nacida de un tratado u otra forma de acuerdo en el que este Estado sea parte con uno o más Estados, prevalecerán las disposiciones de ese tratado o acuerdo*" (Em caso de conflito entre esta Lei e uma obrigação deste Estado decorrente de um tratado ou outra forma de acordo do qual este Estado seja parte com um ou mais Estados, prevalecerão as disposições desse tratado ou acordo).

29.1.4. Fiscalização ministerial e competência constitucional do STJ

Para fiscalizar o correto atendimento da norma, o Ministério Público deve intervir (LREF, art. 167-A, § 5º), porque a esse órgão compete "a defesa da ordem jurídica, do regime democrático e dos interesses sociais e individuais indisponíveis" (CF88, art. 127).

Caberá ao Superior Tribunal de Justiça, entre outras competências previstas no art. 105 da CF88, processar e julgar os conflitos de competência entre quaisquer tribunais (CF88, art. 105, I, *d*) e homologar sentenças estrangeiras e conceder *exequatur* às cartas rogatórias (CF88, art. 105, I, *i*). Essas duas atribuições são de ocorrência mais comum nos processos falimentares recuperacionais, sobretudo quando o pedido de assistência envolver bens, direitos e conflitos entre a Justiça Trabalhista, Comum e Federal, órgãos que não correspondem à estrutura de outros Estados requisitantes.

29.1.5. Destinatários da norma

As disposições sobre *insolvência transnacional* aplicam-se: (a) aos pedidos de assistência de uma autoridade estrangeira ou representante estrangeiro para um processo estrangeiro; (b) ao pedido de assistência de um país estrangeiro relacionada a um processo disciplinado pela lei brasileira; (c) a um pedido relacionado a um mesmo devedor, com processos tramitando simultaneamente no Brasil e em país estrangeiro; (d) ao pedido de participação ou de abertura de processo disciplinado na lei brasileira por credores ou partes interessadas de outros países (art. 167-C).

29.1.6. Da competência interna

Prevê o art. 167-D que o juiz do local do principal estabelecimento do devedor, no Brasil, é o competente para o reconhecimento de processo estrangeiro e para prover a assistência e a cooperação com a autoridade estrangeira, seguindo a mesma regra de prevenção estabelecida no art. 6º, § 8º, da LREF, que declara prevento o juízo que primeiro conhecer o pedido de reconhecimento do processo estrangeiro ou àquele a quem for feita a distribuição de pedido de recuperação – judicial ou extrajudicial – e de falência.

29.1.7. Da legitimidade

Observada a norma legal do país estrangeiro e independentemente de decisão judicial, estarão autorizados a atuar em outros países como representantes processuais o devedor – quando se tratar de processo de recuperação (judicial ou extrajudicial) – e o administrador judicial, em caso de processo falimentar. Se o administrador judicial omitir-se, o juiz pode autorizar terceiro para atuar como representante do processo brasileiro.

29.2. Do acesso à jurisdição brasileira

Tratam os arts. 167-F e 167-G da legitimidade e do tratamento legal dispensado ao representante estrangeiro e aos credores estrangeiros do devedor.

O representante estrangeiro está autorizado a postular diretamente ao juiz brasileiro, podendo ajuizar pedido de falência do devedor, participar de processo de falência e de recuperação – judicial ou extrajudicial –, em curso no território nacional, bem como intervir em qualquer processo em que o devedor seja parte.

Evidentemente, deve cumprir as regras previstas na lei brasileira, como, por exemplo, prestar a caução relativa às custas e ao pagamento de indenização de que trata o art. 101 da LREF (art. 97, § 2º).

Os credores estrangeiros têm os mesmos direitos conferidos e deveres impostos ao credores nacionais nos processos recuperatórios-falimentares, não podendo ser discriminados ou privilegiados.

29.2.1. Da ordem de classificação dos créditos

A ordem de classificação dos créditos segue algumas regras que visam harmonizar, em casos específicos, o direito estrangeiro ao direito brasileiro. Dispõe os incisos do § 1º do art. 167-G o seguinte: "I – os créditos estrangeiros de natureza tributária e previdenciária, bem como as penas pecuniárias por infração de leis penais ou administrativas, inclusive as multas tributárias devidas a Estados estrangeiros, não serão considerados nos processos de recuperação judicial e serão classificados como créditos subordinados nos processos de falência, independentemente de sua classificação nos países em que foram constituídos; II – o crédito do representante estrangeiro será equiparado ao do administrador judicial nos casos em que fizer jus a remuneração, exceto quando for o próprio devedor ou seu representante; III – os créditos que não tiverem correspondência com a classificação prevista nesta Lei serão classificados como quirografários, independentemente da classificação atribuída pela lei do país em que foram constituídos".

Não há dificuldade alguma em compreender a *mens legis*: no primeiro caso, não teria sentido dar ao ente estatal estrangeiro a mesma prerrogativa que dispõe a pessoa jurídica de direito público interno brasileira. A classificação tributária preferencial somente tem sentido porque atende ao interesse público e ao bem comum, não se justificando atribuí-la a outros Estados.

No segundo caso, a prestação de serviço se deu em benefício da massa falida, daí por que o tratamento isonômico é de rigor.

No terceiro caso, inexistindo preferência ou precedência prevista na lei brasileira, segue-se a regra geral: o crédito será classificado como quirografário por não dispor de precedência ou preferência legal.

Quanto ao pagamento do crédito, o juiz deve expedir ofício ao Banco Central do Brasil para permitir a remessa ao exterior de valores destinados a credores que não possuem domicílio no Brasil (art. 167-G, § 5º).

29.2.2. Da comunicação dos atos judiciais

Cuidou o legislador de prever meios pelos quais o credor estrangeiro tenha acesso às notificações e às informações processuais. Caberá ao juiz determinar medidas apropriadas para tanto, por exemplo, o uso de ferramentas virtuais ou acesso ao processo digital. Em caso de notificação, por exemplo, a participar de uma assembleia de credores, não teria sentido a expedição de carta rogatória, de trâmite demorado e burocrático, razão pela qual o juiz utilizará qualquer meio adequado, sendo bastante apropriado o uso de instrumentos digitais, de uso universal e corriqueiro.

O credor estrangeiro pode não estar habituado ao sistema recuperatório-falimentar brasileiro, razão pela qual deve o juiz, nas comunicações que fizer a esse credor, informar-lhe sobre as providências necessárias para a apresentação de divergências, habilitação ou impugnações de crédito, indicando o prazo legal, as custas, se houver, e a necessidade de os credores com garantia também habilitarem seus créditos, porque, no direito brasileiro, estão submetidos aos juízo universal.

Essa previsão (art. 167-G, § 4º) leva em consideração a existência de peculiaridades próprias de cada legislação falimentar, recomendando-se que, nesse ponto, o juiz deva presumir a existência de diferenças procedimentais marcantes entre o direito estrangeiro e o direito brasileiro.

O legislador considerou aqui as recomendações do Guia Legislativo da Uncitral n. 129, que propõe facilitar a ativa participação do credor no procedimento, e a de n. 126, que dispõe: “A lei da insolvência deve especificar que os credores, quer estejam ou não cobertos por garantia, terão o direito de participar no processo de insolvência e indicar as funções podem desempenhar no exercício desse direito”. Como se trata de especificidade de cada sistema falimentar, a norma deve muito bem ser explicitada ao credor estrangeiro.

29.3. Do reconhecimento de processos estrangeiros

A parte mais extensa deste capítulo da LREF, com oito artigos, trata do reconhecimento de processos estrangeiros, isto é, o processamento e a tramitação do pedido de reconhecimento do processo estrangeiro em que atua o representante estrangeiro. Essa seção poderia ser denominada "Do Processo de Reconhecimento de Processos Estrangeiros".

29.3.1. Do pedido

O representante estrangeiro – *pessoa ou órgão, inclusive o nomeado em caráter transitório, que esteja autorizado, no processo estrangeiro, a administrar os bens ou as atividades do devedor, ou a atuar como representante do processo estrangeiro* – apresenta seu pedido de reconhecimento do processo estrangeiro em que atua perante o juiz brasileiro – *o juiz do local do principal estabelecimento do devedor no Brasil* – acompanhado dos seguintes documentos: "I – cópia apostilada da decisão que determine a abertura do processo estrangeiro e nomeie o representante estrangeiro; II – certidão apostilada expedida pela autoridade estrangeira que ateste a existência do processo estrangeiro e a nomeação do representante estrangeiro; ou III – qualquer outro documento emitido por autoridade estrangeira que permita ao juiz atingir plena convicção da existência do processo estrangeiro e da identificação do representante estrangeiro" (art. 167-H).

Em suma, a pessoa interessada deve comprovar sua condição de gestor, administrador de empresa ou devedor em processo de recuperação ou, ainda, de administrador judicial em processo de falência ou função equivalente a estas previstas na lei brasileira.

Além desses documentos que comprovam a existência do processo no país estrangeiro e sua condição de seu representante, deve, ainda, apresentar a relação de todos os processos estrangeiros de seu conhecimento relativos ao devedor.

Exige-se, como ocorre no processo civil comum (CPC15, art. 192 e parágrafo único), que os documentos em língua estrangeira venham acompanhados de tradução oficial para a língua portuguesa, isto é, tramitada por via diplomática ou autoridade central ou, ainda, firmada por tradutor juramentado. Entretanto, dada a celeridade de atos que se exige na tramitação de processos dessa natureza, o juiz pode autorizar que a tradução oficial seja substituída por tradução simples, desde que não haja prejuízo aos credores e, ainda, que o advogado requerente a declare fiel e autêntica, sob pena de sua responsabilidade pessoal (art. 197-H, § 3º).

São de natureza objetiva os elementos de convicção do juiz para o reconhecimento do processo judicial e cabe-lhe apenas fundamentar o deferimento nos documentos apresentados que comprovam a existência do processo estrangeiro, declarando sua autenticidade, mesmo que esses documentos não tenham sido apostilados no Consulado brasileiro na origem.

O apostilamento de documentos decorre do Decreto n. 8.660, de 29 de janeiro de 2016, pelo qual o Brasil promulgou a Convenção sobre a Eliminação de Exigência de Legalização de Documentos Públicos Estrangeiros. Por ter sido firmada em 5 de outubro de 1961, em Haia, esse tratado internacional é chamado de "Convenção da Apostila de Haia".

A simplificação decorrente está definida nos cinco primeiros artigos da Convenção, que assim dispõem:

"Art. 1º – A presente Convenção aplica-se a documentos públicos feitos no território de um dos Estados Contratantes e que devam produzir efeitos no território de outro Estado Contratante.

No âmbito da presente Convenção, são considerados documentos públicos:

a) Os documentos provenientes de uma autoridade ou de um agente público vinculados a qualquer jurisdição do Estado, inclusive os documentos provenientes do Ministério Público, de escrivão judiciário ou de oficial de justiça;

b) Os documentos administrativos;

c) Os atos notariais;

d) As declarações oficiais apostas em documentos de natureza privada, tais como certidões que comprovem o registro de um documento ou a sua existência em determinada data, e reconhecimentos de assinatura.

Entretanto, a presente Convenção não se aplica:

a) Aos documentos emitidos por agentes diplomáticos ou consulares;

b) Aos documentos administrativos diretamente relacionados a operações comerciais ou aduaneiras.

Art. 2º – Cada Estado Contratante dispensará a legalização dos documentos aos quais se aplica a presente Convenção e que devam produzir efeitos em seu território. No âmbito da presente Convenção, legalização significa apenas a formalidade pela qual os agentes diplomáticos ou consulares do país no qual o documento deve produzir efeitos atestam a autenticidade da assinatura, a função ou o cargo exercidos pelo signatário do documento e, quando cabível, a autenticidade do selo ou carimbo aposto no documento.

Art. 3º – A única formalidade que poderá ser exigida para atestar a autenticidade da assinatura, a função ou cargo exercido pelo signatário do documento e, quando cabível, a autenticidade do selo ou carimbo aposto no documento, consiste na aposição da apostila definida no Artigo 4º, emitida pela autoridade competente do Estado no qual o documento é originado.

Contudo, a formalidade prevista no parágrafo anterior não pode ser exigida se as leis, os regulamentos ou os costumes em vigor no Estado onde o documento deva produzir efeitos – ou um acordo entre dois ou mais Estados contratantes – a afastem ou simplifiquem, ou dispensem o ato de legalização.

Art. 4º – A apostila prevista no primeiro parágrafo do Artigo 3º será aposta no próprio documento ou em uma folha a ele apensa e deverá estar em conformidade com o modelo anexo à presente Convenção.

A apostila poderá, contudo, ser redigida no idioma oficial da autoridade que a emite. Os termos padronizados nela inscritos também poderão ser redigidos em um segundo idioma. O título "Apostille (Convention de La Haye du 5 octobre 1961)" deverá ser escrito em francês.

Art. 5º – A apostila será emitida mediante solicitação do signatário do documento ou de qualquer portador. Quando preenchida adequadamente, a apostila atesta a autenticidade da assinatura, a função ou o cargo exercido pelo signatário do documento e, quando cabível, a autenticidade do selo ou carimbo nele aposto. A assinatura, selo ou carimbo contidos na apostila serão isentos de qualquer certificação".

Será declarado país de origem o domicílio do empresário individual ou o país da sede estatutária, no caso de sociedades empresárias, cabendo, nesse caso, prova em contrário a demonstrar que a sede estatutária não é realmente o centro de interesses principais.

29.3.2. Da decisão de reconhecimento

Compreendida a condição de representante estrangeiro e a existência do processo estrangeiro, o juiz declarará reconhecido o processo estrangeiro, qualificando-o como processo estrangeiro principal – *isto, é, qualquer processo estrangeiro aberto no país em que o devedor tenha o centro de seus interesses principais* – ou como processo estrangeiro não principal – *isto é, qualquer processo estrangeiro que não seja um processo estrangeiro principal, aberto em um país em que o devedor tenha estabelecimento ou bens.*

Nada obstante, será reconhecido como processo estrangeiro não principal "se o centro de interesses principais do devedor tiver sido transferido ou de outra forma manipulado com o objetivo de transferir para outro Estado a competência jurisdicional para abertura do processo" (art. 167-J, § 2º).

A decisão judicial pode ser modificada ou revogada a qualquer momento se o magistrado verificar que os requisitos legais foram descumpridos total ou parcialmente ou se deixaram de existir.

Cabe agravo de instrumento contra a decisão que acolher o pedido e recurso de apelação da decisão que julgar improcedente o pedido (art. 167-J, § 4º).

29.3.3. Dos atos do representante estrangeiro e da tutela provisória

Cumpre ao representante estrangeiro informar qualquer modificação significativa no estado do processo estrangeiro ou quanto à sua qualidade de representante desse processo e, ainda, indicar a existência de outros processos relativos ao mesmo devedor que lhe chegaram ao conhecimento.

Entre os poderes a que se legitimou, o representante pode requerer e obter medidas de tutela provisória, fundadas em urgência ou evidência, necessárias ao cumprimento da LREF ou visando a proteção da massa falida ou a eficiência de sua administração.

O juiz pode indeferir as medidas se entender que o seu deferimento interferirá na administração do processo estrangeiro principal.

29.3.4. Efeitos do reconhecimento de processo estrangeiro principal

Os efeitos do reconhecimento de processo estrangeiro principal previstos no art. 167-M são semelhantes àqueles que decorrem do pedido de recuperação ou da declaração de falência: "I – a suspensão do curso de quaisquer processos de execução ou de quaisquer outras medidas individualmente tomadas por credores relativas ao patrimônio do devedor, respeitadas as demais disposições desta Lei; II – a suspensão do curso da prescrição de quaisquer execuções judiciais contra o devedor, respeitadas as demais disposições desta Lei; III – a ineficácia de transferência, de oneração ou de qualquer forma de disposição de bens do ativo não circulante do devedor realizadas sem prévia autorização judicial".

Tratando-se de efeitos amplos próprios do decreto falimentar, o § 1º do art. 167-M dispõe que "a extensão, a modificação ou a cessação dos efeitos previstos no *caput* deste artigo subordinam-se ao disposto nesta Lei".

É evidente que se o processo for de recuperação, as suspensões se limitam a período legalmente determinado, conforme dispõe o art. 6º, § 4º. A alienação ou a oneração feita pelo falido após a decretação da falência é absolutamente ineficaz porque ele perde o direito de administrar os seus bens ou de dispor (art. 103), mas se a alienação ou oneração se dá no trâmite da recuperação judicial, há de se verificar sua regularidade, isto é, se o pedido foi feito nos termos dos arts. 60, 60-A, 66 e 66-A.

Nada obstante, se do reconhecimento do processo estrangeiro não decorreu a ineficácia de transferência, de oneração ou de qualquer forma de disposição dos bens do ativo não circulante, o representante estrangeiro pode requerê-la, nos termos do art. 167-N, I. É o caso, por exemplo, de alienação ocorrida anteriormente que se subsuma a um dos casos previstos no art. 129 da LREF, que são hipóteses de ineficácia objetiva, podendo ser declarada de ofício pelo juiz.

Nos casos de ineficácia objetiva, deve o representante estrangeiro propor a ação de ineficácia nos termos do art. 130.

Como já dispõe o § 9º do art. 6º, o § 2º do art. 167-M apenas reitera a regra de que a cláusula de convenção de arbitragem permanece hígida e, portanto, "os credores conservam o direito de ajuizar quaisquer processos judiciais e arbitrais, e de neles prosseguir, que visem à condenação do devedor ou ao reconhecimento ou à liquidação de seus créditos, e, em qualquer caso, as medidas executórias deverão permanecer suspensas".

Parece-nos dispensável o disposto no § 3º do art.167-M. Ao afirmar que "as medidas previstas neste artigo não afetam os credores que não estejam sujeitos aos processos de recuperação judicial, de recuperação extrajudicial ou de falência, salvo nos limites permitidos por esta Lei", o legislador apenas declarou o óbvio, porque o processo de reconhecimento não concede poderes e/ou direitos mais amplos do que aqueles que vêm previstos na legislação falimentar-recuperatória. O reconhecimento é apenas um incidente dos processos recuperatórios-falimentares.

29.3.5. De outras medidas requeridas pelo representante estrangeiro

Decorre da decisão de reconhecimento, ainda, a possibilidade de prática de outros atos processuais por parte do representante estrangeiro, como prevê o art. 167-N: (a) oitiva de testemunhas, colheitas de provas, fornecimento de informações relativas a bens, direitos, obrigações, voltadas à responsabilidade ou à atividade do devedor; (b) autorização para realização do ativo do devedor ou sua destinação; (c) conversão da assistência provisória em definitiva; (d) concessão de outras medidas reputadas necessárias à administração da massa devedora.

Em se tratando de processo não principal, o juiz deve se certificar de que as medidas a serem efetivadas referem-se a bens que devam ser submetidos, segundo o direito brasileiro, à disciplina aplicável ao processo estrangeiro não principal ou, ao menos, certificar-se de que digam respeito a informações exigidas em nosso direito (art. 167-N, § 2º). Isto porque cada legislação possui instrumentos próprios de adição, subtração e proteção da massa objetiva, como, por exemplo, ações de restituições, de ineficácia, de responsabilização de terceiros, de extensão dos efeitos falimentares, razão pela qual as informações pretendidas pelo representante estrangeiro podem não se harmonizar com a tutela perseguida.

Ao conceder, revogar, modificar ou denegar todas as medidas requeridas pelo representante estrangeiro – estas últimas e também aquelas previstas no art. 167-L, liminarmente deferidas –, o juiz deve considerar que "o interesse dos credores, do devedor e de terceiros interessados será adequadamente protegido", podendo, assim, condicionar a concessão ao atendimento de condições que julgar apropriadas.

Tratando-se de decisão interlocutória, o juiz pode modificá-la ou revogá-la, a qualquer momento, de ofício ou a requerimento de pessoa interessada (inclusive o representante estrangeiro).

29.4. Da cooperação com autoridades e representantes estrangeiros

Os arts. 167-P e 167-Q regulamentam a cooperação entre juízes ou por intermédio do administrador judicial, prescrevendo que essa cooperação deve ser ampla, no cumprimento dos objetivos estabelecidos no art. 167-A. Para tanto, as regras buscam a eficiência e a celeridade nesse contato: (a) o juiz pode comunicar-se diretamente com autoridades ou representantes estrangeiros e solicitar-lhes informação e assistência, sem necessidade de formalidades processuais (cartas rogatórias, procedimento de auxílio direto ou outras formalidades semelhantes); (b) o administrador judicial, como auxiliar do juiz e sob sua supervisão, deve cooperar com a autoridade estrangeira ou com os representantes estrangeiros, podendo comunicar-se com essas pessoas visando à plena consecução dos objetivos previstos no art. 167-A.

Os meios de cooperação podem ser implantados na forma do art. 167-Q: "I – nomeação de uma pessoa, natural ou jurídica, para agir sob a supervisão do juiz; II – comunicação de informações por quaisquer meios considerados apropriados pelo juiz; III – coordenação da administração e da supervisão dos bens e das atividades do devedor; IV – aprovação ou implementação, pelo juiz, de acordos ou de protocolos de cooperação para a coordenação dos processos judiciais; e V – coordenação de processos concorrentes relativos ao mesmo devedor".

29.5. Dos processos concorrentes

Após o reconhecimento de um processo estrangeiro principal, pode-se dar início, no Brasil, a um processo de falência, de recuperação (judicial ou extrajudicial), relativo exclusivamente a bens e estabelecimentos do devedor no Brasil, podendo estender-se a outros bens, na forma permitida no direito brasileiro, caso seja necessário à cooperação e à coordenação com o processo estrangeiro principal.

29.5.1. Compatibilidade das medidas concedidas no Brasil

É possível que esteja em curso, simultaneamente, um processo de falência ou de recuperação de interesse do mesmo devedor no país estrangeiro e no Brasil e, nesse caso, o juiz deve buscar cooperação e a coordenação entre eles, observando-se as seguintes regras para facilitar a coordenação dos processos, prevalecendo sempre a busca pela compatibilidade com o processo principal e entre dois processos não principais.

Segue, então, o resumo da regra prevista no art. 167-T: (a) as medidas requeridas por um representante estrangeiro em um processo estrangeiro *não principal* devem ser deferidas se compatíveis com o processo estrangeiro *principal* já reconhecido pelo juiz brasileiro; (b) se o processo estrangeiro *principal* vier a ser reconhecido no Brasil após o reconhecimento de um processo *não principal* no território estrangeiro, as medidas já concedidas neste último, nos termos dos arts. 167-L ou 167-N, podem (e devem) ser revistas, tendo em vista sua incompatibilidade com o processo *principal* estrangeiro; (c) se dois processos estrangeiros *não principais* forem reconhecidos, o juiz deverá verificar a necessidade de modificar qualquer medida antes concedida em um deles.

29.5.2. Dos efeitos falimentares transnacionais

Os arts. 167-U, 167-V, 167-W, 167-X e 167-Y apresentam regras aplicáveis aos processos de falência no Brasil, em decorrência de atos praticados no juízo estrangeiro.

Em primeiro lugar, presume-se o estado de insolvência (leia-se o estado falimentar ou de crise econômico-financeira) do devedor cujo processo estrangeiro principal tenha sido reconhecido no Brasil, significando que não se discutirá, no Brasil, a configuração do estado declarado no processo principal estrangeiro.

Em segundo lugar, é possível o ajuizamento de pedido de falência de um devedor cujo processo estrangeiro principal tenha sido reconhecido no Brasil, a requerimento de representante estrangeiro, do devedor ou de seus credores.

Em terceiro lugar, o juízo falimentar de um processo estrangeiro não principal deve dar ciência ao juízo principal, entre outras informações: (a) do valor dos bens arrecadados e do passivo; (b) do valor dos créditos admitidos e sua classificação; (c) da classificação dos credores não domiciliados ou sediados nos países titulares de créditos sujeitos à lei estrangeira (*v.* acima em 29.2); (d) da relação das ações judiciais em curso, tendo o falido como autor, réu ou interessado; (e) da ocorrência do término da liquidação e da existência de saldo (devedor ou credor) ou ativo remanescentes, descriminando-os.

Em quarto lugar, reconhecida a existência de processo estrangeiro, não se opera o pagamento previsto no art. 153 (*Pagos todos os credores, o saldo, se houver, será entregue ao falido*) até que satisfeito o passivo em qualquer outro processo falimentar transnacional.

Em quinto lugar, o não encerramento de processos não principais reconhecidos obsta o encerramento do processo de falência transnacional principal, salvo se constatado que, naqueles processos, inexiste ativo líquido remanescente; nesse caso, não haverá impedimento.

Em sexto lugar, o pagamento parcial de um credor em outro processo de insolvência contra o mesmo devedor impede que ele receba qualquer pagamento no Brasil até que os credores da sua classe, na classificação obtida no processo falimentar brasileiro, tenham recebido o mesmo valor proporcional àquele montante já recebido por ele. Trata-se aqui da aplicação do princípio da *pars conditio creditorum*, qual seja a obediência ao rateio por classe de credores, devendo todos receberem na proporção da massa disponível para a mesma classificação (*v.* item 27.10).

LIVRO V

DISPOSIÇÕES PENAIS

(Capítulo 30)

Capítulo 30

A INVESTIGAÇÃO, A AÇÃO PENAL E OS CRIMES FALENCIAIS

Sumário: 30.1. Apuração de crime definido na Lei Falimentar. 30.2. A abolição do inquérito judicial. 30.2.1. A quebra da unidade na apuração delitiva. 30.2.2. O princípio da unicidade. 30.3. A multiplicidade de vias investigatórias. 30.3.1. Atos investigatórios. 30.3.2. O laudo contábil. 30.3.3. A intervenção dos credores concorrentes. 30.3.4. A apuração dos fatos. 30.3.5. O recebimento ou a rejeição da denúncia. 30.4. Da prescrição. 30.5. Competência. 30.6. Processo-crime. 30.7. Crimes de fraude a credores ou de falsidade no curso do processo. 30.8. Crimes relacionados à escrituração contábil. 30.9. Crimes de natureza patrimonial, por desvio ou especulação de lucro sobre os bens. 30.10. Outros crimes.

30.1. Apuração de crime definido na Lei Falimentar

Um dos pontos frágeis da nova Lei Falimentar situa-se no tratamento desordenado que o legislador empreendeu na construção da estrutura investigativa dos crimes falimentares.

Duas considerações devem ser assinaladas: em primeiro lugar, não há momento único para o início das investigações pelo Ministério Público, dissipando os atos investigatórios; em segundo lugar, o promotor de justiça não está expressamente obrigado a intervir e acompanhar todos os atos processuais da falência, levando à conclusão de mitigação de seu poder inquisitorial.

Em relação à segunda consideração, uma visão panorâmica dos atos de intervenção mencionados na Lei n. 11.101/2005 fundamenta conclusão diversa daquela presumida: o Ministério Público deverá intervir em todos os atos dos processos de falência e de recuperação em Juízo, uma vez que não se concebe, por exemplo, possa exigir informações do devedor, sem que preexista interesse decorrente de sua intervenção nos autos respectivos ou que se aventure a propor ação revocatória desconhecendo a documentação contábil do falido, ou, ainda, que lance manifestação na prestação de contas apresentada pelo administrador judicial, sem que tenha acompanhado os demonstrativos mensais etc.

O quadro que apresentamos mostra que o legislador preocupou-se em assinalar a necessidade da presença do *Parquet* em inúmeros procedimentos: verificação de crédito, apuração dos crimes, fiscalização da administração, período de informação falimentar, realização do ativo e outros:

ATO PROCESSUAL	ARTIGO
Verificação de crédito	Art. 8º No prazo de 10 dias, contado da publicação da relação referida no art. 7º, § 2º, desta Lei, o Comitê, qualquer credor, o devedor ou seus sócios ou o Ministério Público podem apresentar ao juiz impugnação contra a relação de credores, apontando a ausência de qualquer crédito ou manifestando-se contra a legitimidade, importância ou classificação de crédito relacionado.
	Art. 19. O administrador judicial, o Comitê, qualquer credor ou o representante do Ministério Público poderá, até o encerramento da recuperação judicial ou da falência, observado, no que couber, o procedimento ordinário previsto no Código de Processo Civil, pedir a exclusão, outra classificação ou a retificação de qualquer crédito, nos casos de descoberta de falsidade, dolo, simulação, fraude, erro essencial ou, ainda, documentos ignorados na época do julgamento do crédito ou da inclusão no quadro geral de credores.
Apuração de responsabilidade penal	Art. 22. Ao administrador judicial compete, sob a fiscalização do juiz e do Comitê, além de outros deveres que esta Lei lhe impõe: III – na falência: *e*) apresentar, no prazo de 40 dias, contado da assinatura do termo de compromisso, prorrogável por igual período, relatório sobre as causas e circunstâncias que conduziram à situação de falência, no qual apontará a responsabilidade civil e penal dos envolvidos, observado o disposto no art. 186 desta Lei; § 4º Se o relatório de que trata a alínea *e* do inciso III do *caput* deste artigo apontar responsabilidade penal de qualquer dos envolvidos, o Ministério Público será intimado para tomar conhecimento de seu teor.

Apuração de responsabilidade penal	Art. 187. Intimado da sentença que decreta a falência ou concede a recuperação judicial, o Ministério Público, verificando a ocorrência de qualquer crime previsto nesta Lei, promoverá imediatamente a competente ação penal ou, se entender necessário, requisitará a abertura de inquérito policial. § 1º O prazo para oferecimento da denúncia regula-se pelo art. 46 do Decreto-Lei n. 3.689, de 3 de outubro de 1941 – Código de Processo Penal, salvo se o Ministério Público, estando o réu solto ou afiançado, decidir aguardar a apresentação da exposição circunstanciada de que trata o art. 186 desta Lei, devendo, em seguida, oferecer a denúncia em 15 dias. § 2º Em qualquer fase processual, surgindo indícios da prática dos crimes previstos nesta Lei, o juiz da falência ou da recuperação judicial ou da recuperação extrajudicial cientificará o Ministério Público.
	Art. 184. Os crimes previstos nesta Lei são de ação penal pública incondicionada. Parágrafo único. Decorrido o prazo a que se refere o art. 187, § 1º, sem que o representante do Ministério Público ofereça denúncia, qualquer credor habilitado ou o administrador judicial poderá oferecer ação penal privada subsidiária da pública, observado o prazo decadencial de 6 meses.
Fiscalização do cumprimento de preceito legal na nomeação de auxiliares	Art. 30. (...) § 2º O devedor, qualquer credor ou o Ministério Público poderá requerer ao juiz a substituição do administrador judicial ou dos membros do Comitê nomeados em desobediência aos preceitos desta Lei.
Ciência da decisão que decreta a falência	Art. 99. A sentença que decretar a falência do devedor, dentre outras determinações: XIII – ordenará a intimação do Ministério Público e a comunicação por carta às Fazendas Públicas Federal e de todos os Estados e Municípios em que o devedor tiver estabelecimento, para que tomem conhecimento da falência.
Obtenção de informações do devedor	Art 104. A decretação da falência impõe ao falido os seguintes deveres: VI – prestar as informações reclamadas pelo juiz, administrador judicial, credor ou Ministério Público sobre circunstâncias e fatos que interessem à falência.
	Indução a erro Art. 171. Sonegar ou omitir informações ou prestar informações falsas no processo de falência, de recuperação judicial ou de recuperação extrajudicial, com o fim de induzir a erro o juiz, o Ministério Público, os credores, a assembleia geral de credores, o Comitê ou o administrador judicial: Pena – reclusão, de 2 a 4 anos, e multa.

Legitimidade concorrente para a ação revocatória	Art. 132. A ação revocatória, de que trata o art. 130 desta Lei, deverá ser proposta pelo administrador judicial, por qualquer credor ou pelo Ministério Público no prazo de 3 anos contado da decretação da falência.
Manifestação sobre a ocorrência de falência frustrada	Art. 114-A. Se não forem encontrados bens para serem arrecadados, ou se os arrecadados forem insuficientes para as despesas do processo, o administrador judicial informará imediatamente esse fato ao juiz, que, ouvido o representante do Ministério Público, marcará, por meio de edital, o prazo de 10 (dez) dias para os interessados se manifestarem.
Intervenção obrigatória nas alienações do ativo e regime de impedimentos	Art. 142. (...) § 7º Em qualquer modalidade de alienação, o Ministério Público e as Fazendas Públicas serão intimados por meio eletrônico, (...) sob pena de nulidade.
	Art. 143. Em qualquer das modalidades de alienação referidas no art. 142 desta Lei, poderão ser apresentadas impugnações por quaisquer credores, pelo devedor ou pelo Ministério Público, no prazo de 48 horas da arrematação, hipótese em que os autos serão conclusos ao juiz, que, no prazo de 5 dias, decidirá sobre as impugnações e, julgando-as improcedentes, ordenará a entrega dos bens ao arrematante, respeitadas as condições estabelecidas no edital.
	Violação de impedimento Art. 177. Adquirir o juiz, o representante do Ministério Público, o administrador judicial, o gestor judicial, o perito, o avaliador, o escrivão, o oficial de justiça ou o leiloeiro, por si ou por interposta pessoa, bens de massa falida ou de devedor em recuperação judicial, ou, em relação a estes, entrar em alguma especulação de lucro, quando tenham atuado nos respectivos processos: Pena – reclusão, de 2 a 4 anos, e multa.
Intervenção no procedimento de aprovação de contas do administrador judicial	Art. 154. Concluída a realização de todo o ativo, e distribuído o produto entre os credores, o administrador judicial apresentará suas contas ao juiz no prazo de 30 dias. § 3º Decorrido o prazo do aviso e realizadas as diligências necessárias à apuração dos fatos, o juiz intimará o Ministério Público para manifestar-se no prazo de 5 dias, findo o qual o administrador judicial será ouvido se houver impugnação ou parecer contrário do Ministério Público.
Manifestar-se nos pedidos de extinção das obrigações do falido	"Art. 159. (...) § 1º A Secretaria do juízo fará publicar imediatamente informação sobre a interposição do requerimento a que se refere este artigo, e, no prazo comum de 5 (cinco) dias, qualquer credor, o administrador judicial e o Ministério Público poderão manifestar-se exclusivamente para apontar inconsistências formais e objetivas.

Ciência da decisão que determina o processamento da recuperação judicial	Art. 52. Estando em termos a documentação exigida no art. 51 desta Lei, o juiz deferirá o processamento da recuperação judicial e, no mesmo ato: V – ordenará a intimação eletrônica do Ministério Público e das Fazendas Públicas federal, estaduais, distrital e municipais em que o devedor tiver estabelecimento, a fim de que tomem conhecimento da recuperação judicial e informem eventuais créditos perante o devedor para divulgação aos demais interessados.
Tomar providências criminais quanto em constatação prévia se verificarem indícios de utilização fraudulenta da ação de recuperação judicial	Art. 51-A. (...) § 6º Caso a constatação prévia detecte indícios contundentes de utilização fraudulenta da ação de recuperação judicial, o juiz poderá indeferir a petição inicial, sem prejuízo de oficiar ao Ministério Público para tomada das providências criminais eventualmente cabíveis.
Manifestar-se sobre a regularidade da deliberação da assembleia geral	Art. 45-A. As deliberações de assembleia-geral de credores previstas nesta Lei poderão ser substituídas caso seja comprovada a adesão de credores que representem mais da metade do valor dos créditos sujeitos à recuperação judicial, observadas as exceções previstas nesta Lei. (...) § 4º As deliberações no formato previsto neste artigo serão fiscalizadas pelo administrador judicial, que emitirá parecer sobre sua regularidade, com oitiva do Ministério Público, previamente à sua homologação judicial, inclusive no caso de concessão ou não da recuperação judicial.
Decisão concessiva de recuperação – ciência e legitimidade recursal	Art. 59. (...) § 2º Contra a decisão que conceder a recuperação judicial caberá agravo, que poderá ser interposto por qualquer credor e pelo Ministério Público.

Os atos de fiscalização exercidos nos processos falimentares e de recuperação judicial contribuem para a reconstituição do cenário em que ocorreram crimes antes e depois do decreto falimentar ou da sentença de concessão de recuperação judicial ou homologação do pedido de recuperação extrajudicial. É no exame da documentação do devedor e no acompanhamento contínuo das manifestações dos credores, do administrador judicial e do devedor que o órgão ministerial dará início à fundada suspeita que, por sua vez, poderá conduzir à apresentação de uma denúncia consistente.

Lícito concluir que se o promotor de justiça de falências não acompanhar todos os atos judiciais realizados na falência e na recuperação judicial ou extrajudicial, sua atuação o reduzirá à figura de mero expectador à espera da eficiência e descortino de outros órgãos com intensa participação nesses processos.

30.2. A abolição do inquérito judicial

Abolindo o inquérito judicial a nova Lei Falimentar faculta ao Ministério Público: a) promover desde logo a ação penal ou requisitar a abertura de inquérito policial quando "intimado da sentença que decreta a falência ou concede a recuperação judicial" (art. 187); b) ser notificado pelo juiz da falência ou da recuperação judicial quando houver indícios da prática de crimes, em qualquer fase processual (art. 187, § 2º); e c) aguardar a vinda do relatório do administrador judicial, que deverá ser apresentado no prazo de quarenta dias depois da assinatura do termo de compromisso (art. 22, III, *e*).

30.2.1. A quebra da unidade na apuração delitiva

Considerando as novas vias inquisitivas, indaga-se quanto ao princípio da unidade na apuração do crime falimentar, uma vez que o promotor de justiça pode oferecer mais de uma denúncia, subdividindo a apuração criminal aos vários momentos em que é chamado a tomar conhecimento de supostos crimes falimentares. A nova Lei Falimentar parece responder afirmativamente a essa questão. Entretanto, é possível antever-se dificuldades: a denúncia apresentada logo após a sentença de falência deverá, necessariamente, restringir-se aos crimes pré-falimentares, deixando de lado toda e qualquer apuração de fatos que podem vir a ocorrer no processo falimentar: a fraude e o favorecimento de credores pós-falimentar e o desvio de bens pertencentes à massa falida, por exemplo.

A ausência de um único instrumento para a apuração dos fatos criminais contribuirá para a dispersão dos atos investigatórios e para a ruptura da concentração de diligências e de defesas que conduziriam à celeridade e economia processual estimuladas, em outros institutos, pela nova Lei Falimentar.

30.2.2. O princípio da unicidade

Mas não é essa a única dificuldade. Em relação ao concurso de crimes, a falência sempre dispôs de regra própria, que consiste no princípio da unicidade, ou unitariedade, do crime falimentar, dado o caráter formal da ação ou da omissão.

No sistema de 1945, concebia-se que todos os fatos previstos nos arts. 186, 187 e 188 do Decreto-Lei n. 7.661 – crimes antefalimentares que concorrem para e com a falência – contribuíam, segundo eleição legislativa, para o agravamento da situação dos credores (Cf. Frontini, 1980:109-111), e, como tal, devia ser aplicada a pena do crime mais grave, fixada entre um e quatro anos de reclusão (arts. 187 e 188).

No concurso de crimes antefalimentares, contudo, com pós-falimentares, como, por exemplo, desvio de bens da massa (art. 189, I) e todos os previstos nos arts. 189 e 190 do Decreto-Lei n. 7.661/45, Paulo Salvador Frontini (1980:109-111) atentava para o fato de existirem duas ou mais ações, com dois ou mais resultados, caracterizando, segundo seu entendimento, o concurso material, e, nesse caso, sujeitando-se o agente à soma das penas incidentes, nos termos do art. 69 do Código Penal.

De fato, são duas ou mais ações praticadas em momentos bem distintos. Nas condutas antefalimentares, caracterizadas pela incidência de um ou mais tipos relacionados nos arts. 186, 187 ou 188 do Decreto-Lei n. 7.661/45, o fato criminoso precedia à declaração de falência, e nas outras práticas, então previstas nos arts. 189 e 190, a ocorrência tinha lugar após o ato judicial falimentar.

Esse entendimento, de clareza cristalina, não encontrou receptividade majoritária na jurisprudência ou entre os doutrinadores. Mirabete (1993:527) acentua a prevalência do princípio da unitariedade: "(...) como característica especial dos delitos falimentares, fala-se no princípio da unidade, unicidade ou universalidade dos ilícitos falenciais. Por ele, o crime falimentar é sempre uno, embora múltiplos os dispositivos penais da Lei de Falências violados pelo falido. Um único fato leva à presunção legal de uma conduta irregular do falido; é o índice da conduta e a medida da punição, abrangido nele todos os demais fatos típicos, se existirem. Nos crimes falimentares próprios há uma unidade, embora haja concurso de vários fatos mencionados na lei, impondo-se a aplicação da pena mais grave. Não se pode falar, portanto, em concurso material ou formal".

Idêntica é a opinião de Américo Führer (1972:41), que, embora entendendo tratar-se de "anomalia no sistema moderno, pagando a lei, neste ponto, ainda um tributo às teorias antigas", conclui pela adoção plena do sistema da unicidade: "E consignando o art. 187 que os fatos podem ser praticados tanto antes como depois da falência, podemos concluir que a unidade do crime falimentar praticado pelo falido é total, abrangendo todas as condutas do mesmo, tanto antes como depois da falência. Apresentando-se uma série de fatos, não importa se ocorridos antes ou depois da falência, o juiz aplicará tão somente uma única pena, a mais grave".

Na doutrina estrangeira, a tese de um só delito é acolhida, conforme nos informa Navarrini (1943:433): "Da consideração de que o delito de falência não é constituído por atos que o legislador examinou, senão pela própria quebra, acompanhada, precedida ou seguida daqueles atos, derivam interessantes consequências que os autores e a jurisprudência colocam em relevo. Deter-nos-emos em alguns: a) o delito é único; não se trata de tantos delitos quantos são os atos previstos pela lei, que pode haver se verificado; estes se reduzem a pôr em evidência o dolo ou a culpa do devedor ao causar ou agravar a quebra; portanto, não haverá lugar à acumulação de delitos e de penas. Assim, não são dois delitos distintos a possível concorrência da falência fraudulenta e a simples; tampouco para atos de uma mesma espécie de quebra (...)".

Na jurisprudência, a adoção da tese da unicidade é majoritária[1]. No passado, mui isoladamente encontra-se rejeição a ela: "No caso, a própria Lei Falimentar distinguiu, considerando ações distintas – arts. 186 e 188 – compostas de diversos atos, que são os respectivos itens. Mas isso não comporta a absorção de uma ação por outra, uma vez que cada qual tem punição específica – uma, com detenção, a outra, com reclusão. Consequentemente, o delito previsto no art. 186, VI – escrituração atrasada –, deve subsistir, *per se*, fixando-se sua pena no grau mínimo – seis meses de detenção. Em face de tais pressupostos, irrelevante o reconhecimento do fato delituoso previsto no n. VII do art. 186, uma vez que constituiria uma unidade delituosa – dois atos da mesma ação – já envolvida pela punição da escrituração atrasada" (TJSP, Apel. n. 425-3, Capital, Rel. Des. Ítalo Galli, j. 28-4-1980).

Adotada a tese da unicidade, que persiste no novo sistema, como havemos de compor situações em que vários inquéritos e denúncias foram

[1] Confira-se: a) SÃO PAULO, Tribunal de Justiça, Apel. n. 68.660-3-SP, Rel. Des. Djalma Lofrano, j. 24-5-1989: "Mas, em face ao princípio da unicidade do crime falimentar, sua pena não poderia ter sido exacerbada, como o foi, pelo que proveem sua apelação, para reduzi-la ao mínimo, de um ano de reclusão" (*RJTJESP*, 122/465); b) SÃO PAULO, Tribunal de Justiça, Apelação Criminal n. 54.851-3-SP, Rel. Des. Ary Belfort, j. 28-9-1987, *RT*, 626/285; c) SÃO PAULO, Tribunal de Justiça, Apel. n. 92.488-SP, Rel. Des. Luiz Betanho, j. 30-1-1991; d) SÃO PAULO, Tribunal de Justiça, Apel. n. 146.076-3, Birigui, Rel. Des.

oferecidos e distribuídos a distintos Juízos, em diversos momentos da apuração de crimes previstos na Lei Falimentar? Apresenta-se, como, por exemplo, a prática pelo devedor de ato fraudulento (art. 168) antes da concessão da recuperação judicial e a instauração, posterior, de outros procedimentos, o primeiro, por sonegação de informação ao juiz ou ao Ministério Público (art. 171), e outros dois para apurar a prática de crime previsto no art. 172 (favorecimento de credores) e no art. 175 (habilitação ilegal de crédito).

As investigações podem ter resultado em quatro ações penais, distribuídas a distintos Juízos, nos quais o devedor foi punido com a pena mínima em cada um deles: 3, 2, 2 e 2 anos, respectivamente, somando 9 anos de reclusão!

Antonio Paulo Costa de Oliveira e Silva (2005:48-49), em obra que tivemos a honra de prefaciar, apresenta solução, de iniciativa da defesa criminal:

"Cremos que o ideal seria, após alerta da defesa, a reunião dos processos porque, realmente, não seria lógico que práticas delituosas pelo devedor quando à testa da empresa de que era responsável sejam analisadas em variados feitos. Melhor que assim se faça, buscando mais facilidade de julgamento ao invés de serem trazidas objeções quanto à não adequação dessa possibilidade aos artigos 76 a 82 do Código de Processo Penal.

Por outro lado, restaria a hipótese de unificação de penas. Segundo Mirabete, a unificação é um incidente de execução, já que por ela se reduz a duração das penas aplicadas nas várias sentenças (*RT* 610/308).

A verdade é que se situações como a acima apontada se concretizarem, ter-se-á apenas mais uma das dificuldades que o legislador conseguiu trazer

---

Augusto Marin, j. 23-5-1994; e) SÃO PAULO, Tribunal de Justiça, Apel. n. 166.017-3, São José do Rio Preto, Rel. Des. Augusto Marin, j. 5-12-1994; f) SÃO PAULO, Tribunal de Justiça, Apel. n. 141.785-3, Osasco, Rel. Des. Djalma Lofrano, j. 23-12-1993; g) SÃO PAULO, Tribunal de Justiça, Apel. n. 142.571-3, Osasco, Rel. Des. Djalma Lofrano, j. 23--12-1993; h) STJ, HC n. 94632/MG, Rel. Min. Og Fernandes, j. 12-3-2013: "3. O princípio da unicidade estabelece que, havendo o concurso de diversas condutas voltadas ao cometimento de fraudes aos credores da empresa em processo de falência, considera-se a prática de apenas um único tipo penal, para o qual deve ser aplicada a pena do mais grave deles. 4. Tal princípio não se aplica no caso de concurso de crimes falimentares e delitos comuns elencados no Código Penal brasileiro, que devem ser apurados e punidos separadamente, segundo as regras do concurso material de crimes, conforme previa expressamente o art. 192 do Decreto-Lei n. 7.661/45, revogado pela nova Lei de Falências".

com as disposições penais do novo diploma. É preciso evitar, repise-se, situações aberrantes, devendo prevalecer soluções desapegadas de ortodoxia processual".

30.3. A multiplicidade de vias investigatórias

Arthur Migliari Junior (2005:481) entende que o legislador de 2005 estabeleceu "um momento específico para que sejam apurados os crimes falimentares", deixando de atentar para a variedade de vias investigatórias distribuídas ao longo dos artigos da Lei Falimentar. Não é somente o relatório do administrador (arts. 22, III, e 186) que cogitará de detalhar a conduta do devedor e de outros responsáveis, por atos criminosos relacionados aos procedimentos previstos na nova legislação.

O promotor de justiça de falências dispõe de outros momentos para conhecer e apurar condutas que considere ilícitas. Deve proceder de ofício se verificar a ocorrência de crimes: ao tomar conhecimento da sentença de falência (art. 99, XIII), quando intimado da sentença que conceder recuperação judicial (art. 187) ou da que homologar pedido de recuperação extrajudicial (art. 180) e, ainda, após cientificado em qualquer fase processual (art. 187, § 2º).

Para se ter uma ideia dessa multiplicidade de vias investigatórias apresentamos o seguinte quadro:

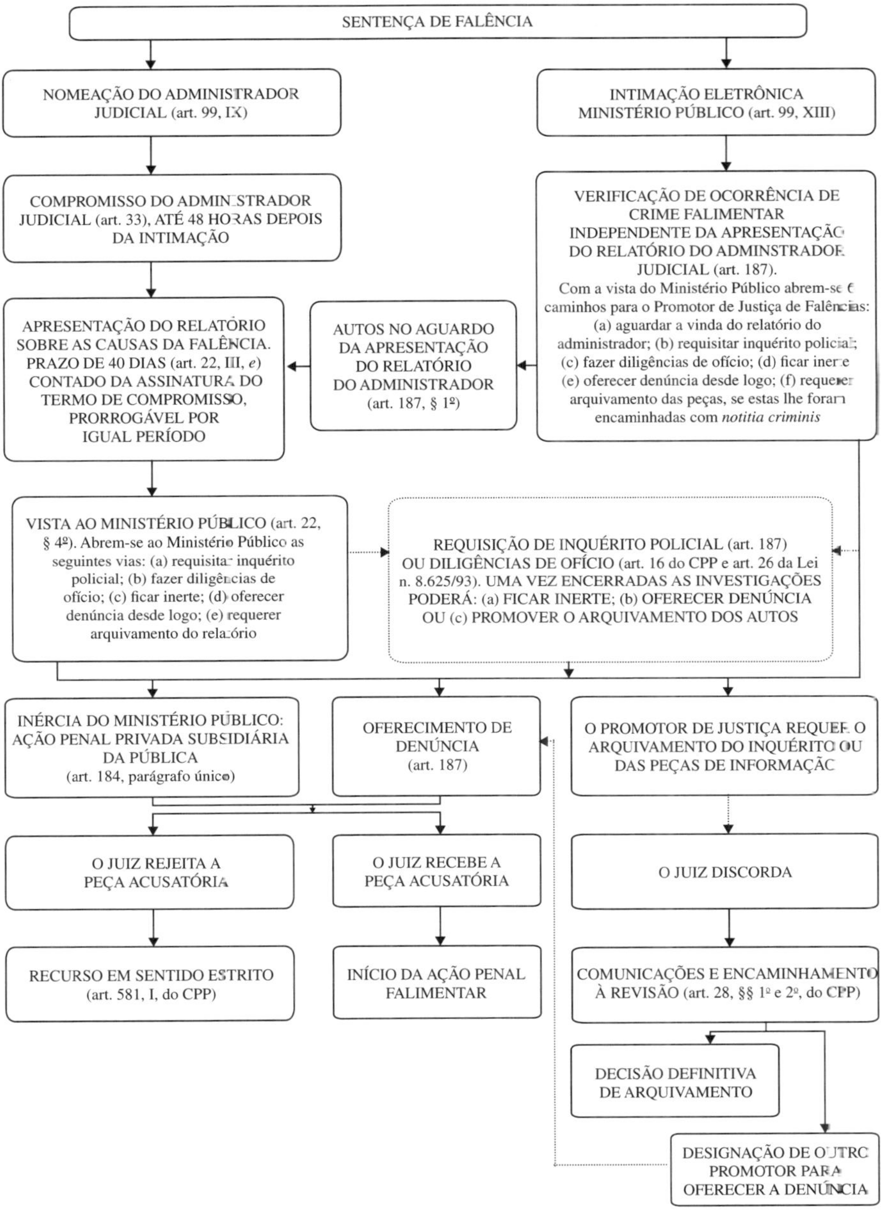
SENTENÇA DE FALÊNCIA
NOMEAÇÃO DO ADMINISTRADOR JUDICIAL (art. 99, IX)
INTIMAÇÃO ELETRÔNICA MINISTÉRIO PÚBLICO (art. 99, XIII)
COMPROMISSO DO ADMINISTRADOR JUDICIAL (art. 33), ATÉ 48 HORAS DEPOIS DA INTIMAÇÃO
VERIFICAÇÃO DE OCORRÊNCIA DE CRIME FALIMENTAR INDEPENDENTE DA APRESENTAÇÃO DO RELATÓRIO DO ADMINSTRADOR JUDICIAL (art. 187).
Com a vista do Ministério Público abrem-se 6 caminhos para o Promotor de Justiça de Falências: (a) aguardar a vinda do relatório do administrador; (b) requisitar inquérito policial; (c) fazer diligências de ofício; (d) ficar inerte (e) oferecer denúncia desde logo; (f) requerer arquivamento das peças, se estas lhe foram encaminhadas com *notitia criminis*
APRESENTAÇÃO DO RELATÓRIO SOBRE AS CAUSAS DA FALÊNCIA. PRAZO DE 40 DIAS (art. 22, III, *e*) CONTADO DA ASSINATURA DO TERMO DE COMPROMISSO, PRORROGÁVEL POR IGUAL PERÍODO
AUTOS NO AGUARDO DA APRESENTAÇÃO DO RELATÓRIO DO ADMINISTRADOR (art. 187, § 1º)
VISTA AO MINISTÉRIO PÚBLICO (art. 22, § 4º). Abrem-se ao Ministério Público as seguintes vias: (a) requisitar inquérito policial; (b) fazer diligências de ofício; (c) ficar inerte; (d) oferecer denúncia desde logo; (e) requerer arquivamento do relatório
REQUISIÇÃO DE INQUÉRITO POLICIAL (art. 187) OU DILIGÊNCIAS DE OFÍCIO (art. 16 do CPP e art. 26 da Lei n. 8.625/93). UMA VEZ ENCERRADAS AS INVESTIGAÇÕES PODERÁ: (a) FICAR INERTE; (b) OFERECER DENÚNCIA OU (c) PROMOVER O ARQUIVAMENTO DOS AUTOS
INÉRCIA DO MINISTÉRIO PÚBLICO: AÇÃO PENAL PRIVADA SUBSIDIÁRIA DA PÚBLICA (art. 184, parágrafo único)
OFERECIMENTO DE DENÚNCIA (art. 187)
O PROMOTOR DE JUSTIÇA REQUER O ARQUIVAMENTO DO INQUÉRITO OU DAS PEÇAS DE INFORMAÇÃO
O JUIZ REJEITA A PEÇA ACUSATÓRIA
O JUIZ RECEBE A PEÇA ACUSATÓRIA
O JUIZ DISCORDA
RECURSO EM SENTIDO ESTRITO (art. 581, I, do CPP)
INÍCIO DA AÇÃO PENAL FALIMENTAR
COMUNICAÇÕES E ENCAMINHAMENTO À REVISÃO (art. 28, §§ 1º e 2º, do CPP)
DECISÃO DEFINITIVA DE ARQUIVAMENTO
DESIGNAÇÃO DE OUTRO PROMOTOR PARA OFERECER A DENÚNCIA

30.3.1. Atos investigatórios

Se o Ministério Público não promover atos investigatórios em momento anterior, a investigação criminal iniciar-se-á com a apresentação do relatório previsto nos arts. 22, III, e 186. O prazo para o cumprimento desse dever pelo administrador judicial é de quarenta dias, contado da assinatura do termo de compromisso, podendo ser prorrogado por igual período. Nesse relatório o administrador judicial deverá expor as causas e circunstâncias que conduziram à situação de falência, apontando a responsabilidade do devedor e outros envolvidos.

Na apuração das causas da falência, o administrador judicial levará em conta os elementos colhidos nas declarações e reclamações dos créditos, bem como nos prováveis fatos que deram origem ao evento falimentar: gastos excessivos, desorganização contábil, azares do negócio, retração da economia, falta de visão na evolução do mercado, excesso de concorrência, não acompanhamento do desenvolvimento do setor, incêndio criminoso, inundação, perda do estoque, jogos de azar promovidos pelo titular da empresa, desvio de fundos ou de bens por parte de sócios ou de terceiros, fraude etc.

As alegações devem estar corroboradas por elementos extraídos dos inúmeros processos em que o administrador judicial atuou até então: no processo de recuperação, nos autos falimentares, no pedido de falência e na defesa apresentada; no procedimento de verificação de crédito, as origens dos créditos habilitados, seus valores e as demais circunstâncias discutidas em impugnações ou em matéria recursal; nos pedidos de restituição e outras ações, as datas dos contratos, a apreensão ou não dos bens questionados etc.

Na análise do procedimento do devedor, considerando episódios anteriores à sentença declaratória da falência, o administrador indicará claramente se o empresário individual ou os administradores, sócios, diretores, liquidantes ou gerentes sociais contribuíram para a ocorrência do estado falimentar, descrevendo os prováveis atos de sua contribuição à quebra. Em relação aos fatos posteriores à sentença, deve relatar ao Juízo se essas mesmas pessoas cumpriram as obrigações que a Lei Falimentar lhes impõe.

Ao considerar outros elementos ponderáveis, isto é, aqueles que ultrapassam as causas e o procedimento do devedor, o relatório deve atentar para os atos dos credores, mormente se notar, pelo exame pericial, a ocorrência de falsidade no pedido ou no título apresentado em Juízo. Igualmente, indicará fatos que envolvam terceiros ou incidentes que podem ter ocorrido nas ações em curso, dentro ou fora do Juízo falimentar, e que, por sua natureza, trouxeram prejuízo à massa ou criaram dificuldade para o procedimento falencial.

Após considerar esses três elementos – autos, procedimento do devedor e outros –, o administrador deve especificar os atos que, em sua ótica, constituam crimes previstos na Lei Falimentar, indicando a provável autoria e os dispositivos aplicáveis. Essa definição jurídica é provisória e não vincula o Ministério Público, que, como *dominus litis*, tem plena liberdade para a qualificação jurídica que entender correta.

A natureza da investigação é inquisitória conforme já entenderam o STF (RHC n. 67.024-SP, Rel. Min. Djaci Falcão, j. 18-11-1988) e o STJ (REsp n. 102.712-RJ, Rel. Min. Vicente Leal, j. 20-5-1997), servindo como peça informativa para a possível ação penal a ser movida pelo Ministério Público, o qual pode, ainda, valer-se de outros elementos de convicção que juntar à sua inicial.

30.3.2. O laudo contábil

Com a apresentação do relatório, ao qual o Ministério Público não fica adstrito (REsp n. 9.200-RS, Rel. Min. Fontes de Alencar, j. 7-12-1999), devem vir juntados o laudo contábil e quaisquer outros documentos que corroborem as conclusões do administrador judicial.

O perito, designado pelo administrador (arts. 22, I, *h*, e 186, parágrafo único) dentre contadores habilitados, descreverá, em sua exposição, os livros que lhe foram apresentados para perícia, indicando seu estado, as datas de lançamentos iniciais e finais, o número e data de registro na Junta Comercial, bem como analisará, do ponto de vista contábil, os fatos reputados como criminosos pela Lei Falimentar. Entre as possíveis questões que devem servir de direção para sua análise, arrolam-se algumas:

a) Confrontando a certidão fornecida pela Junta Comercial com a relação dos livros arrecadados, é possível concluir que o falido dispunha dos livros obrigatórios para o exercício de suas atividades em sua totalidade? Todos os livros obrigatórios registrados foram arrecadados?

b) Os livros obrigatórios foram escriturados até que data? Anteriormente ou após essa data há elementos nas declarações de crédito, nas reivindicações dos credores ou nas ações contra a massa que indicam omissão, atraso, lacuna, defeito, confusão ou lançamento ideologicamente falso?

c) O falido escriturou seus balanços anuais? Em quais datas?

d) Qual é o faturamento anual constante da escrituração e dos documentos juntados aos autos? A que período o contador se reportou para obter esse dado? Por quê?

e) Confrontando a documentação levada ao registro, indique o contador os aumentos de capital ocorridos. Esses aumentos são compatíveis com as demonstrações contábeis e negócios realizados no período?

f) Comparando a escrituração contábil com os contratos realizados pelo falido com os termos de arrecadação, o perito pode indicar a falta de algum bem? Qual? Há indicação nos autos de sua entrega a terceiros? Onde e por quê?

g) A escrituração contábil indica alguma simulação de despesas, de capital, de dívidas ativas ou passivas e de perdas? Em que data e em qual lançamento?

h) O perito suspeita de falsidade material ou alteração ocorrida sobre os livros apresentados? Em que se baseia a suspeita?

i) A documentação indica omissão, na escrituração contábil ou no balanço, de lançamento que deveria constar? E de alteração de escrituração ou de balanço verdadeiros?

j) Há suspeita de destruição, apagamento ou corrupção de dados contábeis ou negociais, armazenados em computador ou sistema informatizado? E de inutilização ou supressão parcial de algum dos livros obrigatórios apresentados? Quais?

k) É possível constatar se, na documentação examinada, a prática de contabilidade paralela e/ou distribuição de lucros ou dividendos a sócios ou acionistas antes da aprovação do plano de recuperação judicial?

No caso de falsidade material ou apresentação de um livro por outro, com aposição de falsos sinais utilizados pela Junta Comercial ou por qualquer outro órgão de registro (Cartório de Títulos e Documentos, Cartório de Registro de Pessoas Jurídicas, Secretaria da Fazenda Estadual ou Municipal, Delegacia Regional do Trabalho etc.), os livros com essa suspeita devem ser encaminhados à perícia documental, como, por exemplo, aos técnicos forenses do instituto de criminalística da Polícia Civil.

30.3.3. A intervenção dos credores concorrentes

No sistema anterior, apresentado o relatório, os credores eram chamados a fornecer elementos e requerer o que fosse conveniente para a instrução do inquérito, no prazo de cinco dias (Decreto-Lei n. 7.661/45, art. 104).

A LREF é omissa quanto à intervenção dos credores. Contudo, o art. 27 atribui ao Comitê de Credores o dever de zelar pelo bom andamento do processo e pelo cumprimento da lei (art. 27, I, *b*), na recuperação judicial e na falência, permitindo, assim, sua participação a bem das investigações.

Nada obsta que os credores *habilitados*, isoladamente, tragam informações úteis à apuração da verdade (CPP, art. 14, por extensão).

Em sua manifestação, é conveniente que o Comitê de Credores faça constar as informações sobre o fato, a autoria e a indicação do tempo, lugar e elementos de convicção (CPP, art. 27).

30.3.4. A apuração dos fatos

Não há, como ocorria na lei anterior, que contemplava a instauração do inquérito judicial, um procedimento próprio para os atos investigatórios. O Ministério Público pode oferecer desde logo denúncia ou valer-se de procedimento investigatório instaurado em seu gabinete ou por requisição à autoridade policial, dependendo da extensão e técnica das diligências a serem efetivadas.

O promotor de justiça dispõe de cinco ou de quinze dias para oferecer denúncia, considerando a circunstância de o réu estar ou não preso (CPP, art. 46), podendo, nessa fase, em se tratando de réu solto ou afiançado, ampliar as investigações ou requerer que sejam realizadas aquelas que entender necessárias, indicando as provas que pretende produzir. Deve, ainda, se lhe for possível, relacionar a ocorrência de eventuais crimes, identificando as prováveis autorias. Essa providência não consta da Lei Falimentar, mas é salutar para possibilitar aos investigados, com a maior amplitude possível, o direito de defesa.

Há casos, porém, em que as provas não dependerão de atos a serem realizados no Juízo, mas de requisições de documentos a repartições públicas (Junta Comercial, Secretaria da Fazenda, Cartórios etc.) e de realização de perícia técnica sobre bens e papéis do falido, além da já oferecida pelo laudo apresentado pelo perito contador. Nesses casos, quando justificado, o prazo pode ser prorrogado.

O órgão do Ministério Público é o maior interessado na condução do inquérito e deve impor celeridade às suas manifestações e fiscalizar para que os prazos fincados na lei não sejam desobedecidos.

Requisitadas provas e realizadas, ou julgadas desnecessárias, cabe ao Ministério Público requerer o arquivamento do inquérito ou das peças de informação ou oferecer denúncia, no prazo de cinco ou quinze dias, conforme acima anotado.

Se o órgão do Ministério Público requerer o arquivamento e o juiz discordar, os autos de inquérito serão remetidos ao procurador-geral de justiça para que este se manifeste sobre a matéria, nos termos do art. 28 do Código de Processo Penal.

A denúncia por crime falimentar deve conter os mesmos elementos do art. 41 do Código de Processo Penal: a exposição do fato criminoso, com todas as suas circunstâncias, a qualificação do acusado ou esclarecimentos pelos quais se possa identificá-lo, a classificação do crime e, quando necessário, o rol de testemunhas.

No caso de inércia do Ministério Público, não oferecendo denúncia no prazo legal e, tampouco, requerendo o arquivamento das peças ou do inquérito, qualquer credor *habilitado* poderá oferecer, obedecendo ao prazo decadencial de seis meses, ação penal privada subsidiária (art. 184, parágrafo único).

Anota-se, por manter-se atual e aplicável ao regime da Lei n. 11.101/2005, decisão proferida no regime da lei anterior: o Ministro Cunha Peixoto que teve oportunidade de negar provimento a recurso de *habeas corpus* em pedido que discutia a legitimidade de apresentação de ação subsidiária pelo síndico da massa falida porque, no prazo do art. 108, o promotor de justiça se limitara a requerer novas diligências, tardiamente e sem base na lei (Recurso de *Habeas Corpus* n. 55.829-RJ, Rel. Min. Cunha Peixoto, j. 29-11-1977). Negado provimento, o Supremo Tribunal Federal entendeu viável a ação penal então proposta pelo síndico.

A doutrina admite o oferecimento de ação penal subsidiária, mesmo nas hipóteses em que o Ministério Público tenha promovido o apensamento (arquivamento) no prazo legal. Nesse sentido são as lições da doutrina:

"Trata-se, como se vê, de ação privada subsidiária da pública, cujo prazo para a propositura, além de ser diminuto (três dias), ainda apresenta uma particularidade: ela é exercitável, sem embargo de haver sido pedido o arquivamento (pois a tanto equivale o pedido de apensamento)" (Tourinho Filho, 1979, 4:111).

"A diferença, portanto, entre o processo por crime de falência e os demais, está somente em que a circunstância do arquivamento efetivado, a requerimento do Ministério Público, manifestando-se no prazo legal, não é excludente da movimentação pela parte privada – credor ou síndico da massa – quando se focaliza aquela infração particular, ao passo que, nos casos gerais, essa iniciativa subsidiária fica vedada pelo arquivamento, só podendo atuar, quando, no termo que lhe é concedido, o representante da Justiça Pública negligenciou em opinar sobre o inquérito, a peça de informações, ou a representação..." (Espínola Filho, 2000, 5:94).

"A propositura de ação penal por meio de queixa subsidiária para apuração de crime falimentar independe de inércia do Órgão do Ministério Público, caracterizada em omitir-se na manifestação de que trata o artigo 108 da LF. (...) O que ocorre, nessa circunstância, é hipótese de legitimidade subsidiária condicionada à inexistência de denúncia" (Fazzio Junior, 1999:230).

Contrariamente entende Júlio Fabbrini Mirabete (1993:121): "A ação penal subsidiária, ou supletiva, só tem lugar no caso de inércia do órgão do MP, ou seja, quando ele, no prazo que lhe é concedido para oferecer a denúncia, não a apresenta, não requer diligência, nem pede o arquivamento".

Entendemos que, após o advento da Constituição Federal de 1988, não há como se admitir a ação penal privada subsidiária da pública fora dos casos de inércia do órgão ministerial, porque ao Ministério Público compete promover, de forma privativa, a ação penal pública, na forma da lei (CF88, art. 129, I), e a admissão de ação privada, nos crimes de ação pública, somente se dará se esta não for intentada no prazo legal (CF88, art. 5º, LIX).

Se, no arquivamento oferecido no prazo legal, o promotor de justiça entender não existir crime de ação pública a ser perseguido por ação penal, não há como o particular alcançar legitimidade para promover ação pelo mesmo fato que já se encontra definitivamente julgado pelo órgão do Estado incumbido de analisá-lo.

Observe-se que o crime falimentar é uno e, assim, pouco importa a menção, nas razões de arquivamento, de todos os fatos descritos na lei. Admitida a legitimidade concorrente do particular, nos casos em que ocorrer o apensamento, deve-se, por conclusão lógica, aceitá-la igualmente quando o Ministério Público, tendo apresentado denúncia por alguns fatos, deixar de fazer figurar outros que ao administrador ou aos credores pareçam integrar a conduta penal falimentar. E, assim considerando, haveria, necessariamente, a quebra do princípio da unidade do crime falimentar.

Por essas e outras razões é que entendemos não ser possível o oferecimento de ação penal subsidiária após o apensamento oferecido pelo Ministério Público.

Em conclusão à tese apresentada no 13º Congresso do Ministério Público, a Promotora de Justiça Cibele Benevides Guedes Mafra (1999: 1.2: 791-796), do Rio Grande do Norte, assim se posicionou, na vigência da lei anterior, com fundamentos, ainda atuais, quanto à caracterização da inércia ministerial:

"I) o art. 108, parágrafo único, da Lei de Falências, para que se compatibilize com o art. 5º, LIX, da Carta Magna, deve ser interpretado da seguinte forma: 'Se o representante do Ministério Público não oferecer denúncia nem requerer o arquivamento no prazo legal, os autos permanecerão em cartório pelo prazo de três dias, durante os quais o síndico ou qualquer credor poderão oferecer queixa';

II) o prazo para que o síndico e os credores ofereçam a Ação Penal Privada Subsidiária é de três dias, a contar do término do prazo de cinco dias concedido por lei ao Ministério Público sem que tenha este oferecido denúncia ou pedido o arquivamento".

Oferecida a ação penal privada – no caso de inércia do promotor de justiça – pelo administrador judicial ou por qualquer credor *habilitado*, estes atentarão para a regra do art. 44 do Código de Processo Penal: o procurador que a assinar estará munido de instrumento com poderes especiais, em que constará, também, o nome do querelante e a menção ao fato criminoso.

Aceita a ação subsidiária, ainda assim o Ministério Público deverá intervir em todos os termos subsequentes do processo-crime falimentar, podendo, inclusive, aditar a peça inaugural (CPP, art. 45).

30.3.5. O recebimento ou a rejeição da denúncia

Requerido o apensamento do inquérito judicial, o juiz deverá, no prazo de cinco dias, decidir se aceita a manifestação do Ministério Público ou se remete os autos ao procurador-geral de justiça. Nesse segundo caso, ao escrivão incumbe a remessa dos autos, em quarenta e oito horas, ao gabinete do chefe do Ministério Público, que apresentará sua decisão em cinco dias.

Oferecida a denúncia, o juiz deve, no mesmo prazo, rejeitá-la ou recebê-la. No primeiro caso, caberá recurso em sentido estrito, previsto no art. 581, I, do Código de Processo Penal.

30.4. Da prescrição

A prescrição dos crimes previstos na Lei Falimentar rege-se pelas disposições do Código Penal e é interrompida com a decretação da falência, nos casos em que a contagem tenha se iniciado com a concessão da recuperação judicial ou com a homologação do plano de recuperação extrajudicial.

Além dessa causa de interrupção, há de se lembrar que a Súmula 592 do Supremo Tribunal Federal deu entendimento no sentido de que, "nos crimes falimentares, aplicam-se as causas interruptivas da prescrição previstas no Código Penal". Entre essas causas está o recebimento da denúncia ou da queixa (CP, art. 117).

Deve-se levar em conta, além da pretensão punitiva, a que ocorre *antes* de transitar em julgado a sentença final (CP, art. 109), e da pretensão executória, a que ocorre *depois* de transitar em julgado a sentença condenatória (CP, art. 110), a retroativa prevista no art. 110, § 2º, do Código Penal.

A pretensão punitiva rege-se pelo máximo da pena privativa abstratamente cominada ao crime. Assim, na conduta prevista no art. 168, punida com penas que variam de três a seis anos, a prescrição da pena *in abstrato* obedece ao prazo previsto no art. 109, III, do Código Penal, prescrevendo em doze anos. Nos crimes dos arts. 169 a 177, cuja pena máxima é de quatro anos, a prescrição da pretensão punitiva se dá em oito anos, por força do art. 109, IV, do Código Penal. Para a omissão de documentos contábeis obrigatórios, descrita no art. 178, considerando a pena máxima de dois anos, a prescrição segue a regra do art. 109, V, do Código Penal, ocorrendo em quatro anos. Para facilitar a memorização, basta lembrar que os crimes falitários prescrevem em quatro, oito e doze anos, considerando as três faixas de conduta delitiva previstas nos arts. 178, 169 a 177 e 168.

Fixada a pena, após o trânsito em julgado da sentença condenatória, a prescrição da pretensão executória regula-se pela *pena aplicada* e verifica-se nos prazos previstos no art. 109 do mesmo Código. O mesmo ocorre em relação à prescrição retroativa, insculpida no art. 110, § 2º, do Código Penal: deve-se considerar a pena aplicada *em concreto*.

No tocante aos fatos ocorridos antes da vigência da Lei n. 11.101/2005, Arthur Migliari Junior (2005:47) lembra que "por se tratar de normas de natureza penal, somente poderão ser aplicadas as normas da LREF às questões penais ocorridas anteriormente à entrada em vigor desta lei, *desde que sejam mais favoráveis aos réus,* tudo conforme o disposto no art. 2º, parágrafo único, do Código Penal, nestes termos: 'A lei posterior, que de qualquer modo favorecer o agente, aplica-se aos fatos anteriores, ainda que decidido por sentença condenatória transitada em julgado'. Trata-se do princípio penal *novatio legis in mellius*".

30.5. Competência

Outra questão refere-se ao juiz criminal, diverso do juiz falimentar e não familiarizado com as lides dessa natureza, o que contribuirá para a lentidão na apuração e condenação criminal.

No Estado de São Paulo, entretanto, a Lei estadual n. 3.947, de 1983, ao modificar a organização judiciária da comarca da Capital, fixou a competência para processar e julgar as ações penais falimentares aos juízes cíveis encarregados do processo falimentar correspondente: "(...) as ações por crime falimentar e as que lhe sejam conexas passam para a competência do respectivo Juízo universal da falência" (art. 15). Em grau de recurso a competência é privativa do Tribunal de Justiça, em uma das câmaras da seção criminal, conforme dispõe seu regimento interno.

A matéria foi examinada pelo Supremo Tribunal Federal, que entendeu que "a atribuição de competência ao Juízo de falência para a ação penal por crime falimentar, acrescendo-lhe essa competência criminal em razão de matéria, é típica norma de organização judiciária reservada, privativamente, ao legislador estadual (art. 144, § 5º), sem invasão da área de competência federal para a edição de normas de processo (art. 8º, XVII, *b*)" (Recurso de *Habeas Corpus* n. 63.787-6). No voto proferido pelo Ministro Rafael Mayer, se entendeu que a lei estadual "é norma de competência em razão da matéria, portanto, norma de organização judiciária e não norma processual, compreendida na autonomia legislativa do Estado, sem que, portanto, incorra na mácula de inconstitucionalidade que se invoca" (no voto proferido pelo Min. Rafael Mayer, em 27-6-1986).

Esse avanço técnico e a celeridade processual experimentada nos foros paulistas foram totalmente desprezados pelo legislador ordinário que preferiu estabelecer outra regra de competência expressa atribuindo o conhecimento da ação penal pelos crimes previstos na Lei Falimentar "ao juiz criminal da jurisdição onde tenha sido decretada a falência, concedida a recuperação judicial ou homologado o plano de recuperação extrajudicial" (art. 183).

Com o advento da Resolução n. 200, de 23 de março de 2005, do Tribunal de Justiça de São Paulo, prevalece, na comarca de São Paulo, a competência do juiz especializado. O art. 1º da Resolução atribuiu às então criadas 1ª, 2ª e 3ª Varas de Falências e Recuperações Judiciais competência para processar, julgar e executar os feitos relativos a falência, recuperação judicial e extrajudicial, principais, acessórios e seus incidentes, incluídas as ações penais.

30.6. Processo-crime

Na legislação de 1945, o rito processual era o ordinário, independentemente de serem os crimes previstos na denúncia apenados com detenção ou reclusão (CPP, art. 512). A sequência dos atos e respectivas fases previstas naquele diploma são a seguir anotadas: a) designação de dia e hora para interrogatório (CPP, art. 394); b) prazo de três dias para defesa prévia (CPP, art. 395); c) inquirição de testemunhas de acusação e de defesa, no máximo de oito para a acusação e oito para a defesa (CPP, arts. 396 e 398); d) terminada a inquirição de testemunhas, abre-se o prazo de vinte e quatro horas para o Ministério Público e para a defesa requererem diligências (CPP, art. 499); e) concluídas as diligências, abre-se vista para alegações finais em três dias por parte do Ministério Público e da defesa (CPP, art. 500); f) em cinco dias o juiz proferirá sentença ou determinará novas diligências (art. 502).

a) *O procedimento sumário da Lei n. 11.101/2005:*

A Lei n. 11.101/2005 revogou a matéria contida no Capítulo I, do Título II, do Código de Processo Penal (arts. 503-512) e adotou, no art. 185, expressamente as regras previstas nos arts. 531-540 desse estatuto processual, introduzindo grave polêmica entre os processualistas.

Antônio Sérgio Altieri de Moraes Pitombo (2006:562-563) criticou a adoção da pretensa celeridade processual, anotando: "(...) incorreu em grave erro o legislador. Afinal, as formas dizem com a segurança jurídica e, na precisão de João Mendes Júnior, 'asseguram a liberdade dos indivíduos, porque garantem a defesa; dão força aos julgamentos e aos juízes, porque são o penhor da sua imparcialidade; revestem a justiça de toda a majestade, porque dão testemunho da prudência de seus agentes'. A indicação de procedimento incompatível com complexidade dos fatos em julgamento torna necessário que se realize a instrução criminal, seguindo-se o procedimento comum ordinário (arts. 394 a 404 do CPP)".

Tourinho Filho (2005), entre outros doutrinadores, uniu vozes contra a alteração imposta, salientando o retrocesso legislativo na adoção de procedimento suprimido pela Constituição Federal de 1988.

Com a escolha procedimental, o legislador não apenas afastou-se do sistema previsto no Código de Processo Penal, como também abandonou a incidência do procedimento destinado às infrações de menor potencial ofensivo (art. 61 da Lei n. 9.099/95), para os crimes a que a lei comine pena máxima não superior a dois anos, como é o caso do crime de omissão de documentos contábeis obrigatórios, punidos com detenção entre um e dois anos, e multa (LF, art. 178).

A Lei n. 11.719, de 20 de junho de 2008, ao alterar o Código de Processo Penal, introduziu procedimento ainda mais célere, abrangendo todos os crimes previstos na Lei n. 11.101/2005: recebida a denúncia ou a queixa, o magistrado designa audiência de instrução e julgamento no prazo máximo de trinta dias. Nessa audiência serão tomadas as declarações do ofendido e, se possível, inquiridas as testemunhas arroladas (no máximo de 5 pela acusação e 5 pela defesa) pela acusação e pela defesa, nesta ordem.

É possível que entre as testemunhas encontrem-se pessoas residentes fora da comarca e, nesse caso, o magistrado deve expedir carta precatória para a oitiva no lugar de sua residência.

A audiência é una e, salvo a hipótese acima ou outras situações extraordinárias que possam surgir, o magistrado deve colher nesse único ato os depoimentos das testemunhas, os esclarecimentos dos peritos, realizar acareações, fazer o reconhecimento de pessoas e coisas e proceder ao interrogatório do acusado, passando, ao final, aos debates orais.

b) *O procedimento nas ações penais anteriormente intentadas*

Quanto à questão da norma a ser aplicada para as falências decretadas antes da vigência da Lei n. 11.101, de 2005, a solução é simples e foi anotada por Arthur Migliari Junior (2005:480-481): "(...) aplica-se o disposto no art. 2º do Código de Processo Penal, *in verbis*: 'A lei processual penal aplicar-se-á desde logo, sem prejuízo da validade dos atos realizados sob a vigência da lei anterior'. Assim, se já oferecida denúncia, ouvem-se as testemunhas e seguem-se os debates. Se já inquiridas as testemunhas, estando na fase do art. 499 do Código de Processo Penal, seguem-se apenas os debates, podendo o juiz, se entender conveniente, substituí-los por memoriais. Mera faculdade". Esse mesmo raciocínio, exposto anteriormente à Lei n. 11.719/2008, vale para os processos já iniciados: os atos processuais ainda não iniciados serão alcançados pelo novo procedimento.

30.7. Crimes de fraude a credores ou de falsidade no curso do processo

Novas figuras foram incorporadas ao sistema falimentar visando à proteção do crédito público e ampliadas as penas previstas anteriormente.

São três os crimes penais em que o uso de meios fraudulentos integra a descrição típica: a) a fraude falimentar, prevista no art. 168; b) a falsidade no curso do processo relativamente às informações com intenção de induzir em erro o juiz, o Ministério Público, o Comitê ou o administrador judicial (art. 171); e c) apresentação de créditos ou reclamação falsas ou com ou sem a juntada de títulos falsos ou simulados (art. 175).

a) *Fraude falimentar*

A primeira figura trata de crime que concorre para a falência ou para a recuperação em Juízo. É figura derivada do crime de estelionato e estava anteriormente prevista no art. 187 do Decreto-Lei n. 7.661/45, vindo agora regulada pelo art. 168. Foram incluídos subtipos que acarretam aumento da pena: a) entre um sexto a um terço quando a fraude ocorrer mediante atos de inexatidão, falsidade ou destruição da escrituração ou dos livros contábeis; b) entre um terço à metade na hipótese de o devedor manter ou movimentar recursos ou valores paralelamente à contabilidade regular exigida pela legislação, inclusive na hipótese de violação do disposto no art. 6º-A, que proíbe a distribuição de lucros ou dividendos a sócios e acionistas até a aprovação do plano de recuperação judicial.

Essa incorporação de figuras anteriormente objeto de definição de crimes autônomos, como era o caso da destruição de livros obrigatórios, prevista no art. 188, VIII, do Decreto-Lei n. 7.661/45, ressuscita o conceito de crime de falência fraudulenta, previsto no art. 168 da Lei n. 2.024/1908, que relacionava atos que "concorriam para piorar a posição dos credores na falência iminente: 1) se o devedor faz constar dos livros e balanços despesas, dívidas e perdas simuladas ou falsas; 2) se o devedor paga antecipadamente a uns credores em prejuízo de outros; 3) se o devedor diminui o ativo ou aumenta o passivo, inclusivamente se declara no balanço créditos pagos ou prescritos; 4) se o devedor aliena, negocia, ou faz doação ou contrai dívidas, hipotecas, penhores ou retenção com simulação ou fingimento; 5) se o devedor não tem absolutamente livros, nem escrituração em livros apropriados ou tem escrituração confusa e difícil de ser entendida, de modo a embaraçar a verificação dos créditos e a liquidação do ativo e do passivo; 6) se o devedor deixa intervalos em branco nos livros comerciais, os falsifica, rasura ou risca os lançamentos ou altera o seu conteúdo; 7) se o devedor compra bens em nome de terceira pessoa, ainda que cônjuge, ascendente ou irmão".

O núcleo da atual figura prevista no art. 168 é a prática de fraude, cujos elementos constitutivos são: a) obter ou assegurar vantagem indevida; b) benefício próprio ou alheio; c) resultado danoso ou a possibilidade de resultar prejuízo aos credores.

Prevê o dispositivo, no § 3º, o concurso de pessoas – a coautoria – atingindo contadores, técnicos contábeis, auditores e outros profissionais que, de qualquer modo, concorrem para as condutas criminosas, *na medida de sua culpabilidade*.

Alguns cuidados, lembrados por Antonio Paulo Costa de Oliveira e Silva, deverão cercar os profissionais da contabilidade, bem como os aplicadores do Direito; os primeiros porque "se pericialmente detectadas irregularidades descritas nas causas de aumento de pena em hipóteses de quebra ou recuperação judicial ou extrajudicial, poderão, eventualmente, ter dissabores se não souberem explicar adequadamente o ocorrido" (2005:106-107) e os últimos porque "há que restar claro o liame subjetivo entre ambos".

O § 4º trata de hipótese de redução ou substituição de pena quando se tratar de microempresa ou empresa de pequeno porte, desde que constatada prática não habitual de condutas fraudulentas.

As microempresas e as empresas de pequeno porte estão reguladas pela Lei Complementar n. 123, de 14 de dezembro de 2006, que arrola em seu art. 3º os requisitos que devem ser observados pelo interessado nesse enquadramento fiscal:

a) registro no Registro de Empresas Mercantis ou no Registro Civil de Pessoas Jurídicas, conforme o caso (empresário, sociedade simples ou empresária);

b) limite de receita bruta (produto da venda de bens e serviços nas operações de conta própria, o preço dos serviços prestados e o resultado nas operações em conta alheia, não incluídas as vendas canceladas e os descontos incondicionais concedidos) igual ou inferior a R$ 360.000,00 (trezentos e sessenta mil reais) para as microempresas e de valor superior a R$ 360.000,00 (trezentos e sessenta mil reais) e igual ou inferior a R$ 4.800.000,00 (quatro milhões e oitocentos mil reais), para as empresas de pequeno porte.

Outros dispositivos da lei (Lei Complementar n. 123/2006, art. 3º, § 4º) vedam o enquadramento quando se tratar de pessoa jurídica, excluindo aquela:

"I – de cujo capital participe outra pessoa jurídica;

II – que seja filial, sucursal, agência ou representação, no País, de pessoa jurídica com sede no exterior;

III – de cujo capital participe pessoa física que seja inscrita como empresário ou seja sócia de outra empresa que receba tratamento jurídico diferenciado nos termos desta Lei Complementar, desde que a receita bruta global ultrapasse o limite de que trata o inciso II do *caput* deste artigo;

IV – cujo titular ou sócio participe com mais de 10% (dez por cento) do capital de outra empresa não beneficiada por esta Lei Complementar, desde que a receita bruta global ultrapasse o limite de que trata o inciso II do *caput* deste artigo;

V – cujo sócio ou titular seja administrador ou equiparado de outra pessoa jurídica com fins lucrativos, desde que a receita bruta global ultrapasse o limite de que trata o inciso II do *caput* deste artigo;

VI – constituída sob a forma de cooperativas, salvo as de consumo;

VII – que participe do capital de outra pessoa jurídica;

VIII – que exerça atividade de banco comercial, de investimentos e de desenvolvimento, de caixa econômica, de sociedade de crédito, financiamento e investimento ou de crédito imobiliário, de corretora ou de distribuidora de títulos, valores mobiliários e câmbio, de empresa de arrendamento mercantil, de seguros privados e de capitalização ou de previdência complementar;

IX – resultante ou remanescente de cisão ou qualquer outra forma de desmembramento de pessoa jurídica que tenha ocorrido em um dos 5 (cinco) anos-calendário anteriores;

X – constituída sob a forma de sociedade por ações".

Os casos de aumento de pena previstos nos §§ 1º e 2º, em número de seis figuras no total, contemplam condutas anteriormente autônomas:

Elabora escrituração contábil ou balanço com dados inexatos (art. 168, § 1º, I). Elaborar significa preparar, organizar, realizar. Dados inexatos são os que não obedecem às exigências intrínsecas de lançamento quanto à veracidade das informações na escrituração obrigatória ou não.

Esta figura se assemelha à de falsidade ideológica, prevista no art. 299 do Código Penal. Nela o empresário realiza lançamento inexato de pagamento não verificado para o fim de, por exemplo, excluir credor.

Distingue-se essa conduta prevista na parte final do inciso II ("altera escrituração ou balanço verdadeiros") pela forma que a declaração falsa é introduzida na escrituração. Na falsidade material por alteração da escrituração verdadeira o empresário age diretamente sobre os requisitos extrínsecos, procurando manter-se no anonimato, imitando ação de terceiro, como ocorre no falso sobre o número ou a data de registro do livro na Junta Comercial. Na falsidade ideológica – prevista no inciso I – o devedor atinge o conteúdo intelectual do lançamento, o sentido das declarações ali expressas, que são de sua exclusiva responsabilidade, como, por exemplo, lançamento de venda ou perda de bens para evitar sua arrecadação.

Omite, na escrituração contábil ou no balanço, lançamento que deles deveria constar, ou altera escrituração ou balanço verdadeiros (art. 168, § 1º, II). A primeira hipótese – omissão – assemelha-se à falsidade ideológica, igualmente presente na figura anterior, e desta distingue-se porque, neste caso, a conduta é omissiva.

A segunda conduta prevista no inciso – alteração de escrituração ou balanço verdadeiros – consiste na falsificação material da escrituração (obrigatória ou não) e, ainda, sua adulteração. O empresário não apenas simula lançamentos, mas adultera a escrituração já existente. Isso ocorre na criação de um livro obrigatório com registros falsos, visando esconder do Juízo os verdadeiros lançamentos constantes do livro registrado.

A alteração refere-se tanto à falsificação material – total ou parcial –, que consiste na criação de documento imitativo de outro original ou de documento novo, produto da elaboração do empresário, como também à alteração das características originais do documento verdadeiro.

Por se tratar de delito que deixa vestígios, a falsidade material deve ser demonstrada por meio de exame de corpo de delito (CPP, art. 158).

Destrói, apaga ou corrompe dados contábeis ou negociais armazenados em computador ou sistema informatizado (art. 168, § 1º, III). Dirige-se o legislador à conduta do empresário que dispõe unicamente de sistema informatizado para o registro contábil e não à destruição de todo e qualquer dado contábil auxiliar do empresário, não revestido das exigências de controle do órgão de Registro de Empresa.

Sobre o assunto, anota se que o Departamento de Registro Empresarial e Integração – DREI – baixou a Instrução Normativa n. 11, de 5 de dezembro de 2013, regulando a autenticação de instrumentos de escrituração, incluindo livros em papel, conjunto de fichas avulsas, conjunto de fichas ou folhas contínuas, livros em microfichas geradas por meio de microfilmagem de saída direta do computador – COM – para fatos ocorridos até 31 de dezembro de 2014, e livros digitais.

Se o empresário destruir, apagar ou corromper os dados disponibilizados em seu livro digital, responde pela conduta prevista no inciso III do § 1º do art. 168.

Simula a composição do capital social (art. 168, § 1º, IV). A simulação de capital é uma das formas de engodo, dentro do gênero fraude, e envolve declaração não verdadeira em torno de um dos elementos essenciais do contrato de sociedade. O ingresso de um patrimônio inicial da sociedade é essencial a sua constituição, sendo indispensável para seu registro (Lei n. 8.934/94, art. 35, III); cada um dos sócios deve contribuir para a formação desse capital, segundo estipulava o art. 287 do Código Comercial. Semelhantemente, o Código Civil traz regra que obriga o ingresso, nas sociedades, das contribuições contratadas: "Os sócios são obrigados, na forma e prazo previstos, às contribuições estabelecidas no contrato social, e aquele que deixar de fazê-lo, nos 30 (trinta) dias seguintes ao da notificação pela sociedade, responderá perante esta pelo dano emergente da mora" (art. 1.004).

No sistema atual, a contribuição ao capital social pode ser realizada em bens corpóreos ou incorpóreos, móveis ou imóveis, direitos sobre coisas alheias, prestação de serviços etc., abrindo um leque de possibilidades que vêm facilitando a prática de fraudes por meio da empresa.

A Lei de Registro de Empresas trouxe novidade em relação a esse tema, exigindo, no caso de incorporação de imóvel à sociedade, a descrição, sua identificação, área, dados relativos à sua titulação, bem como o número da matrícula no Registro Imobiliário, e, quando necessária, a outorga uxória ou marital (Lei n. 8.934/94, art. 35, VII).

A Lei das Sociedades por Ações exige, por sua vez, a realização mínima, como entrada, de 10% do preço de emissão das ações subscritas em dinheiro, em depósito no Banco do Brasil (LSA, art. 80). No caso de transferência de bens a favor da companhia, exige-se avaliação por três peritos ou empresa especializada, conforme decorre dos arts. 7º a 9º da citada lei. Mas, é de notar, tais cuidados, na atual legislação, não são regra para as demais sociedades, resultando em dificuldades para se apurar o real valor do capital da sociedade constituída, permitindo-se a inclusão de valores irreais e fantásticos e, com isso, toda espécie de fraude ao crédito junto a fornecedores e bancos. Embora tal prática seja considerada criminosa, somente é apurada em caso de falência, quando os sócios já se locupletaram e provavelmente não serão encontrados para prestar contas à Justiça.

O Código Civil não amplia as exigências, permitindo a mera indicação do capital da sociedade em moeda corrente e sua constituição por meio de qualquer espécie de bens, suscetíveis de avaliação pecuniária (art. 997, III).

Destrói, oculta ou inutiliza, total ou parcialmente, os documentos de escrituração contábil obrigatórios (art. 168, § 1º, V). Destruir significa fazer desaparecer, extinguir; inutilizar consiste em tornar imprestável, inútil; ocultar é o ato de sonegar. A intenção aqui é fazer desaparecer os registros que comprometem o empresário. Aquele que desviou todos os bens, transferindo-os a terceiros pouco antes da decretação da falência, pode pretender o desaparecimento do próprio registro da existência deles, de tal forma que se possa concluir por sua inexistência e, consequentemente, pela não ocorrência de seu desvio.

A ação, dolosa, dá-se por qualquer meio idôneo: lançando os livros obrigatórios em água ou ateando fogo sobre eles; escondendo ou rasgando suas folhas; submetendo a processo mecânico de picote ou perfuração ou simplesmente deixando-os ao sabor de intempéries e ataque de traças. A conduta contrapõe-se ao dever imposto ao empresário de "conservar em boa guarda toda a escrituração, correspondências e mais papéis concernentes à sua atividade, enquanto não ocorrer prescrição ou decadência no tocante aos atos neles consignados" (CC, art. 1.194).

De fato, o art. 1.179 do Código Civil dispõe que o "empresário e a sociedade empresária são obrigados a seguir um sistema de contabilidade, mecanizado ou não, com base na escrituração uniforme de seus livros (...)" e o art. 1.194 completa essa exigência.

Essas obrigações – escriturar e conservar a escrituração – são antigas. Estavam previstas no Código Comercial de 1850, com vigência até a entrada do Código Civil (art. 10, reproduzido pelo legislador civil).

Como regra geral os administradores respondem, na sociedade empresária, por essas obrigações, perante os sócios, sociedade e, ainda, criminalmente, quando agirem dolosamente, no caso de declaração de falência ou de concessão de recuperação judicial ou extrajudicial. Contudo, as obrigações por atos de administração cessam no momento em que o administrador deixa suas funções, o que se prova pelo registro da alteração do contrato social ou da assembleia que aceitou a renúncia ou substituiu o administrador. Se durante o período de sua administração o retirante praticou atos sujeitos à responsabilização civil ou criminal, tais circunstâncias devem ser demonstradas em ação própria ou resultar da investigação no curso do inquérito criminal.

Mas quem deve conservar os livros? Obviamente não se pode impor ao administrador que se retira essa obrigação porque, com a sua renúncia ou substituição, cessa seu acesso e responsabilidade sobre a escrituração e conservação dos livros, salvo se estas circunstâncias estiverem demonstradas por ato judicial ou extrajudicial promovido pelos demais sócios ou administradores (ação de busca e apreensão de livros não devolvidos, notificação para fazê-lo etc.).

De quais livros trata o legislador falimentar-criminal? São os obrigatórios (diário, duplicatas e os previstos na Lei das Sociedades Anônimas) que *tenham relevância* jurídica. Livros antigos ou relativos a fatos contábeis que estão suficientemente esclarecidos nos livros mais recentes não têm relevância jurídica porque evidenciam a ausência de intenção de fraudar credores.

Quem deve apresentar os livros em caso de falência? Os empresários individuais ou, no caso de sociedade empresária, os administradores que se encontram à testa da administração, no momento do depósito dos livros. No caso de falência, a legislação sempre se mostrou inequívoca a respeito (Decreto-Lei n. 7.661/45, art. 34, e Lei n. 11.101/2005, art. 104), observando-

-se que o § 2º do art. 81 da Lei n. 11.101/2005 é explícito, quanto à responsabilidade dos dirigentes que se encontram no exercício de seus mandatos: "As sociedades falidas serão representadas na falência por seus administradores ou liquidantes, os quais terão os mesmos direitos e, sob as mesmas penas, ficarão sujeitos às obrigações que cabem ao falido", reproduzindo o que dispunha o art. 37 da lei de 1945.

A retirada há mais de dois anos de sócio, com ou sem poderes de administração, isenta-o de prestar esclarecimentos na falência, exigindo ação própria para obrigá-lo à indenização de natureza civil (arts. 81 e 82). No âmbito criminal, a ausência de ação própria anterior que indique atos lesivos à sociedade ou aos credores desautoriza impor responsabilidade, por atos de não conservação de livros, aos que se retiraram há mais de dois anos. Essa obrigação é exclusiva dos sócios e administradores que permaneceram na sociedade no período que antecede o pedido de falência, de recuperação judicial ou extrajudicial.

Muitas vezes, contudo, a experiência mostra que os sócios remanescentes são apenas "testas de ferro" dos verdadeiros responsáveis pela empresa, simulacros da figura de sócio ou de administrador, e, neste caso, decisão judicial fundamentada nos autos pode vir a atingir sócio ou administrador retirantes porque a fraude teria início em período anterior àqueles dois anos. O crime de fraude consistiria em atos de simulação de transferência da composição social ou da administração.

Por oportuno, deve-se salientar o fato de o crime somente se configurar quando presentes os seguintes elementos:

a) o documento (livro ou papéis) destruído, suprimido ou ocultado é obrigatório;

b) o documento foi previamente levado a registro na Junta Comercial. A falta de registro de livro obrigatório configura outro delito: deixar de elaborar, escriturar ou autenticar documentos obrigatórios, previsto no art. 178. Somente se os documentos obrigatórios foram levados a registro e, portanto, existirem legalmente, é que se há de falar em crime de destruição, inutilização ou ocultação.

Nos autos de investigação, portanto, devem estar juntadas as informações sobre os documentos registrados pelo empresário, durante o exercício de sua atividade. Se nenhum documento obrigatório foi registrado, ocorrerá a figura do art. 178; se, entretanto, foram registrados naquele órgão e não apresentados em Juízo, nem há qualquer justificativa idônea para sua não apresentação, a ocorrência se subsome à figura do art. 168, § 1º, V.

Manteve ou movimentou recursos ou valores paralelamente à contabilidade exigida pela legislação, inclusive na hipótese de violação do disposto no art. 6º-A desta Lei (art. 168, § 2º). Contabilidade paralela, também conhecida como "caixa 2", isto é, a manutenção ou movimentação de recursos (entradas e saídas) sonegados ao registro regular.

Impende lembrar, com Carvalho de Mendonça (2001, 2:212), a importância da escrituração empresarial: a) é a história da vida mercantil, permitindo a seu titular o levantamento, a qualquer tempo, do vigor de sua empresa, as alterações ocorridas no patrimônio empresarial, possibilitando-lhe tomar decisões tendentes à redução ou ampliação de sua atividade; b) propicia a fiscalização e a adoção de medidas visando coibir simulação de capital para obtenção de maior crédito, pagamentos antecipados ou irregulares, fraudes mediante desvio de bens ou simulação de dívidas etc.; c) permite que o empresário faça prova em Juízo quando em litígio contra outro empresário.

Estas três funções da escrituração contábil, que se tornaram conhecidas com as expressões "gerencial", "fiscal" e "documental", cunhadas por Fábio Ulhoa Coelho (2016, 1:117), indicam a gravidade em se manter ou movimentar recursos no âmbito empresarial em contabilidade paralela, conduta que torna impraticável obter resultados confiáveis em seu exame.

A fidelidade, um dos princípios norteadores da escrituração, consiste na exigência legal de exprimir, com individuação, clareza e caracterização do documento *todas* as operações relativas ao exercício da empresa, revelando a real situação da empresa (CC, arts. 1.183-1.184). Seu cumprimento denota lealdade para com sócios, credores, investidores, parceiros de negócios, trabalhadores, fisco e Judiciário, quando litigando com terceiros.

Antonio Paulo Costa de Oliveira e Silva (2005:98-99) assinala, com a maestria que lhe é peculiar, a discrepância do tratamento penal que seu deu à figura da contabilidade paralela prevista na Lei Falimentar, impondo pena entre três e seis anos e multa, aumentada de um terço a um sexto (art. 168, § 1º) quando em confronto com a mesma figura, na Lei n. 7.492/86 – a chamada Lei do Colarinho Branco – prevista no art. 11, em que a conduta é apenada, tão somente, com reclusão de um a cinco anos e multa.

Assim anota o mencionado autor: "Se se considerar que há razão para tratamento repressivo desigual entre os diplomas apontados, deveria, então, ser o contrário; entende-se, reprimenda mais grave quanto aos delitos de 'colarinho branco' porque o bem jurídico tutelado naquele diploma é, basicamente, o sistema financeiro nacional (compreendendo instituições financeiras, bancárias, valores mobiliários etc.), enquanto, aqui, o que se protege (em compreensão mais ampla possível) é o 'crédito público' ou 'economia pública' (...) que, para nós, podem ser atingidos de forma apenas mitigada e indireta".

A violação ao art. 6º-A consiste na distribuição de lucros ou dividendos a sócios e acionistas até a aprovação do plano de recuperação judicial. Sendo conduta vedada ao requerente do pedido de recuperação judicial, sua violação tipifica o crime aqui previsto. A pessoa que autorizou a distribuição vedada e os beneficiários são os sujeitos destinatários da norma.

b) *Indução a erro*

O crime de indução a erro (art. 171) é figura que não somente se dirige à conduta do devedor, principal obrigado a prestar informações nos autos de falência e de recuperação em Juízo, como também a outros auxiliares e interessados: a) é dever do administrador judicial prestar informações aos credores (art. 22, I, *b*); b) os credores, o devedor e seus administradores são obrigados a fornecer informações ao administrador judicial (art. 22, I, *d*); c) o devedor está sujeito a fornecer informações ao administrador judicial e aos membros do Comitê (art. 64, V); d) é imposta ao devedor a obrigação de prestar informações ao juiz, administrador judicial, credor ou Ministério Público sobre circunstâncias e fatos que interessem à falência (art. 104, VI).

Assemelha-se ao crime de falsidade ideológica, devendo-se salientar, como faz Guilherme A. de Moraes Nostre (2006:546), "que a sonegação ou omissão de informações, como também as informações falsas devem ser aptas a induzir em erro o juiz, o Ministério Público, os credores, o Comitê ou o administrador judicial. Além disso, devem versar sobre fato relevante aos interesses envolvidos no processo. Vale dizer, as informações devem ser factíveis e relevantes. Com efeito, se mesmo sonegadas ou omitidas as informações já eram do conhecimento de todos, ou podiam ser obtidas por outros meios ordinários, não há que se falar em crime. No mesmo sentido, se as informações ainda que tendo sido idôneas ao induzimento em erro, não eram capazes de causar prejuízo".

Caracterizam o tipo penal os verbos sonegar, omitir e prestar (informações falsas). Sonegar, segundo o dicionário Houaiss, consiste em "ocultar (algo), deixando de mencionar ou de descrever, nos casos em que a lei exige a menção ou a descrição". É mais que ocultar, conforme nos lembra Antonio Paulo Costa de Oliveira e Silva (2005:128), citando José Carlos Tórtima: "Enquanto omitir é simplesmente nada fazer (*non facere*), quedar-

-se inerte (quando a norma reclama a atividade), sonegar tem outra feição, exigindo que o agente vá além; aqui, ele oculta fraudulentamente a informação, extraviando-a, dissimulando-a ou desviando-a dolosamente de seu destinatário".

Pratica o delito, na modalidade de omissão, o devedor quando, ouvido nas primeiras declarações, deixa de informar o destino dos bens imóveis e móveis que não se encontram no estabelecimento (art. 104, I, *e*), o que vem a ser revelado posteriormente em ação revocatória, movida pela massa. Terá a forma de sonegação se o devedor esquivar-se dissimuladamente de responder ao que foi perguntado (não me recordo, estava no exterior) e prestará informações falsas se o fizer com falsas indicações (foi vendido há mais de dez anos).

c) *Habilitação ilegal de crédito*

A apresentação de habilitação de créditos, relação de créditos ou de reclamações falsas, com ou sem a juntada de títulos falsos ou simulados (art. 175), na falência ou em processo de recuperação em Juízo, amplia a figura do art. 189, II, da Lei Falimentar revogada. Declarações ou reclamações consistem em qualquer ato praticado, visando à inclusão no concurso de credores – concorrentes ou reivindicantes – ou ainda a manutenção na posse de bem pertencente à massa falida. São os pedidos de declarações tempestivas de crédito, as habilitações retardatárias, as ações de restituição e os embargos de terceiro, bem como eventuais defesas nos pedidos revocatórios.

A expressão "relação de crédito" reporta-se tanto à obrigação do devedor prevista nos arts. 99, III, e 105, II, como à do administrador judicial estabelecida pelo art. 7º, § 2º.

30.8. Crimes relacionados à escrituração contábil

Além das figuras especiais de fraude, nas quais fatos ligados à escrituração contábil implicam aumento de pena (art. 168, §§ 1º e 2º), a Lei Falimentar mantém como figura autônoma, relacionada à escrituração mercantil, a omissão dos documentos contábeis obrigatórios (art. 178), derivada da antiga figura prevista no art. 186, VI, da lei anterior.

A expressão "documentos de escrituração contábil obrigatória" refere-se aos livros empresariais obrigatórios e a outros documentos exigidos no regramento contábil. Além do livro Diário, obrigatório a todos os empresários (CC, art. 1.180), o empresário pode adotar o sistema de fichas de lançamento e o livro Balancetes Diários e Balanços (CC, art. 1.185).

Não se incluem neste título outros livros e documentos que decorrem de exigência legal, não contábil, como é o caso dos livros fiscais que não são, por definição, livros mercantis obrigatórios.

O núcleo do tipo revela-se por múltiplas ações: deixar de elaborar, deixar de escriturar ou deixar de autenticar documentos de escrituração contábil obrigatória.

A autenticação é espécie do gênero registro, que, por sua vez, inclui, ainda, a matrícula e o arquivamento. A Lei n. 8.934/94, no inciso I de seu art. 8º, atribui às Juntas Comerciais do Estado a incumbência de executar os serviços de registro, entre os quais a "autenticação dos instrumentos de escrituração das empresas mercantis registradas e dos agentes auxiliares do comércio, na forma de leis próprias" (art. 32, III).

Para um exame mais acurado da distinção, reportamo-nos ao quadro completo no que se refere aos livros usados pelos empresários (item 20.2.1), salientando que, em relação a outros documentos contábeis, a imposição de exigência depende de promulgação de lei própria, a partir da qual a autenticação passará a ser obrigatória, impondo ao empresário sua efetivação perante a Junta Comercial do Estado onde se encontra registrado o ato de arquivamento de sua empresa.

30.9. Crimes de natureza patrimonial, por desvio ou especulação de lucro sobre os bens

São quatro os delitos dessa natureza: a) o favorecimento de credores (art. 172); b) o desvio, ocultação ou apropriação de bens (art. 173); c) aquisição, recebimento ou uso ilegal de bens (art. 174); d) aquisição ou especulação de lucro, por pessoa legalmente impedida, relativamente a bens da massa falida ou do devedor em recuperação judicial (art. 177).

a) *Favorecimento de credores*

O art. 172 revela a importância de o Ministério Público atuar nas ações revocatórias. Entre os atos de disposição, de oneração patrimonial, geradores de obrigação ou de favorecimento de credores podem figurar alguns previstos como ineficazes e/ou revogáveis, definidos nos arts. 129 e 130 da nova Lei Falimentar.

A intenção de o devedor favorecer um ou mais credores em prejuízo dos demais é o elemento subjetivo do tipo penal e sua caracterização é imprescindível à condenação do falido e do credor que com ele conluiou-se.

b) *Desvio, ocultação ou apropriação de bens*

As figuras foram agrupadas em uma só: o legislador não mais distingue, como fazia a legislação anterior, entre as figuras de desvio de bens do falido e desvio de bens da massa.

Na vertente relativa aos bens do falido, o desvio pode ocorrer por uma variedade de formas previstas no art. 173 (apropriar-se, desviar ou ocultar, inclusive por meio da aquisição por interposta pessoa) e emergirá, com facilidade, do exame dos livros e documentos apreendidos, analisados com o auto de arrecadação e confrontados com os documentos apresentados por credores fornecedores da falida, em seus pedidos de habilitação.

O desvio de bens já arrecadados, sua apropriação ou ocultação é conduta que se dirige primeiramente àquele que detém a guarda desses bens, podendo, contudo, atingir terceiros com acesso a eles.

Caberá ao falido esclarecer o destino dos bens mencionados em contratos, em notas fiscais de aquisição, em registros e lançamentos constantes de livros contábeis e algumas vezes relacionados pelos credores concorrentes em suas reivindicações. Observe-se que o falido se obriga, desde a declaração da falência, a indicar os seus bens imóveis, e quais os móveis que não se encontram no estabelecimento (art. 104, I, *e*), bem como a entregar todos à arrecadação (art. 104, V). No caso de admitir a transferência, cessão ou tradição do bem, a lisura da operação de mudança de titularidade da coisa deverá ser apreciada sob a ótica dos efeitos da falência sobre os bens e contratos do falido, bem como dos atos ineficazes ou revogáveis, sobretudo se presente o elemento fraude.

A ausência de qualquer esclarecimento por parte daquele que detém a titularidade e a administração desses mesmos bens caracteriza, por si só, o crime de desvio de bens na falência[2]. Os bens de um empresário são a garantia

---

[2] Nesse sentido: a) SÃO PAULO, Tribunal de Justiça, 1ª Câmara Criminal, Apelação Criminal n. 281.655-3/0-00, Rel. Des. David Haddad, j. 20-9-1999, *RT*, 772/572, fev. 2000: *Ementa*: "Réu que deixa de prestar esclarecimentos sobre o paradeiro dos bens dados em garantia de concordata preventiva – Caracterização do crime previsto no art. 188, III, do Decreto-Lei n. 7.661/45, pois evidenciada a intenção de burlar credores". *Voto*: "Em suas declarações de fl., o réu não deu qualquer esclarecimento sobre o paradeiro dos bens, alegando apenas que um dos veículos teria sido furtado, não trazendo aos autos, porém, nenhuma prova a respeito dessa afirmação. O fato de não ter o apelante declinado nada a respeito do destino dos bens que ofereceu como garantia quando da impetração da concordata preventiva de sua empresa evidencia sua intenção de burlar os credores. Assim já se decidiu: 'Desvio de bens. Patrimônio desfeito no curto espaço de tempo que fluiu entre a impetração

natural de seus credores, cabendo ao devedor zelar por sua integridade durante a vida da empresa.

A lei diz que o desvio de bens do falido pode caracterizar-se pela compra em nome de terceira pessoa. Prevê a lei que, encontrando-se em estado econômico deficitário, o devedor passe a utilizar seu patrimônio para adquirir bens em nome de terceiros – verdadeiros testas de ferro –, fazendo separação patrimonial não prevista em lei, cindindo seu patrimônio, o que não é honesto, nem lhe é permitido.

A respeito da incindibilidade patrimonial, enfatizamos que, em geral e ordinariamente, o empresário, individual ou coletivo, possui tão somente

---

da concordata e a decretação da quebra, causando prejuízo aos credores. Ausência, ademais, de esclarecimento a respeito do destino dos bens. Dolo manifesto' (TJSP, AC, Rel. Cid Vieira, *RJTJSP* 103/440)"; b) SÃO PAULO, Tribunal de Justiça, 1ª Câmara Criminal, Apelação Criminal n. 260.146-3/4-00, Rel. Des. Jarbas Mazzoni, j. 4-11-1998, *RT*, 762/605, abr. 1999: *Ementa*: "Comerciante que esvazia o patrimônio da empresa entre o deferimento da concordata preventiva e a decretação da quebra, sem apresentar explicação convincente para tal conduta – Caracterização do delito previsto no art. 188, III, do Decreto-lei n. 7.661/45". *Voto*: "Bem provada, igualmente, a acusação de desvio de bens da empresa, no termo legal da falência. As linhas telefônicas de n. 292xxxx e 93xxxx pertenceram à falida (conforme informação de fl., da Telesp), tendo sido alienadas pelo recorrido no termo legal da quebra, o que motivou a decisão de fl. Interessante observar que não consta que as referidas linhas tenham pertencido à testemunha de fl., e que, se pertenceram, foram transferidas à falida e constavam de seu ativo imobilizado quando da impetração da moratória. Em relação aos outros bens, a perícia foi conclusiva ao apontar o desvio de vários itens componentes do ativo da empresa, cotejando a relação apresentada pelo apelado quando da impetração da moratória e os bens arrecadados (fl.). Foram considerados os bens que estavam sob depósito. E não há como se dar valor, em que pese o entendimento da douta Magistrada *a quo*, a qualquer consideração a respeito da insignificância do valor de tais bens, máxime em se considerando o não pagamento dos credores. Como bem observado no douto parecer de segundo grau: 'É bem verdade que alguns bens não possuem grande valor, mas é certo que algumas das máquinas, arroladas como bens da empresa, bem poderiam alcançar preço de mercado suficiente para o abatimento de suas dívidas. Tanto é verdade que os bens possuíam valor, que o próprio apelado, ao arrepio da Lei, procurou aliená-los de forma rápida, em prejuízo de seus credores'. A esta altura, oportuna a transcrição de julgado que, em caso muito semelhante a este, consignou o seguinte: 'O comerciante que esvazia o patrimônio da empresa no espaço de tempo que flui entre o deferimento da concordata e a decretação da falência, não apresentando, outrossim, explicação para essa lesão patrimonial que concorreu para a quebra, além de não contar com esclarecimento na escrituração, atrasada ou lacunosa, incide nas sanções do art. 188 – III da Lei Falimentar, pois age com dolo 'consistente na vontade de desviar bens, com o desfalque do patrimônio que constitui a garantia dos credores' (*RT* 569/306)'. Perfeita, de todo modo, a conclusão do ilustre Promotor de Justiça recorrente quando ressalta: '(...) de 1987 a 1993, a empresa pertencente ao apelado esteve sob o regime de concordata preventiva, impondo sacrifício aos credores. Decorridos mais de dois anos da moratória, os créditos a ela sujeitos não foram integralmente pagos! Gozando do benefício legal, o réu não podia ter descuidado de sua escrituração, muito menos desviado bens que serviam de garantia aos credores sujeitos ao elastério'".

um patrimônio que compreende tanto os bens e direitos de uso não negocial como também seu estabelecimento empresarial.

Nesse contexto, enquanto o patrimônio for uma unidade decorrente da personalidade, haverá, como consequência, a incindibilidade patrimonial. Os terceiros – credores negociais ou não que contratam com empresário individual – têm, em garantia dos pactos celebrados, não apenas a parcela do capital destinada à atividade empresarial, mas todo o seu patrimônio.

Ao adquirir bens de forma indireta, com dinheiro próprio, mas em nome de terceiros, o devedor desvia seu patrimônio, cindindo-o em duas partes: a primeira comprometida com os azares da atividade empresarial e a segunda poupada da constrição forçada pela aquisição em nome de terceiros.

c) *Aquisição, recebimento ou uso ilegal de bens*

Correlatamente, a figura do art. 174 completa o quadro de proteção, punindo aquele que, ilicitamente, adquire, recebe ou use bem que pertencer à massa falida ou influa para que terceiro, de boa-fé, o faça.

Trajano de Miranda Valverde (1999, 3:60) já lembrava, no passado, que, nas condutas de desvio e ocultação de bens, "pode surgir a figura do receptador, aquele que adquire, recebe ou oculta, em proveito próprio ou alheio, coisa que sabe ser procedente de crime, ou influi para que terceiro de boa-fé a adquira, receba ou oculte". A essas observações Américo Führer (1972:88) acrescentava: "Trata-se de crime comum que, em vista da conexão e da prevalência da jurisdição especial sobre a comum, será processado no Juízo da falência, segundo o rito especial dos crimes falimentares".

O legislador de 2005 atentando para a conexão preferiu a especialização, transformando a conduta em crime de natureza falitária.

d) *Aquisição ou especulação de bens da massa por pessoa impedida*

A figura do art. 177 visa coibir a prática de atos de quem a lei outorgou poderes para administrar, supervisionar, fiscalizar, julgar ou auxiliar na administração da massa falida, coibindo-as de adquirir, direta ou indiretamente, bens sobre os quais exercem suas funções, ou essas mesmas pessoas entram em alguma especulação de lucro em relação a esses bens.

A lei impõe o impedimento do juiz, representante do Ministério Público, perito, avaliador, escrivão, oficial de justiça, administrador judicial, gestor judicial ou do leiloeiro de participarem de atos de aquisição porque sua função é a prática de atos tendentes à conservação e à liquidação do ativo e seu interesse não pode estar focado em duas direções opostas: a proteção da massa e o lucro na aquisição ou na especulação sobre esses mesmos bens.

Trata-se de crime próprio, no que se refere ao sujeito ativo da conduta. Somente as pessoas mencionadas no artigo, portadoras da condição subjetiva especial ali prevista, podem ser agentes do crime. A norma não permite analogia para ampliar o círculo de autoria, embora se admita a participação de terceiros na conduta; a lei prevê claramente essa hipótese, ao mencionar a possibilidade de aquisição direta ou indireta.

Observe-se que, se a conduta investigada envolver magistrado ou membro do Ministério Público, a atribuição para as investigações será sempre do Tribunal de Justiça, no primeiro caso, e da Procuradoria-Geral de Justiça, no segundo caso. A ação penal será julgada originariamente pelo Tribunal de Justiça, obedecendo ao rito da Lei n. 8.038, de 28 de maio de 1990, por força do art. 1º da Lei n. 8.658, de 26 de maio de 1993.

30.10. Outros crimes

À nova Lei Falimentar, ao lado do crime de desobediência (art. 104, parágrafo único) e o de exercício ilegal de atividade (art. 176), foram incorporados outros dois tipos: violação de sigilo empresarial e divulgação de informações falsas que, não sendo tipicamente falimentares, foram assim qualificados em razão do resultado perseguido pelo agente – contribuem para conduzir o devedor a estado de inviabilidade econômica ou financeira (art. 169) ou têm a intenção de levá-lo à falência (art. 170).

Tarefa difícil é a de proceder à busca da prova de violação, exploração, divulgação de sigilo empresarial ou de dados confidenciais sobre operações ou serviços, salvo se o ato ocorrer de forma noticiosa, em imprensa escrita ou falada. Em geral tais crimes são acobertados pelo anonimato e clandestinidade, verificando-se, ainda, sua possível consumação pela *internet*.

Por se tratar de crime praticado por terceiro, em detrimento do falido, as investigações visando à apuração das figuras previstas nos arts. 169 e 170 dependerão do interesse da vítima na divulgação e na apresentação de *notitia criminis*, fornecendo dados para que se inicie a persecução criminal.

Diversamente do que ocorre com os demais crimes falimentares, o cenário criminoso extravasa o limite dos processos de falência ou de recuperação em Juízo e o campo de investigação amplia-se, alcançando pessoas, documentos, registros, contratos e instrumentos que se encontram fora dos limites da lide.

LIVRO VI

PROCEDIMENTOS CONCURSAIS ADMINISTRATIVOS

(Capítulos 31 e 32)

Capítulo 31

INTERVENÇÃO, LIQUIDAÇÃO EXTRAJUDICIAL E ADMINISTRAÇÃO ESPECIAL TEMPORÁRIA

Sumário: 31.1. Noções e conceitos. 31.2. Conceito de instituição financeira. 31.3. Regimes de intervenção, administração especial e liquidação. 31.4. Intervenção extrajudicial. 31.4.1. Efeitos da intervenção. 31.4.2. Procedimento administrativo. 31.4.3. Declaração dos ex-administradores. 31.4.4. Resumo do procedimento. 31.5. Regime de administração especial temporária. 31.5.1. Diferença entre a intervenção e o RAET. 31.5.2. Procedimento. 31.5.3. Relatório do conselho diretor. 31.5.4. Resumo do procedimento. 31.6. Liquidação extrajudicial. 31.6.1. Efeitos do decreto de liquidação. 31.6.2. A figura do liquidante. 31.6.3. Procedimento. 31.6.4. Modalidades de liquidação. 31.6.5. Resumo do procedimento. 31.7. Cessação dos regimes. 31.8. Outros regimes especiais.

31.1. Noções e conceitos

O Estado reservou para si a autorização para funcionamento e a fiscalização de determinadas atividades de cunho empresarial, visando o controle do crédito público e evitando, dessa forma, os efeitos negativos sobre o sistema financeiro nacional ou áreas consideradas de grande interesse estratégico pelo Estado, quando essas empresas se encontrem em situação de inadimplência ou ofereçam perigo a depositantes, beneficiários do sistema e aplicadores do mercado. Trata-se, sem dúvida, de uma "forma de intervenção do Estado no domínio econômico" (Zavascki, 1985:30).

Gian Maria Tosetti (1981:79) anota que, na Exposição de Motivos n. 319, apresentadora do projeto que deu origem à Lei n. 6.024/74, o Ministro da Fazenda lembrava ao Presidente da República a necessidade de criação de um instituto diverso dos institutos falimentares, no interesse da economia do País: "É notória a impropriedade do processo falimentar ou da concordata preventiva, restritos às relações privadas entre credor e devedor, para resguardar e abranger todos os aspectos que interessam, à economia nacional, no tocante ao Mercado de Títulos".

Como já se anotou, algumas atividades não se sujeitam ao regime de recuperação judicial e outras nem sequer são admitidas à falência. Entre as primeiras encontram-se as instituições financeiras em geral, as sociedades operadoras de plano de assistência à saúde, sociedades seguradoras e sociedades de capitalização, objeto dos estudos que seguem. Integram o segundo grupo – não se sujeitam à falência e não podem requerer recuperação judicial – as sociedades seguradoras e as empresas públicas e sociedades de economia mista, previstas no art. 173 da Constituição Federal.

Os fatores que levaram à criação de regimes especiais, paralelos ao falimentar sem excluí-lo, são de ordem política, técnica e jurídica.

31.2. Conceito de instituição financeira

O presente estudo abordará exclusivamente as instituições financeiras, cujos modelos intervencionistas são mais amplos e servem de parâmetros aos demais regimes, especialmente aqueles a que são submetidas as sociedades operadoras de plano de assistência à saúde, as sociedades seguradoras e as sociedades de capitalização.

Além dessas, a Lei n. 9.656, de 3 de junho de 1998, ao dispor sobre os planos e seguros privados de assistência à saúde, determina no art. 24-D, a aplicação, no que couber, da Lei n. 6.024, de 13 de março de 1974, que dispõe sobre a intervenção e liquidação extrajudicial das instituições financeiras.

O conceito de instituição financeira encontra-se no art. 17 da Lei n. 4.595/64: "Consideram-se instituições financeiras, para os efeitos da legislação em vigor, as pessoas jurídicas públicas ou privadas, que tenham como atividade principal ou acessória a (1) coleta, (2) intermediação ou (3) aplicação de recursos financeiros próprios ou de terceiros, em moeda nacional ou estrangeira, e a (4) custódia de valor de propriedade de terceiros".

Caracterizam, pois, a atividade mercantil das instituições financeiras quatro ações típicas dessa empresa: a coleta, a intermediação, a aplicação de recursos financeiros e a custódia de valor de propriedade de terceiros. A coleta envolve a operação de recolher do público recursos financeiros mediante depósito de importâncias em dinheiro. A intermediação representa a operação típica do comércio, de servir como mediador, de intervir em operações que envolvam recursos financeiros – isto é, dinheiro, ações, títulos de crédito etc. A aplicação significa investimento de recursos, visando a obtenção de lucros em operações de venda e compra e juros pagos por sua utilização. A custódia é semelhante à mera coleta, pois envolve a administração da coisa dada em depósito.

Algumas outras atividades estão equiparadas a essas, abrangendo o conceito legal "as pessoas físicas que exerçam qualquer das atividades referidas neste artigo, de forma permanente ou eventual" (art. 17, parágrafo único, da Lei n. 4.595/64).

Segundo dispõe a Lei n. 4.595/64 (art. 18, § 1º), são consideradas instituições financeiras e atividades assemelhadas as desenvolvidas por:

a) estabelecimentos bancários oficiais ou privados;

b) sociedades de crédito, financiamento e investimentos;

c) caixas econômicas;

d) cooperativas de crédito;

e) bolsas de valores;

f) companhias de seguros;

g) companhias de capitalização;

h) sociedades que efetuam distribuição de prêmios em imóveis, mercadoria ou dinheiro, mediante sorteio de títulos de sua emissão ou por qualquer forma;

i) pessoas físicas ou jurídicas que exerçam, por conta própria ou de terceiros, atividade relacionada à compra e venda de ações e outros quaisquer títulos, realizando, nos mercados financeiros e de capitais, operações ou serviços de natureza dos executados pelas instituições financeiras.

Além dessas, equiparam-se a elas, para efeito de intervenção e liquidação extrajudicial, as atividades previstas no art. 7º da Lei n. 5.768, de 20 de dezembro de 1971 (art. 10 da mesma lei):

a) as operações conhecidas como consórcio, fundo mútuo e outras formas associativas assemelhadas que objetivem a aquisição de bens de qualquer natureza;

b) a venda ou promessa de venda de mercadorias a varejo, mediante oferta pública e com recebimento antecipado, parcial ou total, do respectivo preço;

c) a venda ou promessa de venda de direitos, inclusive cotas de propriedade de entidades empresárias ou não, tais como hospital, motel, clube, hotel, centro de recreação ou alojamento e organização de serviços de qualquer natureza com ou sem rateio de despesas de manutenção, mediante oferta pública e com pagamento antecipado do preço;

d) a venda ou promessa de venda de terrenos loteados a prestação mediante sorteio;

e) qualquer outra modalidade de captação antecipada de poupança popular, mediante promessa de contraprestação em bens, direitos ou serviços de qualquer natureza.

31.3. Regimes de intervenção, administração especial e liquidação

São três os regimes extrajudiciais adotados pelo Estado para buscar o saneamento das finanças das instituições financeiras em geral, tenham elas a natureza de pessoa jurídica de direito privado ou de direito público: a intervenção, a administração especial temporária e a liquidação.

31.4. Intervenção extrajudicial

A intervenção é um regime especial de administração por parte do Banco Central, de natureza essencialmente cautelar, previsto no art. 2º da Lei n. 6.024/74, cuja finalidade é proceder ao levantamento da situação econômico-financeira da instituição e, se possível, ao saneamento das dificuldades organizacionais ou econômicas da empresa, mediante o afastamento temporário de seus administradores e, eventualmente, a concessão de assistência financeira. É pressuposto da intervenção extrajudicial a existência de anormalidades nos negócios da empresa, sobretudo (art. 2º da Lei n. 6.024/74):

a) existência de prejuízo decorrente da má administração que sujeite a risco seus credores;

b) reiteradas infrações a dispositivos da legislação bancária não regularizadas após determinações do Banco Central;

c) ocorrência das hipóteses que caracterizam o estado de falência (LREF, art. 94): impontualidade no pagamento de obrigação líquida representada por título ou títulos executivos protestados cuja soma ultrapasse o equivalente a 40 salários mínimos na data do pedido; execução, sem que o devedor efetue depósito da importância ou nomeie bens à penhora dentro do prazo legal; liquidação precipitada ou uso de meios ruinosos ou fraudulentos para efetuar pagamentos; realização ou tentativa de realização de negócio simulado, ou alienação de parte ou da totalidade de seu ativo a terceiro, com o fim de retardar pagamentos ou fraudar credores; transferência a terceiros de estabelecimentos empresariais; dação de garantia real a algum credor sem ficar com os bens livres e desembaraçados equivalentes às suas dívidas, ou tentativa dessa prática; ausência da administração dos negócios ou abandono do estabelecimento, ocultação ou tentativa de ocultação, deixando furtivamente o seu domicílio empresarial.

31.4.1. Efeitos da intervenção

A pedido dos administradores da instituição ou por ato de ofício, o presidente do Banco Central do Brasil decretará a intervenção, nomeando interventor com plenos poderes de gestão. O ato de intervenção produz, desde a data de sua publicação no *Diário Oficial da União*, os seguintes efeitos previstos nos arts. 6º, 36, § 1º, 38 e 50 da Lei n. 6.024/74:

a) *Suspensão da exigibilidade das obrigações vencidas*

A intervenção é medida de caráter transitório. Limita-se ao período de seis meses, prorrogável, uma única vez, pelo mesmo prazo. Seus efeitos, portanto, são, igualmente, limitados a esse aspecto temporal. À semelhança do que ocorre na falência, os credores não poderão exigir, de imediato, os créditos que lhes são devidos. No curso do procedimento, o interventor promoverá o levantamento do balanço geral e o inventário de livros, documentos, dinheiro e demais bens da entidade. A finalidade da suspensão, portanto, é permitir que o interventor examine a escrituração e a disponibilidade da instituição e conheça claramente sua situação financeira. A partir desse minucioso exame poderá tomar outras providências, inclusive sugerir a liquidação extrajudicial ou a autorização para o decreto falimentar.

b) *Suspensão da fluência do prazo para as obrigações vincendas anteriormente contraídas*

As dívidas vencidas não podem ser exigidas, e as que ainda não se venceram, contraídas anteriormente à intervenção, têm seu termo de vencimento prorrogado. Atende-se, com esse efeito, ao tratamento equitativo entre os credores, sujeitando todos às mesmas condições.

A fluência dos juros – legais e os contratados –, diversamente do que ocorre na falência, não fica suspensa. Uma vez restaurada a exigibilidade das obrigações, o credor fará jus ao valor principal e aos acréscimos decorrentes da mora.

c) *Inexigibilidade dos depósitos existentes*

Os credores por depósito realizado na instituição sob regime de intervenção, a exemplo dos demais (v.g., credores por fornecimento, resultantes de contratos diversos etc.), não poderão exigir o levantamento das importâncias depositadas aos cuidados da instituição, como ocorre com as contas correntes bancárias, as contas de depósitos em poupança, as aplicações financeiras etc.

d) *Indisponibilidade dos bens pessoais dos ex-administradores*

Dispõe o art. 36, § 1º, que os atos de intervenção, liquidação ou falência acarretam a indisponibilidade dos bens pessoais dos administradores que tiverem gerido a instituição nos últimos doze meses, impedindo-os de aliená-los ou onerá-los até apuração e liquidação final de suas responsabilidades.

Cabe ao interventor, tão logo tenha conhecimento do nome dos administradores que se encontram na situação descrita na lei – exercício nos últimos doze meses –, providenciar a comunicação ao registro público competente e às bolsas de valores. Incluem-se nesse rol: a) o cartório de registro das pessoas jurídicas onde se encontre registrada a sociedade da qual o ex-administrador faça parte; b) a Junta Comercial onde esteja localizada a sede de sociedade empresarial que tenha por sócio ex-administrador; c) os departamentos de trânsito; d) as companhias telefônicas; e) os cartórios de imóveis; f) as bolsas de valores que operem com títulos dos quais os ex-administradores sejam titulares.

e) *Suspensão do mandato dos membros da administração da sociedade*

Os ex-administradores, membros do Conselho Fiscal, do Conselho de Administração e outros órgãos eventualmente existentes têm seu mandato suspenso até final intervenção. Em razão disso, todas as atribuições anteriormente compreendidas àqueles antigos titulares serão exercidas unicamente pelo interventor.

31.4.2. Procedimento administrativo

Imediatamente após sua posse, o interventor, nomeado por ato do presidente do Banco Central do Brasil, deverá proceder à arrecadação dos livros e documentos, ao levantamento do balanço geral, à elaboração de inventário de todos os bens e direitos e à discriminação da constituição social e da participação de seus administradores em outras sociedades.

O interventor assume o papel de administrador da instituição, devendo arrecadar todos os livros e documentos, procedendo ao exame da documentação, bem como ao inventário dos bens da entidade, consignando a razão e quais bens se encontram em poder de terceiros. O inventário deverá ser assinado pelos administradores que geriam a instituição até o dia anterior ao decreto de intervenção.

Os poderes conferidos pela lei excluem os atos de disposição ou oneração do patrimônio da sociedade, admissão e demissão de pessoal. Por se tratar de regime que visa o levantamento das reais condições da instituição financeira, preparatório de outras medidas saneadoras ou definitivas, o legislador preferiu transferir ao presidente do Banco Central a decisão de atos que impliquem alterações patrimoniais ou que gerem encargos de natureza trabalhista.

Sob essa perspectiva, a principal tarefa do interventor será a apresentação de um relatório ao Banco Central, no prazo de sessenta dias, no qual indicará um dos quatro caminhos: a) cessação da intervenção; b) indicação de irregularidades que necessitem ser sanadas, prorrogando-se a intervenção; c) decretação da liquidação extrajudicial; d) autorização para requerimento da falência, quando o seu ativo não for suficiente para cobrir 50% dos créditos quirografários, ou quando julgada inconveniente a liquidação extrajudicial ou, dada a complexidade dos negócios ou a gravidade dos fatos, seja autorizada a medida.

Observe-se que a instituição, sempre que for possível, prosseguirá com as atividades empresariais durante o regime de intervenção, inclusive a contratação de novos negócios, sob responsabilidade – civil e criminal – do interventor. Desses atos negociais ou administrativos, os credores, interessados e administradores poderão interpor recurso ao presidente do Banco Central, no prazo de dez dias da ciência do ato recorrido. O ingresso do recurso se fará por escrito, perante o interventor, mediante protocolo, cabendo a este encaminhá-lo no prazo de cinco dias.

31.4.3. Declaração dos ex-administradores

Semelhantemente ao que ocorre na falência, os ex-administradores são obrigados a colaborar com o bom andamento e a agilidade do procedimento, não podendo furtar-se de apresentar declarações que facilitem os trabalhos do interventor. Assim, a chamada declaração do art. 34 da Lei Falimentar anterior (Decreto-Lei n. 7.661/45) – hoje prevista no art. 104 da Lei n. 11.101/2005 – foi adaptada no art. 10 da Lei n. 6.024/74 e deve ser apresentada pelos ex-administradores, por escrito, em até cinco dias após a posse do interventor, contendo as seguintes informações:

a) nome, nacionalidade, estado civil e endereço dos administradores e membros do Conselho Fiscal que estiveram em exercício nos últimos doze meses anteriores à decretação da medida. A razão da exigência decorre do art. 36, § 1º, da Lei n. 6.024/74: todos aqueles que tenham estado no exercício de funções, na administração da empresa, nos últimos doze meses, terão seus bens declarados indisponíveis, como efeito do ato de intervenção;

b) mandatos outorgados, indicando objeto, nome e endereço do mandatário. Por sua natureza, somente os contratos de mandato para representação judicial do devedor continuam em vigor (LREF, art. 120) e somente deixam de produzir efeitos quando expressamente revogados pelo interventor. Os demais mandatos conferidos pelo devedor cessam com a nova situação jurídica, cabendo ao mandatário prestar contas de sua gestão à nova administração. Por esse motivo, é necessário que o interventor tenha, desde logo, conhecimento desses negócios;

c) bens imóveis e móveis que não se encontram no estabelecimento, permitindo a confecção de um inventário completo, que servirá não somente para possível arrecadação em caso de liquidação ou falência, como também para elucidar a situação econômico-financeira da instituição;

d) participação que os administradores e membros do Conselho Fiscal tenham em outras sociedades, com a respectiva indicação. A finalidade dessa informação não está somente em saber quais são os eventuais valores mobiliários e cotas sociais que devem ser atingidos em razão da indisponibilidade. Há também o fato de se poder estender os efeitos da intervenção a pessoas jurídicas que mantenham vínculo de interesse ou integração de atividade com a empresa sob intervenção (art. 51 da Lei n. 6.024/74).

31.4.4. Resumo do procedimento

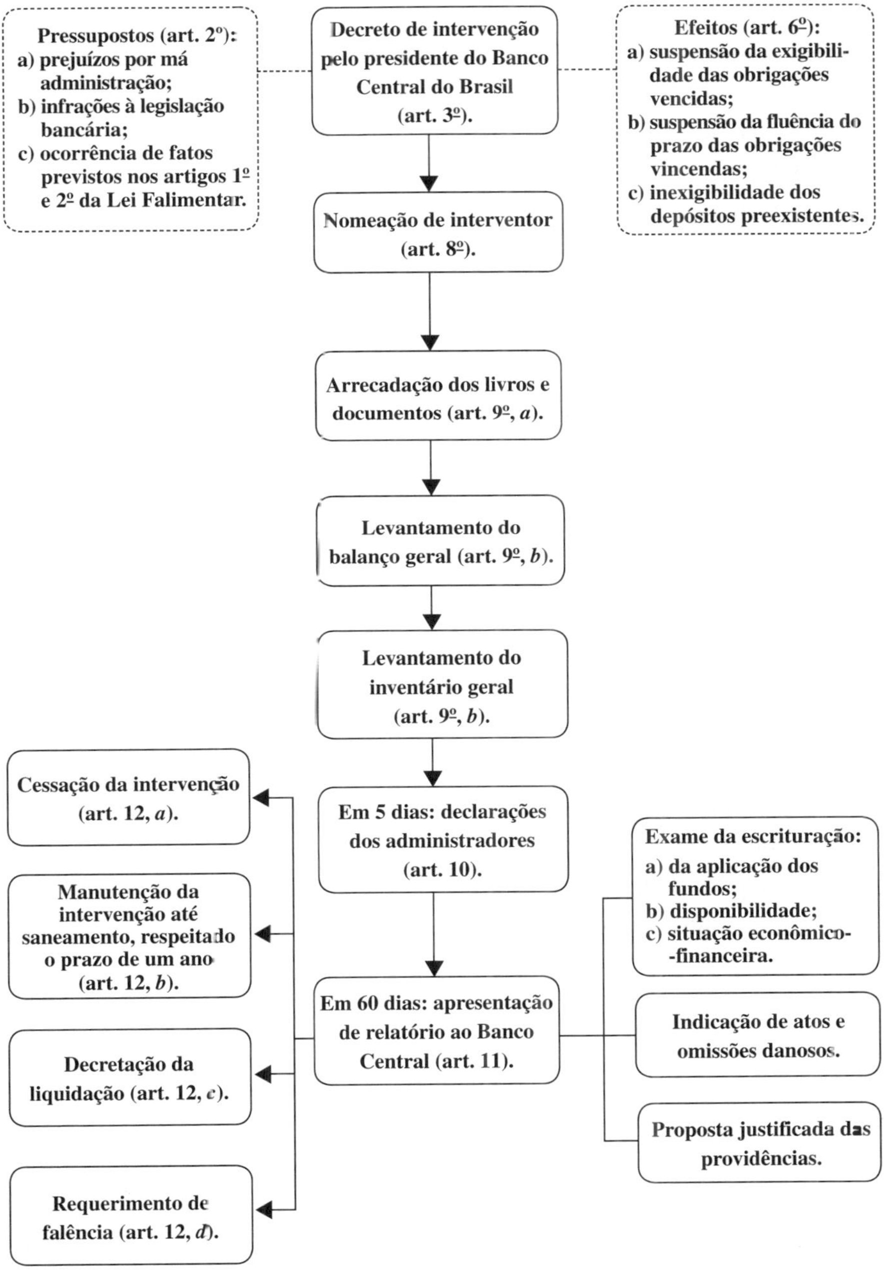

31.5. Regime de administração especial temporária

Outra modalidade de intervenção é a prevista no Decreto-Lei n. 2.321/87, que, além dos pressupostos indicados para a intervenção extrajudicial (art. 2º da Lei n. 6.024/74), acrescentou quatro outros:

a) prática reiterada de operações contrárias às diretrizes de política econômica ou financeira traçadas em lei federal;

b) existência de passivo a descoberto;

c) descumprimento das normas referentes à conta de reservas bancárias mantida no Banco Central;

d) gestão temerária ou fraudulenta de seus administradores.

31.5.1. Diferença entre a intervenção e o RAET

Os conceitos de intervenção extrajudicial e de regime de administração especial temporária – RAET – são essencialmente similares, sobretudo quanto à finalidade dos institutos. Entretanto, é possível observar diferenças em quatro classes de ordens: nos pressupostos, como anotado acima, nos efeitos, na forma de administração e no prazo.

A principal distinção entre a intervenção e a administração especial temporária encontra-se nos efeitos; a primeira, quando decretada, como já visto, produz (art. 6º da Lei n. 6.024/74):

- suspensão da exigibilidade das obrigações vencidas;
- suspensão da fluência do prazo das obrigações vincendas anteriormente contraídas;
- inexigibilidade dos depósitos já existentes à data de sua decretação;
- indisponibilidade dos bens pessoais dos ex-administradores;
- suspensão do mandato dos membros da administração da sociedade.

Por outro lado, o regime de administração especial temporária não afeta o curso normal dos negócios da entidade nem seu funcionamento e produz, de imediato, a perda do mandato dos administradores e membros do Conselho Fiscal da instituição (art. 2º do Decreto-Lei n. 2.321/87) e a adoção de medidas acautelatórias e promotoras da responsabilidade dos ex-administradores (art. 19).

A segunda diferença repousa na forma de administração: na intervenção nomeia-se um interventor; no RAET é nomeado um conselho diretor com número de membros necessários à condução dos negócios sociais.

E, finalmente, quanto à duração, a intervenção deve estar encerrada em um ano, decorridos dois períodos iguais de seis meses (art. 4º da Lei n. 6.024/74). O regime de administração especial temporária terá sua duração fixada no ato de sua decretação, podendo ser prorrogado por igual prazo (art. 1º, parágrafo único, do Decreto-Lei n. 2.321/87). É possível, portanto, que os períodos, no RAET, sejam menores, iguais ou superiores àqueles estipulados para a intervenção judicial, não tendo a lei fixado um período único.

31.5.2. Procedimento

Nomeados os membros do conselho diretor, estes deverão, logo após a posse, eleger o presidente, estabelecer as atribuições e poderes de cada um de seus membros e adotar as mesmas providências que a lei impõe aos interventores, previstas nos arts. 9º, 10 e 11 da Lei n. 6.024/74 (art. 5º, *c*, do Decreto-Lei n. 2.321/87):

a) arrecadar todos os livros e documentos;

b) levantar o balanço geral;

c) elaborar o inventário de bens;

d) exigir dos ex-administradores a declaração do art. 10 da Lei n. 6.024/74;

e) apresentar relatório de exame da escrituração contendo: a aplicação dos fundos e disponibilidade, a situação econômico-financeira da instituição, a indicação de atos e omissões danosos que eventualmente se tenham verificado e proposta da adoção de providências que pareçam convenientes à instituição.

31.5.3. Relatório do conselho diretor

Apresentado o relatório pelo conselho diretor (art. 11 do Decreto-Lei n. 2.321/87), abrem-se sete caminhos ao Banco Central do Brasil:

a) *A transformação da sociedade*

Consiste na mudança do tipo societário, prevista nos arts. 220 a 222 da Lei das Sociedades por Ações e nos arts. 1.113 a 1.115 do Código Civil. Ao permitir que o Banco Central do Brasil autorize o conselho diretor do RAET a proceder à transformação da sociedade, o Decreto-Lei n. 2.321/87 não afastou a necessidade de convocação de assembleia para serem ouvidos os sócios da instituição submetida ao regime especial. É certo que a administração da sociedade sob regime especial encontra-se a cargo de um conselho diretor nomeado pelo Banco Central e, ainda, que a decretação da administração especial temporária opera limitação aos poderes de deliberação dos detentores da massa social, contudo estes poderão insurgir-se contra a operação, alegando prejuízos a seus patrimônios, e, eventualmente, apresentar outra solução que melhor atenda a seus interesses comuns e dos credores. Entende-se que, nesse caso, devem ser ouvidos antes da deliberação do presidente do Banco Central do Brasil.

b) *A incorporação da sociedade a outra*

Neste processo a sociedade sob regime especial será absorvida por outra, que lhe sucederá em todos os direitos e obrigações. Neste caso, a deliberação caberá ao conselho diretor e ao Banco Central do Brasil. Os sócios da incorporada, entretanto, deverão ser ouvidos previamente, evitando-se desnecessárias discussões no âmbito administrativo e judicial e a supressão da manifestação do sócio com vista ao exercício de eventual direito de recesso.

c) *A fusão da instituição a outra*

Compreende a execução de atos tendentes à reunião de duas ou mais sociedades para formar uma nova, que lhe sucederá em todos os direitos e obrigações. Como nos exemplos anteriores, os sócios que não exercerem o direito de recesso passarão a responder nos limites da responsabilidade do novo tipo societário adotado, e, dessa forma, necessária a realização de assembleia em cada uma das sociedades envolvidas no processo de fusão antes da autorização do Banco Central do Brasil.

d) *A cisão patrimonial*

Nesta operação, a sociedade sob regime especial transfere parcelas de seu patrimônio para uma ou mais sociedades, constituídas para este fim ou já existentes no mercado. Por implicar mudanças patrimoniais, igualmente os sócios deverão ser ouvidos sobre a proposta do conselho diretor.

e) *A transferência do controle acionário*

É uma subespécie de cisão: parte do patrimônio, correspondente ao poder de gerência, é transferida a terceiros, que, a partir de então, assumem a administração da sociedade.

f) *A desapropriação das ações do capital social*

Devem sopesar nesta decisão os critérios constitucionais de defesa do consumidor e de repreensão ao abuso do poder econômico, além do exame da função social da empresa, os imperativos da segurança nacional ou relevante interesse coletivo.

g) *A decretação da liquidação extrajudicial*

Submetendo-a, a partir do decreto do presidente do Banco Central do Brasil, ao regime previsto nos arts. 15 a 35 da Lei n. 6.024/74.

31.5.4. Resumo do procedimento

Pressupostos (art. 1º do Decreto-Lei n. 2.321/87):
a) prática reiterada de operações contrárias às diretrizes de política econômica ou financeira traçadas em lei federal;
b) existência de passivo a descoberto;
c) descumprimento de normas referentes à conta de reservas mantida no Banco Central;
d) gestão temerária ou fraudulenta de seus administradores;
e) ocorrência de qualquer das situações descritas no art. 2º da Lei n. 6.024/74.

Decretação do regime pelo Banco Central (art. 1º).

↓

Assunção do conselho diretor, nomeado pelo Banco Central (art. 4º).

↓

Eleição do presidente do conselho diretor e estabelecimento das atribuições e poderes de cada membro (art. 5º).

↓

Arrecadação dos livros e documentos (art. 9º, *a*, da Lei n. 6.024/74).

↓

Levantamento do balanço geral (art. 9º, *b*, da Lei n. 6.024/74).

↓

Em 5 dias: declarações dos administradores (art. 10, da Lei n. 6.024/74).

↓

Em 60 dias: apresentação de relatório ao Banco Central (art. 11 da Lei n. 6.024/74 e art. 11 do Decreto-Lei n. 2.321/87).

Exame da escrituração:
- **da aplicação dos fundos;**
- **disponibilidade;**
- **situação econômico-financeira.**

Indicação de atos e omissões danosos.

Proposta justificada das providências.

- transformação;
- incorporação;
- fusão;
- cisão;
- transferência do controle acionário;
- desapropriação;
- liquidação extrajudicial.

31.6. Liquidação extrajudicial

A liquidação é o procedimento administrativo que tem a mesma finalidade do instituto da falência: a apuração do passivo, por meio de declarações de crédito, a arrecadação de bens que compõem o ativo da empresa em liquidação, sua avaliação e a venda para o pagamento de credores. Paralelamente, como ocorre no inquérito judicial, visa apurar as causas do estado liquidatório, remetendo as conclusões ao Ministério Público para as providências judiciais de natureza criminal ou civil, incluindo-se nestas últimas a propositura das ações civis públicas de arresto e ordinária de indenização.

31.6.1. Efeitos do decreto de liquidação

São efeitos do decreto de liquidação, desde a data da publicação no *Diário Oficial da União*:

a) *Suspensão das ações e execuções iniciadas sobre direitos e interesse relativos ao acervo da entidade liquidanda, não podendo ser intentadas outras, enquanto durar a liquidação (art. 18,* a, *da Lei n. 6.024/74)*

A regra reproduz o princípio da universalidade do Juízo falimentar e tem por finalidade impor que todos os credores concorrerão a um só Juízo – o da liquidação – para receber seus créditos e, consequentemente, veda que cada um individualmente os receba em outro. Este segundo fato é decorrência lógica do primeiro, ou seja, a universalidade dos credores acarreta a unidade do Juízo da liquidação.

Do mesmo modo como ocorre na falência, algumas ações individuais não serão suspensas por razões de economia processual ou, ainda, em razão de não ter o crédito nelas discutido alcançado a liquidez necessária para integrar a massa de credores.

São as hipóteses dos §§ 1º e 2º do art. 6º da Lei n. 11.101/2005: se o credor demandar quantia ilíquida, incluindo-se o crédito oriundo de natureza trabalhista, até sua apuração em sentença no Juízo Trabalhista. A nova Lei Falimentar não reproduziu a lei anterior, que previa a hipótese de não suspensão de execução individual em que os bens se encontrassem em praça, com dia definitivo para arrematação. Entretanto, parece-nos perfeitamente aplicável a exceção ao sistema atual por perfilar-se aos princípios da celeridade e da economia processual, expressamente adotados pela Lei n. 11.101/2005 (art. 75, § 1º).

Os casos de exclusão previstos na Lei Falimentar (de 1945 e de 2005) comportam, ainda, extensão, na esteira do entendimento do Ministro Cláudio Santos, ao afirmar no Recurso Especial n. 38.740-0, julgado em 18 de outubro de 1994: "Na verdade, decretação da liquidação extrajudicial de entidades financeiras não tem o condão de inibir de forma absoluta o direito de ação contra a massa liquidanda, mormente quando se tratar de ação de conhecimento, a qual pela própria natureza busca apenas o reconhecimento do direito do autor, ainda que importe em condenação. Demais disso, tenho que o art. 18, *a*, da Lei n. 6.024/74 não deve ser interpretado de modo a lhe conferir ilimitada abrangência, obstando toda e qualquer ação que envolva sociedade em liquidação extrajudicial, posto que a norma que excepciona a garantia constitucional da inexclusão da apreciação pelo Judiciário de lesão a direito deve ser interpretada restritivamente".

Anote-se, ainda, que, embora o art. 18, *a*, da Lei n. 6.024/74 declare que a suspensão perdurará "enquanto durar a liquidação", essa mesma lei contempla hipóteses excepcionais. Diversamente do que ocorre na falência, o credor insatisfeito com decisão proferida pelo liquidante ou, em grau de recurso, pelo presidente do Banco Central do Brasil, pode, dentro de trinta dias contados da data em que for considerado definitivo o quadro-geral de credores, intentar ou prosseguir com ações ou execuções individuais, dando ciência do fato ao liquidante para que este reserve fundos suficientes à eventual satisfação desses créditos.

b) *Vencimento antecipado das obrigações da liquidanda (art. 18, b, da Lei n. 6.024/74)*

O que motiva o vencimento antecipado na falência, na liquidação ou em qualquer outro procedimento de execução coletiva é o fato de que quando se abre concurso creditório "este importa em execução geral do devedor, cuja insuficiência econômica se patenteia na execução, que lhe mova algum dos seus credores. Dada essa insuficiência do ativo, todos os credores se reúnem para apurar as preferências, acaso existentes, e dividir, entre si, o acervo dos bens do insolvente" (Clóvis, 1975, 2:89).

A lei, ao estabelecer o vencimento antecipado, visa a equidade: se apreendidos todos os bens do devedor somente para pagamento de credores que detivessem títulos já vencidos, haveria prejuízo aos portadores de títulos representativos de dívidas não vencidas, que se sujeitariam a aguardar o termo inserto em seus títulos, subordinados às eventuais sobras que viessem a existir à época de sua ocorrência.

c) *Não atendimento das cláusulas penais dos contratos unilaterais vencidos em virtude da decretação da liquidação extrajudicial (art. 18,* c, *da Lei n. 6.024/74)*

No item 19.4.1 foram estudados os conceitos de cláusula penal e contratos unilaterais, aos quais nos reportamos.

A regra apenas acentua os distintos efeitos que emergem da liquidação, em relação aos contratos não vencidos: (1) nos contratos unilaterais, estes são considerados vencidos em decorrência desse evento; (2) nos contratos bilaterais, estes não se resolvem e podem ser executados, se convenientes para a massa liquidanda.

Logo, o evento liquidatório determinando o vencimento antecipado do contrato unilateral (por exemplo, o mútuo bancário que venceria somente após o decreto de liquidação) não acarretará, por esse efeito (de determinar o vencimento antecipado), a obrigação de a massa pagar o valor da cláusula penal estipulada para o inadimplemento da obrigação.

Assim, não terá efeito na liquidação qualquer estipulação que preveja a aplicação de cláusula penal para o fato de não cumprimento da obrigação, em decorrência da insolvência do devedor.

d) *Suspensão da fluência de juros, mesmo que estipulados, contra a massa, enquanto não integralmente pago o passivo (art. 18,* d, *da Lei n. 6.024/74)*

Como ocorre na falência, suspende-se a fluência de juros a partir da data da decretação da liquidação extrajudicial. No momento da liquidação do ativo, contudo, se a massa comportar, poderão ser eles calculados para pagamento.

Em se tratando de juros moratórios decorrentes de decisão judicial, a regra aplicável é a do art. 240 do Código de Processo Civil de 2015: a partir da citação válida (Cf. a) REsp n. 48.606-SP, 4ª Turma, Rel. Min. Ruy Rosado de Aguiar, j. 2-8-1994; b) REsp n. 137.317-MG, 4ª Turma, Rel. Min. Cesar Asfor Rocha, j. 4-12-2001).

e) *Interrupção da prescrição relativa a obrigações de responsabilidade da instituição (art. 18,* e, *da Lei n. 6.024/74)*

Anote-se que este efeito é aquele preconizado pelo art. 6º da Lei n. 11.101/2005 e alcança, tão somente, as obrigações de responsabilidade da instituição liquidanda. Naquelas em que ele é credor o prazo fluirá normalmente, e, dessa forma, se o liquidante deixar de promover a execução ou a cobrança de dívidas pelas quais a massa é credora, poderá ocorrer a prescrição desses créditos.

f) *Não reclamação de correção monetária de quaisquer dívidas passivas, nem de penas pecuniárias por infração de leis penais ou administrativas (art. 18,* f, *da Lei n. 6.024/74)*

A redação dada pelo art. 18, *f*, da Lei n. 6.024/74 encontra-se parcialmente revogada pela superveniência da Constituição Federal de 1988, que dispôs no art. 46 do Ato das Disposições Constitucionais Transitórias que "são sujeitos à correção monetária desde o vencimento, até seu efetivo pagamento, sem interrupção ou suspensão, os créditos junto a entidades submetidas aos regimes de intervenção ou liquidação extrajudicial, mesmo quando estes regimes sejam convertidos em falência".

Mantém-se em vigor, entretanto, a restrição à habilitação de créditos decorrentes de aplicação de penas pecuniárias por infração a leis penais ou administrativas.

g) *Manutenção da indisponibilidade dos bens pessoais dos ex-administradores, se decorrente de intervenção ou sua incidência (art. 36, § 1º, da Lei n. 6.024/74)*

Os atos de intervenção, liquidação ou falência acarretam a indisponibilidade dos bens pessoais dos administradores que tiverem gerido a instituição nos últimos doze meses, impedindo-os de aliená-los ou onerá-los até apuração e liquidação final de suas responsabilidades. Dessa forma, se a liquidação decorre de intervenção anterior, a indisponibilidade se mantém, e, se a liquidação extrajudicial é ato originário, igualmente ocorrerá a indisponibilidade.

Se a indisponibilidade não decorrer de intervenção prévia, caberá ao liquidante providenciar a comunicação aos órgãos de registro público competentes: a) ao cartório de registro das pessoas jurídicas onde se encontre registrada a sociedade da qual o ex-administrador faça parte; b) à Junta Comercial onde esteja localizada a sede de sociedade empresarial que tenha por sócio ex-administrador; c) aos departamentos de trânsito; d) às companhias telefônicas; e) aos cartórios de imóveis; f) às bolsas de valores que operem com títulos dos quais os ex-administradores sejam titulares.

h) *Perda do mandato dos membros da administração da sociedade (art. 50 da Lei n. 6.024/74)*

Os ex-administradores, membros do Conselho Fiscal, do Conselho de Administração e outros órgãos eventualmente existentes perdem seus mandatos, não podendo mais gerir a instituição. Em razão disso todas as atribuições anteriormente compreendidas àqueles antigos titulares serão exercidas unicamente pelo liquidante.

Além desses efeitos, a liquidação extrajudicial gera os mesmos efeitos decorrentes do decreto falimentar ou sentença de falência por força dos arts. 34 e 35 da Lei n. 6.024/74, devendo ser observadas, resguardadas as situações peculiares de cada instituto.

31.6.2. A figura do liquidante

Por força do art. 34 da Lei n. 6.024/74, o liquidante nomeado tem um papel semelhante ao do síndico, e o Banco Central assemelha-se ao juiz da falência. Em decorrência, aplicam-se subsidiariamente as normas falimentares ao procedimento administrativo.

Entretanto, como se verá, o liquidante não somente pratica atos de sindicância, necessários à realização do ativo da instituição liquidanda, tais como verificação, classificação de créditos, nomeação de empregados, outorga de mandatos e representação da massa liquidanda ativa e passivamente em Juízo e fora dele, como também exerce, à semelhança do juiz falimentar, função de direção do procedimento liquidatório, julgando as habilitações e decidindo a forma de liquidação do ativo.

31.6.3. Procedimento

Para o desempenho de suas atribuições, o liquidante deve:

a) arrecadar os livros e documentos de interesse da massa liquidanda;

b) levantar um balanço especial e geral, juntamente com um inventário de todos os livros, documentos, dinheiro e bens da instituição liquidanda, mesmo que estejam em poder de terceiros;

c) decidir sobre os pedidos de habilitação de crédito, com recurso ao Banco Central do Brasil;

d) elaborar o quadro-geral de credores.

Nessas funções observa-se grande semelhança com as do síndico e do juiz na falência. Como o síndico, incumbe ao liquidante a arrecadação de documentos e bens que formam o patrimônio da empresa liquidanda. Se houver atos sujeitos à ineficácia, o liquidante estará legitimado a ingressar em Juízo com a ação correspondente (art. 35 da Lei n. 6.024/74). No acertamento do montante devido aos credores, por via de procedimento verificatório, seu papel é o de juiz, cabendo-lhe incluir e classificar os pedidos de créditos. Nessa direção compete-lhe resolver os pedidos de restituição.

O procedimento de verificação de créditos é bastante simplificado. Entre a data da liquidação e a da apresentação do relatório, analisando a situação econômico-financeira da instituição, não podem decorrer mais de sessenta dias (arts. 11 e 21 da Lei n. 6.024/76). É dentro desse prazo que o liquidante deve obter todos os dados sobre o montante dos créditos e o valor do patrimônio arrecadado. Dessa forma, deverá fazer publicar um aviso no *Diário Oficial da União* e em jornal de grande circulação do local da sede da entidade, convocando os credores a declarar seus créditos no prazo entre vinte e quarenta dias. A fixação do prazo dependerá da importância da liquidação e dos interesses nela envolvidos.

Analisada a documentação à vista dos elementos extraídos de livros, papéis e assentamentos da liquidanda, o liquidante decidirá sobre sua legitimidade, valor e classificação, obedecendo à mesma ordem prevista no concurso falimentar. Dessa decisão os credores serão notificados e terão o prazo de dez dias para recorrer ao Banco Central do Brasil. Julgados todos os créditos, será organizado e publicado o quadro-geral de credores, juntamente com o balanço geral da instituição, contra o qual cabe recurso, no prazo de dez dias, ao Banco Central do Brasil. O titular do crédito que for impugnado terá cinco dias para oferecer alegações e provas necessárias à sua defesa.

Realizado o acertamento dos créditos, o liquidante procederá à realização do ativo e à liquidação do passivo. A lei faculta, ainda, optar por outras formas de liquidação: cessão do ativo a terceiros e organização ou reorganização da sociedade para continuação da atividade da liquidante (art. 31). Essa disposição genérica nos conduz à possibilidade de se adotarem outras formas de soerguimento empresarial, entre as quais se encontram algumas estudadas acima: a transformação, a incorporação, a fusão, a cisão ou a transferência do controle acionário e a desapropriação (art. 11 do Decreto-Lei n. 2.321/87, aplicáveis ao RAET).

Se, entretanto, ocorrer a hipótese de o ativo não ser suficiente para cobrir nem sequer metade do valor dos créditos quirografários (art. 12, *d*) ou quando os fatos apurados forem de tal gravidade que não se recomende prosseguir com a liquidação, o liquidante deverá solicitar ao presidente do Banco Central do Brasil autorização para requerer a falência da instituição no Juízo Cível Estadual.

31.6.4. Modalidades de liquidação

Conforme a natureza da iniciativa, a lei contempla três modalidades de liquidação extrajudicial:

- a liquidação *ex officio*, decretada pelo Banco Central nas hipóteses do art. 15, I, da Lei n. 6.024/74;
- a liquidação a requerimento dos administradores da instituição, nos termos do art. 15, II, da Lei n. 6.024/74;
- a liquidação por proposta do interventor.

Motivam qualquer uma das espécies de liquidação os mesmos fatos:

a) ocorrências que comprometam sua situação econômica ou financeira, especialmente quando deixar de satisfazer com pontualidade seus compromissos ou quando se caracterizar qualquer dos motivos que autorizem o decreto falimentar;

b) violação grave das normas legais e estatutárias ou determinações do Conselho Monetário Nacional ou do Banco Central;

c) prejuízo que sujeite a risco anormal seus credores quirografários;

d) cassação de autorização para funcionamento, sem que a instituição inicie sua liquidação ordinária em noventa dias.

31.6.5. Resumo do procedimento

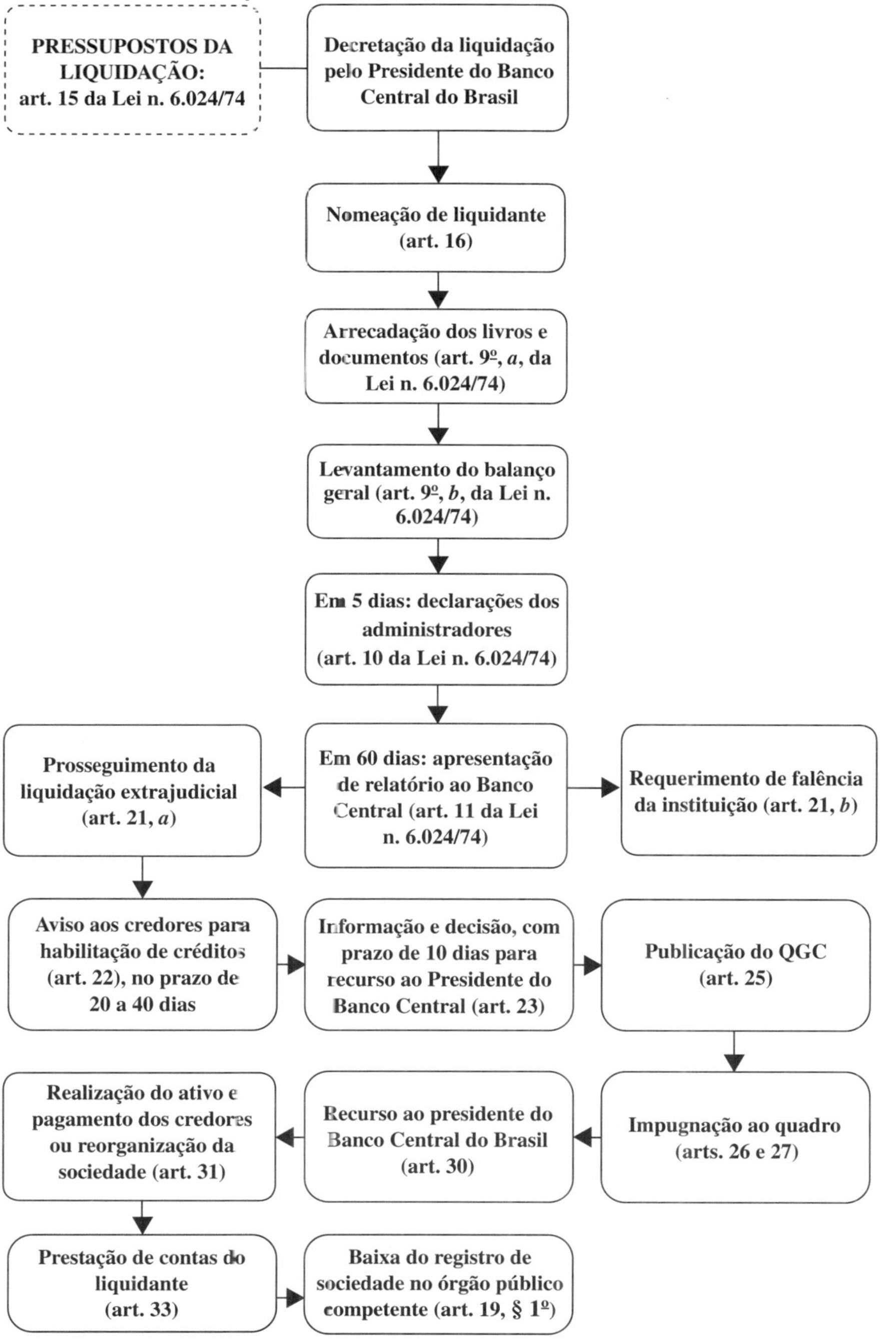

31.7. Cessação dos regimes

Por ato do Banco Central do Brasil podem ser declarados cessados os regimes impostos às instituições financeiras em razão do saneamento operado em decorrência da intervenção ou, ainda:

a) pagamento integral dos credores quirografários. Com a intervenção, liquidação extrajudicial ou regime especial, os bens pessoais dos ex administradores tornam se indisponíveis para garantia do adimplemento da obrigação solidária para com a instituição financeira submetida a esses regimes. Dispõe o Banco Central do acervo social da empresa submetida, acrescido do conjunto patrimonial de cada um de seus ex administradores. Pressupõe, portanto, esta hipótese, prevista na alínea a, inciso I, do art. 19 da Lei n. 6.024/74, que sobrevenha o pagamento dos credores quirografários;

b) a alteração do objeto para atividade diversa daquelas caracterizadoras de instituição financeira. Essa hipótese, prevista na alínea *b*, inciso I, do art. 19, prevê a necessidade de aprovação pela maioria simples dos credores presentes à assembleia convocada para esse fim (Lei n. 6.024/74, art. 19, § 3º);

c) a transferência do controle societário, afastando os administradores e nomeando-se outros devidamente autorizados pelo Banco Central do Brasil;

d) pela convolação do regime de liquidação extrajudicial em liquidação ordinária. Nesse caso, caberá ao Banco Central do Brasil tomar providências tendentes ao pleno atendimento dos credores existentes, devendo promover, ainda, a aprovação pela maioria simples dos credores presentes à assembleia convocada para esse fim (Lei n. 6.024/74, art. 19, § 3º);

e) pela exaustão do ativo da instituição, mediante a sua realização total e a distribuição do produto entre os credores, ainda que não ocorra o pagamento integral dos créditos;

f) verificada pelo Banco Central do Brasil a iliquidez ou difícil realização do ativo remanescente na instituição;

g) se decretada a falência da instituição, em processo regular iniciado a partir de autorização do Banco Central do Brasil.

É possível que o decreto de cessação de um dos regimes especiais ocorra quando já propostas ações de arresto e ordinárias, a cargo do Ministério Público. Qual é o efeito que o ato de cessação produz sobre as ações em curso?

A Promotoria de Falências de São Paulo travou ampla discussão a respeito do tema, buscando entendimento que resguardasse sua legitimidade e o prosseguimento das ações já propostas. Analisando a matéria, o Professor Nelson Nery Junior, ilustre Procurador de Justiça no Estado de São Paulo, concluiu que as ações previstas na Lei n. 6.024/74 pressupõem a existência de interesses coletivos, conferindo legitimidade ao Ministério Público para sua defesa: "O interesse dos credores da massa é comum, homogêneo, pois pretendem receber o que lhes é devido, observada a *par conditio creditorum*. Há um liame comum a identificar os componentes desse grupo, de modo a evidenciar o interesse coletivo ou de grupo. Em conclusão, o Ministério Público que somente poderia mover ou continuar atuando nas ações de arresto, sequestro e de responsabilidade patrimonial dos diretores, enquanto perdurasse o regime de liquidação extrajudicial (arts. 45 e 46, Lei n. 6.024, de 1974), teve sua legitimidade deveras ampliada, sendo-lhe lícito agir na defesa dos direitos e interesses coletivos dos credores da massa liquidanda, podendo propor quaisquer medidas judiciais para a efetiva defesa desses direitos" (NERY JUNIOR, Nelson. Parecer juntado aos autos do Processo n. 2.750/88 – 18ª Vara Cível de São Paulo).

É de lembrar, como faz o Desembargador Boris Kauffmann, um outro elemento justificador da permanência da legitimidade ministerial, mesmo quando cessado o regime imposto pela Administração Pública: a abrangente tutela do órgão do Ministério Público nessas ações civis públicas: "A legitimidade conferida pelo art. 46 da Lei n. 6.024/74 foi recepcionada pela atual Constituição Federal. As medidas previstas no diploma – ação cautelar de arresto e ação civil de responsabilidade – não tutelam apenas os interesses dos credores de instituição financeira, mas o próprio sistema financeiro, como um todo, que pode ser atingido pela má gestão de qualquer das instituições e que, para conservar a confiança, não pode permitir que os ex-administradores não sejam responsabilizados pelos danos" (TJSP, 5ª Câmara de Direito Privado, AI 186.937-4/9-00, j. 22-3-2001). Acrescente-se a esse perfeito raciocínio o fato de ser o *Parquet*, e não o Banco Central, o órgão constitucionalmente investido da defesa desses interesses e, portanto, autorizado a demonstrar sua ocorrência e a, se necessário, discutir em Juízo a não razoabilidade dos fatos autorizadores da cessação decretada pela Administração.

Entretanto, apesar de existirem inúmeros julgados adotando aquele entendimento, certo é que o Superior Tribunal de Justiça vem entendendo pacificamente que, "cessada a liquidação extrajudicial, deve ser extinta a ação de responsabilidade promovida pelo Ministério Público" (REsp n. 252.917-SP, Rel. Min. Ruy Rosado de Aguiar, j. 29-4-2002). De igual modo, o Supremo Tribunal Federal entende que "a legitimidade do Ministério Público para fiscalizar os atos de instituição financeira perdura enquanto couber ao Banco Central do Brasil, por intermédio de liquidante, a responsabilidade pela administração da entidade liquidanda. Exaurido o regime de intervenção extrajudicial, cessa também a legitimidade *ad causam* do *Parquet*, quer como *custos legis*, quer na condição de autor, visto que a empresa retoma a autogestão de seus negócios" (RE n. 166.776-SP, Rel. Min. Maurício Corrêa, j. 2-3-1999, v.u., *DJ*, 4-6-1999, p. 17).

31.8. Outros regimes especiais

Além das instituições financeiras, algumas outras atividades igualmente se submetem a regimes especiais, semelhantes aos aqui apresentados: empresas seguradoras (Decreto-Lei n. 73, de 21-11-1966, e Lei n. 10.190, de 14-2-2002), usinas de açúcar (Decreto-Lei n. 3.855, de 21-11-1941), sociedades cooperativas (Lei n. 5.764, de 16-12-1971), sociedades de capitalização (Decreto n. 22.456, de 10-2-1933), empresas aéreas (Lei n. 7.565, de 19-12-1986), planos e seguros privados de assistência à saúde (Lei n. 9.656, de 3-6-1998).

Capítulo 32

DA RESPONSABILIDADE DOS ADMINISTRADORES: DA INDISPONIBILIDADE, DAS AÇÕES DE ARRESTO E ORDINÁRIA DE RESPONSABILIDADE

Sumário: 32.1. Do inquérito administrativo. 32.2. Ações de arresto e ordinária. 32.3. Indisponibilidade de bens. 32.3.1. Indisponibilidade ordinária. 32.3.2. Indisponibilidade estendida ou superveniente. 32.3.3. Extensão por integração de atividade, vínculo de interesse ou de controle. 32.3.4. Cessação da indisponibilidade. 32.3.5. Distinção entre indisponibilidade e arresto. 32.4. Do conceito de administrador. 32.5. Da responsabilidade dos administradores – teorias. 32.5.1. Da responsabilidade objetiva. 32.5.2. Posição intermediária. 32.5.3. Da responsabilidade por culpa presumida.

32.1. Do inquérito administrativo

Além do relatório que deve ser apresentado ao Banco Central do Brasil, no prazo de noventa dias após o ato administrativo de intervenção, liquidação ou imposição do regime especial, cabe ao interventor, ao liquidante ou ao conselho diretor elaborar o inquérito administrativo, visando a apuração da responsabilidade dos administradores, dos membros do Conselho Fiscal e de prepostos da instituição, dentro de cento e vinte dias, contados daquele mesmo termo inicial (data da intervenção, da decretação do regime especial de administração temporária ou da liquidação extrajudicial), prorrogável por igual período.

No caso de ter sido decretada a falência da instituição – hipótese que ocorre mediante proposta do interventor ou do liquidante ao Banco Central (arts. 12, *d*, e 21, *b*, da Lei n. 6.024/74) – o prazo de cento e vinte dias começa a fluir a partir da data do recebimento da comunicação da quebra, pelo escrivão do Juízo falimentar.

A lei concede amplos poderes de investigação ao interventor e ao liquidante, autorizando o exame da contabilidade, arquivos e documentos da instituição; a oitiva de depoimentos, com auxílio da polícia, se necessário; a solicitação de informações a qualquer autoridade; o exame dos autos da falência, quando esta tiver sido decretada; e, se necessário, o exame da contabilidade de terceiros com os quais a instituição financeira manteve interesses.

Concluída a apuração, dar-se-á prazo de até cinco dias para alegações, comum a todos os ex-administradores, sobrevindo o relatório final, no qual necessariamente se fará constar: a) a situação da entidade; b) as causas de sua queda; c) o nome, a qualificação e a relação de bens particulares dos que geriram a entidade nos últimos cinco anos; e d) o montante ou a estimativa de prejuízos apurados em cada gestão.

32.2. Ações de arresto e ordinária

Uma vez concluído o inquérito, será este distribuído a um dos juízes estaduais que for competente. Se já tiver sido decretada a falência, a remessa far-se-á ao Juízo universal. Recebido em cartório e autuado, o escrivão abrirá vista ao Ministério Público para que este órgão, em até oito dias, sob pena de responsabilidade, proponha o arresto dos bens dos ex-administradores e, oportunamente, em até trinta dias a contar da realização do arresto, ação ordinária de responsabilidade. Se, nos prazos fixados, o órgão do Ministério Público permanecer inerte ou entender não ser o caso de sua propositura, os autos ficarão em cartório pelo prazo de quinze dias à disposição de credores interessados em propô-las. Não intentadas as ações, o juiz determinará o levantamento da indisponibilidade.

De forma similar ao que ocorre com o inquérito civil público e o policial, o inquérito administrativo é simples elemento informativo à formação da convicção do Ministério Público, legalmente legitimado à propositura das ações civis indicadas pelo legislador. Por isso, caso não disponha de elementos suficientes, em razão de incompletude, omissão ou lacuna, o promotor de justiça, para firmar sua convicção a respeito dos fatos, pode valer-se das disposições do art. 8º, § 1º, da Lei n. 7.347, de 24 de julho de 1985 (que disciplina a ação civil pública de responsabilidade por danos causados ao meio ambiente, ao consumidor, a bens e direitos de valor artístico, estético, histórico e paisagístico e dá outras providências), requisitando diretamente ou através do Juízo, de qualquer organismo público ou particular, certidões, informações, exames ou perícias.

Esgotadas todas as diligências ou prescindindo delas, o promotor de justiça apresentará seu pedido de arresto de bens e proporá ação ordinária de responsabilidade contra os ex-administradores, obediente aos prazos que a lei determina. Em se convencendo da inexistência de fundamento para a propositura de ação civil, o Ministério Público lançará sua manifestação, e os atos permanecerão em cartório para eventual ação dos interessados, no prazo legal de quinze dias.

Na hipótese de já ter sido decretada a falência, o síndico da massa falida passa a dispor de legitimação para a propositura das ações. Entendemos, porém, que essa legitimidade é concorrente à do Ministério Público, porque este é o órgão autorizado a agir na defesa de direitos e interesses coletivos dos credores por prejuízos causados na administração de instituição financeira. A solução plausível parece ser a estabelecida pela lei no que se refere aos credores da empresa liquidanda: se o promotor de justiça não propuser as ações, o síndico, após a manifestação, recusa ou fluência do prazo ministerial, disporá de quinze dias para agir no interesse da massa.

32.3. Indisponibilidade de bens

A lei abrange duas hipóteses de indisponibilidade, consoante a situação do agente responsável pelas obrigações decorrentes do prejuízo apurado no inquérito administrativo.

32.3.1. Indisponibilidade ordinária

Prevista no art. 36 da Lei n. 6.024/74, a indisponibilidade ordinária dos bens particulares dos administradores é um instituto de cunho cautelar, administrativo, que visa garantir a futura responsabilização de todos os ex-administradores que tenham estado no exercício das funções nos doze meses anteriores ao ato de intervenção, liquidação ou falência. É simples decorrência de qualquer um desses atos.

Sua introdução na legislação de mercado de capitais somente ocorre a partir do Decreto-Lei n. 685, de 17 de julho de 1969, na redação dada ao art. 1º, conforme anota Gian Maria Tosetti (1981:89). Antes, o direito pátrio somente contemplava a responsabilidade dos administradores de instituições financeiras, sem cuidar de um regime administrativo de preservação patrimonial para ressarcimento de prejuízo dos credores das instituições submetidas à intervenção do Estado. Eram omissas, nesse aspecto, as leis que regeram a intervenção e liquidação extrajudicial das instituições financeiras antes do advento da Lei n. 6.024/74: a) o Decreto-Lei n. 9.328, de 10 de junho de 1946, precursor na responsabilização dos administradores; b) a Lei n. 1.808, de 7 de outubro de 1953; e c) o Decreto-Lei n. 48, de 18 de novembro de 1966.

32.3.2. Indisponibilidade estendida ou superveniente

A extensão da responsabilidade imposta pelo Banco Central, depois de ouvido o Conselho Monetário Nacional, ocorre para completa garantia dos credores, pelos prejuízos causados, e abrange outras pessoas que tenham concorrido para a decretação da intervenção, da liquidação ou do regime especial. Nos termos do art. 36, § 2º, *b*, abrange:

a) gerentes e conselheiros fiscais que tenham concorrido para a decretação;

b) quaisquer pessoas que tenham adquirido bens a qualquer título dos administradores, gerentes e conselheiros fiscais, desde que haja seguros elementos de que se trata de simulação.

32.3.3. Extensão por integração de atividade, vínculo de interesse ou de controle

Além dessa hipótese, os bens de outras pessoas jurídicas e de seus administradores que mantenham com a instituição integração de atividade, vínculo de interesse ou de controle, poderão ser declarados indisponíveis na hipótese de qualquer um dos regimes impostos à instituição financeira se estender àquela pessoa jurídica (arts. 51 da Lei n. 6.024/74 e 15 do Decreto-Lei n. 2.321/87).

São três, portanto, as situações autorizadoras da extensão da responsabilidade a terceiros não administradores:

a) *Integração de atividade*

Ocorre a integração de atividade nas hipóteses em que os interesses são comuns às empresas envolvidas, como é o caso de uma ser filiada à outra. Considera-se filiada, segundo o Código Civil (art. 1.099), a sociedade cujo capital, na ordem de 10% ou mais, pertence a outra sociedade, que, entretanto, não a controla. É o fato descrito no art. 51, parágrafo único, da Lei n. 6.024/74: os sócios ou acionistas das pessoas jurídicas participam do capital da sociedade fiscalizada em importância superior a 10%.

b) *Vínculo de interesse*

O interesse pode ser de qualquer natureza, desde que tenha reflexos econômicos. A lei exemplificou duas situações, caracterizando-as por interesses financeiros e pessoais: (1) se as pessoas jurídicas forem devedoras da sociedade fiscalizada; (2) se os sócios ou acionistas das pessoas jurídicas forem cônjuges, ou parentes até o segundo grau, consanguíneos ou afins, de seus diretores ou membros do conselho consultivo, administrativo, fiscal ou semelhantes.

É certo que em ambas as situações não basta a ocorrência da dívida ou do vínculo de parentesco, mas há que se demonstrar que essas circunstâncias acarretaram efetivo entrelaçamento de operações e negócios, indicadores da existência de interesse de cunho econômico comprometedor da independência que deveria haver entre os patrimônios sociais.

c) *Vínculo de controle*

É a hipótese definida no art. 15, § 1º, do Decreto-Lei n. 2.321/87, que ocorre quando as pessoas jurídicas e a instituição estiverem sob controle comum, alternativa ou cumulativamente, sejam, entre si, controladoras ou controladas, ou, ainda, quando qualquer delas, diretamente ou através de sociedade por elas controladas, for titular de direitos de sócio que lhe assegurem, de modo permanente, preponderância nas deliberações sociais e o poder de eleger a maioria dos administradores da instituição.

As situações de controle podem ser estudadas bipartidamente: as de controle direto e as de controle indireto. Considera-se existir controle direto quando o capital votante pertencer majoritariamente a outra sociedade, que, dessa forma, possui a pluralidade dos votos nas deliberações dos cotistas ou na assembleia geral, permitindo-lhe eleger a maioria dos administradores. É indireto o controle quando as ações ou quotas se encontram em poder de outra sociedade (ou outras), que, por sua vez, é submetida a uma terceira, que detém o predomínio nas deliberações e na escolha dos dirigentes.

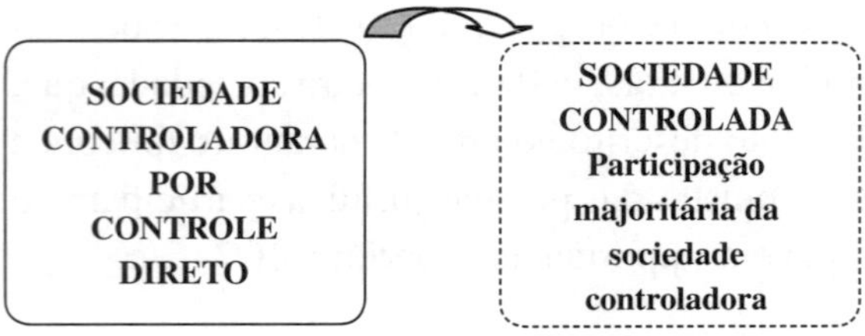

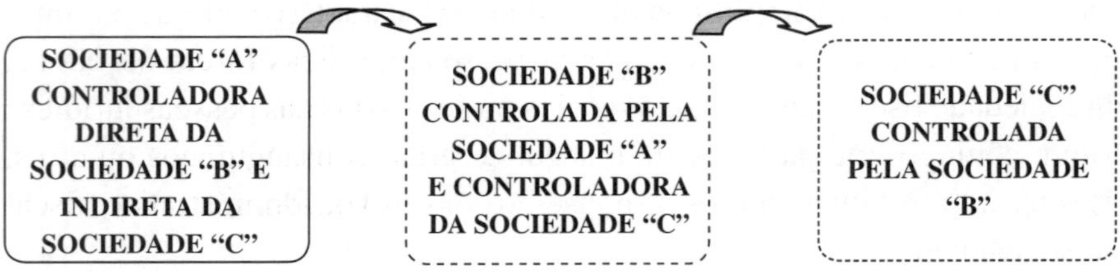

32.3.4. Cessação da indisponibilidade

Observe-se que, uma vez decretada a indisponibilidade – ordinariamente, por força do decreto de intervenção, liquidação ou regime especial de administração temporária ou, ainda, supervenientemente, por ato do Banco Central do Brasil, depois de ouvido o Conselho Monetário Nacional –, sua cessação competirá ao próprio Banco Central. Entretanto, a partir do momento em que os autos de inquérito administrativo são remetidos a Juízo, cessa, por completo, a competência daquele órgão para promover o levantamento da medida, incumbindo, a partir de então, ao magistrado as decisões que envolvam a liberação dos bens dos ex-administradores. *V.* nesse sentido: AgRg no AI n. 419.209-DF, 3ª Turma do STF, Rel. Min. Carlos Alberto Menezes Direito, j. 18-4-2002.

32.3.5. Distinção entre indisponibilidade e arresto

Distingue-se a indisponibilidade do arresto porque a primeira é medida administrativa, de cunho cautelar, que visa a garantia das responsabilidades dos ex-administradores da instituição financeira e outros agentes, independentemente da existência de um pedido judicial. O arresto é garantia processual, vinculado a uma ação de responsabilidade.

É possível a subsistência de ambas as medidas, conforme tivemos oportunidade de sustentar em inúmeras ações que promovemos na Comarca de São Paulo, na qualidade de Promotor de Justiça de Falências – Setor de Liquidações Extrajudiciais, porque a medida judicial é mais ampla, abrangendo não apenas os bens atingidos pela indisponibilidade – os sujeitos a registro – como todo o patrimônio do responsável legal. Nesse sentido é pacífica a jurisprudência do Superior Tribunal de Justiça: "A tese de dispensa do arresto porque a indisponibilidade é suficiente garantia para os credores não procede. Basta pensar nos grandes valores mobiliários e nos demais bens móveis insusceptíveis de registros para perceber que aquela indisponibilidade pode se tornar uma quimera. Não é isto que a lei quer e impõe. O arresto tem força mais contundente do que a mera indisponibilidade, seja porque atinge de forma eficaz (e não teórica) os bens móveis, seja porque pode abranger (e geralmente abrange) não só o poder de dispor como os demais poderes inerentes ao domínio, os de usar e fruir"[1].

32.4. Do conceito de administrador

O exame das teorias que se formaram em torno da natureza jurídica da responsabilidade dos administradores impõe, inicialmente, a definição dessa última expressão e a extensão de sua responsabilidade.

Todos os que integram os órgãos dirigentes da instituição financeira e que tenham estado no exercício efetivo nos doze meses anteriores ao ato do Banco Central são considerados administradores pela lei vigente, sujeitando-se à indisponibilidade e à responsabilização, pela via das ações civis movidas pelo Ministério Público.

Deve-se, entretanto, observar que a indisponibilidade decorre do ato administrativo que decreta a intervenção, o regime especial de administração temporária e a liquidação extrajudicial ou, se superveniente, de proposta dirigida ao Banco Central (art. 36, § 2º, da Lei n. 6.024/74), e, nesse primeiro momento, não abrange indistintamente todos os ex-administradores, mas tão somente os que geriram a empresa nos últimos doze meses.

Paulo Fernando Campos Salles de Toledo (1985:28) sugere que o legislador supôs que nesse período que antecede o ato administrativo "tenham sido praticados a maioria dos atos que conduziram a empresa à situação em que se encontra. A fixação obedece, pois, a um critério de praticidade:

[1] BRASIL, STJ, fundamentação do acórdão recorrido nos autos do REsp n. 185.796-SP, Rel. Min. Ruy Rosado de Aguiar, j. 16-11-1999. Veja-se também REsp n. 204.668-MG, Rel. Min. Sálvio de Figueiredo Teixeira, j. 21-3-2002.

no momento em que é decretada uma das medidas a que se fez referência, ainda não se sabe, em termos precisos, quais os ex-administradores que contribuíram para o ocorrido, sendo, no entanto, provável que aqueles que administraram a empresa nos últimos doze meses soubessem do estado em que esta se encontrava, e tenham contribuído de alguma forma para a eclosão desse resultado".

Além dos administradores contemporâneos ao decreto, a lei escolheu um termo mais amplo, como também faz o § 1º do art. 81 da Lei n. 11.101/2005, ao estabelecer a responsabilidade do sócio retirante dentro do período de dois anos que antecederam o decreto falimentar. Com o inquérito, oportunidade em que há uma investigação mais precisa acerca dos fatos que antecederam a imposição desses regimes, e, mais precisamente, no relatório final do inquérito administrativo, os agentes do Banco Central poderão indicar as causas da queda da empresa, a qualificação e a relação dos bens particulares dos que, nos últimos cinco anos, geriram a sociedade, bem como o montante ou a estimativa dos prejuízos apurados em cada gestão (art. 43 da Lei n. 6.024/74). Havendo prejuízos, os administradores deverão responder, na ação civil pública de responsabilidade movida pelo Ministério Público, ou naquela que a substituir, pelos prejuízos apurados em cada gestão, solidariamente entre eles e com a sociedade investigada.

32.5. Da responsabilidade dos administradores – teorias

Formaram-se em torno da natureza da responsabilidade dos administradores de instituições financeiras três correntes doutrinárias: a) parte da doutrina entende que se trata de responsabilidade objetiva; b) outro grupo, intermediário, vislumbra a ocorrência de distintas modalidades de responsabilidade: a subjetiva e a objetiva, conforme decorram dos arts. 39 ou 40 da Lei n. 6.024/74, respectivamente; c) um terceiro grupo afirma que os dispositivos legais invocam presunção de culpa, passível de prova em contrário em Juízo.

32.5.1. Da responsabilidade objetiva

Várias vezes sustentamos a tese da responsabilidade objetiva aplicável a esses administradores, quando Promotor de Justiça de Falências, do Setor de Liquidação Extrajudicial, em São Paulo, recebendo, do Tribunal de Justiça de São Paulo, a confirmação desse entendimento em inúmeros julgados, sob o fundamento de se proteger o crédito público.

A atividade desempenhada por uma empresa financeira é essencialmente a captação de recursos junto à população, que, ao depositar sua confiança na instituição, espera não sofrer riscos além daqueles ordinários a que todos estão sujeitos, limitados à natureza do negócio assumido. Isto é, não podem nem pretendem assumir os riscos da empresa.

Abraçando esta primeira corrente, entendemos que o caráter objetivo da responsabilidade decorre da necessária proteção que se deve dar ao crédito público, formado por investidores e correntistas que, aplicando seus recursos no sistema de crédito, procuram a segurança – liquidez e solvência – que não teriam ao manter sob sua própria guarda os recursos financeiros que levam ao sistema financeiro. Em poucas linhas, a 5ª Câmara Civil do Tribunal de Justiça (Des. Ruy Camilo, Martiniano de Azevedo e Márcio Bonilha) resumiu, na Apel. n. 84.576-1, em 1987, que a responsabilidade objetiva dos ex-administradores de instituição financeira "constitui proteção idealizada em favor de terceiros que entregam recursos financeiros, devendo a responsabilidade realizar-se e subsistir até que as obrigações se cumpram".

O vultoso volume de recursos alheios que se soma sob a égide dessa garantia é a base do desenvolvimento de todo o sistema financeiro, daí advindo aos administradores dessas instituições recursos – alheios – para aplicação em projetos que beneficiem a empresa que administram, o investidor e, de forma direta, suas elevadas remunerações por esse serviço.

A empresa, em geral, assume risco por capital próprio; havendo mal gerenciamento desses recursos, a perda recai sobre os próprios empresários, titulares do exercício da atividade. Entretanto, no sistema financeiro, na administração de consórcios e outras atividades ligadas ao crédito público, tem-se que o simples gerenciamento ineficaz, independentemente de culpa ou dolo, gera aos investidores do mercado e mero depositantes – terceiros alheios à empresa – prejuízos que não assumiram. O risco da atividade deve sempre recair sobre o patrimônio do empresário, daí por que, na atividade financeira, o administrador, zelando pelo que não lhe pertence, recebendo recursos que lhe possibilitam ganhos superiores, inalcançáveis em outra atividade empresarial, não deve estranhar suportar ônus próprios de sua empresa. Mas, se o proveito pode explicar a equidade da solução encontrada pela lei, não o é, entretanto, essencial à caracterização da responsabilidade: "Entenderam, então, os adeptos da teoria objetiva que o mais acertado seria ampliar a área do risco, suprimindo a expressão *proveito* para fundamentar a teoria da responsabilidade civil tão somente no risco, ou melhor, no risco criado. Assim, o homem passa a ser responsabilizado não só por seus atos culposos, mas também por todos aqueles que tenham causado dano a terceiros" (Cf. Liane Maia Simoni, 1981:58).

Comungam desse entendimento, dentre outros doutrinadores, Wilson do Egito Coelho (1981:44) e Gian Maria Tosetti (1981:87), afirmando o primeiro: "Não importa aí, a nosso ver, verificar se o administrador agiu com culpa ou dolo. É irrelevante o elemento subjetivo na definição dessa responsabilidade civil. A posição do administrador é a de verdadeiro gerente da obrigação; um fiador. É uma solidariedade passiva, permitindo que o credor exija e receba da sociedade ou do administrador aquilo a que se julgar com direito, por haver aquela inadimplido no cumprimento de uma obrigação (...)". Completa o segundo: "O prejuízo, um dos pressupostos da intervenção e da liquidação extrajudicial (arts. 2º e 12) é debitado à responsabilidade dos administradores, a ser apurada em ação própria (arts. 45 e 46). Do texto legal sobressai a responsabilidade objetiva dos administradores e do Conselho Fiscal pelo prejuízo existente, pouco importando a grandeza e a origem desse prejuízo".

Lúcida, neste sentido, é a conclusão de Luiz Roldão de Freitas Gomes (1983:29): "Não há verificar-se culpa, *lato sensu.* Provado o prejuízo e a participação na administração, sobrevindo a previsão legal no caso de conselheiro ou membro de outro órgão que tenha concorrido para a decretação da medida, surge o dever de repará-lo, ainda que haja limitação ao dano que se estime causado por um deles na última hipótese (art. 36, § 2º, *a*)".

Mas não é só. Não devem impressionar os argumentos trazidos por aqueles que, submetendo as instituições financeiras ao regime do mercado acionário, procuram identificá-las com a sociedade por ações, sobretudo porque esta é a forma pela qual se reveste a maior parte dessas empresas. Em sua tese de mestrado, apresentada na Pontifícia Universidade Católica do Rio de Janeiro, Liane Maia Simoni (1981:43) traça de forma correta e precisa a distinção entre a responsabilidade ordinária entre as sociedades por ações que tenham objeto distinto da atividade financeira e as que têm esse objeto: "Em nossa legislação econômica, a Lei n. 6.404/76, de 15 de dezembro de 1976, ao dispor sobre a responsabilidade dos administradores de sociedades anônimas, adota, em princípio, a doutrina subjetiva, enquanto a Lei n. 6.024, de 3 de março de 1974, ao regular a responsabilidade dos administradores de instituição financeira, o faz com base na teoria objetiva".

Entre os inúmeros acórdãos que admitem a natureza objetiva da responsabilidade por prejuízo causado pelas empresas submetidas aos regimes extraordinários, encontra-se o de lavra do Desembargador Ralpho Waldo, então integrante da 5ª Câmara Civil do Tribunal de Justiça de São Paulo, no Ac. 080190-1, j. 6-1-1987: "(...) ao versar sobre a chamada responsabilidade objetiva do ex-administrador da instituição financeira, o art. 40 estabeleceu tão só a responsabilidade solidária do mesmo, que, como tal, não guarda relação com a prática de ato ilícito, servindo apenas como garantia do adimplemento. Apesar de falha, a Lei 6.024/74 está plenamente vigente e dela faz parte o art. 40, determinador da chamada responsabilidade objetiva, já que ali não são levados em consideração os elementos de culpa ou dolo estrito senso, mas diretamente as obrigações assumidas pela sociedade, segundo cada gestão. No caso da norma acima, a imposição da reparação do dano incumbe aos ex-administradores".

A lei considera objetivamente responsáveis por débitos da sociedade comercial, independentemente de culpa ou dolo, o administrador, diretor, gerente social, membro do Conselho de Administração e do Conselho Fiscal da sociedade, como é o caso dos administradores das sociedades financeiras e das administradoras de consórcios (arts. 39 e 40 da Lei n. 6.024/74). Desses dispositivos observa-se que a lei estabeleceu hipótese clara de solidariedade entre a sociedade e os administradores pelas *obrigações assumidas durante sua gestão*, até que se cumpram, limitando a responsabilidade ao total dos prejuízos causados. Comentando a expressão contida no art. 40, Haroldo Malheiros Duclerc Verçosa escreveu (1993:86-87): "A posição dos dirigentes de instituições financeiras, frente às obrigações das empresas que administram, é, pois, idêntica aos sócios das sociedades em nome coletivo, com a diferença de que, naquelas, não há que se tratar do benefício de ordem previsto no art. 350 do Código Comercial, por força da própria solidariedade". E de fato é assim. O administrador não pode, nas hipóteses dos arts. 39 e 40 da Lei n. 6.024/74, invocar o direito de esgotar os bens sociais. Sua solidariedade – vale dizer, sua obrigação primária com terceiros – para com a instituição financeira é expressamente prevista no art. 40 e em seu parágrafo único.

32.5.2. Posição intermediária

Respeitáveis entendimentos divergentes se levantaram, entre os quais se destaca o de Haroldo Malheiros Duclerc Verçosa (1993:59-60), que, adotando posição intermediária, entendeu que somente respondem objetivamente os administradores "em cujas gestões a instituição assumiu obrigações não cumpridas e assim encontradas na data da decretação da medida interventiva especial, ou da falência. Os demais administradores, conselheiros fiscais e outras pessoas envolvidas com as causas da quebra (Lei n. 6.024/74, art. 36, *a*), não indiciados no inquérito e nem futuramente processados em Juízo, são passíveis de responsabilidade subjetiva nos termos do art. 39, fora da ação de responsabilidade objetiva, desde que identificados atos comissivos ou omissivos causadores de perdas para a sociedade – tarefa, também, muitas vezes ingrata para a comissão de inquérito –, estabelecendo-se entre eles a solidariedade decorrente do art. 40 da Lei n. 6.024/74, combinado com os arts. 158, § 2º, e 165, § 2º, da Lei das Sociedades Anônimas, ou com o art. 10 do Decreto n. 3.708/19".

Nessa linha é a posição adotada pelo Ministro Ruy Rosado de Aguiar no julgamento REsp n. 21.245-SP, em 4-10-1994: "A responsabilidade dos administradores das instituições financeiras é de dupla natureza: pelo artigo 39 da Lei n. 6.024/74 respondem, segundo os princípios da teoria subjetiva da culpa, pelos prejuízos que tiverem causado em razão de sua ação ou omissão; a sua responsabilidade tem como pressuposto o ato ilícito; ela é direta e pessoal; não subsidiária, nem solidária; pelo artigo 40 da mesma lei, respondem objetivamente, em razão do simples fato de serem administradores, pelas obrigações da instituição, assumidas no tempo limitado de sua gestão; é uma responsabilidade solidária e subsidiária".

32.5.3. Da responsabilidade por culpa presumida

Em outra posição, diametralmente oposta à adotada pelo Ministério Público e pela jurisprudência paulista, encontra-se, por exemplo, Arnoldo Wald (1981:29), que entende que a culpa do administrador de instituição financeira é presumida, de forma relativa, podendo ser afastada por prova de ausência do elemento subjetivo. Igualmente Waldirio Bulgarelli (1983:41) assim se expressa: "Daí que levar ao extremo da responsabilidade objetiva pura, meramente causal, a situação dos administradores seria quando menos uma demasia, pois este regime severo, afastando, via de regra, os verdadeiros mentores (controladores), recairia sobre os administradores assalariados, que também comumente não possuem bens suficientes. Eis por que mais cauteloso e por certo mais justo (*rectius:* prudente) seria a adoção da presunção de culpa (que aproxima a responsabilidade do sistema objetivo por risco), dispensando-se a prova da culpa, mas admitindo-se certas escusas pelo responsável".

BIBLIOGRAFIA

ABRÃO, Carlos Henrique. Comentários aos artigos 70-104. In: TOLEDO, Paulo F. C. Salles de; ABRÃO, Carlos Henrique. *Comentários à Lei de Recuperação de Empresas e Falência*. São Paulo: Saraiva, 2005.

ABRÃO, Nelson. *O Síndico na Administração Concursal*. São Paulo: Revista dos Tribunais, 1988.

ALMEIDA, Amador Paes de. *Curso de Falência e Concordata*. 16. ed. São Paulo: Saraiva, 1998.

ALMEIDA, Cândido Mendes. *Ordenações Filipinas*. Impressão fac-símile pela Fundação Calouste Gulbenkian. Rio de Janeiro – Lisboa, 1870.

ALMEIDA, Napoleão Mendes de. *Dicionário de Questões Vernáculas*. 3. ed. São Paulo: Ática, 1996.

ALTEMANI, Renato Lisboa; SILVA, Ricardo Alexandre da. Ação incidental da habilitação retardatária de crédito na Lei de Falências e Recuperação Judicial, *Revista de Processo*. São Paulo: Revista dos Tribunais, vol. 123, p. 159, maio 2005.

ALVES, Alexandre Ferreira de Assumpção. *A Pessoa Jurídica e os Direitos da Personalidade*. Rio de Janeiro: Renovar, 1998.

ALVIM, Agostinho. *Da Inexecução das Obrigações e suas Consequências*. 4. ed. São Paulo: Saraiva, 1972.

AMARAL, Sylvio do. *Falsidade Documental*. 2. ed. São Paulo: Revista dos Tribunais, 1978.

ANDRADE, Cristiano José de. *Da Prescrição em Matéria Penal*. São Paulo: Revista dos Tribunais, 1979.

ARAÚJO, Luiz Antonio Mattos Pimenta. A responsabilidade tributária na sucessão da empresa. *Revista de Direito Mercantil, Industrial, Econômico e Financeiro*, vol. 76.

ARIÈS, Philippe; DUBY, Georges. *História da Vida Privada*. São Paulo: Companhia das Letras, 1990.

ASCARELLI, Tullio. *Corso de Diritto Commerciale – Introduzione e Teoria dell'Impresa*. 3. ed. Milano: Giuffrè, 1962. Capítulo 1º traduzido pelo Prof. Fábio Konder Comparato, *Revista de Direito Mercantil*. São Paulo: Revista dos Tribunais, vol. 103, 1996.

________. *Iniciación al Estudio del Derecho Mercantil*, introducción y traducción de Evelio Verdera y Tells. Barcelona: Bosch, Casa Editorial, 1964.

________. *Panorama do Direito Comercial*. São Paulo: Saraiva, 1947.

________. *Problemas das Sociedades Anônimas e Direito Comparado*. Campinas: Bookseller, 2001.

________. *Studi in Tema di Società*. Milano: Giuffrè, 1952.

________. *Teoria Geral dos Títulos de Crédito*. Campinas: Red Livros, 1999.

ASSIS, Araken de. *Manual do Processo de Execução*. 4. ed. São Paulo: Revista dos Tribunais, 1997.

AZEVEDO, Álvaro Villaça. *Curso de Direito Civil – Teoria Geral das Obrigações*. 6. ed. São Paulo: Revista dos Tribunais, 1997.

BARNEY, Oscar Cruz. *El Riesgo en el Comercio Hispano-Indiano: Préstamos y Seguros Marítimos durante los Siglos XVI e XIX*. Universidad Nacional Autónoma de México, D.F., 1998.

BARRETO FILHO, Oscar. *Teoria do Estabelecimento Comercial*. 2. ed. São Paulo: Saraiva, 1988.

BENTO DE FARIA, Antonio. *Código Comercial Brasileiro Comentado*. 3. ed. Jacintho Ribeiro dos Santos Editor, 1920.

BERGER, Dora. *A Insolvência no Brasil e na Alemanha*. Porto Alegre: Sérgio Antonio Fabris, 2000.

BETANHO, Luiz Carlos et al. *Leis Penais Especiais e sua Interpretação Jurisprudencial*. São Paulo: Revista dos Tribunais, 1995.

BEVILÁQUA, Clóvis. *Código Civil dos Estados Unidos do Brasil*. Ed. histórica fac-símile da publicada em 1940. Rio de Janeiro: Rio – Sociedade Cultural, 1975.

________. *Direito das Coisas*. Ed. histórica fac-símile da publicada em 1941. Rio de Janeiro: Rio – Sociedade Cultural, 1976.

BEZERRA FILHO, Manoel Justino. *Jurisprudência da Nova Lei de Recuperação de Empresas e Falências*. São Paulo: Revista dos Tribunais, 2006.

________. *Nova Lei de Recuperação e Falências Comentada*. 3. ed. São Paulo: Revista dos Tribunais, 2005.

________. *Lei de Recuperação de Empresas e Falências Comentada*. 4. ed. São Paulo: Revista dos Tribunais, 2007.

________. *Lei de Recuperação de Empresas e Falências Comentada*. 12. ed. São Paulo: Revista dos Tribunais, 2017

BÍBLIA SAGRADA. Miami: Ed. Almeida, Vida, 1999.

BLACK LAW DICTIONARY. 8. ed. Dallas, Texas: Thompson West, 2004.

BORBA, Francisco da Silva (Coord.). *Dicionário Gramatical de Verbos*. 2. ed. São Paulo: Unesp, 1991.

BORBA, José Edwaldo Tavares. *Direito Societário*. 3. ed. Rio de Janeiro: Freitas Bastos, 1997.

BORGES, Eunápio. *Curso de Direito Comercial Terrestre*. 1. ed. Rio de Janeiro: Forense, 1959.

BORGES, Karen Selbach; OLIVEIRA, João Batista de; POHLMANN FILHO, Omer. *Sistemas de empréstimos de objetos digitais*. Disponível em: <http://64.233.179.104/scholar?hl=pt-BR&lr=lang_pt&q=cache:aobF3CPEO8UJ:www.ulbra.tche.br/~kborges/bib/kareninfo99.PDF=hash>. Acesso em: abr. 2008.

BOVESPA. *Uma História Centenária*. São Paulo: MPF Produções Culturais, 1990.

BRAUDEL, Fernand. *Os Jogos das Trocas*. São Paulo: Martins Fontes, 1996.

BULGARELLI, Waldirio. Apontamentos sobre a responsabilidade dos administradores da companhia. *Justitia – Órgão do Ministério Público de São Paulo*, vol. 120, jan./mar. 1983.

________. *Contratos Mercantis*. 9. ed. São Paulo: Atlas, 1997.

________. *Direito Comercial*. 12. ed. São Paulo: Atlas, 1997.

________. *Manual das Sociedades Anônimas*. 8. ed. São Paulo: Atlas, 1996.

________. *Questões de Direito Societário*. São Paulo: Revista dos Tribunais, 1983.

________. *Sociedades Comerciais*. 6. ed. São Paulo: Atlas, 1996.

________. *Tratado de Direito Empresarial*. 29. ed. São Paulo: Atlas, 1995.

BUZAID, Alfredo. *Da Ação Renovatória*. 3. ed. São Paulo: Saraiva, 1988.

________. *Do Agravo de Petição*. São Paulo: Revista dos Tribunais, 1945.

CAENEGEM, R. C. Van. *Uma Introdução Histórica ao Direito Privado*. São Paulo: Martins Fontes, 1995.

CÂMARA, Eduardo. *Alterações e Reflexos Trabalhistas na Lei de Recuperação e Falência.* São Paulo: LTr Editora, 2006.

CAMINHA, Uinie. *Securitização.* São Paulo: Saraiva, 2005.

CARVALHO, Raimundo M. B. Da responsabilidade dos sócios por dívidas da sociedade: sociedade anônima e por cotas de responsabilidade limitada. *Revista de Direito Mercantil, Industrial, Econômico e Financeiro,* vol. 73, p. 33, jan./mar. 1989.

CARVALHO DE MENDONÇA, José Xavier. *Tratado de Direito Comercial Brasileiro.* 1. ed. atualizada por Ricardo Negrão. Campinas: Bookseller, 2000, vol. 1; 2001, vol. 2.

________. *Tratado de Direito Comercial Brasileiro.* 5. ed. atualizada por Achilles Bevilacqua e Roberto Carvalho de Mendonça. Rio de Janeiro: Freitas Bastos, 1954.

________. *Tratado de Direito Comercial Brasileiro.* 7. ed. atualizada por Roberto Carvalho de Mendonça. Rio de Janeiro: Freitas Bastos, 1963.

CARVALHO DE MENDONÇA, Manuel Inácio de. *Doutrina e Prática das Obrigações.* 4. ed. aumentada e atualizada pelo Juiz José de Aguiar Dias. Rio de Janeiro: Forense, 1956.

CERQUEIRA, João da Gama. *Tratado da Propriedade Industrial.* 2. ed. São Paulo: Revista dos Tribunais, 1982.

CICU, Antonio; MESSINEO, Francesco. *Trattato di Diritto Civile e Commerciale.* Milano: Giuffrè, 1972. vol. 28.

CNBV – Comissão Nacional de Bolsas de Valores. *Introdução ao Mercado de Ações.* Rio de Janeiro, 1986.

CODICE CIVILE. Editio Minor, Milano: Editore Ulrico Hoepli, 1973.

COELHO, Fábio Ulhoa. *Curso de Direito Comercial.* vol. 3. 3. ed. São Paulo: Saraiva, 2002.

________. *Curso de Direito Comercial – Direito de empresa.* 20. ed. São Paulo: Revista dos Tribunais, 2016.

________. *Comentários à Nova Lei de Falências e de Recuperação de Empresas.* São Paulo: Saraiva, 2005.

________. *Comentários à Lei de Falências e de Recuperação de Empresas.* São Paulo: Revista dos Tribunais, 12. ed., 2017.

________. *Manual de Direito Comercial.* 17. ed. São Paulo: Saraiva, 2006.

________. *Princípios do Direito Comercial, com anotações ao Projeto de Código Comercial.* São Paulo: Saraiva, 2012.

________. *Novo Manual de Direito Comercial.* 29. ed. São Paulo: Revista dos Tribunais, 2017.

COELHO, Wilson do Egito. Da responsabilidade dos administradores das sociedades por ações em face da nova Lei 6.024/74. *Revista de Direito Mercantil, Industrial, Econômico e Financeiro*, vol. 40, p. 44, jan./mar. 1981.

COMPARATO, Fábio Konder. Falência – Legitimidade da Fazenda Pública para requerê-la. *RT*, 442/48-54, ago. 1972.

________. Falência. Requerimento por credores trabalhistas – se estão eles adstritos a renunciar ao seu privilégio para exercício do direito. *RT*, 432/53-55, out. 1971.

CORDEIRO, António Menezes. *Manual de Direito Bancário*. Coimbra: Livr. Almedina, 1998.

________. *O Levantamento da Personalidade Colectiva no Direito Civil e Comercial*. Coimbra: Livr. Almedina, 2000.

CORREIA, A. Ferrer. *Lições de Direito Comercial*. Coimbra: Ed. Universidade de Coimbra, 1998.

CORREIA, Alexandre; SCIASCIA, Gaetano. *Manual de Direito Romano*. 5. ed. Guanabara: Cadernos Didáticos.

CORREIA, Miguel J. A. Pupo. *Direito Comercial*. 6. ed. Lisboa: Ediforum, 1999.

COSTA, Carlos Celso Orcesi da. Responsabilidade dos sócios pelas dívidas da sociedade. *Revista de Direito Mercantil, Industrial, Econômico e Financeiro*, vol. 56.

COSTA, Mário Júlio de Almeida. *Ordenações Afonsinas*. Impressão fac-símile pela Fundação Calouste Gulbenkian. Rio de Janeiro – Lisboa, 1792.

________. *Ordenações Manuelinas*. Impressão fac-símile pela Fundação Calouste Gulbenkian. Rio de Janeiro – Lisboa, 1792.

COSTA, Philomeno J. da. *Anotações às Companhias*. São Paulo: Revista dos Tribunais, 1980.

CRUZ, Aloysio Álvares. *Compêndio de Direito Comercial*. São Paulo: Revista dos Tribunais, 1994.

DAVID, René. *Os Grandes Sistemas do Direito Contemporâneo*. São Paulo: Martins Fontes, 1996.

DEMERCIAN, Pedro Henrique; MALULY, Jorge Assaf. *Curso de Processo Penal*. São Paulo: Atlas, 1999.

DE PLÁCIDO E SILVA. *Noções Práticas de Direito Comercial*. 6. ed. Curitiba: Guaíra, 1946.

________. *Vocabulário Jurídico*. 15. ed. atualizada por Nagib Slaibi Filho e Geraldo Magela Alves. Rio de Janeiro: Forense, 1998.

DINIZ, Maria Helena. *Curso de Direito Civil Brasileiro*. 12. ed. São Paulo: Saraiva, 1995; 20. ed., 2003; 24. ed., 2007.

DI PIETRO, Maria Sylvia Zanella. *Direito Administrativo*. 8. ed. São Paulo: Atlas, 1997.

DOMÍNGUEZ, Maria del Refugio González. *Comercio y Comerciantes en la Legislación Mexicana del Siglo XIX*. Anuário Mexicano da História do Direito, Universidade Autônoma do México, 1990.

DORIA, Dylson. *Curso de Direito Comercial*. 10. ed. São Paulo: Saraiva, 1995.

DUARTE, Henrique Vaz. *Questões sobre Recuperação e Falência*. 2. ed. Coimbra: Almedina, 2004.

DUARTE, Marcelo. *O Livro das Invenções*. São Paulo: Companhia das Letras, 1997.

EIZIRIK, Nelson. *Mercado de Capitais e S/A – Jurisprudência*. Comissão Nacional de Valores. Rio de Janeiro, 1987.

ESPÍNOLA FILHO, Eduardo. *Código de Processo Penal Brasileiro Anotado*. 1. ed. atualizada por José Geraldo da Silva e Wilson Lavorenti. Campinas: Bookseller, 2000.

ESTRELLA, Hernani. *Curso de Direito Comercial*. Rio de Janeiro: José Konfino, 1973.

FACCHINI NETO, Eugênio. *Alcance do Princípio da Função Social da Propriedade*. In: CANOTILHO, J. J. Gomes et al. (Coords.). *Comentários à Constituição do Brasil*. São Paulo: Saraiva, 2013.

FAORO, Raimundo (cronologia de). *Joaquim Nabuco – Um Estadista no Império*. Rio de Janeiro: Topbooks, 1997.

FAZZIO JR., Waldo. *Lei de Falências e Concordatas Comentada*. São Paulo: Atlas, 1999.

________. *Nova Lei de Falência e Recuperação de Empresas*. São Paulo: Atlas, 2005.

FERREIRA, Aurélio Buarque de Holanda. *Dicionário Aurélio Século XXI*. Edição coordenada por Margarida dos Anjos e Marina Baird Ferreira. Rio de Janeiro: Nova Fronteira, 1999.

________ *Dicionário Aurélio da Língua Portuguesa*. 5. ed. coord. e editada por Margarida dos Anjos e Marina Baird Ferreira. Curitiba: Positivo, 2010.

FERREIRA, Waldemar. *Instituições de Direito Comercial*. 4. ed. São Paulo: Max Limonad, 1955.

FRANÇA, Erasmo Valladão Azevedo e Novaes. Comentários aos artigos 35 a 46. In: SOUZA JUNIOR, Francisco Satiro de; PITOMBO, Antônio Sérgio A. de Moraes. *Comentários à Lei de Recuperação de Empresas e Falência*. São Paulo: Revista dos Tribunais, 2006.

FRANÇA, R. Limongi. *Instituições de Direito Civil*. 3. ed. São Paulo: Saraiva, 1994.

FRANCO, Vera Helena de Mello. Comentários aos Artigos 94 a 114. In: SOUZA JUNIOR, Francisco Satiro de; PITOMBO, Antônio Sérgio A. de Moraes. *Comentários à Lei de Recuperação de Empresas e Falência*. São Paulo: Revista dos Tribunais, 2006.

FRONTINI, Paulo Salvador. Crime falimentar. *Justitia – Órgão do Ministério Público de São Paulo*, vol. 109, 1980.

________. Comentários aos Artigos 115 a 128. In: SOUZA JUNIOR, Francisco Satiro de; PITOMBO, Antônio Sérgio A. de Moraes. *Comentários à Lei de Recuperação de Empresas e Falência*. São Paulo: Revista dos Tribunais, 2006.

FÜHRER, Maximilianus Cláudio Américo. *Crimes Falimentares*. São Paulo: Revista dos Tribunais, 1972.

________. *Resumo de Direito Comercial*. 3. ed. São Paulo: Revista dos Tribunais, 1984.

________. *Roteiro das Falências e Concordatas*. 15. ed. São Paulo: Revista dos Tribunais. 1998.

GALGANO, Francesco. Le società di persone. In: *Trattato di Diritto Civile e Commerciale*. Milano: Giuffrè, 1972. vol. 28.

GILISSEN, John. *Introdução Histórica ao Direito*. 2. ed. Lisboa: Fundação Calouste Gulbenkian, 1995.

GOMES, Luiz Roldão de Freitas. Da responsabilidade dos administradores de instituições financeiras privadas em regime de intervenção ou liquidação extrajudicial, no Brasil. *Revista de Direito da Procuradoria-Geral de Justiça do Estado do Rio de Janeiro*, vol. 17, p. 23, jan./jun. 1983.

GOMES, Orlando. *Contratos*. 4. ed. Rio de Janeiro: Forense, 1973.

________. *Obrigações*. 2. ed. Rio de Janeiro: Forense, 1968.

GONÇALVES, Luís M. Couto. *Direito de Marcas*. Coimbra: Livr. Almedina, 2000.

GONÇALVES NETO, Alfredo de Assis. Recuperação Judicial. In: SANTOS, Paulo Penalva (Coord.). *A Nova Lei de Falências e de Recuperação de Empresas – Lei n. 11.101/05*. Rio de Janeiro: Forense, 2006.

GRAU-KUNTZ, Karin. *Do Nome das Pessoas Jurídicas*. São Paulo: Malheiros, 1998.

GRECO FILHO, Vicente. *Direito Processual Civil Brasileiro*. 13. ed. São Paulo: Saraiva, 1999.

GRINOVER, Ada Pellegrini et al. *Juizados Especiais Criminais*. 3. ed. São Paulo: Revista dos Tribunais, 2000.

GUIMARÃES, Márcio Souza. O Ministério Público no novo sistema de insolvência empresarial. A habilitação e a impugnação de créditos. In: SANTOS, Paulo Penalva (Coord.). *A Nova Lei de Falências e de Recuperação de Empresas – Lei n. 11.101/05*. Rio de Janeiro: Forense, 2006.

HENTZ, Luiz Antonio Soares. A Teoria da Empresa no Novo Código Civil Brasileiro. Disponível em <http://www.saraivadata.com.br>. Acesso em: jan. 2002.

________. *Problemas das Sociedades Limitadas e Soluções da Jurisprudência*. São Paulo – Leme: Ed. de Direito, 1997.

HOUAISS, Antônio. *Dicionário Eletrônico Houaiss da Língua Portuguesa*. Rio de Janeiro: Instituto Antônio Houaiss/Objetiva, 2001.

________. (Org.) *Pequeno Dicionário Enciclopédico Koogan Larousse*. Rio de Janeiro: Larousse do Brasil, 1984.

HUBERMAN, Leo. *História da Riqueza do Homem*. 21. ed. Rio de Janeiro: LTC, 1986.

IGLESIAS, Juan. *Derecho Romano – Instituciones de Derecho Privado*. Barcelona: Ed. Ariel, 1972.

JESUS, Damásio Evangelista de. *Direito Penal*. 2. ed. São Paulo: Saraiva, 1977.

________. *Prescrição Penal*. 11. ed. São Paulo: Saraiva, 1997.

LACERDA, J. C. Sampaio de. *Manual de Direito Falimentar*. 14. ed. revista e atualizada por Jorge de Miranda Magalhães. Rio de Janeiro: Freitas Bastos, 1999.

LACERDA, Paulo Maria de. *Do Contrato de Conta Corrente*. 2. ed. Rio de Janeiro: Jacintho Ribeiro dos Santos Editor, 1928.

LAZZARINI, Álvaro. *Temas de Direito Administrativo*. São Paulo: Revista dos Tribunais, 2000.

LEITÃO, Luís Manuel Teles de Menezes. *Código de Insolvência e da Recuperação de Empresas Anotado*. 2. ed. Coimbra: Almedina, 2005.

LIEBMAN, Enrico Tullio. *Manuale di Diritto Processuale Civile*. 3. ed. Milano: Giuffrè, 1973.

LIMA, Alcides de Mendonça. *Comentários ao Código de Processo Civil.* Rio de Janeiro: Forense, 1974. vol. 6, t. 1 e 2.

LISBOA, Roberto Senise. *Manual Elementar de Direito Civil.* 2. ed. São Paulo: Revista dos Tribunais, 2002.

LOBO, Carlos Augusto da Silveira. O voto múltiplo na eleição de administração das sociedades anônimas. *RF*, vol. 270.

LOBO, Jorge. Comentários aos artigos 35-69. In: TOLEDO, Paulo F. C. Salles de; ABRÃO, Carlos Henrique. *Comentários à Lei de Recuperação de Empresas e Falência.* São Paulo: Saraiva, 2005.

LOPES, Mauro Brandão. *A Sociedade em Conta de Participação.* São Paulo: Saraiva, 1990.

LUCENA, José Waldecy. *Das Sociedades por Cotas de Responsabilidade Limitada.* 2. ed. Rio de Janeiro: Renovar, 1997.

MACHADO, Sylvio Marcondes. *Limitação da Responsabilidade de Comerciante Individual.* São Paulo: Freitas Bastos, 1956.

________. *Questões de Direito Mercantil.* São Paulo: Saraiva, 1977.

MAFRA, Cibele Benevides Guedes. A ação penal privada subsidiária na Lei de Falências: necessidade de compatibilização vertical com o art. 5º, LIX, da Constituição Federal. Tese n. 106 apresentada no 13º Congresso Nacional do Ministério Público. In: *Livro de Teses*, Curitiba, 1999.

MANGE, Renato. O administrador judicial, o gestor judicial e o Comitê de Credores na Lei 11.101/05. In: SANTOS, Paulo Penalva (Coord.). *A Nova Lei de Falências e de Recuperação de Empresas – Lei n. 11.101/05.* Rio de Janeiro: Forense, 2006.

MARQUES, José Frederico. *Manual de Direito Processual Civil.* 2. ed. São Paulo: Saraiva, 1974.

MARSHALL, Carla Izolda Fiuza Costa. Temas polêmicos da sociedade por quotas, posição da jurisprudência – cessão de cotas, responsabilidade e exclusão de sócios. *Revista de Direito Mercantil, Industrial, Econômico e Financeiro*, São Paulo, vol. 102.

MARTINS, Fran. *Contratos e Obrigações Comerciais.* 12. ed. Rio de Janeiro: Forense, 1993.

________. *Curso de Direito Comercial.* 18. ed. Rio de Janeiro: Forense, 1993.

________. *Títulos de Crédito.* 11. ed. Rio de Janeiro: Forense, 1995.

MAZZILI, Hugo. *A Defesa dos Interesses Difusos em Juízo.* 7. ed. São Paulo: Saraiva, 1995.

MEIRELLES, Hely Lopes. *Direito Administrativo Brasileiro*. 4. ed. São Paulo: Revista dos Tribunais, 1976.

MIGLIARI JUNIOR, Arthur. Comentários aos artigos 168-201. In: TOLEDO, Paulo F. C. Salles de; ABRÃO, Carlos Henrique. *Comentários à Lei de Recuperação de Empresas e Falência*. São Paulo: Saraiva, 2005.

MIRABETE, Júlio Fabbrini. *Manual de Direito Penal*. 7. ed. São Paulo: Atlas, 1993.

________. *Processo Penal*. 2. ed. São Paulo: Atlas, 1993.

MIRANDA, Maria Bernadete. *A Reorganização da Empresa como objetivo principal do processo falimentar – aspectos que emergem do direito positivo. Direito francês e direito brasileiro*. Dissertação apresentada como exigência parcial para obtenção do título de Mestre em Direito Comercial à PUCSP, sob orientação do Prof. Dr. Newton de Lucca, 1993.

MONTEIRO, Washington de Barros. *Curso de Direito Civil – Direito de Família*. 12. ed. São Paulo: Saraiva, 1973.

MOREIRA, Alberto Camiña. Poderes da assembleia de credores, do juiz e atividade do Ministério Público. In: PAIVA, Luiz Fernando Valente de (Coord.). *Direito Falimentar e a Nova Lei de Falências e Recuperação de Empresas*. São Paulo: Quartier Latin, 2005.

MUNHOZ, Eduardo Secchi. Comentários aos artigos 55 a 69. In: SOUZA JUNIOR, Francisco Satiro de; PITOMBO, Antônio Sérgio A. de Moraes. *Comentários à Lei de Recuperação de Empresas e Falência*. São Paulo: Revista dos Tribunais, 2006.

NAVARRINI, Humberto. *La Quiebra*. Ed. com tradução e notas sobre o Direito Espanhol por Francisco Hernandez Borondo. Madrid: Ed. Reus, 1943.

NEGRÃO, Ricardo. *Manual de Direito Comercial e de Empresa*. 4. ed. revista e atualizada. São Paulo: Saraiva, 2005. vol. 1.

________. *Manual de Direito Comercial e de Empresa*. São Paulo: Saraiva, 2004. vol. 3.

________. *Aspectos Objetivos da Lei de Recuperação de Empresas e de Falência*. São Paulo: Saraiva, 2005a.

________. Ineficácia e revogação de atos praticados antes da falência. In: PAIVA, Luiz Fernando Valente de (Coord.). *Direito Falimentar e a Nova Lei de Falências e Recuperação de Empresas*. São Paulo: Quartier Latin, 2005b.

________. Recuperação judicial. In: SANTOS, Paulo Penalva (Coord.). *A Nova Lei de Falências e de Recuperação de Empresas – Lei n. 11.101/05*. Rio de Janeiro: Forense, 2006.

________. *A eficiência do processo judicial na recuperação da empresa.* São Paulo: Saraiva, 2010.

________. O papel do Judiciário na homologação do plano. In: ABRÃO, Carlos Henrique et al. *10 Anos de Vigência da Lei de Recuperação e Falência*. São Paulo: Saraiva, 2015.

NEGRÃO, Theotonio; GOUVÊA, José Roberto Ferreira. *Código Civil e Legislação Civil em Vigor*. 18. ed. São Paulo: Saraiva, 1999.

________. *Código de Processo Civil e Legislação Processual em Vigor*. São Paulo: Saraiva.

NERY JUNIOR, Nelson; NERY, Rosa Maria Andrade. *Código de Processo Civil Comentado*. 2. ed. São Paulo: Revista dos Tribunais, 1999.

________. *Comentários ao Código de Processo Civil.* São Paulo: Revista dos Tribunais, 2015.

NOGUEIRA, Ricardo J. Negrão. *Apostilas do Curso de Direito Comercial para Concursos*. São Paulo: Ed. do Autor, 1994.

NOSTRE, Guilherme Alfredo de Moraes. Comentários aos artigos 168 a 182. In: SOUZA JUNIOR, Francisco Satiro de; PITOMBO, Antônio Sérgio A. de Moraes. *Comentários à Lei de Recuperação de Empresas e Falência.* São Paulo: Revista dos Tribunais, 2006.

NUNES, Rizzatto. *Manual de Introdução ao Estudo do Direito*. 6. ed. São Paulo: Saraiva, 2006.

OLIVEIRA, Jorge Rubem Folena. Empresa: uma realidade fática e jurídica. *Revista de Informação Legislativa*, Brasília, 1999.

ONU. CNUDMI. *Guía Legislativa sobre el Régimen de la Insolvencia*. New York, 2006.

PACHECO, José da Silva. *Processo de Falência e Concordata*. 8. ed. Rio de Janeiro: Forense, 1998.

________. *Processo de Recuperação Judicial, Extrajudicial e Falência.* Rio de Janeiro: Forense, 2006.

PAIVA, Luiz Fernando Valente de (coord.). *Direito Falimentar e a Nova Lei de Falências e Recuperação de Empresas*. São Paulo: Quartier Latin, 2005.

PEIXOTO, Carlos Fulgêncio da Cunha. *A Sociedade por Cotas de Responsabilidade Limitada*. 2. ed. Rio de Janeiro: Forense, 1958.

PENTEADO, Mauro Rodrigues. Comentários aos artigos 1º a 6º. In: SOUZA JUNIOR, Francisco Satiro de; PITOMBO, Antônio Sérgio A. de Moraes. *Comentários à Lei de Recuperação de Empresas e Falência*, São Paulo: Revista dos Tribunais, 2006.

PEREIRA, Luiz C. Bresser. Empresas Multinacionais e Interesses de Classes. Disponível em: <http://bresserpereira.org.br>.

PEREIRA, Marco Antônio Marcondes. Regime dissolutório do Código Comercial. Dissolução total e dissolução parcial. Dissolução judicial e extrajudicial. *Justitia – Órgão do Ministério Público de São Paulo*, vol. 172, p. 115-135, 1995.

PEREZ, Gabriel Nettuzzi. A ordem e a classificação dos créditos habilitáveis na falência. *Justitia – Órgão do Ministério Público de São Paulo*, vol. 86, p. 6-16, 1974.

PERIN JÚNIOR, Écio. O administrador judicial e o Comitê de Credores no novo direito concursal brasileiro. In: PAIVA, Luiz Fernando Valente de (Coord.). *Direito Falimentar e a Nova Lei de Falências e Recuperação de Empresas*. São Paulo: Quartier Latin, 2005.

PITOMBO, Antônio Sérgio A. de Moraes. Comentários aos artigos 168 a 188. In: SOUZA JUNIOR, Francisco Satiro de; PITOMBO, Antônio Sérgio A. de Moraes. *Comentários à Lei de Recuperação de Empresas e Falência*. São Paulo: Revista dos Tribunais, 2006.

PONTES DE MIRANDA, Francisco Cavalcanti. *Comentários ao Código de Processo Civil*. Rio de Janeiro: Forense, 1976.

________. *Tratado das Ações*. Ed. atualizada por Vilson Rodrigues Alves. Campinas: Bookseller, 1998. vol. 1; 1999. vol. 4.

________. *Tratado de Direito Privado*. 2. ed. atualizada por Vilson Rodrigues Alves. Campinas: Bookseller, 2001.

________. *Tratado de Direito Privado*. 3. ed. Rio de Janeiro: Borsoi, 1971.

QUEIROZ, Jorge. *Turnaround corporativo – navegando em períodos de turbulência*. Florianópolis: IBGT/IBRADD, 2004.

REQUIÃO, Rubens. *Curso de Direito Comercial*. 22. ed. São Paulo: Saraiva, 1995.

________. *Curso de Direito Falimentar*. São Paulo: Saraiva, 1975.

RESTIFFE NETO, Paulo; RESTIFFE, Paulo Sérgio. *Garantia Fiduciária*. 3. ed. São Paulo: Revista dos Tribunais, 2000.

________. *Locação – Questões Processuais*. 4. ed. São Paulo: Revista dos Tribunais, 2000.

RIPERT, Georges. *A Regra Moral nas Obrigações Civis*. Campinas: Bookseller, 2000.

________. *Tratado Elemental de Derecho Comercial*. Trad. Felipe de Solá Cañizares. Buenos Aires: Tipográfica Editora Argentina, 1954.

RODRIGUES, Silvio. *Direito Civil – Direito das Coisas*. 4. ed. São Paulo: Saraiva, 1972.

________. *Direito Civil* – Parte Geral. 27. ed. São Paulo: Saraiva, 1997.

________. *Direito Civil* – Parte Geral das Obrigações. 26. ed. São Paulo: Saraiva, 1998.

RUGGIERO, Roberto de. *Instituições de Direito Civil*. Ed. atualizada por Paulo Roberto Benasse. Campinas: Bookseller, 1999.

SABATO, Franco Di. *Società*. 6. ed. Torino: UTET, 1999.

SACRAMONE, Marcelo Barbosa. *Comentários à Lei de Recuperação de Empresas e Falência*. São Paulo: Saraiva, 2018.

SALLES, Marcos Paulo de Almeida. Os valores mobiliários na Lei das S/A. *Revista de Direito Mercantil, Industrial, Econômico e Financeiro*. São Paulo: Malheiros, vol. 107, jul./set. 1997.

________. Comentários aos artigos 85 a 93. In: SOUZA JUNIOR, Francisco Satiro de; PITOMBO, Antônio Sérgio A. de Moraes. *Comentários à Lei de Recuperação de Empresas e Falência*. São Paulo: Revista dos Tribunais, 2006.

SALMON, Wesley C. *Lógica*. 3. ed. Rio de Janeiro: Prentice-Hall, 1993.

SAMPSON, Anthony. *O Homem da Companhia*. São Paulo: Companhia das Letras, 1995.

SANTOS, Francisco Cláudio de Almeida. Ação revocatória na nova Lei de Recuperação e de Falências. In: SANTOS, Paulo Penalva (Coord.). *A Nova Lei de Falências e de Recuperação de Empresas – Lei n. 11.101/05*. Rio de Janeiro: Forense, 2006.

SANTOS, J. A. Penalva. Defesas do devedor no processo de abertura da falência. *RT*, 632/32-43, jun. 1988.

________. (Coord.). *A Nova Lei de Falências e de Recuperação de Empresas – Lei n. 11.101/05*. Rio de Janeiro: Forense, 2006.

SANTOS, Moacyr Amaral. *Comentários ao Código de Processo Civil*. Rio de Janeiro: Forense, 1976. vol. 4.

________. *Primeiras Linhas de Direito Processual Civil*. 12. ed. São Paulo: Saraiva, 1985.

SEBRAE. *Boletim Estatístico de Micro e Pequenas Empresas – Observatório Sebrae – 1º semestre*, 2005.

SEGURADO, Milton Duarte. *O Direito no Brasil*. São Paulo: Bushatsky/Edusp, 1973.

SIMIONATO, Frederico Augusto Monte. *Tratado de Direito Falimentar*. Rio de Janeiro: Forense, 2008.

SILVA, Antonio Paulo Costa de Oliveira e. *Comentário às Disposições Penais da Lei de Recuperação de Empresas e Falências*. São Paulo: Quartier Latin, 2005.

SILVA, Ovídio. *Curso de Processo Civil*. Porto Alegre: Sérgio A. Fabris, Editor, 1993.

SIMONI, Liane Maia. O regime jurídico da responsabilidade dos administradores de instituições financeiras. *Revista de Direito Mercantil, Industrial, Econômico e Financeiro*, vol. 44, p. 28, out./dez. 1981.

SOARES, José Carlos Tinoco. *Comentários ao Código da Propriedade Industrial*. São Paulo: Resenha Universitária, 1981.

________. *Lei de Patentes, Marcas e Direitos Conexos*. São Paulo: Revista dos Tribunais, 1997.

SOUZA JUNIOR, Francisco Satiro de. Comentários aos artigos 161 a 167. In: SOUZA JUNIOR, Francisco Satiro de; PITOMBO, Antônio Sérgio A. de Moraes. *Comentários à Lei de Recuperação de Empresas e Falência*. São Paulo: Revista dos Tribunais, 2006.

SOUZA, Marcelo Papaléo de. *A Nova Lei de Recuperação e Falência e as suas Consequências no Direito e no Processo do Trabalho*. 2. ed. São Paulo: LTr Editora, 2006.

STRUNCK, Gilberto Luiz Teixeira Leite. *Como Criar Identidades Visuais para Marcas de Sucesso*. Rio de Janeiro: Rio Books, 2001.

SZTAJN, Rachel. Comentários aos artigos 47 a 52. In: SOUZA JUNIOR, Francisco Satiro de; PITOMBO, Antônio Sérgio A. de Moraes. *Comentários à Lei de Recuperação de Empresas e Falência*. São Paulo: Revista dos Tribunais, 2006.

________. Comentários aos artigos 139-167. In: TOLEDO, Paulo F. C. Salles de; ABRÃO, Carlos Henrique. *Comentários à Lei de Recuperação de Empresas e Falência*. São Paulo: Saraiva, 2005.

TAVARES, Osvaldo Hamilton. Parecer nos Autos de Apelação Criminal n. 58.508-3, São Paulo, em 16 de novembro de 1987. *Justitia – Órgão do Ministério Público de São Paulo*, vol. 144, p. 173, 1988.

TEIXEIRA, Egberto Lacerda. As sociedades limitadas e o Projeto do Código Civil. *Revista de Direito Mercantil, Industrial, Econômico e Financeiro*, São Paulo, vol. 99, jul./set. 1995.

_______; GUERREIRO, José Alexandre Tavares. *Das Sociedades Anônimas no Direito Brasileiro*. São Paulo: Bushatsky, 1979.

TELLES, José Araldo da Costa. Anotações sobre a responsabilidade civil na falência. *Revista da Escola Paulista da Magistratura,* ano 5, n. 2, jul./dez. 2004.

TEPEDINO, Ricardo. Comentários aos artigos 105-138. In: TOLEDO, Paulo F. C. Salles de; ABRÃO, Carlos Henrique. *Comentários à Lei de Recuperação de Empresas e Falência*. São Paulo: Saraiva, 2005.

TOLEDO, Paulo Fernando Campos Salles de. Liquidação extrajudicial de instituições financeiras: alguns aspectos polêmicos. *Revista de Direito Mercantil, Industrial, Econômico e Financeiro*, vol. 60, p. 24, out./dez. 1985.

_______. *O Conselho de Administração na Sociedade Anônima*. São Paulo: Atlas, 1997.

_______. Comentários aos artigos 1-34. In: TOLEDO, Paulo F. C. Salles de; ABRÃO, Carlos Henrique. *Comentários à Lei de Recuperação de Empresas e Falência*. São Paulo: Saraiva, 2005.

TÓRTIMA, José Carlos. *Crime Contra o Sistema Financeiro Nacional*. São Paulo: Lumen Juris, 2000.

TOSETTI, Gian Maria. Da intervenção nas instituições financeiras sob a égide da Lei 6.024/74. *Revista de Direito Mercantil, Industrial, Econômico e Financeiro*, vol. 41.

TOURINHO FILHO, Fernando da Costa. *Processo Penal*. 5. ed. Bauru: Jalovi, 1979.

_______. Apreciação sobre o procedimento dos crimes falimentares. Disponível em: <http://www.editorasaraiva.com.br/direito>, jan. 2005.

VALVERDE, Trajano de Miranda. *Comentários à Lei de Falências*. 4. ed. atualizada por J. A. Penalva Santos e Paulo Penalva Santos. Rio de Janeiro: Forense, 1999.

VAMPRÉ, Spencer. *Tratado Elementar de Direito Comercial*. Rio de Janeiro: F. Briguiet & Cia, 1922.

VEIGA, Vasco Soares da. *Direito Bancário*. 2. ed. Coimbra: Livr. Almedina, 1997.

VERÇOSA, Haroldo Malheiros Duclerc. *Responsabilidade Civil Especial*. São Paulo: Revista dos Tribunais, 1993.

VEYNE, Paul (Org.). *História da Vida Privada*. São Paulo: Companhia das Letras, 1995.

VIOLANTE, Carlos Alberto M. S. M. *Lei de Introdução ao Código Civil*. Campinas: Copola, 2000.

VITIRITTO, Benedito Mário. *Julgamento Antecipado da Lide e outros Estudos*. Belo Horizonte: Lemi.

WALD, Arnoldo. A culpa e o risco como fundamento da responsabilidade pessoal do diretor de banco. *Revista de Direito Mercantil, Industrial, Econômico e Financeiro*, vol. 24, p. 29, jan./mar. 1981.

WAMBIER, Luiz Rodrigues et al. *Curso Avançado de Processo Civil*. 3. ed. São Paulo: Revista dos Tribunais, 2000.

WEBSTER'S NEW ILUSTRATED DICTIONARY. Books, Inc., 1968.

WIEACKER, Franz. *História do Direito Privado Moderno*. 2. ed. Lisboa: Fundação Calouste Gulbenkian, 1980.

ZANETTI, Robson. *Direito Falimentar – A Prevenção de Dificuldades e a Recuperação de Empresas*. Curitiba: Ed. Juruá, 2000.

ZANINI, Carlos Klein. Comentários aos artigos 70 a 82. In: SOUZA JUNIOR, Francisco Satiro de; PITOMBO, Antônio Sérgio A. de Moraes. *Comentários à Lei de Recuperação de Empresas e Falência*. São Paulo: Revista dos Tribunais, 2006.

ZAVASCKI, Teori Albino. Liquidação extrajudicial e correção monetária. *Revista de Direito Mercantil, Industrial, Econômico e Financeiro*, vol. 57, p. 30, jan./mar. 1985.

ÍNDICE ONOMÁSTICO

(OS NÚMEROS REFEREM-SE AOS ITENS.)

Abdalla, Vantuil: 22.11.1

Abrão, Carlos Henrique: 25.6e

Abrão, Nelson: 4.1

Aguiar, Ruy Rosado de: 3.2.2; 17.2.6; 21.4.1b; 22.7.1; 22.c; 25.2.1; 25.4; 25.5; 26.3.3; 26.7d; 31.6.1d; 31.7; 31.3.5; 32.5.2

Almeida, Amador Paes de: 12.6a

Almeida, Cândido Mendes de: 1.2.2h

Almeida, Canuto Mendes de: 1.2.5

Almeida, Napoleão Mendes de: 1.1

Almeida Salles, Marcos Paulo de: 25.6e

Almeida Santos, Francisco Cláudio de: 26.12

Altemani, Renato Lisboa: 3.3

Alvim, Agostinho: 22.2.4

Amaral, Sylvio do: 14.2

Andrighi, Nancy: 3.2.2 (II), 6.2; 27.7e

Araújo, Raul: 6.5.3; 17.1

Ascarelli, Tullio: 12.1; 12.9; 14.4f

Ayub, Luiz Roberto: 8.4.5c

Azevedo, Álvaro Villaça: 22.10.2

Azevedo, Filadelfo: 1.2.5

Azevedo, Martiniano de: 32.5.1

Azevedo, Noé: 1.2.5

Barassi: 15.5.4b

Barbero: 15.5.4b

Barbosa Moreira, José Carlos: 26.9

Barreto Filho, Oscar: 15.5.1; 15.5.2; 15.5.4; 15.5.5b

Barros, Humberto Gomes de: 17.2.6; 21.4.1c; 27.3; 27.7e

Barros Monteiro: 3.2.2; 13.4; 21.4.1b; 22.7.1c; 25.2.1; 25.2.3

Belfort, Ary: 30.2.2

Bensa: 15.5.4c

Berger, Dora: 4.6c

Betanho, Luiz: 30.2.2

Beviláqua, Clóvis: 7.5c; 14.4; 19.2; 19.4; 20.1; 22.2.3; 27.10.2; 31.6.1b

Bezerra Filho, Manoel Justino: 7.2; 8.4.5; 13.4b; 15.2; 18.5; 22.3.5; 25.6e

Biolchi, Osvaldo: 1.2.6

Bisogni, Lígia Araújo: 8.4.7a

Bonilha, Márcio: 32.5.1

Brito, Rider Nogueira de: 22.11.1

Brunetti: 4.1

Bulgarelli, Waldirio: 22.7.2; 22.8; 32.5.3

Buzzi, Marco: 6.4.4c

Calças, Manoel de Queiroz Pereira: 4.6b; 13.5a; 27.7e

Camilo, Ruy: 32.5.1

Caminha, Uinie: 26.6; 26.6a

Campos Sales: 11.3.2

Campos, Francisco: 1.2.5

Carneiro, Athos Gusmão: 3.2.2; 13.2.3; 19.4.2b

Carnelutti: 15.5.4d

Carrara: 15.5.4d

Carvalho de Mendonça, José Xavier: 1.1; 1.2.1; 1.2.3; 1.2.4; 4.1; 6.4.2c; 7.3e; 11.1; 11.3.2; 11.4; 15.3; 19.5.1c, 22.2; 22.2.1; 22.10.1; 26.3.1a; 26.4; 28.6; 30.7a

Carvalho de Mendonça, Manuel Inácio de: 22.2.4

Carvalho, Carlos de: 1.2.4
Castro Souza, Maria Berenice C.: 22.11.1
Cernicchiaro, Luiz Vicente: 13.2.1; 17.2.3
Coelho, Fábio Ulhoa: 3.3; 6.1; 6.5.1; 7.2; 8.2.1.3a; 10.2; 15.2; 16.5; 22.3.5; 26.6; 30.7a
Coelho, Luís Lopes: 1.2.5
Coelho, Wilson do Egito: 32.5.1
Comparato, Fábio Konder: 12.6a; 12.7
Corrêa, Maurício: 31.7
Correia, Miguel J. A. Pupo: 1.2.7; 2.2.1a
Costa, Marcos da: 1.2.6
Costa, Mário Júlio de Almeida: 1.2.2
Costa Leite: 12.6a; 13.2.8; 25.6
Costa Telles, José Araldo da: 6.4.2b; 8.2.2b; 15.2; 19.5.1c; 26.3.3; 27.10.7
Cueva, Ricardo Villa Bôas: 24.7g
Cunha Peixoto: 30.3.4
De Plácido e Silva: 1.1; 21.4.4; 27.10.6
Demogue: 20.1
Di Pietro, Maria Sylvia Zanella: 2.3.1a; 12.6b
Dias Trindade: 3.2.2; 13.2.5; 25.2.1; 25.6e
Dinamarco, Cândido Rangel: 22.7.1c
Diniz, Maria Helena: 14.4.4; 14.4.5; 22.1
Dipp, Gilson: 21.4.1c
Domingos Vieira, Frei: 1.1
Doria, Dylson: 15.5.4
Dower, Bassil: 22.1
Dworkin: 6.5.2
Espínola Filho, Eduardo: 30.3.4
Estrella, Hernani: 21.3
Facchini Neto, Eugênio: 6.3
Fadda: 15.5.4
Falcão, Djaci: 30.3.1
Faoro, Raymundo: 1.2.3
Faria Junior, Paulo Affonseca de Barros: 1.2.6
Fazzalari, Elio: 8.4.6
Fazzio Junior, Waldo: 12.6a; 30.3.4
Fernandes, Og: 30.2.2
Ferrara: 15.5.4e
Ferreira, Aurélio Buarque de Holanda: 1.1; 27.10.6
Ferreira, Waldemar: 11.4; 12.8; 13.1; 15.9a; 22.3.5
Figueiredo, Cândido de: 1.1
Fontes de Alencar: 3.2.2; 19.9; 30.3.2
França, Erasmo Valladão Azevedo e Novaes: 5.10
Franco, Vera Helena de Mello: 12.10; 13.6d; 19.3c; 24.9
Franco Nero, Maria Luiza Grossi: 1.2.6
Frontini, Paulo Salvador: 19.6; 22.5.1; 22.9.1; 30.2.2
Führer, Maximilianus Cláudio Américo: 15.5.5; 30.2.2; 30.9c
Galli, Ítalo: 30.2.2
Gomes, Luiz Roldão de Freitas: 32.5.1
Gomes, Orlando: 22.7.1a; 22.7.1c
Gonçalves Neto, Alfredo de Assis: 4.1
Gonçalves, Luís M. Couto: 24.7d
Gouvêa, José Roberto Ferreira: 13.4
Gueiros Leite: 13.2.5; 13.4; 27.5
Guerreiro, José Alexandre Tavares: 7.3c
Guimarães, Márcio Souza: 3.2.4; 25.7; 28.5
Haddad, David: 30.9b
Hagstrom, Carlos Alberto de São Tiago: 1.2.6
Hahnemann Guimarães: 1.2.5
Houaiss, Antonio: 30.7b
Hubmann: 15.5.4
Iglesias, Juan: 1.2.1; 26.1
Isay: 15.5.4
Kauffmann, Boris: 31.7
Lacerda, J. C. Sampaio de: 4.1; 16.8; 18.2.3.1
Lacerda, Paulo Maria de: 22.10.1c
Lazzarini, Alexandre Alves: 8.2.2b; 8.4.5a

Leal, Vicente: 30.3.1
Leite, Mário Sérgio: 8.4.5e
Lobo, Jorge: 6.4.3d; 7.1; 7.2; 7.4a; 7.4b; 8.2.1.3a; 8.4.6; 8.4.7a; 9.6d
Lofrano, Djalma: 30.2.2
Loureiro, Danilo José: 1.2.6
Macedo Soares: 1.2.5
Machado, Sylvio Marcondes: 1.2.5; 8.2.1.1b; 21.3
Mafra, Cibele Benevides Guedes: 30.3.4
Mange, Renato: 5.2
Marcondes Filho, Alexandre: 1.2.5
Marco Aurélio: 22.11.1
Marin, Augusto: 30.2.2
Martins, Fran: 6.4.2b; 21.3
Mayer, Raphael: 30.5
Mazzoni, Jarbas: 30.9b
Meirelles, Hely Lopes: 2.2.2a
Mendes Júnior, João: 30.6a
Menezes Direito, Carlos Alberto: 3.2.2; 4.5; 13.2.4; 13.2.5; 13.2.6; 13.7.1; 17.1; 21.4.1b; 25.2.1; 32.3.4
Messineo: 14.4.5; 19.4.1
Migliari Junior, Arthur: 30.3; 30.4; 30.6b
Mirabete, Julio Fabbrini: 30.2.2; 30.3.4
Miranda, Luiz Henrique: 8.4.5d
Miranda, Maria Bernadete: 6.1
Miranda, Marília Pinheiro de Abreu: 1.2.6
Moreira, Alberto Camiña: 8.4.3
Moreira Alves, José Carlos: 27.10.2
Mosimann, Hélio: 21.4.1
Müller-Erzbach: 15.5.4
Munhoz, Eduardo S.: 8.4.5; 8.4.6; 8.4.7a
Nabuco, Joaquim: 1.2.3; 4.3b; 7.4
Navarrini, Humberto: 6.3; 30.2.2
Naves, Nilson: 3.2.2; 3.2.5; 13.2.8; 15.9; 25.3.1; 27.10.2
Negrão, Ricardo: 4.6b; 8.2.2b; 8.4.5e
Negrão, Theotonio: 13.4
Nery, Rosa Maria Andrade: 14.6; 19.9
Nery Junior, Nelson: 14.6; 19.9; 31.7
Nostre, Guilherme A. de Moraes: 30.7b
Nunes, Luiz Antonio Rizzatto: 19.5
Nunes, Victor: 25.5
Oliveira, Caio Marcelo Mendes de: 8.4.5
Pacheco, José da Silva: 3.2.6; 4.1; 9.6d; 15.9a; 16.8; 24.3; 26.4; 28.2
Paiva, Luiz Fernando Valente de: 6.2b; 10.2
Paranhos Montenegro: 1.2.4
Pargendler, Ari: 3.2.2; 13.4; 16.4; 19.4.2
Passarinho, Jarbas: 1.2.6
Passarinho Junior, Aldir: 13.4b; 14.3b; 21.4.1b; 21.4.1c; 21.4.5
Peçanha Martins, Francisco: 21.4.1c
Penalva Santos, J. A.: 15.9a; 18.2.3.1; 26.9
Penalva Santos, Paulo: 18.2.3.1; 26.9
Penteado, Mauro: 3.2.6
Pereira da Silva: 4.4
Pereira, Milton Luiz: 17.2.6; 21.4.1c
Perez, Gabriel Nettuzzi: 27.10.1
Pessoa, Maurício, 3.2.2
Perin Junior, Écio: 5.2
Pinheiro, Flávio: 4.1
Pisko: 15.5.4
Pitombo, Antônio Sérgio Altieri de Moraes: 30.6a
Pontes de Miranda, Francisco Cavalcanti: 3.5; 4.1; 8.4.6; 18.1; 21.4.4; 21.4.6; 26.1; 26.2; 26.12
Queiroz, Jorge: 6.5.2; 7.5a
Ramella: 4.1; 15.3
Requião, Rubens: 2.2; 11.4; 12.6b; 16.8; 22.3.5; 25.10; 26.4; 28.2
Restiffe, Paulo Sérgio: 22.7.1c
Restiffe Neto, Paulo: 22.7.1c
Ribeiro, Eduardo: 3.2.2; 12.6a; 13.2.4; 13.2.6; 15.9a; 21.4.1a; 22.7.1c; 25.2.1; 21.4.1; 27.7b
Ribeiro da Costa: 22.5.1
Ricupero, Romeu: 13.4b

Ripert, Georges: 22.10.2
Rocha, Cesar Asfor: 3.2.2; 13.2.9; 13.6d; 18.2.3.1; 18.5; 22.7.1c; 24.7; 25.2.1; 26.3.3; 27.7b; 31.6.1d
Rodrigues de Carvalho: 14.4.2
Rodrigues, Silvio: 19.4.1; 27.10.2
Rossi, José Alberto: 22.11.1
Rotondi: 15.5.4d
Ruggiero, Roberto de: 14.4
Sá Viana: 4.1
Sacramone, Marcelo Barbosa: 18.5
Salomão, Luís Filipe: 8.2.2b; 9.6d
Santos, Cláudio: 12.6b; 15.9; 24.7; 31.6.1a
Scialoja: 15.5.4b
Segurado, Milton Duarte: 1.2.2j
Senna, Raul Bernardo de: 1.2.6
Silva, Antonio Paulo Costa de Oliveira e: 30.2.2; 30.7a; 30.7b
Silva, Ricardo Alexandre da: 3.3
Silveira, Lafaiete: 22.9.1
Simoni, Liane Maia: 32.5.1
Souza, Marcelo Papaléo de: 3.2.6
Souza, Marcos Martins de: 1.2.6
Souza Júnior, Fernando D'Almeida e: 1.2.6
Souza Junior, Francisco Satiro de: 10.2
Szklarowsky, Leon Frejda: 1.2.6
Sztajn, Rachel: 6.5.1; 7.4a; 8.2.1.2; 8.2.1.3a
Tebet, Ramez: 1.2.6; 6.4.3d
Teixeira, Egberto Lacerda: 7.3c
Teixeira, Sálvio de Figueiredo: 3.2.2; 3.2.7; 4.5; 8.4.6; 13.2.2; 13.2.5; 13.2.6; 13.2.7; 13.2.9; 13.7; 17.2.9; 18.5; 19.9; 25.2.1; 32.3.5
Tepedino, Ricardo: 16.5; 22.3.3; 24.9
Thaller: 22.10.1c; 22.10.2
Thompson Flores: 16.6.2
Toledo, Paulo Fernando Campos Salles de: 3.2.4; 3.2.5; 3.2.6; 3.3; 4.7; 5.4; 32.4
Tórtima, José Carlos: 30.7b
Tosetti, Gian Maria: 31.1; 32.3.1; 32.5.1
Tourinho Filho, Fernando da Costa: 30.3.4; 30.6a
Uyeda, Massami, 4.1
Valéry: 15.5.4
Valverde, Trajano de Miranda: 1.2.4; 1.2.5; 2.4b; 4.1; 14.5; 15.3; 16.3; 17.1; 18.2.3.1; 20.6; 22.3.2; 22.3.4; 22.6; 22.10.2; 24.1; 25.1; 26.3.1; 26.3.3; 26.4; 26.9; 27.9c; 28.2; 30.9c
Vampré, Spencer: 2.4b; 22.3.5; 24.2; 26.1; 26.3.1b; 26.3.2a; 26.4
Velloso, Galba: 22.11.1
Velloso, Solange Nascimento: 1.2.6
Verçosa, Haroldo Malheiros Duclerc: 32.5.1; 32.5.2
Vidari: 2.2
Vidigal, Geraldo de Camargo: 1.2.6
Vidigal, Geraldo Facó: 1.2.6
Vieira, Cid: 30.9b
Vivante: 2.2.1.1; 15.5.4; 22.10.1a; 22.10.1b
Wald, Arnoldo: 32.5.3
Waldo, Ralpho: 32.5.1
Wieacker, Franz: 1.2.1
Zanetti, Robson: 1.2.7;
Zanini, Carlos Klein: 6.6.1; 17.2.1; 17.2.3
Zavascki, Teori Albino: 27.7e; 31.1
Zveiter, Waldemar: 3.2.2; 21.4.1a; 21.4.1b; 21.4.1c; 22.9.1

ÍNDICE DA LEGISLAÇÃO MENCIONADA
(OS NÚMEROS REFEREM-SE AOS ITENS.)

LEGISLAÇÃO ESTRANGEIRA
Alemanha, Código Comercial de 1861: 2.2.1d
– Lei de Insolvência (InsO), 1994: 4.6
– Lei de Remuneração na Insolvência (InsVV), 1998: 4.6c
Estados Unidos, Bankruptcy Code, § 1129: 8.4.3; 9.3
França, Lei 84-184, de 1984: 1.2.7
– Lei 94-475, de 1994: 1.2.7
– Lei Le Chapelier de 1791: 2.2.1c
– Lei 2005-845 de 2005: 1.2.7
Itália, Código Civil de 1942: 1.2.7; 2.2.1d; 2.2.1.1; 22.1
Itália, Decreto 267/1942: 1.2.7
Portugal, Decreto de D. Pedro IV, 1834: 2.2.1c
– Decreto-Lei 132/1994: 1.2.7
– Decreto-Lei 315/1998: 1.2.7
– Decreto-Lei 32/2004: 4.3c; 4.6b
– Decreto-Lei 53/2004: 1.2.7; 6.5.2
– Decreto-Lei 54/2004: 4.3c
LEGISLAÇÃO NACIONAL CITADA
(Em ordem hierárquica. Não contempla a Lei n. 11.101/2005)
CONSTITUIÇÕES
Constituição Federal de 1988
– Art. 5º, XVII e XVIII: 7.4h
– Art. 5º, LIX: 31.3.4
– Art. 5º, LXV: 19.5.1c
– Art. 9º, I: 27.10.3
– Art. 29, IX: 2.2.2a
– Art. 37: 2.2.2a
– Art. 54, II: 2.2.2a
– Art. 109, I: 17.2.7
– Art. 114: 8.2.2; 17.2.5; 19.3a
– Art. 128: § 5º: 2.2.2a
– Art. 129, I: 31.3.4
– Art. 170: 6.3
– Art. 170, II: 6.3; 6.5.2; 8.4.5
– Art. 171: 2.2.2e
– Art. 173: 2.3.1b; 31.1; 32.1
– Art. 173, § 1º: 2.3.1b
– Art. 174: 6.3; 6.5.2; 12.6
– Art. 176, § 1º: 2.2.2e
– Art. 195: 8.2.2
– Art. 222: 2.2.2e
– ADCT, art. 46: 31.6.1f
Constituição do Estado de São Paulo
– Art. 74, I: 27.4
CÓDIGOS
Código Civil de 1916
– Art. 57: 15.5.1; 21.3
– Art. 103: 14.4.5; 19.5.1a; 20.5b
– Art. 121: 19.4.3a
– Art. 762, II: 22.7.1b
– Art. 954: 19.4
– Art. 1.057: 22.2.5
Código Civil de 2002
– Art. 6º: 2.4b
– Art. 44: 19.5
– Art. 84: 21.4.7
– Art. 90: 15.5.1; 25.8
– Art. 91: 6.5.3; 15.5.1; 21.3; 25.6c
– Art. 121: 19.4.3
– Art. 127: 22.7.1a

– Art. 128: 22.7.1a
– Art. 130: 19.4.3a
– Art. 139: 14.4.1
– Art. 145: 14.4.2
– Art. 146: 14.4.2
– Art. 147: 14.4.2
– Art. 151: 14.4.3
– Art. 156: 14.4.4
– Art. 157: 14.4.4
– Arts. 158-165: 14.4.6; 26.1
– Art. 163: 15.6
– Art. 166-184: 14.4
– Art. 167: 14.4.5; 15.4
– Art. 170: 14.4.5
– Art. 171: 14.4g
– Arts. 197-204: 19.2
– Art. 206, § 5º: 14.3d; 14.3f
– Art. 206, § 3º: 14.3a
– Art. 226: 20.2.1
– Art. 283: 19.8.3a
– Art. 333: 19.4
– Art. 351: 19.8.5
– Art. 360: 7.4d
– Art. 360, I: 8.4.7a
– Arts. 360-367: 28.2
– Art. 364: 8.4.7a
– Art. 365: 8.4.7a
– Art. 366: 8.4.7a
– Art. 367: 8.4.7a
– Art. 368: 22.10.2
– Art. 369: 22.10.2
– Art. 373: 22.10.2
– Art. 392: 22.2.5
– Art. 402: 22.2.5; 22.3.4
– Art. 408: 19.4.1
– Art. 409: 19.4.1a
– Art. 410: 19.4.1c
– Arts. 410-416: 19.4.1
– Art. 411: 19.4.1c
– Art. 412: 19.4.1e
– Art. 413: 19.4.1f
– Art. 414: 19.4.1g
– Art. 415: 19.4.1h
– Art. 416: 19.4.1i
– Art. 474: 22.2.3
– Art. 476: 22.2.1; 22.3.6
– Art. 477: 22.2.2; 22.3.1; 22.3.5
– Art. 495: 22.6
– Art. 540: 19.5.1a
– Art. 643: 27.10.4b
– Art. 644: 19.6; 26.3.1c; 27.10.4b; 27.10.4c
– Art. 653: 22.10.4
– Art. 693: 22.10.4
– Art. 708: 19.6; 26.3.1c; 27.10.4c
– Art. 742: 19.6; 26.3.1c; 27.10.4c
– Art. 751: 27.10.4b
– Art. 957: 21.3
– Art. 964: 27.14
– Art. 965: 27.14
– Art. 972: 2.2.2
– Art. 986: 6.4.2a
– Art. 990: 21.5
– Art. 991: 21.5
– Art. 991, parágrafo único: 21.5
– Art. 994: 22.10.6
– Art. 997: 7.3b
– Art. 997, III: 30.7a
– Art. 999: 7.3b
– Art. 1.003: 7.4a; 21.5.2
– Art. 1.004: 26.11; 29.7a
– Art. 1.005: 21.5.2
– Art. 1.012: 26.3.4a
– Art. 1.013: 20.5a
– Art. 1.016: 8.4.7e
– Art. 1.024: 21.5
– Art. 1.029: 6.5.1; 7.3e
– Art. 1.031: 22.10.5
– Art. 1.032: 26.3.4a; 26.11
– Art. 1.033, IV: 6.3; 6.5.1
– Arts. 1.040-1042: 20.5a
– Art. 1.040: 7.3b; 7.4a
– Art. 1.044: 13.7.3; 21.4.10
– Art. 1.045: 21.5
– Art. 1.046: 7.4a; 20.5
– Art. 1.052: 21.4.2, 21.5; 21.5.2

- Art. 1.053: 26.11
- Art. 1.055: 21.5.2
- Art. 1.057: 7.4b
- Art. 1.071, VII: 16.6.1
- Art. 1.071, VIII: 6.5.1
- Art. 1.076, III: 6.5.1; 7.3b; 16.6.1
- Art. 1.077: 7.3e
- Art. 1.081, § 1º: 7.4b
- Art. 1.088: 21.5
- Art. 1.090: 2.4c
- Arts. 1.102-1.112: 2.4c
- Arts. 1.113-1.115: 31.5.3
- Art. 1.122: 7.3a
- Art. 1.134: 2.2.2e
- Art. 1.138: 26.3.4a
- Art. 1.142: 15.5.3
- Art. 1.144: 7.4c; 7.5c
- Art. 1.145: 15.5.6; 26.3.3; 27.2.1
- Art. 1.146: 7.4c; 15.5.5; 27.2.1
- Art. 1.177: 20.3.1c
- Art. 1.179, § 2º: 8.2.1.1b; 29.7a
- Art. 1.180: 8.2.1.1b; 30.8
- Art. 1.183: 24.5
- Arts. 1.183-1.184: 20.2.1; 24.5; 30.7a
- Art. 1.185: 30.8
- Art. 1.186: 8.2.1.1b
- Arts. 1.190-1.191: 8.2.1.1b
- Art. 1.194: 20.2.2; 30.7a
- Art. 1.219: 19.6; 26.3.1c; 27.10.4c
- Art. 1.419: 27.10.2
- Art. 1.433, II: 19.6; 26.3.1c; 27.10.4c
- Art. 1.476: 26.3.1c
- Art. 1.485: 26.3.4a
- Arts. 1.495-1.497: 26.3.4a
- Art. 1.507, § 2º: 19.6; 26.3.1c; 27.10.4c
- Art. 1.566: 21.3
- Art. 1.690: 19.5.1c
- Art. 1.694: 19.5.1c
- Art. 1.774: 20.7
- Art. 1.806: 26.3.2b
- Art. 1.997: 2.4b

Código Comercial brasileiro

- Art. 2º: 2.2.2b
- Art. 140: 22.10.4
- Art. 165: 22.10.4
- Art. 336: 12.8
- Art. 632: 27.10.4b
- Arts. 797-913: 4.3a
- Art. 842: 5.6
- Art. 845: 5.2

Código Penal

- Art. 47: 2.2.2d
- Art. 56: 2.2.2d
- Art. 93: 28.6
- Art. 94: 28.6
- Art. 95: 28.6
- Art. 110: 30.4
- Art. 110, § 2º: 30.4
- Art. 117: 30.4
- Art. 299: 30.7a

Código de Processo Civil de 2015

Art. 69: 8.2.2
Arts. 119-120: 19.9
Arts. 178-179: 24.4
Art. 143: 8.4.2
Art. 229: 25.6
Art. 240: 31.6.1d
Art. 242: 13.6, 25.6
Art. 247: 13.6c
Art. 257: 13.6b
Art. 262: 24.3
Arts. 260-268: 8.2.2
Art. 300: 26.8
Art. 305: 3.6
Art. 313: 14.1
Art. 319: 8.2
Art. 321: 8.2.2; 9.2
Art. 335: 25.6
Art. 371: 8.4.6

Art. 390: 16.3
Arts. 417-418: 24.5
Art. 418: 20.2.1
Art. 420: 8.2.11b
Arts. 430-433: 14.2
Art. 485: 3.2.7; 12.10; 14.6
Art. 487: 14.3; 16.6.2
Art. 489: 18.2
Art. 503: 26.9
Arts. 503-512: 30.6a
Art. 509: 18.5
Art. 599: 22.10.5
Arts. 674-681: 25.10
Art. 678: 25.10
Art. 783: 13.2; 15.2
Art. 784: 10.6; 13.2.1; 13.3
Art. 789: 6.5.3; 14.4.6; 21.2; 26.3.3
Art. 829: 15.2
Art. 833: 21.4; 21.4.c; 21.4.3; 21.4.4; 21.4.5; 21.4.7; 21.4.8; 21.4.10; 21.4.11; 24.8
Art. 834: 21.4.2
Art. 847: 24.7a
Arts. 966-975: 28.5
Art. 1015: 8.2.2
Arts. 1.015-1.020: 3.2.5
Art. 1.017: 3.2.5
Art. 1.019: 3.2.5

Código de Processo Penal
- Art. 16: 23.2.6
- Art. 27: 30.3.3
- Art. 28: 30.3.4
- Art. 46: 30.3.4
- Arts. 76-82: 30.2.2
- Art. 158: 30.7a
- Art. 394: 30.6
- Arts. 394-404: 30.6a
- Art. 395-398: 30.6
- Art. 499: 30.6; 30.6b
- Art. 500: 30.6
- Art. 502: 30.6
- Arts. 531-541: 30.6a
- Art. 581, I: 30.3.5

Código Tributário Nacional
- Art. 68: 8.4.5
- Art. 133: 27.2.1
- Art. 133, § 3º: 27.11
- Art. 151: 8.4.5
- Art. 155-A: 8.4.5c; 8.4.5e
- Art. 186: 27.10.1
- Art. 187: 8.4.7b; 17.2.6; 19.3b; 27.10.1; 27.10.3
- Art. 188: 27.9; 27.10.1
- Art. 205: 8.4.5
- Art. 206: 8.4.5

Consolidação das Leis do Trabalho
- Art. 449: 27.7a
- Art. 467: 22.11.1
- Art. 477: 22.11.1
- Art. 578: 27.10.3

LEIS

Lei Complementar n. 35, de 1979: 2.2.2a
Lei Complementar n. 109, de 2001: 2.3.1c
Lei Complementar n. 118, de 2005: 8.4.5; 17.2.6; 18.2.4
Lei Complementar n. 123, de 2006: 6.6.1; 27.10.4d; 30.7a
Lei Complementar n. 147, de 2014: 6.6.1; 6.6.2b; 8.4.3a; 8.6b; 27.10.4d
Lei Complementar n. 155, de 2016: 6.6.1

LEIS FEDERAIS

Lei n. 1.083, de 1860: 1.2.3
Lei n. 165-A, de 1890: 13.3
Lei n. 859, de 1902: 1.2.4; 4.3b; 5.2; 5.6; 7.4
Lei n. 4.855, de 1903: 4.3b
Lei n. 2.024, de 1908: 1.2.4; 4.3c; 5.2; 5.6; 5.7; 19.4; 22.10.2; 28.6
- Art. 4º, I: 14.2
- Art. 5º: 2.4b
- Art. 16, c: 18.2.3.1
- Art. 55: 26.1
- Art. 56: 26.1; 26.3.1
- Art. 64: 4.1

– Art. 64, § 2º: 4.4
– Art. 65: 4.1
– Art. 67: 4.1
– Art. 168: 30.7a
Lei n. 5.746, de 1929: 4.3c; 5.2; 5.6
Lei n. 1.808, de 1953: 32.3.1
Lei n. 3.726, de 1960: 19.7; 27.7a
Lei n. 4.380, de 1964: 13.3; 22.9.1
Lei n. 4.594, de 1964: 2.2.2d; 20.7
Lei n. 4.595, de 1964: 2.2.2c; 2.3.2a; 31.2
Lei n. 4.728, de 1965: 5.9a; 13.2.9; 13.3; 22.7.1a; 25.1; 25.2.2; 25.4
Lei n. 4.886, de 1965: 27.7d
Lei n. 5.764, de 1971: 13.3; 31.8
Lei n. 5.768, de 1971: 2.3.2a; 31.2
Lei n. 6.015, de 1973: 22.9.1
Lei n. 6.024, de 1974: 2.3.2a; 31.1; 31.2; 31.7; 32.3.1; 32.5.1
– Art. 2º: 31.4; 31.5
– Art. 4º: 31.5.1
– Art. 6º: 31.4.1; 31.5.1
– Art. 9º: 31.5.2
– Art. 10: 31.4.3; 31.5.2
– Art. 11: 31.5.2; 31.6.3d
– Art. 12: 32.1
– Art. 12, d: 32.1
– Arts. 15: 31.5.3g; 31.6.4
– Art. 18: 31.6.1a; 31.6.1b; 31.6.1c; 31.6.1d; 31.6.1e; 31.6.1f
– Art. 19: 31.7a
– Art. 21: 31.6.3
– Art. 21, b: 31.1
– Art. 34: 31.6.1h; 31.6.2
– Art. 35: 31.6.1h; 31.6.3d
– Art. 36: 31.6.1g; 31.3; 32.4; 32.5; 32.5.1
– Art. 36, § 1º: 31.4.3a; 31.6.1g
– Art. 39: 32.5; 32.5.1; 32.5.2
– Art. 40: 32.5; 32.5.1; 32.5.2
– Art. 43: 32.4
– Art. 45: 31.7
– Art. 45, § 1º: 17.1
– Art. 46: 31.7
– Art. 50: 31.4.1d; 31.6.1h; 32.3.3
– Art. 51: 31.4.3; 32.3.3
Lei n. 6.099, de 1974: 22.7.2; 25.2.2c
Lei n. 6.313, de 1975: 13.3
Lei n. 6.385, de 1976: 2.2.2d
Lei n. 6.404, de 1976: 13.3; 31.5.1
– Art. 2º: 21.4
– Art. 45: 26.10
– Art. 45, § 7º: 21.5.2
– Art. 45, § 8º: 21.5.2; 26.10; 26.11
– Arts. 52-74: 12.9
– Art. 58, § 3º: 27.10.5c
– Art. 68, § 3º: 12.9
– Art. 80: 30.7a
– Art. 100, I a VII: 20.2.1
– Art. 105: 12.8
– Art. 116: 20.5d
– Art. 136: 7.3a; 26.10
– Art. 147, § 1º: 20.7
– Art. 158: 8.4.7e
– Art. 158, § 2º: 32.5.2
– Arts. 161-165: 6.4.3
– Art. 165, § 2º: 10.4
– Art. 170, § 1º: 7.4b
– Art. 171: 7.4b
– Art. 205, II: 12.8
– Art. 206, I, d: 6.5.1
– Art. 218: 2.4c
– Art. 236: 2.3.1b; 26.10
– Art. 251: 7.3c
– Art. 256: 26.10
– Art. 265: 26.10
– Art. 280: 2.4c
– Art. 282: 20.5d; 21.5
– Art. 285: 21.5
Lei n. 6.449, de 1977: 27.7a
Lei n. 6.830, de 1980: 12.6a; 17.2.6
Lei n. 6.840, de 1980: 13.3
Lei n. 6.969, de 1981: 17.2.8; 17.3
Lei n. 7.092, de 1983: 2.2.2d
Lei n. 7.102, de 1983: 2.2.2d
Lei n. 7.274, de 1984: 3.2.2

Lei n. 7.347, de 1985: 32.2
Lei n. 7.357, de 1985: 13.3; 13.4; 14.3
Lei n. 7.492, de 1996: 30.7a
Lei n. 7.565 de 1986: 25.2.2b; 31.8
Lei n. 7.684, de 1988: 13.3
Lei n. 8.009, de 1990: 21.4.1c; 21.4.11; 26.3.2a
Lei n. 8.021, de 1990: 12.9
Lei n. 8.038, de 1990: 30.9d
Lei n. 8.212, de 1991: 25.1c
Lei n. 8.245, de 1991: 22.9.2; 22.12
Lei n. 8.429, de 1992: 2.3.1b
Lei n. 8.625, de 1993: 2.2.2a; 23.2.6
Lei n. 8.658, de 1993: 30.9d
Lei n. 8.884, de 1994: 2.2.2b
Lei n. 8.906, de 1994: 3.2.2; 14.3; 16.3; 27.7e; 27.10.5c
Lei n. 8.929, de 1994: 13.3
Lei n. 8.934, de 1994: 20.2.1; 30.7a; 30.8
Lei n. 8.955, de 1994: 22.11.2
Lei n. 9.456, de 1997: 24.7
Lei n. 9.457, de 1997: 26.10
Lei n. 9.492, de 1997: 13.4
Lei n. 9.514, de 1997: 22.7.1a; 25.2.2
Lei n. 9.656, de 1998: 2.3.2b; 16.6.4; 31.2; 31.8
Lei n. 9.841, de 1999: 6.6.1
Lei n. 10.190, de 2002: 2.3.2; 31.8
Lei n. 10.522, de 2002: 9.1; 9.6; 12.6
Lei n. 10.931, de 2004: 13.3; 21.4.11; 22.9.1; 26.6b
Lei n. 11.076, de 2004: 13.3
Lei n. 11.232, de 2005: 8.4.7c
Lei n. 11.343, de 2006: 24.10
Lei n. 11.638, de 2007: 6.6.5
Lei n. 12.767, de 2012: 2.3.2
Lei n. 13.445, de 2017: 2.2.2e

Leis Estaduais paulistas

Lei Estadual n. 3.947, de 1983: 30.5
Lei Estadual n. 11.608, de 2003: 3.3
Lei Estadual n. 15.760, de 2015: 3.3

DECRETOS

Decretos-Leis

Decreto-Lei n. 70, de 1966: 13.3
Decreto-Lei n. 73, de 1966: 2.3.2b; 2.3.2c; 2.3.2d; 31.8
Decreto-Lei n. 167, de 1967: 13.3
Decreto-Lei n. 261, de 1967: 2.3.2d; 16.6.4
Decreto-Lei n. 413, de 1969: 13.3
Decreto-Lei n. 486, de 1969: 20.2.2
Decreto-Lei n. 685, de 1969: 32.3.1
Decreto-Lei n. 911, de 1969: 22.7.1a; 22.7.1c
Decreto-Lei n. 2.283, de 1986: 3.2.2
Decreto-Lei n. 2.321, de 1987: 7.1; 31.5; 31.5.1; 31.5.2; 31.5.3a; 31.6.3d; 32.3.3c
Decreto-Lei n. 3.855, de 1941: 36.8
Decreto-Lei n. 7.036, de 1944: 27.10.1
Decreto-Lei n. 7.661, de 1945: 1.2.4g; 1.2.4j; 1.2.5; 1.2.8; 2.4b; 3.2.2; 4.3c; 5.2; 5.6; 6.4.3a; 6.4.3b; 12.6b; 12.7; 17.2.3; 19.3c; 23.2.8b; 24.9; 25.2.3; 25.6; 25.9; 27.7a; 27.9; 27.10.2
– Art. 2º: 15.9a; 18.3.1c; 21.1
– Art. 4º, § 2º: 2.4b
– Art. 4º, I: 14.2
– Art. 7º: 17.1
– Art. 7º, § 1º: 17.1; 17.2.9
– Art. 8º: 16.1
– Art. 9º, III: 12.6a
– Art. 11, § 4º: 13.7.3; 18.5
– Art. 12, § 4º: 21.1
– Art. 14, III: 18.2.3.1
– Art. 23, III: 12.6a; 22.11.1; 27.10.7
– Art. 24, § 1º: 12.6a; 17.2.3; 19.3c; 22.11.1; 24.9
– Art. 24, § 2º, I: 19.7
– Art. 30, I a III: 19.9
– Art. 34: 20.4; 29.7a
– Art. 38: 20.6
– Art. 43: 22.10.3
– Art. 52, I: 22.10.3

- Art. 52, VII: 22.9.1
- Art. 56, § 1º: 26.5a
- Art. 58: 26.12
- Art. 63, XII: 24.11
- Art. 66: 4.4
- Art. 75: 4.6b; 23.2.7; 24.11
- Art. 76: 17.1; 17.2.3; 25.2.2
- Art. 78, § 2º: 22.7.1
- Art. 79: 25.10
- Art. 81, § 2º: 4.7
- Art. 91: 3.2.4
- Art. 102: 19.7; 27.10.1; 27.10.2
- Art. 104: 30.3.3; 31.4.3
- Art. 108: 30.3.4
- Art. 114: 26.5a; 27.1
- Art. 119: 27.10.2
- Art. 122: 23.2.3
- Art. 123, § 1º: 27.2.2
- Art. 123, § 5º: 7.3e
- Art. 124, § 1º: 27.7b; 27.9
- Art. 124, § 2º, III: 19.8.4
- Art. 140, II: 16.1
- Art. 140, III: 6.4.3d
- Art. 141: 6.4.2a
- Art. 143: 8.4.3
- Art. 149: 6.6.5
- Art. 150: 32.8
- Art. 171: 30.7
- Art. 174: 8.4.5
- Art. 180: 6.5.3
- Art. 186: 30.2.2
- Art. 186, VI: 30.2.2; 30.8
- Art. 186, VII: 30.2.2
- Art. 187: 30.2.2; 30.7a
- Art. 188: 30.2.2; 30.7a
- Art. 188, VIII: 30.9b
- Art. 189: 30.2.2
- Art. 189, II: 30.7c
- Art. 190: 30.2.2
- Art. 200: 23.2.7
- Art. 202, § 1º: 17.1

Decreto-Lei n. 9.328, de 1946: 32.3.1
Decreto-Lei n. 3.927: 2.2.2e

Decretos

Decreto n. 697, de 1850: 1.2.3
Decreto n. 1.597, de 1855: 1.2.3
Decreto n. 2.691, de 1860: 1.2.3
Decreto n. 3.308, de 1864: 1.2.3
Decreto n. 3.065, de 1882: 1.2.3; 7.4
Decreto n. 917, de 1890: 1.2.4; 5.2; 5.6; 7.4
Decreto n. 1.102, de 1903: 13.3; 20.7
Decreto n. 4.855, de 1903: 1.2.4; 5.2; 5.6
Decreto n. 5.424, de 1905: 19.5.1c
Decreto n. 2.044, de 1908: 13.3; 14.3e; 14.3f
Decreto n. 3.708, de 1919: 31.5.2
Decreto n. 5.746, de 1929: 1.2.4
Decreto n. 20.881, de 1931: 20.7
Decreto n. 21.981, de 1932: 20.7
Decreto n. 22.456, de 1933: 31.8
Decreto n. 57.663, de 1966: 13.3; 14.3e
Decreto n. 5.028, de 2004: 6.6.1

MEDIDAS PROVISÓRIAS

Medida Provisória n. 2.192, de 2001: 22.10.3

ATOS ADMINISTRATIVOS

Ato PGJ SP n. 70, de 2006: 24.4
Instrução CVM n. 134, de 1990: 7.4f
Instrução CVM n. 292, de 1998: 7.4f
Instrução CVM n. 400, de 2003: 7.4f
Instrução Normativa DREI n. 11, de 2013: 30.7
Instrução Normativa DREI n. 81, de 2020: 2.2.2e
Portaria n. PGFN/RFB, n. 1, de 2015: 8.4.5
Resolução Bacen n. 145, de 1970: 13.3
Resolução Bacen n. 228, de 1972: 13.3
Resolução CMN n. 2.686, de 2000: 7.4g; 26.6d
Resolução CMN n. 3.263, de 2005: 22.10.3

Resolução TJSP n. 200, de 2005: 30.5
SÚMULAS E ENUNCIADOS DE TRIBUNAIS
Enunciado CJF 42: 8.2.2b
Enunciado CJF 45: 5.10
Enunciado CJF 96: 8.4.7b
Enunciado CJF 97: 2.4d
Enunciado CJF 99: 8.2.2b
Enunciado CJF 102: 8.2.2
Enunciado CRDE 1: 8.3.1
Enunciado CRDE 2: 3.4d
Enunciado CRDE 7: 8.2.2
Enunciado CRDE 9: 8.2.2b
Súmula STF n. 159: 12.4
Súmula STF n. 190: 16.1
Súmula STF n. 192: 27.10.7
Súmula STF n. 193: 25.6
Súmula STF n. 417: 25.1; 25.5; 25.6
Súmula STF n. 563: 27.10.3
Súmula STF n. 565: 27.10.7
Súmula STF n. 592: 30.4
Súmula STJ n. 8: 32.2
Súmula STJ n. 11: 17.2.8; 17n11
Súmula STJ n. 25: 18.2.1; 18.3
Súmula STJ n. 29: 13.7.1
Súmula STJ n. 30: 3.2.2
Súmula STJ n. 36: 19.4.2d; 25.9
Súmula STJ n. 37: 18.6
Súmula STJ n. 78: 14.3
Súmula STJ n. 106: 14.3
Súmula STJ n. 133: 25.4
Súmula STJ n. 190: 16.1
Súmula STJ n. 196: 13.6d
Súmula STJ n. 219: 27.7b
Súmula STJ n. 233: 13.2.8
Súmula STJ n. 248: 13.2.6
Súmula STJ n. 258: 13.2.8
Súmula STJ n. 361: 13.4
Súmula TJSP n. 38: 13.6d
Súmula TJSP n. 39: 15.2
Súmula TJSP n. 40: 13.7.1
Súmula TJSP n. 41: 13.4
Súmula TJSP n. 42: 14.1
Súmula TJSP n. 43: 14.1
Súmula TJSP n. 44: 11.4
Súmula TJSP n. 45: 27.17
Súmula TJSP n. 46: 13.7.2
Súmula TJSP n. 48: 15.2
Súmula TJSP n. 50: 15.2
Súmula TJSP n. 51: 13.6a
Súmula TJSP n. 52: 13.4b
Súmula TJSP n. 53: 14.1
Súmula TJSP n. 55: 9.1
Súmula TJSP n. 56: 8.2.2
Súmula TJSP n. 57: 8.2.2
Súmula TFR n. 78: 14.3
OUTRAS NORMAS HISTÓRICAS
Regulamento n. 737, de 1850: 2.2.1c; 6.4.2c
Ordenações Afonsinas, título LXVII: 1.2.2
Ordenações Manuelinas, título LXXIV: 1.2.2
Ordenações Filipinas, título LXVI: 1.2.2
Projeto de Lei n. 4.376, de 1993: 1.2.6

ÍNDICE ALFABÉTICO-REMISSIVO
(OS NÚMEROS REFEREM-SE AOS ITENS.)

ABANDONO DE ESTABELECIMENTO EMPRESARIAL,
- ou ausência sem deixar representante, 15.7

ABUSO NO EXERCÍCIO DO DIREITO DE VOTO, 8.3.1; 9.3

AÇÃO
- ajuizada antes da falência, 17.2.9
- com curso em foro federal, 17.2.7
- de arresto, 32.2
- de despejo, 17.2.3
- de embargos de terceiros, 25.10
- de restituição; procedimento, 25.6
- não regulada pela lei falimentar, 17.2.1
- ordinária de responsabilidade de administrador de instituição financeira, 32.2
- penal, 30.3.4
- penal subsidiária, 30.3.4
- que demanda quantia ilíquida, 19.3a
- regulada pela lei falimentar, 17.2.2
- relativa a imóvel, 17.2.8
- trabalhista, 17.2.5

AÇÃO DE RESTITUIÇÃO
- na falência, 25.1

AÇÃO INDIVIDUAL DE CREDORES
- suspensão do curso na falência, 19.3

AÇÃO RESCISÓRIA
- para exclusão, reclassificação ou retificação de crédito, 3.5

AÇÃO REVOCATÓRIA
- de atos praticados com fraude, 26.4
- distinções, 26.2
- efeitos, 26.5
- ineficácia de atos, 26.3
- prevista na Lei n. 6.404/76, 26.10
- processamento, 26.7

ACIONISTA
- efeitos da falência, 21.5.2
- legitimidade para o pedido de falência, 12.8

AÇÕES
- cessão na recuperação judicial, 7.4a
- desapropriação no RAET, 31.5.3f
- legislação, 13.3

ACORDOS EXTRAJUDICIAIS
- formas privadas, 10.6

ADJUDICAÇÃO DE BENS
- processamento, 7.4g

ADMINISTRAÇÃO COMPARTILHADA
- na recuperação judicial, 7.5d

ADMINISTRAÇÃO FALIMENTAR
- processamento, 23

ADMINISTRADOR
- conceito, 32.4
- substituição na recuperação judicial, 7.5a

ADMINISTRADOR DE INSTITUIÇÃO FINANCEIRA
- responsabilidade, 32.4

ADMINISTRADOR JUDICIAL
- atribuições na falência, 18.2.3.2
- atribuições no período de cumprimento de recuperação judicial, 8.4.10

– classificação de suas funções, 23.2.2
– classificação dos atos, 4.2
– compromisso e funções, 23.2.2
– cumprimento de contrato bilateral, 22.3.2
– deveres por área de atuação, 4.3
– divulgação da sentença declaratória, 23.2.1b
– evolução histórica, 4.3
– impedimentos e incompatibilidades, 4.4
– interpelação, 22.3.3
– natureza jurídica, 4.1
– nomeação, 4.3
– nomeação na sentença de falência, 18.2.3.2
– prestação de contas, 4.8
– primeiro relatório, 23.2.6
– relatório final, 27.16
– remuneração, 4.6
– responsabilidade, 4.7
– substituição e destituição, 4.5
AGENTE POLÍTICO
– conceito e impedimentos, 2.2.2a
ALIENAÇÃO JUDICIAL
– impugnação, 27.4
– modalidades, 27.3
– ordem, 27.2
ALUGUEL
– como título executivo, 13.2.1
APROPRIAÇÃO DE BENS, 30.9; 30.9b
AQUISIÇÃO
– de bens por pessoa impedida, 30.9d
ARQUIVAMENTO
– do inquérito criminal, 30.3.4
ARRECADAÇÃO DE BENS, 23.2.7
– conceito, 24.1
– e livros, 24.5
– imóveis, 24.6
– incorpóreos, 24.7
– lacre, 24.2
– pessoal e por carta, 24.3
ARREMATANTE
– sucessão, 27.2.1
ARRENDAMENTO
– de estabelecimento empresarial na recuperação judicial, 7.4c
ASSEMBLEIA GERAL DE CREDORES
– atribuições, 5.7
– conceito, 5.1
– convocação, 18.2.4
– convocação na falência, 23.2.3
– convocação para manifestar sobre o plano de recuperação, 8.4.2
– deliberação sobre o plano de recuperação, 8.4.3
– efeitos das deliberações, 5.10
– *quorum* de deliberação, 5.9f
– *quorum* de instalação, 5.9e
– regime jurídico, 5.8
ATIVIDADE EMPRESARIAL
– regularidade de exercício, 6.4.2b
– regularidade de registro, 6.4.2a
ATOS INVESTIGATÓRIOS, 30.3.1
AUDITOR, 30.7
AUTOFALÊNCIA
– desistência do pedido, 16.8
– legitimidade para o pedido, 16.6
– natureza da dívida, 16.4
– natureza do pedido, 16.3
AVALIAÇÃO DE BENS, 23.2.7
AVERBAÇÃO
– distinções, 26.3.4a
AVIAMENTO
– natureza jurídica, 15.5
BENS
– desapossamento na falência, 21.1
– impenhoráveis, 21.5
– não arrecadáveis, 24.8
– penhorados, 24.9
BILHETE DE MERCADORIA
– previsão legal, 13.3
BONORUM EMPTOR, 1.2.1
BONORUM VENDITIO, 1.2.1
BÔNUS DE SUBSCRIÇÃO
– conceito, 7.5f
– previsão legal, 13.3
CAIXA DOIS, 30.7

CAPITAL SOCIAL
- aumento na recuperação judicial, 7.4b
CÉDULA
- de crédito à exportação, 13.3
- de crédito bancário, 13.3
- de crédito comercial, 13.3
- de crédito industrial, 13.3
- de produto rural, 13.3
- hipotecária, 13.3
- pignoratícia de debêntures, 13.3
- pignoratícia e hipotecária, 13.3
- rural hipotecária, 13.3
- rural pignoratícia, 13.3
CERTIFICADO
- de depósito agropecuário, 13.3
- de depósito agropecuário de cooperativa, 13.3
- de depósito bancário, 13.3
- de depósito de ações, 13.3
- de depósito em garantia, 13.3
- de direitos creditórios de agronegócio, 13.3
- de investimento, 13.3
- de partes beneficiárias, 13.3
- de recebíveis do agronegócio, 13.3
- digital, 30.7
CHEQUE, 13.3
CHEQUE PRÉ-DATADO, 13.2.2
CISÃO DE SOCIEDADES
- na recuperação judicial, 7.3a
- no RAET, 31.5.3d
CITAÇÃO
- na falência, 13.6
CLASSIFICAÇÃO DE CRÉDITOS
- ordem, 27.6
CLÁUSULA PENAL
- em contrato unilateral, 19.4.1
CLIENTELA, 15.5.5
COAÇÃO
- conceito, 14.4.3
CODEVEDORES SOLVENTES
- direitos, 19.8g
COMISSÃO DE VERIFICAÇÃO DE CRÉDITO, 5.2
COMISSÃO FISCAL, 5.2
COMITÊ DE CREDORES
- composição, 5.4
- conceito, 5.1
- constituição, 5.3
- constituição na falência, 23.2.4
- constituição na recuperação judicial, 8.4.4
- convocação, 18.2.4
- decisões, 5.5b
- intervenção no inquérito criminal, 30.3.3
- origens, 5.2
COMMERCIAL PAPERS
- conceito, 7.5f
COMPENSAÇÃO
- de créditos na falência, 22.11.2
- no âmbito do sistema financeiro nacional, 22.10.3
COMPETÊNCIA
- para a ação penal, 30.5
CÔMPUTO DOS VOTOS EM SUBCLASSES, 8.4.3
CONCESSIONÁRIA DE ENERGIA ELÉTRICA, 2.3.2
CONCILIAÇÕES E MEDIAÇÕES, 3.6
CONCORDATA
- por abandono, 1.2.3
CONDIÇÃO RESOLUTIVA
- e falência, 22.3.5
CONDIÇÃO SUSPENSIVA
- conceito, 19.4.3
- na falência, 19.4.3
CONDOMÍNIO INDIVISÍVEL, 22.10.7
CONGLOMERADO, 7.3c
CONHECIMENTO DE DEPÓSITO, 13.3
CONHECIMENTO DE DEPÓSITO DE COOPERATIVA, 13.3
CONSELHO DIRETOR
- relatório final, 31.5.3
CONSELHO FEDERAL DE CONTABILIDADE, 30.7
CONSELHO FISCAL, 5.2, 6.4.3
CONSOLIDAÇÃO PROCESSUAL, 6.5.3

CONSOLIDAÇÃO SUBSTANCIAL, 6.5.3
CONTABILIDADE PARALELA, 30.7
CONTADOR, 30.7
CONTINUAÇÃO PROVISÓRIA
– da atividade empresarial, 23.2.5
CONTRATO
– com cláusula de alienação fiduciária, 22.7.1
– com cláusula de reserva de domínio, 22.7.4
– com reserva de domínio, 22.7
– conceito, 22.1
– de arrendamento mercantil, 22.7.2
– de arrendamento mercantil de aeronave ou de suas partes, 22.7.3
– de conta-corrente, 22.10.1
– de franquia, 22.11.2
– de locação comercial, 22.9.2
– de sociedade em conta de participação, 22.10.6
– de sociedade firmado pelo falido, 22.10.5
– de trabalho, 22.11.1
– imobiliário e falência, 22.9
– resolução na falência, 22.2.4
CONTRATO BILATERAL, 22.2
– regras especiais, 22.4
CONTRATO DE CÂMBIO
– adiantamento e restituição na concordata, 13.2.9
– adiantamento e restituição na falência, 25.4
CONTRATO DE CAUÇÃO, 13.2.3
CONTRATO DE DOAÇÃO, 19.5.1a
CONTRIBUIÇÃO PREVIDENCIÁRIA
– e restituição, 25.5
CONTROLE SOCIETÁRIO
– alteração na recuperação judicial, 7.3d
– cessão no RAET, 31.5.3e
CONVOLAÇÃO DE RECUPERAÇÃO EM FALÊNCIA
– causas, 9.1
– efeitos, 9.6
– por deliberação da assembleia geral, 9.4
COTA
– cessão na recuperação judicial, 7.4a
COTISTA NÃO SOLIDÁRIO
– efeitos da falência, 21.5.2
CRAM DOWN, 8.4.3
CRÉDITO
– bancário rotativo, 13.2.8
– com direito real de garantia, 27.10.2
– com privilégio especial, 27.10.4
– com privilégio geral, 27.10.5
– concursal, 27.10
– extraconcursal, 27.9
– prioritário, 27.7
– prioritário; de restituição, 27.8
– quirografário, 27.10.6
– subordinado, 27.10.8
– subquirografário, 27.10.7
– tributário, 27.10.3
CREDOR
– com garantia real; legitimidade para o pedido de falência, 12.5
– concorrente; intervenção no inquérito criminal, 30.3.3
– debenturista; legitimidade para o pedido de falência, 12.9
– de obrigação solidária, 19.8
– direitos na falência, 19.9
– e impugnação à alienação, 27.4
– empresário; legitimidade para o pedido de falência, 12.3
– fiscal; legitimidade para o pedido de falência, 12.6
– habilitado; promoção de ação penal subsidiária, 30.3.4
– não concorrente, 19.5.1
– por obrigação a título gratuito, 19.5.1a
– por prestação alimentícia, 19.5.1c
– sem direito a voto, 5.9a
– sem domicílio no Brasil; legitimidade para o pedido de falência, 12.4

– trabalhista; legitimidade para o pedido de falência, 12.7
– trabalhista, por acidentes de trabalho e incapazes, 27.2.3
– trabalhista retardatário, 5.9b
CRIME DE FRAUDE A CREDORES, 30.7
CRISE ECONÔMICO-FINANCEIRA
– conceito, 6.1
CUMPRIMENTO
– de recuperação judicial, 8.4.10
CURADOR DE MASSAS FALIDAS
– *vide* Ministério Público
CURATOR BONORUM, 1.2.1
DAÇÃO EM PAGAMENTO
– na recuperação judicial, 7.4d
DEBÊNTURES
– classificação quanto às garantias, 12.9
– conceito, 7.5f
– previsão legal, 13.3
DECISÃO JUDICIAL
– de concessão de recuperação judicial, 8.4.5
– de concessão de recuperação judicial; efeitos, 8.4.7; 8.4.8
– de processamento da recuperação judicial, 8.2.2
– modalidades na recuperação judicial, 6.4.3c
DECLARAÇÃO
– do art. 104, I, do falido, 20.3.1
DEFESA FALIMENTAR, 13.7; 14
DEMONSTRAÇÃO CONTÁBIL
– para o pedido de recuperação judicial, 8.2.1.1
DENÚNCIA, 30.3.5
DEPARTAMENTO NACIONAL DE REGISTRO DE COMÉRCIO, 30.7
DEPÓSITO ELISIVO, 13.7.1
DESAPOSSAMENTO
– de bens do falido, 21.1
– exceções, 21.5
– natureza jurídica, 21.2
DESAPROPRIAÇÃO
– de ações no RAET, 31.5.3f
DESISTÊNCIA
– do pedido de autofalência, 16.8
– do pedido de recuperação judicial, 5.7; 5.9g; 6.3
DESOBEDIÊNCIA, 30.10
DESTRUIÇÃO
– de dados contábeis, 30.7
– de documentos contábeis, 30.7
DESVIO DE BENS, 30.9b
DIREITO DE ELEIÇÃO EM SEPARADO
– na recuperação judicial, 7.5b
DIREITO DE RETENÇÃO
– classificação do crédito, 27.10.4c
– conceito, 19.6
– suspensão na falência, 19.6
DÍVIDA FISCAL
– certidões negativas na recuperação, 8.4.5
DOLO
– conceito, 14.4.2
DUPLICATA
– de prestação de serviços, 13.2.6
– escritural, 13.3
– mercantil; previsão legal, 13.3
– por indicação, 13.2.5
– rural; previsão legal, 13.3
EMBARGOS
– de terceiro, *vide* Ação de embargos de terceiro
EMPRESA
– de pequeno porte, 6.6.1; 30.7
– de previdência complementar; conceito, 2.3.1c
– individual de responsabilidade limitada, 15.5.1
– proibições de exercício, 2.2.2
– pública; conceito e distinções, 2.3.1a
– usufruto na recuperação judicial, 7.5c
EMPRESÁRIO
– cessação de atividades, 2.4a
– evolução e conceito, 2.2; 2.2.1
ERRO
– conceito, 14.4.1

ESCRITURAÇÃO CONTÁBIL
- com dados inexatos, 30.7
ESCRITURAÇÃO CONTÁBIL FISCAL – ECF, 6.4.2b
ESPÓLIO
- e falência, 2.4b
ESTABELECIMENTO EMPRESARIAL
- arrendamento na recuperação judicial, 7.4c
- conceito, 15.5.2
- definição, 15.5.3
- e patrimônio; distinção, 15.4
- elementos, 15.5.5
- natureza jurídica, 15.5.4
- noções, 15.5
- principal, 17.1
- trespasse na recuperação judicial, 7.4c
- trespasse; requisitos, 15.5
ESTADO DE PERIGO
- conceito, 14.4.4
ESTRANGEIRO
- impedimentos ao exercício do comércio, 2.2.2e
EXECUÇÃO
- com data definitiva para a praça, 19.3c
- fiscal, 17.2.6
- frustrada, 15.2
- individual; dos credores, 17.2.4
- não suspensão,19.3b
EXERCÍCIO DA ATIVIDADE EMPRESARIAL DA COMPANHIA ABERTA, 6.4.3
EXTINÇÃO DE OBRIGAÇÕES
- do falido, 28.2
- matéria de defesa, 14.6
EXTRATO DE REGISTRO ELETRÔNICO DE DUPLICATA ESCRITURAL, 13.3
FALÊNCIA
- características do estado falimentar, 11.1
- conceito, 11.1
- culposa, 1.2.2
- dolosa, 1.2.2
- encerramento, 23.2.9
- frustrada, 24.11
- gênese da palavra, 1.1
- pressupostos do estado falimentar, 11.4
- procedimento pré-falimentar, 11.2
- sistemas de caracterização do estado falimentar, 11.3
FALIDO
- direitos atribuídos, 20.8
- impedimentos, 2.2.2c
- obrigações, 20.1
- remuneração, 20.6
- restrição de direitos, 20.7
FALSIDADE
- ideológica, 14.2
- material, 14.2
- no curso do processo, 30.7
FATURA OU CONTA DE SERVIÇOS
- previsão legal, 13.3
FAVORECIMENTO DE CREDORES, 30.9a
FIANÇA BANCÁRIA, 13.2.3
FRANQUIA
- *vide* Contrato de franquia
FRAUDE
- conceito, 14.4.6
FRAUDE A CREDORES
- *vide* Crime de fraude a credores
FRAUDE FALIMENTAR, 30.7a
FUSÃO DE SOCIEDADES
- na recuperação judicial, 7.3a
- no RAET, 31.5.3c
GARANTIA REAL
- avaliação em separado, 24.12
- oferecimento em detrimento de credores, 15.6
GESTÃO CONTROLADA, instituto português da, 1.2.7
GRUPO DE SOCIEDADES, 7.3c
HABILITAÇÃO DE CRÉDITO
- fixação de prazo, 18.2.3.3
- renovação de pedido, 3.2.7
- retardatária, 3.3

HABILITAÇÃO ILEGAL DE CRÉDITO, 30.7c
HEDGING, 22.8
HONORÁRIOS DE ADVOGADO
- classificação e natureza, 27.9
- na restituição, 25.9
- prescrição, 14.3d
IGNORÂNCIA
- conceito, 14.4.1
IMPUGNAÇÃO DE CRÉDITO
- na falência e recuperação judicial, 3.2.4
- trabalhista, 3.2.6
INCIDENTE DE CLASSIFICAÇÃO DE CRÉDITO PÚBLICO, 3.2; 3.2.3; 3.2.8
INCORPORAÇÃO DE SOCIEDADES
- na recuperação judicial, 7.3a
- no RAET, 31.5.3b
INCORPORAÇÃO IMOBILIÁRIA
- e falência, 22.9.3
INDENIZAÇÃO
- por dano material, 18.5
- por dano moral, 18.6
INDISPONIBILIDADE DE BENS, 32.3
- e arresto; distinções, 32.3.5
INDUÇÃO A ERRO, 30.7b
INEFICÁCIA
- como medida de defesa, 26.9
- *vide* Ação revocatória
INQUÉRITO ADMINISTRATIVO, 32.1
INQUÉRITO JUDICIAL
- abolição, 30.2
INSCRIÇÃO
- distinções, 26.3.4a
INSTITUIÇÃO FINANCEIRA
- conceito, 2.3.2a; 31.2
- e autofalência, 16.6.4
INTEGRAÇÃO DE ATIVIDADE, 32.3.3
INTERNET, 30.10
INTERVENÇÃO EXTRAJUDICIAL, 31.1; 31.4
- e RAET; distinções, 31.5.1
Juízo FALIMENTAR
- competência, 17.1
JUROS
- pagamento na falência, 27.12
- suspensão da fluência na falência, 19.7
LAUDO PERICIAL
- contábil, 30.3.2
LIVRO CAIXA DIGITAL DO PRODUTOR RURAL – LCDPR, 6.4.2b
LEGITIMIDADE ATIVA
- casos especiais na falência, 14.9
- na recuperação judicial, 6.5
- para o pedido de autofalência, 16.6
- para o pedido de falência, 12
LESÃO
- conceito, 14.4.4
LETRA DE CÂMBIO
- previsão legal, 13.3
LETRA DE CRÉDITO DE AGRONEGÓCIO
- previsão legal, 13.3
LETRA DE CRÉDITO IMOBILIÁRIO
- previsão legal, 13.3
LETRA HIPOTECÁRIA
- previsão legal, 13.3
LETRA IMOBILIÁRIA
- previsão legal, 13.3
LIQUIDAÇÃO EXTRAJUDICIAL, 31.1; 31.6
LIQUIDAÇÃO PRECIPITADA, 15.3
LIQUIDADOR JURAMENTADO, 1.2.3
LIQUIDANTE
- na liquidação extrajudicial, 31.6.2
LITISCONSÓRCIO ATIVO
- para o pedido de falência, 12.10
LIVRO EMPRESARIAL
- apresentação na recuperação judicial, 8.2.1.1b
- digital, 30.7
- obrigatórios, comuns e especiais, 20.2
- para o pedido de recuperação judicial, 8.2.1.1b

LOCAÇÃO COMERCIAL
- e falência, 22.9.2
MANDATO, 22.10.4
MASSA CONCURSAL
- formação, 19.5
- proteção, 26.5a
MASSAS SOLIDÁRIAS
- pagamento na falência, 27.15
MEIO DE RECUPERAÇÃO
- classificação, 7.1
- distinções, 6.6.6
MEIO FRAUDULENTO, 15.3
MEIO RUINOSO, 15.3
MICROEMPRESA
- concordatária, 30.7
- definição, 6.6.1
MINISTÉRIO PÚBLICO
- acompanhamento na arrecadação, 24.4; 30.1; 30.3; 30.3.1; 30.3.2; 30.3.4; 30.3.5
- curador de massas falidas, 1.2.4
- e impugnação à alienação, 27.4
- intervenção na ação de restituição, 25.7
- legitimidade para o pedido de recuperação judicial, 6.5.2
MISSIO IN BONA, 1.2.1
MOEDA ESTRANGEIRA
- conversão na falência, 19.4.2
NEGÓCIO SIMULADO, 15.4
NOTA DE CRÉDITO
- à exportação; previsão legal, 13.3
- comercial; previsão legal, 13.3
- industrial; previsão legal, 13.3
- rural; previsão legal, 13.3
NOTA PROMISSÓRIA
- previsão legal, 13.3
- rural; previsão legal, 13.3
NOVAÇÃO
- como forma de extinção de obrigações do falido, 28.2
- de créditos anteriores ao pedido de recuperação, 8.4.7a
- na recuperação judicial, 7.4d
NOVATIO LEGIS IN MELLIUS, 30.4
NULIDADE
- absoluta, 14.4
- conceito, 14.4
OBRIGAÇÃO A TÍTULO GRATUITO, 19.5.1a
- ineficácia, 26.3.2a
OCULTAÇÃO DE BENS, 20.9b
OMISSÃO
- de documentos contábeis, 30.8
- de lançamento, 30.7
OPOSIÇÃO DE SÓCIOS
- ao pedido de falência, 13.7.2
- no pedido de autofalência, 16.7
PAGAMENTO DE CREDORES, 23.2.8; 27.11
PARTES BENEFICIÁRIAS
- conceito, 7.5f
- ineficácia, 26.3.2a
- previsão legal, 13.3
PATRIMÔNIO DE AFETAÇÃO, 21.4.11
PERFIL CORPORATIVO
- classificação dos meios de recuperação judicial, 6.6.6
- e meio de recuperação, 7.6
PERFIL FUNCIONAL
- classificação dos meios de recuperação judicial, 6.6.6
- e meio de recuperação, 7.5
PERFIL OBJETIVO
- classificação dos meios de recuperação judicial, 6.6.6
- e meio de recuperação, 7.4
PERFIL SUBJETIVO
- classificação dos meios de recuperação judicial, 6.6.6
- e meio de recuperação, 7.3
PERÍODO SUSPEITO, 18.2.3.1
PETIÇÃO INICIAL
- de declaração de crédito, 3.2.2
- de falência fundada no art. 94, I, 13.5
- de falência fundada no art. 94, II e III, 15.8
- de recuperação extrajudicial, 10.2
- de recuperação judicial, 8.2.1

– na recuperação judicial; impedimentos, 6.4.3
– na recuperação judicial; requisitos, 6.4.1

PLANO DE RECUPERAÇÃO EXTRAJUDICIAL
– deliberação da assembleia geral, 8.4.3
– discriminação, 8.3
– modalidades, 10.2
– não apresentação, 9.2
– objeção de credor, 8.4.1
– rejeição, 9.3

PRESCRIÇÃO
– como forma de extinção de obrigações do falido, 28.3
– conceito, 14.3; 19.2
– da ação penal, 30.4
– na recuperação judicial, 6.6.3
– prazos, 14.3
– suspensão do curso, 19.2

PRIORIDADE DOS ATOS E DILIGÊNCIAS JUDICIAIS, 17.3

PRINCÍPIOS JURÍDICOS
– indivisibilidade, 17.2
– norteadores da recuperação judicial, 6.3
– preservação da empresa, 5.3
– sigilo de livros empresariais, 8.2.1.1b
– unicidade, unitariedade, 30.2.2
– unidade do Juízo, 17.2
– universalidade, 17.2

PROCEDIMENTO LIQUIDATÓRIO, 27

PROCEDIMENTO SUMÁRIO, 30.6a

PROCESSO-CRIME, 30.6

PROMOTOR DE JUSTIÇA DE FALÊNCIAS
– *vide* Ministério Público

PROTESTO OBRIGATÓRIO, 13.4

QUADRO
– ação de restituição em contrato com cláusula de alienação fiduciária, 22.7.1
– ação revocatória, 26.7
– atos no processo principal, 23.1
– atribuições do administrador judicial na fase de cumprimento de recuperação judicial, 8.4.10
– atribuições do Comitê de Credores, 8.4.4
– classificação dos atos do administrador judicial, 4.2
– classificação dos meios de recuperação judicial, 6.6.6
– composição do Comitê de Credores, 5.4
– consolidação e homologação, 3.2
– contrato com cláusula de alienação fiduciária, 22.7.1
– contrato de arrendamento mercantil, 22.7.2
– da classificação dos créditos, 27.14
– da fase de liquidação no Decreto-Lei n. 7.661/45, 27.1
– das atribuições do administrador judicial, 18.2.3.2
– de contrato com cláusula de reserva de domínio, 22.7.4
– de modalidades de ação de restituição, 25.1
– de títulos executivos, 13.3
– deveres do administrador judicial, 4.3
– direito de participação de não credor, 5.8d
– direito de participação na assembleia geral; credor sem direito a voto, 5.9a
– direito de regresso entre devedores de valores iguais, 19.8.3a
– direito de regresso entre devedores de valores distintos, 19.8.3b
– do pedido de falência fundado no art. 94, II, 15.10
– do pedido de falência fundado no art. 94, III, 15.11
– do rito do pedido de autofalência, 16.9
– efeitos da falência sobre os contratos, 22.12
– efeitos do contrato de compra e venda na falência, 22.6
– extensão dos capítulos da Lei n. 11.101/2005, 1.2.8

– fases do procedimento de recuperação judicial, 8.1
– formas de aprovação do plano de recuperação, 8.4.3
– incidência concursal na recuperação judicial, 6.6.2
– livros empresariais, 20.2.1
– multiplicidade de vias investigatórias, 30.3
– ordem de classificação dos créditos, 27.6
– pagamento de massas solidárias, 27.15
– prazos de atos processuais, 20.2.2
– presença do Ministério Público na Lei n. 11.101/2005, 30.1
– procedimento da ação de restituição, 25.6
– procedimento de recuperação extrajudicial, 10.4
– procedimento de recuperação judicial ordinário, 8.5
– processamento da verificação de crédito, 3.2
– publicação na falência, 23.2.8a
– *quorum* de deliberação na assembleia geral, 5.9f
– recuperação judicial ordinária e especial; distinções, 8.6
– resumo das características legais, 2.1
– resumo do procedimento de intervenção extrajudicial, 31.4.4
– resumo do procedimento do RAET, 31.5.4
– resumo do procedimento na liquidação extrajudicial, 31.6.5
– rito do art. 94, I, 13.8
– suspensão e interrupção; distinção, 19.2
– tipos de responsabilidade societária, 21.4
– tríplice classificação dos créditos trabalhistas, 27.7
– zonas de incidência da Lei n. 11.101/2005, 2.5

RATEIO
– como forma de extinção de obrigações do falido, 28.4

REABILITAÇÃO
– do falido, 28.6

REALIZAÇÃO DO ATIVO, 23.2.8

RECONSTITUIÇÃO EMPRESARIAL
– conceito, 10.1
– instituto português da, 1.2.7
– procedimento, 10.4

RECUPERAÇÃO EXTRAJUDICIAL
– aberta, *vide* Plano de recuperação extrajudicial; modalidades
– de homologação obrigatória, *vide* Plano de recuperação extrajudicial; modalidades
– impositiva, *vide* Plano de recuperação extrajudicial; modalidades
– individualizada, *vide* Plano de recuperação extrajudicial; modalidades
– por classe, vide Plano de recuperação extrajudicial; modalidades

RECUPERAÇÃO JUDICIAL
– convolação em falência, 9.1
– especial, 8.6
– extensão econômica; distinções, 6.6.1
– fases do procedimento, 8.1
– formas de recuperação, 6.2
– impedimentos, 6.4.3
– incidental a pedido de falência, 14.8
– instrumentos; distinções, 6.6
– para empresários rurais (pessoa física), 6.2
– princípios norteadores, 6.3
– procedimentos, 6.6.4
– rejeição do plano, 9.3
– simultânea, 6.53
– universo de credores; distinções, 6.6.2

RECURSO
– contra a sentença falimentar, 18.3
– contra decisão em ação revocatória, 26.8
– contra decisão que concede recuperação judicial, 8.4.9

– contra decisão que homologa a venda de bens, 27.5
– contra decisão que homologa plano de recuperação extrajudicial, 10.6
– contra sentença de encerramento da falência, 27.17
– em sentido estrito, 30.3.5
REESTRUTURAÇÃO FINANCEIRA
– instituto português da, 1.2.7
REGIME DE ADMINISTRAÇÃO ESPECIAL TEMPORÁRIA, 31.1; 31.5
REGRAS PARA DELIBERAÇÃO DAS CLASSES VOTANTES, 8.4.3
RELAÇÃO DE CREDORES
– apresentação na falência, 18.2.4
RESTITUIÇÃO DE MERCADORIAS
– *vide* Ação de restituição
RITO
– do pedido de autofalência, 16.5
– do pedido de falência fundado no art. 94, II e III, 15.10
SANEAMENTO DE INSTITUIÇÃO FINANCEIRA
– cessação dos regimes de, 31.7
– regimes, 31.3
SANEAMENTO ESPECIAL
– de outras instituições, 31.8
SECURITIZAÇÃO DE RECEBÍVEIS, 26.6
SENTENÇA
– de encerramento, 23.2.9
– de falência; dispositivo, 18.2.3
– denegatória, 18.4
– de recuperação judicial, 8.4.10
– homologatória de plano de recuperação extrajudicial; efeitos, 10.5
– motivação, 18.2.2
– natureza jurídica, 18.1
– publicidade, 23.2.1
– relatório, 18.2.1
– requisitos, 18.2
– *vide* Decisão judicial
SERVIDORES PÚBLICOS
– impedimentos, 2.2.2b
SIGILO EMPRESARIAL, 30.10
SIMULAÇÃO
– conceito, 14.4.5
– de capital, 30.7
SISTEMA
– da autofalência; procedimento, 16.2
– da cessação de pagamentos; definição, 11.3.2
– da dupla maioria, 5.9g
– da impontualidade; conceitos e características, 13
– da proporcionalidade, 5.9g
– de colheita de votos, 5.9g
– de voto por cabeça, 5.9g
– definição, 11.3.1
– do estado patrimonial deficitário; definição, 11.3.2
– dos atos de falência; definição, 11.3.1
– discriminação dos atos de falência, 15.1
SOCIEDADE
– de credores; constituição na falência, 27.2.2
– de credores; constituição na recuperação judicial, 7.3e
– de economia mista; conceito e distinções, 2.3.1b
– de propósito específico; constituição na recuperação judicial, 7.4g
– liquidanda e falência, 2.4c
– operadora de plano de saúde; conceito e modalidades, 2.3.2b
– subsidiária integral, 7.3c
SOCIEDADES EMPRESÁRIAS
– classificação, 21.4
SÓCIO
– comanditário; efeitos da falência, 21.5.2
– comanditário; legitimidade para o pedido de falência, 12.8
– não solidário; efeitos da falência, 21.5.2
– rateio da sobra, 27.13
– solidário; efeitos da falência, 21.5.1
STAKEHOLDER, 7.5a
STOPPAGE IN TRANSITU, 22.6

SUBCLASSE DE CREDORES
– propostas distintas, 8.3
SUBSIDIÁRIA INTEGRAL
– constituição na recuperação judicial, 7.3c
TÉCNICO CONTÁBIL, 30.7
TEORIA
– atomista do estabelecimento empresarial, 15.5.4
– da institucionalização do estabelecimento empresarial, 15.5.4
– da personalidade jurídica do estabelecimento empresarial, 15.5.4
– da personificação do estabelecimento empresarial, 15.5.4
– da responsabilidade objetiva do administrador, 32.5.1
– da responsabilidade por culpa presumida do administrador, 32.5.3
– da universalidade do estabelecimento empresarial, 15.5.4
– do negócio jurídico; do estabelecimento empresarial, 15.5.4
– do patrimônio autônomo do estabelecimento empresarial, 15.5.4
– imaterialista do estabelecimento empresarial, 15.5.4
– intermediária da responsabilidade do administrador, 32.5.2
– patrimonialista do estabelecimento empresarial, 15.5.4
TERMO LEGAL DE FALÊNCIA, 18.2.3.1
TÍTULO EXECUTIVO, 13.2
TRANSCRIÇÃO
– distinções, 26.3.4a
TRANSFORMAÇÃO DE SOCIEDADE
– na recuperação judicial, 7.3b
– no RAET, 31.5.3a
TRESPASSE
– consequências jurídicas, 15.5.6
– na recuperação judicial, 7.4c
– requisitos, 15.5
TURNAROUND, 7.5a
UNIVERSITAS RERUM, 15.5.4
USUFRUTO
– conceito, 7.5c
VALOR DA CAUSA
– na recuperação judicial, 6.2
VALORES MOBILIÁRIOS
– emissão na recuperação judicial, 7.4f
VENCIMENTO ANTECIPADO DAS DÍVIDAS, 19.4
VENDA
– a fieira, *vide* Venda por enfiada
– antecipada, 24.10
– a termo, 22.8
– de bens, na recuperação judicial, 7.4e
– por enfiada, 22.8
VENDITIO BONORUM, 1.2.1
VERIFICAÇÃO DE CRÉDITO
– de credores particulares do sócio, 3.4
– impugnação de créditos, 3.2.4
– momento, 3.1
– processamento, 3.2
VÍCIO
– em protesto, 13.4
– na assembleia geral, 5.10
VÍNCULO DE CONTROLE, 32.3.3
VÍNCULO DE INTERESSE, 32.3.3
VOTO
– na assembleia geral, 5.9
WARRANT
– agropecuário, 13.3
– agropecuário de cooperativa, 13.3
– de cooperativa, 13.3